贺州年鉴

HEZHOU NIANJIAN

2017

贺州市地方志编纂委员会 编

方志出版社

图书在版编目（CIP）数据

贺州年鉴．2017 / 贺州市地方志编纂委员会编．--
北京 ：方志出版社，2018.12
ISBN 978-7-5144-3548-1

Ⅰ．①贺… Ⅱ．①贺… Ⅲ．①贺州—2017—年鉴
Ⅳ．① Z526.73

中国版本图书馆 CIP 数据核字(2019)第 013301 号

贺州年鉴（2017）

编　　者：贺州市地方志编纂委员会
责任编辑：冯　松
出 版 人：冀祥德
出 版 者：方志出版社
地址　北京市朝阳区潘家园东里 9 号（国家方志馆 4 层）
邮编　100021
网址　http://www.fzph.org
发　　行：方志出版社发行中心
电话（010）67110500
经　　销：各地新华书店
装帧设计：南宁市佳彩广告设计有限公司
印　　刷：深圳市精一瑞兰印刷有限公司
开　　本：889 × 1194　1/16
印　　张：21.75
字　　数：891 千字
版　　次：2018 年 12 月第 1 版　2018 年 12 月第 1 次印刷
印　　数：001 ～ 300 册
ISBN 978-7-5144-3548-1　定价：180.00 元

贺州市地图

广西壮族自治区地图院编制　　审图号：桂S（2016）94号　　2016年12月

数字贺州 2016
SHUZI HEZHOU

- 行政区域面积：1.18 万平方千米
- 县（区）：5 个
- 乡镇：57 个（其中民族乡：5 个）
- 街道办事处：4 个
- 村民委员会：707 个
- 社区：49 个（其中居民委员会 3 个）
- 总人口：242.52 万人
- 常住人口：203.87 万人
- 自然增长率 9.71‰
- 耕地面积：16.27 万公顷
- 林地面积：90.04 万公顷
- 森林面积：85.72 万公顷（覆盖率：72.87%）
- 多年平均水资源量：120.0 亿立方米
- 多年平均地下水资源量：29.8 亿立方米
- 年平均气温：19.2℃～19.9℃（30 年平均）
- 年平均日照时数：1439.4 小时～1588.7 小时
- 年平均降水量：1558.1 毫米～2012.1 毫米
- 发现矿种：60 种
- 野生植物：1400 多种
- 陆栖脊椎野生动物：290 种
- 地区生产总值：518.22 亿元
- 第一产业增加值：111.77 亿元
- 第二产业增加值：211.55 亿元
- 第三产业增加值：194.89 亿元
- 人均地区生产总值：25499 元
- 财政收入：50.90 亿元
- 公共财政预算收入 32.42 亿元
- 公共财政预算支出 161.15 亿元
- 全社会固定资产投资完成额：650.83 亿元
- 社会消费品零售总额：160.98 亿元
- 居民消费价格涨幅：1.1%
- 货物进出口总额：5.17 亿元
- 实际利用外资：0.93 亿元
- 国内旅游接待人数：1775.52 万人次
- 等级公路总里程：4893.1 公里
- 内河通航里程：322 公里
- 民用汽车保有量：13.26 万辆
- 邮电业务总量：32.16 亿元（其中，邮政业务总量 1.46 亿元）
- 固定电话用户：8.74 万户
- 移动电话用户：133.23 万户
- 互联网用户：24.54 万户
- 三次产业比重：21.57：40.82:37.61
- 城镇化率：46%
- 新增城镇就业人数：1.13 万人
- 城镇登记失业率：3.16%

贺州市园博园全景

- 粮食播种面积：13.42 万公顷
- 粮食总产量：72.71 万吨
- 甘蔗产量：17.63 万吨
- 水果产量：77.54 万吨
- 蔬菜产量：170.41 万吨
- 肉类产量：16.40 万吨
- 水产品产量：7.95 万吨
- 二氧化硫排放总量：0.94 万吨
- 化学需氧量排放总量：21075.67 吨
- 普通高等学校在校学生：13746 人
- 中等职业教育在校学生：25128 人
- 普通高中在校生：33080 人
- 普通初中在校学生：79741 人
- 普通小学在校学生：202599 人
- 幼儿园在园幼儿：90105 人
- 医疗卫生机构：1180 个
- 参加城镇居民基本医疗保险人数：31.83 万人
- 参加城镇居民基本医疗保险人数 16.66 万人
- 参加城镇职工基本医疗保险人数 15.18 万人
- 企业职工养老保险参保人数：18.22 万人
- 年末全市参加城镇居民基本养老保险人数 80.95 万人
- 城镇职工基本养老保险人数 18.22 万人
- 年末农村居民最低生活保障人数：144959 人
- 年末城镇居民最低生活保障人数：15235 人
- 文艺表演团体 15 家
- 年末全市公共文化机构数 63 个
- 县级以上公共图书馆 4 个
- 艺术馆、文化馆（站）6 个
- 博物馆 8 个
- 全市有线电视用户 9.01 万户
- 数字电视用户 6.94 万户
- 广播综合人口覆盖率为 96.76%
- 电视综合人口覆盖率为 98.55%
- 城市污水集中处理率：87.03%
- 城市生活垃圾无害化处理率：100%
- 城市建成区绿化覆盖率：37.53%
- 工业增加值：144.67 亿元
- 规模以上工业增加值增长：10.4%
- 全市用电总量：575470 万千瓦时（2015 年数据）
- 全年全市居民人均可支配收入 16940 元
- 城镇居民人均可支配收入：26883 元
- 城镇居民人均消费性支出：15206 元
- 农村居民人均纯收入：9552 元
- 农村居民人均生活费支出：7025 元
- 百周岁以上老人：451 人

年度要闻 2016 NIANDU YAOWEN

经济发展实现新突破 全市地区生产总值首次突破500亿元大关，达518.2亿元，增长8.1%；财政收入首次突破50亿元大关，达到50.9亿元，增长8%，一般公共预算支出增长6.3%；全市规上工业增加值增长11.6%，完成工业投资276亿元、制造业投资196亿元、技改投资168亿元；金融机构存款余额增长14.9%、贷款余额增长19.4%。社会消费品零售总额增长9.6%，居民消费价格指数涨幅在可控范围内。

脱贫攻坚取得新成效 精准扶贫工作全面推进，全年整合财政专项扶贫资金12.26亿元投入扶贫攻坚领域，建成自然村屯道路1013公里，完善住房保障4505户，解决1.2万户群众饮水困难和近千户群众用电问题。“9.1万贫困人口脱贫销号、全市58个贫困村脱贫出列、八步区脱贫摘帽”三项工作通过自治区核验，顺利完成自治区下达的年度任务。城镇居民人均可支配收入、农民人均可支配收入分别增长6.6%和8.3%，城乡收入差距进一步缩小。

贺州市特色产业见成效 2016年贺州市获评为“中国贺州·重钙之都”称号，成为广西建筑产业现代化综合试点城市，碳酸钙产值突破150亿元，比上年增长28.5%。获评为“世界长寿市”和“中国长寿美食之都”，是全国第一个县域全覆盖的“中国长寿之乡”；入选“十三五”国家服务业综合改革试点市、国家产城融合示范区建设单位、首批国家级医养结合试点市以及国家第二批全域旅游示范区创建名单。全年接待游客人数比上年增长16.1%，旅游总消费增长28%。

农业产业化迎来新发展 启动实施现代特色农业示范区建设行动，建成自治区级示范区4个、市县乡级示范区22个；新增认证生态有机农业企业10家，通过“三品”认证企业及合作社近40家。黄姚黄精酒、钟山英家大头菜入选国家地理标志保护产品。农业总产值181亿元，增长4.1%；粮食总产量72.71万吨，超额完成年度任务。

县域经济展现新亮点 八步区获评2016年度国家有机产品示范创建区；平桂区正式挂牌成立，掀开了崭新的发展历史；钟山农业农村工作获得自治区肯定，广西中小城市建设试点工作成效初显；昭平获评中国百佳深呼吸城市、“中国长寿美食之乡”和“中国有机茶之乡”；富川上榜国家农产品质量安全县名单，被国家纳入重点生态功能区。

贺州市城乡发展呈新景象 2016年贺州市北堤公园、大钟山公园初步建成，结束贺州建市以来没有城市公园的历史。市文化中心成为城区新地标。新建农村新型生态社区150个，贺街入选中国第1批特色小镇和第4批美丽宜居小镇示范名单，3个村入选全国美丽宜居村庄示范名单，18个村列入第4批中国传统村落名录。

贺州市生态文明建设 2016年出台《贺州市环境保护“党政一岗双责”责任制实施办法》，实施天然林保护、珠江防护林、矿山综合整治与生态修复等工程，城区环境空气优良率96.6%，城市集中式饮用水源地水质、城市水域功能地表水水质达标率均为100%，成为广西唯一上榜的中国“氧吧城市”50强，昭平桂江入选国家级湿地公园名单。

贺州市通过“世界长寿市”认证 2016年10月19日，贺州市“世界长寿市”认证会在北京国际会议中心召开。国际人口老龄化长寿化专家委员会、中国科学院地理科学与资源研究所、中国社会经济系统分析研究会的专家学者及贺州市相关领导出席。调查数据显示，贺州市60周岁以上老年人33.4万人，其中80岁以上老年人为6.2万人，百岁老人458人，百岁人口比达到19.1/10万，人口平均预期寿命78.01岁。经测算，贺州市的长寿综合指数达0.54，顺利通过“世界长寿市”认证。贺州市成为全国唯一“中国长寿之乡”县域全覆盖的地级市。

贺州市五件文艺精品获“广西文艺创作铜鼓奖” 2016年7月，贺州市长篇小说《股份农民》（作者朱东），歌曲《爱你风雅》（作词邱有源），玉雕作品《逐》（作者方志杰），小戏《连心店》（作者裴志勇、莫波、聂小文），曲艺《莲花雨》（作者邱有源、杨剑华）等五件文艺作品荣获第七届广西文艺创作铜鼓奖。在获奖数量、艺术门类等方面实现重大突破。2016年10月，贺州市瑶族铃鼓《歌堂夜》获广西首届曲艺展演最高奖。

贺州市第7届海峡两岸联队VS埃及武术争霸赛 2016年12月25日，2016“搏击之夜”“梦境黄姚杯”第7届海峡两岸联队VS埃及武术争霸赛在贺州市昭平县黄姚古镇钱兴广场举行。由广西贺州旅游文化产业区管委会、广西贺州旅游实业集团有限公司等单位联合主办，海峡两岸体育交流中心、北京大学武术学院等单位联合承办。海峡两岸联队和埃及队各派出7名搏击选手，分7个搏击对阵，海峡两岸联队5:2战胜埃及队。全国各地观众3000多人前来观赛。

贺州市首个PPP项目落地 2016年12月23日，贺州市首个PPP（public—private—partnership的字母缩写，即政府和社会资本合作模式）项目——贺州市爱莲湖（太白湖）生态保护及基础设施建设项目签约，是贺州市首个落地的PPP项目。项目占地总面积98.8公顷（其中水域面积36.93公顷），总投资2.82亿元。建设内容包括公园景观园林工程、海绵城市系统、城市内湖水生态修复系统和市民休闲健身配套设施系统等。

贺州市惠民工程 2016年，贺州市全面落实脱贫攻坚任务，实现帮扶全覆盖和“一户一册一卡”，财政投入专项扶贫资金12.26亿元，实施搬迁项目20个，完成投资16亿元，平桂扶贫移民新城成为自治区示范点。建成自然村屯道路1013千米，完善住房保障4505户，解决1.2万户群众饮水困难和近千户群众用电问题。全年公共财政用于民生支出比重达80.2%。城镇新增就业1.11万人，新增农村劳动力转移就业1.96万人。开工建设保障性住房和棚户区改造住房7894套，建成5717套，完成农村危房改造7606户。实施各类教育项目658个，累计完成投资4.8亿元，富川瑶族自治县通过自治区县域义务教育均衡发展评估验收，平桂高中新校区投入使用，组建贺州市职业教育集团，市特殊教育学校成为自治区示范性特殊教育学校。

亲切关怀

1 2016 年 3 月 20 日 -23 日，水利部珠江水利委副主任陈洁钊（左三）到贺州市检查指导防汛工作，自治区水利厅副厅长何觉（左二）、自治区防汛办副主任覃安培参加检查，贺州市副市长刘国学（左一）、市水利局局长岑可乾（右一）等领导陪同检查

2 2016 年 7 月 26 日，自治区党委书记彭清华（前排中）率领全区城市工作会议暨年中工作会议代表到贺州考察

3 2016年7月5日，自治区人大常委会副主任危朝安（前中）率调研组到贺州市八步区贺街镇调研临贺古城保护和利用情况

4 2016年5月19日，自治区人民政府副主席黄世勇（右三）在贺州市副市长刘国学（右四）、八步区委书记徐海浪（右二）、八步区区长雷少华（左一）等领导的陪同下，到八步区古柏易地扶贫搬迁安置小区调研　　周维意　摄

市领导活动

1 2016 年 9 月 22 日，贺州市委书记、贺州市人大常委会主任赵德明（左二）到八步区桂岭镇调研产业扶贫

2 2016 年 2 月 3 日，市长李宏庆（左二）在羊角山春运服务站为返乡务工人员送春联

3 2016年8月3日，贺州市人大常委会副主任韦丽萍深入八步区调研指导人大换届选举工作

4 2016年12月1日，贺州市政协主席陆海平（前排中），市委常委、副市长廖和明（前排左）到高铁新城调研并出席高铁新城开工仪式

对外交流与合作

1 2016 年 10 月 17 日，市委副书记唐毓流（左四）出席澳大利亚魏基成“天籁列车”慈善捐赠仪式

2 2016 年 6 月，市委常委、宣传部部长、副市长朱东（后排右三）率团赴德国开展教育洽谈，与德国德累斯顿职业教育学院达成初步的合作意向

3 2016 年 5 月 7 日，电视剧《股份农民》在广西贺州市昭平县黄姚古镇举行开机仪式暨新闻发布会。图为市领导出席开机仪式

4 2016 年 6 月 20 日，贺州学院参加 2016 中国—东盟博览会旅游展

5 2016 年 9 月 14–15 日，马来西亚拿督邓福恩先生率马来西亚沙坝州大同教师团到贺州交流

6 徐悲鸿纪念馆、贺州市政协和贺州学院联合举办的徐悲鸿绘画精品展在贺州学院西校区逸夫楼隆重开幕

节 庆 活 动

1 2016 年 10 月 7 日，第二届桂粤湘（贺州昭平）龙舟赛在昭平开赛　桂江狼　摄

2 2016 年 7 月 1 日，位于钟山县清塘镇英家村的中共广西省工委历史博物馆开馆仪式现场

3 2016 年 6 月 17 日，钟山县石龙镇举办首届旅游文化节。图为民俗活动——关公出游　廖超文　摄

4 2017 年 11 月 28 日，贺州市第四届运动会暨第二届全民健身运动会开幕式

5

6

7

5 2016年百姓文艺会演

6 2016年10月26日，瑶族铃鼓《歌堂夜》荣获首届广西曲艺展演节目奖（最高奖）

7 2016年12月28日，乡村文艺扶持项目——八步区莲塘镇永庆村女子舞龙队

编 辑 说 明

一、《贺州年鉴》以马克思列宁主义、毛泽东思想、邓小平理论、“三个代表”重要思想、科学发展观、习近平新时代中国特色社会主义思想为指导，坚持辩证唯物主义和历史唯物主义的立场、观点和方法，全面、系统地记录2016年贺州经济和社会发展的基本情况、重大成就和深刻变化，旨在为社会各界了解和研究贺州提供权威的基本资料，为编纂与续修地方志积累资料。

二、2017卷基础框架保持稳定。基本内容分为综合情况、动态信息、辅助资料三大部分。综合情况部分设特载、概况两个专栏。动态信息部分设政治、法治、军事、经济、产业、国土资源·建设·环保、文化·卫生·体育、科学·教育、社会生活、县(区)概况、人物11个部类。辅助资料有大事记、统计资料、附录。概况及动态信息各部类的内容均作条目化处理，以方便读者检索。年鉴按类目、分目、条目三个层次的体例编辑，以不同字体、字号及版式设计区分不同层次，少数条目下设子目。条目为年鉴内容的基本单位，其标题统一用【 】表示。内容层次的安排，完全为便于读者分类系统阅读和检索，并表示类目与条目之间的层次关系，大体上按科学分类和社会分工相结合的原则归类和排列，机构、企事业单位等排序和层次一般不表示其地位和规模。

三、本年鉴采用的文稿、图片，均由贺州市各县(区)、市直各部门、各有关单位专人提供，并经撰稿单位负责人审核。

四、本年鉴配备双重检索系统：书前刊有详细目录，书后备有索引。索引采用内容分析法，款目按汉语拼音字母顺序(同音字按声调)排列，索引范围详及条目、图片、表格等。

五、本年鉴的统计资料数据均使用法定计量单位。统计数据以统计局公布或相关单位提供的为准。

贺州市地方志编纂委员会

《贺州年鉴·2017》编纂人员

《贺州年鉴·2017》编写组

中共贺州市委办公室
贺州市人大常委会办公室
贺州市人民政府办公室
贺州市政协办公室
贺州市国土资源局
贺州市水利局
贺州市环境保护局
贺州市气象局
贺州市水文局
贺州市林业局
贺州市旅游局
贺州市公安局
贺州市民政局
贺州市民族事务委员会
中共贺州市委统战部
贺州市宗教事务局
中共贺州市委组织部
贺州市发展和改革委员会
贺州市统计局
贺州市投资促进局
贺州市总工会
中共贺州市委宣传部
贺州市农业局
中共贺州市委直属机关工作委员会
中共贺州市委政策研究室
贺州市机构编制委员会办公室
中共贺州市委党史研究室
贺州市地方志编纂委员会办公室
中共贺州市委老干部局
中共贺州市委党校
贺州市人力资源和社会保障局
贺州市外事侨务办公室
贺州市台湾事务办公室
贺州市委市政府信访局
贺州市调处办
贺州市机关事务管理局
贺州市政务服务管理办公室
贺州市公共资源交易中心
贺州市住房和城乡建设委员会
贺州市人民政府应急管理办公室
贺州市人民政府发展研究中心
贺州市驻梧管理处
平桂矿区管理处
中共贺州市纪律检查委员会
中国民主同盟贺州市委员会
中国民主建国会贺州市委员会
中国民主促进会贺州市委员会
中国农工民主党贺州市委员会
九三学社贺州市委员会
贺州市工商业联合会
共青团贺州市委员会
贺州市妇女联合会
贺州市科学技术协会
贺州市文学艺术界联合会
贺州市社会科学界联合会
贺州市归国华侨联合会
贺州市残疾人联合会
贺州市红十字会
贺州市人民政府法制办公室
贺州市中级人民法院
贺州市人民检察院
贺州市司法局
贺州市综治办
贺州市城市管理综合执法局
中共贺州市委员会政法委员会
贺州军分区

武警贺州市支队
武警贺州市消防支队
贺州市人民防空办公室
贺州市二轻城镇集体工业联社
贺州市工商行政管理局
贺州市商务局
贺州投资集团有限公司
贺州市城市建设投资开发集团有限公司
贺州市旅游实业集团有限公司
贺州矿业投资集团有限责任公司
农投集团
贺州市扶贫开发办公室
贺州市工业和信息化委员会
贺州旺高工业区管委会
信都工业区(粤桂县域经济产业示范区)
广西桂东电力股份有限公司
贺州市生态产业园
广西贺州华润循环经济产业示范区管委会
贺州市生态新城管委[桂台(贺州)客家文化旅游合作示范区管委会]
贺州市钟山工业园区
贺州市财政局
贺州市国家税务局
贺州市地方税务局
贺州银监分局
中国人民银行贺州市中心支行
中国农业银行贺州市支行
中国工商银行贺州分行
东盈银行
贺州市保险行业协会
贺州市国有资产监督管理委员会
贺州市金融办
贺州市物价局
贺州市审计局
国家统计局贺州调查队
贺州市质量技术监督管理局
贺州市食品药品监督管理局
贺州市烟草专卖局
贺州盐务管理局
贺州市安全生产监督管理局
梧州海关
贺州市检验检疫局
贺州市水果生产办公室
贺州市农机事业局
大桂山林场
贺州市水产畜牧兽医局
贺州市交通运输局
桂东公路管理局
贺州邮政管理局
贺州市无线电管理处
中国电信贺州分公司
中国移动通信集团广西有限公司贺州分公司
中国联通贺州分公司
贺州市住房公积金管理中心
贺州市粮食局
中石化贺州分公司
中石油贺州分公司
贺州市供销合作联社
贺州市卫计委
贺州市规划局
贺州市市政管理局
贺州市移民局
贺州市科技局
贺州市地震局
贺州市教育局
贺州学院
贺州市文化新闻出版广电局
贺州日报社
贺州市广播电影电视局
贺州市档案局
贺州市卫生局
贺州市体育局
八步区编修区志办公室
钟山县地方志编纂委员会办公室
富川瑶族自治县地方志编纂委员会办公室
昭平县党史县志编纂办公室
平桂区档案史志局

目　录

Contents

特　载

Special Publication

把握新机遇　引领新常态　展现新作为　为加快实现发展新定位全面建成小康社会而努力奋斗 …… 1

Grasp New Opportunities Leading the New Normal Show New Actions Strive for Accelerating the New Orientation of Development & Building a Well-off Society in an All-round Way

政府工作报告 …… 9

Government Work Report

概　况

Survey

贺州市概貌 …… 16

Outline of Hezhou

建制沿革 …… 16

地理 …… 17

环境 …… 17

城区环境空气评价点污染物统计(2016年) …… 18

环境空气清洁对照点污染物统计(2016年) …… 18

环境空气质量监测情况(2016年) …… 18

环境空气质量监测年表(2016年) …… 18

气候 …… 18

水文 …… 19

资源·物产 …… 19

贺州市主要江河最高水位和最低水位情况(2016年) …… 19

贺州市各种地类面积结构(2016年) …… 19

人口 …… 20

行政区划 …… 20

人口自然变动情况(2016) …… 20

贺州市行政区划表 …… 20

八步区 …… 21

平桂区 …… 21

昭平县 …… 22

钟山县 …… 22

富川瑶族自治县 …… 23

区划代码、邮码、面积、人口一览表 …… 23

民族 …… 24

语言文字 …… 24

宗教 …… 24

组织机构党派团体直属事业单位及其主要领导或负责人 …… 24

经济和社会发展 …… 27

Economic & Social Development

经济建设稳步发展 …… 27

工业结构不断升级 …… 27

投资结构持续改善 …… 27

开放合作上新台阶 …… 27

农业产业结构调优 …… 27

旅游产业发展壮大 …… 27

城镇化建设不断推进 …… 27

基础设施建设迈上新台阶 …… 28

生态建设深入推进 …… 28

社会民生事业持续向好 …… 28

改革创新迈出新步伐 …… 28

经济社会发展主要指标(2016年) …… 28

招商引资 …… 29

Attract Investment

概况 …… 29

投资服务环境 …… 29

国内外招商活动 …… 29

重点招商推介活动及签约项目汇总(2016年) …… 29

政治文明建设 …… 30

Political Civilization Construction

党的组织制度和党内基层民主建设 …… 30

民主党派参政议政 …… 30

民主管理与民主监督 …… 30

村民自治 …… 30

精神文明建设 …… 31

Spiritual Civilization Construction

文明道德风尚倡导 …… 31

思想道德建设 …… 31

道德模范宣传 …… 31

未成年人思想道德建设……31
文明城市创建活动……32
文明单位创建……32
精神文明创建活动……32
培育和践行社会主义核心价值观……32
生态文明建设……32
Ecological Civilization Construction
生态环境宣传教育……32
污染减排……32
自然生态保护与建设……33
森林资源保护……33
耕地资源保护……33
生态农业建设……33
生态旅游建设……33

政　治

Politics

中共贺州市委员会……34
Hezhou Municipal Committee of CPC
党委机关概况……34
贺州市党委三届七次全会……34
贺州市党委三届八次全会……34
贺州市党委三届十次全会……34
贺州市第四次党代会……34
贺州市党委四届一次全会……34
贺州市党委四届二次全会……34
党委重要决策和工作部署……34
自治区领导考察贺州……35
重要活动……36
·组织·……36
Organization
组织概况……36
后备干部队伍建设……36
干部监督工作……37
干部教育培训……37
完善人才工作机制……37
驻广州招才引智工作站……37
柔性引才……37
落实人才优惠政策……37
落实人才公寓……37
农村党建工作……37
全市专题教育活动……38
·宣传·……38
Publicity
宣传机构及工作概况……38
理论学习……38
培育和践行社会主义核心价值观……39
舆论宣传……39
对外宣传……39
社会宣传……39
网络宣传和管理……40
·统一战线·……40
United Front
统战机构及工作概况……40
经济领域统战工作……40
统战服务社会发展……40
统战调研与宣传……40
党外代表人士队伍建设……41
民主党派参政议政……41
海外联谊工作……41
·机关党建·……41
Organ Party Building
机关党组织及工作概况……41
机关党的思想建设……41
机关党风廉政建设……41
机关党教育培训……41
表彰先进……41
纪念建党95周年活动……42
基层党建工作……42
党代表候选人推荐工作……42
·政策研究·……42
Policy Research
机构及工作概况……42
重大调研成果……43
决策咨询服务……43
重要文稿服务……43
全面深化改革工作……43
刊物编辑出版工作……43
·机构编制·……43
Organization Establishment
机构编制部门及工作概况……43
深化行政审批制度改革……43
政府部门权责清单制度建设……43
综合行政执法试点改革……43
乡镇“四所合一”改革……43
其他重点行业领域体制改革……44
机构编制管理……44
事业单位登记管理……44
·老干部工作·……44
Veteran Cadres Work
老干部及其机构概况……44
老干部正能量活动……44
为老干部办实事解难事……44
老干部文化阵地建设……44
·党校建设·……45
Party School Construction
概况……45
干部培训……45
科研活动……45
学校建设与管理……45
贺州市人民代表大会……46
Hezhou People's Congress

人大机构及工作概况……46
人大会……46
常委会会议……47
人大常委主任会议……47
人事任免……48
代表议案建议办理……48
专题调研……48
重要决议(决定)……49
监督工作……49
信访工作……49
贺州市人民政府……49
Hezhou Municipal People's Government
政府机构概况……49
政府常务会议……49
政府重大决策及工作部署……51
·人力资源管理·……53
Human Resources Management
概况……53
公务员管理……53
专业技术人才队伍建设……53
事业单位人事制度改革……53
工资收入分配制度改革……53
军转干部和随军家属安置……53
人才引进……53
就业和再就业……53
·民政·……53
Civil Affairs
民政机构概况……53
救灾救济……54
双拥工作……54
优抚工作……54
退役士兵安置工作……54
社团登记管理……54
基层政权和社区建设……55
地名行政区域界线勘定……55
·外事·侨务·……55
Foreign Affairs & Overseas Chinese Affairs
外事侨务工作机构概况……55
外侨工作管理……55
外侨服务……55
因公出国(境)管理……55
侨务联谊……56
市领导重要外事活动……56
重要外事活动……56
·台湾事务·……56
Taiwan Affairs
举办第二届两岸青年农业论坛……56
举办第三十二届西南西北台协会会长联谊会……56
市领导赴台举办桂台经贸文化交流合作活动……56
深化拓展各界对台交流活动……56
·民族事务·……57
National Affairs
民族团结进步模范区建设工作……57
少数民族经济社会发展工作……57
民族团结和谐关系处置工作……57
少数民族优秀传统文化传承……57
宗教事务管理工作……58
少数民族语言文字运用工作……58
·信访·……58
Petition
信访机构及工作概况……58
信访制度建设……59
领导干部接访下访活动……59
信访事项解决……59
·调处工作·……59
Mediation Work
调处机构及工作概况……59
纠纷调处……59
队伍建设……60
·应急工作·……60
Emergency Work
值班和信息报告……60
应急预案修编和演练……60
应急救援队伍……60
预警系统……60
应急平台建设……60
应急宣传和培训……60
应急处置……61
·机关事务管理·……61
Offices Affairs Management
机关事务机构及工作概况……61
公共机构节能管理工作……61
办公用房统一管理……62
机关后勤服务管理……62
机关大院基础设施管理……62
安全保卫……62
会务管理……62
机关食堂运营管理……62
·政务服务监督管理·……62
Government Service Supervision & Management
政务服务机构及工作概括……62
行政审批……63
政务公开……63
公共资源交易监督管理……63
政务建设……63
·公共资源交易·……63
Public Resource Transactions
概况……63
公共资源交易……64
公共资源交易信息……64
建筑业招投标基本情况……64
招投标工作有序开展……64
开展处理投诉案件工作……64
为项目提供招投标咨询服务……64

积极推进招投标电子化工作……64
· 经济发展研究 ·……65
Economic Development Research
经济发展研究机构及工作概况……65
决策咨询服务……65
重大课题研究……65
文件起草工作……65
刊物编发工作……65
· 驻梧管理处 ·……65
Management Office in Wuzhou
驻梧管理处机构及工作概况……65
党建工作……65
行政管理……65
重大项目建设……65
服务工作……66
新农村建设……66
· 平桂矿区管理处 ·……66
Pinggui Mining Area Management Office
平桂矿区管理处机构及工作概况……66
惠民政策……66
改造工程……67
社区服务……67
信访维稳……67
扶贫攻坚……67
基层党建……67
中国人民政治协商会议贺州市委员会……68
Hezhou Municipal Committee of CPPCC
政协机构及工作概况……68
贺州市政协三届六次会议……68
政协第三届贺州市委员会常务委员会会议……68
政协贺州市委员会第四届一次会议……69
慰问调研考察活动……69
提案办理……70
书画摄影展……70
纪律检查和行政监察……70
Discipline Inspection & Administrative Supervision
概况……70
纪检重要会议……70
纪律检查体制改革……71
执纪监督检查……71
违纪违法案件查办……71
廉政宣传教育……71
纪检监察干部队伍建设……71
民主党派和工商联……72
Democratic Parties & Federation of Industry & Commerce
中国民主同盟贺州市委员会……72
中国民主建国会贺州市委会……72
中国民主促进会贺州市委会……73
中国农工党贺州市委会……75
中国致公党贺州市总支部……76
九三学社贺州市委员会……76
贺州市工商业联合会……77
群团·社团……78
Mass Groups & Social Group
· 贺州市总工会 ·……78
Hezhou Federation of Trade Unions
工会组织及工作概况……78
工会组织建设……78
职工素质建设……78
关爱劳模……78
关爱农民工……78
下岗职工再就业工作……79
职工帮扶工作……79
职工医疗互助保障工作……79
财务工作和经费审查工作……79
扶贫工作……79
· 共青团贺州市委员会 ·……79
Hezhou Municipal Committee of the Communist Youth League
团市委机构及工作概况……79
团组织建设……79
区域化团建工作……79
2016 年度青少年植树行动……80
青年志愿者活动……80
希望工程与扶贫助困……80
青联工作……80
青年就业创业行动……80
“青年文明号”创建活动……80
从严治团……81
· 贺州市妇女联合会 ·……81
Hezhou Women's Federation
妇联组织及工作概况……81
妇女组织建设……81
女干部培训工作……81
妇女参政议政……81
三八妇女节 106 周年纪念活动……81
重要会议……82
· 贺州市科学技术协会 ·……82
Hezhou Science & Technology Association
科协组织及工作概况……82
科普活动……82
科技服务与交流……83
青少年科技教育活动……83
基层科普……84
· 贺州市文学艺术界联合会 ·……84
Hezhou Federation of Literary & Art Circles
文联组织及概况……84
文艺创作……84
文艺研讨展演交流……85
文艺惠民……85
文联队伍建设……85
文化产业……85
· 贺州市社会科学界联合会 ·……85
Hezhou Federation of Social Sciences

社科联组织及工作概况……85
社会科学学术活动……85
社会科学普及活动……86
社会科学研究工作……86
社会科学成果……86
党建工作……86
·贺州市归国华侨联合会·……86
Hezhou Federation of Returned Overseas Chinese
侨联组织及工作概况……86
侨界文化交流……86
参政议政……86
维护侨益服务侨胞活动……86
·贺州市残疾人联合会·……87
Hezhou Federation of Disabled Persons
残疾人组织及工作概况……87
组织建设及人才培养……87
残疾人基础管理……87
扶贫解困工作……87

法 治

Legal System

人大立法……88
Legislature by the People's Congress
执法检查……88
立法工作……88
法治政府建设……88
Government Legal System Construction
概况……88
地方政府立法……88
目标制定和实施……88
行政执法监督……89
重大决策合法性审查……89
政府法律顾问制度……89
行政复议和应诉……89
仲裁工作……89
法院……89
Court
概况……89
刑事审判……89
民商事审判……89
行政审判……90
审判监督……90
案件执行……90
司法特色服务……90
司法体制改革……90
队伍建设……90
基层基础建设……90
司法公开……90
检察……91
Procuratorial
贺州市检察工作概况……91
侦查监督……91
公诉……91
反贪污贿赂……91
反渎职侵权……91
预防职务犯罪……92
控告申诉检察……92
民事行政检察……92
监所检察……92
检察技术……92
案件管理……92
未成年人检察……92
司法警察……92
公安……92
Public Security
公安组织结构及工作概况……92
2016年(1至12月)全市刑事案件立破案数及打击处理统计……93
打击刑事犯罪……93
禁毒缉毒……93
治安管理……94
出入境管理……94
110报警服务……94
司法行政……94
Judicial Administration
司法行政机关及工作概况……94
法制宣传……94
普法工作……95
律师工作……96
法律援助工作……96
公证工作……96
人民调解……96
公共法律服务……96
社区矫正工作……96
安置帮教工作……97
法治政府建设工作……97
司法鉴定……97
国家司法考试……97
社会治安综合治理……97
Social Security Comprehensive Management
概况……97
综治中心和网格化管理工作……97
矛盾纠纷排查化解工作……97
重点混乱地区治安整治……98
流动人口和特殊人群服务管理……98
群众安全感工作……98
城市管理综合执法……99
City Administration & Comprehensive Law Enforcement
城市管理综合执法机构及工作概况……99
市容市貌整治……99
违法建设整治……99
扬尘污染防治……99

军　事

Military

贺州军分区……100
Hezhou Army Division
军区部队思想政治工作……100
备战应急工作……100
军区部队扶贫工作……100
安全稳定工作……100
财务工作……100
武警贺州市支队……101
Armed Police Force Hezhou Branch
概况……101
思想政治教育……101
部队管理……101
安全保卫……102
军事训练……102
基层建设……102
后勤保障……103
拥政爱民……103
重大任务……103
支队二届四次党委扩大会议……103
支队二届五次党委扩大会议……103
中国人民武装警察部队贺州市消防支队……103
Armed Police Hezhou Fire Brigade
概况……103
组织建设……103
政治教育……103
安全保卫……104
军事训练……104
部队管理……104
后勤保障……104
拥政爱民……104
宣传教育……104
人民防空……105
Civil Air Defense
人防工作概况……105
人防指挥通信系统建设……105
人防工程建设……105
人防法治建设……105
基层人防建设……105
人防机关建设……105

经　济

Economics

分类经济……106
Classified Economy
·国有经济·……106
State-owned Economy
概况……106
国有资产监督管理体系建设……106
国有企业改革工作……106
国有资产保值增值……106
监事会建设工作……107
·集体经济·……107
Collective Economy
集体企业概况……107
二轻企业改制……107
联社服务……107
亮点工作……107
安全生产……107
·个体私营经济·……108
Individual Private Economy
个体工商业……108
私营企业……108
合伙企业……108
私营独资企业……109
农民专业合作社……109
·股份制经济·……109
Joint-stock Economy
内资(非私营)股份有限公司……109
私营股份有限公司……109
·外商及港澳台商投资经济·……110
Investment Economy by Foreign, Hong Kong, Macao & Taiwan Investors
外商投资企业概况……110
外商及港澳台商投资经济……110
投资开发和经济协作……110
Investment Development & Economic Cooperation
·固定资产投资·……110
Fixed Asset Investment
固定资产投资概况……110
重大项目推进成效显著……110
人民政府直属公司简介……110
·扶贫开发·……111
Poverty Alleviation & Development
扶贫开发机构及工作概况……111
扶贫资金投入……111
产业扶贫……111
贫困地区基础设施建设……111
为民办实事项目……111
金融扶贫……111
扶贫培训……111
定点扶贫……112
易地扶贫搬迁……112
·国内经济技术合作·……112
Domestic Economic & Technological Cooperation
经济区域合作……112
经济园区、示范区……112
Economic Park & Demonstration Area
经济区、示范区概况……112
广西贺州旺高工业区……113

粤桂县域经济产业合作示范区(信都工业区)……113
广西桂东电力股份有限公司……114
广西贺州生态产业园……115
广西贺州华润循环经济产业示范区……115
贺州市生态新城管委……116
钟山工业园区……116
对外经济贸易与澳台贸易……118
Foreign Economic & Trade & Macao & Taiwan Trade
·利用外资及港资·……118
Foreign Capital & Hong Kong Capital Utilization
利用外资概况……118
外来投资来源与项目分布……118
重点外商投资项目简介……118
·对外与香港贸易·……118
Foreign & Hong Kong Trade
对外贸易概况……118
对外贸易主要产品及市场……118
外贸进出口贸易情况……118
重要外贸活动……118
财政·税务……118
Finance & Tax
·财政·……118
Finance
财政机构及财政收支概况……118
财政支持地方经济发展……118
财政改革……119
收支管理……119
财政保障民生……119
财政监督检查……120
非税收入……120
基本建设项目资金管理……120
财政扶贫……120
财政支农……120
·国家税务·……120
National Tax
国家税务机构及税收概况……120
国税征管……121
税制改革……121
国税纳税服务……121
国税政策落实……121
·地方税务·……122
Local Tax
地方税务机构及税收概况……122
地税依法行政……122
地税纳税服务……122
地税征管……122
信息化建设……123
金融……123
Finance
·银行·……123
Bank
银行机构概况……123
存贷款业务……123
中间业务……123
保险业务……123
票据业务……123
外汇业务……123
黄金业务……123
金融创新……123
银行业监管……123
中国人民银行贺州市中心支行……124
中国农业银行股份有限公司贺州分行……125
中国工商银行股份有限公司贺州分行……125
中国农业发展银行贺州市分行……125
贺州八步东盈村镇银行……126
·保险·……126
Insurance
保险业概况……126
保险市场体系……126
人身保险公司业务情况(2016年)……126
财产保险公司业务情况(2016年)……127
财产保险……127
人身保险……127
主要公司简介……127
经济管理与监管……128
Economic Management & Supervision
·宏观经济管理·……128
Macroeconomic Management
概况……128
重点领域改革……128
发展规划编制……128
经济形势调研……129
投资与项目建设……129
经济结构调整……129
·国有资产监督管理·……129
State Assets Supervision & Management
概况……129
国有资产监督管理体系建设……130
国有企业改革工作……130
国有资产保值增值……130
监事会建设工作……130
·金融协调管理·……130
Financial Coordination Management
金融协调机构及工作概况……130
农村金融改革……131
存贷款业务……131
小额贷款服务……131
融资担保服务……131
保险服务……131
企业上市……131
打击非法集资……132
·物价管理·……132
Price Management
物价部门工作概况……132

价格调控……132
价格改革……132
价格调节基金……132
收费管理……132
取消和减免收费项目……132
市场价格监测……133
平价商店……133
价格调查……133
2016年贺州市10月份主要商品市场零售价格……133
市场价格监管……134
价格服务及价格基础工作……134
·工商行政管理·……134
Industry & Commerce Administration
工商管理机构及工作概况……134
公平交易执法……134
市场监督管理……134
商标管理……134
广告监管……134
打击传销……135
企业注册登记管理……135
个体经济登记管理……135
农民专业合作社登记管理……135
商事登记制度改革……135
“小个专”党建工作……135
市场主体年报公示……135
·审计·……135
Audit
审计工作概况……135
审计成果……135
财政审计……136
固定资产投资审计……136
经济责任审计……136
农业与自然环保审计……136
专项资金审计……136
其他审计调查……136
·统计·……136
Statistics
概况……136
统计服务……137
统计队伍建设……137
统计执法检查……137
统计信息化建设……137
·经济社会调查与监测·……137
Economic & Social Investigation & Monitoring
概况……137
经济社会调查与监测项目……137
统计法制工作……137
·质量技术监督·……137
Quality Technical Supervision
质量技术监督机构及工作概况……137
产品质量管理……138
食品质量安全监管……138
计量监督管理……138
质监体制改革……138
特种设备安全监察……138
·食品药品监督管理·……138
Food & Drug Supervision & Management
概况……138
食品监管……138
保健食品化妆品监管……139
药品和医疗器械日常监管……139
食品药品安全专项整治……139
食品药品安全科普宣传……139
干部队伍建设……139
·烟草专卖·盐业管理·……139
Tobacco Monopoly & Salt Management
烟草专卖概况……139
盐业管理……140
·安全生产监督管理·……140
Safety Production Supervision & Management
安全生产监督管理机构及工作概况……140
安全生产责任体系落实……140
安全生产事故防控工作……140
安全生产执法检查……141
安全生产宣传……141
职业健康监管……141
·海关·……141
Customs
概况……141
通关监管……141
查缉走私……141
关税征管……142
服务地方经济建设……142
·出入境检验检疫·……142
Entry & Exit Inspection & Quarantine
检验检疫机构及工作概况……142
进出口商品检验……142
检验检疫服务地方经济社会发展……142
检验检疫技术……142

产　业

Industry

农业……143
Agriculture
·农业综述·……143
Agricultural Review
农业和农村经济发展……143
农村土地改革……143
农业产业结构调整……143
农村专业合作经济发展……143
农业企业发展……143
农作物生产结构调整……143

· 粮食生产 · 144
Grain Production
粮食生产概况 144
稻谷生产 144
玉米生产 144
马铃薯生产 144
红薯生产 144
大豆生产 144
· 经济作物生产 · 144
Economic Crop Production
概况 144
甘蔗生产 144
蔬菜生产 144
木薯生产 144
桑蚕生产 144
茶叶生产 144
油料生产 144
经济作物种植面积及产量情况(2016 年) 144
食用菌生产 145
烟草生产 145
花卉生产 145
中药材生产 145
· 水果生产 · 145
Fruit Production
概况 145
政策导向 145
品牌建设 145
水果销售 145
主产业安保 145
科技应用 145
· 农业技术推广 · 146
Agricultural Technology Promotion
农业技术推广工作概况 146
农业现代化建设 146
农业信息服务体系建设 146
农业科技培训与教育 146
农作物“三避”技术推广 146
农作物“间套种”技术推广 146
无公害生产基地建设 146
耕地质量提升与建设 146
标准化生产与市场准入 147
节水农业技术推广 147
现代特色农业示范区建设 147
· 农业植保 · 147
Agricultural Plant Protection
农作物病虫草鼠害防治概况 147
水稻病虫害防治 147
玉米病虫害防治 147
蔬菜病虫害防治 147
柑橘病虫害防治 147
农田鼠害防治 147
农田草害防治 147
螺害防治 148
植物检疫 148
· 农业产品质量安全监管 · 148
Supervision of Quality & Safety of Agricultural Products
农业执法概况 148
农产品质量安全监管 148
农产品质量安全检测 148
· 农业机械化 · 148
Agricultural Mechanization
农业机械机构及工作概况 148
农机购置补贴 148
农机服务管理 148
农机安全生产 148
农机执法 149
· 农机技术推广 · 149
Agricultural Machinery Technology Promotion
农机推广机构队伍概况 149
农机技术推广 149
农机质量投诉监督 149
· 农村能源和生态农业建设 · 149
Rural Energy & Ecological Agriculture Construction
农村能源开发概况 149
沼气池建设 150
太阳能利用 150
农村生态能源职业技术培训 150
省柴节煤灶推广 150
农村能源综合示范试点建设 150
林业 150
Forestry
· 林业综述 · 150
Forestry Review
林业生产情况 150
林业旅游业发展情况 150
现代特色林业示范区建设 150
集体林权制度改革 151
· 森林资源培育 · 151
Forest Resources Cultivation
林业资源概况 151
种苗生产 151
速生丰产林工程 151
油茶造林 151
珠江防护林工程 152
退耕还林工程 152
石漠化治理工程 152
中央财政造林补贴项目 152
义务植树 152
村屯绿化 152
· 林业产业 · 152
Forestry Industry
林产工业概况 152
林产业加工 152
林产化学加工 152

林业加工园区建设……152
· 国有林场 ·……152
State-owned Forest Farm
国有林场概况……152
国有林场改革……152
· 森林和野生动植物保护 ·……153
Forest, Wildlife & Plant Protection
林政资源管理……153
森林防火……153
森林病虫害防治……153
野生动植物保护管理……153
自然保护区建设和管理……153
森林和野生动植物保护……154
林业科技创新……154
畜牧业……154
Animal Husbandry Industry
· 畜牧业综述 ·……154
Animal Husbandry Industry Review
畜牧业概况……154
畜牧科技……154
畜牧业标准化建设……154
· 畜牧业生产 ·……154
Animal Husbandry Production
生猪生产……154
家禽生产……155
草食畜禽养殖……155
养蜂业……155
奶业开发……155
重点养殖基地简介……155
· 畜禽良种繁育 ·……155
Breeding of Good Breed of Livestock & Poultry
畜禽保种……155
畜禽苗种生产……155
重点种畜种禽建设……155
· 动物卫生 ·……155
Animal Health
动物疫病防控……155
畜兽免疫……155
动物产地检疫……155
动物疫情监测……156
· 畜牧业行业管理 ·……156
Animal Husbandry Industry Management
屠宰行业管理……156
畜产品质量安全监管……156
饲料安全监管……156
兽药监督执法……156
渔业……156
Fisheries
· 渔业综述 ·……156
Fisheries Review
渔业经济发展……156
渔业科技成果……156
· 渔业生产 ·……157
Fisheries Production
渔业生产概况……157
渔业优势特色品种养殖……157
渔业规范管理……157
水产苗种生产……157
· 渔业行业管理 ·……157
Fisheries Administration
渔政管理……157
渔船检验……157
水产品质量安全管理……158
渔业安全生产管理……158
· 渔业资源保护 ·……158
Fisheries Resources Protection
水生生物资源养护……158
水生野生动植物保护与管理……158
工业……158
Industry
· 工业综述 ·……158
Industry Review
工业生产……158
工业经济效益……158
优势产业培育……158
工业绿色发展……158
工业投资及企业技术改造……159
工业企业技术创新……159
资源节约与综合利用……159
工业发展存在的问题……159
工业经济规划……159
· 轻工业 ·……159
Light Industry
轻工业概况……159
造纸及纸制品业……159
食品制造工业……159
农副产品加工业……160
纺织业……160
医药工业……160
· 电力工业 ·……160
Power Industry
电力工业概况……160
主要电力企业简介……160
· 机械工业 ·……161
Mechanical Industry
机械工业概况……161
主要机械企业简介……161
· 电子工业 ·……161
Electronics Industry
· 冶金工业 ·……161
Metallurgical Industry
概况……161
质量管理……162
主要钢铁冶金企业……162

· **建材工业** · 162
Building Materials Industry
水泥行业 162
· **碳酸钙工业** · 162
Calcium Carbonate Industry.
碳酸钙工业概况 162
主要碳酸钙企业简介 162
· **陶瓷工业** · 163
Ceramic Industry
陶瓷工业概况 163
主要陶瓷企业简介 163
· **印刷工业** · 163
Printing Industry
印刷工业概况 163
主要印刷企业简介 163
交通邮政业 164
Traffic & Postal Service
· **铁路运输业** · 164
Railway Transport Industry
铁路运输业概况 164
铁路建设 164
· **公路运输业** · 164
Road Transport Industry
公路运输业概况 164
公路交通基础设施建设 164
公路运输生产 165
公路养护管理 165
道路运输行业管理 165
交通行政执法 165
交通行政许可 166
· **城市公共交通** · 166
Urban Public Transport
城市公共交通运输概况 166
城市出租车 166
城市公共交通行业监管 166
· **水路运输业** · 166
Water Transport Industry
水路运输业概况 166
水路运输生产 167
水路运输管理 167
水运基础设施建设 167
· **国道省道建设** · 167
Construction of National Road & Provincial Road
概况 167
公路养护管理 167
路网工程建设 167
路政执法管理 167
贺州至钟山公路全线建成通车 168
· **邮政业** · 168
Postal Industry
机构及邮政业概况 168
邮政行业监督管理 168
农村邮站建设 168
行业安全管理 168
邮政消费者申诉处理 169
信息业 169
Information Industry
· **无线电管理** · 169
Radio Management
无线电管理概况 169
无线电台管理 169
无线电监测 169
无线电安全保障 169
无线电管理宣传 169
打击“伪基站”“黑广播” 169
规费征收 169
· **电信业** · 169
Telecom Industry
中国电信股份有限公司贺州分公司 169
中国移动通信集团广西有限公司贺州分公司 170
中国联合网络通信有限公司贺州市分公司 170
中国铁塔股份有限公司贺州市分公司 171
· **房地产业** · 171
Real Estate Industry
房地产业概况 171
房地产市场管理 171
白蚁防治 171
商业服务业 171
Commercial Service Industry
· **商业服务业综述** · 171
Commercial Service Industry Review
社会消费品市场 171
农贸市场建设 171
成品油市场流通 171
电子商务 171
· **粮食商业** · 171
Grain Commerce
概况 171
粮食安全行政首长责任制 172
粮食直接补贴 172
粮食流通监督检查 172
储备粮油管理 172
粮食安全管理 172
开展节粮减损活动 173
粮食仓储设施项目建设 173
· **肉食品商业** · 173
Meat & Food Commerce
猪肉储备 173
· **食盐商业** · 173
Salt Commerce
概况 173
食盐购销 173
· **卷烟商业** · 173
Cigarette Commerce

贺州烟草概况……173
· 石油商业 ·……173
Oil Commerce
石油商业概况……173
中国石油化工股份有限公司广西贺州石油分公司……173
中国石油天然气股份有限公司广西贺州销售分公司……174
· 供销合作联社 ·……174
Supply & Marketing Cooperatives
机构概况……174
购销业务……174
农资经营……174
供销合作社综合改革……174
供销社改革文件出台……174
· 医药商业 ·……174
Pharmaceutical Commerce
医药商业概况……174
药品医疗器械经营企业网点分布(2016 年)……175
· 个体商业 ·……175
Individual Business
个体贸易业……175
个体住宿和餐饮业……175
个体居民服务、修理和其他服务业……175
· 广告业 ·……175
Advertising
广告业概况……175
广告违法案件查处……175
旅游业……175
Tourism
· 旅游业综述 ·……175
Tourism Review
旅游业机构及工作概况……175
旅游市场监督管理……176
旅游接待和旅游收入……176
旅游区域合作……176
旅游信息化建设……176
· 旅游规划建设 ·……176
Tourism Planning & Construction
旅游规划编修……176
旅游项目建设……176
A 级景区创建……176
· 旅游市场开发 ·……176
Tourism Market Development
旅游市场营销体系建设……176
主要旅游主题活动……177
国家 AAAA 级景区简介……177
· 旅游行业管理 ·……178
Tourism Industry Management
旅行社管理……178
导游人员管理……178
旅游饭店管理……178
旅游安全管理……178
旅游行业培训……179
· 旅游节庆活动 ·……179
Tourism Festival Activity
元宵上灯炸龙节……179
黄姚鱼龙节……179
“5·19”旅游日……179
黄姚柚子灯节……179
富川脐橙节……179

国土资源·建设·环保

Land & Resources, Construction, Environmental Protection

资源……180
Resource
· 国土资源管理 ·……180
Land & Resources Management
国土资源概况……180
土地资源……180
矿产资源……180
国土资源规划……180
贺州市和市辖 3 县各种地类面积结构(2016 年)……180
项目用地保障……181
征地拆迁……181
土地储备……181
国有土地供应……181
地籍管理……181
土地开垦整理……181
矿产资源开发管理……181
矿业秩序整顿……182
国土资源行政监察……182
地质灾害治理……182
行政审批改革……182
国土资源信息化管理……182
国土资源信息公开……182
依法行政……182
信访和维稳工作……182
土地例行督察……182
· 水资源管理 ·……182
Water Resource Management
水利机构及工作概况……182
河流概况……183
水资源管理……183
水资源总量……183
江河水质……183
水土保持……184
水资源开发利用……184
水利执法……184
大中型水库及电站简介……184

建设……186
Construction
· **建设综述** ·……186
Construction Review
建设概况……186
· **重点建设** ·……187
Key Construction
重点建设概况……187
重点建设项目选介……187
· **城市规划与村镇规划** ·……188
Urban Planning & Village Planning
概况……188
贺州市总体规划修编……188
片区、园区、重大项目规划编制……189
专题规划编制及研究……189
村镇规划……189
规划服务工作……189
· **村镇建设** ·……189
Village & Town Construction
概况……189
村镇公共设施建设……190
农村危房改造……190
· **水利和地方电力建设** ·……190
Water Conservancy & Local Power Construction
水利建设概况……190
农田水利建设……190
2016 年贺州市在建(改扩建)水电站情况……190
水利建设主要指标完成情况……190
农村饮水安全巩固提升工程建设……191
大中型灌区建设……191
水电电源建设……191
· **移民** ·……191
Reservoir Migration
移民工作管理机构概况……191
水库移民概况……191
易地扶贫搬迁移民概况……191
水库移民后期扶持政策落实……191
水库移民新村建设……191
水库移民基础设施建设……191
水库移民增收项目建设……191
水库移民教育培训……191
水库移民避险解困试点工作……191
路花水库移民安置前期工作……191
维护库区社会稳定……192
易地扶贫搬迁工程建设……192
· **建筑施工** ·……192
Building Operations
建筑施工企业概况……192
建筑市场秩序规范管理……192
建设工程质量管理……192
建筑业安全生产……192
建筑业评优……192
建设领域“清欠”工作……192
环境保护……193
Environmental Protection
环境保护机构及工作概况……193
环境质量……193
污染减排……193
环境应急管理……193
水污染防治……194
环境专项整治……194
城市环境综合整治……194
降雨监测……195
环境监测……195
贺州市城区环境空气质量监测点位布设(2016 年)……195
生态保护和建设……196
采样点基本情况(2016 年)……196
辐射安全监管……196
环境执法监察……197
排污费征收……197
贺州市降雨 pH 值结果统计(2016 年)……198
贺州市环境空气质量监测点位一览(2016 年)……198
贺州市河流水质监测断面布设情况(2016 年)……198
贺州市集中式饮用水源地基本情况(2016 年)……198

文化 · 卫生 · 体育

Culture, Health & Sports

文化……199
Culture
· **文化综述** ·……199
Culture Review
机构概况……199
工作概况……199
文化体制改革……199
贺州新闻网……199
文化产业发展……199
· **公共文化** ·……200
Public Culture
群众文化活动……200
文化基础设施建设……200
· **非物质文化遗产** ·……200
Intangible Cultural Heritage
非物质文化遗产概况……200
非物质文化遗产保护……201
非物质文化遗产文艺作品……201
· **专业文艺** ·……201
Professional Literature & Art
专业文艺事业概况……201
艺术作品获奖……201
文艺演出活动……201
· **文化市场管理** ·……201
Cultural Market Management

文化市场管理概况……201
文化市场监管……201
上网服务行业转型……202
文化市场重大案件查办……202
文化市场行政审批……202
·文物博物·……202
Cultural Relics
文物博物事业概况……202
文物藏品保护……202
可移动文物普查……202
文物宣传和交流……202
文物研究……202
考古发掘……202
古建筑维修……202
文物征集……202
文物普查……202
·广播电视电影·……203
Radio, Television & Film
广播电视事业概况……203
广播电视基础设施建设……203
广播电视宣传……203
电影事业概况……204
电影放映……204
·新闻出版·……204
Press & Publication
新闻出版概况……204
版权管理……204
软件正版化管理……204
贺州日报社概况……204
·地方史志研究·……205
Local Chronicles Reserch
概况……205
地方志书编纂……205
年鉴编纂……205
史志宣传工作……206
《中国共产党贺州历史》第二卷编纂……206
《中共贺州委执政纪事》编纂……206
党史专题征研……206
·档案·……206
Archives
档案机构及工作概况……206
档案馆基础业务建设……206
贺州市政府信息公开查阅中心……207
档案法制宣传培训……207
档案信息化工作……207
机关、企事业档案工作……207
农业和农村档案工作……208
重大建设项目档案工作……208
档案统计年报工作……208
国家综合档案馆建设年度考核工作……208
医疗卫生……208
Medical & Health
·医疗卫生综述·……208
Medical & Health Review
概况……208
医药卫生改革……208
医养结合工作显成效……208
实施全区第一个医疗卫生 PPP 项目……209
中医药民族医药……209
医学科技与教育……209
·医政管理·……209
Medical Administration
基层医疗机构集中整顿活动……209
建档立卡……209
·疾病预防控制与卫生监督·……209
Disease Control & Health Supervision
疾病预防控制工作概况……209
加强流感、人感染高致病性禽流感监测……209
加大手足口病疫情防控力度……209
卫生应急……209
全面实施结核病防控策略……210
慢性病防治工作……210
防治艾滋病攻坚工程……210
公共卫生监测工作……210
卫生监督与执法……210
·妇幼卫生·……210
Maternal & Child Health
妇幼卫生工作概况……210
·爱国卫生工作·……210
Patriotic Health Work
·基层卫生·……211
Basic Health
概况……211
社区卫生……211
八步区卫生计生工作……211
平桂区卫生计生工作……211
钟山县卫生计生工作……212
富川县卫生计生工作……212
昭平县卫生计生工作……213
·计划生育·……213
Family Planning
人口和计划生育概况……213
两孩政策……213
扶助政策……213
基本情况(2016 年)……214
出生人口性别比综合治理……214
建立诚信计生承诺兑现制度……214
计生协会工作……214
流动人口基本卫生计生服务管理……214
体育……214
Sports
·体育综述·……214
Sports Review
体育工作概况……214

2016 年贺州市输送运动员在全国(含全国)以上级参加比赛成绩 215
2016 年参加年度锦标赛各项目获金牌运动员名单 216
· 竞技体育 · 217
Competitive Sports
竞技体育工作概况 217
体育赛事举办 217
· 群众体育 · 217
Mass Sports
群众体育概况 217
全民健身活动 217
学校体育 217

科学 · 教育

Science & Education

科学技术 218
Science & Technology
· 科技综述 · 218
Science & Technology Review
科技事业发展概况 218
科技发展新规划 218
科技投入 218
科学技术普及 218
科技基础平台建设 218
科技合作与交流 218
科技中介服务 219
· 科学研究 · 219
Scientific Research
科技计划项目立项 219
重大科研项目 219
贺州市获广西科学技术奖项目(2016 年) 219
· 专利与知识产权 · 219
Patents & Intellectual Property Rights
专利与知识产权工作概况 219
2016 年贺州市申请专利项目 220
知识产权培训与宣传 220
知识产权保护 220
· 气象事业 · 220
Meteorology Cause
气象事业机构概况 220
气候事业概况 221
主要气候事件 221
气象服务 223
农村气象灾害防御体系建设 223
农业气象服务体系建设 223
人工影响天气 223
气象现代化建设 223
气象依法管理 223
气象科普宣传 224
水文事业 224
Hydrology Cause
· 水文 · 224
Hydrology
水文事业概况 224
水文测验 224
水资源质量监测 224
洪水预警预报 224
资料整编及分析 225
水文应急监测 225
贺州市水质监测站水质状况评价(2016 年) 225
水文基础设施建设 225
· 地震 · 225
Earthquake
地震事业概况 225
地震台网建设 226
地震监测预报 226
抗震应急管理 226
农村民居防震保安工程 226
防震减灾宣传 226
2016 年贺州市地震活动目录 226
2016 年贺州地区地震活动 227
教育 227
Education
· 教育综述 · 227
Education Review
概况 227
教育经费收入与支出 227
教育项目建设 227
学校安全稳定工作 227
教育督导工作 227
学生资助工作 227
体育卫生和艺术工作 227
语言文字工作 228
教育精准扶贫 228
干部队伍建设 228
依法治教 228
党风廉政教育和作风建设 228
基层党建工作 228
· 基础教育 · 228
Basic Education
学前教育 228
义务教育 228
推进义务教育学区制管理改革试点工作 229
义务教育“控辍保学”工作 229
“超大班额”整治 229
德育工作 229
青少年科技创新和校外活动 229
对接优质教育资源 229
开展国际教育交流 229
学生评优工作 229

营养改善计划……229
普通高中教育……229
普通高中基础能力建设……229
推进高中课程改革……229
高考再创新佳绩……229
民办教育……230
特殊教育……230
民族教育……230
开展民族团结教育……230
· **职业教育** ·……230
Vocational Education
职业教育概况……230
职业教育基础能力建设……230
职业教育综合改革……230
举办贺州首届职业院校学生技能比赛……230
实施"东靠战略"和"周末名师"工程……230
组建贺州职业教育集团……230
职业教育获得荣誉……231
· **教师队伍** ·……231
Teaching Staff
人才引进……231
教师队伍建设……231
中小学骨干教师集中培训……231
中小学名校长培养工程……231
组织开展"一师一优课,一课一名师"活动……231
实验教学与教学仪器……231
"支教走教"计划……231
实施乡村教师生活补助计划……231
教师资格认定……231
职称评审……231
教师评优工作……231
· **高等教育** ·……231
Higher Education
贺州学院概况……231
教育经费的收入与支出……232
创新创业教育……232
产教融合……232
教育教学改革……232
高校科学研究……232
高校教师队伍建设……232
学生工作……232
民生工程……233
校园文化……233
国际交流与合作……233
高校党建与统战工作……233

社会生活

Social Life

婚姻·家庭……234
Marriage & Family
婚姻登记……234
婚姻法律法规知识宣传……234
家庭文明建设……234
妇女·儿童……234
Women & Children
妇女儿童合法权益……234
妇女创业就业服务……234
实施妇女儿童发展规划……235
青少年……236
Youngsters
乡村青年文化活动……236
联系青年……236
第二届两岸青年农业论坛……236
青春扶贫……236
青少年维权工作……236
少先队工作……236
老年人……236
Aged
老年人及老龄工作概况……236
老年人优待工作……237
敬老爱老活动……237
老年团体活动……237
残疾人……237
Disabled
残疾人概况……237
残疾人康复……237
特教工作……237
残疾人就业……238
残疾人社会保障……238
残疾人文体活动……238
残疾人维权……238
民俗……238
Folk Custom
民委工作概况……238
主要民俗活动……238
宗教活动……239
Religious Activities
宗教工作概况……239
主要宗教活动……239
城镇居民生活……239
Urban Residents' Life
城镇居民可支配收入情况……239
城镇居民消费支出情况……240
贺州市城镇可支配收入数据(2016年)……240
农村居民生活……240
Rural Residents' Life
农村居民收入情况……240
贺州市农村可支配收入数据(2016年)……241
2016年12月居民消费、商品零售和农业生产资料价格指数……241
物价……241
Price

居民消费价格……241
农业生产资料价格……241
消费维权……242
Consumer Rights Protection
消费者权益保护……242
住房保障……242
Housing Security
住房保障……242
房改政策的制定与实施……242
住房公积金管理……242
住房公积金建制……242
住房公积金缴存……242
住房公积金归集……242
住房公积金提取……242
住房公积金贷款……242
住房公积金增值收益……242
工作亮点……242
社区……243
Community
农村社区建设概况……243
农村社区管理服务……243
社会保障……243
Social Security
社会救助工作……243
城镇居民最低生活保障……244
农村居民最低生活保障……244
城乡医疗救助……244
农村五保供养……244
流浪乞讨人员救助管理……244
失业工伤生育保险……244
基本养老保险……244
城镇居民基本医疗保险……244
城乡居民基本养老保险……244
社会保险标准化建设……244
基层服务平台建设……244
和谐劳动关系建设……244
社会福利……245
Social Welfare
社会福利事业概况……245
儿童福利事业……245
残疾人福利……245
福利彩票发行……245
农村幸福院建设……245
慈善事业……245
Philanthropy
慈善组织及工作概况……245
慈善项目实施……245
慈善事业宣传……245
红十字会……245
Red Cross Society
贺州市红十字会概况……245
组织建设……245
红十字宣传……246
人道救助……246
应急救援……246
应急救护培训……246
志愿服务……246
三献工作……246
艾滋病防治……246
灾害事故……246
Disaster Accident
工矿生产安全事故案例……246
道路交通事故……247
道路交通管理……247
殡葬……248
Funeral & Burial
殡葬机构及工作概况……248
殡葬管理与服务……248
公墓管理……248
殡仪队伍建设……248

县（区）概况

County (District) Survey

八步区……249
Babu District
概况……249
脱贫攻坚……249
工业经济发展……249
新型城镇化建设……250
“美丽八步”建设攻坚战……250
特色农业发展……250
打造社会和谐稳定示范区……250
加强作风建设……250
钟山县……250
Zhongshan County
概况……250
脱贫攻坚强基年……251
产业转型发展……251
城乡发展……251
“美丽乡村”建设……252
“县基合一”新机制……252
贺州市第四届运动会暨第二届全民健身运动会……252
第九届广西十大孝心人物——唐小权……252
富川瑶族自治县……252
Fuchuan Yao Autonomous County
概况……252
脱贫攻坚……253
生态工业发展……253
特色农业发展……253
生态建设……253
柑橘黄龙病防治……254

昭平县……254
Zhaoping County
概况……254
经济发展……254
项目投资……255
特色产业……255
民生事业……255
生态城乡……255
深化改革……255
荣获“中国长寿美食之乡”称号……255
被授予“中国有机茶之乡”称号……255
入选中国百佳深呼吸小城……255
南山茶海被列为自治区现代特色农业示范区……256
获得桂江湿地公园(试点)建设……256
李秀平夫妇荣登“中国好人榜”……256
举办第二届桂粤湘(贺州·昭平)龙舟赛……256
精准扶贫攻坚工作……256
平桂区……256
Pinggui Management Area
平桂区概况……256
国务院批准设立平桂区……257
设区工作圆满完成……257
平桂区举行揭牌仪式……257
稳步推进精准扶贫攻坚……257
经济社会持续健康发展……257
农业转型发展态势良好……257
碳酸钙产业可持续发展……258
教育惠民工作落实到位……258
打造“智慧平桂”公共信息平台……258

人　物

Characters

先进人物名录……259
Advanced Characters List
逝世人物……261
Dead Person
百岁老人……261
Centenarians
八步区百岁老人名单……261
平桂区百岁老人名单……264
钟山县存活实足百岁及以上老人花名册……266
富川瑶族自治县百岁老人名单……268
昭平县百岁老人(2016)……269

大事记

Memorabilia

1月……272
January
2月……273
February
3月……274
March
4月……274
April
5月……275
May
6月……276
June
7月……277
July
8月……278
August
9月……278
September
10月……280
October
11月……280
November
12月……282
December

统计资料

Statistical Information

2016年贺州市国民经济和社会发展统计公报……284
Statistical Communique for Hezhou's National Economic & Social Development in 2016

附　录

Appendix

地理标志产品……290
Geographical Indication Product
广西名牌产品……290
Guangxi Famous Brand Products
贺州市获广西名牌产品(有效期内)……290
2016年贺州市城区公交线路……291
Hezhou City Bus Line in 2016
贺州市主要旅游线路……292
Hezhou Main Tourist Routes

索　引

Indexes

索引……293
Indexes

特　载

编　辑：陈敏兰
许中继

把握新机遇　引领新常态
展现新作为　为加快实现发展
新定位全面建成小康社会而努力奋斗

——2016 年 9 月 20 日在中国共产党贺州市
第四次代表大会上的报告

贺州市委书记　赵德明

中国共产党贺州市第四次代表大会，是在我市全面实施"十三五"发展规划、推动科学发展转型跨越、全面建成小康社会决胜阶段召开的一次十分重要的大会。大会的主题是：高举中国特色社会主义伟大旗帜，全面贯彻党的十八大和十八届三中、四中、五中全会精神，坚持以马克思列宁主义、毛泽东思想、邓小平理论、"三个代表"重要思想、科学发展观为指导，深入学习贯彻习近平总书记系列重要讲话精神，牢固树立政治意识、大局意识、核心意识、看齐意识，全面落实五大发展理念，紧紧围绕"五位一体"总体布局和"四个全面"战略布局，在新的起点上，把握新机遇、引领新常态、展现新作为，为加快建成广西对接东部和中部地区的重要门户和枢纽、与全国全区同步全面建成小康社会而努力奋斗。确立这个主题，立足贺州市情，贯彻上级精神，体现时代要求，反映人民期盼。

一、过去五年开创了贺州科学发展加快发展新局面

市第三次党代会以来的五年，是贺州经受考验、砥砺前行、谱写新篇的五年。在党中央和自治区党委的正确领导下，我们团结带领全市广大党员和干部群众，紧紧围绕建设富裕文明和谐幸福新贺州奋斗目标，谋划实施"工业立贺、富民强市"和"生态立市、产业强市、开放兴市"发展战略，大力发展循环经济、生态经济，加快壮大碳酸钙和新型建筑材料"两个千亿元产业"，精心培育旅游、休闲、养生和养老四个生态健康新业态，积极破解改革发展难题，有效应对系列案件、事件冲击和经济下行压力，适应引领经济发展新常态，协调推进经济、政治、文化、社会、生态文明建设和党的建设，努力打造"广西对接东部和中部地区的重要门户和枢纽"，提升了贺州在全区发展大局中的地位，增强了全市人民的自信心和凝聚力。

五年来，绿色发展路子越走越宽阔，正从传统发展动能加快向新发展动能转变。我们始终坚持走生态优先绿色发展之路，推进绿色、低碳、循环、可持续发展，近年来生态经济形成的新产业、新效益、新动能，有效对冲了传统产业、传统动能下滑造成的被动局面，实现了经济逆势上扬、提质增效。"十二五"期间，全市地区生产总值年均增长 8.4%，达到 468.11 亿元，是 2010 年的 1.58 倍；财政收入年均增长 16.4%，达到 47.14 亿元，是 2010 年的 2.13 倍；累计完成全社会固定资产投资 2769 亿元，是"十一五"的 2.73 倍。农业基础地位进一步巩固，生态有机农业蓬勃发展，成为全国首个出口食品农产品质量安全示范区县(区)全覆盖设区市。工业主体地位进一步强化，以"两个千亿元产业"为主导的特色工业体系加快形成，碳酸钙产业产值突破 100 亿元，成为全国最大的重质碳酸钙粉体生产基地和中国重钙之都。服务业后发优势进一步凸显，在全区率先制定实施生态健康产业发展规划，培育四个生态健康新业态，生态健康旅游、休闲产业年均增长 35.1%，成为中国第一个长寿市，入选首批国家级医养结合试点市。

五年来，时空格局发生重大变化，正从相对封闭的内陆地区加快向向东开放合作前沿转变。我们始终坚持主动融入东部发达地区，以交通建设为先导，深入开展交通基础设施大会战和综合交通项目建设攻坚战专项行动，连接桂粤湘的交通要道基本打通，尤其是贵广高铁建成通车，使贺州迈进了"高铁时代"，极大改变了时间空间格局，贺州桂粤湘区域性综合交通枢纽城市雏形初现。以园区建设和专业展会为抓手，打造了广西碳酸钙千亿元产业示范基地、华润循环经济产业示范区、粤桂县域经济产业合作示范区、自治区级高新技术产业开发区、黄姚古镇旅游文化产业区和中国贺州石材·碳酸钙工业展览会、贺州农产品交易会等一批各具特色的对外开放合作平台。以产业合作发展为核心，围绕"两个千亿元产业"、生态健康产业、循环经济发展，引进华润、中铝、中冶、中国有色等知名大型企业集团及一大批民营中小企业，投资项目 2300 个，到位资金 1563.6 亿元，有力提升了对外开放合作水平。

五年来，改革创新不断深化，正从对传统路径的依赖加快向构建发展新体制转变。我们始终坚持推进改革创新，重点领域和关键环节改革取得了重大突破，为经济社会发展注入了新动力、开辟了新境界。特别是，“多规合一”试点探索建立的“1+3+X”地方规划体系等成果，成为中央深改办试点市县的示范，为贺州未来发展创造了重大机遇；国务院批准设立平桂区，优化了全市区划设置，为促进区域经济发展增添了新活力；以“强镇兴村富民，强基固本利治”为目标，探索17个特色重点镇综合配套改革，为创新党建工作、推进新型城镇化、促进城乡一体化发展提供了新路径；着力优化国资布局结构、增强国有企业控制力影响力，组建正赢、旅实、矿投和农投等集团公司，国有企业改革迈上了新台阶；加大简政放权力度，行政审批、投融资体制等方面改革取得新成效，被列为全国综合行政执法体制改革试点市；与中国科学院等科研院所合作建设产学研创新平台和基地，碳酸钙和新型建筑材料等主导产业关键技术攻坚取得新突破。

五年来，新型城镇化深入推进，正从城市品位不高、缺乏特色加快向“生态良好、风情浓郁、宜居宜商的美丽贺州”转变。我们始终坚持规划建设管理并重，努力提升城乡建设质量和水平。启动生态新城和生态水系规划，推进城东新区、平桂新城建设，实施城市建设大会战、“一江两岸”综合开发工程，狠抓市容市貌整治，提升了城市品位，拉开了城市框架，城市建成区面积扩大至40平方公里，全市城镇化率达到43%。采取“雷霆行动、霹雳手段”，及时果断、稳妥成功处置了贺江水污染事件，并全面打响生态环境保卫战，彻底清除了全市环境安全隐患。成功创建国家森林城市，入选国家生态保护与建设示范区，荣获国家环境保护“绿坐标”管理创新奖，全市森林覆盖率达72.87%。拥有4项国家级非遗名录项目，14个村落入选中国传统村落名录、2个村落入选中国少数民族特色村寨名录。在全区率先开展清洁城镇乡村活动，“三自一补”运作模式获得自治区的充分肯定，农村村容村貌发生了重大变化。深化双拥工作，建市十五年来连续三次荣获“全国双拥模范城”称号。

五年来，保障和改善民生力度不断加大，正从城乡发展不平衡加快向发展差距缩小态势转变。我们始终坚持把保障和改善民生作为一切工作的出发点和落脚点，制定实施城乡居民收入“倍增计划”，不断加大扶贫开发工作力度，着力推进革命老区“三年帮扶行动”，大力发展社会事业，努力补齐民生短板，重点民生领域累计投入555.7亿元，占财政总支出的78.9%，人民群众有了更多获得感。城镇居民收入和农民人均纯收入年均分别增长9.8%、13.4%，达到25194元和8056元，是2010年的1.59倍和1.87倍，收入差距由3.68 ： 1缩小为3.13 ： 1。广大农村生产生活、出行条件大幅度改善，贫困地区农民人均纯收入年均增长18.7%，累计减贫34.8万人。全市城镇登记失业率始终低于控制目标，社会保障范围基本实现全覆盖。成功组建贺州职业学院，新建、迁建、扩建贺州高级中学等一批中小学校，有效化解城区义务教育学校“超大班额”问题，基本消除农村寄宿制学校“大通铺”现象，实现了学生不因家庭贫困而失学目标。全民健身和体育竞技水平不断提升，贺州籍体育健儿在全国以上赛事获金牌37枚。建成市人民医院医技综合楼、平桂人民医院等项目，实现村级卫生所全覆盖，单独二孩、全面两孩政策稳步实施。累计开工建设保障性住房、棚户区和危房改造近20万套(户)，解决82.5万人饮水不安全问题。老龄、妇女儿童、残疾人、史志、档案等社会事业也取得新成绩。

五年来，全面从严治党落到实处，正从经受系列案件冲击加快向风清气正、心齐气顺、劲足事成的政治新生态转变。我们始终坚持把党要管党、从严治党的责任扛在肩上、抓在手中，切实履行好主体责任，尤其是面对系列案件、事件冲击，敢于直击积弊、扶正祛邪，成功驾驭住政局、稳定了队伍、稳定了社会面，开创了党的建设工作新局面。切实加强理论武装工作，组织广大党员干部深入学习贯彻习近平总书记系列重要讲话精神，引导广大党员干部坚定信念、不忘初心、保持定力。扎实开展党的群众路线教育实践活动、“三严三实”专题教育和“两学一做”学习教育，各级党组织的战斗堡垒作用明显增强，党员干部整体素质明显提高。坚持新时期好干部标准，制订深化人事制度改革“1+7”文件，破除干部选拔任用过程中的“四唯”现象。加强干部教育培训工作，实施育才“双千计划”、建设人才小高地等人才重大工程，加大“柔性引才”力度。实施基层党组织优化等“六大工程”，强化抓乡促村工作，落实“三会一课”制度，完善“双述双评”制度，构建党建工作责任体系，推广“民事联解工作法”，开展“干成一件事·岗位显风采”等主题活动，强化党组织的政治引领和服务群众功能。认真贯彻中央八项规定精神，开展履职尽责“回头看”活动、“不作为、乱作为”集中专项整治活动、查处发生在群众身边的“四风”和腐败问题专项工作，有效整治了“四风”等突出问题。牢牢抓住党风廉政建设两个责任“牛鼻子”，高度重视“扎篱笆”“堵漏洞”，建立健全党风廉政建设“签字背书”等制度，把握运用监督执纪“四种形态”，始终做到挺纪在前、有腐必反，全市各级纪检监察机关受理信访举报7946件，立案查处1635件，给予党政纪处分1492人，移送司法机关处理97人，党风廉政建设和反腐败斗争取得新胜利。

为维护和巩固良好的政治、经济新生态，五年来我们注重加强宣传思想文化工作，牢牢守住党的意识形态主阵地，大力培育和践行社会主义核心价值观，找准基层公共文化服务体系建设着力点，在全区率先实施“千村万户文艺惠民工程”，建设市文化中心、村级公共服务中心和农家书屋等一批公共文化基础设施，涌现全国道德模范陈春林等一批先进典型，创作一批文艺精品，推出系列宣传活动，全方位展示新形象、汇聚正能量、提升精气神。注重加强社会主义民主政治建设，支持人大代表科学履职、依法监督，推进人大工作制度、监督方式、代表工作创新；支持人民政协履行政治协商、民主监督、参政议政职能，扎实推进人民政协协商民主建设；加强统一战线工作，创建系列“同心”惠民品牌，鼓励支持非公经济发展，促进政党、民族、宗教、阶层、海内外同胞关系和谐；大力扶持少数民族聚居地区加快发展，坚持和完善基层群众自治制度，充分发挥各民主党派、无党派人士和工青妇等人民团体作用，凝聚起推动改革发展稳定的强大合力。注重加强法治建设，着力推动平安贺州、法治贺州建设，扎实做好地方立法权承接工作，制定实施《贺州市立法条例》，加快司法体制改革，大力支持审判机关、检察机关依法独立行使职权,全面营造尊法、学法、守法、用法的浓厚氛围,社会稳定动态各项工作连续排在全区前列,人民群众分享到最大的平安福利,安全感大幅提升。

过去五年取得的成绩,为加快实现发展新定位、全面建成小康社会打下了坚实基础。这些成绩的取得,是党中央、国务院和自治区党委、政府正确领导、亲切关怀的结果,是历届市委励精图治、打好基础的结果,是全市各级党组织、广大党员和各族人民同心同德、艰苦奋斗的结果,是社会各界热情关心、大力支持的结果。在此,我谨代表中共贺州市第三届委员会,向全市广大党员、干部和各族人民,向各民主党派、工商联、各人民团体和社会各界人士,向人民解放军驻贺部队指战员、武警部队官兵,向所有关心、支持贺州发展的同志们、朋友们,表示衷心的感谢并致以崇高的敬意!

经过五年的辛勤耕耘,贺州已经站在新的起点上,加快实现发展新定位、全面建成小康社会可期可盼。要保持状态、继续前进、行稳致远,务必认真总结过去弥足珍贵的经验。必须加强理论武装,坚持不懈地学习贯彻习近平总书记系列重要讲话精神,用这一中国特色社会主义理论体系的最新成果、当代中国最现实的马克思主义武装头脑、指导实践、推动工作。必须突出改革创新,融入大局、顺应大势,勇立潮头、敢为人先,以"滚石上山"的勇气深化重点领域和关键环节改革,从改革创新中释放活力、获取红利。必须注重补齐发展短板,重点加快基础设施重大项目建设,以大交通带动大物流、集聚大产业,以一体化建设促进城乡协调发展。必须强化生态立市、产业强市,在保护好生态环境前提下,大力发展生态特色产业,不断放大生态资源优势。必须实行开放兴市,战略上主动衔接、经济上主动融入、人文上主动交流,全面对接东部、中部地区,实现合作共赢。必须坚持以人为本、执政为民,作出更有效的制度安排,千方百计让群众过上更加殷实、幸福生活。必须坚持"一张蓝图"干到底,运用法治思维和法治方式推进工作,集中力量办大事、接续发展创伟业,以"功成不必在我"的政绩观做好事关贺州发展大局的事情,尤其以"十年磨一剑"的恒心和定力,精心培育贺州主导产业,促成"两个千亿元产业"目标早日实现。必须全面从严治党,牢牢抓住领导干部这个"关键少数",注重管住基层党员这个"重要多数",发挥好基层党组织的政治引领功能和共产党员的先锋模范作用,巩固"又干活又干净"良好氛围。这些既是过去行之有效的做法,也是未来必须坚持的经验,要在实践中不断总结深化、创新发展。

回顾过去,贺州发展虽然取得了可喜变化,但后发展欠发达状况尚未根本改变,还存在不少发展短板,主要有:改革创新短板,制约科学发展的体制机制障碍较多,人才供需和结构性矛盾突出,科技创新驱动不强;基础设施短板,综合交通互联互通水平有待提高,市政设施不完善、与群众期望还有较大差距;资源转化短板,"绿水青山"还没有高效转化为"金山银山",新旧产业和发展动力仍"青黄不接",县域经济实力偏弱;开放合作短板,向东开放层次和水平不高,"引进来"力度不大,"走出去"能力不强;民计民生短板,脱贫攻坚任务艰巨,城乡居民收入差距还较大,基本公共服务供给不足。同时,党建工作和法治建设还存在薄弱环节,一些基层党组织软弱涣散,少数党员干部党的意识不强、能力不足、工作不在状态,甚至腐败堕落;党员干部法治思维和依法行政能力有待进一步增强,等等。对此,我们必须高度重视,认真加以解决。

二、把握新机遇,向着加快实现发展新定位全面建成小康社会目标奋力冲刺

今后五年,我市处于加快实现发展新定位关键期、全面建成小康社会决胜期、科学发展转型跨越攻坚期,既面临诸多重大发展机遇,也面临短板制约和压力叠加的严峻挑战。

从国际形势看大趋势,和平与发展的时代主题没有变,世界多极化、经济全球化、文化多样化、社会信息化深入发展,世界经济在深度调整中曲折复苏,新一轮科技革命和产业变革蓄势待发,这有利于贺州抓住我国发展仍处于可以大有作为的重要战略机遇期,继续集中力量把自己的事情办好,不断开拓发展新境界。从全国全区看大格局,我国经济发展进入新常态以来,发展理念创新正推动着发展全局的深刻变革,经济发展方式加快转变,新的增长动力正在孕育形成,经济长期向好基本面没有改变,特别是创新驱动战略不断催生新技术、新模式、新业态,"互联网+"、高铁经济对传统生产方式产生革命性变化,健康中国战略给生态健康产业发展带来无限机遇,为贺州未来五年加快转型发展、实现后发崛起提供了可能;我国"一带一路"战略开创了对外开放新局面,中央赋予广西"三大定位"新使命、支持贫困地区脱贫致富奔小康,自治区赋予贺州"建成广西对接东部和中部地区的重要门户和枢纽"发展新定位,为贺州加快开放合作、改善民生、补齐脱贫这一全面建成小康社会的最大短板提供了历史性机遇。从珠三角地区看大市场,珠三角地区已迈进高收入地区行列,产生较强的"溢出效应",目前正以其先进制造业、现代服务业、战略新兴产业为基础,利用珠江—西江经济带、粤桂黔高铁经济带与周边省区加强合作,同时广东自贸区对泛珠三角地区的驱动力和辐射力大幅提升,这为贺州培育新产业、新业态提供了广阔市场,我们的矿产、生态、养生等优质资源有望转化为高附加值的产业集群。

目前,我市发展的基础条件已经发生积极变化,基本适应了速度变化、结构优化、动力转换的经济新常态,加上"多规合一"试点改革红利和政策红利加速释放,国家生态保护与建设示范区、国家医养结合试点市启动建设,将进一步放大绿色生态优势、加快推动经济转型升级,有利于贺州实现后发崛起。同时,我们也要清醒地认识到,国际金融危机深层次影响在相当长时期依然存在,我国经济下行压力也仍然存在,尤其是新常态下贺州发展面临着既要实现转型跨越又要推进创新升级、既要加快城市拓展又要偿还城建"欠账"、既要补齐短板又要增强绿色优势、既要集中力量办大事又要统筹兼顾回应社会各方关切等"四大双重任务"考验,推动新一轮高质量发展面临前所未有的压力。因此,我们一定要因大趋势而谋、应大格局而动、顺大市场而为,不断提升核心竞争力,推动经济社会持续健康快速发展。

今后五年我们的总体奋斗目标是:基本建成广西对接东部和中部地区的重要门户和枢纽、与全国全区同步全面建成小康社会。这一奋斗目标,既接续市第三次党代会提出的建设富裕文明和谐幸福新贺州目标，又衔接市“十三五”规划确定的任务；既是贯彻落实中央和自治区重大决策部署的具体体现，又是全市各族人民的共同愿望。实现这项艰巨繁重的历史任务，需要全市上下共同努力，一起朝着“生活殷实、发展跃升、绿色崛起”具体目标奋进。

生活殷实：到2019年，全市5个贫困县（区）全部脱贫摘帽，267个贫困村全部脱贫出列，现行标准下29.35万建档立卡农村贫困人口全部脱贫销号。到2020年，全市财政和城乡居民收入“三个倍增计划”顺利完成，城乡居民收入比2010年翻一番以上，收入差距进一步缩小；城乡就业规模持续扩大，基本实现人人享有社会保险；教育、卫生等城乡基本公共服务均等化水平明显提高，群众生活质量、健康水平和幸福指数明显提高。

发展跃升：经济发展实现新跃升，实现“超千过百十以上”经济发展目标，到2020年GDP迈上1000亿元台阶，财政收入迈上100亿元台阶，GDP年均增长10%以上；争取到2025年GDP、财政收入分别达到1500亿元、150亿元以上。环境质量实现新跃升，推进主体功能区建设，生态环境质量保持全国、全区前列，城市规划建设管理水平明显提升，建成国家生态保护与建设示范区、国家级医养结合试点市，巩固提升“山清水秀人长寿”优势，实现人与自然和谐发展。改革创新实现新跃升，构建有利于科学引领经济新常态的发展体制机制，形成人才洼地，高新技术产业开发区建设取得新进展，科技创新驱动作用明显增强。开放合作实现新跃升，投资创业环境进一步优化，门户和枢纽城市的地位作用进一步凸显，初步建成贵广高铁经济带先行区，基本建成现代综合交通运输体系和物流大通道，形成开放型经济体系。社会文明实现新跃升，社会主义核心价值观深入人心，现代公共文化服务体系基本建成，群众的思想道德、科学文化、健康文明素质和诚信意识、法治意识明显提高。党的建设实现新跃升，基层党组织的政治引领功能显著增强，全市党员的先锋模范作用显著发挥，党风廉政建设取得显著成效。

绿色崛起：生态优势加快转化为发展优势，“生态贺州·长寿胜地”品牌全面打响；打造碳酸钙、新型建筑材料和生态健康三大产业集群，2020年产值分别达到600亿元、450亿元、660亿元，力争到2025年产值均达到1000亿元以上；互联网经济、文化旅游等现代服务业成为三次产业融合发展的重要引擎，新型工业化、信息化、城镇化、农业现代化、绿色化深度融合，经济结构不断优化。

围绕以上目标，新一届市委最主要的任务是：进一步动员和凝聚全市各级党组织和广大党员的智慧和力量，团结带领全市各族人民，深入贯彻五大发展理念，全面实施“五大战略”和“五大攻坚行动”，大力推进供给侧结构性改革，积极构建“多规合一”发展新体制，不断提升向东开放质量和水平，发展壮大碳酸钙、新型建筑材料和生态健康三大产业集群，着力补齐发展短板，全面完成“十三五”规划目标任务，推动贺州科学发展转型跨越，基本建成广西对接东部和中部地区的重要门户和枢纽、与全国全区同步全面建成小康社会。

如期实现发展新定位、全面建成小康社会，任务十分艰巨。全市各级党组织和广大党员要牢记使命，以时不我待的紧迫感，紧密团结和依靠全市各族人民，牢牢把握新机遇，主动引领新常态，全面展现新作为，为贺州改革发展稳定作出新的更大贡献。

三、引领新常态，以高质量的绿色发展推动实现发展新定位、全面建成小康社会

绿色生态是贺州最好的财富、最大的优势、最亮的品牌。我们必须利用好这一财富、优势和品牌，坚持以经济、社会、科技、文化与生态协调推进的高质量绿色发展引领新常态，补齐发展短板，增强绿色优势，推动实现发展新定位、全面建成小康社会。

——以高质量的绿色发展推动实现发展新定位、全面建成小康社会，就要突出改革创新，靠改革破解难题、激发活力，靠创新打造引擎、增添动力，强力助推绿色崛起。

推进发展体制机制改革。深化行政管理体制改革，推进简政放权，建立完善政府权力清单、责任清单和负面清单制度，激发市场活力和社会创造力。推进农村改革，着力构建现代农业产业体系、生产体系、经营体系，推动一二三产业融合发展；深化农村土地制度改革，完善农村集体产权权能；深化农村金融改革，推进供销社综合改革，加快新型农村社区建设。推进财政金融体制改革，建立现代财政管理制度，顶层设计好项目的包装和培育机制体制，创新项目投融资方式，积极稳妥推进政府与社会资本合作项目，探索基础设施建设领域投融资体制改革的新途径新办法。深化园区管理、国资国企、电力体制等方面改革，推进土地、矿权等供给要素改革，加快教育科技、医药卫生、社会保障等方面改革，革除体制机制弊端，切实增强各方面活力。

加快供给侧结构性改革。不断提高投资有效性精准性，组织实施重大项目“三年滚动投资计划”，着力增加对碳酸钙、新型建筑材料、生态健康三大产业集群和重大基础设施、民生改善、生态保护等领域的投资比重。主动对接市场对产品多元化、高端化的消费需求，推动产品和服务供给创新，引导消费向智能、绿色、健康、安全方向转变，培育绿色出行、社会养老、医疗保健等新兴消费热点。发挥出口对发展的促进作用，鼓励企业拓展国外市场，不断提高特色优势产品的国际竞争力和市场占有率。

发挥科技创新驱动作用。加大科技研发投入，深入实施产业科技提升工程，力争在碳酸钙和新型建筑材料产业等主导产业、特色优势农业等领域实现关键核心技术研发和转化的重大突破。推动政府职能从研发管理向创新服务转变，推进主导产业研发试验基地和生产基地、高新技术服务中心、科技企业孵化器建设，完善支持中小企业技术创新的公共服务平台建设，建立符合贺州实际的科技创新体系。大力推进大众创业万众创新，实施创业创新行动计划，培育一批众创空间，打造一批大众创业万众创新示范基地。

促进人才规模和质量“双提升”。坚持党管人才原则，制定更具吸引力、更具包容性、更具开放性的人才工作政策，重点围绕碳酸钙、新型建筑材料和生态健康三大产业集群，构建“育、引、用、留、评”人才体系。以面向珠三角为重点，探索建立“互联网+”引才联络站、产业人才智库和高端引才活动“三位一体”的综合引才模式，以人才创新创业助力产业转型升级。加强本土人才培养,培育产业发展急需的高技能人才和企业经营管理人才。全面营造尊重人才的社会环境,抓好人才优惠政策落实,使人才创新创造活力充分迸发。

——以高质量的绿色发展推动实现发展新定位、全面建成小康社会,就要注重统筹协调,统筹谋划全市经济布局和城乡发展,协调推进生产、生活、生态融合发展,加快建设美丽贺州。

突出规划引领作用。完善规划体系,深入推进“多规合一”试点改革,努力争取上级政策支持,形成统领全市发展的市域空间规划新蓝图,促进产业、人口、城镇优化聚合;加快城市总体规划修编,推进城市控制性详细规划修订。依法执行规划,进一步完善空间规划管理体制机制,深化规划审批体制改革,引入规划修补机制,规范规划修改流程,实现全市规划体系动态、有效管理。强化规划监督,推行“阳光规划”,完善城市公众参与、公示公告和社会监督制度。

优化区域发展格局。按照“抓点、连线、扩面”区域经济发展轨迹,积极构建“一主四副、两轴三区”的空间布局,推动形成新型绿色城镇体系。加快县域经济发展,推进产业培育、产业创新和产业升级,重点把八步区建设成为贺州向东开放发展先行区和商贸物流集聚区,平桂区建设成为中国重钙之都、中国岗石之都、国家产城融合示范区和宜居宜业现代化新城区,钟山县建设成为广西中小城市、贵广高铁经济带物流和旅游黄金节点城市,昭平县建设成为广西最美生态旅游长寿县、中国有机茶之乡、国家全域旅游示范区和广西特色旅游名县,富川瑶族自治县建设成为国家循环经济示范县和广西特色旅游名县。

推进绿色宜居城市建设。按照“美丽广西·宜居城市”建设活动要求,推动城市规划建设与生态山水、人文资源、产业发展和养生养老功能相融合,全面凸显贺州的“绿色”品质、“文化”品位和“长寿”品牌,积极创建国家级生态园林城市。打响新一轮市政设施建设大会战,重点加快“一江两岸”综合开发,推进城东新区、平桂新城、八步文化旅游新城、生态新城、生态水系建设,加大市容市貌和环境综合整治力度,实现中心城区提质升级。创建国家森林休闲和森林养生基地,加快园博园、城市公园建设,争创全国森林旅游示范市。推进绿色交通建设,加快中心城区路网建设和改造升级,完善公共交通和慢行交通设施建设。推进海绵城市建设,维护城市自然生态,增强城市应对洪涝灾害的能力。结合智慧城市建设,推动城市管理规范化、长效化、智能化。

加快城乡一体化发展。坚持扩容提质和凸显特色并重,提高城镇规划建设管理水平,力争到2020年城镇化率达到55%。大力推进县城基础设施建设,完善公共服务设施,提升县城承载力,吸引更多农村人口向县城转移。推进特色重点镇建设攻坚行动,建成一批布局合理、功能完善、生态优美、实力较强、有明显带动能力的新型城镇。坚持工业反哺农业、城市扶持农村,推进城乡要素平等交换、合理配置。持续推进“美丽贺州”乡村建设活动,搞好农村人居环境综合整治,建设宜居、幸福乡村,使全市乡村环境发生明显的、全面的、不可逆的根本改变。

加强生态文明建设。强化生态系统保护,严格落实执行生态红线分级管控制度,继续实施天然林保护、珠江防护林和矿山综合治理与生态修复等生态工程,积极创建现代林业特色示范区。实施贺州深呼吸系统工程,推进贺江、桂江跨流域环境治理工程,依法铁腕治理环境违法行为。加快生态文明体制建设,建立完善源头严控、过程严管、恶果严惩的体制机制,加强重点区域、重点领域生态环境保护专项立法,实行最严格的环境保护制度。广泛开展生态公益和生态文明创建活动,使绿色发展、绿色消费和绿色生活方式成为每个公民的自觉行动。

——以高质量的绿色发展推动实现发展新定位、全面建成小康社会,就要依托绿色特色,发展生态经济,发挥特色优势,构建绿色产业体系,打造“生态贺州·长寿胜地”。

发展壮大碳酸钙、新型建筑材料和生态健康三大产业集群。加快推进全国资源综合利用“双百工程”平桂大理石资源综合利用示范基地、石材会展中心、碳酸钙产品展销长廊等项目建设,着力打造中国—东盟石材合作的权威展会和窗口,大力发展新型环保涂料等碳酸钙下游产业,不断拉长产业链条,将碳酸钙产业培育成创新能力强、区域带动作用明显、循环经济与绿色发展特点鲜明的新兴产业集群。加快培育以装配式建筑为主导的新型建筑材料产业集群,构建绿色建材产品生产体系、绿色建筑工业化建造体系,利用新型城镇化建设、易地扶贫搬迁等机遇和政策,加快创建广西装配式建筑示范城市和国家级新型装配式建筑生产基地。全面推动生态健康产业集群发展,按照全市“一盘棋”思想,以四个生态健康新业态为引领,以各县(区)丰富的特色旅游资源、瑶药资源、特色农产品资源为依托,结合发展医疗服务、健康管理等,推进养老服务业综合改革试验区建设,争创国家全域旅游示范市。

精心培育一批优势特色产业。稳定粮食生产,推进现代特色农业品种、品质、品牌提升行动,巩固提升出口食品农产品质量安全示范区建设水平,加强农业标准化示范市建设,大力推动出口果蔬备案基地、供港蔬菜“直通车”项目、中草药及苗食两用农产品有机种植基地建设,积极开展生态原产地保护工作,大力发展生态有机农业,打造贺州长寿多功能农副产品基地,争创国家有机产品认证示范市。改造振兴电力、林产林化、钢铁加工、电子信息、机械制造和生物制药等传统特色产业,大力发展特色铝电子、稀土新材料和新能源汽车等战略性新兴产业,推动产业向绿色制造、智能制造、生态制造转变。发展壮大金融保险、展会经济、电子商务、现代物流和科技中介等现代服务业,进一步提高服务业比重,优化服务业结构。

重点建设一批绿色产业发展平台。按照“产、城、人、科技、文化”融合发展理念,聚焦碳酸钙、新型建筑材料、生态健康三大产业集群和其他特色优势产业,加强园区基础设施建设,打造一批供给侧结构性改革新平台,形成系列示范引领的融合发展产业链条。做强做大自治区级高新技术产业开发区、广西碳酸钙千亿元产业示范基地、华润循环经济产业示范区、钟山工业园区等新型工业园区,打造体现创新驱动的“生态+科技+产业”“产业+城镇化”等融合发展链条。规划建设姑婆山小镇、黄姚古镇、西溪温泉养生小镇和大桂山颐养小镇“四个旅游小镇”，打造各具特色的“生态＋特色文化＋健康产业”融合发展链条。加快创建国家级农业科技园区和自治区、市、县、乡级现代特色农业示范区，发展休闲农业、观光农业、创意农业等新兴业态，打造生态农业“接二连三”“互联网＋农业”等产业融合发展链条。

全面促进大中小企业发展。加强市场主体培育，通过与国内外强优企业联合重组、合资合作或引进战略投资者，做大做强现有骨干企业，鼓励扶持一批强优企业上市，培育一批主业突出、技术创新能力和核心竞争力强的企业集团。强化政府引导和服务作用，加大对实体经济帮扶力度，强化政策和要素保障，增强企业信心，激发企业活力。大力发展非公经济，探索众创、众包、众扶、众筹等新模式，培育一批科技创新型、持续成长型中小企业，支持小微企业成长，增强经济发展活力。

——以高质量的绿色发展推动实现发展新定位、全面建成小康社会，就要立足发展新定位，强化优势互补，充分发挥绿色比较优势，推动新一轮高水平向东开放。

探索实践开放合作新路子。树立“向东看齐、向东开放、向东发展”理念，加强与东部发达地区的政策和发展战略对接，建立常态、长效合作模式，全面融入珠三角经济圈，并大力承接闽浙等地区产业转移。依托贺州优越的生态、资源、区位、政策优势，积极参与珠江—西江经济带建设，高标准谋划建设贵广高铁经济带先行区，使之成为粤桂黔三省(区)生态产业深度合作的先行示范区。着力深化与粤桂黔高铁经济带合作试验区(广西园、广东园)合作交流，加强与高铁沿线城市合作，积极推进重大项目、重点产业、园区共建、生态环保等方面合作，重点加快推进粤桂县域经济产业合作示范区建设。

加快建设桂粤湘区域性综合交通枢纽、物流节点城市。全面融入北部湾三小时经济圈、珠三角两小时经济圈，打造市域一小时经济圈，基本建成“东靠西连、南北贯通”的绿色大通道和珠三角通往中南西南内陆腹地的物流大通道，连接西南、中南和华南经济圈的区域性枢纽作用进一步增强，贯通东部、中部、西部的区域性物流中心初步形成。重点打通柳韶铁路、贺梧城际铁路、永贺高速贺州段、贺巴高速贺州段、梧州至信都高速公路、二广高速广东连山至贺州支线等省际市际大通道，加快推进支线机场、通用机场、城市轨道交通等项目规划建设，完善全域旅游通道、城区快速环道、国省干线和县道乡道等路网布局。依托优势资源，加快农业物流园区、物流冷链、生态科技服务集聚区等现代物流体系建设。

持续开展有效招商。着力建设投资贸易便利、监管高效便捷、法治环境规范的营商环境，打造“亲”“清”新型政商关系。建立重点产业配套环节的目标客商数据库，实施面向发达地区的招商引资引智工程，引入综合实力强、科技含量高的企业集团参与贺州特色优势资源开发利用、生态环境保护、战略性新兴产业发展、传统产业改造升级。鼓励优势企业“走出去”开展经贸合作交流。建立健全重大项目和重要事项跟踪落实责任制，推动招商引资项目和洽谈事项落地。

——以高质量的绿色发展推动实现发展新定位、全面建成小康社会，就要持续改善民生，通过不断加大民生投入，努力回应人民关切，带领广大群众共建共享绿色美好生活。

坚决打赢脱贫攻坚战。把脱贫攻坚作为最大政治责任、最大民生工程和最大发展机遇，作为“为官一任、造福一方”重要标志，拿出决战决胜的气势和信心，统筹新型城镇化、城乡一体化和扶贫开发，深入实施脱贫攻坚“1315”工程，坚决打赢这场重大战役。

在激励约束上，坚持党政同责、督促到位，严格执行自治区扶贫开发工作成效考核办法，制定实施乡镇党政领导班子脱贫攻坚成效、定点帮扶单位帮扶成效考核办法，发挥好考核“指挥棒”和问责机制作用；坚持整合资源、联动发力，完善脱贫攻坚工作体系，根据各年度预脱贫摘帽的实际需要，完善投入保障、资源整合、驻村帮扶机制，集中力量克难攻坚；坚持正向激励、动态管理，落实好自治区脱贫摘帽激励办法，建立贫困县、贫困村脱贫摘帽滚动计划，构建脱贫攻坚大数据管理平台，实行科学管理和考核。

在政策措施上，掌握运用脱贫攻坚政策要点和工作要求，创新工作方式方法，积极争取中央、自治区的扶持政策，突出发展特色产业、实施易地搬迁、创新金融扶持、探索产权收益、教育扶智帮助、低保政策兜底等脱贫攻坚重点工程，全面落实帮扶措施，实现人员、资金、项目、规划、产业、政策、组织、成果“八个全覆盖”。如期脱贫摘帽的县(区)要对脱贫人口、返贫人口进行跟踪帮扶，加强面上村基础设施建设和产业发展，巩固提升脱贫成果。

在力量配备上，广泛动员社会各方力量，进一步充实脱贫攻坚队伍力量，深入推进“一帮一联”“千企帮村”等工作；充分发挥群众主体作用，千方百计调动群众脱贫致富的积极性、主动性；深入实施贫困村党组织第一书记“头雁培育”等主体工程，着力推进“筑强攻坚堡垒·助推脱贫圆梦”“党旗领航·电商扶贫”等行动，把基层党组织建设成为坚强战斗堡垒，把一线党员干部培养成为打赢脱贫攻坚战的骨干力量。

努力增加城乡居民收入。以创业促就业、以就业促增收，实施更加积极的创业就业政策，创造更多就业岗位，加强职业技能培训，完善就业服务体系，实现充分就业。深入实施城乡居民收入倍增计划，推动居民收入增长和经济增长同步、劳动报酬提高和劳动生产率提高同步，进一步缩小城乡居民收入差距。

扩大公共服务供给。加快多元社会组织培育建设，加大政府向社会组织转移职能和购买服务力度。统筹发展各类教育，扩大公办和普惠性学前教育资源，加快推进义务教育均衡发展，普及高中阶段教育，构建现代职业教育体系，提升高等教育水平。全方位推进“健康贺州”建设，加强城乡公共体育设施建设，推动全民健身事业发展；加快市人民医院城东分院、市妇幼保健院整体搬迁等重点项目建设，深化医药卫生体制改革，推动医疗卫生工作重心下移、医疗卫生资源下沉；坚持计划生育基本国策，促进出生人口结构优化和素质提高，以全民健康助推全面小康。

提高社会保障水平。完善以低保为核心的社会救助制度，建立城乡一体的社会保障体系，实现社会保障由制度全覆盖到人群全覆盖。加快推进全国首批社会保险标准化建设先行城市、国家级社会管理和公共服务标准化试点建设。

完善社会福利制度和残疾人权益保障制度，积极发展社会慈善事业，做好优抚安置工作。统筹推进扶老、助残、救孤、济困等福利事业发展。

推进平安贺州建设。加强政法队伍和政法基础设施建设，完善打防管控一体化的社会治安防控体系，严防严惩各类违法犯罪活动。加强和改进信访工作，推进信访工作法治化。健全重大决策社会稳定风险评估机制和执法安全合作机制。推进公共安全体系建设，强化反恐防恐工作，有效应对突发公共事件，提升防灾减灾和应急能力。依法强化危害食品药品安全、影响安全生产等重点问题治理，确保群众生命财产安全。

四、展现新作为，依靠党的坚强领导推动实现发展新定位、全面建成小康社会

我们要加强和改进党对经济工作的领导，为实现发展新定位、全面建成小康社会把关定向。

新常态下，经济形势发生了深刻变化，党领导经济工作的观念、体制、方式方法迫切需要转变。各级党委主要领导必须坚持紧抓发展第一要务，不断提高领导经济工作的能力和水平，以“赶考”心态做好谋划经济工作、推动经济发展“功课”，努力开创改革发展新局面。

更加注重遵循规律促发展。党员领导干部要把加强学习中国特色社会主义政治经济学，与认识、适应、引领经济新常态结合起来，与运用经济、自然、社会三大规律结合起来，努力成为统筹贯彻五大发展理念的行家里手。要从实际出发，拿出新思路、新办法、新举措，把正确决策转化为科学规划、用科学规划包装优质项目、以优质项目吸引优秀企业、由优秀企业发展重点产业、推动重点产业形成产业集群，最终转变成现实生产力，使党对经济工作的领导更加科学有效。

更加注重立足全局抓重点。深刻领会和准确把握中央和自治区党委对经济进入新常态的重大战略判断及决策部署，自觉把贺州发展放在全国全区大局来谋划推进，努力推动贺州科学发展转型跨越。要举全市之力、以非常之举，围绕发展壮大碳酸钙、新型建筑材料和生态健康三大产业集群，紧扣实现发展新定位、全面建成小康社会目标任务，补齐发展短板，扩大绿色优势。

更加注重把握大势强定力。加强对国内外经济形势的分析和预判，善于从劣势中发现优势、在挑战中挖掘机遇、于科学研判中把握经济发展趋势，努力把“不可能”变为“可能”。着力破解用地、项目、资金、技术等各种影响发展的难题，全面释放经济发展潜能。要对推动高质量的绿色发展保持强大战略定力，特别是要保持坚定的执行力，坚信“咬定青山不放松、五年八年必成功”，以必胜信心、坚强决心和持久恒心实现预期目标。

我们要加强和改进党对新时期宣传思想文化工作的领导，为实现发展新定位、全面建成小康社会凝心聚力。

进入全媒体时代，只有抓好理念创新、手段创新、基层工作创新，才能牢牢掌握意识形态工作领导权和话语权。我们要围绕实现发展新定位、全面建成小康社会目标任务，服务改革发展大局，与时俱进做好宣传思想文化工作，唱响主旋律、打好主动仗、凝聚正能量、注入文化魂。

不断提升舆论宣传引导能力和水平。坚持团结稳定鼓劲、正面宣传为主，不断创新宣传理念、内容、方式和途径，大力开展中国（贺州）新媒体群英会等各种主题宣传推介活动。坚持党管媒体原则，推进传统媒体与新兴媒体融合发展，加强新型主流媒体和有影响力的政务新媒体、社会自媒体建设，讲好贺州故事、播好贺州声音、树好贺州形象。坚持“管得住是硬道理、正能量是总要求”原则，完善互联网管理领导体制、协同联动机制和网络舆情监测研处工作机制，培育健康向上的网络舆论生态。

大力培育和践行社会主义核心价值观。加强公民思想道德建设，弘扬“重诚厚德、开放包容、自强不息”的贺州精神，深化“文化课堂”“道德讲堂”“同心讲堂”等实践活动，形成崇德向善、见贤思齐的浓厚氛围。深化文明与生态同行等“文明同行”系列活动，广泛开展诚信文化教育、家风家训传承、新乡贤文化创建等活动，引导广大干部群众树立文明观念、争当文明市民、展示文明形象。

加快推动文化繁荣发展。推动公益性文化事业单位改革，推进公共文化基础设施建设，深入实施千村万户文艺惠民、村村通广播电视、村级公共文化服务中心等文化惠民工程。大力培育文化新型业态，重点推进文化旅游产业融合发展，加快黄姚古镇旅游文化产业区建设，加快临贺故城保护与利用等项目建设，推进潇贺古道旅游文化经济带建设。注重把文化融入城市建设的方方面面，弘扬贺州本土优秀特色文化，加强非物质文化遗产、历史街区、传统村落民居和历史文化名村名镇的保护利用，增强贺州文化魅力、厚植贺州文化底蕴，争创国家历史文化名城。建立健全文艺创作激励机制，打造一批充分展示贺州特色、体现贺州风格，在区内乃至国内有影响力的文艺精品。

我们要加强和改进党对民主法治建设的领导，为实现发展新定位、全面建成小康社会提供有力保障。

调动各方面的积极性、主动性和创造性，提高党科学执政、民主执政、依法执政水平，体现党的领导、人民当家作主和依法治国的有机统一。我们要围绕实现发展新定位、全面建成小康社会目标任务，着力构建和谐稳定、生动活泼的政治局面。

推进社会主义民主政治建设。支持和保证人大及其常委会依法履行职权，力求在推动决策落实上取得新进展、在行使法定职权上展现新作为、在发挥代表作用上实现新突破。支持政协依章履行职能，完善协商民主制度，围绕改革发展重大问题和涉及群众切身利益的实际问题进行广泛协商，推进社会主义协商民主广泛多层制度化发展。深入贯彻落实《中国共产党统一战线工作条例（试行）》，充分发挥党外代表人士优势作用，形成党委统一领导、统战部门牵头协调、有关部门各负其责的大统战工作格局。加强党对武装工作的领导，推进军民深度融合发展，巩固发展军政军民团结的大好局面。切实加强基层民主政治建设，依法保障公民各项民主权利。全面落实民族、宗教、外事、侨务、对台和知识分子政策，充分发挥工青妇等人民团体作用。

加快法治建设步伐。增强全社会特别是党员领导干部的法治意识，推进司法体制改革，形成党委依法执政、政府依法行政、司法机关公正司法、全社会崇法守法的法治建设新局面。依法行使地方立法权，紧扣实现发展新定位、全面建成小康社会目标任务，加强重点领域立法。建立健全行政决策机制，确保行政决策合法、科学、民主。加强基层法治建设，提高司法公信力，努力让群众在每一个司法案件中感受到公平正义。

我们要坚持全面从严治党，为实现发展新定位、全面建成小康社会提供坚强保证。

实现发展新定位、全面建成小康社会，进一步提升我市在全区发展大格局中的地位，要靠党领导全市各族人民来完成。只有把抓好党建作为最大的政绩，从严落实管党治党责任，不断加强党的自身建设，使各级党组织更加坚强有力，才能实现我们的宏伟蓝图。

从严推进党的思想建设。学习好、落实好党章党规党纪，深入贯彻习近平总书记系列重要讲话精神，抓实"三会一课"制度，推进党内教育常态化、基层化、全覆盖，引导广大党员干部增强政治意识、大局意识、核心意识、看齐意识，坚定道路自信、理论自信、制度自信、文化自信，使党员时刻不忘初心，牢记自己是党的人、做好党要求做的事、发挥好先锋模范作用。健全党委(党组)中心组学习制度，推动各级领导班子带头学习政治理论、带头研究破解难题。发挥党校主渠道主阵地作用，抓好党员分级分类全员培训，提升党员干部能力素质。

从严推进党的基层组织建设。继续实施政治引领工程，推动基层党建全面进步、基层组织全面过硬，构筑坚强有力的战斗堡垒。强化抓乡促村，探索建立乡镇在农村基层党组织建设中发挥龙头作用的有效机制，推动乡镇干部岗位在村、阵地在村。进一步加强农村工作力量，重点抓好支部书记、党员、驻村干部和农村致富带头人"四支队伍"建设。强化机关单位、城市社区、学校、企业党组织建设，加大非公有制经济组织、社会组织党建工作力度，全面推进各领域基层党建工作。优化基层党组织设置，建立健全从严发展、教育、管理和服务党员的长效机制，全面整顿软弱涣散基层党组织。

从严管理干部队伍。坚持新时期好干部标准，注重在工作实践中考察识别干部，重用敢抓善成的干部，探索建立容错纠错机制，让敢于担当、苦干实干、无私奉献的党员干部安心、安身、安业。注重选拔培养专业型干部，加大选派优秀干部到基层一线和发达地区挂职锻炼的力度。突出发展实绩，建立完善体现五大发展理念要求的考核评价办法。强化干部日常管理监督，着力解决为官不正、为官不为、为官乱为等问题。提高干部调配工作的针对性和科学性，严防干部"带病提拔"，推进干部能者上、庸者下、劣者汰。

从严推进党风廉政建设。加强反腐倡廉教育，开展干部分类分级警示教育，扩大约谈范围，推动宣传教育日常化和全覆盖，做到"防病于未萌"。正确把握和运用监督执纪"四种形态"，坚持把纪律和规矩挺在前面，做到"治病于初起"。高举反腐利剑，严肃查处和曝光典型案件，推动全面从严治党向基层延伸，始终保持惩治腐败高压态势。全面贯彻《中国共产党问责条例》，严格落实党风廉政建设主体责任和监督责任，不断完善党风廉政建设责任追究制度，形成横向到边、纵向到底的"两个责任"体系，加大"一案双查"力度，让"失责必问、执纪必严"成为常态。以《中国共产党廉洁自律准则》和《中国共产党纪律处分条例》为戒尺，强化权力运行制约和监督，加快推进市县两级党委巡察工作和纪检机构派驻全覆盖，深化党内巡察监督和派驻监督，构建不敢腐、不能腐、不想腐的有效机制。

从严推进党的制度建设。贯彻落实《中国共产党地方委员会工作条例》，确保地方各级党委在本地区充分发挥总揽全局、协调各方的领导核心作用。深化基层党组织书记"双述双评"制度，开展常态化党建工作巡查。健全完善各级领导班子议事规则和决策程序，规范领导班子集体决策行为。研究制定与《党政领导干部选拔任用工作条例》相配套的市管干部任免工作规定、具体办法，以及防止干部"带病提拔"实施办法等政策文件。围绕责任落实、功能完善和作用发挥，制定落实全面从严治党责任、从严管理党员等规范性文件，推进全面从严治党常态化。

有了超前思维，才会有超越勇气；有了超越勇气，才能实现转型跨越。在新的历史征程中，全市各级党组织和全体党员，要更加紧密地团结在以习近平同志为总书记的党中央周围，牢固树立和贯彻落实五大发展理念，坚持用超前、超越、跨越思维谋划推动贺州发展，引领全市各族人民齐肩并进创佳绩、继往开来谱新篇，为加快实现发展新定位、全面建成小康社会，为开创更加幸福美好的明天而努力奋斗！

2016年9月21日，中国共产党贺州市第四届委员会第一次全体会议选举产生新的领导班子

政府工作报告

——2017 年 1 月 9 日在贺州市第四届人民代表大会第二次会议上

贺州市代市长 林 冠

一、2016 年工作回顾

2016 年，在自治区党委、政府和市委的正确领导下，在市人大、政协的监督支持下，我们紧紧围绕市三届人大七次会议、四届人大一次会议确定的目标任务，解放思想，迎难而上，用心做事，精准施策，统筹推进经济社会发展，实现了“十三五”良好开局。

——经济发展实现新突破。经济呈现总体平稳、稳中有进的发展态势。撤地设市以来，全市地区生产总值首次突破 500 亿元大关，达 518.2 亿元，增长 8.1%；财政收入首次突破 50亿元大关，达到50.9亿元，增长8%，高于全区平均增幅2.8个百分点。

——特色产业获得新提升。获授权组建全国碳酸钙专委会，荣获“中国贺州・重钙之都”称号，成为广西建筑产业现代化综合试点城市，碳酸钙产值突破 150 亿元，增长 28.5%。生态健康产业蓬勃发展，获评为“世界长寿市”和全国第一个县域全覆盖的“中国长寿之乡”，荣获“中国长寿美食之都”称号，入选“十三五”国家服务业综合改革试点市、国家产城融合示范区建设单位、首批国家级医养结合试点市，及国家第二批全域旅游示范区创建名单，全年接待游客人数增长 16.1%，旅游总消费增长 28%。

——城乡发展呈现新景象。北堤公园、大钟山公园初步建成开园，结束了建市以来城区没有公园的历史。市文化中心成为城区新地标，第十届广西（贺州）园林园艺博览会项目建设加快推进，贺州广场提升改造等为民办实事项目基本完成，城区交通畅通、路灯亮化提升等市政工程深入实施，城市功能品质和公共服务水平进一步提升。全面推进“生态乡村”建设，新建农村新型生态社区 150 个，贺街入选中国第一批特色小镇和第四批美丽宜居小镇示范名单，3 个村入选全国美丽宜居村庄示范名单，18 个村列入第四批中国传统村落名录，农村人居环境进一步改善。

——脱贫攻坚取得新成效。精准扶贫工作全面推进，“9.1 万贫困人口脱贫销号、全市 58 个贫困村脱贫出列、八步区脱贫摘帽”三项工作通过自治区核验，顺利完成自治区下达的年度任务。城镇居民人均可支配收入、农民人均可支配收入分别增长 6.6% 和 8.3%，城乡收入差距进一步缩小。

——县域经济展现新亮点。八步区、平桂区保持良好发展势头，地区生产总值、规上工业总产值增速均高于全市平均水平；平桂区正式挂牌成立，形成发展新格局；八步区获评 2016 年度国家有机产品示范创建区；钟山农业农村工作获得自治区肯定，广西中小城市建设试点工作成效初显；昭平获评为中国百佳深呼吸城市、“中国长寿美食之乡”和“中国有机茶之乡”；富川上榜国家农产品质量安全县名单，被国家纳入重点生态功能区，获评为全国电子商务进农村示范县和全国计划生育优质服务先进县。

一年来，我们主要做了以下工作：

一是精准施策稳增长，经济基本面保持稳定。全力以赴稳工业，积极落实自治区“41 条”降成本措施，全市规上工业增加值增长 11.6%，亏损企业亏损额下降 33.2%。完成工业投资 276 亿元、制造业投资 196 亿元、技改投资 168 亿元，偏析法高纯铝等一批工业项目建成投产。全力以赴稳投资，415 项市级层面统筹重大项目完成投资 277 亿元，同比增加 23 亿元；开展基础设施建设大会战，推进总投资 684.5 亿元的 188 个基础设施项目建设，88 个项目完成前期工作，实现开工 55 个；组织编制三年滚动投资计划，列入自治区重大项目储备库 159 个，总投资 399.9 亿元。谋划包装融资建设项目，共融资 360 多亿元。全力以赴稳消费，组织开展“消费促进月”“服务企业集中季”等活动，社会消费品零售总额增长 9.6%，居民消费价格指数涨幅在可控范围内。全力以赴稳农业，实现农业总产值 181 亿元，增长 4.1%；粮食总产量 72.71 万吨，超额完成年度任务；启动实施现代特色农业示范区建设行动，建成自治区级示范区 4 个、市县乡级示范区 22 个；新增认证生态有机农业企业 10 家，通过“三品”认证企业及合作社近 40 家。黄姚黄精酒、钟山英家大头菜入选国家地理标志保护产品。全力以赴稳进出口，突出抓好“加工贸易倍增计划”和“自主品牌出口增长行动计划”，外贸进出口降幅进一步收窄。全力以赴稳财政，实现财政收支平稳运行，一般公共预算支出增长 6.3%，金融机构存款余额增长 14.9%、贷款余额增长 19.4%。

二是深化改革提效能，发展活力持续释放。统筹抓好经济体制改革等九大领域改革任务。深化政务公开和政府信息公开，“五公开”工作全面落实，38 个部门向社会公布权责清单，全市所有使用财政资金的部门预决算及“三公”经费均向社会公开。普遍建立“一单两库一细则”，实行“双随机、一公开”，事中事后监管持续加强。取消、下放、调整合并行政审批事项 33 项。制定并实施《一个平台管项目审批改革试点实施方案（试行）》及其配套一个规程十项制度，行政审批效率显著提升。创新发展基金等 4 支基金落地，总额度达 62 亿元。贺州学院“广西碳酸钙资源综合利用重点实验室培育基地”获批为我市首家自治区级重点实验室培育基地。组建成立农投集团等 6 家国有独资公司，投资主体专业化水平不断提升。同时，金融、土地、重点镇综合配套、公务用车、医疗体制等重点领域改革不断推进。

三是向东开放增活力，发展空间进一步拓宽。永贺高速公路贺州段全线贯通，贺巴高速公路钟山至昭平段全线开工，大汤经南乡至福堂二级公路等 6 个路网项目建设全面加快，贺江扩能工程列入自治区“一干七支流”及“十三五”规划。启动贵广高铁经济带先行示范区规划编制工作，粤桂县域经济产业合作示范区总产值达 205 亿元，增长 20.6%。成功举办“2016・中国（贺州）新媒体群英会暨广西贺州第一届长寿文化节”、两岸青年农业论坛等重大活动，两岸青年农业创新园区启动建设。招商引资新签项目合同投资总额384.07亿元,增长79.1%;到位资金357.9亿元,增长25.7%,完成自治区下达任务的110.4%。

四是绿色发展优生态,人居环境更加宜居。加快推进"生态新城""生态水系"和"一江两岸"建设,市旧城区管网改造、市污水处理厂扩建等项目加快推进。出台《贺州市环境保护"党政一岗双责"责任制实施办法》,深入实施天然林保护、珠江防护林、矿山综合整治与生态修复等工程,继续开展城区扬尘整治行动,生态人居环境持续优化,城区环境空气优良率达96.6%,饮用水源水质、城市水域功能水质达标率均达100%,成为广西唯一上榜的中国"氧吧城市"50强,昭平桂江入选国家级湿地公园名单。

五是推动共享惠民生,群众获得感不断增强。全面落实脱贫攻坚任务,实现帮扶全覆盖和"一户一册一卡";加大财政投入力度,全年整合财政专项扶贫资金12.26亿元投入扶贫攻坚领域;突出抓好易地扶贫搬迁项目建设,实施搬迁项目20个,完成投资16亿元,平桂扶贫移民新城成为自治区示范点;建成自然村屯道路1013公里,完善住房保障4505户,解决1.2万户群众饮水困难和近千户群众用电问题。全年公共财政用于民生支出比重达80.2%。城镇新增就业1.11万人,新增农村劳动力转移就业1.96万人,社会保险扩面和基金征缴任务超额完成。开工建设保障性住房和棚户区改造住房7894套,基本建成5717套,完成农村危房改造7606户。658个各类教育项目累计完成投资4.8亿元,富川通过自治区县域义务教育均衡发展评估验收,平桂高中新校区投入使用,组建贺州市职业教育集团,市特殊教育学校成功创建自治区示范性特殊教育学校。电视剧《股份农民》完成拍摄制作,曲艺《莲花雨》等5件文艺作品获第七届广西文艺创作"铜鼓奖",历史歌舞剧《临贺长歌》实现常态化演出。贺州学院语言博物馆成为全国首家专业实体语言博物馆。成功举办市第四届运动会暨第二届全民健身运动会等赛事,贺州籍运动员在全国以上级别比赛中获12金9银9铜的好成绩。全面推进基层医疗卫生机构和县级公立医院综合改革,所有公立医院实施药品零差率;新农合参合率达99.35%,大病保险实现全覆盖。深入开展诚信计生示范单位和全国新一轮计划生育优质服务先进单位创建工作,全面两孩政策有序实施。民族团结进步,黄洞瑶族乡获评为全国民族团结进步创建活动示范乡镇。食品药品监管、安全生产、平安贺州建设等工作取得新进展。

同时,信访、防灾、气象、人防建设得到加强,妇女儿童、老年人和残疾人权益得到有效保障,社会救助制度日趋完善,宗教、侨务等工作和二轻、供销、农机、档案、史志等事业取得新成绩,双拥共建、军民融合工作迈出新步伐,社会和谐稳定。

一年来,我们深入开展"两学一做"学习教育,认真学习贯彻落实党的十八届六中全会精神,狠抓全面从严治党和作风转变,着力提高政府服务能力。深入推进法治政府建设,加强和改进行政复议、行政应诉工作,在全区率先建立行政机关负责人出庭应诉制度。加快推进"网上政府"建设,绝大多数乡镇(街道)、村(社区)开通使用基层信息化应用平台。坚决贯彻落实中央八项规定精神和国务院"约法三章","三公"经费缩减17%。加强重点领域的审计监督和行政监察。自觉接受人大、政协监督,坚持重大事项向市委、市人大常委会报告及向市政协通报制度,人大代表建议和政协委员提案办结率均达100%。

各位代表,一年来的成绩来之不易、取之艰辛。这是自治区党委、政府和市委正确领导的结果,是市人大、市政协和社会各界监督支持的结果,是市三届、四届人民政府各位领导、各职能部门和全市各族人民共同努力的结果。在此,我谨代表市人民政府,向全市人民,向人大代表、政协委员、各民主党派、工商联、无党派人士和各人民团体,向驻贺部队、武警官兵,向所有关心支持贺州发展的海内外朋友,表示衷心的感谢并致以崇高的敬意!

各位代表,毋庸讳言,我们也存在一些问题,主要是:经济趋好的可持续性还不强,新旧产业和发展动力转换较慢;科技支撑能力较弱,高端人才和创新型人才缺乏;县域经济实力薄弱,向东开放水平不高;农业农村、交通、市政等基础设施"欠账"较多,城市建设历史遗留问题处理难度大;基本公共服务保障能力不强,脱贫任务较重;项目建设、资金管理等领域腐败问题时有发生;干部执行力和部门行政审批效率有待提升,等等。对此,我们一定以强烈的使命感,努力做好工作,认真加以解决。

二、2017年工作安排

今年是党的十九大召开之年,是实施"十三五"规划、深化供给侧结构性改革的关键一年。当前,世界经济仍在深度调整中曲折前行,国内经济发展进入了新常态,经济发展方式加快转变,广西经济增长的内生动力依然不足,我市后发展欠发达的基本市情尚未得到根本转变。特别是受国家政策性因素影响,我市大部分钢铁企业属于去产能范围,须关停或转型。占我市工业近1/5产值的钢铁产业面临严峻形势,对全市工业增长将造成极大影响,今年稳增长任务十分艰巨。但是,我们更要看到,全国经济运行总体平稳,全区经济和社会发展的外部环境趋好,我市经过近年来的快速发展,交通条件不断改善,特色产业体系加快形成,生态优势更加凸显,"多规合一"、服务业综合改革等国家试点政策红利持续释放,干部群众干事创业氛围日趋浓厚,积极因素不断涌现。综合判断,我市发展正处于大有作为的重要战略机遇期,也面临诸多挑战。我们必须增强"四个意识",坚定信心,埋头苦干,排除万难,努力推动政府工作再上一个新台阶。

2017年政府工作的总体要求是:全面贯彻党的十八大和十八届三中、四中、五中、六中全会及中央、自治区经济工作会议精神,以习近平总书记系列重要讲话精神和治国理政新理念新思想新战略为引领,按照"五位一体"和"四个全面"战略布局要求,围绕自治区第十一次党代会"营造'三大生态',实现'两个建成'"的奋斗目标和市第四次党代会决策部署,坚持稳中求进工作总基调,积极适应把握经济发展新常态,深入推进供给侧结构性改革,加快实施"五大战略"和"五大攻坚行动",全力以赴稳增长调结构,坚定不移抓改革促开放,发展壮大碳酸钙、新型建筑材料和以旅游文化养生产业为主抓手的生态健康产业等"三大千亿元产业”,加快补齐基础设施和民生短板,促进经济持续平稳健康发展和社会和谐稳定,以优异成绩迎接党的十九大胜利召开。

根据上述总体要求,初步考虑经济社会发展主要预期目标是:地区生产总值增长7.5%,财政收入增长6.5%,规模以上工业增加值增长5%,固定资产投资增长10%,社会消费品零售总额增长11%,进出口总额增长10%,城镇居民人均可支配收入和农民人均纯收入分别增长9%和10%,居民消费价格涨幅控制在3%以内,城镇登记失业率控制在4.2%以内,常住人口城镇化率达46%,节能减排控制在自治区下达目标内。

为实现上述目标,我们将重点抓好以下六个方面工作:

(一)全力推进精准脱贫攻坚。确保完成年度“7.17万贫困人口脱贫销号,全市93个贫困村脱贫出列,富川脱贫摘帽”任务

推进重点领域攻坚。统筹资金约8亿元,重点用于贫困村基础设施建设,改善群众生产生活条件。抓好产业扶贫,完善财政扶贫贴息资金和风险补偿等政策,实现扶贫产业项目在贫困村“全覆盖”。尤其要畅通“IPO”绿色通道,吸引资本市场助力脱贫攻坚。统筹推进易地扶贫移民搬迁工作,加快项目建设,确保完成11986户53051人的易地扶贫搬迁任务。抓好富川脱贫摘帽工作,确保该县24个贫困村脱贫出列、27105贫困人口脱贫销号。

强化后续发展能力建设。扎实推进教育扶贫工作,组织实施教育结对、教育精准资助、职业教育扶贫攻坚“三大工程”,确保建档立卡贫困家庭子女初中毕业后100%升学就读普通高中或中职学校,中职中专学段建档立卡在校生100%就业创业或升学深造。实施健康扶贫工程,完善大病保险、医疗救助、商业健康保险等制度衔接机制,逐步提高贫困人口的医保补助、门诊和住院治疗费用标准,建立完善“因病致贫、因病返贫”管理数据库,提高贫困户新农合参合率,力争实现对2017年预脱贫的7.17万贫困人口全覆盖。积极推进生态补偿脱贫,统筹利用好生态补偿和生态保护工程资金,大力发展特色林果产业和林下种养业,提高贫困人口的参与度和受益水平。积极开展科技扶贫和文化扶贫,加强职业技能培训和就业服务,促进贫困群众创业和转移就业。充分激发贫困群众脱贫致富的主动性,帮助贫困群众增强脱贫意识,摒弃“等靠要”思想,提升自我“造血”能力,推动形成不可逆的脱贫。

以良好作风促脱贫保实效。坚持把脱贫摘帽作为贫困县区党政领导班子、领导干部评优评先、提拔使用的重要依据,出台《贺州市乡镇领导班子和党政主要领导抓脱贫攻坚政绩考核办法》,层层压实市、县、乡三级领导集中力量抓脱贫攻坚责任。严格落实扶贫考核机制、督查巡查机制、第三方评估机制,进一步完善对乡镇党政领导班子、专责小组、定点扶贫单位的脱贫攻坚工作绩效考评,倒逼工作责任落实。对高标准完成贫困户、贫困村脱贫目标任务的干部,积极兑现脱贫摘帽奖励;对不作为、慢作为甚至弄虚作假、搞“数字脱贫”的,坚决予以追责问责。严肃查处套取、截留、挤占、挪用和贪污扶贫资金的行为。

(二)做大做强实体经济。以推进供给侧结构性改革为主线,全面落实“三去一降一补”改革任务,促进产业转型升级

推动工业经济提质增效。加大工业项目投资力度,力争完成工业投资305亿元以上。大力发展碳酸钙和新型建筑材料产业集群,加快推进力丰实业等项目建设,推动冠成新材料等项目竣工投产,同时大力清理规模小、污染大的“作坊式”企业,着力打造布局合理、关联度高、互补性强的碳酸钙产业集群;加快发展新型墙体、钢构件等新型建筑材料,推进超超新材等项目建设,培育壮大以装配式建筑为主导的新型建筑材料产业集群。大力发展战略性新兴产业,围绕电子、稀土、钨钛锡新材料、食品药品等高新技术产业,推进铝电子产业一期等项目建设。加快传统产业改造升级,坚持淘汰落后产能与调整优化紧密结合,重点推进木材加工、有色金属等传统产业技术改造。深入开展“园区建设年”活动,加大园区基础设施和标准厂房建设投入,筹措落实工业发展基金20亿元,进一步完善园区基础设施,建设标准厂房20万平方米以上,提升园区承载能力。加快推动碳酸钙产业、特色农业、旅游、交通等政府投资引导基金落地,助推产业发展。

大力发展“长寿·养生”经济。以发展旅游文化养生产业为主抓手,加快国家“医养结合”试点单位和全域旅游示范区建设,培育壮大生态健康产业“四个新业态”。抓紧推进“四个旅游小镇”建设,加快建设特色县域旅游区,完善全域旅游发展布局。扎实推进“梦里黄姚”创意城等文化旅游项目,积极创建姑婆山国家级旅游度假区,力争黄姚古镇、姑婆山景区成功创建“5A”级景区。打造一批“贺州味道”旅游餐饮名店和特色美食街区,打响“中国长寿美食之都”品牌。加快推进生态健康产业示范区建设,打造南乡西溪温泉、黄姚国际酒店等一批中高档养生度假区、星级酒店和特色民宿。大力实施乡村旅游百村大会战,加强临贺故城等历史文化名镇名村、传统村落的保护和综合利用,积极发展以休闲农业为代表的乡村旅游业,推动贺州旅游由“假日经济”向“常态经济”转变。按照“一核、四小镇、五片区”的空间布局,加快养老服务业改革试验区建设,扎实推进黄姚东潭岭医养休闲区等重点项目。加快建设市长寿养生产业园和药食两用农产品繁育生产示范基地,积极开发营销独具贺州特色的保健品、药膳菜品、健康饮品,提升富硒水、富硒茶等长寿食品品牌影响力。大力发展特色医药产业,建立瑶医、瑶药康复养生示范中心,争创国家中医药健康旅游示范区。加快发展医养结合、康复疗养、异地养老、保健护理等产业,着力打造面向粤港澳地区的综合休闲医疗康复养生基地。

加快发展现代特色农业。落实粮食安全责任制,确保粮食播种面积稳定在199万亩、总产量稳定在70.5万吨左右。加快推进农业供给侧改革,实施现代特色农业产业品种品质品牌“10+3”提升行动,大力发展有机循环、富硒和休闲农业,积极创建“广西农业标准化示范市”。继续推进现代特色农业示范区建设,力争实现获认证的自治区级示范区县域全覆盖。积极发展农产品深加工,完善供深港澳蔬菜生产、冷藏、加工体系,提高农产品加工转化率和附加值。加快建设农产品物流市场体系,扎实推进市、县、乡配送中心和交易市场建设,着力构建桂粤湘农产品集散地。大力推行“农业+”模式，加大农业与旅游、物流、工业、金融、科技、扶贫等产业融合力度，促进农村一二三产业融合发展。

培育壮大现代服务业。扎实推进“十三五”国家服务业综合改革试点市建设。培育壮大生产性服务业，探索搭建中小企业征信平台，推进普惠金融建设；培育壮大和规范发展现代物流业，启动贺州物流公共信息服务平台前期工作，力争开工建设贺州农产品物流园、快递物流园，积极创建国家产城融合示范区；加快建设现代服务业集聚区，抓好石材及碳酸钙新材料交易中心等自治区级集聚区建设，实施高新区产学研基地、八步古柏汽车城等现代服务业项目，推进市生态科技服务集聚区建设；加大对建筑业的扶持力度，鼓励市内建筑企业提高施工资质，提升施工水平，积极创建精品房地产项目，带动全市建筑业快速健康发展。培育壮大生活性服务业，推进供销社综合改革，加快组建贺州供销投资有限公司，做大做强我市供销企业；支持医药批发流通企业重组整合，服务我市民族医药产业发展；大力倡导“贺州人用贺州产品”，围绕汽车、家电、家居、服装等刚性消费需求，开展系列大型节假日促消费活动，培育消费增长点，推进一批现代商品体验中心与展示中心项目落地，加快贺州现代商贸产业园、麒麟广场城市综合体建设；继续实施“菜篮子”工程，扎实推进城乡农贸市场建设；加大对电子商务企业扶持力度，组建阿里巴巴等知名电商平台贺州馆，加快建设县（区）电商城或电商运营中心，统筹推进农村淘宝建设。

精准帮扶企业。贯彻落实中央、自治区系列降成本政策措施，降低企业综合成本。探索推行区域电网和工业园区增量配电网建设运营模式，降低企业用电成本。继续落实并完善“营改增”试点政策。全面盘活存量资金，落实有关政策措施，降低社保费率和缴费基数，为企业减负增效。实施商标品牌战略，提升企业的市场竞争力和可持续发展能力。落实企业上市激励机制，鼓励和引导更多企业上市。积极引导非公领域“两个健康”发展，建立完善政府性融资担保体系，着力破解小微企业和“三农”融资难融资贵问题；健全政企沟通协商机制，促进形成“亲”“清”新型政商关系，为非公经济发展营造良好环境。继续推行“一企一策”，坚持领导挂点联系企业制度，千方百计支持规模企业满产达产、增产增效；抓好规模企业培育工作，年内新增规模企业20家以上。

推进重点领域改革。深化“放管服”改革，继续推进简政放权。推广“多规合一”试点成果应用，完善“一个平台管项目审批”制度，全面提升项目审批效率。抓好政府部门权责清单两单融合工作，制定完善权责清单“两单融合”方案并在今年10月底前向社会公布。推进企业“多证合一、一照一码”试点，实施个体工商户“两证整合”，推进市场主体登记注册便利化。全面推进“双随机、一公开”监管。深化财税体制改革，完善预算管理制度，持续推进预决算公开。强化预算执行管理，完成年度预算任务。推进资源税改革，配合做好烟叶税等税收立法工作。加强地方政府债务管理，确保财政可持续。深化国资国企改革，强化市场化运作，整合提升现有的四大平台公司向市场直接融资能力；积极稳妥发展混合所有制经济，加大市属国有企业与优质民营企业的合作力度；主动参与重大项目建设，推动国资国企在产业发展、公共服务、基础设施建设等领域中发挥更大作用，努力将市属国有企业打造成为融资的平台、合作的载体、建设的主力军，理直气壮做大做强做优国有企业。深化园区体制机制改革，激发园区发展活力，壮大园区产业规模。同时，统筹推进养老保险、教育、卫生、土地、收入分配等其他重点领域改革。

强化创新驱动发展。推进产业创新平台建设，加快国家碳酸钙产品质量监督检验中心、广西碳酸钙资源综合利用重点实验室培育基地建设，在微波技术应用、果蔬保鲜与深加工研究等领域培育若干自治区级重点实验室。加强工程技术研发平台建设，推进金源稀土与中科院等单位共同组建的国家级工程技术研究中心建设，打造一批自治区级工程技术研究中心。加大与知名高校、科研院所合作力度，积极共建碳酸钙、非金属轻质材料、健康长寿等产业研究院。加快推进市高新区建设，努力引进新能源汽车、大数据、无人机等新兴产业，谋划创建国家级高新区。抓好高新技术服务中心一期工程项目，支持天润孵化器建设。扎实推进国家级农业科技园区建设，加快组建正丰农业孵化器。深入实施科技成果转化行动，组织8项以上科技成果在产业、企业和区域内转化应用；积极培育技术转移示范机构，支持企业申报高新技术企业。实施发明专利双倍增计划，继续推进广西知识产权试点、示范县建设。引进和培养一批科技创新领军人才，推进大众创业、万众创新，加快贺州学院创业孵化基地、平桂农民工创业园建设，激发社会创新、创业活力。

（三）全力攻坚重大项目投资。着力破解瓶颈问题，掀起项目投资新高潮，持续拉动经济增长

积极扩大有效投资。认真贯彻落实国家、自治区系列促投资政策，采取有效措施促进投资增长，力争年内完成固定资产投资725亿元以上。突出抓好重大项目建设，全速推进356项市级层面开竣工、续建和预备的重大项目，力争年内完成投资331亿元。其中，新开工重大项目119项，年内完成投资143亿元；续建重大项目106项，年内完成投资141亿元；竣工投产项目37项，年内完成投资47亿元；同时，加快推进94项市级层面预备重大项目前期工作。充实完善前期项目储备库，利用好政府投资项目三年滚动投资计划平台，争取更多项目纳入国家和自治区计划盘子。更加注重激活民间投资，抓好自治区促进社会投资20条意见等政策落实，降低准入门槛，强化用地保障，拓宽融资渠道，优化审批服务，继续推进PPP模式和政府购买服务模式在公共服务领域的运用，不断激发社会投资活力。

扎实推进基础设施建设。深入实施基础设施建设大会战，进一步补齐基础设施短板。铁路方面，继续做好贺州至梧州城际铁路、柳韶铁路贺州段等项目前期工作。公路方面，实现永贺高速主线投入使用，加快贺巴高速公路贺州段建设，新开工永贺高速贺州支线，做好信梧高速贺州段、广东连山至贺州高速贺州段前期工作，力争年内开工。加快推进贺街至富川一级公路（含市区北环段）建设，新开工信都至扶隆、国道207线信都至仁义段公路等一批路网项目。加快市区环线规划建设，开工建设G207贺州绕城线西环段项目。

机场方面，落实贺州支线机场和通用机场项目选址方案，完善项目前期报批手续，力争年内开工。水运方面，切实做好贺江、桂江扩能工程前期工作，新开工建设桂江马江作业区。能源方面，新开工建设市循环经济环保产业园生活垃圾焚烧发电厂等项目，继续推进城区管道燃气项目和“县县通”天然气工程建设。水利方面，加快建设路花水库工程、市城区防洪堤等项目，做好龟石水库饮用水水源保护工程、贺街防洪堤等项目前期工作，争取年内开工。

集中力量开展征地拆迁攻坚。对批而未征、征而未供、供而未用的土地进行专项整治，着力解决“两地”安置等历史遗留问题，确保全市供地率达60%以上。重点推进生态新城和江南东、西片区约1万亩土地的征收储备工作，全面盘活闲置土地。高度重视耕地占补平衡工作，切实做好占补平衡后续资源的开发利用，加快实施一批土地开垦、旱地改水田等项目，确保获得耕地占补指标200公顷以上。加强工业园区土地管理，保障园区项目建设用地。积极争取用地指标，落实土地指标700公顷以上。结合“多规合一”试点、易地扶贫移民搬迁等政策高效释放土地利用空间，降低项目对新增建设用地的依赖，做到节约集约用地。

（四）持续提升向东开放水平。牢牢把握“向东开放”战略，加快融入珠三角经济圈，构建多维开放体系

积极融入“两带”建设。充分利用地处“珠江—西江经济带”和“粤桂黔高铁经济带”两带叠加的优势，以丰富的生态资源和历史人文景观为依托，加快建设、营销黄姚古镇等一批“看得见山水、记得住乡愁”的特色城镇和景区，深度融入高铁沿线旅游圈，提升打造“粤港澳后花园”品牌。围绕“一城、两区、三产业”布局，加快推进高铁新城建设，加大与沿线城市合作力度，在规划、产业、基础设施、金融等方面，强化与高铁经济带合作试验区广东园、广西园及贵州园的对接，扎实推进粤桂县域经济产业合作示范区和旺高工业园区建设，向上争取赋予突破性政策，加快打造粤桂黔高铁经济带先行示范区。积极发展展会经济，举办好第三届中国（贺州）新媒体群英会暨广西贺州第二届长寿文化节、第二届两岸青年农业论坛、第九届广西贺州名特优农产品交易会、第二届中国贺州石材·碳酸钙工业展览会等活动，提升贺州在全区开放发展大局中的影响力。

强化精准有效招商。以工业园区为主平台，制定鼓励企业入驻发展的特色招商引资政策，充分发挥好园区招商引资排头兵作用。大力推行产业链招商，围绕碳酸钙、新型建筑材料、生态健康三大产业集群，瞄准世界、中国、民营500强企业和行业领军企业，引进一批引领型、补链型、核心型的产业项目，以大企业促进大产业、推进大开放。注重鼓励和支持“委托招商”“以商招商”“以企引企”，探索建立调动企业招商积极性的激励机制，促进优势产业集聚发展。切实抓好以粤港澳台为重点的系列招商活动，争取新签约项目投资额500亿元左右；同时，抓好2016年新签尚未开工的210个项目落地，确保全年开工建设350个招商引资项目，完成投资360亿元左右。

推动进出口回升向好。继续实施第二轮“加工贸易倍增计划”和“自主品牌出口增长行动计划”，提升出口商品的质量和档次。加强出口品牌建设，支持平桂飞碟进出口公司等符合条件的企业申报“广西出口名牌”。支持海关畅通报关渠道，提高报关效率，鼓励我市企业在市内报关出口，努力培育新的进出口企业。

（五）加快推进“生态贺州”建设。巩固和提升贺州的生态优势，加快绿色崛起步伐

加强生态环境保护与建设。扎实推进富川龟石、昭平桂江、贺州合面狮湖等国家湿地公园建设。加大生态林和古树名木保护力度，扎实推进现代特色林业（核心）示范区建设，力争全市主要林业生态资源实现示范区创建全覆盖。全面完成国有林场改革，扎实推进姑婆山全国森林康养基地试点建设，争创全国森林旅游示范市。严格贯彻落实“水十条”“大气十条”和“土十条”。采取超强措施从源头上控制和减少城市施工、道路扬尘等大气污染物的产生。坚决整治污染企业，严格控制新上项目的污染物排放。继续落实“河长制”“河道巡查”等制度，实施饮用水水源地保护工程，坚决清理取缔非法采选矿、河道采砂等窝点。做好土壤污染防治前期工作，制定全市土壤环境详查总体方案，深入开展畜禽养殖污染、土壤重金属污染整治行动。强化矿山综合治理与生态修复，抓好西湾、黄田等老矿区矿山修复，实施大理石矿山废弃物综合利用项目。积极推进工业园区生态化改造和循环经济环保产业园建设，构建循环经济产业链。

提升城市综合品质。坚持规划先行，运用“多规合一”试点成果，完成城市总体规划修编。以贺州建市15周年和承办第十届广西（贺州）园林园艺博览会为契机，开展全面提升城市建设五年行动，扎实推进“一江两岸”、生态新城、城东新区等建设，确保园博园在今年6月份左右开园，力争启动古城项目建设。加大旧城区改造力度，扎实推进总投资8.5亿元的灵峰山以西片区旧住宅区综合整治改造工程。抓好市政基础设施建设，继续推进北堤公园二期、大钟山公园二期建设，建成爱莲湖公园等一批城市公园；推进城市污水垃圾收集处理、市第二水厂等项目，加快建设一批专用停车场和立体停车场、小公园、小绿地；投入资金5亿元，大力实施城区主次干道提质改造工程，对平安路、太白路、龙山路等11条道路进行“白改黑”改造，对贺州大道、爱民路等18条道路的人行道路面进行提质改造。加强城市公共交通管理，提高公共服务质量。深入开展城市“五乱”集中整治，全面美化彩化亮化城区，营造整洁、美观、舒适、有序的市容市貌。制定《贺州市推进水生态文明城市建设实施方案》，加快建设以中心城区为核心的“生态水系”，推进“海绵城市”建设，重点抓好黄安寺河、狮子岗河等城区内河整治，及永丰湖等内湖整治、河湖水系连通和补水工程。加大力度清理历年房地产项目历史遗留问题，推动房地产市场持续健康发展。

统筹推进城乡一体化进程。加大在财税改革、土地政策、产业发展等方面对县域发展的支持力度。继续推进特色重点镇建设攻坚行动，重点抓好贺街全国特色小镇建设及莲塘、公会、公安等第三批广西百镇建设示范工程。持续巩固“生态乡村”建设成果，扩大自治区级生态乡镇、生态村的覆盖面。加快推进农村改厕、改厨和公共照明试点村建设，新建150个农村新型生态社区。按照自治区部署，全面启动推进"宜居乡村"建设。推进城乡社区协商,争创全国农村社区建设示范单位。探索村民自治的有效实现形式,完成村(社区)"两委"换届工作。

(六)持续保障改善民生。坚持以民为本,多办为民谋利的实事,使发展成果更多、更公平的惠及全市人民

加强就业和社会保障体系建设。抓好高校毕业生、返乡农民工、建档立卡贫困户的就业工作。扎实推进火车站站前片区棚户区改造等项目,按自治区部署开工一批保障性住房、棚户区改造和农村危房改造项目。深入实施城乡居民收入倍增计划,缩小城乡居民收入差距。严厉打击拖欠农民工工资行为,保障农民工合法权益。推进"全民参保"行动,加强社会保险扩面和基金征缴。全面推进城乡居民基本医疗保险制度整合、基本医疗费用即时结算和异地就医结算。加强社保标准化建设,推进全国社会保险标准化"先行城市"、国家级社会管理和公共服务综合标准化试点项目建设。完善城乡低保、特困人员供养等社会救助配套政策,实现"应保尽保、应救尽救"。

抓好卫生与健康工作。加快建设市人民医院城东分院、市中医院综合大楼、钟山县中医院住院楼等项目,启动城市公立医院综合改革,完成市医养信息智慧平台系统、120指挥调度大数据指挥系统建设。进一步完善财政投入保障制度和分级诊疗制度。加强计划生育服务管理,稳步实施全面两孩政策,继续开展诚信计生示范单位和全国新一轮计划生育优质服务先进单位创建活动。抓好出生人口性别比综合治理,加大整治"两非"工作力度。深入做好公共卫生与卫生应急各项工作,建立疾病应急救助制度,继续推动新一轮防治艾滋病攻坚工程。加强医疗质量管理和医院监管,开展"平安医院"建设,继续做好妇幼健康服务。

坚持教育优先发展。筹措资金2.66亿元,用于258所学校"全面改薄"工作。启动城东、城西片区新建幼儿园、小学项目,加快平桂第二实验小学等项目建设,实现贺州第二高中扩建、贺州职业学院实训基地等项目竣工,确保市示范性综合实践基地项目建成使用。鼓励发展多元普惠性幼儿园,扩大优质学前教育资源。推进义务教育均衡发展,确保八步、钟山通过自治区达标验收,富川通过国家达标验收。鼓励民办教育发展,支持广西师大附中外国语学校等区内外名校在我市办学。深化新课程改革,加快全区首批学科课程基地建设,提高普通高中办学质量。推进现代职业教育体系建设,争取申办一所五年一贯制高职院校。大力实施贺州市碳酸钙和新型建筑材料千亿元产业人才培训工程,扎实推进"千亿元产业"人才培训基地建设。深入实施"引智入贺"、"周末名师"工程,提升教育对外交流合作水平。支持贺州学院整体转型发展试点,推进"凤凰教育—贺州学院数字媒体创意产业园孵化中心"建设,加快贺州学院黄姚分校项目前期工作。

提升公共文化和体育水平。推进市文化中心、"四馆"、村级公共服务中心及村村通广播电视无线发射台站等基础设施建设。深入开展"和谐文化在基层"系列群众文化活动,持续抓好公共文化基础设施场馆免费开放、农村文化建设专项补助项目和农村公益电影放映等文化惠民工程。积极申报国家历史文化名城,做好第九届广西音乐舞蹈比赛筹备工作。与广东主流媒体合作拍摄电视剧《外来媳妇本地郎》、制作"发现贺州"专题片,并加大在各类媒体平台的宣传推介力度,不断提升我市在珠三角地区的影响力。加强文化市场监管,深入开展"扫黄打非"进基层等工作。加大体育人才培养力度,推进市体育运动学校迁建工程、平桂文化体育中心建设,实现贫困村体育基础设施全覆盖。做好2017年广西青少年锦标赛等赛事筹备工作,积极开展群众性赛事活动,不断提高人民身体素质。

加强和创新社会治理。强化社会主义核心价值观教育,提升市民道德意识。扎实推进诚信贺州建设,支持金融部门化解、处置不良贷款,坚决打击逃废债行为。健全应急管理体制机制,提高综合防灾减灾救灾能力。落实安全生产"党政同责、一岗双责、齐抓共管、失职追责"机制,健全安全风险预防控制体系和隐患排查治理体系建设,深入开展隐患排查治理专项活动,坚决防范遏制重特大事故。坚持源头严防、过程严管、风险严控,巩固和完善食品药品安全监管体系,提升食品药品安全保障水平,积极创建广西食品安全城市。深入推进法治贺州、平安贺州建设,加快构建立体化现代化社会治安防控体系。

同时,进一步加强国防动员和"双拥"工作,充分发挥工会、共青团、妇联等人民团体和社会组织参与管理、服务的重要作用,认真落实党的民族、宗教和侨务政策,切实做好机构编制、审计、统计、工商、史志、档案、工会、二轻、供销、农机、住房公积金、税务、检验检疫、质量技术监督、移民搬迁、应急管理、气象、防震减灾、驻梧管理等方面工作。

三、全面加强政府自身建设

以全面从严治党统领政府各项工作,依法全面履行政府职能,努力打造人民满意政府。

坚持依法行政。建立健全党政主要负责人为第一责任人、政府负总责、法制办牵头、各职能部门为主体的推进法治政府建设领导机制。加强和改进政府立法工作,科学制定政府年度立法计划,健全完善政府立法项目立项评审、向社会公开征集意见和立法听证制度,抓好城乡建设与管理、环境保护、历史文化保护等方面的立法工作。坚持依法行政,实行负面清单、权力清单、责任清单动态管理,贯彻落实中央推进城市执法体制改革,推动乡镇延伸综合行政执法,实现"四所合一""多所合一"。深入开展"七五"普法,推进全民普法守法,营造公平公正的社会环境。

优化政府服务。加快"网上政府"建设,推行"互联网+政务服务",力争实现各类服务事项全流程网上运行,让企业和群众办事更方便、更快捷。优化公共服务供给,推动公共服务事项进驻各级政府服务中心集中办理。全面清理涉及群众办事的各种不必要证明。加大政务公开力度,推动决策、执行、管理、服务和结果"五公开",扩大公众参与公共政策制定、执行和监督渠道,做好重大政策解读和政务舆情回应工作。

提高决策效率。坚持依法决策、民主决策、科学决策,建立完善重大行政决策社会稳定风险评估机制,加强重大决策第三方评估,严格行政决策责任追究。构建公众参与、专家论证相结合的行政决策机制，探索完善重大决策专家咨询论证制度。坚持"三重一大"事项报告制度，坚决服从市委的领导，自觉接受人大的法律监督和政协的民主监督，虚心接受社会各界监督，认真听取意见建议，切实办好人大代表建议和政协委员提案。

强化作风建设。全面贯彻落实中央八项规定精神和国务院"约法三章"，严格控制"三公"经费，严格履行党风廉政建设"一岗双责"。巩固"两学一做"学习教育成果，重点在挖掘"人"的潜力上下功夫，促进专业办事，优化干部队伍配置，提高人岗相适度，做到"搞经济的懂经济""搞项目的懂项目"，让更多专业的人办专业的事；鼓励专心做事，提升各级领导干部精心谋事、潜心干事、用心做事的责任感和紧迫感，形成见贤思齐的良好作风导向，推动全市上下"心往一处想、劲往一处使"，努力营造想干事、能干事、干成事的良好氛围；坚持专注成事，探索建立容错免责机制，让领导干部始终保持专注发展的政治定力，做到应该完成的任务顶着压力也要完成，应该承担的责任迎着风险也要承担，推动政府工作提速提质提效。

新征程蕴含新希望，新蓝图昭示新辉煌。让我们紧密团结在以习近平同志为核心的党中央周围，在自治区党委、政府和市委的正确领导下，以昂扬进取的精神状态、只争朝夕的豪迈干劲、众志成城的强大合力，不忘初心，继续前行，主动作为，不断开创贺州改革发展新局面，以优异成绩迎接党的十九大胜利召开！

名词解释

"一单两库一细则"：即随机抽查事项清单，随机抽查对象库、执法检查人员名录库，随机抽查工作细则。

"双随机、一公开"：即随机抽取检查对象、随机选派执法人员，及时公布查处结果。

"一干七支流"："一干"即南宁到梧州内河通道；"七支流"即左江、右江、红水河、柳黔江、桂江、贺江、绣江。

"一户一册一卡"：即一户贫困户一本扶贫手册一张帮扶联系卡。

"五大战略"：即创新驱动、绿色崛起、向东开放、人才兴贺、新型城镇化"五大战略"。

"五大攻坚行动"：即基础设施建设、支柱产业超千过百、全面脱贫、重点镇建设、美丽贺州乡村建设"五大攻坚行动"。

"IPO"绿色通道：即为支持贫困地区产业发展，帮助贫困群众稳定脱贫，中国证监会出台《关于发挥资本市场作用服务国家脱贫攻坚战略的意见》，对贫困地区企业首次公开发行股票、新三板挂牌、发行债券、并购重组等开辟绿色通道。

"三去一降一补"：即推进供给侧结构性改革中的去产能、去库存、去杠杆、降成本、补短板五大任务。

"一核、四小镇、五片区"："一核"，即贺州市"生态贺州·长寿胜地"养老服务业综合改革核心区（中心城区）；"四小镇"，即依托姑婆山小镇、黄姚古镇、西溪温泉养生小镇、大桂山颐养小镇"四个小镇"，建设山水型、森林型、气候型、温泉型、生态型等养生、疗养、康复基地；"五片区"，即八步和平桂"温泉养生·森林颐养"特色养生养老产业发展片区，钟山"山水田园·健康制造"生态健康制造业发展片区，富川"长寿瑶乡·国际慢城"民俗风情休闲养生养老产业发展片区，昭平"生态桂江·峰丛古镇"生态健康休闲养老产业发展片区。

非公领域"两个健康"发展：即非公有制经济健康发展和非公有制经济人士健康成长。

"一城、两区、三产业"："一城"即以高铁新城为示范区的核心区；"两区"即旺高工业区和粤桂县域经济产业合作示范区；"三产业"即碳酸钙、新型建筑材料和生态健康"三大千亿元产业"。

"白改黑"改造：即水泥路面改造为沥青路面。

"四馆"：即贺州图书馆、文化馆、档案馆、规划馆。

概　况

编　辑:陈敏兰
许中继

贺州市概貌

【建制沿革】 贺州市前身是贺州地区、梧州地区,其建置沿革在两千多年的历史发展进程中不断变更。

春秋战国之前,古书统称岭南为"交趾",贺州属"交趾"之地。

秦始皇三十三年(前214年)秦兵统一岭南,设置桂林、象、南海三郡。贺州属南海郡。

秦末汉初,南海郡尉赵佗击拼象郡、桂林郡建立南越国,贺州属南越国辖制,南越国在贺州设封中侯国。汉元鼎六年(前111年),武帝平定南越国后,把岭南三郡分为南海、苍梧、郁林、合浦、交趾、九真、日南、珠崖、儋耳九郡,设交趾刺史部,贺州属苍梧郡。

三国时期,贺州属吴国辖制,黄武五年(226年),分苍梧郡,设临贺郡,治所设在今贺街镇。凤凰三年(274年)临贺郡改属荆州。

晋代,临贺郡属广州,怀帝永嘉元年(307年),改临贺属湘州,成帝时又改属荆州,穆帝永和二年(346年)再改临贺为县属零陵郡。安帝义熙十三年(417年)撤湘州,重新设立各郡,贺州属荆州。

南北朝时期,宋文帝在元嘉二十九年(452年)年改临贺属广州。宋明帝在泰始五年(469年)改临贺郡为临庆国,治所设在临贺县。齐朝建元二年(480年),将临庆国改为临贺国。梁朝普通元年(520年),武帝拆分临贺,设置静州郡,临贺之名不存在,陈朝恢复临贺郡名。

隋朝开皇九年(589年),废临贺郡置贺州,辖临贺、冯乘、谢沐、封阳、桂岭、富川、荡山等县。除谢沐县治及部分县地在今湖南省境域,冯乘部分县地在今湖南省境域外,其余县均为今贺州市辖区。隋炀帝时期,废贺州,桂岭县改属熙平郡,封阳县改属苍梧郡,合临贺、荡山、富川三县为贺川县,属始安郡。

唐武德四年(621年),重新设立贺州,治所在临贺县,辖管原临贺郡六县。天宝元年(742年)改贺州为临贺郡,乾元元年(758年),又改临贺郡为贺州。唐太宗李世民将全国分为十个道,昭平、富川县属岭南西道,贺州属岭南东道。

五代十国时期,地方行政区划沿唐制。楚王马殷攻占贺、昭等州,贺州属楚。后汉乾祐元年(948年)贺州归南汉,贺州辖临贺、桂岭、冯乘、封阳、富川、荡山6个县。

宋代,贺州属广南东路,大观二年(1108年)改属广南西路,所管辖范围大致相当现今贺州市地域。

元代,地方政权设立11个行中书省,行省下设路、府、州、县。至正二十三年(1363年),升广西为行中书省,贺州属广西行省,领临贺、富川、怀集三县。

明初,改路为府或降府为州,废撤行中书省。洪武二年(1369年)九月,把临贺县、桂岭县并为贺州,管辖怀集、富川两县,属浔州府。洪武十年(1377年)五月,撤贺州,将桂岭、封阳、荡山合并改称为贺县,属平乐府,怀集归属梧州府。成化十三年(1477年)置永安州(蒙山),贺县、富川、永安州、昭平同属平乐府。

清代,行政区划基本沿袭明制。清顺治初因明旧制设平乐府、梧州府。平乐府领1厅1州7县,即信都厅、永安州及平乐、恭城、富川、贺县、荔浦、修仁、昭平7县。

中华民国,行政区划设撤分合有前后两个时期,前期自民国元年(1912年)至民国十三年(1924年),行政区划类同全国,秉承省、道、县"虚三级制"。后期自民国十四年(1925年)至民国三十八年(1949年),推行省、行政督察区、县等三级制,是以有民团区、行政监督区等军政合一之准行政区划。民国二十一年(1932年)4月,平乐民团区及其所属县并入桂林民团区。次年10月,平乐民团区复置,治所设在贺县,辖富川、贺县、钟山、昭平、蒙山、平乐、修仁、荔浦、恭城、信都、怀集等县。民国二十三年(1934年)3月,广西实行行政监督制度,以民团区域为监督区域。平乐民团区改制为平乐行政监督区,治所在贺县八步。民国二十九年(1940年)4月,广西将行政监督区改制行政督察区,平乐行政监督区改制为广西第二行政监察区,治所在贺县八步。民国三十一年(1942年)3月,广西行政督察区由12个缩成7个。第二区(平乐)改为第一区,治所设在贺县。民国三十八年(1949年),广西省划分为15个行政督察区。第一区治所设在八步,辖贺县、信都、怀集、钟山、富川5个县。第十四区治所设在平乐,辖平乐、恭城、昭平、蒙山、修仁、荔浦、阳朔7个县。同年10月,广西军政当局将广西全省划为桂东、桂西、桂北、桂中、粤桂边区、黔桂边区7个军政区,第一区(平乐区)行政督察专员公署和桂东军政区司令部均设在贺县八步。

1948年8月，中共中央华中局在武汉组成中共平乐地方委员会。1949年10月1日中华人民共和国成立。11月，中国人民解放军挺进广西，同月，在贺县八步镇成立中共平乐地方委员会、平乐行政区专员公署，辖贺县、信都、富川、钟山、昭平、蒙山、平乐、荔浦、修仁、恭城、怀集11个县和八步工矿区委。1951年8月，中共平乐地委、平乐专署迁址平乐县平乐镇。

1952年5月，成立大瑶山瑶族自治区，隶属平乐专区。同年9月，钟山、富川两县合并为富钟县，仍属平乐专区。

1958年7月19日，撤销平乐专区，设立梧州专区，中共平乐地委改称中共梧州地委，平乐专员公署改称梧州专员公署。初辖原属容县专区的苍梧、藤县、岑溪3个县和原属平乐专区的蒙山、昭平、贺县、富钟4个县。梧州市划归梧州专区统一领导。1960年10月，梧州专区与梧州市合并。1961年11月25日，梧州市复由广西壮族自治区直辖。

1961年7月，梧州专区撤销富钟县，1962年3月，国务院正式批准复置富川、钟山两县。

1971年，梧州专区改为梧州地区，原行政区域不变。

1983年8月30日，梧州地区撤销富川县，成立富川瑶族自治县。1984年1月苍梧县划归梧州市管辖，梧州地区辖藤县、岑溪、蒙山、昭平、贺县、钟山、富川瑶族自治县。

1997年3月19日，梧州地区和梧州市行政区划调整，撤销贺县，设立县级贺州市，梧州地区行政公署驻地由梧州市迁至贺州市八步镇，梧州地区更名为贺州地区，辖原梧州地区的县级贺州市、昭平县、钟山县、富川瑶族自治县。原梧州地区的藤县、蒙山县、岑溪市划归梧州市管辖。

2002年7月3日，撤销贺州地区设立地级贺州市，县级贺州市改为八步区。2002年11月2日，地级贺州市正式挂牌成立，管辖富川瑶族自治县、钟山县、昭平县、八步区。

2007年4月9日，广西壮族自治区人民政府正式批准设立贺州市平桂管理区，为贺州市人民政府派出机构，行使相当县级政府管理职能。9月19日，平桂管理区正式挂牌成立，机关办公地址暂在原平桂矿务局总部内。2016年6月8日，经国务院批准，同意设立贺州市平桂区。2016年7月1日，广西壮族自治区人民政府正式批准设立贺州市平桂区。2016年12月2日，平桂区正式挂牌成立，驻地贺州市平桂区平桂大道1号。 （地方志办公室）

【地理】

位置与面积 贺州市位于广西壮族自治区东北部，北纬23°39′0″至25°09′0″，东经111°05′0″至112°03′0″，地处湘、粤、桂三省（自治区）交界地。东邻广东省的怀集、连州等市县，北接湖南省的江永、江华两县，西靠桂林，南连梧州相。全市总面积11855平方公里，约占广西总面积的5.01%，其中山地面积4062平方公里，平原面积1420平方公里，丘陵面积6373平方公里，分别占总面积的34.26%、11.98%和53.76%。

地形与地貌 地处桂东南丘陵区，地势北高南低。境内山岭连绵、丘陵起伏，山地多，平原少，山岭间盆地约70%的岩溶地区，主要以溶蚀侵蚀残丘、洼地地貌为主，少量为岩溶盆地及峰林地貌，30%为土岭山丘，北部为萌诸岭余脉——姑婆山，海拔1000~1700米，西北部为都庞岭与桂林市及湖南省交界，南部为大桂山与梧州交界。

河流 贺州市境内河网发达，大小河流纵横交错，支流繁多，集雨面积在100平方公里以上的河流有40条，集雨面积在50平方公里以上的河流有80条，属珠江流域西江水系。境内主要河流有桂江、贺江、思勤江、富群河、大宁河、大平河、马尾河，林洞河等。

桂江属西江一级支流，发源于广西北部兴安县与资源县交界处的越城岭主峰猫儿山，由桂林流经贺州市昭平县，至梧州市汇入西江。桂江全长426公里，在昭平县境内河段长100公里，落差25米，河面平均宽度约150米。全流域面积19288平方公里，昭平水位站控制流域面积14965平方公里，马江站多年平均流量549立方米每秒。桂江河床最窄处为马峡，宽50米，最宽处为五将中洲处，宽750米。

贺江是西江一级支流，发源于富川瑶族自治县麦岭镇大坝村的茗山（又名湖完岭），流经钟山县、八步区，在广东省封开县汇入西江，上游（富川县至钟山县境内河段）称富江（又称富川江）。贺江全长351公里，全流域面积11500平方公里，实测最大流量5840立方米每秒（1994年信都站），信都水文站多年平均流量193.3立方米每秒，年平均径流量61亿立方米。贺江干流在贺州市境内长231公里，控制流域面积6912平方公里，天然落差147米，水力蕴藏17.72万千瓦，可开发量12.55万千瓦。

【环境】 2016年，贺州市城市水域功能水质达标率为100%，饮用水水源水质达标率100%，饮用水源地龟石水库水质类别为Ⅲ类，贺江扶隆码头、贺江贺街、桂江桂花三个断面地表水综合评价水质类别为Ⅲ类，水质评价为良好；城区空气质量有效监测天数为356天，空气科吸入颗粒物PM10（粒径在10微米以下的颗粒物）平均浓度为55微克/立方米，城区环境空气优良率达96.6%。 （环保局）

主要污染物排放 2016年，贺州市废水排放总量6378.57万吨，化学需氧量21075.67吨，二氧化硫排放总量3976.08吨，氮氧化物排放总量10607.87吨，烟（粉）尘排放总量4141.75吨。

大气环境 2016年，贺州市城区环境空气质量可吸入颗粒物、二氧化硫、二氧化氮三项监测指标均达到《环境空气质量标准》（GB3095-1996）二级标准。

2016年，城区二氧化硫年平均值为0.018毫克/立方米，达到国家环境空气二级标准，比2015年上升12.5%。日均值范围为0.004~0.081毫克/立方米，日均值达标率为100%。清洁对照点东风完小二氧化硫监测结果年均值为0.032毫克/立方米，达到国家环境空气二级标准。

2016年，城区二氧化氮年平均值为0.016毫克/立方米，达到国家环境空气二级标准，比2015年下降6.7%。日均值范围为0.003~0.058毫克/立方米，日均值达标率为100%。清洁对照点东风完小二氧化氮监测结果年均值为0.011毫克/立方米，达到国家环境空气一级标准。

2016年，城区可吸入颗粒物年平均值为0.055毫克/立方米，达到国家环境空气二级标准，比2015年下降8.3%。日均值范围为0.014~0.221毫克/立方米，日均值达标率为98.9%。清洁对照点东风完小可吸入颗粒物结果年均值为0.037毫克/立方米，达到国家环境空气一级标准。

城区环境空气评价点污染物统计(2016年)

单位：毫克/立方米

项目	样品数	日均值最大值	日均值最小值	年均值	日均值达标率(%)
二氧化硫	365	0.081	0.004	0.018	100
二氧化氮	363	0.058	0.003	0.016	100
可吸入颗粒物	366	0.221	0.014	0.055	98.9

环境空气清洁对照点污染物统计(2016年)

单位：毫克/立方米

项目	样品数	日均值最大值	日均值最小值	年均值	日均值达标率(%)
二氧化硫	307	0.050	0.004	0.032	100
二氧化氮	285	0.032	0.002	0.011	100
可吸入颗粒物	313	0.070	0.005	0.037	100

环境空气质量监测情况(2016年)

AQI（空气质量指数）

月份	日报天数	Ⅰ(优) AQI (0~50)		Ⅱ(良) AQI (51~100)		AQI范围	首要污染物	AQI平均值
		天数	比例(%)	天数	比例(%)			
1月	31	19	61.3	12	38.7	27~90	/(不适用)	47
2月	29	11	37.9	16	55.2	20~237	/	61
3月	31	15	48.4	15	48.4	19~124	/	53
4月	30	19	63.3	11	36.7	28~100	/	46
5月	31	20	64.5	11	35.5	29~82	/	49
6月	27	26	96.3	1	3.7	24~52	/	38
7月	28	20	71.4	8	28.6	24~100	/	46
8月	28	19	67.9	9	32.1	25~86	/	49
9月	29	6	20.7	22	75.9	28~103	/	66
10月	31	13	41.9	18	58.1	28~99	/	66
11月	30	15	50.0	13	43.3	18~115	/	53
12月	31	3	9.7	22	71.0	30~149	/	86
合计	356	186	52.2	158	44.4	18~237	/	54

环境空气质量监测年表(2016年)

年份	有效监测天数	污染天数	空气优良率	Ⅰ(优) AQI (0~50)		Ⅱ(良) AQI (51~100)	
				天数	比例	天数	比例
2016	356	12	96.6%	186	52.2%	158	44.4%

（环保局）

水环境 2016年，贺州市桂花、贺街、扶隆码头三个监测断面的监测结果均符合《地表水环境质量标准》(GB3838-2002)表1中Ⅲ类标准限值（评价指标为《地表水环境质量标准》GB3838-2002表1中除水温、总氮、粪大肠菌群以外的21项指标）。

市级集中式生活饮用水水源地 2016年贺州市级集中式生活饮用水水源地龟石水库水质符合《地表水环境质量标准》(GB3838—2002)表1中Ⅲ类标准和表2、表3中标准限值，水质状况良好，达标率为100%。

声环境 2016年，贺州市区域环境噪声昼间均值为54.8dB (A)（分贝），质量等级为较好，与2015年相比下降6.3dB (A)。区域环境噪声昼间监测结果年平均值符合《声环境质量标准》(GB3096-2008)表1中的2类标准。

贺州市城区5条道路交通噪声昼间均值为68.7dB(A)，质量等级为较好，与2015年相比下降4.7dB (A)。昼间监测结果年平均值符合《声环境质量标准》(GB3096-2008)表1中的4a类标准。

【气候】 贺州市地处桂东北，属亚热带季风气候区，有太阳辐射强、日照充足、热量丰富、气候温和、雨量充沛、旱涝交替、夏热冬冷、无霜期长等特点。夏半年盛行偏南风，高温、高湿、闷热多雨；

冬半年盛行偏北风，有低温冷害、干燥少雨的气候特征。年平均气温(30年平均)在19.2℃~19.9℃，年平均日照时数为1439.4~1588.7小时，年平均降水量为1558.1~2012.1毫米。主要气象灾害有：洪涝、干旱、寒潮、高温、低温冷害（春季低温阴雨、晚稻寒露风、霜冻冰冻）、大风、冰雹、雷电等。

2016年，贺州年平均气温20.4℃（富川）~21.2℃（昭平），距平均值为+0.4℃~+1.1℃，属略偏高年份。2016年，贺州各地总雨量1932.1~2586.1毫米，比历年平均值偏多24%~45%。2016年，贺州各地总日照时数1277.5~1465.2小时，比历年平均值偏少3%~14%。（气象局）

【水文】 贺州市水量充沛，河流众多。桂江、贺江自北向南流经本市。贺州市辖区内河流绝大部分属珠江流域西江水系，集水面积11763平方公里，占贺州市辖区面积的99.6%；属珠江流域北江水系，集水面积38.7平方公里，占0.33%，长江流域湘江水系集水面积14.3平方公里，占0.12%。流域面积在50平方公里以上的河流有80条。贺州市境内的江河径流主要由降雨形成，径流系数在0.60~0.66，天然年径流分布和降雨量分布基本一致，年径流深变化在914.0~1238.4毫米。受降水时空分布不均的影响，河川径流量的80%左右集中在汛期（3—8月）。

2016年贺州市年平均降雨量2218.7毫米，与多年平均降水量比偏多33%，属丰水年份。5月19、20日，贺州市遭受今年最强降水，降水主要集中在富川县南部、八步区的北部、南部与平桂区的南部。19日共有17站达大暴雨级别，富川上洞站降水达240毫米，富阳站201毫米，均超二十年一遇，上洞站3小时降水量达170毫米，超百年一遇。

贺州市境内2016年各主要江河出现17次超警洪水。年最高洪水位除信都站、钟山县城站出现在6月份外，其他站点均出现在5月份。5月20日，贺州市6个基本水文（位）站均超警戒洪水。富阳站5月20日7时50分出现188.91米的洪峰水位，实测流量为540立方米每秒，超5年一遇。贺江贺州水文站5月21日2时出现洪峰水位104.41米，超警戒水位0.91米。

（水文分局）

贺州市主要江河最高水位和最低水位情况（2016年）

河流名称	测站名称	警戒水位（米）	最高水位（米）	最低水位（米）
桂江	昭平	58.00	61.66	53.41
贺江	富阳	187.80	188.91	185.62
贺江	贺州	103.50	104.41	100.08
贺江	信都	50.70	51.53	46.02
思勤江	劳村	79.50	80.31	75.84
富群水	富罗	68.20	69.10	64.78

【资源·物产】

土地资源 2016年，贺州市行政区域土地总面积1.18万平方公里，其中市辖区面积5517平方公里，下辖3县区域面积6235.23平方公里。主要特征是丘陵、山地多，平地少。主要土壤有红壤、黄壤、冲积土、石灰土、紫色土、水稻土等类型。红壤、黄壤多分布在低山、丘陵区，呈弱酸性，土层深厚，有机质含量丰富。

矿产资源 截至2016年底，贺州市已发现煤、铁、锰、钛、钨、锡、铜、铅、锌、锑、钼、金、银、稀土、硫铁矿、砷、磷、水晶、饰面花岗岩、饰面大理岩、水泥用灰岩、白云岩、黏土、陶瓷土、硅灰石、重晶石、钾长石、萤石等有用矿产约60多种，主要矿产为饰面大理岩、饰面花岗岩、铁矿、钨矿、锡矿、铅锌矿、金矿、银矿、稀土、硅灰石和水泥用石灰岩，矿产地有100多处。探明储量的共有28种（含伴生矿种），其中大型矿床13处，中型20处，小型115处。饰面大理石、钨矿、锡矿、稀土矿、硅灰石等探明储量居广西前列，稀土矿、饰面花岗岩、饰面大理石、硅灰石等保有资源量居广西第一位，热矿泉较多，能源矿产少，铁锰缺富矿。2016年4月12日—14日，经中国无机盐工业协会邀请部分硫酸钙行业专家组成的考核组对贺州市大理石资源、矿石质量、重质硫酸钙部分生产企业及加工企业进行调研和考核后，该市被授予“中国贺州·重钙之都”称号，有效期自2016年4月至2019年4月。

（国土资源局）

水电资源 贺州市雨量充沛，境内水系发达，河流纵横成网。境内河流多属珠江流域西江水系，主要河流有桂江、贺江、临江、思勤江和富群河等，集雨面积50平方公里以上的河流有80条。多年平均水资源总量120.0亿立方米，多年平均地下水资源总量29.8亿立方米（即地下水资源量与地表水下渗量间重复计算值）；多年平均过境水量约148.5亿立方米。水能资源理论蕴藏量为108.83万千瓦，可开发量为86.05万千瓦，可开发水电站309座。至2016年末，全市已建成水电站217座，总装机容量64.5745万千瓦，占可开发量的75%。2005年12月28日通过水利部水电电气化达标验收，贺州市成为中国第一个水电电气化市。

（水利局）

森林资源 贺州市位于广西东北部，属亚热带南部季风气候，具有日照充足，雨量丰沛，雨热同季，干湿季节明显，无霜期长等特点，十分有利于花草树木的生长和繁育，是广西重点林区

贺州市各种地类面积结构（2016年）

单位：公顷

地类行政名称	行政区域总面积	耕地	园地	林地	草地	城镇村及工矿用地	交通运输用地	水域及水利设施用地	其他土地
贺州市	1175256.63	162704.5	36787.67	813491.7	40826.59	40856.06	10850.39	34614.13	35125.65
市辖区	551733.15	65945.75	9068	411504.6	15464.58	23730.01	4704.38	13067.15	8248.73
昭平县	322364.20	17538.88	11387.86	271483.6	1709.44	5756.88	1403.06	7827.97	5256.49
钟山县	147182.82	37438.82	4074.46	79536.28	4553.63	6371.17	2299.29	4369.95	8539.22
富川瑶族自治县	153976.46	41781.01	12257.35	50967.23	19098.94	4998	2443.66	9349.06	13081.21
所占比例	100.00%	13.84%	3.13%	69.22%	3.47%	3.48%	0.92%	2.95%	2.99%

之一，全市森林覆盖率和绿化程度均远高于全国、全区平均水平。2016年全市林地面积90.04万公顷，森林覆盖率72.87%，有林面积85.72万公顷，活立木总蓄积5345.23万立方米，公益林管护面积为20.8万公顷。盛产杉、松、桉、栎、竹子等竹木材，年生产商品材约128.13万立方米，竹子约2033.54万根，松脂约3.17万吨。有八角、肉桂、油茶、油桐、茶叶等经济林及梅、李、龙眼、沙田柚、柑、橙、枣、板栗等水果。人工造林树种主要有马尾松、杉木、桉树和竹子等。

植物资源 贺州市属中亚热带南部季风湿润气候区，植被属亚热带常绿阔叶林植被区，全市发现有野生植物1400种。以马尾松、杉木、油茶、八角、荷木和天然次生杂木疏灌丛草等构成主要植被。主要有松科、杉科、壳斗科、木兰科、樟科、山茶科、大叶栎、红椎，白椎、枫香、樟木、桦木、拟赤杨等常绿阔叶树种；灌木主要有桃金娘、野牡丹、三椏箐、算盘子、木羌子、胡枝子、余甘子等；草本植物有五节芒、野古草、黄茅草、金茅等；蕨类植物主要有铁芒萁、东方乌毛蕨等。果树兼用树种有八角、青梅、三华李、脐橙、金柚、板栗等。

动物资源 贺州市森林覆盖率和绿化程度均高于全国、全区的平均水平，野生动物物种丰富（或较丰富），其中陆栖脊椎野生动物290种。贺州市有大桂山、七冲、滑水冲、姑婆山、西岭山等5个自然保护区，总面积达52155.2公顷。这些保护区分布着全市的野生动物资源，据调查，在保护区内生存的野生动物有鸟类128种，兽类48种，其中：属国家一级保护动物的有黄腹角雉、巨蜥、蟒蛇、林麝、鳄蜥5种，属国家二级保护动物的有穿山甲、白鹇、蛤蚧、虎纹蛙、红腹锦鸡、大灵猫、小灵猫、苏门羚、猕猴、大鲵、水鹿、黑鹿、原鸡、草鸮、娃娃鱼等24种，其余多数为广西重点保护动物。（林业局）

旅游资源 贺州是古代临庆国、临贺国、封中国所在地，历史文化丰厚，历史文化悠久，境内出土的文物麒麟樽，是战国时期岭南文化发展的一个标杆。贺州境内有国家级、自治区级重点文物保护单位34处，主要的名胜古迹有临贺古城遗址、浮山陈王庙、临贺文笔塔、铺门石城、贺街千年桂花井、贺街粤东会馆、英家粤东会馆（英家起义旧址）、黄姚文明阁、昭平文笔塔、回澜风雨桥、瑞光塔、富川明代古城、沸水寺、开宁寺、明孝穆皇太后先茔、红七军桂岭整编旧址张公庙、秀山村将军府邸等。贺州主要生态自然旅游景区（点）有姑婆山、十八水原生态景区、大桂山国家森林公园、玉石林景区、钟山十里画廊、昭平大脑山茶场等；主要的温泉有贺州温泉、南乡温泉、里松温泉、黄花山温泉。贺州主要人文文化旅游有贺街古镇、黄姚古镇、秀水村、福溪村、深坡村、英家等国家级、广西壮族自治区级历史文化名村名镇，以及国家级传统村落、广西壮族自治区级传统村落30多处；客家建筑有八步区莲塘客家围屋、昭平樟木林石城；红色文化主要有英家中共广西省工委历史博物馆、黄姚中共广西省工委旧址。贺州民族风情多姿多彩，主要有瑶族的“盘王节”“情人节”“打油茶”“长鼓舞”“调马”“砍牛节”“炸龙”；壮族的“三月三”“庙会”“炮期”“舞火猫”；苗族的“芦笙踏堂舞”，以及黄姚“三王爷出巡”“柚子灯节”等古朴奇异的民风民俗。贺州是世界长寿市、中国优秀旅游城市、全国双拥模范城、国家森林城市、中国最佳生态旅游示范城市、中国重钙之都、中国长寿美食之都、全国森林旅游示范市。（旅发委）

【人口】 2016年全市年末总人口为2425233人，其中男性1264563人、女性1146703人，总人口增长率11.35‰；本年度办理出生登记41634人，出生率为17.26‰，比上年减少1.04‰；本年度办理死亡注销人口11934人，死亡率为4.95‰；城镇人口347600人，比上年增加4302人。

2016年，贺州市常住人口登记数为648066户2425233人，平均每户人数为3.74人，比2015年增加2488户；总人口增加27373人。

出生41634人，其中男性21541人，女性20093人；死亡11934人，其中男性7672人，女性4262人。

人口自然增长29700人，人口自然增长率为12.31‰。

2016年迁入7659人，迁出11975人，机械负增长4316人。

2016年底全市共有城镇居民347600人，占总人口的14.33%，比2015年底增加4302人，呈持续正增长。

人口年龄的分布分析：0~17岁人口608861人，占总人口的25.11%；18~34岁人口683412人，占总人口的28.18%；35~59岁人口781727人，占总人口的32.23%；60岁以上人口351233人，占总人口的14.48%。（公安局）

【行政区划】 贺州市2区2县1自治县，4街道，47镇5乡5民族乡，46社区3居民委员会707村。全市总面积约11753平方公里，行政区划代码为451100000。（民政局）

人口自然变动情况(2016)

年度	总户数	总人口数	出生		死亡		自然增长	
			人数	出生率‰	人数	死亡率‰	人数	自然增长率‰
2016	648066	2425233	41634	17.26	11934	4.95	29700	12.31

贺州市行政区划表

行政区划代码	行政区划名称	镇、乡、民族乡、街道					社区、村		
		合计	镇	乡	民族乡	街道	合计	社区	行政村
451102000	八步区	16	12		1	3	202	17	185
451103000	平桂区	9	7		1	1	124	4	120
451121000	昭平县	12	9	2	1		156	4	152
451122000	钟山县	12	10		2		116	3	113
451123000	富川瑶族自治县	12	9	3			155	18	137

八步区 （八步街道）			
总计		3 街道 12 镇 1 民族乡 17 社区 185 村 全区总面积约 3495 平方公里，总人口 72.58 万人。	
行政区划代码	行政区划名称	数量	标准地名
451102001	八步街道	6	4 社区：新宁、新兴、西约、光明 2 村：拱桥、三加
451102002	城东街道	5	4 社区：建中、灵峰、太白、合面狮电厂生活社区 1 村：灵凤
451102003	江南街道	2	1 社区：厦良 1 村：厦良
451102101	贺街镇	27	3 社区：河东、河西、长利 24 村：南堂、南木、西南、香花、五协、东莲、农场、进贤、双瑞、新坪、寿峰、三凤、东球、白沙、龙扬、大鸭、龙马、新忠、榕树、联东、双星、河东、河西、长利
451102102	步头镇	16	16 村：梅花、梅中、善中、步头、滦水、大塘、黄石、大桂、保塘、三和、象狮、榕木、高洞、坪景、永和、保和
451102103	莲塘镇	19	19 村：上寺、文坡、龙雅、新燕、美仪、东鹿、古柏、螺桥、桂水、莲塘、仁冲、厚田、冲坪、白花、广福、永庆、炭冲、长湾、新莲
451102104	大宁镇	12	12 村：大宁、赖村、同保、忠福、公保、三合、平阳、安宁、螺石、同宁、赵平、李屋
451102105	南乡镇	8	8 村：南中、垌新、良怀、大汤、上新、旺黎、沙垌、江坪
451102106	桂岭镇	25	1 社区：桂岭 24 村：枚江、大庆、爱民、公平、西山、兴德、桐木、平安、善华、瑞山、天堂、枚桂、桂岭、新花、双凤、莲花、均洞、竹园、英民、进民、文德、桂开、草寺、金山
451102107	开山镇	7	7 村：开山、东南、龙岭、南和、西安、安和、分水
451102109	里松镇	6	6 村：斧头山、新华、青凤、培才、里松、文汉
451102114	信都镇	18	3 社区：东和、县前、大新 15 村：信联、新红、狮峰、北联、北津、马塘、会灵、北源、平龙、两合、祉洞、新兴、福桥、西蔼、联盟
451102115	灵峰镇	3	3 村：爱群、灵峰、和平
451102116	仁义镇	19	19 村：樟塘、福安、新联、松高、玉石、仁义、万民、万兴、大洞、东江、双龙、三联、龙珠、万寿、共和、福联、万善、保福、龙江
451102117	铺门镇	25	1 社区：铺门 24 村：八俊、河东、笛口、回岗、三洞、河南、中华、南华、兴华、龙桂、铺门、浪水、鹤州、兴全、松坪、安定、全乐、车龙、上洞、六合、福塔、三元、扶隆、三冲
451102200	黄洞瑶族乡	4	4 村：都江、黄洞、三岐、石门

平桂区 （西湾街道）			
总计		1 街道 7 镇 1 民族乡 4 社区 120 村 全区总面积约 2022 平方公里，总人口 45.47 万人。	
行政区划代码	行政区划名称	数量	标准地名
451102004	西湾街道	5	1 社区：西湾 4 村：上宋、西湾、石梯、飞马
451102118	黄田镇	15	1 社区：黄田 14 村：黄田、安山、英石、担石、公和、下排、东水、里宁、长龙、黄田寨、新村、清面、浩洞、路花
451102119	鹅塘镇	17	17 村：栗木、厦岛、湴田、凤田、鹅塘、丹村、塘面、山岛、新塘、华山、垌坪、芦岗、锦塘、盘谷、明梅、大明、槽碓
451102120	沙田镇	25	25 村：狮东、新民、金竹、狮南、松木、狮中、宝马、沙田、逸石、忠回、桂山、大盘、桥头、红星、龙井、马峰、马东、龙中、道东、龙屏、道西、道石、田厂、民田、芳林
451102121	公会镇	25	1 社区：公会 24 村：忠平、东绿、杨会、清泉、双洋、联合、东明、田富、石塔、双石、新村寨、建新、红宜、莲胜、解元、大姚、新新、新农、社山、东鹅、瑞昌、安太、清水、茶坪

续表

行政区划代码	行政区划名称	数量	标准地名
451102122	水口镇	6	6村:水车、水口、高林、寨脚、芳江、龙坪
451102123	望高镇	13	1社区:望高 12村:望高、宝山、立头、新联、同乐、川岩、新农村、新元、鱼塘、罗溪、百富、清池
451102124	羊头镇	12	12村:羊头、木家、龙山、马山、中红、大井、黄石、金竹、老柱、松木、垒石、洞石
451102201	大平瑶族乡	6	6村:龙槽、威竹、宗文、大平、古那、里头

昭平县
（昭平镇）

总计	9镇2乡1民族乡4社区3居民委员会152村 全县总面积约3224平方公里,总人口44.26万人。		
行政区划代码	行政区划名称	数量	标准地名
451121100	昭平镇	18	4社区:城南、城北、城东、城西 14村:龙潭、马圣、龙坪、大壮、上岸、江口、附城、富裕、裕礼、塘山、裕益、上楠、玉河、福登
451121101	文竹镇	5	5村:文竹、桂花、纸社、大广、七冲
451121102	黄姚镇	19	19村:阳朔、春甫、白山、新寨、黄姚街、崩江、界塘、岩头、杨村、北莱、篁竹、文洞、凤立、罗望、枧盘、巩桥、笔头、中洞、古禄
451121103	富罗镇	13	13村:砂子、瑶山、百宜、富罗、牛角、富强、思乐、石齿、汤水、金龙、镇南、三合、登垌
451121104	北陀镇	13	13村:民福、风清、乐群、敬业、立教、善政、良佑、平恩、大贤、上贤、观音、大龙、山秀
451121105	马江镇	16	2居民委员会:马江街居民委员会、水运居民委员会 14村:砂冲、熊埠、白梅、江塘、盆古、古袍、湾岛、清洲、花罗、东旺、沙婆、新兴、枫木、古岛
451121107	五将镇	20	1居民委员会:五将街居民委员会 19村:良风、南兴、平水、坪冲、庆安、恭城、义德、四桂、武阳、三界、古店、大胜、新旺、河井、仁德、天保、文曲、大坪、四旺
451121108	走马镇	12	12村:东坪、西坪、裕路、走马、庇江、庙桠、森冲、黄胆、联安、利济、佛丁、福行
451121201	仙回瑶族乡	6	6村:茅坪、新中、古盘、鹿鸣、大中、茶山
451121205	樟木林镇	14	14村:九如、三江、岩口、陶陂、樟林、新华、水龙、潮江、佳田、平田、樟村、龙井、古莲、高岩
451121206	凤凰乡	12	12村:营盘、中央垌、黄屋、凤凰、独石、太平、白坭、大同、美村、四和、鹧鸪、莲塘
451121208	木格乡	11	11村:富约、木格、大旦、古池、大垌、盘石、中平、进源、招林、高车、鹿坡

钟山县
（钟山镇）

总计	10镇2民族乡3社区113村 全县总面积约1472平方公里,总人口44.25万人。		
行政区划代码	行政区划名称	数量	标准地名
451122100	钟山镇	24	3社区:城东、城南、城北 21村:钟山街、城厢街、新里、民和、龙马、榕马、杨岩、龙团、龙井、潮滩、大耀、护平、升平、罗旧、龟石、程石、太平、牛岩、丹龙、乌洞、民富
451122105	回龙镇	10	10村:回龙、泉岭、东凤、东寨、龙虎、西乐、龙岛、力争、兴联、龙福
451122106	石龙镇	5	5村:石龙、大虔、黎塘、新凤、松桂
451122107	凤翔镇	6	6村:凤翔、江亚、舞龙、新栗、同枝、林樟
451122108	珊瑚镇	4	4村:珊瑚、卫田、金鹅、新民
451122109	同古镇	9	9村:同古、和平、四合、瓦屋、平竹、奉政、义安、义伍、金鸡
451122110	公安镇	15	15村:公安、马安、大田、梁屋、大桥、大龙、廖屋、凤岭、双元、荷塘、牛庙、里太、塘贝、江台、黄凤
451122112	清塘镇	17	17村:清塘、康平、榕水、印山、黄桥、五权、新龙、新竹、新合、林岩、六寨、周岩、南妙、英家、河东、东平、大同

续表

行政区划代码	行政区划名称	数量	标准地名
451122113	燕塘镇	7	7村：燕塘、九龙、黄宝、玉坡、聚义、合群、张屋
451122114	红花镇	7	7村：红花、龙燕、俄柳、铜盘、桃加、古楼、汤公
451122200	花山瑶族乡	6	6村：板冠、平西、宝鹿、三叉、保安、林坪
451122201	两安瑶族乡	6	6村：两安、沙坪、竹梅、小白、星寨、三联

富川瑶族自治县
（富阳镇）

行政区划代码	行政区划名称	数量	标准地名
总计			9镇3乡18社区137村 全县总面积约1540平方公里，总人口33.22万人。
行政区划代码	行政区划名称	数量	标准地名
451123100	富阳镇	25	7社区：凤凰、城东、马鞍山、新建、阳寿、仁升、新永 18村：江塘、黄龙、巩塘、获庆、铁耕、沙汪、朝阳、羊公、竹稍、茶家、新坝、木榔、山宝、涝溪、洋溪、西屏、社三、大围
451123101	白沙镇	7	1社区：白沙 6村：坪江、茶青、槊田、鸡岭、木江、井山
451123102	莲山镇	12	1社区：莲山街 11村：下坝山、洞口、洋狮、莲塘、米溪、鲁洞、荆早、罗山、金峰、吉山、沙洲
451123103	古城镇	10	1社区：横山 9村：高路、粟江、山田、茶源、莫家、塘贝、秀山、大岭、杨村
451123104	福利镇	11	1社区：香草坪 10村：福利、白竹、红岩、浮田、务溪、罗丰、花坪、水头屯、毛家、洞池
451123105	麦岭镇	14	1社区：麦岭 13村：麦岭、长春、大坝、涌泉、新造、小田、高桥、秀林、三民、和睦、金田、村黄、月塘
451123106	葛坡镇	13	1社区：葛坡街 12村：斑竹、岐山、山塘、极乐、深坡、宅祥、上洞、合洞、林桂、楼村、马槽、马坪
451123107	城北镇	12	1社区：城北街 11村：城北、新寨、巍峰、栗木岗、凤岭、矮岭、俩源、泗源、六合、马山、石狮
451123108	朝东镇	22	1社区：朝东街 21村：朝东、东水、黄宝、桐石、龙归、儒子、石林、营上、蚌贝、高宅、塘源、和平、民主、岔山、秀水、黄沙、茶山、油沐、鲤鱼塘、福溪、长塘
451123200	新华乡	11	1社区：新华 10村：新华、井湾、路溪、先锋、龙集、盘坝、路坪、坪源、莲山塘、东湾
451123201	石家乡	8	1社区：石家 7村：龙湾、泽源、石枧、坪珠、黄竹、城上、曹里
451123203	柳家乡	10	1社区：柳家 9村：凤岭、下湾、洞井、龙岩、石坝、新石、长溪江、大湾、洋新

区划代码、邮码、面积、人口一览表

政区名称	区划代码	邮政编码	人口（约万人）	面积（约平方公里）
贺州市	451100000	542800	239	11753
八步区	451102000	542800	73	3495
平桂区	451103000	542827	45	2022
昭平县	451121000	546800	44	3224
钟山县	451122000	542600	44	1472
富川瑶族自治县	451123000	542700	33	1540

【民族】 贺州是多民族聚居地，壮族、瑶族为世居民族。在秦汉时代，中原汉族开始迁入贺州。宋代以后，尤其在明清两朝，有不少人因战乱或逃荒陆续迁入贺州。中华人民共和国成立后，因工作、经商、务工等原因，有其他少数民族迁入贺州，人数不多。现今，贺州境内居住有汉、瑶、壮、苗、侗、仡佬、回、满、蒙古、土家、黎等19个民族。2016年末，全市有汉、瑶、壮、苗、侗、回、满7个民族，少数民族35余万人。少数民族人口中，瑶族人口最多，2016年瑶族人口为25余万人，约占全市总人口的10%，主要居住在富川瑶族自治县；其次为壮族，2016年壮族人口为8余万人，主要居住在八步区和钟山县；其余的苗、侗、回、满等少数民族人口较少，居住比较分散。（民委）

【语言文字】 贺州市是多语言地区，境内语言主要以汉语、壮语、瑶语为主。汉语因区域差异、不同族群而形成多样的方言。八步区有本地话、客家话、铺门话、西南官话、九都话、坝佬话、鸬鹚话、开建话、怀集话等方言；钟山县有西南官话、客家话、白话等方言；昭平县有土白话、西南官话、客家话、广东话、阳山话、船家话等方言；富川瑶族自治县有西南官话、民家话、梧州话、七都话、八都话、九都话、宝庆话等方言。八步区、平桂区以西南官话、白话、客家话为日常生活主要交流语言，钟山县、富川瑶族自治县主要以西南官话为日常生活交流语言，昭平县主要以昭平土白话为日常生活交流语言。白话主要流行于昭平县大多数乡镇；八步区的八步、贺街、信都等乡镇；钟山县的珊瑚、石龙、英家、清塘等乡镇；平桂区的平桂、望高、羊头等乡镇。客家话主要流行于八步区的莲塘、桂岭等乡镇；平桂区的公会、沙田、黄田、望高、西湾等乡镇；钟山县英家、清塘地区，以及昭平县部分乡镇。壮语主要分布在八步区南乡镇、平桂区鹅塘镇及昭平县的走马乡、黄姚镇壮族聚居行政村。瑶语主要分布在瑶族聚居地区。其中，盘瑶自称“勉”“土优”，主要分布在八步区、昭平县和富川瑶族自治县西岭山一带；平地瑶自称“炳多优”，主要分布在富川瑶族自治县和钟山县，以七都话、八都话、九都话为主，少数讲宝庆话或其他方言。壮、瑶族同胞除少数年长的老人和少数的妇女外，都会讲普通话，他们没有使用本民族文字，都使用汉字。全市以汉字为通用文字。（民委）

【宗教】 2016年，贺州市境内经宗教管理部门登记注册的宗教有基督教、佛教。经政府批准开放的基督教活动场所有5个教堂，2个基督教教徒聚会活动点。其中，八步区有八步基督教堂、里松基督教堂；平桂区有沙田镇福音堂、公会镇莲胜村基督教聚会点；钟山县有钟山街基督福音堂、燕塘黄宝基督教堂；昭平县昭平基督教聚会点。佛教主要活动场所有平桂区黄田镇高广寺、八步区步头镇飞来寺、八步区莲塘镇秀峰寺、钟山县回龙镇狮子庵、富川瑶族自治县城北镇锁水寺、富阳镇弘扬寺。全市有佛教人士1600多人，佛教信众6万余人；基督教徒700多人，主要分布在八步区、钟山县和昭平县。（民委）

【组织机构党派团体直属事业单位及其主要领导或负责人】

中共贺州市委员会

书记：赵德明（瑶族，任至2016年11月），李宏庆（2016年11月任职）

副书记：李宏庆（任至2016年11月），林冠（壮族，2016年11月任职），唐毓流（壮族）

常委：李柏松，刘宏武（任至2016年2月），王军（2016年5月任职，任至2016年6月），廖和明（2016年7月任职），廖立勇，朱东，陈远明，韦升安（壮族），黎云，刘雪萍（女，任至2016年5月），唐敬春（女，瑶族，2016年5月任职），杨宏伟（2016年3月挂职，挂任期2年），于大力（满族，2016年12月挂职，挂任期1年）

秘书长：陈远明

办公室主任：陈远明

组织部部长：廖立勇

宣传部部长：朱东

统战部部长：刘雪萍（女，任至2016年6月），唐敬春（女，瑶族，2016年6月任职）

政法委员会书记：韦升安（壮族）

政策研究室主任：李建君（任至2016年3月），李世兵（瑶族，2016年6月任职）

机构编制委员会办公室主任：马承坚（任至2016年5月），义崇东（瑶族，2016年7月任职）

直属机关工作委员会书记：刘丽飞（女）

老干部局局长：李日芳（女）

市委市人民政府信访局局长：张冰霞（女）

机要局（市国家密码管理局）局长：翟江

市委市人民政府接待办公室主任：刘志勇（任至2016年6月），徐革燕（女，2016年7月任职）

党史研究室（市地方志编纂委员会办公室）主任：黄观壮

党校校长：唐毓流（兼，壮族）

党校常务副校长、民族干校校长：陈贤文

行政学院院长：刘宏武（兼，任至2016年6月），王军（兼，2016年6月任职，任至2016年6月），廖和明（兼，2016年7月任职）

档案局（档案馆）局长（馆长）：孙桂珍（女）

非公有制经济组织和社会组织党工委书记：黎江（瑶族）

贺州市人民代表大会常务委员会

主任：赵德明（瑶族）

副主任：韦丽萍（女，壮族），于枝周（2016年10月任职），闭海东（2016年10月任职），黄少雄（2016年10月任职），卿汤义（2016年10月任职），肖民（壮族，2016年10月任职），李国强（任至2016年10月，2016年11月退休），吴泽荣（任至2016年10月，2016年11月退休），黄金文（任至2016年10月，2016年11月退休），蒋藤庆（任至2016年10月，2016年11月退休），廖成明（瑶族，任至2016年10月）

秘书长：卿汤义（任至2016年10月），黎安源（2016年10月任职）

办公室主任：黄庆林（任至2016年7月），黎安源（2016年7月任职）

选举联络工作委员会主任：黄文流

研究室主任：朱燕新（女，任至2016年7月），邓水育（2016年7月任职）

法制委员会

主任委员：矫东风（任至2016年10月），徐智明（2016年10月任职）

主任：黄清明（2016年7月任职）

财政经济委员会主任委员：陶幼华

农业和农村委员会主任委员：陈翠珍（女）

城乡建设和环境保护委员会主任委员：梁少伟

教育科学文化卫生委员会主任委员：李东（任至2016年10月），衣明义（2016年10月任职）

民族外事华侨宗教委员会主任委员：黄实（瑶族，任至2016年10月），邓少伟（瑶族，2016年10月任职）

贺州市人民政府

市长：李宏庆

副市长：廖和明（2016年7月任职），朱东，刘国学，莫建平（2016年10月任职），义芳（女，瑶族，2016年10月任职），陈翼明（2016年10月任职），陈立华（2016年10月任职），黄志民（2015年6月挂职，挂任期2年），杨宏伟（2016年3月挂职，挂任期2年），杨育智（2016年3月挂职，挂任期2年），于大力（满族，2016年12月挂职，挂任期1年），刘宏武（任至2016年3月），闭海东（任至2016年10月），夏振林（瑶族，任至2016年6月），黄志光（任至2016年10月），李伟章（任至2016年6月）

党组成员：刘飞国（2016年6月任职），毛家才（2015年12月挂职，挂任期1年），罗良干（任至2016年3月），秘书长：陈翼明（任至2016年6月），刘飞国（2016年6月任职）

办公室主任：刘飞国（2016年6月任职）

发展和改革委员会主任：刘飞国（任至2016年6月），刘洪军（2016年6月任职）

工业和信息化委员会主任：杨呈朝（瑶族）

教育局局长：包路生

科技局（知识产权局）局长：罗巧科（任至2016年9月），潘顺康（壮族，2016年9月任职）

民族事务委员会主任：黄盛全（瑶族，任至2016年9月），覃恩先（壮族，2016年9月任职）

公安局局长：李伟章（任至2016年6月），莫建平（2016年6月任职）

监察局局长：古国章

民政局局长：黄毅群（女）

司法局局长：徐智明（任至2016年9月），黄育安（2016年9月任职）

财政局局长：蒲圣南

人力资源和社会保障局局长：姚明忠

国土资源局局长：唐敬春（女，瑶族，任至2016年7月），罗巧科（2016年7月任职）

环境保护局局长：黄坚

住房和城乡建设局局长：蒋永亮

交通运输局局长：白锡标（任至2016年5月），陆善东（2016年5月任职）

水利局局长：岑可乾

农业局局长：刘洪军（任至2016年6月），刘志勇（2016年6月任职）

林业局局长：邓少龙（瑶族）

国家林业局贺州市外向型林业改革试验区工作办公室主任：邱锋

商务局局长：刘秋梅（女，满族）

文化新闻出版广电局（版权局）局长：张达河（瑶族）

卫生和计划生育委员会主任：黎安源（任至2016年6月），陈文珍（女，瑶族，2016年6月任职）

审计局局长：谢庆丰（任至2016年7月），古培林（2016年7月任职）

安全生产监督管理局局长：韩环（任至2016年7月），林叶（2016年7月任职）

统计局

局长：何贞树（瑶族）

党组书记：柳雪英（女）

旅游发展委员会主任：张贤才（2016年1月任职），王西祺（任至2016年1月）

市政管理局局长：黄昌云

食品药品监督管理局局长：冯招胜

工商行政管理局局长：农崇巍（壮族）

质量技术监督局局长：匡永红

规划局局长：李夏经

行政管理综合执法局局长：黄东圣（任至2016年5月），许教明（2016年5月任职）

国有资产监督管理委员会主任：莫宪昌

人民政府驻北京联络处主任：刘建军

政务服务监督管理办公室主任：苏业清（任至2016年7月），韩环（2016年7月任职）

法制办公室主任：武丽华（女）

金融工作办公室主任：粟爱科

扶贫开发办公室主任：覃德鑫

应急管理办公室主任：卢成军（瑶族，2016年3月任职）

调解处理土地山林水利纠纷办公室主任：钟郡强

外事侨务办公室主任：潘永有

物价局局长：陆军（瑶族）

水产畜牧兽医局

局长：罗扬生（2016年5月任职）

党组书记：徐国光（瑶族）

粮食局局长：周玉军（女，任至2016年7月），彭福军（2016年7月任职）

体育局局长：刘意平

人民防空办公室主任：刘善涛

市政府发展研究中心主任：蒋锋

供销合作联社

理事会主任：黎益才（任至2016年9月），林婕（女，2016年9月任职）

监事会主任：黄泽明

机关事务管理局局长：邹贵惕

农机局局长：梁文（任至2016年7月），黄礼锋（2016年7月任职）

二轻城镇集体工业联社主任：衣明义（任至2016年7月），梁文（2016年7月任职）

投资促进局局长：苏次标（任至2016年5月），何应继（2016年5月任职）

水库移民工作管理局（2016年10月更名为贺州市移民工作管理局）局长：彭福军（任至2016年7月），罗敬资（2016年7月任职）

水果办主任：黄远生

平桂矿区管理处主任：韦积雄（壮族）

铁路航空办公室（市重点项目建设管理办公室）主任：古培林（任至2016年7月），左朝蔚（2016年7月任职）

深化医药卫生体制改革工作领导小组办公室主任：缺

贺州日报社

社长：叶纪银（任至2016年3月），

刘海钧(2016年6月任职)
总编辑:袁顺正
旺高工业区(广西碳酸钙千亿元产业示范基地)
管委会主任:邹雪群
党工委书记:韦升安(兼,壮族,任至2016年5月),赖春忠(兼,2016年5月任职)
贺州生态产业园(贺州高新技术产业开发区)管理委员会
主任:陆善东(任至2016年5月),黄源就(2016年6月任职)
贺州华润循环经济产业示范区:
管委会主任:唐庆友(瑶族)
党工委书记:陈华(兼,瑶族)
生态新城[桂台(贺州)客家文化旅游合作示范区]管委会主任:叶晖
粤桂产业合作示范区(信都工业区)
管委会主任:雷少华(兼)
党工委书记:罗良干
常务副主任:黄明勇
钟山工业园区:
管委会主任:黎桂升(任至2016年7月),杨文(2016年7月任职)
党工委书记:唐先程(兼,瑶族)
广西黄姚古镇旅游文化产业区:
管委会主任:邓少华(兼,壮族)
党工委书记:朱东(兼)
管委会常务副主任:吴航
广西贺州市农业投资集团有限公司(2016年5月组建):
董事长:秦敏(2016年5月任职)
党委书记:秦敏(2016年8月任职)
总经理:邹雄斌(2016年7月任职)
纪委书记:梁明金(2016年8月任职)
广西正赢发展集团有限公司:
董事长、党委书记:李精才(瑶族)
总经理:李精才(瑶族)
纪委书记:吴泽莲(女)
广西贺州市旅游实业集团有限公司:
董事长、党委书记:邱宗全
总经理:薛波(任至2016年12月)
纪委书记:史岩松
广西贺州市矿业投资集团有限公司:
董事长、党委书记:梁勇(任至2016年7月),朱学辉(2016年7月任职)
总经理:空缺
纪委书记:龙振廷(2016年1月任职)

政协贺州市委员会

主席:陆海平
副主席:刘雪萍(女,2016年6月任职),贝小燕(女),唐玉梅(女,瑶族),黄志光(2016年10月任职),陈有辉,廖桂生,周国全,张誉夫(2016年10月任职),于枝周(任至2016年10月),黄少雄(任至2016年10月),义芳(女,瑶族,任至2016年10月)
党组成员(副厅级):宫照海
秘书长:郭业山(瑶族)
办公室主任:郭业山(瑶族)
委员联络工作办公室主任:任立志(瑶族,任至2016年7月),陈晓斌(2016年7月任职)
研究室主任:梁其兴(壮族,任至2016年7月),陈志永(2016年7月任职)
提案法制委员会主任:梁辉露(2016年1月任职)
经济科技委员会主任:尹宗宇(黎族,任至2016年1月),谢庆丰(2016年7月任职)
教卫文体委员会主任:施洪生(2016年1月),任立志(瑶族,任至2016年7月)
文史学习委员会主任:周玉军(女,2016年7月任职)
农业农村委员会主任:梁辉露(任至2016年1月),甘忠南(2016年1月任职)
外事联谊委员会主任:陈展汉

中共贺州市纪委检查委员会

书记:黎云
副书记:古国章,黄伟东,黄强(任至2016年6月),廖正聪(2016年9月任职)
常委:李红征(任至2016年5月),陈科全(任至2016年3月),韩必禄(2016年5月任职),毛杰(瑶族),王春秀(女,瑶族,2016年7月任职),李强(2016年5月任职),莫官伟(2016年9月任职)
市绩效考评领导小组办公室主任:董意文(瑶族)

贺州市中级人民法院

院长:成广
副院长:刘发明,陈琴(瑶族),李宏维,黎永忠

贺州市人民检察院

检察长:杨远波
副检察长:刘建(壮族),薛勇毅,邱绍银,谢廷富

贺州市驻梧州管理处

主任:朱信芳
副主任:余克展(任至2016年5月)
黄东圣(2016年5月任职),任善平(瑶族),黄位文(瑶族)

人民团体

总工会:
主席:黄金文(兼,任至2016年12月),黄少雄(2016年12月任职)
党组书记:黄育安(任至2016年7月),黄盛全(2016年7月任职)
共青团贺州市委员会书记:韦勇(任至2016年5月),叶丽燕(女,2016年5月任职)
妇女联合会主席:黎春玲(女,壮族,任至2016年8月),梁友娟(女,壮族,2016年8月任职)
科学技术协会主席:张佩娟(女)
文学艺术界联合会:
主席:邱有源(任至2016年4月),汤松波(2016年4月任职)
党组书记:汤松波
残疾人联合会执行理事会理事长:林婕(女,任至2016年9月),黎春玲(女,壮族,2016年9月任职)
归国华侨联合会主席:屈春秀(女)
社会科学界联合会主任:向云(女,瑶族)
法学会会长:韦升安(壮族,兼)
红十字会会长:黄志光(兼)
民盟贺州市委员会主任委员:杨立忠(兼)
民建贺州市委员会主任委员:罗扬生(兼)
民进贺州市委员会主任委员:左碧辉(兼)
农工党贺州市委员会主任委员:贝小燕(女,兼)
九三学社贺州市委员会主任委员:

黄文炎（兼）

工商业联合会：

主席：陈北坤

党组书记：张江帆

（组织部）

经济和社会发展

【经济建设稳步发展】 2016年贺州市实现地区生产总值518.2亿元，增长8.1%；第一、二、三产业增加值分别增长4.1%、10.0%和8.3%；财政收入50.9亿元，增长8.0%；固定资产投资650.8亿元，增长4.0%；规模以上工业增加值增长11.6%；城镇居民人均可支配收入增长6.6%；农民人均纯收入增长8.3%；城镇登记失业率低于4.2%；居民消费价格总指数累计同比增加1.4%；实际新增城镇就业人数1.11万人；社会消费品零售总额160.98亿元，增长9.6%。

【工业结构不断升级】 2016年贺州市工业增加值为144.67亿元，比上年增长10.4%，规模以上工业增加值增长11.6%，新增规模以上工业企业达24家。碳酸钙和新型建筑材料"两个千亿元产业"蓬勃发展，为全市经济发展和跨越转型提供了新动能。贺州市获授权组建全国碳酸钙专委会，荣获"中国贺州·重钙之都"称号，成为广西建筑产业现代化综合试点城市，碳酸钙产值突破150亿元，重质碳酸钙粉体产品在全国市场占有率达35%以上，成为全国最大的重质碳酸钙粉体生产基地。广西华砻树脂有限公司不饱和树脂建设项目、广西超超新材股份有限公司纳米科技高分子材料复合板项目、广西挺进建材有限公司陶瓷生产项目、贺州市民安塑胶有限公司年产20万吨功能色母、改性母料项目等重大工业项目实现开工，碳酸钙和新型建筑材料等战略性新兴产业逐步迈向更高端。旺高工业区成为国家产城融合示范区，华润循环经济产业示范区荣获国家循环经济教育示范基地，生态产业园被认定为自治区级高新技术开发区。

【投资结构持续改善】 2016年，贺州市完成全社会固定资产投资651亿元，增长4%。415个市级层面统筹推进重大项目完成投资268.37亿元，占固定资产投资比重为41.2%，比上年提高0.7个百分点。开展基础设施建设大会战，按"四个批次"分阶段推进总投资684.5亿元的188个基础设施项目建设，其中前两批次88个项目完成前期工作，实现开工55个。组织编制三年滚动投资计划，比上年提高0.7个百分点。列入自治区重大项目储备库159个，总投资399.9亿元。

【开放合作上新台阶】 "向东开放"取得新突破，贺江扩能工程列入自治区"十三五"规划，贵广高铁经济带先行示范区规划编制启动，粤桂县域经济产业合作示范区总产值达192.56亿元，比上年增长18.2%。招商引资工作成效显著，全年招商引资项目到位资金357.9亿元，比上年增长25.7%。深化多区域经济交流，先后组织参加了第十一届泛珠三角区域合作与发展论坛暨经贸洽谈会、首届珠江—西江经济带沿线城市联合招商推介会暨西江绿色发展（肇庆）论坛、第二届粤桂黔高铁经济带合作联席会议及工业博览会、海峡两岸青年农业论坛等活动。

【农业产业结构调优】 2016年全市农林牧渔业实现增加值115.5亿元，增长4.1%，增速比上年下降0.5个百分点，基本保持稳定增长，其中农业（种植业）增长5.2%，林业增长7.2%。粮食播种面积完成202.82万亩，粮食总产量实现73.44万吨。全市农业正在加速转型发展，现代特色农业建设成效显著，已经逐步形成"天贺正丰"贺州农业发展模式。现代特色农业示范区建设步伐加快，实现自治区级示范区创建全覆盖、特色农产品全覆盖，建成自治区级示范区4个，市县乡级示范区22个，其中平桂姑婆山森林生态文化旅游（核心）示范区获自治区评为五星级示范区；创建广西休闲农业与乡村旅游示范点3个，黄姚黄精酒、钟山英家大头菜入选国家地理标志保护产品。农业产业化经营加快，全市流转耕地累计37.8万亩，涉及农户10.5万户，新增农业企业125家；农村一、二、三产业融合取得新进展，富川获批为国家农村产业融合发展试点示范县，国有林场改革试点工作启动实施。

【旅游产业发展壮大】 2016年贺州市旅游业实现新突破，接待游客人数突破1813.17万人次，同比增长16.1%，实现旅游总收入217.37亿元，同比增长28.02%；谋划旅游业"十三五"发展规划，加快推进重点旅游项目建设，加快推进姑婆山景区、黄姚古镇景区创建国家5A级景区。打造了黄姚花海景区、南山茶海景区、客家围屋等3个AAA级景区建设。着力推进重点项目建设，黄姚古镇综合开发项目及创AAAAA景区改造工程、姑婆山国家森林公园创建国家5A级景区改造提升工程、南乡森林温泉度假项目、富川国际慢城生态休闲旅游区等4个项目被列为自治区领导联系重大旅游项目；获评为世界长寿市及国家第二批全域旅游示范区创建单位；成立贺州市首家"旅游巡回法庭"。

【城镇化建设不断推进】 2016年贺州市城乡建设步伐加快，深入实施"市容市貌综合整治"和"市容市貌三年提质"行动，城市道路供水、交通、管网、污水垃圾处理等基础设施建设进一步加强；全力推进生态新城核心示范工程、"一江两岸"建设开发工程等八大工程，加快推进钟山县、信都新区等市域副中心城市和广西中小城市培育工程，城市框架进一步拉大，贺州市城市建成区面积31.43平方公里，全市城镇化水平由2002年的25.4%上升到2016年底的45%；强化城镇综合交通运输一体化建设。贺巴高速贺州段、永贺高速公路贺州段（含贺州支线）、广东连山至广西贺州高速公路、梧州至信都高速公路贺州段等公路，新开工里程达200公里，总投资约190亿元，将连通十七个重点镇、五大园区、四个风情小镇和各综合交通枢纽站场等重要节点；依托资源、产业大力开展创建特色小镇，贺街镇成功入选全国首批127个特色小镇；加快完善重点镇发展规划修编工作，17个重点镇"四所合一"改革工作顺利完成，加快完善重点镇发展规划修编工作；大力开展"生态乡村"建设活动，乡村污水处理、生活垃圾处理等重点项目建设加快，居民生活得到较大改善。

【基础设施建设迈上新台阶】 2016年贺州市基础设施大会战全面实施，市城区扩容提质，新开工重大项目22个、续建67个、竣工2个，年度完成投资87亿元。平桂区正式挂牌成立，形成中心城区发展新格局。国道207信都至仁义段公路、粤桂县域经济产业合作示范区信都大道改扩建工程、贺州市仁义至信都火车站公路实现开工。贺江扩能一期工程等项目前期工作稳步推进。能源供给保障加强，启动了110KV（千伏）河南变电站、桂东电力220KV（千伏）立头输变电工程等变电工程及其送出配套工程、重大能源项目前期工作；水利建设稳步推进，贺州市路花水库工程（贺州市备用水源）等重点水利项目加快建设。一批水库除险加固工程稳步推进，农村饮用水保障能力进一步提升，完成堤防及护岸建设28.77公里。

【生态建设深入推进】 2016年贺州市生态文明建设继续深入推进。积极申报农村环境连片整治项目，富川县获得2016年农村环境连片整治（整县推进）项目专项资金2000万元。制定《贺州市建设养老服务业综合改革试验区实施方案》，加快贺州市养老服务业发展，建设全国休闲旅游养生养老产业示范区、全国首批医养结合养生养老试点市和"国际健康长寿养生基地"，打造"健康贺州"，为今后贺州市休闲养生养老健康产业发展奠定了政策指导基础。深入推进"美丽贺州"乡村建设，印发《贺州市2016年生态乡村活动实施意见》。开展领导干部自然资源资产离任审计试点，积极探索自然资源资产负债表的建立方式和方法，开展了自然资源资产负债表编制的前期调研工作。推进城区小街小巷市场化改革工作，印发《贺州市城区小街小巷清扫保洁作业市场化改革实施方案》，通过引入市场竞争机制，引导培育市场主体参与市场竞争招投标，促使城区小街小巷清扫保洁作业走上市场化运行的轨道，不断提高作业水平，提高政府资金使用效能。加快发展生态健康产业，提升产业发展保障能力，大力实施交通互联互通工程、城乡风貌体质工程、医疗卫生提升工程、生态健康文化提升工程和"青山绿水"生态涵养工程等五大基础保障工程，为生态健康产业要素资源聚集创造良好基础。

【社会民生事业持续向好】 2016年贺州市社会民生事业持续向好，一是居民收入继续增长，城乡居民收入差距持续缩小，城镇居民人均可支配收入26883元，比上年增长6.6%，农民人均纯收入9552元，比上年增长8.3%。二是民生支出持续扩大，财政支付重点向教育、农业农村、住房等领域倾斜，一般公共预算支出用于民生领域支出的比重达80.4%，比重比上年提高4.2个百分点。三是全面推进为民办实事项目建设，建成自然村屯道路1013公里，完善住房保障4505户，解决1.2万户群众饮水困难和近千户群众用电问题；城镇保障性住房开工建设7894套，基本建成5717套；完成新建公办中心幼儿园6所、义务教育阶段学校1所等。四是完成"美丽贺州·清洁乡村"阶段活动，顺利开展"美丽贺州·生态乡村"行动。五是城乡公共交通更加便捷，具备通客车条件的行政村通客车（含公交）率达85.6%。六是稳步推进卫生计生体制改革，有序推进钟山、富川、昭平县级公立医院综合改革；城镇居民医保和新农合政府补助标准进一步提高，全面实施城乡居民大病保险，巩固完善基本药物制度和基层运作新机制，两广亿元对口支援工作取得实质性进展。大力推进生育服务证制度改革，积极稳妥地实施全面二孩政策。稳步推进市人民医院城东分院、市中医医院综合大楼、钟山县中医院、富川县民族医院等项目建设。七是全市企业职工养老保险、医疗保险、失业保险、工伤保险、生育保险参保人数，分别完成年度任务的102.68%、102.69%、108.83%、111.26%、119.73%。八是脱贫攻坚取得新成绩，编制完成《贺州市易地扶贫搬迁"十三五"规划》；20个易地扶贫搬迁项目均实现开工建设，融资16.5亿元，年内完成投资17.3亿元，完成安置住房建设2532套，搬迁入住11713人。81799个贫困人口脱贫销号，全市46个贫困村脱贫出列。

【改革创新迈出新步伐】 2016年深入贯彻落实中央、自治区供给侧结构性改革政策，全面推开"营改增"，切实降低实体企业成本。"多规合一"试点结硕果，按照"规模刚性、布局弹性"模式，编制了《贺州市空间规划(2016—2030年)》，形成了"六个一"的工作成果。出台《一个平台管项目审批改革试点实施方案（试行）》以及其配套一个规程十项制度，提高项目审批效率。组建成立市农投集团、项目投资发展公司等6家国有独资企业，投资主体更具专业化。商事制度改革加快，有效激活市场

经济社会发展主要指标(2016年)

指标	计量单位	绝对数	同比增长%
地区生产总值	亿元	518.2154	8.1%
第一产业	亿元	111.7683	4.1%
第二产业	亿元	211.5537	10.0%
#工业	亿元	144.6747	10.4%
第三产业	亿元	194.8934	8.3%
农业总产值	亿元	181.2881	4.1%
全部工业总产值	亿元	543.9835	12.5%
规模以上工业总产值	亿元	483.5955	13.8%
规模以上工业增加值	亿元	121.7273	11.6%
固定资产投资总额	亿元	650.8250	4.0%
社会消费品零售总额	亿元	160.9765	9.6%
财政收入	亿元	50.8992	8.0%
公共财政预算支出	亿元	163.8784	6.3%
城镇居民人均可支配收入	元	26883	6.6%
农民人均现金收入	元	9552	8.3%

主体。完成乡镇“四所合一”改革，获批为全国综合行政执法体制改革试点市。科技创新取得新突破，与中国科学院过程工程研究所、广西科学院等共建的“广西碳酸钙资源综合利用重点实验室培育基地”获得自治区科技厅批准，告别贺州市没有自治区级科研重点实验室的历史；实施发明专利双倍增计划，科技成果转化成效显著，新型建筑材料竣工试产，人造大理石微波快速固化技术研发成功。（发改委）

招商引资

【概况】 2016年，贺州市投资促进工作在市委、市政府的正确领导下，按照支柱产业超千过百攻坚行动、发展两个千亿元产业及培育壮大生态健康旅游、生态健康休闲、生态健康养生和生态健康养老“四个新型业态”的工作要求，组织开展“走出去、请进来”系列招商引资活动，主动对接先进地区相关产业，全力以赴推进招商引资工作的开展。2016年，全市招商引资（含续建）项目到位资金358亿元，同比增长26%，完成目标任务的110.4%。其中，全口径实际利用外资7436.53万美元，同比增长21.97%。增长率和完成率分别排名全区第二和第三位，被评为2016年度广西招商引资专项考评优秀等次，获自治区100万元资金和300亩建设用地指标奖励。

【投资服务环境】 2016年，《贺州市招商引资重点项目协调推进工作制度》印发实施，建立问题清单和任务清单，落实责任单位，通过定期通报、协调会商、日常跟踪服务、不定期督查等方式，帮助加快招商引资重点项目完善前期工作，解决项目推进过程中遇到的困难及问题，使每个项目都有人负责，每个问题都有着落和回应，积极推动问题的解决，全市投资环境得到进一步改进和优化。

【国内外招商活动】 2016年共开展碳酸钙、新型建筑材料、生态健康等重点产业招商活动36次，对接洽谈重点产业合作项目200多个，签订投资合作项目85个，投资总额183.3亿元。

重点招商推介活动及签约项目汇总(2016年)

单位：个，亿元人民币

序号	活动名称	时间	地点	签订招商项目	
				个数	投资额
1	“团结奋进 创新发展”广东八桂乡贤新春暨广东省广西商会2015年工作总结表彰大会	1月10日	广州市		
2	赴广东省广州市等地开展新材料产业招商推介活动	1月10日	广州市		
3	拜访江门市广西商会	1月12日	江门市		
4	“互动 共赢 发展”2016贺州投资推介暨广东地区贺州企业家座谈会	1月13日	佛山市		
5	第十六届中国厦门国际石材展览会	3月4日—7日	厦门市	5	2.94
6	赴广东省深圳市、广州市等地开展现代农业产业招商推介活动	3月25日—28日	深圳市、广州市		
7	第四届中国电子博览会(赴广东省深圳市开展新材料产业招商推介活动)	4月8日—9日	深圳市		
8	赴浙江省开展生态健康产业招商推介活动	4月13日—16日	杭州、金华		
9	赴江西省萍乡市开展新材料产业招商推介活动	5月4日—7日	江西萍乡市		
10	2016年丝绸之路国际博览会暨第20届中国东西部合作国际贸易洽谈会	5月12日—17日	陕西西安		
11	赴上海、浙江开展招商推介活动	5月15日—19日	上海市、杭州市		
12	广东联泰集团到贺州市投资考察	5月17日—19日	贺州市		
13	2016年粤桂产业合作对接交流活动	6月21日—23日	南宁市		
14	广西农业投资项目推进洽谈会暨第二届农业科技成果展示对接会	6月22日—24日	南宁市	6	6.6
15	赴广东开展粤桂合作驻点开展招商活动	7月3日—20日	广东省		
16	广西重点投资项目推介洽谈会	7月4日	广州、佛山、珠海、深圳		
17	贺州市桂粤合作驻点招商(东莞)推介会暨生态健康产业招商活动	7月14日—15日	东莞市、广州市		
18	贺州市桂粤合作驻点招商(佛山)投资推介会暨新材料产业招商活动	7月17日—18日	佛山市	20	20.35
19	赴浙江、上海、江苏开展项目对接洽谈活动	7月17日—22日	上海、江苏	6	45.8
20	广西—香港现代农业投资合作交流会	8月12日	香港		
21	第十一届泛珠经贸洽谈会	8月24日—27日	广州市		
22	南宁市建筑业联合会组团赴贺州市旺高工业区(碳酸钙千亿元产业示范基地)考察	8月25日	贺州市		

续表

序号	活动名称	时间	地点	签订招商项目	
				个数	投资额
23	贺州市新型建材产业推介会暨项目签约仪式	8月28日	贺州市	4	15.5
24	第十九届中国国际投资贸易洽谈会	9月7日—10日	厦门市	1	2
25	第十三届中国—东盟博览会	9月9日—14日	南宁市	20	36.6
26	第二届粤桂黔高铁经济带联席会议	10月9日—10日	柳州市	1	1.5
27	深化桂港合作恳谈会	10月9日—13日	香港		
28	赴广州市增城开展农业产业招商推介活动	10月19日—21日	广州市		
29	第十六届中国西部国际博览会	11月2日—5日	成都市	2	1.51
30	第十七届中国(南安)水头国际石材博览会	11月7日—9日	福建水头	13	8.8
31	2016广西大健康产业专题招商活动	11月19日—21日	广西巴马		
32	赴上海市开展重点产业招商推介活动	11月21日—24日	上海市		
33	赴四川省成都市、宜宾市开展生态健康产业招商推介活动	11月21日—25日	成都、宜宾		
34	第二届两岸青年农业论坛	12月2日—5日	贺州市	7	41.7
35	首届珠江—西江经济带沿线城市联合招商推介会暨西江绿色发展论坛	12月2日—4日	肇庆市		
36	第七届潮商大会(潮商合作投资交流会)	12月14日—17日	南宁市		
	汇总			85	183.3

（投资促进局）

政治文明建设

【党的组织制度和党内基层民主建设】 党代表大会代表任期制工作贯彻落实《中国共产党广西壮族自治区各级代表大会代表任期制实施办法(试行)》“1+6”制度。2016年1月8日，印发《贺州市党代表联系引领党员工作实施方案》，组织开展党代表“三联系一驻室”活动。5月，全市57个乡镇分别召开党代会，完成乡镇党委换届。7月1日，建成首个市级党代表工作室，并依托党代表工作室开展党代表联系党员群众活动。9月18日—19日，在贺州举办市第四次党代会代表培训班，对全市399名市级党代表进行换届前培训。9月19日—21日，中国共产党贺州市第四次代表大会在贺州召开，选举产生中国共产党贺州市第四届委员会。11月，组织自治区第十一次党代会代表向大会提交了《关于推进特色重点镇管理体制创新的提案》和《关于加强农村基层党风廉政建设的提案》2个提案。11月22日—28日，在上海复旦大学举办市第四次党代会基层一线代表履职能力提升培训班(一期)，58名市级党代表参加培训。协调指导各县(区)成立党的建设工作领导小组办公室和党代表联络工作机构。

党代表选举工作 严格按照党章和党内有关规定，突出代表的政治先进性和党员代表性，注重提高代表素质、改善代表结构，采取自下而上、上下结合、反复酝酿、逐级遴选的办法，认真做好党的十九大代表、自治区第十一次党代会代表、市第四次党代会代表推荐提名和选举工作，共选举产生党的十九大代表2名、自治区第十一次党代会代表28名、市第四次党代会代表399名。

党内基层民主监督 完善党内基层民主监督机制，在乡镇党委换届中，采取召开见面会、竞职演说、回答代表提问等方式介绍候选人，增强选举人对候选人的监督了解。邀请党员代表列席市县乡各级党代会；邀请市第四次党代会代表列席市委全委会、县(区)党委书记落实主体责任述职评议会议和党内有关会议，让县(区)党委书记在述职评议会上接受党员(代表)现场质询。试行乡镇村屯特派员(党员)列席乡镇党委会议，让党员(代表)参与党内基层民主监督。（组织部）

【民主党派参政议政】 至2016年年底，贺州市有民盟、民建、民进、农工党、九三学社5个民主党派市委会，致公党贺州市基层委员会、民革贺州市总支部、贺州市党外知识分子联谊会。2016年各民主党派新发展成员40人。严格落实好“党委出题、党派调研、政府采纳、部门落实”议政调研制度，各民主党派、工商联、无党派人士完成《贺州市义务教育阶段民办学校生均公用经费问题调查报告》等9篇调研报告。开展以经济社会发展、党风廉政建设和反腐败工作、重点课题调研成果及建议等为主题的3次政党协商，进一步促进政党和谐。支持各民主党派加强自身建设，以“同心工程”“同心讲堂”等品牌建设为载体来强化政治交接教育，进一步推动多党合作事业蓬勃发展。

（统战部）

【民主管理与民主监督】 截至2016年12月底，贺州市已建立工会组织的企事业404家，建立厂务公开制度404家，建制率达100%；已建立工会组织的事业单位690家，有690家建立厂务公开制度，建制率达100%；已建立工会组织的非公有制企业建立厂务公开制度2831家，建制率达99%。（总工会）

【村民自治】 2016年，贺州市进一步创新村民自治体系，提升村务管理水平，根据农村不同人群的特点、不同公开事项，灵活运用不同的公开方式，着力拓展村务公开的广度和深度，提高村民参与度。全市755个村（社区）共设立村务公开栏755处。全面推行“四议两公开”，全市707个行政村全面实行“四议两公开”民主决策程序。加强村务监督委员会建设工作，全市乡镇（街道）均成立有村务公开领导小组，各建制村都建立了村务监督委员会，对村里大小事务、大小账目进行审核监督。

（民政局）

精神文明建设

【文明道德风尚倡导】

农村志愿服务活动 全市建有村级（社区）志愿服务站67个，志愿服务队117个，队员3200人，对孤寡老人、留守儿童等弱势群体提供家政服务、心理抚慰、养生保健、文体娱乐等服务累计650场次。钟山县清塘镇榕水村作为村级（社区）志愿服务站建设的发源地，由村党员、经济能人、团干带头，组建关爱老人、技术帮扶等志愿服务队，广泛开展志愿服务活动，受到村民好评，获得全国文明村镇称号。

文明旅游工作 组织媒体开展“文明旅游”宣传报道，在旅游景点、贺州广场、车站，设置“文明旅游”公益广告牌，引导市民“旅途漫漫 文明相伴”。2016年全市累计有200多篇“文明旅游”的宣传报道。

文明交通工作 组织市民以及干部职工、各机动车驾驶培训学校的学员走上街头开展“文明交通引导”和“斑马线上的文明”主题活动，参与整治和纠正市民的不良交通陋习。开展“文明交通进机关”“文明交通进企业”“文明交通进校园”“文明交通进社区”“文明交通进乡村”等系列活动，利用实景模拟、文艺演出、发放资料等形式，寓教于乐，不断增强市民的文明交通意识。

【思想道德建设】

建党95周年演讲比赛 开展“永远跟党走”庆祝中国共产党成立95周年演讲比赛，全市90多位来自不同行业领域的选手以演讲的形式抒发对党的感恩之情。

感恩教育主题实践活动 结合“我们的节日”系列活动，开展“感恩教育”。清明节期间，组织开展“万人祭英烈”、网上祭英烈活动，缅怀革命先辈的丰功伟绩，倡导感恩祖国、感恩先辈。结合“清洁乡村．美丽贺州”，广泛开展学雷锋志愿服务活动、植树节活动等主题实践活动。

道德讲堂总堂活动 全市道德讲堂总堂活动有序进行，市级总堂有100多个单位开展了活动和主题实践活动，每月开展2次以上活动，全年达24场次。指导各县区建立本级道德讲堂总堂，每月都开展活动1次以上。

【道德模范宣传】

打造“贺州好人” 注重培育和发掘群众身边的先进典型，大力传播新乡贤文化。通过道德讲堂、善行义举榜、道德榜、功德录等方式，营造浓厚的评好人、学好人、做好人氛围。向中国文明网推荐身边好人线索320条，有谢世宏等7人入围候选人。昭平县最美乡村教师李秀平夫妇入选“365好人”封面人物，道德模范陈春林、岑延剑、罗义赤等的感人事迹入选《广西道德模范故事汇》。

“电影道德讲堂”进农村活动 继续依托农村公益电影放映平台，以放电影的形式，进行道德宣讲，讲好道德模范、身边好人、最美人物的故事。指导各市、县（区）年内拍摄制作弘扬社会主义核心价值观系列微电影5部以上，组织文化志愿者深入基层指导群众开展基层文化活动，传播道德模范、身边好人优秀事迹。

【未成年人思想道德建设】

“清明祭英烈”活动 制定活动实施方案，组织全市广大中小学校开展“清明祭英烈”系列活动。平桂区组织了上万名未成年人到芳林烈士陵园开展“缅怀先烈 继承遗志 万人祭英烈”活动。各中小学校组织广大未成年人开展“网上祭英烈”活动，纷纷以为先烈献鲜花、鞠躬、留言等方式，表达对先烈的崇敬之情。

学习争当美德少年活动 “六一”前后，组织开展学习争当美德少年活动，向自治区文明办推荐了3名美德少年候选人。组织广大未成年人在网络上学习美德少年事迹。开展学习争当美德少年主题班（队）会活动。通过开展学习争当美德少年活动，在校园中营造了一种崇德向善向上的良好氛围。

童心向党歌咏活动 组织各中小学校广泛开展童心向党歌咏活动，讴歌党的光辉历程，激发爱党爱国热情。组织八步龙山小学、太白路小学、昭平县第二小学等录制“童心向党 七彩中国梦”歌咏合唱活动视频，并上报自治区文明办，统一进行网上展播，获得好评。国庆期间，组织开展向国旗敬礼活动，激发广大未成年人的爱国爱党热情。

诚信文化进校园活动 5月，在八步区太白路小学举行贺州市诚信文化进校园活动启动仪式。确立了八步区太白路小学、平桂实验小学等7所学校为贺州市首批诚信文化进校园示范点。诚信文化进校园活动旨在全面倡导“诚信立身”理念，引导未成年人从小养成良好的诚信习惯。活动以“八个一”活动为载体，与校园文化建设融为一体，与德育工作相辅相成。

“美德银行”创建活动 进一步制定和完善活动实施方案。进一步扩大“美德银行”创建活动示范点，大力倡导“储存美德 提取快乐”理念。

为未成年人办好事实事 制定并印发通知给各级文明单位以及文明委成员单位，对为未成年人办好事实事活动提出具体要求。全市各级各单位为未成年人办实事好事累计超过1000多件次。

优秀童谣征集活动 全市各中小学校累计创作200多首童谣，其中，择优30篇参加全区、全国童谣征集活动，有4首作品分别获一、三等奖。同时，组织开展童谣传唱活动，引导未成年人积极践行社会主义核心价值观。

乡村学校少年宫的建设管理运行 按照要求做好2011—2015年已建成乡村学校少年宫的考评，并形成考评报告，由财政部门核拨运转经费85.5万元。做好2016年5所新建乡村学校少年宫的建设，已核拨经费45万元。举办乡村学校少年宫辅导员业务培训班，提高辅导员的业务能力和水平。

未成年人心理健康辅导工作 2016年未成年人心理健康工作机制得到进一步建立和完善。组织心理辅导专(兼)职教师参加业务培训。在全区未成年人心理健康辅导工作培训会上，贺州市代表作经验交流发言。八步区龙山路小学创作编排的校园心理剧《勇敢的心》获全区校园心理剧创作表演大赛一等奖。

【文明城市创建活动】 按照文明城市创建的主体责任，加大对富川县、昭平县创城工作的日常督查、检查指导力度，健全完善创建工作激励和惩戒机制。8月，自治区文明城市测评组分别到富川县、昭平县测评，昭平县获得77.99分，在全区排名第二，富川县获得67.86分，在全区排名第六位。

【文明单位创建】 开展第十六批自治区文明村镇、文明单位、军(警)民共建精神文明先进单位评选推荐，以及贺州市文明村镇、文明单位、军(警)民共建精神文明先进单位评选表彰活动。按照规范的程序要求，进行广泛宣传发动，严格地审核和考评。抽调人员力量，利用一个月的时间，对全市申报市级、自治区级荣誉的村镇、单位进行全员实地查看和全面评估。完成第十六批自治区文明村、文明单位、军(警)民共建精神文明先进单位的推荐工作。贺州市推荐的昭平检察院等7个单位被命名为第十六批自治区文明单位称号；市文明委命名贺州市检察院等12个单位为2015—2016年度贺州文明单位。同时，指导已获全国文明单位、村镇、文明县城以及第一至十五批自治区文明村镇、文明单位做好复核工作，对文明单位开展"一堂""一队""一牌""一桌""一传播""一帮扶"为内容的"六个一"创建活动进行督查，创建工作常态化，创建水平不断地得以巩固和提高。

【精神文明创建活动】

"文明同行"系列活动 抓住资金、稳定、生态、项目、文化等关键要素，创新载体，使精神文明建设工作虚功实做，有载体可量化，群众在参与创建活动中受教育得实惠。全市评选出"文明信用村"61个、"文明信用户"1万多户，授信额度近3.05亿元，群众获得信用贷款2.7亿元；在全市范围组织开展"生态文明村""美丽村屯""美丽家庭"创建活动，评出244个市级生态村，其中市级精品示范村屯25个，61个自治区级生态村；组织开展"千村万户文艺惠民工程"和"乡情乡愁文化建设示范村"创建、"文艺村"和"文艺户"创建等活动，全市共有61个文艺村、305户文艺户。

星级文明户与文明信用户、文明信用村联评联创联建活动 把星级文明户创建活动与文明信用户创建、道德模范评选、文明家庭评选、"文明同行"系列活动等创建活动有机结合起来，实行联评联创联建。评出县(区)级十星以上级文明户1100户，文明信用户近1万户，文明信用村61个，市级十星级文明户50户。星级文明户与文明信用户、文明信用村联评联创联建活动成为惠及群众的"民心工程"，群众乐于参与，从中获得实惠，实现精神文明建设工作虚功实做目标。

【培育和践行社会主义核心价值观】

构建宣传教育立体网络 利用报纸、电视、电台、网站等媒体，在重要时段、重要位置刊播"我们的价值观"公益广告、"讲文明树新风"公益广告，开设"践行和弘扬社会主义核心价值观"先进人物在身边——道德模范巡礼专栏。利用街道灯杆、公交车、出租车、户外大型LED电子显示屏、公交车站牌、建筑施工围挡、单位围墙(围栏)等媒介，开展社会主义核心价值观宣传和展示。在机关企事业单位、社区、乡村等建立贺州市"善行义举榜"，用榜样的力量引导人们崇德向善，见贤思齐。把重要街道灯杆全部用于社会主义核心价值观宣传，贺州广场打造成为"讲文明树新风新"公益广告主题广场。强化文明单位审查复核，将结对帮扶单位为贫困村树立永久性社会主义核心价值观宣传标语纳入考评范围。全市文明单位和行政村都有固定的宣传标语、"我们的价值观"宣传阵地和善行义举榜。加强与教育部门的联动，核心价值观进校园活动有效推进，中小学生基本做到熟记熟背。

开展主题实践活动 积极开展"讲文明树新风"公益广告作品征集活动。全市共组织创作公益广告作品40多件。向自治区推荐选送广告作品25件，其中，《拒绝家庭暴力，守护幸福平安》获得全区"讲文明树新风"公益广告音频类作品征集三等奖。做好公交车站牌以及城市广场等公益广告刊播工作，全市已经累计在市区公交车站牌设立宣传牌269块，更新更换内容1390块次。在贺州广场，环绕四周，共设置了公益广告牌47块，营造浓厚氛围，并定时更新更换内容220块次。同时，在市区的道路围栏，设置"文明出行　遵章守规"主题的交通安全提示牌170块次。 (宣传部)

生态文明建设

【生态环境宣传教育】

环保宣传 2016年，贺州市环境保护局在贺州市灵峰广场举办"六五"世界环境日宣传活动，"12·4"法制宣传日等活动，放环保宣传手册4000余份。在《贺州日报》开设专栏宣传《土壤污染防治行动计划》《水污染防治行动计划》《大气污染防治行动计划》知识。开展公众开放日活动，组织环保、教育、公益等60多人到华润贺州电力有限公司参观。

环保教育 2016年，对贺州市环境保护局20多名新闻报道员进行环保写作培训，组建环保宣传队伍，培养宣传骨干。全年派出100余人次参加全国、自治区和市级各种培训，全局执证人数达到110人次。

【污染减排】

减排政策措施 2016年，贺州市将全市9项总量减排任务分解落实到责任单位和企业，对贺州市主要污染物总量减排的具体目标、任务、措施、时间作分解落实，并将污染减排工作列入各级人民政府、有关部门年度绩效考核。

减排督查与监管 2016年，贺州市对污染减排项目督查实行一对一监管，要求责任人每月至少到减排企业现场检查 1 次，并与相应县（区）密切联系，随时掌握减排项目动态，及时反馈沟通相关信息。对进展缓慢的减排项目提出限期整改要求，推进减排项目。

重点减排项目 2016 年，自治区环保厅下达贺州市污染减排计划项目 9 项，其中，水污染物减排项目 7 项，气污染物减排项目 2 项。7 项水污染物减排项目包括城镇污水处理实施项目 4 项，农业源项目 3 项。2 项气污染物减排项目：华润贺州电厂 1# 机组超低排放改造二氧化硫减排项目、华润贺州电厂 1# 机组超低排放改造氮氧化物减排项目。截至 12 月底，贺州市完成自治区下达的 2016 年减排计划项目。

减排专项行动 2016 年，贺州市拨付 70 万元作为规模化畜禽养殖场减排项目的补助资金，强力推进贺州市规模化畜禽养殖减排工作。市环境保护局与市水产畜牧兽医局联合开展规模化畜禽养殖场减排项目督查，推进 3 家规模化畜禽养殖场实现雨污分流、干清粪、废弃物综合利用的污染治理工作。

【自然生态保护与建设】

试点示范创建 2016 年，贺州市环境保护局加强对生态示范乡村创建工作的培训和指导，各级政府及环保部门积极开展生态乡村创建工作，贺州市 12 个乡镇获得“自治区级生态乡镇”称号，81 个村获得“自治区级的生态村”称号，98 个村获得“市级生态村”称号。

自然保护区建设和管理 贺州市有 2 个国家级自然保护区（七冲自然保护区和大桂山鳄蜥自然保护区）、3 个自治区级自然保护区（姑婆山、滑水冲、西岭山）。2016 年，贺州市环境保护局组织开展自然保护区违法违规活动清理整治工作，多次到现场督查整治工作情况。

生物多样性保护 贺州市的 5 个自然保护区（2 个国家级、3 个自治区级）总面积 52154.9 平方公顷，保护区内物种丰富，主要保护目标为生物多样性。

良好湖泊建设 2016 年，龟石水库生态环境保护项目获得国家良好湖泊专项资金 2000 万元，包括龟石水库饮用水水源地标示标识标志建设、入库河流生态恢复工程、农村生活污水处理工程、畜禽养殖小区污染治理工程等 10 个项目。 （环保局）

【森林资源保护】 贺州市位于广西东北部，属亚热带南部季风气候，具有日照充足，雨量丰沛，雨热同季，干湿季节明显，无霜期长等特点，十分有利于花草树木的生长和繁育，是广西重点林区之一，全市森林覆盖率远远高于全国、全区平均水平。2016 年，贺州市行政区域土地总面积 117.63 万公顷，林业用地面积 90.22 万公顷，森林面积 85.72 万公顷，其中自治区级以上的生态公益林（地）20.8 万公顷，森林覆盖率 72.87%（含灌木林），活立木总蓄积量 5345.23 万立方米。盛产杉、松、桉、栎、竹子等竹木材，年生产商品材约 93.7 万立方米。辖区内有八角、肉桂、油茶、油桐、茶叶等经济林，梅、李、龙眼、沙田柚、柑、橙、枣、板栗等水果。人工造林树种主要有马尾松、杉木、桉树和竹子等。1996 年，贺州市获国家林业局批准成为全国第一个外向型林业改革试验区。2013 年贺州市获得“国家森林城市”称号，姑婆山国家森林公园被评为首批“国家生态旅游示范区”，七冲自然保护区成功晋升为国家级自然保护区。2014 年贺州市荣获“广西园林城市”称号。2015 年，作为广西唯一地级市入选“全国生态保护与建设示范区”。2016 年，姑婆山森林生态文化旅游（核心）示范区被评为广西五星级现代特色农业（核心）示范区。姑婆山国家森林公园获第一批全国森林康养基地试点建设单位。贺州市林业局获全国绿化委员会、人力资源社会保障部和国家林业局联合颁发的“全国绿化先进集体”称号。

（林业局）

【耕地资源保护】 2016 年 3 月份，贺州市通过自治区人民政府 2015 年度耕地保护责任目标及占补平衡工作检查。严格按照国家和自治区的要求，认真组织开展永久基本农田划定和土地利用总体规划调整完善工作并提前完成，牢牢守住了全市 15.90 万公顷耕地和 13.61 万公顷基本农田保护红线，连续 16 年实现耕地占补平衡。10 月份，市本级全域永久基本农田划定方案在全区第一个获得自治区人民政府批复。

（国土局）

【生态农业建设】 2016 年贺州市在农业生态文明建设方面以“生态产业化、产业生态化”的发展理念，构建“市场导向，政府扶持，企业主体，农户参与”的产业化发展格局，以开展创建“国家有机产品认证示范创建区”工作为契机，在全市实施生态有机农业生产技术研究和推广、化肥使用量零增长、耕地质量保护提升行动等。在种植模式方面，继续推广农作物“三避”技术，农作物间套种、秋冬种、仿生态黑木耳稻耳轮作等。在综合技术措施方面，推广测土配方施肥、种植绿肥、秸秆还田、增施有机肥和水肥一体化等。开展西江水系沿岸生态农业产业带建设试点选点工作，设置福行村冲溪整治、茶叶生态生产技术推广、生态休闲观光茶园基础设施建设、美丽村屯示范点建设、茶产业三产融合示范建设等建设内容。美丽村屯示范点建设、村级服务中心和农民体育设施、农村净化饮水工程、茶产业三产融合示范建设等完成工程量的 80% 以上。2016 年，八步区、平桂区、富川瑶族自治县被国家认证认可监督管理委员会命名为“国家有机产品认证示范创建区”。 （农业局）

【生态旅游建设】 2016 年，贺州市森林覆盖率高达 72.88%，拥有国家森林公园、国家级自然保护区等国字号旅游资源 35 处项，所辖昭平、富川、钟山三县均是“中国长寿之乡”，是中国第一个“长寿市”，也是“世界长寿市”，是广西唯一一个“全国生态建设与保护示范区”。截至 2016 年年底，贺州市有 4 个国家 AAAA 级景区：姑婆山旅游区、黄姚古镇、十八水原生态景区、玉石林。2016 年，贺州市有农业旅游示范点、星级乡村旅游区、星级农家乐 40 多处，其中农业旅游示范点 9 个（国家级 1 个）、星级乡村旅游区 7 个（五星级 1 家）、星级农家乐 25 家（四星级 6 家）。

（旅发委）

政 治

编 辑:陈敏兰
许中继

中共贺州市委员会

【党委机关概况】 2016年贺州市有乡(镇)以上中国共产党地方委员会67个,其中地级市委员会1个,县(区)委员会5个,乡(镇)委员会57个,城市街道工作委员会4个。县以上党委工作部门49个,其中市级9个,县级40个。

【贺州市党委三届七次全会】 2016年4月13日在市委党校办公楼四楼402室召开,会议内容为审议通过贺州市人民政府编制的《调整贺州市八步区行政区划设立平桂区的方案》。

【贺州市党委三届八次全会】 2016年5月10日在市传媒中心四楼408会议室召开,会议内容为审议通过《中国共产党贺州市第三届委员会第八次全体会议关于召开中国共产党贺州市第四次代表大会的决议(草案)》等文件。

【贺州市党委三届十次全会】 2016年9月18日在市委市政府办公楼二楼会议室召开,会议内容为酝酿第四届市委委员、候补委员和第四届市纪委委员以及贺州市出席自治区第十一次党代表大会代表候选人预备人选,审议中国共产党贺州市第三届委员会报告(草案)、中国共产党贺州市第三届委员会报告(草案)等贺州市第四次党代会有关材料。

【贺州市第四次党代会】 2016年9月20日,中国共产党贺州市第四次代表大会隆重开幕,赵德明代表中国共产党贺州市第三届委员会向大会作题为《把握新机遇,引领新常态,展现新作为,为加快实现发展新定位全面建成小康社会而努力奋斗》的报告。李宏庆主持大会。396名代表出席大会开幕式。大会执行主席赵德明、李宏庆、陆海平、韦丽萍、唐毓流、李柏松、廖和明、廖立勇、朱东、陈远明、韦升安、黎云、唐敬春在主席台前排就座。自治区党委换届选举现场督导组莅临大会指导。

【贺州市党委四届一次全会】 9月21日,中国共产党贺州市第四届委员会第一次全体会议在贺州举行。出席会议的有贺州市第四届党委委员47人,候补委员11人。贺州市第四届纪律检查委员会委员列席了会议。赵德明同志主持会议并作了讲话。全会选举产生了中国共产党贺州市第四届委员会书记、副书记、常务委员会委员。

【贺州市党委四届二次全会】 2016年12月29日在市传媒中心一楼多功能厅召开,会议内容为听取市委常委会工作报告;传达学习中央、全区经济工作会议精神,总结贺州市2016年经济工作,部署2017年经济工作;审议通过《中国共产党贺州市第四届委员会第二次全体(扩大)会议公报》。

赵德明代表中国共产党贺州市第三届委员会向大会作题为《把握新机遇,引领新常态,展现新作为,为加快实现发展新定位全面建成小康社会而努力奋斗》的报告。李宏庆主持大会。396名代表出席大会开幕式。

【党委重要决策和工作部署】

加强党风廉政建设 2016年1月19日,市委常委会召开会议,传达学习习近平总书记在中央政治局"三严三实"专题民主生活会上的重要讲话精神。2月2日,在市传媒中心召开中国共产党贺州市第三届纪律检查委员会第六次全体会议。市委书记赵德明与

2016年9月21日,中国共产党贺州市第四届委员会第一次全体会议召开

各县(区)和部门党委(党组)签订2016年党风廉政建设主体责任书。4月7日,市委召开2016年党的建设工作领导小组会议。会议强调,全市各级党组织必须进一步增强管党治党意识,把思想和行动统一到中央的决策部署上来,把严的要求、严的标准、严的措施,落实到党的思想、组织、作风、制度和反腐倡廉建设各个方面。6月1日,市委书记赵德明到富川瑶族自治县检查落实党风廉政建设"两个责任"及查处发生在群众身边的"四风"和腐败问题专项工作。9月20日,中国共产党贺州市第四次代表大会要求从严推进党风廉政建设。12月12日—13日,市委书记李宏庆到富川瑶族自治县、八步区和部分市直单位就"两学一做"学习教育、基层党建和党风廉政建设等工作开展情况进行调研。12月29日,市委召开全市落实党风廉政建设"两个责任"集体约谈会,深入贯彻落实《中共贺州市委员会关于落实党风廉政建设主体责任和纪律监督责任的实施意见》,通报自治区贯彻落实中央八项规定精神和"两个责任"督查组对贺州市专项督查发现的问题情况,研究部署下一步工作任务,压实党风廉政建设"两个责任",推动全面从严治党落实到基层,以正风肃纪的实际成效取信于民。

深化改革工作 5月26日,市委全面深化改革领导小组第六次会议召开。会议强调,要以五大发展理念为统领,推进全面深化改革工作,为实现"与全国全区同步全面建成小康社会""加快把贺州建设成为广西对接东部和中部地区的重要门户和枢纽"目标提供持续强大的改革红利和动力。会议要求,要把握工作重点,突破改革重点领域和关键环节,推动2016年确定的九大领域55项改革取得新突破。9月20日,中国共产党贺州市第四次代表大会要求深化行政管理体制改革、农村土地制度改革、农村金融改革,推进财政金融体制改革,深化园区管理、国资国企、电力体制等方面改革,推进土地、矿权等供给要素改革,加快教育科技、医药卫生、社会保障等方面改革。12月21日,市委全面深化改革领导小组第七次会议召开。会议强调,要深刻领会、准确把握中央和自治区深改组有关会议精神,把思想和行动高度统一到习近平总书记重要讲话精神和自治区的决策部署上来,推动贺州市全面深化改革取得新进展新成效。

研究部署经济工作 1月8日,贺州市召开全市经济工作会议,学习贯彻中央、全区经济工作会议和贺州市委三届六次全会精神,总结部署经济工作,动员全市上下全面落实贺州市委"十三五"规划建议要求,积极进取、改革创新、乘胜而进,推进结构性改革,加快转型升级步伐,奋力实现"十三五"良好开局。7月31日,全市城市工作会议暨年中工作会议召开。会议贯彻落实全区城市工作会议暨年中工作会议精神,总结今年上半年工作,分析当前经济形势,研究部署下半年工作和今后一个时期城市工作主要任务。9月20日,中国共产党贺州市第四次代表大会提出今后五年的总体奋斗目标是:基本建成广西对接东部和中部地区的重要门户和枢纽、与全国全区同步全面建成小康社会。具体目标是"生活殷实、发展跃升、绿色崛起"。9月26日,贺州市召开全市项目建设推进大会,总结回顾今年以来全市项目建设推进情况,研究解决项目建设推进中存在的主要问题和困难,部署下一步投资和项目建设工作。11月17日,市委、市政府召开全市开放发展暨招商引资工作会议。12月16日,市委书记李宏庆主持召开市四家班子联席会议,市委副书记、代理市长林冠参加会议并讲话。会议听取了贺州市2016年工作情况汇报,对2017年主要工作进行讨论并作出初步安排。

脱贫攻坚工作 2月28日,贺州市召开全市脱贫攻坚精准帮扶工作会议,贯彻落实全区贫困村党组织第一书记、工作队长脱贫攻坚精准帮扶培训会精神,总结分析精准识别阶段工作情况,研究部署下一阶段精准帮扶工作任务,动员全市上下以更加解放的思想、更加坚定的信心、更加精准的举措、更加务实的作风打好脱贫攻坚战。4月14日,贺州市召开2014—2015年度"美丽广西"乡村建设(扶贫)工作队工作总结暨新选派队员动员会,总结贺州市2014—2015年度"美丽广西"乡村建设(扶贫)工作成绩,并对下一步工作进行动员部署。6月20日,市委、市政府召开全市2016年度脱贫摘帽推进大会,深入贯彻落实中共中央、国务院《关于打赢脱贫攻坚战的决定》、自治区"1+20"脱贫攻坚系列政策文件和全区2016年度脱贫摘帽推进大会精神。9月20日,中国共产党贺州市第四次代表大会要求把脱贫攻坚作为最大政治责任、最大民生工程和最大发展机遇,统筹新型城镇化、城乡一体化和扶贫开发,深入实施脱贫攻坚"1315"工程,坚决打赢脱贫攻坚战。10月17日,贺州市召开抓党建促脱贫攻坚暨农村新型生态社区建设现场推进会,对下一步抓党建促脱贫攻坚和农村新型生态社区建设工作进行部署。

【自治区领导考察贺州】 2016年2月1日至2日,自治区政协副主席赖德荣率调研组到贺州市走访慰问和调研指导扶贫工作。

2016年2月2日—3日,自治区党委常委、自治区常务副主席唐仁健到贺州市开展春节慰问及开展"兴水利、种好树、优生态、惠民生"主题活动。

2016年2月2日,自治区党委常委、宣传部部长黄道伟到贺州市开展春节前夕走访慰问活动。

2016年2月2日—3日,自治区政府副主席黄世勇到贺州市开展慰问调研活动。

2016年3月3日—4日,自治区政府张秀隆副主席率队到贺州市召开涉农和珠西规划实施办公服务会。

2016年4月14日—15日,自治区人大调研组到贺州市就职业教育改革发展工作情况进行调研。

2016年4月18日—19日自治区党委书记彭清华深入贺州市钟山县、八步区和平桂区,走乡村、进园区、看新城,重点就脱贫攻坚工作和"两学一做"学习教育开展情况进行调研。自治区领导范晓莉、喻云林,自治区有关部门负责人一同调研。贺州市领导赵德明、李宏庆陪同调研并参加汇报会。

2016年4月19日,自治区高级人民法院院长黄克率调研组到贺州市调研审判执行、特色司法建设等工作,看望一线干警,并召开座谈会。

5月18日—19日,自治区副主席黄世勇率自治区发改委、农业厅、扶贫办等区直部门有关负责人到贺州市开展扶贫工作调研并召开座谈会。市长李宏庆参加调研座谈会。

2016年7月4日—6日，自治区人大常委会副主任、党组书记危朝安率调研组到贺州市，就重大旅游项目建设进展情况开展调研检查。

2016年7月11日—14日，自治区政协副主席刘君率自治区政协委员视察团一行28人，到贺州市就“发展休闲生态农业旅游，推进精准扶贫”工作进行视察。

2016年7月12日—15日，自治区人大常委会副主任刘新文率驻桂全国人大代表和自治区人大代表到贺州市开展2016年年中专题调研活动，了解贺州市工业转型升级规划和建设的总体情况，针对存在的困难和问题提出改进工作的意见和建议。

7月26日—28日，参加全区城市工作会议暨年中工作会议的部分代表分为四组，奔赴全区各地参观考察。其中，自治区党委书记彭清华率第一组深入贺州、梧州、贵港、玉林四市考察。陈际瓦、范晓莉、王小东、王可、危朝安、张秀隆、罗殿龙分别参加考察。

2016年8月11日，自治区人民检察院党组书记、检察长崔智友率调研组到贺州市，就贺州市两级检察院相关工作开展情况进行调研指导并召开座谈会。

9月13日，广西壮族自治区主席陈武，副主席张晓钦，副主席、自治区公安厅厅长胡焯，政府秘书长莫恭明来到贺州市在第十三届中国—东盟博览会设立的展厅，在市长李宏庆的陪同下参观了旺高工业区（广西碳酸钙千亿元产业示范区基地）展区。副市长黄志民陪同参观贺州展区。

10月14日—15日，自治区政协副主席、农工党广西区委主委彭钊率农工党广西区委《建设广西国家生态养生养老集聚区问题研究》调研组到贺州市开展调研。调研组实地考察了贺州市八步区南乡镇西溪森林温泉、大汤温泉、平桂广济康复医院、平桂城投大厦和平桂政协工委，市领导陆海平、贝小燕陪同调研。

10月24日，自治区副主席张秀隆率自治区有关部门负责人，到贺州市召开稳定农业增长和珠西规划实施办公服务会，就贺州市稳定农业增长和珠西规划实施工作进行沟通对接。市领导李宏庆、刘国学等出席会议。

11月11日，自治区政协副主席沈北海率自治区政协调研组到贺州市就《关于加快广西森林旅游发展的建议》重点提案进行督办调研。市领导陆海平、杨宏伟、周国全陪同调研。

2016年12月2日—4日，自治区党委常委、自治区副主席、政法委书记黄世勇到贺州市调研扶贫、政法等工作。

12月14日—15日，自治区党委常委、自治区常务副主席蓝天立到贺州市，就贺州市落实稳增长、降成本“41条”、推进中央预算内项目投资及其他重大项目，以及贺州市发展生态经济和关于明年经济工作设想等方面进行调研。市领导林冠、廖和明陪同调研。

【重要活动】 2016年8月4日—5日，两岸青年农业论坛主委会主委张茂林一行在自治区台办主任刘侃的陪同下，到贺州市进行考察交流。贺州市与两岸青年农业论坛主委会对两岸青年农业创新园区项目的地址进行初选，并决定该项目在下半年召开的第二届“两岸青年农业论坛”期间动工揭牌。

2016年9月30日，2016·中国（贺州）新媒体群英会暨广西贺州第一届长寿文化节在黄姚古镇开幕。市长李宏庆出席群英会并致辞，市领导朱东、杨宏伟、陈有辉参加会议。

2016年12月3日，第二届两岸青年农业论坛在黄姚古镇开幕，自治区党委常委赵德明、中国国民党前副主席詹春柏先生及夫人巫秀娥女士、中台办政党局局长王育文、自治区台办主任李东兴，贺州市委书记李宏庆，市领导朱东、陈远明、唐敬春以及两岸农业专家等各界人士出席开幕仪式。（市委办）

组　织

【组织概况】 2016年贺州市有县以上党委组织部门6个，其中市级党委组织部1个，县（区）党委组织部5个。基层党组织5407个，其中基层党委151个，党总支465个，党支部4791个。街道、乡镇、建制村法人单位建立党组织816个；国家机关、政党机关、人民团体和群众团体机关法人单位建立党组织877个；事业法人单位建立党组织1317个；社会团体法人单位建立党组织92个。非公有制经济控制企业法人单位建立党组织556个，民办非企业法人单位建立党组织30个。党员总数96639个。其中：少数民族党员19870人，占党员总数20.56%；女党员25801人，26.70%；35岁以下党员22381人，占党员总数的23.16%；有大专以上学历的党员34570人，高中（含中专、中技）文化程度党员26717人，初中及以下文化程度党员35352人，分别占党员总数35.77%、27.65%、36.58%。全年发展党员1972名，其中：女党员801人，占新党员总数的40.62%；少数民族党员425人，占新党员总数的21.55%；35岁以下党员1529人，占新党员总数的77.54%；高中以上文化程度的党员1479人，占75%。

贺州市委组织部机关本级内设机构（中共贺州市委组织部）成立于2002年内设机构15个，分别是办公室、干部一科、干部二科、干部三科、干部四科、干部五科、干部监督科（举报中心）、干部教育科、组织一科、组织二科、组织三科、人才科、调查研究科、信息宣传科、人事科。其中，干部五科加挂公务员管理科牌子，干部监督科加挂市委组织部举报中心牌子，组织一科加挂贺州市农村基层组织建设领导小组协调办公室牌子，组织三科加挂贺州市委组贺州市织员办公室牌子。另外，中国共产党贺州市非公有制经济组织和社会组织工作委员会挂靠我部。2016年，贺州市委组织部人员编制总数为67人，其中：行政编制22个（包括市两新组织党工委副书记1个），行政后勤编制3个；事业参公编制共32个，事业参公后勤编制2个；全额事业编制8个。离退休人员5人（其中享受离休待遇1人）。编外在职实有人数2人。

【后备干部队伍建设】

选调生队伍的培养管理 2016年，推荐10名选调生到区直单位跟班学习，推荐6名选调生参加中央机关的遴选。结合县乡领导班子换届，选派了2名“985”高校博士定向选调生担任县区党政副职，10名优秀选调生（含

2名“985”高校博士选调生）担任乡镇长，4名优秀选调生担任乡镇政府副职；3名选调生从乡镇长岗位进一步用到乡镇党委书记职务。

后备干部的培养锻炼 2016年，选派2名处级年轻干部到县区挂任党政副职，选派2名年轻干部到自治区区直机关挂职锻炼，选派10名后备干部到信访部门挂职锻炼；选派51名优秀年轻干部参加2016年贺州市中青年干部培训班学习，组织70多名“壮苗计划”培养对象到贺州市委党校及佛山市委党校开展学习培训。

后备干部的选拔任用 2016年，提拔28名正处级后备干部到正处级领导岗位，提拔37名后备干部到副处级领导岗位。

【干部监督工作】 2016年，贺州市完善信访举报通道，启用“12380”举报信息管理系统，建立“电话、信访、网络”三位一体的举报平台，共受理并妥善处理信访举报件68件。完成864名市管干部个人事项报告填报、录入、上报等工作，对587名处、科级干部的个人报告事项进行抽查核实，其中27名干部根据填报与查核结果不一致的情况分别采取批评教育、函询、取消考察对象资格等处理方式。坚持任前公示、任前提醒和任前廉政考试制度，组织125名新提拔市管干部参加廉政考试。实行领导干部经济责任审计制度，对14名处级干部进行经济责任审计，有力规范领导干部廉洁从政的行为。严格落实“凡提四必”要求，严格把关，防止“带病提拔”现象发生。加强换届风气纪律监督，确保换届风清气正。开展选人用人、职数消超专项整治行动。2016年7月，全面完成贺州市超配干部职数消化工作。加强函询和诫勉谈话工作，2016年，对9名干部进行函询。强化日常监督管理，对年度“一报告两评议”综合评价低于80分的单位和在选人用人方面有反映、有信访举报、群众意见较大的7个单位进行走访，加强对干部的日常监督。

【干部教育培训】 2016年，贺州市共培训各类干部10.4万人次，其中县处级0.2万人次，科级以下4.6万人次，干部选学0.1万人次，网络培训1.1万人次。举办主体培训21期，培训领导干部1300人次；异地培训班32期，培训领导干部1600余人次。举办专题巡回党课183场，培训农村基层党员24113名。制订和印发了《2016年贺州市干部教育培训工作要点》，为推进贺州市干部教育改革创新明确了要求、指明了方向。

2016年，共举办厅级领导和处级主要领导学习贯彻十八届五中全会精神暨“两学一做”学习教育专题研讨班、中青年干部培训班等主体班次21期，培训领导干部1300余人次。组织贺州市正科级领导干部分批分专题开展提升开放合作能力集中轮训和专题培训，在中山大学、华南理工大学、云南大学、中国传媒大学、广西大学、广西师范大学等区内外高校举办了综合管理、经济管理、新型城镇化、新型工业化、文化旅游产业发展、领导媒体素质提升、生态经济等10个专题共32期专题培训班，培训领导干部1600余人次。将集中轮训班时间增加到10天，每个培训班均安排3天以上的现场教学。组织开展贺州市干部政治理论考试，共有1100余名领导干部参加考试，在贺州市农村党员中开展“两学一做”学习教育专题巡回党课，共举办专题授课183场，培训农村基层党员24113名。支持县级党校设置调整工作，指导设立了市委党校八步区分校、钟山县分校、昭平县分校、平桂区分校。组织参加广西领导干部“时代前沿知识”系列讲座4期，培训领导干部2200多人次。

【完善人才工作机制】 2016年2月，修订出台《贺州市关于加快人才引进与培养的若干规定》，建立高层次人才引进与培养机制，推动“人才兴贺”战略深入实施。同年12月，召开贺州市人才工作领导小组会议，会议审议通过《贺州市事业单位引进人才跟踪培养与管理的暂行办法（试行）》《贺州市关于激励干部职工考取专业技术职称证书的暂行办法（试行）》《贺州市关于加快人才引进与培养的若干规定》《贺州市引进人才子女入学实施办法（试行）》《贺州市高层次人才配偶就业促进办法（试行）》《贺州市科技成果奖励实施办法（试行）》《贺州市引进高层次创新创业人才（团队）实施办法（试行）》《贺州市科技服务平台建设奖励发放办法（试行）》等11个人才政策办法，深化落实了中央和自治区人才发展机制改革细则，构建完善贺州市引才用才等政策体系。

【驻广州招才引智工作站】 2016年8月，深入实施人才东靠战略，依托贺州驻广州办事处成立广州招才引智工作站，设立工作人员和专项经费，打造向东开放聚集人才的重要平台。

【柔性引才】 2016年9月，组织第16批来桂中央博士服务团智力服务贺州活动，围绕“发挥专业优势，助力精准扶贫”主题，共同为贺州城市建设、工业园区、生态健康产业、现代农业等方面发展建言献策。

【落实人才优惠政策】 2016年，市财政共落实358.19万元为395名高层次人才发放安居补贴、生活补助等人才津补贴；组织366名高层次人才进行年度健康体检；为各创新企业和科技人员申请创新创业项目扶持资金231万元；为贺州市碳酸钙和新型建筑材料千亿元产业人才培训基地安排了500万元经费，共开展专业技能人才培训21期，培训企业经营管理人才和技能人才3011人次。

【落实人才公寓】 2016年共为188名高层次人才提供“拎包入住”的人才公寓，这一项工作属于全区首创，为引进人才创造居住环境。

【农村党建工作】

顺利完成乡镇党委换届工作 2016年，贺州市乡镇党委换届共选举产生乡镇党委班子成员509名，100%一次选举成功，100%实现组织意图；选举出席上一级党代会代表741名，差额193名，总的差额比例为26%。本次换届新提拔进党委班子的干部有142名，其中从县直单位和乡镇事业单位调任的有56名，从大学生村干部和其他村干部选拔的有22名，具有2年以上乡镇工作经历的人员有126名，占89%。

扎实开展抓党建促脱贫攻坚工作 创新开展“帮扶贫困户、点亮微心愿”

活动，全市共为贫困党员群众兑现微心愿1万多个，非公企业主和社会爱心人士帮扶贫困村款物累计达410多万元。管好用好“美丽广西”乡村建设（扶贫）工作队，2016年全市共表扬2014—2015年度市一级先进后盾单位15个、优秀贫困村党组织第一书记15名和优秀工作队员25名。2016年10月17日，贺州市在八步区召开贺州市抓党建促脱贫攻坚暨农村新型生态社区建设现场推进会，研究部署抓党建促脱贫攻坚暨农村新型生态社区建设工作。2016年11月17日，印发《贺州市乡镇（街道）“五小”项目建设实施方案》，推进乡镇（街道）“五小”（小宿舍、小食堂、小文娱室、小球场、小园林）项目建设，计划用两年左右时间全面完成乡镇（街道）“五小”项目建设任务，切实改善乡镇干部基本工作生活条件。组织开展贫困村村级组织活动场所标准化建设百日攻坚行动，安排财政资金2800万元，对未达标的66个贫困村开展村级组织活动场所达标百日攻坚行动，为贫困村脱贫摘帽奠定坚实基础。继续开展基层党组织分类定级星级管理，采取“落实一名县级以上四家班子领导挂点联系、一家县级以上机关单位包村帮促、组建一支工作组综合整顿、派驻一名第一书记驻村指导”的措施，整顿转化软弱涣散村党组织75个。

创新开展新型生态农村社区建设 制订印发《关于进一步推进农村新型生态社区建设的实施方案》，突出党建统筹引领，创新农村新型生态社区建设“六有”标准，探索乡村治理的贺州模式，有效促进城乡公共服务均等化、美丽乡村建设和脱贫攻坚工作。2016年，全市新建新型生态农村社区150个，累计建成农村新型生态社区362个，受益群众达70.91万人。

【全市专题教育活动】 2016年，贺州市委把“两学一做”学习教育作为头等政治任务抓实抓细抓常。一是通过以开展专题辅导学习、研究制订方案、成立协调小组、召开工作座谈会和推进会等形式精心组织实施，全力推进“两学一做”学习教育。二是抓实“三会一课”基本制度、优化党组织设置、“支部主题党日”活动，开展农村党员“巡回党课”、手抄党章、“每日一学”学习会、“两优一先”评比表扬，打造“三会一课”示范样板等，着力打造党员锤炼党性的“精神殿堂”。2016年全市共优化设置党支部802个，党小组2146个；培养2678名“四会”党课教员；到农村开展“巡回党课”183场，受教育农村党员2.4万人次；推荐评选全区优秀共产党员4名，优秀党务工作者3名，先进基层党组织6个；全市优秀共产党员50名，优秀党务工作者30名，先进基层党组织30个。三是实施“风筝工程”、“民事联解工作法”、村集体经济“扩源增收”工程、机关文化党建引领工程等，提升基层党建整体水平。以实施“风筝工程”为抓手，组织开展灵活多样的在线党课、微信课堂、“微党课”，不让流动党员“辍学”；利用市县乡三级集中换届契机，共为1.3万名党员过“政治生日”；依托中共广西省工委革命历史博物馆抓好党员党性教育，接待党性教育236场次，接受教育党员干部6400人次；组织全市8.1万党员干部集中收看了《生命之叶》市优秀共产党员叶燕杯先进事迹的党员党性教育专题片；2016年，全市继续巩固100个以上行政村集体经济“扩源增收”，推进实施100个以上集体经济“空白村”的“扩源增收”工程。四是强化政治引领，引导党员在干事创业中彰显风采。实施“筑强攻坚堡垒·助推脱贫圆梦”大行动，抓好贫困村党组织书记“头雁培育”、党员“创业带富”等五项主体工程；实施“党旗领航　电商扶贫”计划，成功举办党旗领航·电商扶贫“七一红色购物季”暨特色物产展销会，发动全市广大党员通过乐村淘和百事商城等电商平台为全市267个贫困村特色农产品进行网销，完成销售贫困村“爱心”特产900万元；深化拓展“干成一件事·岗位显风采”、“情系家乡·共建小康”、“民事联解”、“点亮微心愿”等主题实践活动，通过开展“帮扶贫困户·点亮微心愿”活动，收集并帮助6021户贫困户完成“微心愿”6027个。五是完善党员民主评议及不合格党员处置等制度机制。建立完善机关党支部“1+X”或“X+1”联创共建机制，形成机关联建、以城带乡的支部互帮互助格局。

（组织部）

宣　传

【宣传机构及工作概况】 中共贺州市委宣传部是正处级党的机关，为行政编制，另外挂5个牌子：市文明办、市委对外宣传领导小组办公室、市人民政府新闻办公室、市互联网信息办公室、市国防教育办公室。共有12个内设机构，包括：办公室、干部科、调研室、宣传科、理论教育科、新闻科、对外宣传科、精神文明建设综合协调科、精神文明建设活动科、未成年人思想道德建设科、互联网信息办公室、国防教育办公室。市委讲师团、市互联网新闻传播管理中心为市委宣传部下属单位。

市委宣传部负责指导全市理论学习、理论宣传、理论研究和哲学社会科学规划工作，编写党员、干部教育材料等工作。

【理论学习】 2016年，市委中心组集中学习6次、开展“两学一做”学习教育集中学习研讨4次，组织全市各级党委中心组开展理论调研活动，撰写调研课题170多个。与贺州学院马克思主义学院拟“共建马克思主义学院”，进一步推进贺州马克思主义大众化研究。以围绕“面向桂粤湘构建大物流”为主题，举办“贺江论坛”2期，邀请杨立、肖和森、潘义勇等多名区内外专家、企业家建言献策，探讨贺州市物流业发展方向、思路与对策，推动桂粤湘区域性物流中心建设。

2016年全市累计征订理论书籍《理论学习2016》等10余种，共21万余册，其中《习近平总书记系列重要讲话(2016年版)》共完成征订份数68202份，超额完成自治区下达的任务，完成率为200.59%，居省内第一。编印《习近平总书记系列重要讲话精读本丛书(续集)》(口袋书)3套，全市共编印口袋书5套；编印《习近平总书记意识形态讲话汇编(内部资料)》，免费发放给全市党员干部学习。

先后邀请辛鸣教授、韦翼群副书记、谢德元局长到贺州作专题辅导讲座；邀请黄健副主任、唐华常务副部长等分别为贺州市党员领导干部作党的十八届六中全会、自治区第十一次党代会精神宣讲报告。组织开展“党代表宣讲党代会”活动,2016年市宣讲团深入基层宣讲160多场,听众达1万多人次;县(区)宣讲组宣讲470多场,听众达5.2万人次。

【培育和践行社会主义核心价值观】

构建宣传教育立体网络 组织创作“讲文明树新风”公益广告作品40多件,向自治区推选25件,其中,《拒绝家庭暴力,守护幸福平安》获得全区音频类作品征集三等奖。累计在市区公交车站牌设立宣传牌269块,更新更换内容1390块次。在贺州广场四周设置公益广告牌47块,更新更换内容220块次。在市区的道路围栏,设置“文明出行 遵章守规”主题的交通安全提示牌170块次。强化文明单位审查复核。在全市文明单位和行政村设立固定的宣传标语、“我们的价值观”宣传阵地和善行义举榜。

开展主题实践活动 开展“永远跟党走”庆祝中国共产党成立95周年演讲比赛、“友善同行·和谐共享”主题实践活动。结合“我们的节日”系列活动,开展“万人祭英烈”、网上祭英烈活动。结合“清洁乡村·美丽贺州”系列活动,开展学雷锋志愿服务活动、植树节活动等主题实践活动。

开展群众性精神文明创建活动 在2016年8月自治区文明城市测评中,昭平县获得77.99分,富川县获得67.86分,分别排名全区第二位和第六位。昭平检察院等7个单位被命名为第十六批自治区文明单位称号;市文明委命名贺州市检察院等12个单位为2015—2016年度贺州文明单位。贺州市李春枚等5户家庭获得2016年广西“最美家庭”称号;授予胡勇等15户家庭2016年贺州市“最美家庭”称号。

深化“五个文明同行”系列活动 评选出县(区)级十星以上文明户1100户,文明信用户近1万户,文明信用村61个,市级十星级文明户50户,授信额度近3.05亿元,群众获得信用贷款2.7亿元;贺州市星级文明户、文明信用户、文明信用村联评联创工作经验在全区推广;全国文明村钟山县清塘镇榕水村创建经验在全区文明创建工作培训会上做典型发言;建成自治区级生态示范村342个,市级精品生态村屯25个,3个乡镇获得自治区生态乡镇称号;创建61个文艺村、305户文艺户。

【舆论宣传】 2016年贺州市在广西日报发稿258篇,其中重点稿件81篇,专版6个;广西电台发稿200篇;在广西电视台发稿385篇。区外媒体方面,中央电视台发稿38篇,新华社、中国改革报等区外媒体发稿46篇,中央人民广播电台发稿15篇。《广西日报》客户端推出专访赵德明书记《贺州有两块石头价值千亿,有一个小镇惊动市委书记作代言》,11月25日专访李宏庆市长《李宏庆:打造生态经济 实现绿色崛起》,获得了社会各界的好评;贺州电视台就贺州市发展碳酸钙产业进行深入报道,6月19日广西电视台《广西新闻》单条播发《贺州:举办石材·碳酸钙产业技术交流系列活动》。

【对外宣传】 2016年,市委宣传部联合自治区网信办、广西新闻网举办以“醉美桂北·生态家园”为主题的全国重点网络媒体广西贺州行新闻采访活动;联合微博、新浪旅游在黄姚古镇举办“2016旅游V影响力峰会”。举办“醉美贺州·解码长寿——广东媒体团联合名医专家走进贺州活动”;联合人民网、腾讯网、新浪网在黄姚古镇举办2016·中国(贺州)新媒体群英会暨广西贺州第一届长寿文化节。联合人民网举办“小城故事多”主题集中采访活动;联合浙江报业集团举办探秘世界长寿市暨中国旅行自媒体达人长寿贺州微营销大赛。

与新华社、《人民日报》、新浪网、腾讯网、南方报业集团等近30家央地主流媒体、商业媒体进行战略合作;组织全国重点网络媒体贺州行、2016旅游V影响力峰会、2016中国(贺州)新媒体群英会、人民网“小城故事多”主题采访、中国旅行自媒体达人贺州采风、“世界长寿市”新闻发布等11个大型宣传活动。在京广高铁线动车组播放宣传片《长寿贺州》,每天449列动车播放1582次;在南柳高速、桂梧高速、广贺高速重要出口,利用高杆广告牌宣传“世界长寿市”;与邮政公司合作印制“世界长寿市”个性化邮政快递信封。建设贺州市新媒体联盟,建立“日报告、周汇报、月通报”舆情监测处置机制。

【社会宣传】 2016年,市委宣传部结合市委市政府中心工作,部署新春氛围营造、社会主义核心价值观宣传、讲文明树新风、2016旅游V影响力峰会、2016中国(贺州)新媒体群英会、中国共产党建党95周年、中国工农红军长征胜利80周年、两学一做、长寿贺州、民族工作、各类先进典型和重大节假日的社会宣传工作,先后设计、制作、悬挂路灯刀旗2500余杆,更换高杆广告40面,LED播放公益宣传标语、公益广告5000余次,在报纸刊登大幅公益广告40版,张贴宣传广告800多平方米,更

2016年5月26日,贺州市诚信活动进校园活动启动仪式。图为活动现场

2016年7月21日,2016新浪T+旅游峰会。图为宣传部部长朱东接受媒体采访

换宣传版版面100余面。《潇贺古道》(组歌)按照计划完成各项工作。《潇贺商魂》电视剧本及小说创作进入最后创作阶段,创作方海宁文瀚传媒有限公司交付30集电视剧剧本初稿。贺州市委宣传部申报的电影《别在村前等我》获得自治区50万元专项资金的扶持。《美丽南方·潇贺古道组歌》入选自治区党委宣传部2016年度文化精品项目立项;电影《别在村前等我》列入自治区党委宣传部2017年文化精品项目并获得扶持资金50万元;完成36集电视剧《股份农民》的拍摄制作,创作30集电视剧本《潇贺商魂》,与南方传媒集团达成电视剧《外来媳妇本地郎》拍摄合作意向。《股份农民》《莲花雨》《连心店》等5个作品获得"铜鼓奖"。开展国防教育,推进国防教育主题公园建设、推进"我们的价值观"宣传展示阵地建设、"国旗一条街"和国防教育"主题公园"建设。组织文化科技卫生"三下乡"活动。

【网络宣传和管理】 2016年,市委宣传部组织成立贺州市新媒体联盟,制订《贺州市新媒体联盟章程》和《贺州市新媒体联盟运营暂行办法》,发展联盟成员52个,其中新闻媒体办的微信公众号6个,政务微信公众号24个,企业和个人微信公众号22个。组织开展"新媒体走基层采风"活动13场次,开展"生态贺州 长寿胜地"作品设计大赛、正能量微信公众号评选、微信原创作品评选等活动。举办以"醉美桂北 生态家园"为主题的全国重点网络媒体广西贺州行新闻采访活动。

2016年,全市编撰《舆情快报》《舆情内参》《网络舆情周报》《网络舆情办理情况通报》共81期,共监测到大小负面舆情554条,编报《网络舆情快报》《网络舆情内参》《网络舆情周报》《网络舆情通报》61期,全市各级各单位在互联网回复舆情约370条,回复率66%。 (宣传部)

统一战线

【统战机构及工作概况】 中共贺州市委统战部是主管统一战线工作的市委工作部门,2016年底有行政编制9名(含市台办2名),后勤事业编制3名(含后勤控制数2名);核定处级领导职数4名,科级领导职数6名;内设办公室、党派科、工商经济科(港澳海外联络科)、台湾工作办公室、干部科、民族宗教科6个职能科(室)。2016年,市委统战部把学习宣传《中国共产党统一战线工作条例(试行)》及自治区《实施办法》精神纳入市委宣传工作"总盘子",建立健全宗教工作联席会议、新的社会阶层人士统战工作联席会议等制度,探索和创新大统战工作格局。

【经济领域统战工作】 2016年,贺州市建设一支由非公经济领导小组成员单位派员组成的"非公经济发展服务队",为非公经济"两个健康"服务,在167家非公企业中设立了检察官工作联络室。引导非公企业勇闯"一带一路"。3月和8月分别组织非公企业家代表团赴英国参加商业博览会、组织涉农部门和非公企业家组成的贺州市政企商务团赴澳大利亚开展商务推介活动,并与当地企业达成一批项目合作意向,合作内容涵盖生态农业、制造业等领域,涉及资金达8.5亿元。加大与港澳台的经贸交流合作,2016年来共组织5批143名非公企业家赴港澳台地区开展经贸交流合作,达成涉及生态农业、建筑新材料等方面的合作项目24个,项目资金达1.5亿元。在"粤桂黔经济合作示范区"广东园设立商务联络处,3次组织共100多名非公企业家到广东交流考察,121家企业参加"粤桂黔高铁经济带"7个联盟组织,有效促进企业走出去、产品销出去。稳妥做好非公经济人士的政治安排,2016年市县人大、政协以及工商联换届工作中,由市、县统战部门牵头共对382名非公经济人士进行综合评价,并对其中276名非公经济人士作了政治安排。

【统战服务社会发展】 2016年,贺州市持续开展"千企扶千村"活动,引导贺州市民营企业积极参与精准扶贫工作,全市有183家民营企业落实帮扶项目138个,项目资金达5200多万元;解决就业岗位3100多个,开展农民工技能培训63期,培训2800多人,资助贫困儿童536名。引导非公经济人士富而思源,广东贺州商会会长曾新如多次代表商会捐助山区学校桌椅及教学设施达93万元。据不完全统计,2016年全市非公经济人士共捐助社会公益事业资金达680万元。积极牵线搭桥,组织港澳海外社团开展捐资助学、扶贫济困等活动,共获得捐资2300多万元。强化政策落实,帮扶少数民族聚居区加快发展,争取国家、自治区少数民族发展资金823万元,市本级财政安排100万元。

【统战调研与宣传】 2016年,贺州市统战信息工作全区排名第二,获全区一等奖;《“四个全面”战略布局中党外代表人士教育培训问题研究》等3篇统战理论论文分别获全区二、三等奖,同时获得了全区统战工作实践创新成果奖。

【党外代表人士队伍建设】 2016年,市统战部抓住市县换届有利契机,大力推进党外干部实职安排,8个政府部门(统计局、财政局、林业局、工信委、农业局、水产畜牧兽医局、规划局、住建局)领导班子配备有党外干部,占25%;其中统计局、水产畜牧兽医局配备了行政正职,均达到规定要求。与此同时,分别配备市政协党外专职副秘书长、市中级人民法院和市检察院党外副院长。全市三县两(区)均按照自治区《实施办法》规定配齐配强党外干部,其中配备党外人大常委会副主任、政府副职和政协副主席20名。

【民主党派参政议政】 2016年,各民主党派、工商联、无党派人士完成《贺州市义务教育阶段民办学校生均公用经费问题调查报告》等9篇调研报告。开展以经济社会发展、党风廉政建设和反腐败工作、重点课题调研成果及建议等为主题的3次政党协商。

【海外联谊工作】 2016年,统战部支持爱国社团力量发展;推荐港澳政协委员16名,积极开展为贺州经济社会发展建言献策活动;贺台交流合作得到进一步深化,成功举办第三十二届西南西北台协会会长联谊会暨贺州市经济社会发展投资促进会、第二届两岸青年农业论坛活动。尤其是两岸青年农业论坛活动,经中台办批准并纳入“第十二届桂台经贸文化合作论坛”总体方案,自治区党委常委、统战部部长赵德明,中国国民党前副主席詹春柏及中台办政党局局长王育文出席开幕式,获得中央电视台、人民网等中央和自治区主流媒体的报道,进一步扩大贺州市的影响力。全年共组织4批56人次赴台开展交流考察活动,接待13批266人次台湾重点交流对象到贺州市参观考察,推动贺台两地经贸、文化、教育、旅游、生态农业等各领域深度交流合作。

(统战部)

2016年6月2日,香港广西贺州商会第一届常务理事会就职典礼暨贺州市经贸推介会

机关党建

【机关党组织及工作概况】 2016年,市直属机关工委管辖单位党组织95个,其中党委(机关党委)21个,党总支部9个,直管党支部65个,共有党员4717名,其中正式党员4630名,预备党员87名,发展新党员85名,批准64名预备党员转正。

【机关党的思想建设】 2016年,市直机关党组织举办专题培训100多期5000多人次。举办3期机关党务干部专题培训班,编印《机关党建信息》12期,编辑网页信息150多条,在贺州日报、贺州新闻网、广西机关党建网、贺州党建网发表新闻50多篇,2篇课题调研文章获自治区2016年度优秀研究成果一等奖,并获优秀组织奖。

2016年,市直机关工委开展“两学一做”活动,共开展专题学习研讨280多场,开展知识竞赛30多场,参与党员干部13000多人次,下发学习资料400多册。2016年,市直机关工委开展“两学一做”知识竞赛活动,共有3300多名党员参与答题抽奖知识竞赛活动。市财政局“创新1+4”党课引领“两学一做”学习教育深入开展;市司法局突出抓好“三会一课”、突出过好“政治生日”、突出健全制度保障三个重点,推动党员教育常态化;市质监局落实机关党建主体责任服务贺州发展大局,打造质量兴贺优质品牌;市检察院公诉科以公诉文化引领不忘初心砥砺前进,打造检察战线坚强战斗堡垒。

【机关党风廉政建设】 2016年,市直机关工委坚持将落实党风廉政建设责任制纳入机关党组织年度绩效考核,与机关党建目标同检查、同考核。建立完善党组织书记向工委述职述廉报告制度,督促市直机关党组织履行好党风廉政建设“一岗双责”。2016年市直机关纪工委移交办理案件2起,先后组织所辖党组织的党组织书记、支委、预备党员到市检察院预防职务犯罪教育中心开展党风廉政主题教育活动,教育党员干部达3000多人次。2016年,市直机关单位新成立和已换届的机关党委全部成立了机关纪委;举办市直机关党组织纪检干部业务培训班,培训机关党组织纪检干部45人。

【机关党教育培训】 2016年,市直机关党组织举办专题培训100多期5000多人次。举办了3期机关党务干部专题培训班,组织56名市直机关优秀党组织书记到井冈山进行异地教学。

【表彰先进】 2016年,市质监局机关党委获“自治区先进基层党组织”称号,市体育局党支部林卫获“自治区优

2016年6月29日，在市传媒中心举办贺州市"两学一做"学习教育"知党恩跟党走"纪念建党95周年歌咏比赛

秀共产党员"称号。在纪念建党95周年大会上，对市质量技术监督局机关党委等43个先进基层党组织、239名优秀共产党员、58名优秀党务工作者予以通报表扬。

【纪念建党95周年活动】 2016年，市直机关工委组织开展贺州市"永远跟党走"庆祝中国共产党成立95周年演讲比赛，全市共有100多名选手报名参赛，共决出一等奖3名、二等奖5名、三等奖8名，优秀奖9名。举办市直机关纪念建党95周年歌咏比赛，以歌咏志，凝聚人心，市直机关90个单位参加比赛，36个单位主要领导，16名厅级领导，3000多名党员干部登台演出。举办贺州市直机关纪念建党95周年暨第二届市直机关全民健身运动会，共有73个单位、3000多名运动员参赛。

【基层党建工作】 2016年，市直各机关党组织4452名党员补交党费113万元；共排查出失联党员64人，查找取得联系的党员55人；抓严抓实换届选举工作，全年审批市直机关党组织换届或党组织书记调整事项38次，按要求按期换届的机关党组织达到100%。2016年，市直机关工委按照"述职述党建、评议评党建、考核考党建、任用干部看党建"的要求，召开市直机关党组织书记抓机关党建工作述职评议会，5个党组织现场评述，90个党组织书面评述。

2016年，参与"支部主题党日"的党员达4000多人。95个市直机关党组织参与"1+X"联创共建活动，举办开展党的理论知识讲座、支部交流会、革命传统教育等活动200多场，参与党员干部达5000多人次；2016年各单位党组织以各种形式开展为党员过"政治生日"活动200多场次；市直机关党组织捐献党内关爱金24万余元，共慰问老党员、困难党员、贫困户共900多人，发放慰问金20万元。

【党代表候选人推荐工作】 2016年7月中旬召开区直机关党员代表大会，选举61名市直机关代表出席市第四次党代表大会代表。完成贺州出席自治区第十一次党代会代表候选人推选工作，党支部参与率达到100%，党员参与率达到95.18%，推选上报104名自治区第十一次党代会代表候选人。完成广西出席党的十九大代表候选人推选工作，党支部参与率达到100%，党员参与率达到100%，推选上报党的十九大代表46名代表候选人。

（直属机关工委）

政策研究

【机构及工作概况】 中共贺州市委政策研究室是市委的决策服务和综合调查研究机构，中共贺州市委全面深化改革领导小组办公室（简称"市委改革办"）作为常设性工作机构，设在市委政策研究室，市委政策研究室主任兼任市委改革办主任，市委政策研究室、市委改革办实行一套人马两块牌子。2016年市委政研室（市委改革办）共有机关行政编制9名，领导职数：主任1名，副主任3名，科级领导职数5名；内设秘书科、经济科、农村科、社会科、综合科5个科室。由市委政策研究室管理的相当正科级全额拨款事业单位《今日贺州》编辑部，全额拨款事业单位编制6名，核定相当科级领导职数2名。2016年，市委政研室（市委改革办）共起草完成各类文稿107篇，其中领导讲话、调研报告、汇报材料等重要文稿66篇，完成《贺州市第四次党代会报告》的起草工作；统筹安排全市课题89

2016年12月21日，市委书记李宏庆主持召开全面深化改革领导小组第七次会议

项,其中《强化机关文化的政治引领功能研究》课题获自治区党建研究会年度党建优秀研究成果一等奖,另有9项成果获得市委第三届社会科学优秀研究成果奖;全面深化改革工作完成重点工作任务44项;编辑出版《今日贺州》13期(其中9/10合刊、专刊2期),发表文章489篇、85万字;《贺州调研》6期;《政研专报》5期;《改革简报》13期。

【重大调研成果】 2016年,市委政研室(市委改革办)共主持完成各类研究专题14项,其中《贺州市粮食安全问题调查报告》《贺州市运输物流业发展调研报告》《加快贺州市农村电子商务发展对策研究》等12项研究成果得到市委主要领导批示,推动市委、市政府出台《关于印发贺州市加快电子商务发展实施意见的通知》《关于建设养老服务业综合改革试验区实施方案》等文件。年内,部分研究成果分别获得国家级奖项2项、自治区级奖项6项、市级奖项12项。

【决策咨询服务】 2016年,市委政研室(市委改革办)组织召开全市调查研究工作各成员单位联席会议。年内,共统筹安排全市各类调研课题89项,其中立项市委重点课题10项,研究成果分别编入《贺州政策研究》《贺州市2016年度优秀调研成果选编》两本书,赠阅给全市各级机关领导班子作决策参考。

【重要文稿服务】 2016年,市委政研室(市委改革办)共起草报送各类文稿107篇,其中领导讲话、调研报告、汇报材料等重要文稿66篇。一是完成《贺州市第四次党代会报告》的起草工作,成为推动全市科学发展转型跨越的纲领性文件。二是完成《贺州市委全面深化改革领导小组2016年工作要点》《贺州市2016年全面深化改革工作总结》《贺州市2016年经济运行情况报告》《关于提供对外开放工作相关的材料》等文稿的起草工作。三是完成市委主要领导参加自治区党代会的相关重要文稿、市第四次党代会报告起草说明等系列文稿、市委主要领导向全国人大提交关于"重视地市粮食安全"提案、全面深化改革领导小组会议领导讲话等重要文稿的起草工作。

【全面深化改革工作】 2016年,市委全面深化改革领导小组召开会议2次,审议重大改革方案和重要改革文件7项,听取有关专项小组、牵头部门、县区专题汇报。在经济体制、开放合作、城乡一体化、生态文明、民主法制与社会体制、科教文卫、重点镇、党的建设、纪律检查体制九大领域确定142项改革任务,其中重点改革任务55项,除因上级改革方案出台较晚、贺州市暂不具备改革条件等因素影响而正在推进或暂缓推进的11项改革任务外(其中有3项改革任务经市领导同意取消任务),均已完成。"多规合一"试点工作成果获国家部委肯定,形成"1+X"的地方规划体系,构建"多规合一"业务协同平台,并创新运行"一个平台管项目审批"机制;组建文化旅游综合执法支队,是广西唯一开展跨部门综合执法的试点单位。年内,贺州市在浙江大学举办"2016年全面深化改革培训班"。

【刊物编辑出版工作】 2016年,市委政研室(市委改革办)共编印出版《今日贺州》13期(其中9/10合刊、专刊2期),发表文章489篇、85万字。在期刊的栏目设置方面,再次优化调整,新增加"脱贫攻坚""基层先锋""贺州古韵""图说历史"等栏目,在全国众多党刊中引起很大的反响。

(市委政研室　市委改革办)

机构编制

【机构编制部门及工作概况】 贺州市机构编制委员会办公室内设秘书科、机关机构编制科、事业机构编制科、行政和事业管理体制改革科、法规科(监督科)、电子政务科六个科室,负责管理贺州市事业单位登记管理局、贺州市行政体制与机构改革研究室两个全额拨款事业单位。

【深化行政审批制度改革】 2016年,编办编制完善《贺州市2016年市本级行政许可审批事项》目录,保留271项市本级行政许可审批事项,新增1项,承接7项,下放2项,调整和合并15项、取消16项。2016年,编办全面推进乡镇"四所合一"机构改革,最大限度下放部分县级行政审批权限。2016年,各县(区)已从国土、住建、环保、安监部门委托下放部分行政审批事项权限到乡镇人民政府。如委托下放"核发建筑工程施工许可证""核发建设工程规划许可证""临时用地审批""建设项目的环境影响评价文件审批及竣工环境保护验收"等一批审批权限。年内,清理规范行政审批中介服务事项44项,项目审批办结提速率达82%。2016年,市本级承担行政审批和公共服务事项的46个单位已将211个目录、387个大项和630个子项,共1017个事项的操作规范、流程图全部录入全区标准化数据库,行政审批平均日结率91.8%;办理提速96.6%,群众满意率达98.3%。

【政府部门权责清单制度建设】 2016年,市本级政府部门共梳理上报行政权力事项5209项,取消、转移、整合、暂不执行等共2133项,行政权力事项精简率为40.95%。经市人民政府常务会议审议通过将涉及对外公布的43个政府部门保留的3076项权力事项,493项主要职责,2368项具体工作事项,59项职责边界登记事项,191项公共服务事项,308项事中事后监管制度。

【综合行政执法试点改革】 2016年,贺州市被确定为全国138个综合行政执法体制改革试点市之后,市编办采取措施,部门联动配合,完成综合行政执法体制改革的试点工作。贺州市在减少4支执法队伍、优化执法部门的职能配置的基础上,组建贺州市文化旅游综合执法支队和贺州市交通运输综合执法支队。确保新组建的执法支队高效运转,建立综合执法协调机制、例会制度、联席会议制度和责任追究制度,解决贺州市交通、旅游、文新广三个部门执法权责交叉、重复执法、多层执法和执法队伍膨胀的问题。

【乡镇"四所合一"改革】 2016年,贺州市在61个乡镇(街道)全面推进乡镇"四所合一"改革,实现改革全覆盖。

一是整合机构。全市61个乡镇(街道)都成立乡镇国土规建环保安监所,加挂"乡镇综合行政执法队"牌子,为乡镇政府管理的全额拨款事业单位,核定领导职数和人员编制,明确乡镇国土规建环保安监所的人、财、物等实行以乡镇管理为主、上级业务主管部门业务指导和监督的管理体制。二是落实"六有"。按照自治区的指导意见,贺州市61个乡镇(街道)的国土规建环保安监所都配齐了班子,调齐干部队伍,落实集中办公场所,设立综合服务窗口,核算工作经费,制订工作流程和管理制度,为乡镇国土规建环保安监所(综合执法队)提供工作保障。三是理顺关系。县(区)与乡镇建立联席会议制度,通过签订职权委托书和授权书,下放乡镇行政审批事项和行政执法权限事项。推进了执法重心下移,开展了统一执法。2016年自治区人民政府召开的全区乡镇"四所合一"改革推进会上,贺州市作为全区唯一的地级市代表作改革经验交流发言。

【其他重点行业领域体制改革】 2016年,市编办拟订《贺州市检验检测认证机构整合工作方案》;将全市易地扶贫搬迁移民工作综合管理的职责由市发改委划入市移民局,将市水库移民工作管理局更名为市移民工作管理局,将市移民工作管理局由市政府直属管理调整为市发改委管理;将"市卫生监督所"更名为"市卫生计生监督所",调整设置计划生育监督科、法规宣传科。

【机构编制管理】 至2015年年底,全市已消化2013年以来的事业编制增量,共计888名,较好地完成控编减编的工作任务。在机构编制资源配备上,重点对涉及重大改革、民政、医疗卫生、教育、科技、扶贫攻坚等关乎民生工作的部门进行倾斜。

【事业单位登记管理】 2016年,全市的机构编制统计、机构编制核查及日常出入编管理等工作依托机构编制实名制网络管理系统有序开展,不断推进机构编制管理信息化建设。年内,全市共注册了中文域名4212个,网站标识审核通过712个,域名注册覆盖率达92.36%,网站标识挂标覆盖率达到91.07%。完成全市事业单位法人年度报告工作、事业单位网上年检登记以及《事业单位法人证书》新版本换领等工作。 (编办)

老干部工作

【老干部及其机构概况】 中共贺州市委老干部局是市委领导下服务管理全市离休干部,指导全市老干部工作的部门,内设办公室、安置科、保健科、退休干部管理科等4个职能科室及贺州市老干部活动中心(市关心下一代工作委员会办公室)。

截至2016年12月31日,全市离休干部共183人,平均年龄88.6岁。按单位性质分:行政机关111人,事业单位39人,企业单位33人;按行政级别分:厅级及享受厅级待遇8人,处级及享受处级待遇109人,科级以下待遇66人;按参加工作年限分:抗日战争时期11人,解放战争时期172人。全市退休人员共20893人。按行业分:行政单位5353人,事业单位11410人,企业单位4130人。按级别分:厅级30人,处级720人;科级及以下20143人。

【老干部正能量活动】 2016年,老干局组织开展"助力十三五"系列主题活动。一是开展"市县乡换届·我当宣传员"、"助力脱贫攻坚·我当宣传员"等活动,组织老同志以文艺表演、发放资料等形式大力宣传换届纪律、扶贫政策和"两学一做"学习教育。二是开展送科技助发展活动,鼓励老科技工作者帮扶农村有志青年发展特色产业,助推精准扶贫工作开展。三是以各级关工委为平台,组织"五老"深入学校、农村,对青少年学生、农村留守儿童开展法制宣讲和党史国史等教育,助力青少年健康成长。四是组织老同志开展正能量山歌创作、传唱和义务写春联等活动。全市共征集老干部创作的正能量山歌100多首,内容涵盖扶贫攻坚、换届选举、反腐倡廉、勤劳致富等方面。

开展"推广养生太极,共筑长寿贺州"活动。围绕"生态贺州.长寿胜地"建设,组织离退休干部开展丰富多彩的练习、传播、展示太极活动,加大对贺州"长寿市"的宣传,为推动生态健康产业四个新业态发展增添正能量。市老年大学开设6个太极拳(剑)班,学习太极的老同志不断增多;鼓励、支持老干部深入广场、社区、学校、机关等地传播太极文化;与市体育局一起,承办由市委、市政府、自治区老干部局主办的广西"多彩金秋"离退休干部太极拳(剑)展示交流活动,来自全区14个地市和区直单位的20个代表队及本市太极爱好者近350人参加活动,请区外一些太极大师前来指导表演,区内外十几家媒体对整个活动全程进行报道,扩大了贺州的影响力。

组织开展以"我看十二五·建言十三五""我看贺州生态建设·建言健康产业发展"主题活动,老干部们为贺州的生态建设、碳酸钙产业、健康产业发展提出了许多宝贵意见和建议。开通"贺州老干部"公众微信号,在老年大学开设电脑班,动员老干部学习上网用网,引导他们在互联网积极正面发声。

【为老干部办实事解难事】 2016年,老干局坚持离休干部重大节日、生日、住院、家庭发生重大变故走访看望的"四必访"制度,落实好老干部政治生活待遇,积极为老干部办实事解难事。一是抓好离休干部"两个待遇"的落实和督查。对全市企业离休干部政治生活待遇落实情况进行专项督查,协调解决灵峰药业2位离休干部的生活补贴、医药费报账等问题。首次统一组织人员分组对本市跨省易地安置的离休干部进行走访慰问。配合组织部门落实好建国初期参加革命工作的部分退休干部给予适当照顾的政策。二是做好易地安置离休干部医疗费备用金制度落实情况督查,协调解决易地安置离休干部医疗费报账有关问题;联合干部保健一科积极为老干部协调解决就医、住院、医药费报销等问题。三是坚持和完善市直离休干部特殊困难帮扶机制,对市直有特殊困难的18位离休干部和3位遗孀给予帮扶,经市领导和有关部门审议同意,从2017年起市直离休干部特困帮扶资金由每年5万元提高到10万元。

【老干部文化阵地建设】 2016年,老干局围绕纪念建党95周年和红军长征胜利80周年，以文艺演出、大合唱、书画展等形式举办系列纪念活动。组织开展全市第四届“多彩金秋”文化活动月，共设展演、比赛等10多个项目，报名参赛的选手多达400多名。组织贺州市130多名老干部参加自治区第四届“多彩金秋”文化活动周的各项活动取得不俗成绩。大力推进老干部两个阵地建设，在梧州、贺州的学习活动场所都面临拆迁和项目建设的情况下，千方百计保持老年大学办学和老干部活动正常开展，市老年大学两个校区第1学期的办学规模已达19个班次、学员710多人（次）。市老干部活动中心（老年大学）新建项目取得实质性成效，2016年底，市政府重新明确了项目业主，明确了资金来源，项目前期和征地拆迁工作基本完成。（老干局）

2016年9月6日，贺州市委党校八步、平桂、钟山、昭平四所分校挂牌成立。图为贺州市委党校八步分校揭牌仪式

党校建设

【概况】 中共贺州市委党校是贺州市委直属全额拨款事业单位，是贺州市培训和轮训党员领导干部的主要阵地。占地26亩，总建筑面积2.98万平方米，包括教学楼、培训中心、餐厅，配备学术报告厅、多媒体标准教室、会议室、图书馆、运动场等教学培训设施，可同时容纳200人食宿，图书馆藏书5万余册。市委党校、市行政学院、市社会主义学院、市少数民族干部学校实行“一套人员、四块牌子”管理，内设贺州市党员干部廉政教育基地。实行校务委员会（简称校委会）领导体制。内设办公室、人事科、财务科、教务科、分校业务指导科、培训科、科研科、电教中心、图书馆、行政科、总务科、学员服务中心、基础理论教研室、经济学教研室、法学教研室、党建教研室、公共管理教研室、统战理论教研室等18个科室，设立机关党委和机关纪委。核定人员编制62个（其中参公编20个、事业编40个、后勤控制编2个）；在职在编59人（其中参公人员20人、专业技术人员30人、工勤人员9人）；副高级职称10人，中级职称16人；硕士研究生学历9人，在读博士1人；离退休58人。

【干部培训】 2016年共举办培训班20期，培训干部1252人次；配合举办异地培训班18期，培训干部714人次；协助举办专题讲座4期，培训900多人次；与部门联合办班91期，培训12367人次；与县区党校联合举办农村党员“专题巡回党课”183期，专题授课549场，培训基层党员2.6万多人次；深入机关企事业单位、街道社区开展理论宣讲58场次，充分发挥党校教育培训干部主渠道、主阵地作用。2016年，市党校实施“培训者培训工程”，举办全市党校系统干部业务培训班，选派51名教研骨干和管理骨干赴井冈山、贵阳市委党校参加全市党校系统师资培训和管理骨干培训，选派32人次参加中央党校、自治区党校、广西社会主义学院等师资班培训。

2016年5月31日，贺州市委党校召开党员大会，成立机关党委和机关纪委

【科研活动】 2016年，市委党校课题立项12项，课题结项14项，公开发表学术论文25篇，获奖论文24篇，其中出版《资源枯竭型城市经济转型的探索与实证研究》专著一部，实现市委党校在专著出版上零的突破；2项成果在贺州市第三次社会科学优秀成果评选中荣获一等奖；咨政报告《应高度重视解决广西壮族自治区现代特色农业示范区建设中“三重三轻”问题》在自治区党校《党校要报》刊发。

【学校建设与管理】 2016年，市党校提拔任用3名科级领导干部，选派4名科级干部担任市委党校分校副校长、引进3名硕士研究生。成立机关党委和机关纪委,设立机关党委办公室和党小组,严格落实“三会一课”制度,定期举办主题党日活动,推动党内政治生活规范化、常态化。

2016年,市委党校在2016年全区党校系统后勤业务技能演示活动中荣获“团队特色菜”铜奖。投资60多万元,对校园道路、校园用电线路、办公楼、食堂餐厅进行修缮和改造,安装校园进出口监控和职工宿舍区防盗门门禁系统,不断改善办学条件。加大对教学科研工作和教职工培训的经费支持力度,争取市财政预算110万元干教经费用于主体班培训,争取市委市政府支持,化解债务100万元。

2016年,完成项目选址、项目立项,制订建设方案并组建工作机构,成立贺州市委党校新校园建设工作领导小组。落实市城投公司为代建单位,确定项目总承包企业为广西建工集团第三建筑工程有限责任公司,设计单位为广西城乡规划设计院。拟订资金筹措及融资方案,基本完成初步设计方案编制,开展征地拆迁工作,推进可研、环评、土地预审等各项前期工作。2016年,县级党校设置调整圆满完成。成立八步、平桂、钟山、昭平四所市委党校分校,富川县委党校保留独立设置;完成分校班子组建工作,成立分校业务指导科;完善分校办班运行机制,把分校重点班次集中到市委党校举办,在条件成熟的分校或教学点联合举办专题研讨班,各分校在市委党校指导下按计划自主办班。2016年,市委党校统筹举办分校培训班4期,培训分校干部205人。

(党校)

贺州市人民代表大会

【人大机构及工作概况】 2016年贺州市有乡以上人大机构63个,其中市人大常委会1个,县(区)人大常委会5个,乡镇人大57个。市人大机关公务人员42人,县(区)人大常委会公务人员124人,乡镇人大公务人员169人。市人民代表大会设专委6个,市人大常委会内设办事机构4个(其中:办公室设直属事业单位信息中心1个)。2016年,市人大全年共召开人民代表大会2次,常委会会议8次,主任会议12次,听取和审议市人民政府工作报告13项,组织开展专题调研4次;配合自治区人大开展相关法律法规的执法检查3项。

【人大会】 2016年贺州市人大召开人民代表大会2次。

贺州市第三届人民代表大会第七次会议 2016年1月19日至21日在贺州市传媒中心召开。1月19日上午开幕,出席代表309人。大会主席团由41人组成。主席团第一次会议推定赵德明(瑶族)、韦丽萍(女、壮族)、唐毓流(壮族)、李国强、吴泽荣、黄金文、蒋藤庆、廖成明为常务主席。大会秘书长由韦丽萍兼任。会议听取和审议贺州市人民政府工作报告、贺州市2015年国民经济和社会发展计划执行情况的报告、2016年国民经济和社会发展计划的报告、贺州市全市与市本级2015年预算执行情况和2016年预算草案的报告;审查和批准贺州市2015年国民经济和社会发展计划执行情况的报告与2016年国民经济和社会发展计划;审查贺州市全市与市本级2015年预算执行情况的报告和2016年预算草案,批准全市与市本级2015年预算执行情况的报告和2016年市本级预算;听取和审议贺州市人大常委会工作报告;听取和审议贺州市中级人民法院工作报告;听取和审议了贺州市人民检察院工作报告。会议期间,代表提出议案1件,代表提出建议、批评和意见85件,由市人大常委会选举联络工作委员会移交由政府有关部门进行研究处理,并负责书面答复代表。会议于1月21日上午闭幕,由市人大常委会主任赵德明致闭幕词。

贺州市第四届人民代表大会第一次会议 2016年10月25日至28日在贺州市传媒中心召开。10月26日上午开幕,出席代表324人。大会主席团由49人组成。主席团第一次会议推定赵德明(瑶族)、李宏庆、韦丽萍(女、壮族)、唐毓流(壮族)、于枝周、闭海东、黄少雄、卿汤义、肖民为常务主席。大会秘书长由韦丽萍兼任。会议听取和审议贺州市人民政府上一届工作报告及新一届的工作计划;听取和审议贺州市人大常委会上一届工作报告及新一届的工作计划;听取和审议贺州市中级人民法院上一届工作报告及新一届的工作计划;听取和审议贺州市人民检察院上一届工作报告及新一届的工作计划。会议选举产生第四届人大常委会成员37人。其中,主任1人:赵德明;副主任6人:韦丽萍、于枝周、闭海东、黄少雄、卿汤义、肖民;秘书长1人:黎安源;委员29人:马承坚、邓少伟、邓水育、叶丽燕、白锡标、衣明义、苏业清、吴静、吴海初、何祖后、宋启愿、张江帆、张佩娟、张琼雯、陈庆高、陈翠珍、奉小兵、林富先、徐智明、陶幼华、黄文炎、黄文流、黄伟东、黄盛全、黄清明、黄震明、梁友娟、梁少伟、谢型琦。会议选举产生

2016年10月28日,新选举产生的贺州市第四届人民代表大会常务委员会成员

贺州市人民政府市长:李宏庆,副市长:义芳、朱东、刘国学、陈立华、陈翼明、莫建平、廖和明。会议选举产生贺州市中级人民法院院长:成广。会议选举产生了贺州市人民检察院检察长:杨远波。会议选举产生贺州市第四届人民代表大会各专门委员会组成人员。

【常委会会议】 2016年贺州市人大召开常委会会议8次。

贺州市三届人大常委会召开第三十六次会议 1月8日举行,会议审议通过市人大常委会2016年工作要点(草案);听取市人大常委会办公室关于贺州市三届人大七次会议筹备工作情况的报告;审议并作出关于召开贺州市第三届人民代表大会第七次会议的决定、关于贺州市三届人大七次会议列席人员的决定。会议审议通过贺州市人大常委会工作报告(草案),贺州市第三届人民代表大会第七次会议议程(草案),提交市三届人大七次会议审议。会议表决通过有关人事任免议案,会议决定任命陈翼驹、孔平、张琼雯为贺州市人大常委会办公室副主任。

贺州市三届人大常委会召开第三十七次会议 3月23日举行,会议听取市人大常委会调研组关于“创建广西特色旅游名县”工作专项调研报告,会议通过任命杨育智为贺州市人民政府副市长,会议还通过了其他任命事项。

贺州市三届人大常委会召开第三十八次会议 5月30日举行,听取和审议市人民政府关于贺州市市容市貌统合提质三年行动实施情况的报告;听取和审议市人民政府关于推进特色农业示范区建设情况的报告;听取市人民政府关于提请审议2015年末政府债务限额分配方案的议案;听取市人民政府关于提请审议2016年贺州市政府和社会资本合作项目(市本级)的议案;并表决通过任命杨宏伟为贺州市人民政府副市长;任命奉小兵为贺州市人大常委会副秘书长、办公室副主任;会议还通过其他有关人事任免事项。

贺州市三届人大常委会召开第三十九次会议 6月24日举行,会议通过了夏振林、李伟章等辞职的议案;表决通过其他有关人事任免事项。

贺州市三届人大常委会召开第四十次会议 7月22日举行,听取和审议人民政府关于贺州市市容市貌综合提质三年行动实施情况的报告;听取和审议市财政局关于2015年度市本级财政决算的报告;听取和审议市审计局关于2015年预算执行情况和其他财政收支的审计报告;听取市人大财政经济委员会关于2015年市本级财政决算的审查报告;听取市人大常委会代表资格审查委员会作关于个别代表的代表资格审查情况报告。会议通过黎安源、黄震明、苏业清、衣明义、邓少伟、黄清明、邓水育、黄庆林、陈翼驹、朱燕新等人任免职的议案;通过其他有关人事任免事项。

贺州市三届人大常委会召开第四十一次会议 9月23日举行,会议听取和审议市人民政府关于2016年上半年国民经济和社会发展计划执行情况的报告;听取和审议市人民政府关于2016年上半年全市及市本级预算执行情况的报告;听取和审议市人民政府关于市三届人大七次会议代表建议、批评和意见办理情况的报告;审议市人民政府关于《贺州市黄姚古镇保护条例(草案)》的议案;审议贺州市人大常委会工作报告(草案);听取和审议贺州市人大常委会代表资格审查委员会关于第四届人民代表大会的代表资格审查报告;听取市人大常委会办公室关于贺州市四届人大一次会议筹备工作情况的报告;审议贺州市人大常委会关于召开贺州市第四届人民代表大会第一次会议的决定(草案);审议贺州市第四届人民代表大会第一次会议议程(草案);审议贺州市人大常委会关于贺州市第四届人民代表大会第一次会议列席人员的决定(草案);审议贺州市第四届人民代表大会第一次会议主席团成员和秘书长名单(草案);审议贺州市第四届人民代表大会第一次会议议案审查委员会主任委员、副主任委员、委员名单(草案)。并表决通过任命徐智明同志为贺州市人大法制委副主任委员;还通过其他有关人事任免事项。

贺州市四届人大常委会召开第一次会议 11月16日举行,会议听取和审议市人民政府关于在全市公民中开展法治宣传教育第六个五年规划实施情况和第七个五年规划的报告;审议《贺州市黄姚古镇保护条例(草案)》;审议市人民政府提请审议2016年市本级财政预算调整方案(草案)的议案;审议市人大常委会关于设立贺州市第四届人民代表大会常务委员会代表资格审查委员会的决定(草案);审议市人民政府关于提请审议贺州市工业发展基金纳入财政预算的议案。并表决通过任命杨宏伟、黄志民、杨育智为贺州市人民政府副市长,及有关人事任免事项。

贺州市四届人大常委会召开第二次会议 12月9日举行,会议审议关于赵德明辞职的议案;审议关于李宏庆辞职的议案;审议关于提请审议决定林冠同志任贺州市人民政府代理市长的议案;审议关于补选林冠为自治区第十二届人民代表大会代表的议案。并表决通过有关人事任免事项。

【人大常委主任会议】 2016年召开主任会议12次。

3月9日,市三届人大常委会召开第六十四次主任会议,讨论《贺州市立法条例》草案。人大常委会副主任韦丽萍主持会议。

3月23日,市三届人大常委会召开第六十五次主任会议,听取市三届三十七次常委会分组审议情况的汇报。市人大常委会副主任韦丽萍主持会议。

5月30日,市三届人大常委会召开第六十六次主任会议,听取市三届三十八次常委会分组审议情况的汇报。市人大常委会副主任韦丽萍主持会议。

6月30日,市三届人大常委会召开第六十七次主任会议,听取市政府关于传统村落保护情况的报告。市人大常委会副主任韦丽萍主持会议。

7月22日,市三届人大常委会召开第六十八次主任会议,听取市三届四十次常委会分组审议情况的汇报。市人大常委会副主任韦丽萍主持会议。

7月27日,市三届人大常委会召开第六十九次主任会议,听取换届选举各项工作进展情况汇报;审定工作预安排;审定《贺州市立法工作制度,专家论证薪酬规定》。市人大常委会副主任韦丽萍主持会议。

9月22日,市三届人大常委会召开第七十次主任会议,审定了市四届一次人民代表大会会议材料及列席人员名单,议案审查委员会成员名单;听取《贺州市黄姚古镇保护条例(草案)审议情况汇报》。市人大常委会副主任韦丽萍主持会议。

9月23日,市三届人大常委会召开第七十一次主任会议,听取市三届四十一次常委会分组审议情况的汇报。市人大常委会副主任韦丽萍主持会议。

11月16日,市四届人大常委会召开第一次主任会议,研究常委会领导班子成员分工。市人大常委会副主任韦丽萍主持会议。

11月16日,市四届人大常委会召开第二次主任会议,听取市四届一次常委会分组审议情况的汇报。市人大常委会副主任韦丽萍主持会议。

12月7日,市四届人大常委会召开第三次主任会议,通报近期工作安排。市人大常委会副主任韦丽萍主持会议。

12月28日,市四届人大常委会召开第四次主任会议,讨论市四届人大常委会第三次会议议题,2017年常委会工作计划。市人大常委会副主任韦丽萍主持会议。

【人事任免】 2016年,市人大常委会严格按照有关法律和办法的规定,认真审查人事任免议案,严格把好人事任免事项审核关。2016年,依法任免国家机关工作人员124人次,接受辞职7人,批准辞职7人。

【代表议案建议办理】 2016年,市人大召开了市三届人大七次会议和市四届人大一次会议,会议期间,收到代表10人以上联名提出的议案5件,根据地方组织法、代表法的有关规定和会议议案办法,大会议案审查委员会对代表们提出的议案进行认真审查,认为代表提出的议案涉及的内容均不属于市人大及其常委会职权范围,是属于政府行政管理职权范围内的事项,并经大会主席团通过,决定将这5件议案转为代表建议,连同大会期间收到的80件建议、批评和意见(以下简称"建议"),共计85件建议,全部为代表对政府各方面工作的建议。85件建议中交通类18件,占21.1%;市政、财经类各8件,分别占9.4%;教育类6件,占7.0%;工业、卫生、旅游、人力资源各4件,分别占4.7%;生态、林业、商贸、国土类各3件,分别占3.4%;水利、编制、扶贫、饮水、农业各占2件,分别占2.4%;供水、规划、金融、环保、民生、区划、文化各占1件,分别占1.1%。闭会后,选联工委根据地方组织法和市人大常委会《关于办理市人大代表建议、批评和意见的办法》的有关规定,在法定时间内把代表议案和建议整体送交市人民政府办公室,由市人民政府及其有关部门研究处理并负责答复代表。

至2016年底,市三届人大七次会议和市四届人大一次会议的代表建议已全部办理完毕并答复代表。从85件建议办理答复的情况看,已经解决或部分解决的(A、B类)有56件,占建议总数的65.9%;正在解决和列入规划逐步解决的(C类)有22件,占建议总数的25.9%;目前因条件限制及其他原因暂时无法解决的(D类)有7件,占建议总数的8.2%。

【专题调研】

关于"创建广西特色旅游名县"工作情况专题调研 2016年3月7日至16日,由市人大常委会副主任吴泽荣带队,组成调研组就贺州市"创建广西特色旅游名县"工作开展专题调研。3月上旬,调研组先后赴河池市南丹县、来宾市金秀瑶族自治县考察学习"创建广西特色旅游名县"的先进工作经验和做法;3月中旬调研组深入到昭平县,实地考察黄姚一级景观大道、黄姚旅游集散中心、黄姚古镇景区、黄姚花海景区、故乡茶博园景区、南塘街区、桂江生态旅游景区、南山茶海等创建特色旅游名县系列项目推进情况,召开专题座谈会听取昭平县政府关于广西特色旅游名县创建工作推进情况的汇报、与会人员对加快推进创特工作的意见和建议。针对发现的问题,调研组提出一些建设性的意见和建议,为市人大常委会审议关于"创建广西特色旅游名县"工作情况报告提供必要的参考资料。

关于贺州市市容市貌综合提质三年行动实施情况专题调研 2016年4月19日至21日,由市人大常委会吴泽荣副主任带领的常委会调研组,开展市容市貌综合提质三年行动实施情况的调研。调研组实地察看姑婆山大道改造项目、黄田镇污水处理厂在建项目、贺州第二高级中学扩建项目、八莲路改扩建项目、黄姚镇古镇核心区居民安居楼、核心区古建筑和历史建筑维修工程项目、贺州学院产学研基地项目、贺州市职教中心教师公租房项目、贺州火车站综合交通客运枢纽工程建设项目,巡察市区灵峰街、人工湖、体育路、人民路、新宁街道,现场听取市住建局领导对上述工程的规划设计、改建工程进展及存在问题等情况介绍。召开有市政府及市直相关单位和八步区、平桂区参加的座谈会,就市容市貌综合提质三年行动项目实施情况进行汇报座谈。针对发现的问题,调研组提出一些建设性的意见和建议,为市人大常委会审议关于贺州市市容市貌综合提质三年行动实施情况报告提供必要的参考资料。

关于贺州市推进现代特色农业示范区建设情况专题调研 由市人大常委会副主任李国强为组长的调研组,于4月中旬至下旬,采取书面汇报、召开汇报(座谈)会、实地考察示范区、走访农业企业等形式,深入三县两区(区)现代特色农业示范区,开展贺州市推进现代特色农业示范区建设情况调研。针对发现的问题,调研组提出一些建设性的意见和建议,为市人大常委会审议关于贺州市推进现代特色农业示范区建设情况报告提供了必要的参考资料。

贺州市传统村落保护利用情况专题调研 5月下旬至6月初,市人大常委会组成以副主任廖成明为组长的调研组,对贺州市传统村落保护利用情况进行专题调研,调研组先后到钟山县、富川瑶族自治县和八步区进行实地调研,考察玉坡、英家、松桂、东山、秀水、福溪、岔山、深坡、浪水、祉洞和凤凰塘等11个传统村落,现场听取县(区)政府及相关部门的情况介绍,走访当地的村民住户;召开有市政府协管副秘书长及住建、文化、财政、发改等相关部门领导参加的座谈会,听取关于贺州市传统村落保护利用情况的汇报,并就有关问题进行讨论;查阅昭平县、平桂区以及市直有关部门关于传统村落保护利用情况的汇报材料。调研组针对发现的问题,提出一些建设性的意见和建议,为市人大常委会主任会议听取贺州市传统村落保护利用情况报告提供必要的参考资料。

【重要决议(决定)】 1月8日,贺人发〔2016〕6号,关于印发《贺州市宪法宣誓制度实施方案》的通知。

5月30日,市三届人大常委会第三十八次会议审议通过市人民政府《关于提请审议2016年贺州市政府和社会资本合作项目(市本级)的议案》的决定。

7月22日,市三届人大常委会第四十次会议审议通过《关于批准2015年市本级财政决算的决议》。

11月16日,市四届人大常委会第一次会议审议通过《关于批准2016年市本级预算调整方案的决议》。

11月16日,市四届人大常委会第一次会议审议通过了市人民政府《关于提请审议贺州市工业发展基金纳入财政预算的议案的决定》。

【监督工作】 2016年,市人大常委会听取和审议市人民政府工作报告10项,开展专题调研10次,配合自治区人大常委会开展执法检查、专题调研等工作10项,作出审议意见9项、决议决定6项。

突出对经济工作的监督 主动适应经济发展新常态,着力加强经济工作的监督,推动政府深化以供给侧结构性改革为主线的结构调整转型。先后围绕计划财政、旅游发展、重大项目建设、农业发展等工作开展调研,听取政府工作报告,并针对存在问题提出意见建议,督促政府加快经济结构调整,转变发展方式,促进产业转型升级,推动全市经济平稳较快发展。强化财经监督方面,进一步推进财政预决算审查工作常态化、规范化。督促政府完善全口径预算体系,推动市政府编制国有资本经营预算。

突出对民生问题的监督 先后围绕贺州市工作大局和社会民生热点开展市容市貌综合提质三年行动实施情况、"创建广西特色旅游名县"工作、推进现代特色农业示范区建设、古村落保护工作等方面的监督,督促政府改进工作。昭平县创建广西特色旅游名县和县域旅游正稳步推进,乡村特色旅游呈现"四处开花"新局面;贺州市共创建自治区级现代特色示范区5个,完成核心示范区建设面积69500亩,实现全市创建自治区级示范区全覆盖。

突出对法律实施情况的监督 积极配合自治区人大常委会开展环保法律法规、职业教育、农业法规等内容的执法检查、专题调研、法律法规的修订和立法草案征求意见等工作,推动相关法律法规在贺州市的贯彻实施。积极落实宪法宣誓制度,抓好市人大及其常委会选举或任命的国家工作人员正式就职时公开向宪法宣誓工作。制订贺州市宪法宣誓制度实施方案,在全区设区市中第一个实施向宪法宣誓制度,全年共组织国家工作人员向宪法宣誓100多人次。

【信访工作】 2016年,市人大信访科共受理群众来信来访104件,140件(人次),其中来访67件,103人次,来信37件,其中重信1件,联名信2件。反映的问题属涉法涉诉案件较多,达45件,占来信来访总量的43.2%,虽然涉法涉诉的案件占比例仍然较大,但来信来访总量与上年同期相比有大幅度的下降,所有来信来访案件都能及时处理。

(人大办)

贺州市人民政府

【政府机构概况】 2016年贺州有乡以上人民政府67个,其中县(区)人民政府5个,乡(镇)人民政府61个。县以上政府工作部门151个,其中市32个,县级119个。贺州市人民政府设市长1人,副市长7人。2016年贺州市人民政府办公室内设文电科、第一秘书科、第二秘书科、第三秘书科、第四秘书科、第五秘书科、第六秘书科、第七秘书科、第八秘书科、人事教育科、信息科、行政财务科(后勤服务中心)、市人民政府督查室、市人民政府总值班室共14个内设机构,并设有1个二层事业单位(贺州市人民政府办公室电子政务中心),共有在职在编人员66人。贺州市人民政府下设组成部门32个,直属和派出机构4个,部门管理、挂牌机构及管理事业单位共28个,直属公司6家。

【政府常务会议】 2016年,贺州市共召开市政府常务会议11次,即市第三届人民政府第57~65次常务会议,市第四届人民政府第1~2次常务会议。

市政府三届第57次常务会议 1月8日在贺州召开,会议审议并原则通过《贺州市国民经济和社会发展第十三个五年规划纲要》《政府工作报告》《贺州市2016年财政预算》《关于审定〈贺州市水污染防治行动计划工作方案〉的请示》。部分议题提交市委常委会审定。

市政府三届第58次常务会议 3月15日在贺州召开,会议研究审议并原则通过《关于重新审定贺州市2016年易地扶贫搬迁工程建议计划的请示》《关于审定2015年末政府债务限额分配方案的请示》《关于审定贺州市本级党政机关差旅费会议费培训费等管理办法补充规定的请示》《关于请求批准实施〈贺州市2016年度国有建设用地供应计划〉的请示》《关于"贺州古城"(暂定名)项目工作方案的请示》《关于明确黄洞(都江口)至南乡公路大修工程业主的请示》《关于〈广西贺州农业投资集团有限公司组建方案〉的请示》《2016年贺州市政府和社会资本合作(PPP)项目(市本级)有关问题》《关于印发〈世界银行贷款贺州市水环境治理与城市综合发展项目鉴别工作方案〉的请示》《关于请求明确四个小镇建设业主的请示》《关于请求审定〈贺州市推广随机抽查规范事中事后监管工作方案〉的请示》《关于贺州市规划馆建设的情况汇报》《关于〈贺州市本级行政事业单位经营性国有资产统一监管工作实施方案〉的请示》《关于审议贺州市本级储备粮管理办法的请示》《关于审议贺州市粮食安全行政首长责任制考核办法的请示》《关于审议贺州市环境保护"党政一岗双责"责任制实施办法的请示》《关于对〈贺州市现代特色农业示范区建设(2016—2017年)行动方案〉进行审核行文的请示》《关于请求支持贺州市水培蔬菜工厂项目资金的请示》《关于给予审议"梦里黄姚"文化旅游创意城合作协议的请示》《关于出台〈贺州市生态新城财政收入分配办法〉的请示》，传达学习《中共中央办公厅 国务院办公厅印发〈关于三年来中央政治局贯彻执行中央八项规定落实加强作风建设措施情况的报告〉的通知》。部分议题提交市委、市人大常委会审议。

市政府三届第59次常务会议 4月7日在贺州召开，会议审议并原则通过《关于请求解决贺州第二高级中学扩建项目工程款问题的请示》《关于修改〈贺州市市管国有企业领导人员管理暂行办法〉的请示》《关于呈报广西贺州桂东水电成套设备有限公司升级改造搬迁工作实施方案的请示》《关于再次提请审定贺州城区客运出租汽车营运价格结构方案的请示》《关于审定贺州市平桂管理区大理石矿产资源开发整合实施方案的请示》《关于贺州市福利院、老年活动中心和老年公寓开业运营的请示》《关于在市本级政务服务中心窗口工作人员实行统一着装的请示》《关于审定〈贺州市城区小街小巷清扫保洁作业市场化改革实施方案〉（送审稿）的请示》《关于审定贺州市本级公务用车制度改革公务交通补贴保障范围方案的请示》《贺州市2016年美丽乡村建设实施意见》，传达学习《广西壮族自治区安全生产委员会关于印发〈广西壮族自治区安全生产"党政同责、一岗双责"考核办法〉的通知》。部分议题提交市委常委会审定。

市政府三届第60次常务会议 5月5日在贺州召开，会议审议并原则通过《关于跨省贺江流域（西湾至厦岛段）金泰湖水生态综合治理工程采用政府购买服务模式有关事宜的请示》《关于贺州火车站综合交通枢纽及配套基础设施建设项目采用政府购买服务模式有关事宜的请示》《关于请求批准实施〈黄姚古镇核心区"两违"建筑处置实施方案〉的请示》《关于审查〈贺州市"四馆合一"项目工程施工总承包实施方案及建议〉的请示》《关于审批〈贺州（贺街）至富川一级公路项目（二期工程北环路段）融资方案〉的请示》《关于审定〈贺州市市直机关公务用车管理与使用办法（试行）〉的请示》《关于审定贺州市军民融合重大工程、重大支撑项目的请示》《关于审定〈贺州市人民政府关于印发政府核准的投资项目目录（贺州市2015年本）的通知〉的请示》《关于报请市人民政府审定〈贺州市关于加快电子商务发展的实施意见〉的请示》，组织学习《中华人民共和国食品安全法》《自治区党委彭清华书记在贺州调研工作座谈会上的重要讲话精神》，组织观看《镜鉴——衡阳、南充违反换届纪律案件警示录》警示教育片。

市政府三届第61次常务会议 6月6日在贺州召开，会议审议并原则通过《关于要求拨付贺州市黄姚镇北莱村苗圃基地建设经费的请示》《关于申请贺州族群文化博物馆升级改造经费的请示》《关于审议〈贺州市突发环境事件应急预案〉的请示》《关于贺州市环境保护科学研究所环评脱钩改制的请示》《关于充实市项目招储公司实收资本的请示》《关于审定〈贺州市安全生产"党政同责、一岗双责"考核办法（草案）〉的请示》《关于以政府采购模式开展三年提质道路建设工程（一期）项目融资工作的请示》《关于再次审定市本级基本建设项目前期工作经费2016年第一批项目（事项）安排计划的请示》《关于贺州市生态新城核心区路网项目采用政府购买服务模式有关事宜的请示》《关于再次报请市人民政府审定〈贺州市关于加快电子商务发展扶持办法（试行）〉的请示》《关于请求将望高镇碧水岩六宗地注资到矿投集团的请示》《关于请求审定〈贺州市临时救助实施办法〉的请示》《关于确定贺州市城乡低收入家庭标准的请示》《关于加快推进恒毅电子（贺州）有限公司高密度线路板项目落地建设的请示》《关于审定〈关于进一步加快碳酸钙产业发展的实施意见〉的请示》《关于请求审定〈贺州市2016年新增建设用地计划指标分解方案〉的请示》《关于印发〈贺州市人民政府关于降低实体经济企业成本的实施意见〉的请示》《关于请求审议〈贺州市加快推进农村金融服务工作实施方案〉的请示》《关于印发〈贺州市分级诊疗制度建设工作实施方案〉的请示》《关于审议〈广西贺州市农业投资有限公司资金注入和资产划转工作方案〉的请示》《关于请求同意贺州市城市建设投资开发集团有限公司作为贺州市委党校新校园建设项目代建单位的请示》等事项。

市政府三届第62次常务会议 7月19日在贺州召开，会议审议并原则通过《关于请求审定〈贺州市第二批政府部门权力清单和政府有关部门责任清单〉的请示》《关于请求审定〈贺州市2016年上半年市本级行政许可审批事项目录〉的请示》《关于提请市政府常务会议审议〈贺州市黄姚古镇保护条例（草案审查稿）〉的请示》《关于审定〈贺州市城区跨江大桥命名及标识方案〉的请示》《关于将牛庙矿区土地划归钟山县管理使用的请示》《关于审核印发〈关于在全市开展畜禽生态养殖的实施意见〉的请示》《关于农村土地承包经营权确权登记管理信息系统建设资金的请示》《关于再次审定〈贺州市国民经济和社会发展第十三个五年规划纲要〉主要目标和重点任务工作分工方案的请示》《贺州市落实〈广西壮族自治区国民经济和社会发展第十三个五年规划纲要〉主要目标和重点任务工作分工方案》《关于审定〈市本级2016年地方政府债券分配方案〉的请示》《关于实施贺州火车站站前临时停车场改扩建工程的请示》《关于审定贺州市资源税建议税率的请示》《关于再次审定〈贺州市基础设施建设大会战（2016—2018年）实施方案〉的请示》《关于呈报〈贺州市低速电动汽车管理暂行办法〉（送审稿）的请示》《关于请求审定平桂矿区管理处公共租赁住房租金价格标准的请示》《关于提请审定贺州市城东新区公租房4＃楼（人才公寓）租金的请示》《关于审定〈贺州市市容市貌综合提质三年行动项目调整方案〉的请示》《关于组建成立广西贺州市广元资产运营有限责任公司（暂定名）的请示》《贺州市火车站改造项目合作协议书》；听取了市环保局关于中央环境保护督察组督查广西相关迎检工作情况汇报，传达学习了中央、自治区领导对信访工作的重要批示精神。

市政府三届第63次常务会议 8月31日在贺州召开，会议审议并原则通过《关于请求增加贺州市博物馆文物征集经费的请示》《关于设立碳酸钙（矿业）产业发展基金的请示》《关于请求印发〈贺州市公共资源进场交易事项目录（第一轮）〉的请示》《关于筹集贺州市委党校新校园建设项目建设资金的请示》《关于审定贺州市水利发展“十三五”规划报告的请示》《关于安排财政资金解决龟石水利工程管理处在职和离退休人员工资等费用的请示》《关于请求印发〈关于进一步推进农村新型生态社区建设的实施方案〉的请示》《关于请求调整贺州市城乡居民最低生活保障标准的请示》《关于调整贺州市城市规划区范围内建设项目征地拆迁补偿及安置标准的通知》《贺州市易地扶贫搬迁“十三五”规划》《中共贺州市委员会 贺州市人民政府关于深化供销合作社综合改革的实施意见》《关于与广西北部湾银行合作设立贺州城市发展投资基金有关事项的请示》《“梦里黄姚”文化旅游创意城合作协议》《深化工业园区体制机制改革的实施方案》《贺州市国有林场改革实施方案》《关于拨付1.5亿元资金用于设立贺州创新发展基金的请示》;传达学习《法治政府建设实施纲要(2015—2020年)》。部分议题提交市委常委会审定。

市政府三届第64次常务会议 9月19日在贺州召开,会议审议并原则通过《贺州市一个平台管项目审批改革试点实施方案(试行)》及其配套一个规程十项制度;《贺州市2015年度机关单位绩效考评奖励方案》;传达学习自治区关于做好国务院第三次大督查迎检工作电视电话会议精神。

市政府三届第65次常务会议 9月30日在贺州召开,会议审议并原则通过《贺州市财政发展“十三五”规划》《贺州市水产畜牧业发展“十三五”规划》《贺州市科学技术发展“十三五”规划》《关于审定〈贺州市人力资源和社会保障事业发展“十三五”规划〉的请示》《关于贺州市相关保障性住房供应对象的收入标准和住房困难标准的请示》《贺州市人民政府关于加快古柏生态科技园和莲桂商贸物流产业园建设的通知》《政府工作报告》等。

市政府四届第1次常务会议 10月31日在贺州召开,会议听取关于落实党风廉政建设主体责任专题辅导报告;会议审议并原则通过《贺州市发明专利双倍增计划实施方案(2016—2020年)》《关于在公民中开展法治宣传教育的第七个五年规划(2016—2020年)》《贺州大数据一体化服务中心实施方案》《2016年市本级财政预算调整方案》《广西黄姚古镇旅游文化产业区财政收入分配办法》《贺州市加快农产品物流市场体系建设工作方案》《贺州市人民政府设立交通发展等基金工作方案》《关于请求明确工业发展基金设立事项的请示》等。

市政府四届第2次常务会议 12月23日在贺州召开,学习传达李克强总理在深化“放管服”改革激发市场活力座谈会上的讲话精神;听取《关于扶持贺州市钢铁企业健康发展的报告》;会议审议并原则通过《广西贺州市林业发展规划(2016—2030年)》《贺州市气象事业发展“十三五”规划》《贺州市安全生产“十三五”规划》《贺州市工业和信息化发展十三五规划及2021—2030年展望》《贺州市电力发展规划(2016—2030)》《贺州市综合交通运输发展规划(2016—2030)》《贺州市民政事业发展第十三个五年规划》《广西贺州市文学艺术界联合会 广西鑫福家园文化传媒有限公司战略合作框架协议书》《贺州市教育综合改革实施方案(2016—2020年)》《贺州市政府采购公共体育服务实施方案》《关于实施全面两孩政策改革完善计划生育服务管理的实施意见》《贺州市土壤污染防治行动计划工作方案》《关于建设养老服务业综合改革试验区实施方案》《关于加强城乡社区协商的实施意见》《贺州市人民政府办公室关于加快推进农村低保制度与扶贫开发政策有效衔接的实施方案》《贺州市推动水生态文明建设实施方案》《关于延长贺州市城区公交特许经营期限的请示》《贺州市创新驱动发展战略实施方案》《关于切实做好招商引资工作的实施意见》《贺州市全面推进政务公开工作的实施方案》《政府规范性文件清理结果》《贺州市法治政府建设实施方案(2016—2020年)》《贺州市行政执法评议考核办法(试行)》《贺州市规章制定程序办法》《贺州市2016年市本级行政审批事项目录和清理规范行政审批中介服务事项目录》《贺州市本级机关公务租车管理办法(试行)》《加快推进贺州市社会信用体系建设的工作方案》。部分议题提交市委常委会审定。

【政府重大决策及工作部署】 2016年贺州市人民政府为推动贺州经济社会发展,做出系列重大举措及工作部署。

出台《数字贺州地理空间框架建设与使用管理办法(试行)》 2016年1月8日,市人民政府制定出台并施行该办法。该办法为加强政府各部门及应用服务主体之间的地理信息资源共享与利用,提高地理信息资源的共享程度和网络化服务水平,避免重复建设,根据相关法律法规,结合贺州实际而制定。办法共8章28条,内容涵盖数字贺州地理空间框架是地理信息数据及其采集、加工、交换、服务所涉及的政策、法规、标准、技术、设施、机制和人力资源的总称,由基础地理信息数据体系、地理信息公共平台、政策法规与标准体系和组织运行体系等构成。指出数字贺州地理空间框架由市政府统一组织建设,政府各部门、事业单位和企业公众根据权限共享使用。市国土资源主管部门负责数字贺州地理空间框架的总体设计与推广应用工作,包括项目的具体组织实施和基础地理信息资源建设、更新、集成和分发服务工作,并在政策措施、共建共享、应用服务等方面做好支撑工作。负责数字贺州地理空间框架的日常管理、更新和维护工作,并提供基础地理信息资源的应用服务。市发改、工信、教育、科技、公安、民政、财政、人社、国土、环保、住建、交通运输、水利、农业、林业、广电、卫生计生、安全监管、统计、旅游、市政、工商、质监、规划、人防、物价、应急管理、体育、税务、消防、供电、电信、移动、联通等使用或拥有地理空间数据信息资源的单位共同参与框架建设,负责提供本单位公共专题地理信息数据集。市国土资源主管部门在保密主管部门、国家安全主管部门的指导和监督下做好数字贺州地理空间框架的保密工作,确保框架建设符合国家安全保密相关规定与要求。本办法自印发之日起施行。

出台《贺州市人民政府重要会议决定事项办理落实督查办法(试行)》 2016年3月10日,市人民政府制定出台并施行该办法,使贺州市人民政府重要会议的决策部署及时得到贯彻执行,促进重要会议决定事项督查工作的制度化、规范化,提高工作效率和质量,确保政令畅通。该办法按照“谁牵头督查、谁负责汇总反馈”的原则,由贺州市人民政府督查室负责汇总贺州市人民政府全体会议、常务会议决定事项办理落实情况,定期报告贺州市人民政府;贺州市人民政府督查室负责汇总市长主持召开的专题会议决定事项办理落实情况,定期报告市长;贺州市人民政府办公室各相关业务科室负责汇总对应副市长主持召开的专题会议决定事项办理落实情况,定期报告对应副市长。对没有按要求办理落实贺州市人民政府重要会议决定事项的承办单位进行书面通报。同一决定事项通报3次以上(含3次)仍未办结落实的,或年度内有3项决定事项因未按时办结落实被通报的,由承办单位向贺州市人民政府专题报告原因,并视情况由贺州市人民政府督查室报请贺州市人民政府进行约谈。贺州市人民政府重要会议决定事项办理落实情况纳入年度绩效考评范围。在督查工作中,发现贺州市人民政府重要会议决定事项落实中存在失职渎职、违纪违法等情形,按相关规定和程序将有关情况和线索移送监察机关立案调查,严肃追责。本办法自印发之日起施行。

出台《贺州市2016年地质灾害防治方案》 2016年3月18日,为做好2016年度全市地质灾害防治工作,保护人民群众生命和财产安全,最大限度地避免和减轻地质灾害造成的损失,结合贺州市地质灾害现状及2016年地质灾害发展趋势,市人民政府出台并施行本方案。方案指出,贺州市地质条件和所处地理位置特殊,气候条件复杂多变,除切实做好重点时段、重点区域的地质灾害防治工作外,各县(区、管理区)人民政府(管委)及市有关部门要坚持“有灾无灾按有灾准备,大灾小灾按大灾防范”“地质灾害防治没有非汛期”的指导思想,时刻保持高度警惕,克服麻痹大意思想,立足于早部署,早行动,早落实,做到防患于未然。

出台《加强全市安全生产监管执法实施方案》 2016年4月5日,为进一步加强贺州市安全生产监管执法工作,推动全市安全生产形势实现根本好转,结合贺州市实际,市人民政府出台并施行本方案。方案共五大点18条,含健全完善安全生产制度体系、严格落实安全生产责任、创新监管执法机制、规范安全监管执法行为、加强监管执法保障等方面内容。根据新颁布的《安全生产法》,要求各相关单位及时制定或修订完善矿山、道路交通、建筑、消防、特种设备、职业病防治等行业领域的规范性文件,形成较为完善的配套规章制度体系。按照《中共贺州市委办公室 贺州市人民政府办公室关于印发〈贺州市安全生产“党政同责、一岗双责”暂行规定〉的通知》(贺办发〔2015〕7号)的要求,全面建立“党政同责、一岗双责、齐抓共管”的安全生产责任体系,落实属地监管责任。本方案自印发之日起施行。

出台《贺州市本级储备粮管理办法》 2016年5月3日,市人民政府出台并施行该办法。目的是为加强贺州市本级储备粮管理,保证储备粮数量真实、质量良好和储存安全,维护粮食市场稳定,增强市人民政府对粮食市场的宏观调控能力。办法共42条,含总则、计划、储存、市级储备粮动用、监督检查、法律责任、附则等方面内容。

办法指出,市粮食局要根据市人民政府批准的市级储备粮储存规模,会同市发展和改革委员会、财政局和中国农业发展银行贺州市分行共同下达市级储备粮计划。市级储备粮的管理由市级储备粮管理机构组织实施。市级储备粮实行均衡轮换制度,每年轮换的数量一般为市级储备粮储存总量的三分之一。市级储备粮的轮出、补库的数量、价格由市粮食局、发展改革委员会、财政局、中国农业发展银行贺州市分行共同商定后报市人民政府批准后实施。本办法自公布之日起试行。

出台《关于加快转变农业发展方式的实施方案》 2016年9月21日,为加快贺州市转变农业发展方式,实现贺州市农业快速发展,结合贺州市实际,市人民政府出台并施行本方案。方案要求要坚持“创新、协调、绿色、开放、共享”五大发展理念,主动适应经济发展新常态,把转变农业发展方式作为当前和今后一个时期加快推进农业现代化的根本途径,以稳粮为基础,以增收为重点,以创新为动力,以生态为特色,以安全为底线,强化农业物质技术装备能力、公共服务能力、可持续发展能力建设,着力转变农业经营方式、生产方式、资源利用方式和管理方式,推进产业发展生态化、生态建设产业化,推动农业发展由数量增长为主转到数量质量效益并重上来,由主要依靠物质要素投入转到依靠科技创新和提高劳动者素质上来,由依赖资源消耗的粗放经营转到可持续发展上来,走产出高效、产品安全、资源节约、环境友好的现代农业发展道路。到2020年,转变农业发展方式取得积极进展。多种形式的农业适度规模经营加快发展,农业综合生产能力稳步提升,产业结构逐步优化,农业资源利用和生态环境保护水平不断提高,物质技术装备条件显著改善,城乡居民收入差距继续缩小,农民生活达到全面小康水平。到2030年,转变农业发展方式取得显著成效。产品优质安全,农业资源利用高效,产地生态环境良好,产业发展有机融合,农业质量和效益明显提升,竞争力显著增强。

出台《贺州市治理货车非法改装和超限超载工作实施方案》 2016年11月30日,为进一步加强货车非法改装和超限超载治理工作,结合贺州市实际,市人民政府出台并施行本方案。方案以“以人为本、安全发展”为理念,以健全完善“全市统一领导、地方政府负责、部门指导协调、各方联合行动”为工作机制,严格落实地方政府主体责任,综合运用法律、行政、经济、技术等手段,加强对货车生产、改装、销售和道路货物运输的全过程监管,确保治超工作长期持续稳定开展。以保障国家基础设施和人民群众生命财产安全为底线,坚持“依法严管、标本兼治、立足源头、长效治理”原则,通过深入持续的综合治理,基本杜绝货车非法改装现象,基本消除高速公路和国省干线公路超限超载,农村公路超限超载得到有效遏制,公路网整体安全保障水平进一步提升,初步建立法规完备、权责清晰、运行顺畅、执行有力、科学长效的治超工作体系。

出台《贺州市全民健身实施计划(2016—2020年)》 2016年12月21日,为贯彻落实全民健身国家战略,普及全民健身运动,进一步提高全市人民身体素质和健康水平，市人民政府出台并施行本计划。围绕培育发展生态健康旅游、生态健康休闲、生态健康养生和生态健康养老等生态健康产业四个新业态，以增强人民体质、提高健康水平为根本目标，以满足人民日益增长的多元化体育健身需求为出发点和落脚点，建立健全全民健身公共服务体系，推动全民健身与全民健康的深度融合；加快形成有效竞争的健身市场机制，全面提升群众体育发展水平，更好发挥群众性体育在厚植体育基础中的重要作用；促进全民健身事业协调可持续发展，使全民健身真正融入社会生活，引领民众共享共建，为建设“健康贺州”作出积极贡献。到2020年，贺州市城乡居民健身意识进一步增强，参加体育锻炼的人数明显增加，身体素质稳步增强，养成终生健身习惯，使体育成为彰显社会时尚的一种生活方式。基本建立与全面建成小康社会相适应、惠及城乡的具有贺州特色的全民健身公共服务体系，充分发挥全民健身的教育、社会、经济和对外交往功能，与各项事业、产业互促发展。形成政府主导、多元主体协同合作、多种机制相互配合、多个行业相互融合、全社会共同参与的全民健身事业发展格局；完善“政府统筹、社会协同、市场支持、群众参与”的全民健身管理体制和运行机制。（政府办）

人力资源管理

【概况】 贺州市人力资源和社会保障局内设19个科室：办公室（信访科）、政策法规科（行政审批科）、规划财务科、公务员管理科、就业促进科（农民工工作科、人力资源市场科）、军官转业安置工作科（自主择业军队转业干部工作科、市军队转业干部安置工作领导小组办公室）、职业能力建设科（继续教育科）、专业技术人员管理科（引进智力工作科、市职称改革领导小组办公室）、事业单位人事管理科、工资福利科、劳动关系科、养老与失业保险管理科、医疗与工伤保险管理科、社会保障基金监督科、调解仲裁管理科、劳动保障监察科、人事教育科、监察室。局机关核定行政编制为30名，其中：局长1名，副局长3名，纪检组组长1名；内设机构科级领导职数20名（含监察室主任）；后勤服务事业编制（后勤服务人员聘用控制数）3名。2016年贺州市人力资源和社会保障局实有在职在编干部职工117人，其中局机关32人，局属二层机构人员85人。

【公务员管理】 2016年人社局坚持考务公开，认真做好公务员考录工作，全年全市共招录346个职位421人为新录用公务员（含参照管理工作人员）。继续贯彻落实县以下机关公务员职务与职级并行制度，全年共完成工资兑现186人。积极稳妥做好2015年度市本级绩效奖励工作和年度考核备案工作。探索新常态下公务人员日常监管新机制，在市人社窗口试行，统一着装亮身份、实时录音录像监控，推行办公“5S”管理，增强公务人员日常监管实效，提高服务效能和群众满意度。

【专业技术人才队伍建设】 2016年贺州市加强高层次和专业人才队伍建设，深化职称制度改革，加强职称分类管理。全市新增取得相应层级专业技术人员总数为2519人，其中获得高级专业技术职称312人，获得中级专业技术职称1139人，获得初级专业技术职称1068人。加强人才小高地建设，发挥重点产业聚集人才作用。

【事业单位人事制度改革】 2016年人社局扎实抓好全市机关事业单位人员公开招聘工作，安全、规范、有效组织实施全市范围的人事考试。2016年，公开招聘事业单位工作人员1186名。不断完善事业单位岗位设置管理制度，大力推进中小学教师职称制度改革。全面完成市直、四个县（区）中小学教师岗位设置调整工作。

【工资收入分配制度改革】 2016年人社局严格落实工资政策，精准调标增资，及时兑现待遇，全市完成机关事业单位工作人员和离休人员调标增资审批合计43377人。做好推进调整艰苦边远地区津贴标准的实施工作。钟山、富川、昭平县共完成艰苦边远地区津贴审批约为35500人。

【军转干部和随军家属安置】 2016年人社局扎实做好军转干部和随军随迁家属的安置工作，全市全年完成军队转业干部安置任务共11人，其中计划安置类7人（含异地安置1人）：团职干部3人，营职以下干部4人；自主择业类4人：团职干部1人；营职干部3人；驻军随军家属就业安置21人。同时做好自主择业管理服务，按照政策落实自主择业军转干部待遇，完善管理服务措施，提高管理服务质量。全面落实企业军转干部的困难补助等政策，有效化解涉诉、涉访案件，维护了和谐的社会局面。

【人才引进】 2016年人社局引进“高、尖、缺”人才72人，其中博士3人，硕士33人。及时兑现395名人才的安居补贴、生活补贴，共计401万元，并为人才配偶随迁、子女入学等做好服务保障。

【就业和再就业】 2016年，贺州市城镇新增就业11277人，失业人员再就业3313人，就业困难人员再就业600人，农村劳动力转移新增就业19836人次，分别完成年度任务的112.77%、103.53%、120.00%和104.40%。失业率是3.16%，控制在目标任务4.2%之内。“双创”工作有新成效。完善促进就业创业政策体系，出台《贺州市创业孵化基地认定和管理实施细则》等文件。2016年累计发放创业担保贷款3682万元。创业孵化基地和农民工创业园建设有成效，认定创业孵化基地4个，入驻小微企业101家，带动就业540多人；创建农民工创业园2个，入驻企业23家，吸纳就业1460人。2016年，全市开展育婴师、茶叶种植和农村实用技术培训班等职业培训50多期，参加培训3170人；成功举办贺州市农民工技能大赛；参加自治区农民工技能大赛决赛，荣获一等奖1项。

（人社局）

民 政

【民政机构概况】 2016年，贺州市民政局内设12个职能科室，核定行政编

2016年10月12日，自治区民政厅副厅长冯志（右三）深入富川县调研农村社区建设

制17名（含市老龄办、双拥办）、后勤事业编制2名，领导职数5个（其中局长1名、副局长3名、纪检组长1名）。2016年市民政局共有二层事业单位8个，分别是市军队离休退休干部休养所、市救助管理站（流浪未成年人保护中心）、市殡葬管理处、市社会福利院、市福利企业服务中心、市社会福利有奖募捐委员会办公室、市低收入居民家庭经济状况核对中心、贺州军用饮食供应站。2016年，市民政局机关及二层机构共有人员102人，其中处级干部9人（含调研员1人、副调研员2人）。市军队离休退休干部休养所、救助管理站（流浪未成年人保护中心）、殡葬管理处独立办公，其他二层机构并入局机关一并办公。贺州市民政局下设昭平县民政局、钟山县民政局、富川瑶族自治县民政局、八步区民政局、平桂区民政局，全市辖区57个乡镇、4个街道办事处均设立民政办，乡镇（街道）民政办主任享受副科级待遇。全市707个建制村和48个社区均成立民政联络组和配备专职民政联络员，民政联络员享受村副主任待遇，配备率达100%。2016年贺州市实现全国双拥模范城"三连冠"，贺州市设立平桂区获得国务院批复，贺州市通过认证成为"世界长寿市"，创新设定"六有"标准建设农村新型生态社区，向社会承诺的为民办实事好事项目全面完成，落实低保兜底工作，圆满完成2016年各项民政工作任务。

【救灾救济】 2016年，贺州辖区范围内发生风雹、洪涝、地震等自然灾害，累计造成受灾112530人次，因灾死亡7人，紧急转移3231人，因灾需紧急生活救助2309人，需过渡性救助113人；倒塌农房304户559间，严重损坏房屋251户428间，一般损坏房屋1724户4166间；农作物累计受灾面积7012.11公顷，其中：农作物累计成灾面积5359.1公顷，农作物累计绝收面积976.7公顷，毁坏耕地面积为26.5公顷，全市因灾造成直接经济损失13804.83万元。2015至2016年度，全市累计投入冬春救助资金1236.55万元，发放救助口粮796，120公斤、发放衣被68941套/床。2016年，累计投入应急救助资金284.14万元，重建房屋倒损户33户125间，维修住房1373户2966间。

【双拥工作】 2016年7月，贺州市相继被评为"全国双拥模范城"和"自治区双拥模范城"，并在7月29日全国双拥模范城表彰大会上接受表彰，实现全国双拥模范城"三连冠"、自治区双拥模范城"四连冠"。这得益于贺州市积极推行"1356"工作思路，探索走出了一条特色双拥路：一是突出一条主线。把党管武装作为"一把手工程"，突出"拥军优属、拥政爱民"这一主线。二是推进三项创新。推进安置方式创新，服务理念创新，保障机制创新。三是搭建五个平台。搭建财政、政策、文化、就业、国防教育5个拥军平台，做好各项拥军优属活动。四是发挥六个作用。驻贺部队发挥突击队、人民卫士、战斗员、群众贴心人、乡村建设表率和军地互动六个作用，积极承担急难险重任务，为平安贺州建设和经济建设做出贡献。2016年，贺州军分区先后出动民兵预备役人员2630余人次参与文明城市创建、抗洪抢险、森林灭火、重大活动安保等任务。积极开展走访慰问，在春节、"八一"等重大节日期间，市委、市政府为部队送去慰问款物80余万元。

【优抚工作】 2016年，贺州市的伤残军人、烈属、牺牲军人遗属、病故军人遗属的抚恤金按月按标准发放，对部分优抚对象提高抚恤和生活补助金标准。全市共有各类领取抚恤和生活补助的优抚对象12084人，共发放抚恤和生活补助金6225万元。共接收2015年秋、冬季退役士兵500人，发放义务兵家庭优待金共691.2万元。从2015年起，义务兵家庭优待金实行城乡一体标准，2015年入伍的义务兵家庭优待金发放标准按不低于当地上年度城镇居民人均可支配收入的45%发放，共发放2015年入伍的义务兵家庭优待金共627人693.68万元。对军队和优抚对象慰问支出超过300万元。清明节期间和"9·30"烈士纪念日共组织4400多名党员干部、群众、学生开展清明祭扫和纪念活动。不断丰富优待内容，优先安置孤老优抚对象入住五保村安享晚年。

【退役士兵安置工作】 2016年，贺州市共接收2015年秋、冬退役士兵489人，其中符合政府安排工作条件的退役士官23名，自主就业退役士兵466人。2016年全市共为自主就业退役士兵466人发放就业经济补助金481.8万元，发放率达100%。抓好退役士兵技能培训工作，据统计，全市退役士兵对技能培训工作知晓率达100%，培训人数345人，培训合格率达100%。

【社团登记管理】 2016年，贺州市共有社会组织1189个，其中社会团体

785个，民办非企业单位404个（本年度登记社会组织93个，其中社团53个，民非40个）。应参加2015年度年检的民间组织有1096个（其中社会团体732个，民办非企业单位364个）。在各有关业务主管部门协调及社会组织的积极配合下，贺州市年检工作有序推进，参加年检并合格通过的社会组织有1019个（其中社会团体681个，民办非企业单位338个），社会团体、民办非企业单位年检合格率均为93%，顺利完成年检工作。

【基层政权和社区建设】 2016年，贺州市农村基层政权建设工作采取召开"百姓议事堂""党群议事会"等多种形式，大力推进"阳光党务""阳光居务"和"四议两公开"等工作法，引导居民参与到社区服务和管理中，对社区重大事项进行民主决策，及时反映和协调各方面利益诉求，充分保障居民的知情权、参与权和监督权。结合贺州市的实际情况，进一步深化农村社区建设，创新提出了按照"六有"标准建设可看、可用、可学、可复制的农村新型生态社区。制订下发《贺州市委办公室 贺州市人民政府办公室印发〈关于进一步推进农村新型生态社区建设的实施方案〉的通知》，加大力度整合资源，推进新型农村社区建设，让农民就地城镇化、产业化，从而加快城镇化建设步伐。2016年，全市共建成农村新型生态社区362个。

【地名行政区域界线勘定】 2016年，继续推进第二次全国地名普查工作，先后落实地名普查经费829万元。继续对接跟踪好平桂设区工作，设区工作取得重大突破，5月25至26日，民政部区划地名司副司长李伟率调研组到贺州实地调研地名普查和平桂设区工作，为平桂设区获国务院批准奠定扎实基础。6月8日，《国务院关于同意广西壮族自治区调整贺州市部分行政区划的批复》文件下发，平桂成功设区。按照国务院《行政区域界线管理条例》和《广西壮族自治区民政厅关于做好2016年行政区域界线联检和平安边界创建工作的通知》要求，贺州市于2016年7月14日召开了市内县界联检会议，并于2016年7月20日下发了《贺州市市内毗邻县行政区域界线联检和平安边界创建工作实施方案》，顺利完成全市范围内县级行政区域界线的第三轮联合检查工作。 （民政局）

外事·侨务

【外事侨务工作机构概况】 2016年贺州市外事侨务办公室有行政编制7人，实际配备7人；二层机构市外事翻译室事业编制2人，实际配备2人；代管市人民对外友好协会（无人员编制，由市外侨办内设科室负责具体业务）。全市各县（区）均设立有外事侨务工作机构，其中八步区外事侨务办公室有行政编制6人，实际配备5人；钟山县外事侨务办公室有行政编制2人，实际配备4人；富川瑶族自治县外事侨务办公室有行政编制2人，实际配备3人；昭平县外事办公室和昭平县侨务办公室两块牌子一套人马，有行政编制2人，实际配备1人；平桂外事旅游局有行政编制2人，事业编制2人，实际配备4人。

【外侨工作管理】 2016年1月，市委办、市政府办转发由侨办组织市委组织部、市财政局制订的《关于进一步加强和规范全市因公临时出国管理的实施办法》。2016年4月，全市外事侨务系统工作会议召开。2016年1月—10月，对贺州市贫困、残疾归侨侨眷，侨界高龄老人等情况开展调研，为侨务精准扶贫工作打好基础。

【外侨服务】

服务全市因公出访交流 2016年办理贺州市因公出国自组团组护签手续14批41人次；为全市赴东盟、香港等地自组团组办理护签手续7批32人次；派员随重要因公出国团组访问4批。

服务国际友城专项交流 2016年，外事侨务办支持并促成贺州市教育代表团、贺州市企业代表团先后于2016年2月、3月访问国际友城英国伍斯特市开展学生文化交流活动和商洽经贸交流合作。

服务企业开拓国际市场 2016年，外事侨务办主动走访涉外企业，实现贺州市企业高层管理人员成功申办APEC商务旅行卡零的突破。

宣传侨法维护侨权侨益 2016年，外事侨务办组织开展侨法宣传活动5次，市级受理侨务信访件4件，办结率100%。

发挥侨力支持公益事业 2016年，外事侨务办先后引入澳大利亚魏基成"天籁列车"、"慈善列车"项目各1个，捐赠的助听器、冬衣等物资折算合计320万元。

【因公出国（境）管理】 2016年自治区外办核定贺州市因公临时出国控制限额为58人次。2016年，市外侨办审核办理因公临时出国团组35批77人次，其中列入贺州市出国限额编制的为16批42人次，另审核办理因公临时赴港

2016年2月22日—29日，贺州市学生代表团赴友城英国伍斯特市开展文化交流

澳团组 12 批 39 人次。

【侨务联谊】 2016 年 8 月，市政协主席陆海平在出访澳大利亚期间与当地华侨社团座谈交流。

2016 年 9 月，马来西亚拿督邓福恩率马来西亚沙坝州大同教师团到贺州开展交流活动。

2016 年 10 月，澳大利亚华人、ABC 纸业公司总裁魏基成夫妇到访贺州参加"天籁列车"项目捐赠活动，市长李宏庆与其会见，唐毓流副书记出席捐赠仪式。

2016 年 11 月，市外侨办主任潘永有出席 2016 海内外客属领袖乡贤中华客属文化贺州座谈会。

2016 年 11 月，市外侨办副主任莫晓红出席广西海外交流协会第五届理事会第一次全体会议。

2016 年 12 月，市委常委、秘书长陈远明率团访问澳大利期间与相关社团侨领导座谈交流。

【市领导重要外事活动】 2016 年 4 月，副市长夏振林率团赴日本访问，与日本轻金属株式会社洽谈正润日轻二期建设工作。

2016 年 6 月，市委常委、宣传部部长、副市长朱东率团赴德国开展教育洽谈，与德国德累斯顿职业教育学院达成初步的合作意向。

2016 年 8 月，市政协主席陆海平率团访问澳大利亚，出席"第十届澳中致富商贸投资论坛"的相关商务活动，组织召开"中国广西贺州——澳大利亚墨尔本农业发展交流会"。

2016 年 8 月，副市长刘国学率团参加"第十届广西名优特农产品（香港）交易会"，贺州市 4 个参展企业通过现场宣传、现场洽谈等活动共派发产品样品约 300 公斤，达成意向协议 3 笔，涉及交易、投资金额约 1.8 亿元。

2016 年 9 月 26 日至 10 月 3 日，副市长黄志民访问意大利、瑞士，会见意大利维罗纳市政府相关官员，初步达成结为友好城市的意愿，参加了"第 51 届意大利维罗纳国际石材展"，访问瑞士欧米亚公司，就欧米亚公司在贺州投资收购英格瓷矿业（贺州）有限公司相关事宜进行协商。

2016 年 10 月，贺州市长李宏庆率贺州市代表团赴中国香港参加"2016 桂港深化合作恳谈会"系列活动，开展贸易洽谈、联谊交流等活动，并借助桂港经贸合作的良机，考察香港商界有关机构及企业。

2016 年 12 月，市委常委、秘书长陈远明率团赴澳大利亚、新西兰开展经贸交流，推动了在石材、旅游等经贸领域的交流合作，并达成一批项目合作意向。

【重要外事活动】 2016 年 2 月，贺州市教育代表团出访国际友城英国伍斯特市，20 名中学生随团出访，与当地中学生开展了学生交流营活动，这是贺州市青少年团组首次到欧洲国家开展文化交流活动。

2016 年 3 月，贺州市非公企业代表团赴英国伍斯特郡参加商业博览会，取得良好成果：一是英国建材客商在代表团出访结束一周后，来访贺州考察石材工厂，贺州人造岗石产品首次打开英国市场；二是贺州茶籽油引发关注，树立了很好的品牌形象；三是英国家具批发商对贺州家具制造产生兴趣，企业双方保持接触；四是旅游项目投资合作达成初步意向。

2016 年 4 月，贺州职业学院学生钟结浪赴捷克参加第二十届"林德金杯"国际焊接技能比赛，夺得了熔化极非惰性气体保护电弧赛项第一名。

（外事侨务办）

台湾事务

【举办第二届两岸青年农业论坛】 2016 年 12 月 2 日—5 日，第二届两岸青年农业论坛在贺州市昭平县黄姚古镇举办。广西壮族自治区党委常委赵德明、中国国民党前副主席詹春柏、中台办政党局局长王育文、广西区台办主任李东兴等领导、嘉宾参加论坛。来自海峡两岸的 300 多名农业专家、农业社团组织负责人、青年创业者等欢聚一堂，以"推动两岸青年交流、促进两岸农业合作、助力两岸经济社会发展"为主题开展研讨交流活动，举办长寿健康食品、青年创业创新、科技及创意农业、"互联网 + 农业"4 个分论坛及主旨论坛。该届论坛签订《两岸青年农业创新园区项目建设投资协议书》、举行两岸青年青年农业创新园区破土大典、贺州投资环境暨园区产业推介会，参观考察黄姚古镇、富川县农业项目、贺州族群博物馆、姑婆山国家森林公园等，开展联谊活动（篝火晚会）、两岸农产品展示会、台湾美食小吃（贺州·黄姚）展示一条街等丰富多彩的活动。

【举办第三十二届西南西北台协会会长联谊会】 9 月 5 日—7 日，第三十二届西南西北台协会会长联谊会暨贺州市经济社会发展投资促进会在贺州举行，全国台企联监事长张文潭、广西区台办主任李东兴、时任贺州市人民政府市长李宏庆（现任市委书记）出席联谊会，西南西北片区广西、贺州、湖南、四川、海南、云南等十省 21 个市的台协会长及代表 40 余人参加。联谊会期间，举办贺州市投资发展推介会，各地台协会会长代表参观考察姑婆山国家森林公园、黄姚古镇，观看历史剧《临贺长歌》等。

【市领导赴台举办桂台经贸文化交流合作活动】 2016 年，在台湾岛内政党轮替前后，分别组成以贺州市委常委、宣传部部长、副市长朱东为团长的贺州市旅游文化交流团，市委常委、统战部部长唐敬春为团长的青年农业科技考察团赴台湾开展经贸文化交流考察活动。活动期间举办贺州市旅游产业推介会，向台湾宣传推介贺州的优质旅游资源，吸引了 120 多名台湾旅游从业人士、专家学者及媒体记者参加。并以青年群体为交流重点，以农业科技等项目对接为切入点，进一步深化贺台旅游产业、旅游文化的交流，并为两岸青年农业论坛在贺州举办及两岸青年农业创新园区项目的落实奠定基础。

【深化拓展各界对台交流活动】 2016 年，贺州市接待花莲县海峡两岸少数民族交流协会参访团、花莲县地方基层干部参访团、花莲县大陆各省同乡会总会、花莲广西同乡会、花莲县光复乡、丰滨乡、台湾亚洲卫视旅游频道《秘境·不可思"溢"》栏目组等台湾参访团体。农业、青年、妇女、教育、文化、旅游、民委等部门及县区积极参与对台交流活动。全市计划赴台团组23个，全年共接待台湾参访团体13批次、265人次。其中花莲团组6个，178人次。

（台办）

民族事务

【民族团结进步模范区建设工作】 2016年，市民宗委制订《贺州市民委2016年开展民族团结进步宣传月活动实施方案》，主动协调宣传、文化新闻出版广电、教育、旅游等部门，以开展“壮族三月三”“盘王节”等系列节庆活动为载体，宣传党的民族宗教政策法规和民族宗教知识，把民族团结进步宣传教育贯穿活动的全过程。一是注重社会宣传。通过拉（挂）宣传横幅、制作宣传板报等形式进行广泛的宣传，实现面上宣传全覆盖。宣传月期间，制作宣传刀旗60杆，大型高杆宣传画1幅，通过手机短信发送宣传短信3万余条（次）；全市共拉（挂）民族团结进步宣传横幅212条，制作宣传板报23块。二是注重媒体宣传。在贺州日报、贺州电视台、贺州传媒等媒介大篇幅刊登民族团结进步宣传文章，诠释党和国家的民族理论，宣传党和国家民族政策法规。2016年4月份，《贺州日报》刊登宣传民族团结进步相关文章8篇。三是注重理论教育。邀请有关专家，深入学校开展民族理论和民族政策宣传活动，把党和国家的民族理论和民族政策送进学校。在民族团结进步宣传月活动期间，贺州市先后在贺州学院、贺州市高级中学、贺州市第二高级中学、贺州市实验中学等单位举办宣讲课4场次，参与听课学校教师超过1500人次。四是注重重大主题宣传。充分利用各种节庆日，农村人口集中的有利时机，组建民族政策小分队深入开展党的民族政策和法律法规宣传活动，在贺州市灵峰广场、农村演出地点设置宣传平台，向广大群众发放宣传资料，为群众解读民族政策和法律法规。在民族团结进步宣传月期间，民族工作部门向群众发放宣传资料近1万册（份），为群众解疑97人次。

【少数民族经济社会发展工作】 2016年，国家、自治区共下达贺州市少数民族发展资金823万元，其中国家656万元，自治区67万元；市本级财政安排100万元。一是大力实施少数民族发展项目。截至2016年12月，除了国家级第二批少数民族发展资金安排的项目外，市少数民族发展资金项目95%已完成。其中国家级资金共安排项目47个，惠及群众3.26万人；自治区级资金共安排道路硬化项目5个、道路总长2.9千米，惠及群众3900人；市本级资金共安排8个项目，惠及群众9100人。二是全面落实特困少数民族优秀学生入学专项补助政策。注重资格审查，规范发放程序，强化资金管理，切实做到专款专用。并确保于2016年秋季开学前把补助经费发送到学生手中，让少数民族优秀特困学生及其家庭及时享受到国家优惠政策。2016年，自治区共下达贺州市特困少数民族优秀学生入学专项补助经费8.8万元，其中高中生22人2.2万元、大学生22人6.6万元；比2015年增加0.4万元。三是做好民族贸易和民族特需品生产企业的服务工作，2016年，全市共增加民贸企业5家。四是加强少数民族特色村寨建设，申报贺州市2016年国家级少数民族发展资金特色村寨项目共8个、申请项目补助资金合计269万元。

【民族团结和谐关系处置工作】 一是建立健全民族关系检测评价处置机制。组织人员就全市民族关系现状开展专题调研，摸清民族关系现状，科学分析存在问题，形成专题报告，报送市政府。二是壮大民族工作“三支队伍”。①建立由各民族社团和乡（镇）、村（屯）少数民族知名人士组成的民委编外民族工作信息队伍；②建立由对各类民族工作信息比较敏感，对民族关系有较深的洞察力，熟识民族工作，对民族工作有独特见解的民族专家组成的顾问队伍；③建立懂政策、会协调的民族关系协调员队伍，充分发挥“三支队伍”在增进民族团结、促进少数民族地区经济社会发展中的积极作用。2016年，贺州市已建立民族工作信息员队伍255人，顾问队伍共50人，民族关系协调员队伍30人。2016年4月份，贺州市召开全市民族工作“三支队伍”建设座谈会，广泛听取少数民族专家顾问、民族工作信息员以及民族关系协调员等代表的意见和建议；并对13位优秀少数民族知名人士进行了慰问。三是提升应急处置能力。把涉及民族宗教因素应急处置工作纳入全市应急工作总体部署，建立健全涉及民族宗教因素突发性事（案）件应急处置机制，完善应急预案，成立志愿者队伍，参与市政府组织开展的应急演练。重点加强城区应急管理工作，做好重点时段和重点场所应急防范。2016年11月，贺州市及时有效地处置一起涉回族群众打架事件。

【少数民族优秀传统文化传承】

开展民俗活动 2016年，民宗委以壮族“三月三”和瑶族“盘王节”等为载体，积极组织开展一系列群众喜闻乐见的民俗文化活动，使少数民族文化在潜移默化中得到保护和传承。2016年壮族“三月三”期间，贺州市举办大型民族文艺会演等系列活动，其中在八步区南乡镇旺黎村举办了有4000多名壮族群众参加的“舞火猫”等民间民俗文化表演；在昭平县黄姚镇黄姚剧院上演展示贺州历史、维护民族团结的大型历史剧《临贺长歌》，组织开展上千人参与的千人竹竿舞；钟山、富川、平桂等县（区）来也分别举办非遗项目展览、民族文艺表演、非物质文化遗产保护成果图片展示等活动，共同唱响民族团结主旋律。瑶族“盘王节”期间，市民委举办“瑶山风韵鼓动贺州”大型原生态瑶族长鼓舞展演活动；八步区在步头镇黄石村开展系列民族文化活动，邀请广东、湖南、云南、贵州等省（区）20多个县（区）民宗部门领导和1000多名群众参加，深受好评；富川瑶族自治县葛坡镇上洞村、新华乡大井村，钟山县两安瑶族乡沙坪村，平桂区金竹村、大平瑶族乡里头村以及八步区步头镇保塘村等也以各种形式庆祝“盘王节”。

建立传承基地 2016年，民宗委组织开展民族文化保护传承进校园、进乡村、进市场活动，动员全社会共同支持和参与民族文化保护传承工作。一是民族文化保护传承进校园。一方面，整合高校和文化部门民族文化研究力量，组建研究团队，围绕民族工作重点和难点开展研究，提高民族工作决策科

市民宗委党组书记、主任黄盛全(左一)为传承基地揭牌

学化水平。如贺州学院坚持以传承和弘扬贺州民族文化为己任，建立了贺州族群文化博物馆，集合了贺州市各族群文化实物等各类展品两万余件，为贺州民族文化保护和传承发挥了重要作用。二是民族文化保护传承进乡村。按照前店后村的模式，在富川瑶族自治县建立了“冬梅瑶绣传承基地”，在八步区步头镇黄石村建立了“瑶族挑花刺绣传承基地”，引导当地群众劳动之余传习民族文化技艺。三是民族文化保护传承进市场。鼓励和支持少数民族群众在贺州市城区和富川瑶族自治县等地建立少数民族工艺品销售店，帮助民间艺人销售少数民族工艺品，使贺州市少数民族工艺品走向市场，拓宽了少数民族群众创收渠道。

壮大传承队伍 在少数民族聚居中小学校开设非物质文化遗产传承课，在有少数民族文化底蕴的农村鼓励青少年学习“非遗”传承知识，支持帮助少数民族聚居做好文化传承的保护工作。如在少数民族学生相对集中的八步区步头镇中学、平桂区大平瑶族乡民族学校开设“瑶族挑花刺绣传承”和“瑶族挑花刺绣·唢呐·长鼓舞传承”课，邀请瑶族民间艺人到学校传技授艺。2016年，市民委还采购了200个瑶族长鼓，送给少数民族聚居学校、农村，积极引导当地传承瑶族长鼓舞，深受群众好评。

【宗教事务管理工作】 2016年4月，市民宗委在全区率先启动民间信仰试点工作，明确每个县区的1个乡镇作为试点。结合本地民间信仰和民俗传统文化实际，确定了“把握内涵、积极探索，试点先行、争创经验”的思路，精心设计试点工作方案，及时召开动员会。市委统战部对试点工作高度重视，多次专题听取汇报，并安排5万元试点经费。2016年12月，全区民间信仰试点工作现场会在贺州市召开，并作为广西唯一一个市出席国宗局在福建泉州市召开的民间信仰工作座谈会。2016年，市民宗委组织开展全国“两会”期间宗教领域安保反恐工作、香港基督教协进会以“薪火工程”为名进行渗透活动的防范工作、处置贺州二高校园内观音岩所谓佛像“开光仪式”等近10起涉宗教的突发性事件和防范渗透等工作。指导贺州市佛教协会继续做好富川县城北镇“金山禅寺”申报佛教活动场所和贺州市“大钟寺”恢复重建申报审批等有关工作，及时向自治区宗教事务局申报并做好跟踪落实。2016年，市民宗委加大宗教人士的培养和队伍建设力度，以市、县、乡换届为契机，推动做好宗教界人士的政治安排，多名宗教界人士进入市、县两级政协担任政协委员。做好“宗教政策法规学习月”、“民族团结进步创建活动进宗教场所”、“宗教慈善周”、以“规范”为主题的创建和谐寺观教堂活动等重点工作。在“宗教慈善周”期间，发动市佛教协会、各宗教活动场所以及社会爱心人士为贫困学生、孤寡老人和贫困信众捐助学习用品、生活用品和慰问金合约2万元；为市佛教协会、部分宗教活动场所争取建设、办公资金约14万元。

【少数民族语言文字运用工作】

推广壮汉双语宣传 2016年，民宗委利用贺州电视台、《贺州日报》、自治区民语委门户网站以及《广西民族报》《三月三》杂志等媒体，大力宣传少数民族语言文字工作相关政策法规，进一步增强广大干部群众对少数民族语言使用、传承和保护的重要性的认识。开展推广少数民族语言和壮文活动，通过拉挂壮汉文横幅(竖幅)宣传标语等，提高壮文在贺州市的使用率和知晓度。

壮汉文翻译工作 协调自治区民语委做好牌匾、印章壮汉文翻译工作，确保壮文在贺州市的有效使用。以平桂区成立为契机，推行壮汉文牌匾、印章使用，为该区160多个单位做牌匾、印章壮汉文翻译工作。2016年11月初，由市政府办公室牵头组织开展全市牌匾、印章壮汉文使用情况专项督查，规范全市牌匾、印章壮汉文使用。

民族语言电影放映工作 2016年，协调各县(区)民宗局、文体广局、电影公司开展民族语言电影下乡惠民工程。2016年，贺州市先后在聚居壮族、瑶族人口达1000人以上的村(屯)放映壮语电影《天琴》和瑶语电影《举起手来》57场次，深受壮瑶同胞好评，观看群众达2万余人。开展民族语文调研工作深入全市各县(区)少数民族聚居区开展少数民族语言文字调研工作；并以2016年瑶族“盘王节”为契机，做好瑶族语言应用和推广、瑶族文化展示和传播工作。完成并发表《步头镇脱贫致富的新思路》《走在中国特色社会主义康庄大道上》征文，完成并提交自治区民语委布置的《贺州民族语文立法的应用和思考》课题研究荣获三等奖；撰写《探析贺州瑶族语言的现状和传承与保护》课题研究论文在《广西民族报》上发表。 (民委)

信 访

【信访机构及工作概况】 贺州市信访局是市委、市人民政府负责信访工作的职能机构，内设综合科、办信科、接访科、督查科和市长公开电话受理中心5个职能科室，市人民群众来访接待中心为信访局下属科级事业单位，市信访联席办作为常设机构设在市信访局。贺州市信访局人员编制15名，其中行政编制10名，后勤事业编制1名，事业单位事业编制4名，实有干部职工14人，其中：局长1名，副局长2名，副调研员2名。

2016年市、县（区）两级信访部门信访总量6124件（人次），同比下降0.75%。其中：来信来邮589件，同比上升3.51%；来电来访1613批5535人次，同比批数上升7.03%，人数下降1.18%；集体访242批3574人次，同比批数下降15.68%，人数上升5.93%。市本级信访总量3076件（人次），同比下降7.46%。其中：来信来邮479件，同比下降10.13%；来访456批2285人次，同比批数下降26.45%，人数下降13.45%；集体访101批1610人次，同比批数下降24.63%，人数下降4.79%；来电312个，来邮88件。

【信访制度建设】 2016年，市信访局与市“两学一做”学习教育协调小组联合下发《关于结合“两学一做”学习教育开展领导包案信访积案化解专项活动的通知》，建立党政领导包案责任体系，明确包案化解信访积案的党政领导、责任单位、责任人；市信访联席办联合市人大办、市政协办下发《贺州市开展人大代表、政协委员参与信访活动工作方案》，邀请人大代表、政协委员作为第三方代表参与信访问题化解，促进信访问题解决；与市法学会、市司法局、市律师协会联合下发《关于进一步深化律师和法学法律工作者参与信访代理工作的通知》，明确律师和法学法律工作者参与信访代理工作的任务和原则，规范律师和法学法律工作者参与信访代理工作的机构和运行模式，推进律师代理信访工作。

【领导干部接访下访活动】 制订《2016年贺州市委、市人民政府领导信访接待日安排表》并在媒体上进行公示。同时，对县（区）和市直有关部门的领导干部接访下访工作作出专门部署。各地各部门把领导干部接访下访作为强化领导责任、转变干部作风、解决突出问题、服务人民群众的重要任务，实行定期、定点、约访和带案下访的方式相结合，落实领导干部约访、接访和带案下访工作。1—12月，市委、市政府领导接待来访群众共23批80人次，立案交办23件，到期办结23件，到期办结率100%。

【信访事项解决】 2016年，市信访局以“抓源头、常预防”为工作重点，开展矛盾纠纷的排查和化解工作。对排查出来的热点、难点等突出问题，实行“统一受理，集中梳理”，坚持依法、及时、就地解决问题与疏导教育相结合，落实包案领导、涉案单位、责任人、拟办结时间，确保信访事项“案结事了”。2016年，共排查出企业改制、涉军群体、危房改造、山林纠纷、“三线”人员要求养老保险等各类矛盾纠纷案件138件。

2016年，信访局对全市排查出来的133件信访积案进行集中攻坚、重点化解，市委、政府领导每人包案化解1件信访积案。133件信访积案已全部化解。2016年，贺州市信访积案化解工作先后2次在自治区级会议作典型发言，8月16日，陈远明常委代表贺州市作典型发言。（信访局）

调处工作

【调处机构及工作概况】 贺州市人民政府调解处理土地山林水利纠纷办公室（简称“贺州市调处办”）成立于2004年1月，原称“贺州市调解处理土地山林水利纠纷领导小组办公室”，2006年12月更为现用名称，为市人民政府办公室挂牌机构，内设综合科；人员编制为行政编制3名，后勤控制数1名，现有在职在编人员4名。主要职责是负责全市调解处理土地山林水利纠纷管理工作，办理市人民政府和市人民政府办公室领导交办的其他事项。

2016年，贺州市各级调处部门共调处“三大纠纷”案件102起，调结95起，调结率93%，其中：土地纠纷31起，调结29起；山林纠纷68起，调结63起；水利纠纷3起，调结3起；积案纠纷10起，调结10起；“三跨”纠纷7起，调结5起。没有因“三大纠纷”矛盾化解不力而引发集体进京赴邕上访事件，没有因“三大纠纷”调处不当而引发在全国造成恶劣影响的重大群体性事件。

【纠纷调处】 2016年，调处部门先后调处贺州市园博园项目征地引发的“六份山场”林地权属纠纷案件、八步扶隆工业区项目征地引发的跨省土地、水库纠纷案件、平桂扶贫移民生态新城项目建设涉及的山林土地系列纠纷案件以及永贺高速公路、华能风电、中国风电、中核风电、永贺高速、华润工业园、稀土拯救性开发等工程和项目在施工过程中引发的“三大纠纷”问题等。

2016年，市调处办制订《贺州市集

2016年11月24日，贺州—永州接边地区“三大纠纷”联席联调工作会议在永州市召开，双方签订《永州—贺州接边地区“三大纠纷”联席联调工作机制协定书》

中化解跨县“三大纠纷”重点积案实施方案》,对自治区文件中涉及贺州市的“三跨”案件,进一步明确牵头单位、包案领导、责任单位、责任人及时间节点。2016年,跨省跨市“三大纠纷”重点积案已调结的2起,达成调解意向的3起,完成实地调查的2起;跨县“三大纠纷”重点积案已调结的3起,达成调解意向的2起,完成实地调查的3起。

2016年,贺州市调处部门先后与梧州市、湖南永州市达成《接边地区“三大纠纷”联席联调工作机制》,分别确立工作例会、矛盾纠纷排查、部门协调配合、矛盾纠纷调处化解和经验交流学习等工作制度。同时,县区间的“跨界”纠纷双边联席联调制度也在不断健全,八步区、平桂区、富川县分别与湖南江华县签订《关于建立湘桂省际边界土地、山林、水利纠纷联防联调机制协定书》;平桂区与八步区、富川县、昭平县、钟山县签订《边界土地、山林、水利纠纷联防、联调、联处协议书》,强化了县区间的经验交流学习、边界纠纷联合排查、跨县区部门协调配合等工作。

2016年,贺州市各级调处部门先后深入5个县(区)、30余个乡镇、40多个村寨,进行了深入细致的调查研究。把调查研究工作与调解工作相结合,深入分析,多方研究解决办法。2016年,全市各级调处部门妥善解决群众反映的合理诉求100多件,如昭平县办结五将镇良风村桥头小组与北陀镇风清村山塘小组山林纠纷引发的重复访事件,维持该县人民政府1985年和1987年作出的裁决,颁发新的《林权证》,结束困扰该县几十年的重复访事件。

【队伍建设】 2016年,贺州市调处部门先后选派16名调处干部参加自治区在南宁、桂林举办的土地山林纠纷调处业务培训班。年内,市调处、国土、林业部门联合举办2016年“三大纠纷”重点积案化解工作培训班,邀请法院、法制、调处系统的专家授课,市、县(区)调处、国土、林业部门调处干部以及跨省跨市跨县“三大纠纷”重点积案所在乡镇、部分“三大纠纷”多发乡镇的分管领导共80多人参加了培训。贺州市选送7篇调处经验做法的文章被刊登在自治区《“三大纠纷”调处工作简报》,与各市进行交流。选报3名同志入选全区“三大纠纷”会审专家库,上报典型案例5个。 (调处办)

应急工作

【值班和信息报告】 2016年,应急办严格执行值班工作制度,结合实际开展贺州市应急值守视频点名工作,年内共召开16次视频点名会议,得到上级部门的肯定和推广。2016年,总值班室共接受各类信息598条,上报自治区信息75条,给领导发送值班信息212条,接听、协调各级领导和人民群众各类问题来电400多个。

【应急预案修编和演练】 2016年,市本级修订专项应急预案3个,部门应急预案5个,全市共有各类应急预案20800多个。全年共组织开展各级各类应急演练1700多次,参演人数达79800多人,自筹演练经费100多万元。

【应急救援队伍】 2016年,贺州市印发《贺州市应急志愿者队伍建设方案》,明确了建设主体、时间和有关保障措施。2016年,建成地震应急志愿者、贺州学院应急志愿者、红十字会应急志愿者等多支队伍,在科普宣教、突发事件处置、心理辅导、救灾救助等方面发挥积极的作用。

【预警系统】 2016年,应急办依托综合治理信息系统,在各县(区),市、县两级应急委成员单位和部分乡镇(街道)中推广应用“应急子系统”,2016年已开通账号150多个,覆盖市、县、乡三级。各级各部门加强突发事件信息监测网络建设,推进基层监测员、信息员、协管员、专管员建设,将预防和预警网络推进到村、社区;发挥贺州市突发事件预警信息发布系统的作用,向决策人员和社会公众发送手机预警信息,进一步提高贺州市突发事件信息监测和预警信息发布能力。

【应急平台建设】 2016年,贺州市本级全年共拨付应急经费399万元。针对应急处置过程中存在的通信保障不畅的问题,采购10部海事卫星电话,专门用于处置突发事件时市领导和专项指挥机构的通信联络。同时,结合贺州市应急指挥平台系统建设实际,进一步完善《贺州市政府应急平台建设方案》,将贺州市政府应急平台项目纳入财政预算。

【应急宣传和培训】 2016年,应急办通过开展专题宣传、媒体宣传、网络宣传等形式多样的科普宣教活动,提高社会公众维护公共安全意识和应急避险能力。继续在市、县党校、行政学院(学校)各主体班、专题班开设应急管理课程,继续发挥应急管理培训基地的主战场作用,全年培训人员达3400余人。2016年11月6日,组织市应急委成员

应急子系统培训班

单位领导、各县区应急办主任、乡镇领导共60人在暨南大学应急管理学院开展了贺州市2016年应急管理专题培训班。

【应急处置】 2016年，贺州市辖区范围内共发生各类灾害事件6067起，事件数量同比下降1.48%；因灾死亡84人，同比下降65%；受伤711人，同比下降26.55%；直接经济损失19222.52万元，同比上升6.45%。2016年7月31日梧州市苍梧县发生5.4级地震，贺州市有强烈震感，地震造成贺州市2区9乡镇（街道）受灾，造成直接经济损失为4933.67万元。地震发生后，贺州市长李宏庆在震后12分钟赶到市地震局了解情况，决定立即启动地震应急Ⅲ级响应，市委常委、副市长廖和明迅速组织市抗震救灾指挥部成员单位召开贺州市“7·31”地震应急指挥会议，部署抗震救灾工作。市领导多次到震情、灾情最严重的八步区仁义镇、平桂区黄田镇、沙田镇，了解灾情和慰问受灾群众，现场指挥抗震救灾工作。指挥部各成员单位对照本部门在抗震救灾中的职责主动开展应急抢险救援、应急值守、应急评估、处置次生地质灾害、排查加固教育设施、水库安全巡查、道路清障、舆论引导、救灾物资发放、生活必需品储备调运准备、通信设施应急维修和保通、受灾群众安置、灾情调查、统计和报送等工作。由于采取措施得当，没有出现人员伤亡、没有出现踩踏事故，没有出现次生灾害，确保了社会稳定和人心安定，得到了上级部门的充分肯定。

（应急办）

机关事务管理

【机关事务机构及工作概况】 贺州市机关事务管理局（同时挂市直属机关服务中心牌子）属于市人民政府挂牌机构，参照公务员法管理的正处级事业单位。内设办公室、房管科、行政科、财务科、保卫科、公共机构节能管理科、会务科、公车管理科、监察室等9个科（室）。局领导班子成员4人；全局在编干部职工36人。2016年，贺州市机关事务管理局在推进机关事务工作和公共机构节能工作表现突出，荣获自治区机关事务管理局给予的表扬奖励；机关食堂获“2016年度全民健康生活方式行动健康食堂”称号；党支部获“2015年度先进基层党组织”称号；局机关获贺州市市直机关纪念建党95周年暨第二届市直机关全民健身运动会“优秀组织奖”称号。

【公共机构节能管理工作】 2016年，全市公共机构节能工作成效显著，各项能耗指标明显下降，行政运行成本得到有效控制，实现人均综合能耗下降8.23%，人均水耗下降2.77%，单位建筑面积能耗下降1.96%的目标，圆满完成自治区下达给贺州市的各项指标任务。一是围绕目标抓落实，节能指标稳步下降。2016年先后多次召开会议部署工作任务，与各级公共机构签订节能工作承诺书，加强组织领导，建立绩效考评制度，强化监督指导，全面落实经费保障。二是全面推广节能新产品，节能改造突显成效。扎实开展节能改造，在完成市、县（区）级公共机构节能改造的基础上，重点抓好各二层机构、教育和卫计系统的节能产品推广工作。2016年，共向全市各级公共机构推广高效节能灯1.2万只（其中推广LED绿色节能照明0.8万余只）。同时，在加强节能管理工作的基础上，有计划地开展机关办公建筑节能评估和诊断，加强节能技改和节能产品的推广应用。三是积极开展示范创建，发挥示范引领作用。通过实施即落实主体责任、落实专人指导、落实创建经费、落实督促指导“四落实”，有力推进“两个创建”活动顺利开展。创建第三批自治区级节约型公共机构示范单位的市检察院、贺州高级中学，创建第三批节水型单位的市质监局、市工商局、市国土局，均按照创建评价标准开展创建工作。同时，按照自治区节水型单位创建标准，在全面实施市级层面创建工作的基础上，将示范创建工作拓展到县（区）。29家县（区）直节水型创建单位均达到了自治区级要求，平均每个县（区）创建达5家以上。四是突出抓好计量监测，夯实节能工作基础。各级公共机构做好能源分户、分项计量以及计量器具配备等基础性工作，在原有市级公共机构能耗监测平台的基础上，市人民检察院、贺州高级中学、平桂区城投大厦等单位共投入20万元建设了5个公共机构能耗监测项目，实现市级能耗监测平台对县（区）能耗的实时监设。五是扎实推进资源综合利用，回收工作有效开展。经认真筛选，重新明确2家有资质的废旧商品回收企业对市直单位进行定点废旧商品回收。同时，要求各单位统一制作分类标识牌，对办公废旧商品进行分类储放，形成规范高效的废旧物资回收利用工作机制。六是拓宽学习培训渠道，能力素质不断提高。积极采取“请进来、走出去”的方式，公共机构节能培训做到全覆盖。2016年全市各级公共机构举办各类节能培训班（会）8次，参加人员达500人（次），节能管理人员和统计人员的能力水平得到提高。七是多措并举务实创新，节能工作亮点纷呈。建设

2016年4月26日，贺州市召开2016年机关事务管理暨公共机构节能工作会议

配套设施,推广新能源汽车。协调市工信、发改、交通等职能部门加大新能源汽车推广使用力度,鼓励社会资本进入公共机构新能源汽车充电设施建设领域。与柳州特来电新能源有限公司合作,分别在市政府大院、八步区、平桂区和昭平县新建能源汽车充电桩8个,为贺州市加快推进新能源汽车推广应用做好充分准备。同时,与广东加龙新能源汽车有限公司合作,在全市推广租赁两辆新能源中巴车可供各公共机构和干部职工个人租赁使用。

【办公用房统一管理】 2016年,贺州市扎实有序地开展党政机关办公用房统一管理工作,12月底前全面完成市直机关办公用房实地测量核算和清退整改工作。2016年,出台了《贺州市市直机关办公用房统一管理实施办法》,为有效开展办公用房统一管理提供了制度保障。2016年,共对28个市直单位办公用房进行了调剂,调剂面积合计3470平方米,全市机关办公用房得到了有效管理和合理使用。2016年,完成租用办公用房东园小区三楼办公室装饰装修工程,及时做好市委市政府机关大院办公用房水电及设施设备的维修维护工作,办公用房维修改造工作得到有序推进。

【机关后勤服务管理】 2016年,贺州市机关事务管理局围绕市委市政府中心工作,以"精细管理、精准服务"为工作主线,较好地为市直机关政务服务和干部职工的工作生活提供了后勤服务保障。一是推进干部作风效能建设。认真开展"两学一做"学习教育,主动做好"绿洲家园"团购房相关服务,扎实推进星光危旧房改造项目;积极开展扶贫挂点村的帮扶工作,从人力、物力、财力上给予支持,充分发挥了后盾单位作用。二是公务用车管理有效推进。按照市公务用车制度改革领导小组的要求,积极稳妥地筹建市直机关公务用车平台,推进市直属机关公务用车综合服务中心成立筹备各项工作。公务用车综合服务中心于2016年4月1日试运行以来,集中管理车辆58辆,49名司乘人员已全部到位。安装了公车智能管理"车务通"系统,科学有效地对公务用车进行实时监管。2016年共派出公务用车2090多辆(次),较好地保障了市领导以及市直机关应急和机要通信公务用车需求。三是顺应新形式,创新新举措,进一步提高后勤保障水平。通过扎实抓好基础设施建设、水电维修;机关大院安保管理和谐有序,确保了机关大院良好的治安秩序;积极开展无烟单位创建活动,推行供应"小份菜",更好地解决下班迟的干部职工就餐问题;配合四大办、市直单位较好地做好各类会议服务;认真为市直16个单位做好财务代管服务工作等各项工作,确保机关后勤服务精细化管理,得到市委市政府及各部门的一致好评。

【机关大院基础设施管理】 2016年,机关事务局扎实开展国有资产、公共物业的管理及维修维护工作,落实资金做好基础设施建设和设施设备的维修保养工作,确保市委市政府机关大院各项公共设施正常运转。一是完成日常零星维修771次,完成对政府大院围栏、不锈钢门、路灯、挡雨棚及贺州广场公共设施维修维护18次,按时保质完成了领导周转房、办公室、会议室等的改造及设施购置;二是完成市委市政府办公大楼电梯加装工程建设;三是完成市委市政府办公大楼卫生间改造和宿舍区供水管网改造项目,抓好市委市政府大院后1000余平方米硬地绿化工程,进一步美化绿化机关庭院。

【安全保卫】 2016年,机关大院安保管理和谐有序。一是进一步规范保卫业务办理流程,增设安保值勤设备,有效提升安全防控能力;二是对市委市政府机关大院办公区和宿舍区停放多年的废弃车和废旧物品进行清理整顿,有效提升机关大院的文明程度;三是创新车辆停放管理,规范传媒中心地下车库管理,有效缓解了车辆停放的压力;四是积极开展消防演练,抓好消防安全检查,实现办公消防通道清理常态化;五是做好信访疏导工作,扎实做好重要时期和重点时段的安保工作,确保了机关大院良好的治安秩序。年内,有效协助疏导上访人员4296人次,其中群访超过10人的有42批次,1267人次,没有发生任何因接访处理不当造成的不良影响。

【会务管理】 2016年,机关事务局加强会务员的管理和培训,邀请专家举办培训班开展会议服务、礼仪培训工作,打造会务服务品牌,以优质的服务、高效的保障、良好的形象,不断提升会务服务的品质要求,全面提升会务服务水平;认真抓好会议服务和设施设备的检修和更新,保障了各类会议的正常召开;积极配合四大办、市直单位做好各类会议服务1239场(次),顺利完成各项会务服务工作,特别是保障好市本级、八步区、平桂区两会会议的正常召开,得到各级领导的认可。

【机关食堂运营管理】 一是建立了食堂骨干队伍,通过制订《食堂各项岗位职责管理制度》、食堂培训制度和工作制度,明确岗位职责及奖惩办法,加强食品卫生安全培训和服务礼仪培训,不定期召开例会,找问题、想办法,努力提高服务水平和饭菜质量;二是加强食品安全卫生管理和日常监督检查,严格执行食品留样制度、"五病"调离制度、定期体检制度,保障从业人员健康符合要求。经市食品药品监管局检测,机关食堂各项卫生指标均达合格标准;三是调整供餐模式,推行供应"小份菜"。降低价格,减少分量,让干部职工在不增加消费的基础上,可更多样化选择菜品。更好地解决下班迟的干部职工就餐问题;四是较好地完成二楼餐厅领导餐饮服务任务,承担市委市政府接待工作91次;五是联合平桂区机关事务管理局参加第二届全区机关事务管理系统食堂饮食文化交流日活动,积极组织参加"2016年贺州市特色长寿美食、特色旅游商品"评选活动,参赛作品"长寿四喜酿"获"2016年贺州市十大金牌长寿名菜"称号。(机关事务管理局)

政务服务监督管理

【政务服务机构及工作概括】 2015年,根据《关于设立贺州市政务服务监督管理办公室有关机构编制事项的通知》,在贺州市政务服务管理办公室(贺州市招标投标管理局)基础上组建贺州市政务服务监督管理办公室(简称市政管办),不再保留市政务服务管理办公室、市招标投标管理局。

2016年,市本级政务服务中心共受理行政审批事项104832件,平均日结率91.7%,办理提速96.6%,承诺件平均办结时间0.34个工作日,满意率100%。全市进入公共资源交易统一平台项目2179项,其中:政府采购招投标项目(含医疗器械采购)1345项、金额45.53亿元,实际成交金额45.22亿元,节约财政资金0.31亿元,资金节约率为0.69%;建设工程类523项、金额83.49亿元,实际成交金额81.94亿元,节约资金1.55亿元,资金节约率为1.86%;完成国有土地使用权交易47宗,评估价8.48亿元,成交金额8.6亿元,溢价金额0.12亿元,溢价率16.61%;政府和社会资本合作(PPP)3项,项目总投资额2.34亿元,其中政府投资额0.1亿元,企业投资额2.24亿元。

【行政审批】 2016年,市政管办积极推进行政审批事项"接、放、管、服",主要做好"管"和"服"的工作。调整市政务服务中心进驻单位,设立独立窗口单位25个,综合窗口单位16个,保留市公安、交警、人社、住房公积金、房产交易等4个分中心。全面梳理政务事项,实行动态管理,编制了《贺州市政务服务中心进驻单位及政务服务事项目录》,梳理保留市本级行政审批事项252项,公共服务事项120项,并在政府门户网站进行公开。全面取消非行政许可审批,承接新下放行政许可7项,取消17项,根据自治区法律法规修订新增1项。完成了行政许可事项在政务服务通用软件V3.0系统审批目录库的全面转换,项目要素完整率达100%。政务服务中心窗口实现即办件马上办结,承诺件在法定时限基础上压缩50%以上,有的达到75%以上。深化商事制度改革,全面实施"一照一码",发出新设立企业、农合社"一照一码"营业执照3312张,"六证合一"营业执照870张。实施不动产登记改革。整合不动产登记职责,设立不动产登记服务中心,进驻市政务服务中心,自3月7日至12月底,办理不动产登记业务7895宗。

2016年,市政管办以国家"多规合一"改革试点为契机,在建成建设项目联合审批信息管理平台和"多规合一"业务协同平台的基础上,实施"一个平台"管项目审批改革。由市政管办组织协调,市发展改革委牵头,市国土、环保、规划、住建、交通运输、水利等相关部门协同配合,按照"一个平台"和"六个一"改革思路,制订"十项"配套制度,根据《贺州市一个平台管项目审批改革实施方案(试行)》推进项目审批改革。依托市政务服务中心,建立和实施"一个平台、一个队伍、一张表格、一个联席会议"的"四个一"项目审批机制。审批部门选派审批业务骨干,组建项目审批专责队伍,进驻政务服务中心集中办公。部门法定代表人全面授权,启用"行政审批专用章",由分管领导直接负责现场审批,真正做到"一厅受理,一表审批,一站办结"。据统计,2016年,建设项目联合审批信息管理平台共受理申请2248件,办结1917件,按时办结率100%,提前办结率达到83.5%。

【政务公开】 2016年,市政管办继续深化政务公开和政府信息公开,促进行政权力公开透明运行。推进行政决策公开、执行公开、监管信息公开、服务公开、结果公开,让群众看得到、听得懂、能监督。与人民群众生产生活和经济社会活动密切相关的重要政策向群众和社会公开;全市所有部门财政资金预决算及"三公"经费、财政预算等执行情况全面向群众和社会公开,38个有行政许可的政府部门权责清单、重大建设项目、社会公益事业发展向群众和社会公开;市场监管信息、减税降费和国有企业运营监管信息、棚户区改造、农村危旧房改造和保障性住房信息、环境保护等相关信息无条件公开;"十三五"规划纲要、重点项目建设、各级政务服务中心的政务服务事项目录,办理情况、办理结果公开。2016年,市政管办通过召开全市政务公开政府信息公开业务培训会、优化服务工作会议和绩效考评工作培训会,深入各级各部门指导和检查,以队伍素质提升推动全市两公开工作上新台阶。全市除依法应当保密的外,都通过统一平台和政府门户网站全面公开。更新和累计发布政府信息达84105条。

【公共资源交易监督管理】 2016年,市政管办深入推进公共资源交易一体化管理改革。加强资源整合,规范平台建设,强化监督管理。制订《贺州市整合建立统一的公共资源交易平台实施方案》,出台《贺州市公共资源进场交易事项目录》,进一步整合专家资源,加强专家管理。监管方式、交易平台、信息系统和交易规则实现了有机统一,形成公开透明、服务高效、监督规范的公共资源交易平台体系。

【政务建设】 2016年,市政管办全力提升政务服务信息化水平。为全市61个乡镇(街道)、755个村(社区)全部开通使用了基层信息化应用平台。全市通过基层信息化应用平台办理行政许可和公共服务事项共计104555件,审批项申请43735件,承诺件办结率99.54%。开展全市电子政务信息系统建设情况调查,梳理全市各部门政务信息资源共享目录和网上办理事项目录,组织开展网上办事和共享目录编制工作。市本级19个部门梳理、编制共享信息49条,35个具有行政审批事项部门梳理、编制网上办理事项子项共279项,推动"互联网+政务"工作创新,加快推进"网上政府"建设工作。

2016年,市委、市政府高度重视政务服务阳光透明运行和队伍建设。2016年,经市委书记办公会、市政府常务会议专题研究同意,政务服务统一着装亮身份提服务,对市本级政务服务中心、人社、住房公积金管理、房产交易等各分中心窗口工作人员着装进行统一制作。实行"四亮"透明管理,即服装"亮单位、亮姓名、亮职务、亮监督电话",统一服装在前胸明显位置绣上工作人员的单位、姓名、职务和监督电话,党员佩戴党徽,贯彻落实"首问负责制度",提高服务质量,自觉接受群众和社会监督,受到了社会各界的好评和认可。

(政管办)

公共资源交易

【概况】 贺州市公共资源交易中心属

2016年11月15日，贺州市公共资源交易中心领导班子成员到平桂区采购办进行调研

于贺州市人民政府直属的全额拨款事业单位，独立核算，收支两线，由贺州市政务服务监督管理办公室代管，主要工作职责负责全市公共资源交易活动提供场地、信息、政策、咨询等服务，负责组织承办市本级及其所辖三县二区的政府采购事务，负责市本级及八步区、平桂区工程建设项目招投标、国有土地使用权和矿业权出让、国有产权交易、医疗器械及药品集中采购、公共资源（资产）经营权和公共产品（服务）经营权出让等公共资源交易的操作。目前租用贺州市城投集团四楼和五楼作为办公场地，内设综合部、交易部、采购部、信息技术部四个部门，配有交易大厅3个、评标室4个、电子评标室2个，总面积达1500平方米。

【公共资源交易】 2016年，贺州市进入公共资源交易统一平台项目2214项，交易额347.37亿元。其中：工程建设项目523项，交易金额81.95亿元；政府采购项目1380项，交易金额251.95亿元（其中政府购买服务单一来源采购40项，交易金额241.88亿）；土地使用权和矿业权出让项目47项，交易金额8.61亿元，增值资金1261万元，增值率1.44%；投资人或PPP项目3项，交易金额2.34亿元；其他公共资源交易项目261项，交易金额2.53亿元。

【公共资源交易信息】 2016年9月，贺州市公共资源交易中心积极推进“互联网＋公共资源交易”工作，努力探索建立具有贺州特色的信息化电子交易平台体系建设。建立公共资源交易网上报名＋微信报名系统并投入运行，从而大大节省时间、降低行政成本、提高工作效率，为服务对象提供方便快捷的服务。 （公共资源交易中心）

【建筑业招投标基本情况】 2016年，贺州市住房和城乡建设局招标办正式受理责任范围内的房屋和市政工程各类型招标项目申请177项（其中：施工类招标87项、监理类招标47项、勘察类招标17项、设计类招标26项），施工类招标建安工程总投资约70亿元。

【招投标工作有序开展】 2016年，住建局根据《关于开展2016年上半年全区建筑市场暨建筑工程质量安全层级监督检查的通知》要求，配合自治区住建厅对市辖富川县、钟山县、平桂区的房建市政项目招投标情况进行检查，共检查了6个项目，招标办下发了3份《建设工程招投标代理行为整改建议书》，责令县区相关单位限期完成整改；根据《关于开展2016年全区建设工程招投标代理行为及工作质量专项检查的通知》要求，配合自治区住建厅对贺州市市本级的房建市政项目招投标情况进行检查，共检查了7个项目，招标办按自治区住建厅的《整改建议书》要求，下发了14份《建设工程招投标代理行为整改通知书》，责令相关单位限期完成整改；根据《关于开展2016年下半年全区建筑市场暨建筑工程质量安全层级监督检查的通知》要求，配合自治区住建厅对贺州市市本级和八步区的房建市政项目招投标情况进行检查，共检查了4个项目，招标办按自治区住建厅的《整改建议书》要求，下发了8份《建设工程招投标代理行为整改通知书》，责令相关单位限期完成整改。2016年，在开展贺州市每季度的建筑市场和建筑工程质量安全层级监督检查中，招标办一共检查了三县两区的公开招标项目10个，发出《建设工程招投标代理行为整改建议书》8份，要求项目所在地建设行政主管部门对存在问题的建设单位与招标代理机构下发《建设工程招投标代理行为整改通知书》，责令相关单位限期按时完成整改。

【开展处理投诉案件工作】 2016年，在住建局负责监管的房屋和市政工程177个各类型招投标项目中，有广西贺州桂东农商汇项目（一期）（设计施工总承包）、贺州市委党校新校园搬迁建设项目（EPC总承包）2个项目发生投诉。招标办积极配合住建局有关科室执法人员开展调查、核实，依法作出处理决定。因广西贺州桂东农商汇项目（一期）（设计施工总承包）项目的投诉人不服住建局的处理决定，向自治区住建厅申请行政复议，经自治区住建厅审查，维持住建局作出的决定。

【为项目提供招投标咨询服务】 园博园和棚户区改造等项目是2016年贺州市重点推进的建设项目，住建局招投标监管部门把工作前置，及时、主动、热情地为这些项目提供招投标咨询优质服务。在办理招标申请、招标公告、招标文件、中标公示等备案时，给予优先办理，很好地配合了项目的推进。

【积极推进招投标电子化工作】 2016年7月下旬，安排人员参加市公共资源交易中心和市政务监督管理办公室组织的外出考察学习，到北海市和南宁市了解当地开展电子招投标的情况，学习地电子招标投标监管的先进经验，为下阶段贺州市正式开展电子化招投标工作打好基础。之后，招标办及时与市公共资源交易中心和市政管办做好对接，相互配合，年内基本完成电子招投标系统软硬件升级和相关人员业务培训筹备工作。（住建局）

经济发展研究

【经济发展研究机构及工作概况】 贺州市人民政府发展研究中心是贺州市人民政府直属正处级事业单位，参照公务员法管理，负责综合性政策研究和决策咨询工作。共有编制9名。内设综合科、经济研究科和社会发展研究科3个科室。

【决策咨询服务】 2016年，贺州市人民政府发展研究中心先后撰写完成《破解征地拆迁难题的调研报告》《以"供给侧改革"引领贺州"两个千亿元产业"发展升级版调研报告》《贺州市"金融+"精准扶贫模式研究与探索》《加快贺州市农村土地信托流转的建议》《贺州市实施〈广西电力体制改革综合试点实施方案〉建议》《贺州市生态保护与产业融合发展情况调查报告》等8篇调研报告，供市领导决策参考，发挥了决策参谋作用。

【重大课题研究】 2016年，市发展研究中心与自治区政府发展研究中心合作研究2016年自治区人民政府重点课题《广西现代特色农业（核心）示范区建设评估》，这个课题由市中心人员主笔撰写。课题一次性通过自治区级专家终期评审，顺利结项；并获得了自治区党委书记彭清华、副书记李克、自治区副主席张秀隆的批示。

【文件起草工作】 2016年，发展研究中心先后参与起草市长在全市年中工作会议、经济工作会议上的讲话，以及换届政府工作报告等重要材料。特别是换届政府工作报告，据统计修改稿数达到了40稿，得到了市领导的肯定，群众反响也很强烈。

【刊物编发工作】 2016年，发展研究中心加快推进《送阅件》这一理论平台建设，全年编辑出版并呈报市领导《送阅件》7期，为市委市政府决策提供理论和实践参考，主题内容明确、编辑流程规范，办刊水平不断提高，得到领导的肯定和批示。

（发展研究中心）

驻梧管理处

【驻梧管理处机构及工作概况】 贺州市驻梧州管理处（与中共贺州市驻梧州工作委员会一套人马两块牌子，简称"市驻梧管理处"）是代表贺州市委、市人民政府对贺州市在梧州市的单位、人员、财产进行管理和协调的副厅级机构，内设正处级机构4个，下辖直属事业单位1个；成立有中共贺州市驻梧州纪律检查工作委员会。2016年，市驻梧管理处在抓好在梧党建工作、推进大院危旧房改造、优化大院管理和后勤服务、努力服务在梧单位、精准扶贫等方面，取得了新的成效。

【党建工作】 2016年，贺州市驻梧州工作委员会以"两学一做"学习教育为契机，夯实学习教育。通过组织召开在梧基层党组织"两学一做"学习教育动员会、举办"两学一做"学习教育基层党务骨干培训班、主题党课、专题学习（党的十八届五中、六中全会精神）等形式和措施，增强党员干部的理想信念、大局意识、看齐意识、担当意识、廉政意识。2016年，驻梧管理处督促任期届满的2个党组织按期进行了换届；举办了党支书记培训班2期，共40人次参加了培训；认真抓好党员发展工作，发展新党员6名；举办了入党积极分子培训班1期，培训积极分子15人。

2016年，贺州市驻梧州工作委员会认真贯彻市委关于市第四次党代会代表选举工作的部署，完成了代表推荐提名、组织考察、人选确定等各项准备工作。于7月26日召开在梧单位党代表大会，通过差额选举，产生了9名在梧单位出席市第四次党代会代表。

【行政管理】 2016年，贺州市驻梧州工作委员会认真做好在梧单位的协管和服务工作，维护社会稳定。一是在市国资委牵头开展的边贸公司改制工作中，管理处积极发挥协管职能，认真做好协助工作，根据改制方案的安排部署，与该公司6位职工解除了劳动合同，发放了职工补偿金，同时接管了该公司资产、财务档案等，按要求完成了公司改制任务。二是协助梧州中影星河数字影城有限公司争取文化项目扶持资金，改善该公司经营硬环境，增强市场竞争力。

据统计，2016年以来共接待来访18批次人员来访，来访答复率为100%，有效防范越级上访现象发生，维护了社会安全和稳定。

【重大项目建设】 原梧州地委大院危旧房改住房改造项目正式启动于2012

驻梧工委到扶贫村开展"两学一做"专题党课暨"七一"座谈会

年，在各方的努力下，项目报建和施工准备等都取得较好进展。2016年以来，受建筑大环境及施工地质条件、地震等诸多因素影响，大院危旧房改造项目曾一度进展较缓，驻梧管理处根据“抓安全、抢进度、控成本、保质量”的总要求，加强与代建、监理、设计及建筑主管部门的对接联系，全面做好协调服务，凝心聚力，攻坚克难，有效助推大院危旧房改造建设驶入“快车道”。

【服务工作】

实施老旧设施改造，努力消除安全隐患 2016年在市委、市人民政府的支持下，驻梧管理处共筹措资金约400万元，对存在安全隐患的老旧设施如大院意园冲宿舍区主供水管、大院低压主供电线路、原经委楼和1、2、3舍之间的破损道路进行了改造，从而有效确保大院住户安全用电、优质供水和便利出行。另外，为适应社会化高效管理的需要，正在意园冲宿舍推动自来水“一户一表”工作。

加强物业管理，确保公房的保值安全 2016年，驻梧管理处经常开展安全检查。特别是7月31日梧州市苍梧县发生5.4级地震后，驻梧管理处组织了专门的安全检查，发现该次地震对英式楼造成较大影响，有的楼栋出现地基下沉、墙体开裂等现象，危及这些建筑物和相邻的危旧房改造项目建筑工地的安全。为此，驻梧管理处及时采取暂停工地施工、禁止行人靠近、进行专业整治等方式，使该安全隐患得到及时有效的控制、整治，没有造成安全事故。

有效地保障后勤服务工作 投入近万元为食堂操作间加盖星铁皮天花，更新了地面防滑垫，更换部分老化设备，进一步改善食堂的就餐和操作环境；为解决物价上涨给食堂服务工作带来的压力，对食品的采购、物品的损耗加以控制，继续保持菜色的新鲜可口和多样化，做到主配菜搭配合理，确保干部职工和大院老同志吃到价廉放心的食品。

【新农村建设】 2016年市驻梧管理处非常重视新农村工作，重点抓了以下几项工作：一是通过党组织联创共建等有效措施，切实加强村“两委”建设。二是加强村级基础设施建设。筹建的农民休闲公园主体工程已经完工、现正在进行装修收尾阶段，预计总投资超过100万元。总里程约10公里的进村道路扩宽和村道连通等建设已基本完工，总投入超过300万元。三是大力推进产业扶贫。帮助贫困户争取、落实砂糖橘种植、养牛、养鱼等产业扶持资金近10万元；落实金融扶贫贷款约18户，贷款金额近百万元。四是结对扶贫成效显著。驻梧管理处认真落实“结对扶贫”精神，全处21人结对扶贫贫困户41户，贫困人口166人。根据该村在种植砂糖橘方面有技术经验、销售渠道等优势的实际，组织贫困户开展砂糖橘种植，并协助其争取落实扶贫资金。此外，还筹资48300元，用于慰问该村贫困户、困难党员、贫困生共161人次；筹资6000元用于清洁乡村工作，支持该村办公经费5000元及复打印一体机1台。通过一年来的精准扶贫，独石村成为昭平县2016年12个首批脱贫贫困村之一。 （驻梧管理处）

平桂矿区管理处

【平桂矿区管理处机构及工作概况】 贺州市平桂矿区管理处成立于2004年6月28日，内设8个科室，下设10个管理站（所），在职在编干部职工70人，隶属贺州市人民政府直接管理参公事业单位。承担政府交办的发展公益事业、社会管理和公共服务任务，为关闭破产后的工厂矿山员工提供公共产品和公共服务。2016年，在市委市政府的正确领导下，在干部职工的共同努力下，平桂矿区管理处坚持“以管理为抓手、以服务为中心、以稳定为核心”的工作思路，认真落实各项惠民政策，为矿区群众提供社会保障、医疗保障、最低生活保障、社会救助等，扎实推进棚户区改造及保障性住房建设、矿区生活区排水排污管道建设及公厕维修等民生工程，不断完善社区综合服务，严抓矿区社会信访维稳工作，不断提高矿区群众生活水平及幸福指数。同时，积极投入到扶贫攻坚战中，为实现全面小康奉献力量。

【惠民政策】

及时落实离退休人员养老金 2016年，平桂矿区管理处及时为5706名退休人员调整了基本养老金，退休人员人均养老金上调至2410元/月，比上年增加8%；不断完善离退休人员信息数据库，为179人办理丧葬待遇，为28名退休人员办理属地管理转移，更改人员信息146人次，为异地居住的退休人员办理转邮政代发、变更账号105人次。

为矿区生活困难群众提供生活保障 2016年，平桂矿区管理处及时将低保保障标准由每人每月360元调整提高到430元，月人均补助水平由272.78元提高到333.70元，同比增长了22.33%；按时发放低保救助资金，全

2016年1月27日，平桂矿区管理处党工委书记、主任韦积雄慰问矿区困难群众

年累计为1238户低保户发放低保救助资金1133.1564万元；严抓低保救助的申请受理、停保工作，对所有低保户的救助情况进行实地走访、核查、审理，对不再符合救助条件的230户按程序办理停保手续，将58户符合救助条件的特困家庭及时纳入低保救助范围。

着力解决矿区群众看病难题 2016年，平桂矿区管理处全面做好城镇居民基本医疗保险参保工作，实现2016年城镇居民4500人100%参保；及时帮助报销各种医疗费用，为离退休人员办理住院报账774人次，报销医药费450.3万元；安排80名矽肺职业病人员前往柳州市进行为期一个月的康复性治疗；以南区管理站为试点，以贺州广济康复医院为依托，开展居家养老与医疗保健互动、心理咨询、康复治疗、精神慰藉、维权服务等为内容的养老综合服务。

为矿区特殊群体提供社会救助 2016年，平桂矿区管理处为遭受地震、水灾等各类受灾户和孤寡老人发放救灾救助衣物311件、食物16件；为34名考上大专及以上院校的低保家庭子女发放入学路费救助1.48万元；为矿区66名参战、参核部队退伍军人的失业人员、伤残退伍军人等重点优抚对象发放定期补助资金43.2078万元；在春节、“八一”建军节期间，落实慰问资金4.99万元对250名历年退休的复员退伍军人进行慰问；及时为1203名80岁以上老人申请、审核、上报生活补贴。

做好特殊群体服务工作 2016年，平桂矿区管理处做好11名帮教对象的“帮教”和信息收集，落实帮教人员53人、信息员89人，收集信息56条；抓好再就业工作，全年共发布招聘招工信息43次，张贴“招聘信息”175次（篇），帮助158名矿区人员实现就业；招聘5名“公益性岗位”人员，为13名已聘公益性岗位人员做好签订劳动合同、鉴定工作；为375名符合享受社会保险补贴条件人员落实“大龄就业困难人员灵活就业社会保险补贴”近35万元。

【改造工程】

继续抓好矿区棚户区改造和保障性住房建设工作 2016年基本建成保障住房144套，实际基本建成368套，完成率达255.56%；完成旧住宅综合整治104套；分配入住任务为266套，实际分配入住293套，完成率为110.15%。

扎实推进矿区生活区排水排污建设及公厕维修改造工作 2016年投资500万元国家资源枯竭城市扶持资金，对珊瑚、望高两个生活区3座公共厕所和排水排污管道进行维修改造和清理，切实改善矿区群众的生活环境。

着力修缮矿区老年人活动场所 2016年投资160万元，对老年大学进行整体修缮和教学设备更新，切实改善老年人的学习活动环境。

努力挽救矿区珍贵历史文物 2016年投资85万元，用于档案室修缮及专用档案密集架等档案室专用设备购置，解决百年矿区珍贵历史档案存放条件差问题；对具有反映平桂矿冶文化较高的见证价值，且在2016年被列为市级文物保护单位的，20世纪五六十年代苏联援建的房屋建筑“红楼”实施修复，有效保护了该建筑的稳固和原貌。

【社区服务】 2016年，平桂矿区管理处出版党和国家的路线、方针、政策，科学生活常识、卫生保健知识宣传板报81版（期）；开展贴近群众、形式多样、内容丰富的文化娱乐活动29次，参加的群众达3847人次，有效促进了小区精神文明建设；为居民群众开展收发信件、维修家电、代取退休金、医疗卡充值、修理水管龙头、衣服被褥缝补、法律咨询、送包裹等服务701人次；组织开展义务治安巡逻，切实维护矿区群众的安全；清理“牛皮癣”26处，整治卫生死角21处，有效整治了矿区生活环境。

【信访维稳】 2016年，平桂矿区管理处认真做好辖区内矛盾纠纷排查、化解工作；接待来信来访来电342人次、受理群众来信31件，及时对市信访局交办的1件信访件作处理汇报；领导干部带队深入基层开展走访调研，针对排查出的“企业办的中小学退休教师2013年、2014年津补贴漏调补，有可能出现越级上访”问题，主动约访了6名代表，及时做好政策解释和教育稳控工作；领导干部接访群众4次共14人，带案下访、约访接待群众8次共35人，及时释疑解惑并解决矛盾纠纷等问题，确保了矿区的平安稳定；调解居民邻里纠纷22起、成功22起，居民纠纷调解成功率达100%。矿区全年未发生越级上访和非正常上访事件。

【扶贫攻坚】 2016年，领导班子成员多次深入联系贫困村大平村指导协调解决当地群众在生产生活中遇到的困难和问题，从自身紧张的办公经费中挤出12000元给大平村村委，协调平桂区水电局投入15310元建设小型水利灌溉系统，帮助大平村解决了60亩农田的水利灌溉问题；帮扶对象中有13户贫困户达到了“八有一超”标准，顺利脱贫；在2016年“扶贫日”活动期间，发动全体干部职工参与扶贫捐赠活动，募集到捐赠款6800元，专款用于大平村村屯道路、饮水工程、教育、医疗卫生、村容村貌整治等生产生活条件的改善；积极参与2016年“小包裹·大爱制定心”精准扶贫暖心行动活动，为贫困村捐赠了价值1800元的18个扶贫爱心包裹。

【基层党建】

全面开展“两学一做”学习教育 认真“两学一做”学习教育实施方案，明确责任，紧密结合实际，聚焦问题解决，要求各党委、党支部严格按照方案要求扎实开展“两学一做”学习教育，确保了6个党委、46个党支部，共1774名党员均参与到“两学一做”学习教育中；为各基层党支部订购300多套（册）书，编印《离退休党员流动学习园地》12期共600份，组织“两学一做”学习教育知识竞赛，组织党员抄写《党章》，让党员在学习中增强党员意识；组织开展“讲政治、有信念，讲规矩、有纪律，讲道德、有品行，讲奉献、有作为”的“四讲四有”专题大讨论活动，引导党员干部争做“合格党员”。

切实加强党的组织建设 2016年，平桂矿区管理处召开党建专题会4次、座谈会2次，进一步强化党委书记是抓党建工作的“第一责任人”职责，细化党委班子成员“一岗双责”责任，形成一级抓一级、层层抓落实的格局；完成了5个管理站党委和46个党支部换届选举工作，撤销了软弱涣散的林业汽车队党委，撤销了有色冶炼总厂党委，改设党总支，进一步优化基层党组织结构；“七一”前夕，组织开展党员民主评议活动，对16个先进基层党组织、118名优秀共产党员、20名优秀党务工作者进行了表彰，激励先进、树立标杆；开展“党内关爱一日捐”活动，在职党员共计捐款11020元；“春节”“七一”期间，走访慰问建国前入党老党员、离退休人员党支部书记、困难党员210人次，发放慰问金18.6万元，及时为老党员和困难党员送去组织的关爱和温暖。

党风廉政建设 2016年，平桂矿区管理处切实履行“一岗双责”，认真贯彻落实中央八项规定和从严治党的《准则》《条例》，进一步完善落实党风廉政建设责任制，把党风廉洁建设工作任务落实到每个班子成员；与各管理站、管理所签订了党风廉政建设主体、监督责任书，加强廉洁教育；组织党员干部赴昭平县黄姚古镇红色基地接受革命传统教育，提升党性修养；党员领导干部结合党风廉政有关内容给党员上党课；邀请了市纪委第一纪检监察室主任为党员干部上党风廉政建设警示教育课，不断提高廉洁从政意识，增强了拒腐防变能力。

（平桂矿区管理处）

中国人民政治协商会议贺州市委员会

【政协机构及工作概况】 2016年贺州市有政协机构6个，市政协1个，县（区）政协5个。各级政协委员有1160人，其中自治区政协委员15人、市政协委员288人、县（区）政协委员857人。贺州市政协设常务委员会，由主席、副主席、秘书长和常务委员组成。设提案法制委员会、经济科技委员会、教卫文体委员会、文史学习委员会、农业农村委员会和外事联谊委员会等6个专门委员会，设委员联络工作办公室、研究室2个办事机构。第四届贺州市政协设主席1人，副主席8人，秘书长1人，常委会委员组成人员49人。2016年，增补委员7人，不再担任委员3人。

【贺州市政协三届六次会议】 2016年1月18日至20日，中国人民政治协商会议第三届贺州市委员会第六次会议在市传媒中心隆重召开，市政协三届六次会议应出席委员288人，实到264人。会议听取和讨论了中共贺州市委书记赵德明在开幕大会上的重要讲话；会议审议通过了陆海平主席代表常务委员会所作的工作报告和陈有辉副主席代表常务委员会所作的提案工作情况报告，审议通过了提案审查委员会关于政协三届六次会议提案审查情况的报告。会议听取并赞同李宏庆市长所作的政府工作报告，会议通报表彰了市政协三届五次会议以来的优秀提案。市政协陆海平主席在闭幕会作了讲话。

【政协第三届贺州市委员会常务委员会会议】

第二十一次常委会议 2016年1月20日上午，政协第三届贺州市委员会常务委员会召开第二十一次会议。

会议审议通过政协第三届贺州市委员会提案审查委员会关于政协三届六次会议提案审查情况的报告（草案）；审议通过政协第三届贺州市委员会第六次会议关于政协三届五次会议以来提案工作情况报告的决议（草案）；审议通过政协第三届贺州市委员会第六次会议关于常务委员会工作报告的决议（草案）；审议通过政协第三届贺州市委员会第六次会议政治决议（草案）。

第二十二次常委会议 2016年3月29日，市政协召开三届第二十二次常委会议。会议传达学习了全国政协十二届四次会议精神，审议通过了市政协常委会2016年工作要点、市政协2016年度协商工作计划和政协贺州市委员会委员履职评价办法。

第二十三次常委会议 2016年7月29日，市政协主席陆海平主持召开政协第三届贺州市委员会常务委员会第二十三次会议。会议传达学习了习近平总书记在庆祝中国共产党成立95周年大会上的重要讲话精神，会议审议通过了关于政协第四届贺州市委员会组成界别、委员名额、内设机构的方案，审议通过了关于贺州市农产品物流体系建设情况的调研报告和关于贺州市中心城区治安防控体系建设情况的调研报告，审议通过了有关人事事项。

第二十四次常委会议 2016年9月23日，市政协三届二十四次常委会议在贺州召开。会议听取黄志光副市长作提案办理工作情况的报告。会议协商决定政协第四届贺州市委员会委员名单，审议通过关于召开市政协四届一次会议的决定，审议通过市政协四届一次会议议程（草案）和日程（草案），审议通过三届市政协常委会工作报告（草案）及报告人、三届市政协常委会提案工作情况报告（草案）及报告人，审议通过市政协四届一次会议主席团、主

中国人民政治协商会议第四届贺州市委员会第一次会议

席团会议主持人、秘书长建议名单(草案),审议通过有关人事事项。会议决定,市政协四届一次会议于2016年10月24日召开。

【政协贺州市委员会第四届一次会议】2016年10月24日至27日,中国人民政治协商会议第四届贺州市委员会第一次会议在市传媒中心隆重召开。市政协四届一次会议应出席委员306人,实到289人。会议听取和讨论了中共贺州市委书记赵德明在开幕大会上的重要讲话;会议审议通过陆海平代表三届常务委员会所作的工作报告和陈有辉代表三届常务委员会所作的提案工作情况报告,审议通过了提案审查委员会关于政协四届一次会议提案审查情况的报告。会议听取并讨论市人民政府工作报告和其他有关工作报告,会议选举产生了政协第四届贺州市委员会主席、副主席、秘书长、常务委员。市政协主席陆海平在闭幕会作了讲话。

【慰问调研考察活动】

慰问活动　1月26日—31日,春节前夕,市政协领导陆海平、陈有辉、周国全、黄少雄、于枝周、宫照海、贝小燕、义芳、唐玉梅等分别赴贺州市部分乡村慰问村干代表、低保户、五保户、老党员、困难党员等,并给他们送上新春祝福和问候。

2月14日,春节后上班第一天,市政协主席陆海平来到市政协机关各委室,看望干部职工,并致以新春的祝福和问候。

3月7日,市政协副主席陈有辉深入富川瑶族自治县古城镇莫家村,深入了解该村村道建设、村级公共服务中心建设和精准扶贫等情况。

5月24日至25日,市政协副主席义芳率部分市政协委员深入富川瑶族自治县、八步区、平桂区,实地调研了解贺州市农村少数民族聚居区精准扶贫工作情况,推动市政协三届六次会议重点提案《关于加大贺州市农村少数民族聚居区精准扶贫力度的建议》的办理工作。

10月18日,市政协副主席黄少雄率队赴扶贫联系点平桂区大平瑶族乡古那村开展精准扶贫活动。

11月14日,市政协副主席黄志光到精准扶贫联系点钟山县红花镇古楼村开展调研,走访慰问贫困户。

10月20日,市政协机关举行了扶贫捐款活动,市政协主席陆海平,副主席刘雪萍、贝小燕、于枝周、唐玉梅、黄少雄、陈有辉、义芳、廖桂生、周国全、党组成员宫照海、市政协秘书长郭业山及机关干部职工参加了捐款活动。

10月29日,市政协主席陆海平在市四届政协一次会议刚结束不久就来到挂点联系的南乡镇江坪村贫困户家中走访慰问,开展扶贫调研。

调研活动　2016年3月9日—11日,自治区政协调研组到贺州就"推广非农建设占用耕地耕作层土壤剥离利用"开展专题调研。市政协副主席周国全陪同调研。

5月4日—5日,市政协副主席廖桂生率调研组到富川瑶族自治县进行生态旅游产业调研。县领导吴广辉、刘利、周海林陪同调研。

5月10日,市政协副主席唐玉梅率调研组到平桂区就大理石矿区废石废渣综合利用情况进行专题调研。

5月17日下午,市政协主席陆海平率市政协专题调研组深入贺州市城东新区部分项目建设现场,对城东新区项目建设情况开展专题调研。

5月19日,市政协调研组对贺州市城区治安防控体系建设情况开展专题调研。调研组由市政协副主席陈有辉任组长,由市政协提案法制委委员和市综治、司法、公安等人员参与。

5月25日,市政协主席、党组书记陆海平深入到八步区南乡镇、灵峰镇对脱贫攻坚工作进行调研。

6月7日,市政协副主席周国全、党组成员宫照海一行到昭平县走马镇合水屯调研扶贫产业发展情况。

6月13日,市政协副主席廖桂生率市政协调研组到昭平县,就该县开展生态旅游建设情况开展调研活动。

2016年10月14日—15日,自治区政协副主席、农工党广西区委主委彭钊率自治区政协调研组,到贺州开展"建设广西国家生态养生养老集聚区问题研究"专题调研活动。

11月19日,民盟中央宣传部部长曲伟,民盟中央宣传部秘书长江维,民盟广西区委宣传部部长李伟一行3人到贺州,就民盟中央美术院分院选址等有关工作进行调研。市政协副主席唐玉梅,市委统战部副部长陈志强,市政协教卫文体委主任任立志,民盟贺州市委员会副主委黄志文,秘书长李宁陪同调研。

视察活动　5月17日上午,市政协主席陆海平率领部分政协委员深入贺州市部分外贸外资企业及贺州海关办事机构进行视察。

5月31日,以市政协主席陆海平为团长,市委常委、统战部部长刘雪萍为副团长的住贺州市自治区政协委员、市政协主席会议成员视察团赴昭平县黄姚镇,就贯彻落实市委关于培育壮大生态健康产业四个业态、推进四个旅游小镇建设的决策部署情况进行视察。

7月11日—14日,自治区政协副主席刘君率自治区政协委员视察团到贺州市就"发展休闲生态农业旅游,推进精准扶贫"工作情况进行视察。视察团听取贺州市关于"发展休闲生态农业旅游,推进精准扶贫"工作情况汇报,并先后到富川瑶族自治县柳家乡下湾村、福利镇神仙湖国际慢城旅游区和昭平县昭平镇故乡茶园、黄姚镇罗望村黄姚花海、黄姚古镇等地进行实地视察。市委常委、副市长杨宏伟、市政协副主席黄少雄陪同视察。

7月20日,市政协副主席陈有辉率市政协委员对贺州市食品药品监管情况进行专项视察。

7月20日,市政协委员第二视察团在市政协副主席周国全的率领下,对贺州市美丽乡村建设情况进行专题视察。

11月15日下午,市政协副主席唐玉梅率考察组一行15人,到贺州学院就助推大学生就业创业工作进行考察交流。

12月8日,市政协副主席陈有辉率市政协委员视察组深入永贺高速公路(贺州段)建设现场,了解项目建设进展情况及存在的问题和困难。

12月12日,市政协党组书记、主席陆海平率领政协常委视察团就贺州市生态产业园情况开展视察活动,并召开议政性常委协商座谈会。

【提案办理】

“六个百分之百”提高办理实效——市政协三届六次会议提案交办会召开 2016年2月29日，市委、市人民政府、市政协联合召开市政协三届六次会议政协提案交办会，部署安排2016年政协提案办理工作，要求提案按照“六个百分之百”的标准办理，即提案办理走访见面率、单位主要领导审阅把关率、限时办理回复率、重点提案协商率、提案网上公布率、委员满意率均实现100%。

市政协领导对三届六次会议重点提案进行协商督办 市政协主席陆海平，副主席贝小燕、于枝周、唐玉梅、黄少雄、陈有辉、义芳、廖桂生、周国全，党组成员宫照海分别率领督办组对三届六次会议的重点提案《关于给予八步区古柏生态科技园、莲桂综合商贸产业园区建设政策扶持的建议》《关于加强风力发电场环境保护和生态恢复的建议》《关于加快城区义务教育学校项目审批与学校选址建设速度，保障适龄儿童顺利入学的建议》《关于加强旅游基础设施建设的建议》《关于尽快协调解决平桂区鹅塘镇鹅塘片等3供水工程的供水和接管问题的建议》《关于进一步解决贺州城区停车难的建议》《关于加大贺州市农村少数民族聚居区精准扶贫力度的建议》《关于贺州市温泉资源保护开发利用的建议》《关于大力发展贺州市生态农业庄园经济的建议》《关于加快龟石国家湿地公园保护性开发的建议》等进行协商督办，有力地推动了提案办理工作。

市政协四届一次会议提案正式移交办理 2016年11月7日下午，市政协举行四届第一次会议提案交办仪式，向承办单位移交市政协四届一次会议期间审查立案的提案。市政协四届一次会议期间，共征集提案90件，经提案审查委员会审查立案88件，作来信处理2件。

【书画摄影展】

贺州市书画摄影作品展在自治区政协同心会堂展出 2016年1月26日—31日，“美丽广西·人文潇贺”贺州市政协书画摄影作品展在广西政协同心会堂举行。自治区政协主席陈际瓦、副主席黄格胜等领导到会指导，贺州市领导赵德明、李宏庆、陆海平、韦丽萍、刘雪萍、唐玉梅和出席自治区政协十一届四次会议的政协委员、自治区政协机关干部职工观看了展览。在同心会堂展览厅，150多件书画摄影作品题材丰富，立意新颖，主题突出，风格多样，艺术特色鲜明。

“文化名人与民族精神”展览走进贺州 2016年6月22日上午，由北京市文物局、北京博物馆学会、中共北京市西城区委宣传部、政协贺州市委员会、中共贺州市委宣传部联合主办，宋庆龄故居、李大钊故居、鲁迅博物馆、郭沫若纪念馆、茅盾故居、老舍纪念馆、徐悲鸿纪念馆、梅兰芳纪念馆（以下简称“北京八家名人故居纪念馆”）和贺州市政协办公室、市文化新闻出版广电局、市文联承办的“文化名人与民族精神”展览走进贺州活动开幕式在贺州大会堂前举行。此次展览活动是贺州市首次与“北京八家名人故居纪念馆”联合举办的一场文化盛宴，也是“北京八家名人故居纪念馆”在广西的首次展出。

纪念孙中山先生诞辰150周年书画展在市图书馆举行 2016年11月12日上午，贺州市社会各界人士在市图书馆隆重集会，举行纪念孙中山诞辰150周年书画展开幕式。

徐悲鸿绘画精品展 2016年12月25日上午9时，徐悲鸿纪念馆、贺州市政协和贺州学院联合举办的徐悲鸿绘画精品展在贺州学院西校区逸夫楼隆重开幕。此次绘画精品展共展出65幅徐悲鸿先生高仿真画作，有油画、国画、素描等。（政协办）

纪律检查和行政监察

【概况】 2016年贺州市有纪检监察机构296个，其中市纪委、监察局1个，市直属单位、市管企业纪检监察机构60个，县级纪委、监察局5个，县直属单位、县管企业纪检监察机构169个，乡镇纪委57个，街道纪工委4个。有专职纪检监察干部622人。

贺州市纪委机关与市监察局合署办公，内设办公室、组织部、宣传部、研究法规室、党风政风监督室（市人民政府纠正行业不正之风办公室）、信访室、案件监督管理室、第一至第四纪检监察室、案件审理室（案件申诉复查工作办公室）、纪检监察干部监督室等13个机构。2016年有在职国家公务员32人、工勤人员4人。在职国家公务员中，副厅级1人、正处级3人、副处级14人、正科级10人、副科级3人，女干部5人，科员1人，35岁以下6人，大专学历1人、大学学历19人、研究生学历12人。委局领导班子成员9人，其中市纪委书记1人，市纪委副书记3人（其中1人兼任市监察局局长），市纪委常委、市监察局副局长2人，市纪委专职常委3人。

【纪检重要会议】 2月2日，中国共产党贺州市第三届纪律检查委员会第六次全体会议在贺州召开，市委书记赵德明出席会议并讲话。会议审议通过市委常委、市纪委书记黎云代表市纪委常委会所作的《聚焦党内监督 强化责任担当 持续深化党风廉政建设和反腐败斗争》工作报告。

3月17日，贺州市召开全市查处发生在群众身边的“四风”和腐败问题专项工作推进会。

3月28日，贺州市组织领导干部在贺州分会场参加国务院第四次廉政工作会议。

4月7日，贺州市委召开2015年度贺州市市管党（工）委、市直单位党组书记抓党建工作和履行党风廉政监督主体责任述职评议会议。

4月14日，自治区纪委副书记、监察厅厅长韦翼群为贺州市处级以上领导干部作学习党章党规专题辅导报告，市委书记赵德明主持报告会。

5月20日，贺州市纪委召开全市扶贫领域监督执纪问责工作座谈会，市委常委、市纪委书记黎云出席会议并作讲话。

6月28日，贺州市组织市、市直、县（区）纪检监察领导干部参加全区纪检监察干部监督工作电视电话会议。

7月19日，贺州市组织参加全区查处发生在群众身边的“四风”和腐败问题专项工作总结暨扶贫领域监督执纪问责工作动员电视电话会议。市委书记赵德明,市委常委、市纪委书记黎云在贺州分会场出席会议。

7月27日,贺州市召开全市查处发生在群众身边的"四风"和腐败问题专项工作总结暨扶贫领域监督执纪问责工作动员电视电话会议。

9月14日,中国共产党贺州市第三届纪律检查委员会第七次全体会议在贺州召开,审议通过市纪委向贺州市第四次党代会的工作报告,市委常委、市纪委书记黎云出席会议并作讲话。

9月21日,贺州市纪委召开四届一次全会,市纪委委员35人出席会议。会议选举黎云、古国章、黄伟东、廖正聪、韩必禄、毛杰、王春秀、李强、莫官伟为四届市纪委常务委员会委员,黎云当选为市纪委书记,古国章、黄伟东、廖正聪当选为市纪委副书记,提请贺州市委四届一次全会通过。

11月7日,贺州市召开巡察工作动员部署会,正式启动市委巡察工作,并组建3个巡察组,市委常委、组织部部长廖立勇主持会议,市委常委、市纪委书记黎云讲话。

11月9日,贺州市召开全市县(区)党委巡察工作会议,市委常委、组织部部长廖立勇主持会议,市委常委、市纪委书记黎云讲话。

12月22日,贺州市召开四届市委第二轮巡察工作动员部署会,总结第一轮巡察工作情况,部署第二轮巡察工作。市委常委、组织部部长、市委巡察工作领导小组副组长廖立勇主持会议,市委常委、市纪委书记、市委巡察工作领导小组组长黎云出席会议并讲话。

12月28日,贺州市纪委、市委组织部召开2016年124名新任处级领导干部集体廉政谈话会。市委常委、组织部部长廖立勇主持会议,市委常委、市纪委书记黎云出席会议并讲话。

12月29日,贺州市召开全市落实党风廉政建设"两个责任"集体约谈会。市委书记李宏庆出席会议并作讲话,市委常委、组织部部长廖立勇出席会议,市委常委、市纪委书记黎云主持会议。

【纪律检查体制改革】 2016年,市纪委制订出台了《县(区)纪委(纪工委)书记、副书记提名考察办法(试行)》等"三个提名考察办法(试行)",并在2016年县(区)领导班子换届中,认真抓好贯彻落实;制订出台《贺州市在查办党员和国家工作人员涉嫌违纪违法犯罪案件中加强协作配合的实施细则》《关于县(区)纪委向市纪委报告线索处置和纪律审查工作的意见》等制度;制订市县巡察工作方案和领导机构组建方案,成立了市县巡察办,加强对巡察工作的领导;研究制订《贺州市委巡察工作规划(2016—2020年)》等。2016年,贺州市已组织开展了两轮巡察,对5个县区和12个市直单位开展巡察工作。

【执纪监督检查】 2016年,贺州市市县两级约谈提醒落实"两个责任"不到位的党委(党组)和纪委(纪检组)主要负责人93名;全面推行"签字背书"、双述双评、述职述廉、党委常委带队调研和专项督查等工作。2016年,立案查处落实"两个责任"案件17件,其中主体责任12件,监督责任5件,给予党纪处分13人,组织处理1人,诫勉谈话3人。出具干部廉政鉴定3312份;强化正风肃纪,推动作风建设常态化,持续开展形式多样的监督检查和明察暗访,着力整治公款吃喝、公款购买土特产、滥发津补贴、违规收送礼金礼品礼券等问题。持续深入开展基层干部"走读"、领导干部玩风重、违规多占住房等专项整治活动,着力解决"懒政怠政"问题。2016年,全市查处违反中央八项规定精神问题案件41件,给予党政纪处分83人,通报曝光典型案件51批201起,其中7起被中央纪委和自治区纪委收录为典型案例。开展信访监督或函询508件次,批评教育476人次,约谈提醒317人次,诫勉谈话228人次,督促整改问题292个。巡察监督威力初步显现,全面启动并顺利开展两轮巡察工作,2016年,组织开展了两轮巡察,对5个县区和12个市直单位开展了巡察工作。并在第一轮巡察中发现问题线索169条,发挥了巡察监督利剑作用。

【违纪违法案件查办】 2016年,贺州市受理信访举报2038件,立案901件,同比增长158.2%,涉及910人,其中处级干部11人,科级干部158人,一般干部和其他人员741人;审结785件,给予党政纪处分785人,移送司法机关23人,挽回经济损失967.83万元。2016年,市纪委排查问题线索1016件,立案654件,给予党政纪处分592人,移送司法机关27人,问责处理1187人,其他处理1211人。1907名党员干部主动向组织交代问题,收缴和清退违纪款599.4万元,经核实退还群众761户、76.4万元。在开展扶贫领域监督执纪问责工作中,全市初核扶贫领域问题线索264件,立案122件,结案67件,给予党政纪处分67人,其他处理86人,移送司法机关1人。

【廉政宣传教育】 2016年,市纪委组建市县两级反腐倡廉教育巡讲团,采取"菜单式"深入全市各级各单位开展党风廉政教育活动,共开展巡讲报告100多场次,受教育人数达1万多人次。大力推进廉政文化示范点创建工作,新建党风廉政教育基地5个。2016年,市纪委强化纪检监察信息公开,编印《纪检监察简报》11期,公开纪检监察工作信息200篇(条);通过贺州清风网等媒体,发布信息4200多篇(条),召开全市党风廉政建设和反腐败工作新闻通报会2次;通报曝光典型案件51批201起,其中7起被中央纪委和自治区纪委收录为典型案例;加强舆情监测处置工作,向自治区纪委报送市内外网络舆情信息共计300多条,获采用150余条,列全区前茅。处置本市网络舆情信息60多条,编印舆情信息简报10期,获领导批示7期。

【纪检监察干部队伍建设】 2016年,市纪委加强纪检监察队伍锻炼培训,充实委局机关一线监督执纪力量,拓宽干部培养锻炼渠道,抽调市直单位纪检监察干部到市纪委轮值6批12人次,集中培训新任的纪检监察干部78名,选派65人次参加中央纪委、自治区纪委和市委组织部举办的各类业务培训班。强化自我监督,落实"严管就是厚爱""信任不能代替监督"的要求,从严监督管理纪检监察干部队伍,开展经常性的谈心谈话,认真解决自身存在的问题,防止出现"灯下黑"。2016年,全市受理涉及纪检监察干部信访举报28件、办结26件,立案8件,给予党纪处分8人。强化理论研究,围绕基层党内廉政建设宣传教育创新问题研究、践行监督执纪问责“四种形态”的建议等20个课题,组织全市各级纪检机构积极开展调查研究工作,形成一批有质量的理论文章和调研报告,进一步发挥理论指导实践、推动工作的作用。

(纪委)

民主党派和工商联

2016年11月26日,民盟贺州市委会举办学习中共十八届六中全会精神暨议案提案信息写作培训班

【中国民主同盟贺州市委员会】 中国民主同盟贺州市委员会(简称民盟贺州市委员会),2016年底共有盟员134人,其中文教科技界91人,占70%,设有市直、贺州学院、八步、钟山、平桂、昭平和中学支部,盟员本科以上学历有92人,其中研究生学历17人;正高职称2人,副高职称48人,中级职称45人。县处级以上11人,乡科级18人,自治区政协委员2人,市政协委员12人,市人大代表4人。

思想建设 2016,盟市委专门召开市委委员(扩大)会议,专题学习和研究民盟中央《关于开展坚持和发展中国特色社会主义学习实践活动的通知》和习近平总书记系列讲话精神,并组织撰写“做中国特色社会主义的亲历者、实践者、维护者和捍卫者”的学习体会,有6位盟员的学习体会受到民盟广西区委的表彰,收入民盟广西区委有关文集中。盟市委以民盟成立75周年为契机,组织征文比赛、文艺会演、书法绘画摄影展览、到黄姚参观民盟前辈在黄姚的革命历史展示等纪念活动,讴歌民盟前辈与中共“党盟合作”的光荣传统。组织了班子成员和骨干盟员赴重庆和民盟前中央主席张澜故居开展政治交流活动。通过生动活泼的现场传统教育,唤起了广大盟员的荣誉感和使命感。在2016年4月的全区盟务工作会议上,民盟贺州市委和民盟八步支部分别荣获民盟广西区委思想教育和宣传工作先进集体。

组织建设 2016,盟市委有计划地发展了6名年轻有为的优秀青年加入民盟组织。在新发展盟员中,中高级职称人才、硕士以上文化人士和中层以上领导干部所占比例有较大的提高。民盟贺州市委还积极搭建平台让盟员到乡镇基层第一线锻炼和学习。2016年,推荐了钟山县支部一位盟员到钟山镇一线挂职锻炼。同时,按照民盟广西区委、市委统战部的工作安排,共选派了盟员12人次参加了陕西省社会主义学院和贺州市社会主义学院等学习培训。民盟贺州市委会在经费有限的情况下,组织了近30名的市委委员、政协委员、人大代表和骨干盟员到桂林八路军办事处接受革命传统教育活动。通过学习,盟员在政治思想、参政议政、本职工作上得到了很大的提高,有2名盟员在2016年的县乡换届中被提拔为副处级领导。

参政议政 2016年,盟市委上交了《关于利用农业产业助推贺州市脱贫攻坚工作的几点建议》《关于贺州市义务教育阶段民办教育发展情况的调查》和《关于发展瑶族文化资源产业化的建议》《关于供电部门在公共场合对智能电表进行计电检测演示的建议》等4个集体提案和《关于进一步加强贺州市市区交通秩序管理的建议》等15个个人提案。完成了民盟广西区委合作课题《大力发展广西优势特色水果深加工产业》的调研,形成了《关于发展广西优势特色水果深加工产业的建议》的提案上交民盟广西区委。2016年完成了党委重大课题《贺州市义务教育阶段民办学校生均公用经费问题调查报告》的调研。在2016年4月的全区盟务工作会上,民盟贺州市中学支部荣获民盟广西区委参政议政先进集体称号。

社会服务 2016年,盟市委开展以智力扶贫、教师培训等为主要内容的“同心农村教育烛光行动”,中学支部的盟员深入黄姚中学、巩桥中学等学校,开展以中考为内容的研讨会等活动,帮助农村中学教师提高教育教学水平。民盟贺州市委还积极组织盟内农业技术骨干、医务人员,赴昭平木格乡盘石村开展科学养殖技术现场科技咨询指导,先后帮扶伍万伍仟元,帮助木格乡盘石村乌鸡养殖基地引进优良品种,扩大生产规模,带动周边农户入股建立专业合作社,以产业发展带动群众脱贫;为盘石村村民义诊、送药,向盘石村孤寡老人、贫困户送去食用油、米和节日慰问金。在“美丽贺州”建设工作中,民盟贺州市委在市委统战部的统一部署下,积极参加在黄姚皇竹村开展“同心”乡村建设活动。在2016年4月的全区民盟工作会议上,民盟昭平支部荣获民盟广西区委社会服务先进集体称号。

(民盟贺州市委会)

【中国民主建国会贺州市委会】 中国民主建国会简称民建。主要由经济界人士以及有关专家学者组成、具有政治联盟特点的、致力于建设中国特色社会主义事业的政党，是中国共产党领导的多党合作和政治协商制度中的参政党。

截至2016年年底，民建贺州市委会共有会员111人，其中经济界会员65人，占会员总数的62.5%，企业界会员47人，占会员总数45.2%，企业界会员中担任正、副董事长、总经理、厂长等高级管理人员37人，占企业界会员的78.7%，占会员总数的35.6%；在政府及司法机关担任县处级以上领导职务的2人。大专学历52人，本科学历26人，研究生学历8人，中高级职称以上18人。2016年共发展会员7人。

参政议政 2016年，民建贺州市委会高度重视参政议政工作，把参政议政当作履职的生命线，组织发动会员积极撰写提案、参与课题调研。

2016年，民建贺州市委会向市政协提交《关于加快大桂山水森林颐养小镇建设的建议》《大力发展休闲农业的建议》等提案13份。向自治区提交《加快富硒农业发展的建议》提案1份。同时，在2016年1月举办的三届六次政协会上，罗扬生主委代表民建界发言；提案《关于防止灵峰广场过度商业化的建议》获得优秀提案奖。

2016年度，民建承担市委重大调研课题为《大力发展休闲农业助推精准脱贫》。7月份成立以主委罗扬生为组长的调研组，确定调研方案开展实地调研。10月底顺利完成市委重大课题调研报告。

2016年，民建完成《民建如何在中国共产党领导的政党协商中发挥作用》《新形势下如何做好与党外人士联谊交友问题的思考》两篇统战理论论文。

组织建设 组织开展形式多样的活动，不断增强组织意识，切实增强民建组织的凝聚力、向心力。

召开第四届会员运动会。为丰富广大会员的文体生活，加强各支部之间交流、增进相互间的友谊，11月19日市委会组织会员在马头湾生态农场举办了民建贺州第四届运动会。共有50余名会员参加了运动会。

积极发展会员。2016年，民建贺州市委会发展新会员7名。

组织会员参加市委统战部举办的井冈山理想信念教育活动。5月9日—13日，民建贺州市委会8名骨干成员参加市委统战部组织的赴井冈山学习教育活动。

推荐人大代表、政协委员。2016年是换届年，经充分沟通、协商、推荐，民建贺州市委会共有11名会员获任政协委员、1名会员当选人大代表。

社会服务 民建贺州市委会鼓励和支持会员以各种方式参加社会服务、捐助公益事业。据不完全统计，2016年民建会员以各种形式捐款达10余万元。在2016年12月召开的民建区委社会服务工作会议上，我会谢贵才、李昌文、胡国容、张培成获民建区委社会服务先进个人表彰，四支部获民建区委先进集体表彰。

民建贺州市委会举办民建贺州市委会新任政协委员、人大代表撰写提案培训班

一是发动会员捐资助学。发动有实力的会员积极到农村开展捐资助学，如会员胡国容、李昌文是里松人分别资助50名里松的贫困学生；会员谢贵才是贺街人在贺街资助了贫困学生约50名。

二是通过广西民建区委社会服务平台，为贺州市富川、昭平两县争取救护车两辆，更好地为社会服务。

三是争取民建广西区委资助贫困大学生名额。2016年民建广西区委有“思源盛邦助学基金”项目，该基金主要资助广西的贫困家庭大学新生。经罗扬生主委向民建广西区委积极争取，得到6个名额。民建贺州市委分别从南乡镇、灵峰镇、仁义镇筛选了6户有今年考上大学学生的贫困家庭，这6名建档立卡贫困家庭的大学生已于9月底得到资助，总金额4万元。

（民建贺州市委会）

【中国民主促进会贺州市委会】 中国民主促进会（简称民进）是以从事教育文化出版工作的高中级知识分子为主、具有政治联盟性质、致力于建设中国特色社会主义事业的政党，是同中国共产党通力合作的参政党。中国民主促进会贺州市委员会（简称“民进贺州市委会”）成立于2006年1月，下辖6个支部，至2016年12月，全市共有民进会员98人，平均年龄41岁。具有高、中级职称83人（博士1人、副教授6人、特级教师1人），占85%；教育界66人，占67.3%；文化艺术界8人，占8.16%；非公经济界6人，占6.12%；人大政协机关2人，占2.04%；政府机关8人，占8.16%；党派机关3人，占3.06%；其他6人，占6.12%。会员中有担任自治区政协委员1人，担任贺州市第四届市人大代表1人，市第四届政协委员11人（其中常委3人），县（区）人大代表2人（人大常委会副主任1人）、政协委员6人（常委2人）。

思想建设 2016年，市民进共组织召开三届主委工作会议5次，全委（扩大）会议2次。结合民进参政议政工作年，组织参政议政工作会议2次。在全会开展学习贯彻中共十八届六中全会精神专题学习会以及“不忘合作初心，继续携手前进”主题教育活动，组织三届市委委员和会内四届市政协委员赴

2016年9月19日至23日，民进贺州市委会课题调研组到三县两区进行重大课题调研。图为昭平县调研座谈会现场

民进桂林市委会、民进梧州市委会开展坚持和发展中国特色社会主义学习实践交流活动，不断推动活动深入开展。

2016年，民进贺州市委会报送党委信息2篇，向民进广西区委会报送社情民意信息1篇，并被采用。报送广西统战信息15条、市委统战部信息25条、民进广西区委信息30条、贺州市政协信息25条。为市委统战部提供社情民意3篇。2016年，民进贺州市委会被民进广西区委会评为"新闻宣传工作先进单位"。

组织建设 2016年，民进贺州市委会被民进广西区委会评为"基层组织建设工作先进单位"。

2016年，市委会积极组织引导各支部开展基层组织"创星争旗"活动。其中，中学支部、市直属一支部、市直属二支部被民进广西区委会评为"红旗支部"；八步区一支部、八步区二支部、贺州学院支部被评为"十星级支部"。一年来，各支部集中召开主题教育学习活动6次，送文化下乡活动2次，调研活动4次，社会服务活动4次。会员在本职岗位上屡创佳绩，受到社会各界的好评。

在会内人才队伍建设上，市委会主要领导积极参与民进广西区委会举办的"延安革命传统教育培训班"；积极向中共推荐会内人才任职，2016年10月，经过会内推荐、组织考核、大会选举等程序，张日能副主委当选为平桂区一届人大常委会副主任；推荐会员刘艳到信都镇挂职锻炼，提高会员的综合素质；会员龙可作为市文艺界优秀青年工作者，经市委会向共青团市委推荐当选广西青年联合会第十一次代表大会代表；组织三届市委委员参加统一战线骨干成员培训班，到井冈山参加异地培训，重温历史，增强"三个认同"；选派秘书长吴红丹参加市委组织部"壮苗计划"培训，科级干部集中轮训；全体机关人员参加民进广西区委会机关专干培训班等，提高会内后备干部和机关干部的内在素质和综合能力。

2016年共发展新会员4名，截至2016年12月31日，时有民进会员98人。

参政议政 民进市委会始终坚持围绕中心，服务大局的方针，发挥民进界别优势和人才优势，积极参政议政。一是在2016年市两会上，向大会提交集体提案8篇，委员个人提案7篇，议案1篇。二是在2016年10月召开的政协贺州市四届一次会议上，市委会左碧辉主委在联组讨论会上发言，得到时任中共贺州市委书记赵德明的充分肯定。三是承接贺州市委重大课题《贺州市贫困村教育扶智脱贫对策探讨》的调研，市委会积极筹划，组成课题小组，拟定调研计划，积极开展调研活动，形成高质量的调研报告，向市委、市政府建言献策。四是向中共贺州市委报送党委信息2条，民进广西区委会报送信息1条，上报的3条信息全部被采用。五是高质量完成民进广西区委会、市政协和市委统战部的理论研究工作，组织会员撰写相关论文4篇，其中驻会专职副主委曾玉珍、中学支部主任周吉韶、秘书长吴红丹、会员陈延洲撰写的论文分别荣获民进广西区委会2013—2015年统战理论征文活动二等奖、三等奖。

2016年1月，民进贺州市委会被贺州市委统战部授予"2015年度全市统战理论政策研究工作优秀组织单位"；2016年12月，民进贺州市委会被广西区委会评为"2013—2015年统战理论征文活动组织奖"。会员陈红英、杨金凤、罗媛元、左碧林分别参与撰写的《贺州发展高铁经济带理论与实践探索》《"新思路大学英语"系列著作》《金融支持粤桂湘用于县域产业合作示范区情况的调查》获贺州市第三次社会科学优秀成果奖。六是主动做好市、县（区）政协委员和人大代表的推荐工作，会内共有14名会员当选市、县（区）政协委员，其中市政协委员9名，常委3名，县（区）政协委员5名、常委3名；有3名会员当选为选市、县（区）人大代表，其中市人大代表1名，县（区）人大代表2名、常委1名。2016年，民进贺州市委会被民进广西区委会评为"参政议政工作先进单位"。

社会服务 2016年，民进贺州市委会充分调动会内资源优势，发动广大会员积极参与社会服务活动，打造"同心"品牌。

2月，联合平桂交警大队在国道207线贺州市平桂区羊角山加油站休息点开展义写春联赠返乡人活动。3月，组织机关人员积极参加由贺州市统战部组织的市统一战线党派成员到昭平县乐群村与当地村民群众一起开展贺州市统一战线"同心"植树节活动。3月28日，民进贺州市八步区一支部到贺州市平桂区鹅塘镇芦岗村开展送文艺下乡活动。5月，组织部分会员到贺州市特殊教育学校开展开展"同心庆六一"助学慰问活动。7月，组织民进"同心"艺术团及法律律宣传服务小组到黄姚开展"同心"送给党文艺演出暨送法律下乡活动。11月，到北陀镇民福小学及冲尾教学点开展扶贫助学活动等。同时，围绕党委政府中心工作，利用会内资源，为八步区莲塘镇仁冲小学，昭平县黄姚镇篁竹小学积极争取“华益阅读书屋”公益机构捐助图书合计 1903 册，价值 22471.09 元，为精准扶贫贡献民进人的力量，用实际行动践行社会主义核心价值观。

（民进贺州市委会）

【中国农工党贺州市委会】 中国农工民主党贺州市委员会（简称农工党贺州市委会）成立于 2006 年 1 月，下辖 7 个支部，至 2016 年年底，共有党员 139 人，其中高级职称 38 人，占 27%；中级职称 81 人，占 58%。中国农工民主党（简称农工党）是以医药卫生、人口资源和生态环境领域高中级知识分子为主、具有政治联盟特点、致力于建设中国特色社会主义事业的政党，是同中国共产党通力合作的参政党。

思想建设 2016 年，农工党贺州市委会配合农工党中央在贺州举办“走进基层，贴近党员，培育和践行社会主义核心价值观”宣讲活动，市委会成功承办并组织 60 多名全市统一战线骨干成员参加报告会；贺州市 1 名党员入选农工党中央宣讲团成员赴海南省进行宣讲。组织 10 名市委委员、八步区支部组织 9 名党员干部分别赴广东惠州邓演达纪念园开展学习教育实践活动。按时向农工党广西区委、市政协、市委统战部报送 11 篇（次）统战理论研究成果文章。

参政议政 2016 年，承担并完成农工党广西区委部署的《关于建设国家级生态养生养老产业集聚区问题研究》专题调研任务；承担并完成中共贺州市委的审定的《以“医养结合”模式推进贺州养老服务业发展的对策研究》专题调研任务。联合相关单位赴浙江省、安徽省等地考察学习生态养生养老产业发展情况，就建设国家级生态养生养老产业集聚区、以“医养结合”模式推进贺州养老服务业发展，提出了意见和建议，为自治区党委、中共贺州市委科学决策提供参考。在市政协会议上，共提交 7 件提案，其中《关于加强风力发电场环境保护和生态恢复的建议》被列为全市重点提案，中共市委主要领导作了重要批示；1 名党员干部做了《合理控制速生桉发展的建议》的大会发言，1 名党员干部做了《关于加快推进贺州市生态养生养老产业发展的建议》的联组发言。举办由 32 名骨干党员参加的全市社情民意信息工作培训班，区委调研部就《怎样做好反映社情民意信息工作》进行授课指导。市委会主要领导牵头对《关于加强风力发电场环境保护和生态恢复的建议》提案进行了督办调研，就富川瑶族自治县天堂岭风电场的植被修复及生产运营等方面存在的问题提出了整改要求。

组织建设 2016 年，农工党贺州市委会全年选派 9 名党员干部到井冈山参加贺州市统一战线骨干成员培训班学习，选派 1 名兼职副主委参加自治区党外中青年干部培训班学习，选派市委会专职副主委到广西社会主义学院参加新任主委、副主委培训班学习，选派市委会秘书长到中山大学参加贺州市领导干部提升合作能力集中轮训班学习，选派 1 名市委会组工干部和 5 名基层组织班子成员到广西大学参加农工党全区基层组织负责人培训班学习。发展了 18 名党员，其中硕士研究生 5 人、中高级职称 10 人、科级干部 2 人。在全市各级换届中，2 名党员分别提拔为县（区）政府或政协副职领导，1 名党员交流到八步区政协任副主席；3 名党员当选市人大代表（其中 2 名担任市人大专委会委员），14 名党员协商提名为市政协委员（其中 4 名当选市政协常委）职务；5 名党员协商提名为八步区政协委员（其中 1 名当选区政协常委）；1 名党员当选平桂区人大代表，3 名党员协商提名为平桂区政协委员（其中 1 名党员当选区政协常委）；4 名党员协商提名为钟山县政协委员（其中 1 名当选县政协常委）。

社会服务 2016 年，农工党贺州市委会积极参与精准扶贫工作，主要领导协调财政及对口帮扶单位，为所联系的昭平县五将镇新旺村争取专项资金 100 多万元，用于该村的基础设施和产业扶贫等方面；联络和促成广西农科院经济作物研究所到该村种植马铃薯种薯，为产业扶贫牵线搭桥。联合市科协、广东佛山东创音频科技有限公司和市誉鑫生态农业桂之茗茶业公司，到新旺村小学开展庆祝“六一”国际儿童节暨捐资助学活动，捐赠了价值人民币 1.5 万元的校园广播、音频器和扩音器等教学设备、价值 7000 多元的桂之茗富硒茶叶、6 箱科普器材，慰问 9 名特困生和 13 名贫困生并送上 5300 元慰问金，为全校 54 名学生分别赠送了书包、文具礼包和果冻礼包等礼物，并确定了 3 名贫困学生作为市委会长期结对帮扶的对象。联合钟山县支部，组织 12 名专家党员，在钟山县城的新世纪广场举行 2016（第九届）中国环境与宣传周活动，共发放宣传画册 500 多册、宣传资料 700 多份，接受群众咨询 200 余人。联合市人民医院支部在平桂区沙田镇

2016 年 10 月 13 日，自治区政协副主席、时任农工党广西区委主委彭钊（右四）在市政协副主席、农工党贺州市委主委贝小燕（左三）的陪同下，率农工党广西区委调研组一行到昭平县黄姚镇，就加强革命传统教育和生态产业发展进行专题调研

开展第28届“国际科学与和平周”暨市统一战线“同心”义诊活动，耳鼻喉科、口腔科、内科、儿科、妇科、外科、心内科和眼科等13名医疗专家，为当地200多名群众体检义诊；联合市人民医院支部在沙田镇卫生院举办了第28届“国际科学与和平周”暨市统一战线“同心讲堂”活动，心内科谭剑炼医生为该镇卫生院、村级卫生室50名医务人员、村医进行《冠状动脉粥样硬化性心脏病》课题授课。

（农工党贺州市委会）

【中国致公党贺州市总支部】 中国致公党贺州市总支部（以下简称致公党贺州市总支部）现有党员49人，中高级知识分子占总支部人数71.3%，有侨海关系者占支部总人数70%；5名党员分别在自治区、市（区）各级人大、政协担任人大代表或政协常委，委员，党员广泛分布在贺州市行政机关、事业单位、教育卫生、高等院校、经济各界等。致公党贺州市总支部荣获致公党广西区委授予宣传思想工作、组织工作、参政议政工作先进集体称号。唐坤宁、江波、翁就红、吴砚雄等12人获中国致公党广西区委会授予致公党工作先进个人，2016年12月22日，中国致公党贺州市第三次全体党员会议暨致公党贺州市基层委员会成立大会召开，成立中国公党贺州市基层委员。

参政议政 2016年，贺州市政协委员刘邦威提案《关于整治市区机动车洗车服务业污染环境问题的建议》、八步区政协常委吴砚雄提案《关于如何加快八步城区贺江两岸的生态旅游文化新城的意见和建议》《关于促进民营经济快速发展的几点建议》《关于如何加强工业园区环境保护问题的几点建议》，4个提案受到高度重视并已呈交相关部门落实。

社会调研 副主委唐坤宁等主持完成《推进贺州生态文明建设的实践与思考》，对贺州市的生态文明现状与发展提出建设性意见。

社会工作 2016年总支部共开展利农政策宣讲工作1次，为大学生举办健康讲座1次，累计捐款15400元，其中扶贫资金3400元，助学资金12000元。

2016年5月21日，致公党贺州总支联合民革贺州总支部、贺州市农业局在黄姚古镇举办贺州市统一战线“同心”工程“农业法律法规进乡村”宣传活动，向广大群众宣讲有关法律法规及国家护农强农惠农政策。

2016年10月15日，致公党党员、贺州市疾病预防控制中心科长李宇在贺州学院做艾滋病预防及治疗专题讲座，提高学生对艾滋病的认识及预防能力。

为富川莲山镇洋狮村委提供秋冬蔬菜连片种植产业分析及培训，并赠与3000元作为项目启动基金；江波、刘邦威等党员为贫困户捐资400元（其他有扶贫任务的同志可累计上来）。

贺州市人大代表、致公党党员吴砚雄、关伟山等人为新疆一所偏远山区贫困学校捐款12000元。

组织建设 在思想教育、支部建设、党员发展、后备干部培养方面做出成绩。

2016年12月22日，召开中国致公党贺州市第三次全体党员会议暨致公党贺州市基层委员会成立大会，成立致公党贺州市基层委员。

做好优秀后备干部的培养与服务工作。2016年6月，支部党员马文成被提拔为贺州学院经济管理学院院长，正处级。推荐支部党员赵书银到富川瑶族自治县莲山镇挂职副镇长。

注重支部党员思想教育工作，2016年11月12日组织全体党员参加纪念孙中山诞辰150周年书画展；8月、11月、11月分别组织全体党员学习十八大三中、四中、五中、六中会议精神。

2016年，本支部先后选派支部党员6人次参加致公党广西区工委组织的骨干党员和新党员培训班；选派党员30人次参加中共贺州市委统战部举办的“同心”活动以及学习《协商民主专题讲座》。

2016年，总支按“品德好、业务精、学历高”的标准发展社会中高层人士加入致公党，2016年共发展新党员2名。

（致公党贺州市总支部）

【九三学社贺州市委员会】 九三学社是以科学技术界高、中级知识分子为主的具有政治联盟特点的政党，是接受中国共产党领导、同中国共产党通力合作的亲密友党，是进步性与广泛性相统一、致力于中国特色社会主义事业的参政党。

九三学社贺州市委员会是2006年1月6日成立，行政编制2人，2016年底实有2人，1名副处级领导，1名副科级。2016年，九三学社贺州市委员会发展社员4人，截至2016年12月31日，共有社员81人，其中女社员25人，离退休18人，高级职称27人，中级职称41人。九三学社贺州市委员会荣获九三学社广西区委2016“履职能力建设年”活动二等奖。黄英被评为九三学社中央2016年度先进组工干部。廖铭燕完成《贺州市农业气候资源及其区划》、梁桂才完成《院内感染致病菌分布特征及耐药动态变化在合理使用抗生素中的应用研究》荣获2015年度贺州市科学技术进步奖三等奖。

参政议政 2016年，九三学社贺州市委员会组织社员人大代表政协委员参加市人大政协两会，向政协贺州市三届六次会议提交集体提案《关于解决义务教育均衡背景下城乡教师交流困境的建议》等4件、委员提案《关于加快互联网+在贺州市现代农业中推广的建议》等4件。《关于加快发展特色文化产业，促进旅游业可持续发展的建议》和《关于改善火车站到主要旅游景区交通条件的建议》被评为贺州市政协优秀提案。向政协贺州市四届一次会议提交集体提案《发展贺州全域旅游需特别注意特色先行》等2件、委员提案《关于打响贺州市长寿品牌经济的建议》等4件。

2016年，九三学社贺州市委员会完成“党委出题、党派调研”的《贺州市天然饮用水开发现状调研》和社区委的《基层食品安全监管力量建设问题研究》《加强村医队伍建设助力医疗扶贫的研究》3个调研课题，撰写3篇调研报告，并提炼为提案和社情信息各3件。

2016年，九三学社贺州市委员会组织社员撰写各种理论文章11篇，其中提交给社区委理论研究论文4篇、市政协理论研究论文3篇、市委统战部统战论文4篇，其中1篇入选自治区政协理论研究论文集、3篇入选市政协理论研究论文集，荣获社区委优秀理论研究

2016年9月2日，九三学社贺州市委会举行成立十周年庆祝大会

论文二等奖2篇、三等奖1篇，荣获市统战理论政策研究创新成果二等奖2篇、三等奖2篇。

组织建设 2016年，九三学社贺州市委员会发展了4名新社员，2人是研究生学历，1人是正科级，平均年龄35.75岁。2016年，九三学社贺州市委员会建立健全后备干部队伍库，选派1名社员参加国家教育行政学院举办的第四十七期高校中青年干部培训班学习；选派1名社员参加中央社会主义学院举办的九三学社省级以下组织专干培训班学习；选派2名社员参加广西社会主义学院举办的全区民主党派基层组织负责人培训班和全区党外信息员培训班学习；组织5名社员参加2016年贺州市民主党派骨干成员培训班学习；组织11名社员参加九三学社广西区委举办的区市机关专职干部培训班、市级组织新委员培训班、新闻宣传工作培训班和参政议政信息培训班学习。

社会公益活动 2016年9月3日，由九三学社广西区委葛春启副主委率领区市两级专家社员40多人，到贺州市八步区铺门镇六合村开展“进村入户助推脱贫”活动。九三学社专家社员现场进行了种植技术、养殖技术、医卫技术、健康知识等宣传，为群众现场咨询200多人次，发放科技资料500多份，现场为六合村贫困户捐助价值近万元的养鸡饲料，得到了群众好评和赞扬。

2016年11月5日，九三学社贺州市委会组织医疗专家社员深入到昭平县北陀镇乐群村开展“第二十八届国际科学与和平周”义诊、健康咨询活动，现场为当地群众进行义务看病100多人，发放健康科普资料300多份，为贫困群众送去1000多元的常用药品，得到了当地群众高度称赞。

（九三学社贺州市委会）

【贺州市工商业联合会】 贺州市工商业联合会（简称市工商联），下辖八步区、平桂区、钟山县、富川瑶族自治县、昭平县三县两区工商联。2016年全市乡镇（街道）商会59个，市工商联直属行业商会4个、综合商会1个。2016年市工商联内设办公室、工商经济科2个职能科室，1个二层机构会员服务中心，共有编制6名，实有人数6人。

组织建设 2016年，贺州市工商联以深入开展“两学一做”学习教育为契机，加大学习培训力度，干部职工人均参加学习培训活动2次、时间15天以上。积极向市委市政府争取，为市工商联重新安排了6间办公室，办公环境进一步改善；调入1名综合能力较强的干部充实工商联队伍。2016年，贺州市5个县级工商联中有2个进入全区、3个进入全国“五好”工商联行列，县级工商联建设走在全区前列。推荐指导7家商会参加自治区“十有”商会评比、5家商会参加“六有”商会评比。指导成立了贺州市建材装饰商会、贺州市汉商会两个直属商会。

思想教育 2016年，贺州市工商联以深入开展以“守法诚信、坚定信心”为主题的非公经济人士理想信念教育为契机，通过召开主席会、常委会和执委会等形式组织机关干部、非公经济人士、商会会员深入学习党的十八届五中、六中全会及中央、自治区、市委重要会议和习近平总书记在2016年全国政协民建、工商联界别委员联组会上的重要讲话精神。与广西金融投资集团公司贺州办事处等单位先后组织3次非公经济人士专题培训。据不完全统计，2016年市工商联共选派100多人次非公经济人士参加自治区工商联、市委市政府和市委统战部主办的各类培训活动。

光彩事业 2016年，贺州市工商联系统共帮扶6个贫困村，并为每个贫困村引进1个扶贫项目；全市工商联干部共联系80多户贫困户，落实帮扶资金300多万元。同时，市工商联积极发动非公经济人士参与精准扶贫工作。一是结合产业，企业技术资金就业“三帮扶”。市工商联引进广西凉亭禽业集团在昭平县成立分公司，2016向农民发放10万羽鸡苗，帮助当地农民增收40万元，带动100多户农民致富。二是商会牵头，多企业联合帮扶。八步区八步商会发动企业联合帮扶铺门镇六合村，引进资金200多万元发展百香果、沙塘桔、铁皮石斛等产业。市商企联合会发动会员入股建设3000亩油茶树种植基地，帮助4408名农民脱贫。据不完全统计，全市超过100家非公企业资助贫困村修路，建球场、垃圾场、水利设施等基础设施，资助金额达1亿多元。

服务企业 2016年，市工商联以落实市委“在全市规模以上非公企业设立检察官工作联络室”这一文件精神为契机，联合市检察院于2016年5月份开始在160家规上非公企业中设立检察官工作联络室。截至11月，市、县（区）两级检察机关共受理非公企业申诉、控告、举报案件16件，其中已经办结15件；同时，接受非公企业各类法律咨询100多次、为企业上法律培训课80多场次，使非公企业得到实实在在的收益。

参政议政 2016年，贺州市工商联积极引导非公经济人士参与政治生活和社会事务管理。在2016年的市、县区人大、政协两会中，工商联及会员共向大会提交提案议案50多件。同时，市工商联围绕市委市政府中心工作，在2016年贺州市政协会议上提交的《提高碳酸钙产业在“互联网+”新常态下竞争力的建议》被作为重点提案印发给与会代表。市工商联结合贺州市打造“生态健康旅游、生态健康养生、生态健康休闲、生态健康养老”这一中心工作，撰写了“‘四个健康’业态下的贺州非公企业机遇与挑战”调研报告送市委领导决策参考。

对外交流 2016年是市工商联对外交流频繁和卓有成效的一年。一是在历史上第一次组织非公企业组团出国参加国际交流。3月29日至4月12日，组织13名非公企业家到英国参加商业博览会，首开贺州市非公经济企业家参与国际贸易活动的先河，1家产品符合英国当地要求（达到欧盟标准）的企业通过参展实现贺州人造岗石第一次出口欧洲市场。二是成立粤桂黔高铁经济带合作试验区（广东园）贺州市商务联络处。设立粤桂黔高铁经济带合作试验区（广东园）贺州市商务联络处是市政府交给工商联的一项光荣任务。自2016年7月28日商务联络处挂牌以来，市工商联组织了3批近50人次的碳酸钙粉体、优质农产品、物流等商会负责人和企业家前往佛山市、南海区与相关企业对接。此外，市工商联还先后3次组织工商联系统干部职工、商会负责人前往梧州、玉林市和北流、容县等工商联及非公企业考察学习。

（工商联）

群团·社团

贺州市总工会

【工会组织及工作概况】 贺州市总工会内设办公室、组织宣教部、劳保法律保障部、财务和女工部、困难职工帮扶部、经费审查委员会办公室6个职能部（室），下辖贺州市职工技协办公室、贺州市直属机关工会工作委员会、贺州市工人文化宫3个二层机构。现有干部职工42人，在职在编27名。2016年，贺州市总工会各项工作取得突破，在2016年度全区工会重点工作考评中，贺州市继续保持位居前列，荣获一等奖，排名全区第六名。

【工会组织建设】 2016年，贺州市共有基层工会2561个，基层工会覆盖单位达4819个，工会组建率达96.8%；全市会员总数达247171人，已建工会职工入会率达100%。2016年，贺州市非公企业法人单位数据库入会率达98.2%，非公企业法人单位数据库建会率达98.2%。新成立贺州市体育运动学校工会等9家市直管基层工会，指导市人大办、市政府办机关工会等43家基层工会进行换届选举。

【职工素质建设】 2016年，全市各级工会继续深入开展“创建学习型组织，争做知识型职工”活动，不断提升职工素质。全市建成全国级“职工书屋”1家、自治区级“职工书屋”4家、市级“职工书屋”5家。组织广大职工参加全国总工会以“中国梦·劳动美——我与‘十三五’”为主题的职工读书演讲网上展示活动、“中国梦·劳动美·幸福路”首届全国职工摄影大赛；组织基层工会积极参与自治区总工会举办的2016年“中国梦·劳动美”五一特别节目征集活动、“中国梦·劳动美——我与改革创新”主题演讲比赛活动；举办贺州市“中国梦·劳动美”职工手机摄影展，收到摄影作品300多幅，为丰富和活跃职工文化生活，促进职工文化交流与发展，起到积极的推动作用。组织职工参加全区第三届职工乒乓球比赛，开展贺州市职工“迎新春”文体活动、全市“庆五一”职工运动会。在全市“庆五一”职工运动会中，共有60多个基层工会、1200多名职工参加，为建市以来参赛规模最大、参赛人员最多的一次职工运动会。

【关爱劳模】 2016年，市总工会为贺州市24名全国劳模争取24万余元春节慰问金、日常困难补助金和特殊困难补助金；为32名自治区困难劳模争取并发放20.72万元困难补助金；为市管自治区劳模争取34.38万元春节慰问金；为30名劳模进行免费体检；组织40名全国和自治区劳模参加全国全区疗休养，组织181名一线职工进行疗休养。

【关爱农民工】 春节前后，投入30万元对10312名在粤务工返乡的“摩托大军”提供贴心服务，给他们送上包括雨衣、手套及工会法、劳动法、劳动合同法等职工维权法律法规在内的“大礼包”。开展为农民工送文化、送欢乐活动，共送对联300多副、送演出和电影35场次。开展“关心·关爱·亲情”贺州农民工留守儿童暑期赴粤与父母团聚亲子活动，组织15名留守儿童与13名在粤务工农民在广东江门团聚。开展送清凉活动，为7421名农民工送

贺州市总工会开展“党旗领航 电商扶贫”联系村扶贫爱心产品认购活动

2016年3月24日，由市委组织部、市"两新"党工委、团市委、市商务局、市扶贫办、市"两新"组织党务工作者协会联合举办的贺州市"党旗领航·电商扶贫"论坛在贺州学院西区召开

上价值29.91万元的绿豆、王老吉、马茶爽等防暑物品。

【下岗职工再就业工作】 2016年，市总工会组织全市2500多名农民工、下岗失业人员、困难职工及高校毕业生参加技能培训、创业培训、家政培训，70%以上人员获得人社等相关部门认定的初级以上资格证书，就业率达60%以上。与人力资源和社会保障部门联合开展"春风行动""民营企业招聘周"等就业服务活动，组织开展"工会就业援助月"和"技能培训促就业行动"，帮助4000多名农民工实现就业。

【职工帮扶工作】 2016年，在元旦、春节送温暖活动中，全市共投入460.27万元对4732名困难职工(农民工)进行慰问；对全市129名困难职工(农民工)进行日常救助，共发放救助金46.44万元；在"金秋助学"活动中，对672名困难职工(农民工)子女进行资助，发放助学金163.75万元；开展困难职工医疗救助活动，对市本级30名身患重大疾病或遭遇特殊困难的职工给予医疗救助，发放救助金12.7万元；开展职业病防治工作，为1240名困难职工(农民工)赠送免费体检；继续开展女职工"关爱行动"，投入4.4万元为市直基层工会124名困难女职工免费进行"两癌"体检；建立9个"工会爱心驿站"，为环卫工人等户外劳动者提供就餐、饮水、休息的场所。

【职工医疗互助保障工作】 2016年，市总工会认真做好职工医疗互助保障工作，自2016年10月开展新医保工作以来，3个月共有27060名职工参保，上交互助费189.42万元，超额完成自治区总工会下达的参保任务。

【财务工作和经费审查工作】 2016年，全市收缴工会经费5847万元。市总工会经审会完成44个审计项目，提出审计意见和建议176条，已落实整改151条。

【扶贫工作】 2016年，市总工会为扶贫联系点——富川瑶族自治县莲山镇洞口村做了一系列好事实事，投入精准扶贫扶持资金92万元，结对帮扶的96户贫困户中已有44户脱贫。

（总工会）

共青团贺州市委员会

【团市委机构及工作概况】 共青团贺州市委员会(简称为共青团贺州市委或团市委)，下辖八步区、平桂、钟山县、富川县、昭平县三县两区团委。2016年全市有基层团工委8个，基层团委167个，团总支296个，团支部2676个，团员14.35万人。有专职团干编制166人，实际配备142人。其中团市委又专职团干编制7人，实际配备6人。年内发展新团员11300人，团员入党2162人。2016年共青团贺州市委被共青团广西区委评为2015年度广西共青团工作优秀奖。

【团组织建设】 2016年贺州市新建立两新组织团支部60个，张琪获得2015年度全国"最美中学生"；肖开婕(女，瑶)获得2015年度"全国优秀共青团员"；陈春林获得2016年"全国向上向善好青年"——孝老爱幼好青年；有5个团委、4个团(总)支部、8名团员、7名团干部分别被评为"广西五四红旗团委(标兵)""广西五四红旗团支部(标兵)""广西优秀共青团员"和"广西优秀共青团干部"。改善基层工作环境，解决乡镇团委书记可享受副主任科员待遇问题。完成"党建带团建"示范点创建工作，所有创建单位达到了"三同"(即同规划，把团的建设纳入党的建设总体格局统筹考虑；同推进，把团建任务纳入党建任务统一部署和实施；同考核，把团建考核纳入党建考核统一检查和评比)、四好(即创建一大批班子建设好、主题活动好、组织建设好、阵地建设好的"五四"红旗团委(支部))、五有(即有一个好的领导班子，尤其是有一个深受团员青年信赖的书记；有一套规范明确、行之有效的规章制度；有一系列服务党政中心的工作和青年成长成才的具体工作；有一支能够发挥模范带头作用的团员队伍；有保证团的工作正常开展的经费和活动阵地。)的创建目标。抓好"推优育苗"工作，全年共有2162人从共青团组织推优发展为党员。加强团属组织建设力度，把团干培训纳入全市干部教育培训体系，举办贺州市基层团干全员培训班，指导各县区进行分级培训。2016年通过共青团"推优育苗"工程入党的团员青年共有2162人。

【区域化团建工作】 2016年9月份，团市委全面铺开街道区域化团建工作，突出街道团工委核心作用，在4个街道组建16个成员单位的"共建委"；加强街道社区团建核查、直属团组织新建等工作,全市10个社区均成立团组织,完成建团92家的任务数,实现团建全覆盖。积极整合街道各部门、辖区内共建委单位的有利资源,开辟街道青少年活动中心、新市民学校、义工之家、亲子乐园等青年工作阵地;利用青年喜闻乐见的微信、QQ、微博等媒介,搭建网络活动平台;街道团工委联合市青企协会员等共建单位建立"流动团员联络站",加强对流动团员的管理和服务工作。全面开展农村区域化团建工作。以深化乡镇团的组织格局创新和乡镇实体化"大团委"建设为载体,积极探索打破行业、层级、所有制界限,实现组织共建、资源共享、阵地共用、工作联动的农村区域化团建工作新模式。年内全市新建乡镇直属团组织180个,覆盖团员740多人,联系青年5000多人;组织基层团组织开展活动2600多次,覆盖团员青年2万多人次。开展农村专业合作组织团建工作,新建合作组织团组织41个,覆盖团员160多人,联系青年350多人。

【2016年度青少年植树行动】 通过手机微信微博、寄送倡议信、发放倡议书等方式,向全社会发出"美丽贺州·生态新城·青年当先"2016年青少年植树造林行动倡议书1万多份。以广东肇庆市和广西贺州市2016年将重点规划建设"粤桂产业合作示范区"的有利契机,共青团贺州市委与共青团肇庆市委携手共同开展"粤桂手牵手、青年心连心、共植创业树、同建示范区"义务植树活动,年内组织青少年在粤桂产业合作示范区种植树木60多亩。以"两周一节"为抓手,广泛开展"贺州市青少年生态环保实践周""贺州市青少年植树护绿周"等活动,在平桂区沙田镇道石村马岭片种植了一片150多亩的"县县青年林"。以"县县青年路,乡乡青年林,村村青年树"为五年工作目标,组织青少年积极参与城乡绿化活动。2016年,全市参与义务植树青少年达8万人次,植树造林30万余株。

【青年志愿者活动】 2016年3月4日团市委在贺州市灵峰广场开展2016年贺州市青少年"学雷锋志愿服务"活动。按照"青年志愿者团队+残疾青少年+接力"模式,广泛动员各中学、机关事业单位团组织、青年志愿者组织与持证青少年开展结对工作。2016年,团市委共组织基层志愿者团队20支,助残结对数350多对,参与结对的青年志愿者有520多名;以3月5日、五四期间、"全国助残日"、7月6日主题活动日等活动为契机,抓好助残活动,累计开展活动50余次;2016年,团市委组织志愿者深入残疾人家庭进行慰问,积极为残疾人提供帮扶;截至2016年,贺州市共动员社会力量筹集物资(资金)共计19余万元支持基层,帮助因意外成为残疾人的青少年,使他们得到及时诊治。每逢节假日,组织志愿者开展"送温暖、献爱心"助残扶贫活动,通过扶残、助残、帮残,为残疾人送上节日的关心和关爱。组织服务期满大学生村干部、西部计划、"三支一扶"大学生志愿者参加就业专场招聘会。结合西部计划志愿者实施13周年,表彰一批先进典型,广泛号召更多大学生加入西部计划。延续"周六志愿服务广场"品牌活动,为建设美丽贺州贡献青春力量。志愿者积极参与禁毒防艾、义务植树、消防应急、道路交通、科技宣传,关爱失足少年、关心残障儿童、帮扶病急人群,营造温暖的社会氛围。

【希望工程与扶贫助困】 2016年,共青团贺州市委发动全市各级团组织、青年文明号集体、青联委员、青企协会员开展"一日捐"活动,同时借助互联网新兴媒体,把公益宣传贯彻活动始终,着力挖掘整理公益视频,进一步发动并争取本土民间爱心力量和区域外慈善团体捐赠资金和物资,全年共筹集"希望工程"爱心助学款282.3万元,资助贫困学生770余人。

【青联工作】 通过开展座谈会、外出学习交流、联谊会等活动加强贺州市青年团体之间、青年之间及本市青年团体、青年与市外团组织、青年团体之间的交流合作,增强与外地企业友谊,发挥青联、青企协组织优势为承接产业转移助力,引进市外资本和技术,为贺州经济发展增添活力。动员青联委员、青企协会员参与抗灾救灾、扶贫助学等公益活动,2016年贺州市青联委员、青企协会员共为各项公益活动捐款约15万元。

【青年就业创业行动】 2016年继续开展"青年创业创新年"活动。建立并完善了市、县、乡三级青年创业创新服务体系。扎实推进青年创业信贷扶持计划,深化与扶贫和农业等部门合作,扶持青年创业,共有432名青年获得创业贷款,发放创业贷款800万元,带动就业2300多人。举办各类城市青年培训班12期,培训城市青年851人,其中,电子商务培训6期,培训青年366人,其他类型培训8期,培训青年505人,帮助500多名城市青年实现就业。积极开展见习对接活动,共安排了520名青年进入见习基地开展见习活动。开展"百场创业沙龙进农村(社区)促创业"活动11场,参与青年253人。在贺州学院大学生创新创业基地建立青年创业园区,入住项目80多个。建立了贺州市网商联合会,吸收会员82个,为会员提供行业信息、创业指导、技能培训、资源共享、信贷帮扶等服务,进一步拓宽了全市大学毕业生、待业青年自主创业的渠道。实施农村青年创业致富"领头雁"培养计划,培养农村青年创业致富"领头雁"271人。25名外出务工青年获得广西优秀外出务工青年称号。

【"青年文明号"创建活动】 2016年,团市委进一步做好规范贺州青年文明号的创建程序,加大了对青年文明号创建单位的指导力度,不断提升贺州市青年文明号创建水平,青年文明号这一共青团传统品牌重新焕发光彩,今年共收到创号申请书24份。全市共有全国级青年文明号4个,自治区级46个,市级55个。积极选树青年文明号优秀典型,通过层层筛选,推报了广西青年文明号活动二十年成就奖候选集体1个、候选人1个,突出贡献奖候选人1个,优秀组织奖候选集体1个、候选人1个,优秀微视频候选1个,并获得相应的奖项。在市本级开展贺州青年文明号活动二十年成就奖、突出贡献奖、优秀组织奖评选工作,最终评选出4个集体成就奖、4个个人成就奖、3个突出贡献奖、3个集体优秀组织奖、3个个人优秀组织奖。举办了市级青年文明号负责人培训班，培训了公安、工商、教育、卫生等十几个系统和企事业单位的青年文明号（创建）集体号长或负责人100多人。协助开展自治区级青年文明号复合检查工作，被抽查的14家青年文明号集体中，6家成绩优秀，其余为合格。

【从严治团】 2016年，团市委积极开展“两学一做”学习教育活动，组织团市委机关全体干部职工到钟山县清塘镇中共广西省工委历史博物馆开展爱国主义教育活动，组织西部计划志愿者到桂岭镇开展重走长征路活动。严格发展团员和管理团员，并推动团员注册成为志愿者，2016年全市各级团组织发展团员13409名。 （团市委）

贺州市妇女联合会

【妇联组织及工作概况】 贺州市妇女联合会（简称市妇联）设党组1个，设党支部1个，共有党员8人；机关定编7人，内设办公室，组织、联络部，宣传部，发展、权益部，儿童部，妇女儿童工作委员会办公室等6个部（室）。下辖县（区）妇联5个，乡镇妇联57个，街道办事处妇联4个，村妇代会707个，社区妇联44个。同时，在县以上机关、事业单位建立了妇委会（妇女小组）。

【妇女组织建设】 2016年全市各级妇联争创自治区示范性“妇女之家”6个、命名贺州市五星级“妇女之家”5个；在1473个“两新”组织中组建妇联组织或选派联络员，妇联组织和妇女工作覆盖率为88.2%，形成纵向巩固、横向发展、统筹城乡、覆盖广泛的妇联组织网络。圆满完成5个村的妇代会改建妇联试点工作，基层妇女干部的队伍得到进一步充实和优化。打造“互联网+妇联”工作新品牌，建立“贺州妇女”、“八步女性”等妇联微信公众号，建立贺州市妇联系统微信工作交流群、贺州市妇联系统QQ工作交流群，积极宣传和交流妇女工作；组织110名妇联系统领导干部使用网上工作平台“妇联通”；组建一支由妇联系统干部、团体会员、执委、妇女代表等379名网评员组成的妇联网宣（网评）队伍，实时关注妇联网络舆论动态，主动发声，在正面宣传和网上舆论斗争中占领主阵地。

【女干部培训工作】 2016年，贺州市妇联采取多种形式组织妇女干部开展培训。“三八”期间，在市委党校举办“关爱女性　健康同行”妇女健康知识专题讲座。讲座邀请贺州市妇幼保健院副院长、副主任医师周正银和贺州市妇幼保健院妇产科副主任医师包群娣分别做了《常见妇科病及防治知识》和《孕期保健知识讲座》的专题讲座。联合市红十字会举办“关爱弱势群体．彰显文明新风”未成年人心理学辅导讲座1场，对100多名从事未成年人思想道德建设工作的干部进行培训。2016年9月，贺州市委组织部、市妇联邀请广西妇干校校长、教授黄筱娜为贺州中青年干部班、女干部班、少数民族干部班的150多名学员上公共课。开展贺州市基层妇女干部大培训5期，培训村“两委”女干部、经济女能人750多人。联合有关部门在市委组织部会议室举办学习贯彻党的十八届六中全会精神宣讲报告会。贺州市委宣传部常务副部长宋启愿做自治区第十一次党代会精神和贺州市第四次党代会精神主题宣讲。举办2016年贺州市网宣队伍培训班，邀请了贺州市委外宣办、市政府新闻办和贺州日报社有关领导进行了授课。

【妇女参政议政】 2016年，全市有厅级女干部5名，处级女干部123名，占处级干部14.96%，县区政府领导班子中有女干部的班子比例为100%。2016年，贺州市妇联共提拔妇女干部19名。特别是在2016年县区领导班子换届中，新一届县区四家班子配备有妇女干部22人，占15.8%，比换届前增加5人，每个班子均配备有女干部，其中女正职2名。全市乡镇新一届领导班子中，配备妇女干部有144人，占20.66%，其中女党政正职17人，14.91%。2015年—2016年村委会成员3751人其中女性781人比例20.8%，村委会主任704人其中女性24人比例3.4%，居委会成员258人其中女性74人比例28.6%，居委会主任48人其中女性10人比例20.8%。村、居委会女性配备比例达到100%。

【三八妇女节106周年纪念活动】 2016年3月1日，贺州市妇联举办“关爱女性　健康同行”妇女健康知识专题讲座。讲座邀请贺州市妇幼保健院副院长、副主任医师周正银和贺州市妇幼保健院妇产科副主任医师包群娣分别做了《常见妇科病及防治知识》和《孕期保健知识讲座》的专题讲座。

2016年3月1日，贺州市妇联授予陈有凤等12人贺州市三八红旗手称

2016年4月26日，贺州市妇联在昭平县召开“产业到家、牵手妈妈”巾帼脱贫行动现场推进会

号；贺州市妇联授予贺州市园林绿化管理处园林管护科等6个单位贺州市三八红旗集体称号。

2016年3月1日，贺州市妇联在市委党校一楼学术报告厅举行贺州市2016年寻找“最美家庭”活动启动仪式。贺州市政协副主席贝小燕宣布活动启动。

2016年3月4日—5日，贺州市妇联举办贺州市“我们的节日”纪念“三八”国际劳动妇女节106周年气排球比赛。

2016年3月8日上午，贺州市委召开纪念“三八”国际劳动妇女节106周年暨“凝聚巾帼力量　共建美丽贺州”女领导干部座谈会。

2016年3月10日，贺州市召开贺州市反家庭暴力联动机制工作研讨会。市妇儿工委办、市中级人民法院、市公安局、市检察院、市司法局、市民政局、市教育局、市卫计委、市文化新闻广电局、市总工会、团市委、市妇联、市残联等13家单位的分管领导和业务人员参加会议。

2016年3月23日上午，贺州市妇联召开三届四次执委（扩大）会议。贺州市委副书记唐毓流出席会议并讲话。

2016年3月23日上午，贺州市委书记赵德明、市长李宏庆在贺州会见该市全国三八红旗手黄燕英，自治区三八红旗手代表苏飞群、黄善云，广西三八红旗集体的代表董慧轶、柳爱云、冯耿等人。

【重要会议】 2016年3月8日上午，贺州市委召开纪念“三八”国际劳动妇女节106周年暨“凝聚巾帼力量　共建美丽贺州”女领导干部座谈会。贺州市人大常委会副主任韦丽萍，市委副书记唐毓流，市委常委、统战部部长刘雪萍，市委常委、组织部部长廖立勇，市政协副主席贝小燕、唐玉梅、义芳、廖桂生等市领导出席了会议。会议由贺州市委常委、组织部部长廖立勇主持。

2016年3月23日上午，贺州市妇联召开三届四次执委（扩大）会议。贺州市委副书记唐毓流出席会议并作重要讲话。

2016年8月22日上午，贺州市妇联召开三届五次执委会议。贺州市委副书记唐毓流出席会议并作重要讲话。会议替补了1名市妇联三届执行委员会委员。梁友娟当选市妇联三届执行委员会主席。

2016年9月13日，贺州市召开全市妇女儿童工作暨推进两纲工作会议。贺州市委常委、宣传部部长、副市长、妇儿工委主任朱东，市妇联主席、市妇儿工委副主任梁友娟出席会议。

（妇联）

贺州市科学技术协会

【科协组织及工作概况】 2016年贺州市科学技术协会（简称贺州市科协）核定编制8个，在编干部职工8名。内设办公室、科普部、学会部、青少部4个职能部（室）；辖县（区）科协5个、市级学（协）会21个。2016年贺州市科协先后荣获全国全民科学素质工作先进集体、全国科普日优秀组织单位、第31届广西青少年科技创新大赛基层赛事优秀组织单位、广西十月科普大行动先进单位等称号；科普信息化工作受到中国科协的关注并得到广西科协领导的批示和在全区发文推广；主席张佩娟被评为全国科普工作先进个人、全国科协系统先进工作者；贺州市的作品在全国青少年科技创新大赛上受到国家领导人李源潮的关注。

【科普活动】 3月23日至24日，贺州市科协、市气象局以世界气象日为契机，围绕“直面更热、更旱、更涝的未来”主题联合开展系列气象科普宣传活动，并出资30万元分别在两所学校建立了“校园气象站”。

5月8日至12日，贺州市科协联合相关部门与广西木偶剧团举办“唱响八桂中国梦·艺术精品到基层”科普木偶剧贺州巡演活动。巡演为期五天，在城区启动并首演后组成两个分团分赴三县两区16所乡村学校演出，全市1.5万名师生享受了这一文化大餐和科普盛宴。

5月13日，2016年广西科技周贺州活动暨科技服务企业“五送”活动在利升石业有限公司举行，贺州市科协参与活动并发放《农村致富秘籍》光盘和科普资料600多份。

9月28日，贺州市科协联合其他部门在八步龙山小学举办2016年贺州市“十月科普大行动”启动仪式，并在该校启动了“魅力科普进校园”系统活动，组委会还为该校带去气象、卫生、地震、食品安全、无线电专家，开展了科普知识讲座，整个活动给孩子们送去了满满的科普大餐。

12月3日，贺州市科协与市教育局、无线电管理处在八步龙山小学举办2016年贺州市青少年航模暨无线电测向大赛，86支参赛队400多名选手、辅导老师参赛。

2016年5月，由自治区党委宣传部、自治区文化厅主办，市科协、市教育局、市文新广电局、市文明办承办的“唱响八桂中国梦　艺术精品到基层”科普木偶剧贺州巡演活动在贺州市举办

【科技服务与交流】 2016年，贺州市科协积极履行党和政府联系科技工作者的桥梁和纽带职责，团结和带领广大科技工作者，围绕中心、服务大局，开展科技服务、学术交流活动。一是努力建设“科技工作者之家”。积极做好科技人员调查摸底和建档立卡等工作，通过科技人员座谈会等形式，走访慰问科技工作者，加强与科技人员的沟通联系。2016年，市委、市政府慰问10名科技工作者，贺州市科协走访慰问各界科技工作者30人。二是组织“八桂科技英才风采展”巡展活动。贺州市科协联合市委组织部、市文明办等单位开展“八桂科技英才风采展”贺州巡展活动，分别在五个县区巡回展出。经过10个月的巡展，近5万科技工作者、干部群众和青少年学生观看了展览。三是抓好科技工作者调查站点建设。2016年向中国科协、广西科协报送调研信息17篇，完成有效信息上报率达100%。其中，中医院站点报送的《基层中医院心电图科专技人员技术水平待提高》《基层中医院卫生技术人员继续医学教育达标率低》和贺州市科协站点报送的《农村科普带头人作用发挥不明显》等3篇信息被广西科协采用。四是开展贺州市科技工作者状况调查。6月至8月组织开展了贺州市科技工作者状况调查。采集220份数据进行分析研究，提出了做好贺州市科技工作的对策建议，为党委、政府创新驱动发展战略、创新科技体制，制订科技人才政策提供了科学依据和决策参考。五是举办自然科学优秀论文评审表彰活动。联合市科技局、市人社局开展2014—2015年自然科学优秀学术论文评审表彰工作。共收上论文110篇，其中市医学会49篇。经组织专家评审，评选出一等奖17篇、二等奖21篇、三等奖29篇。论文的质量、数量均比往届有所提高。

【青少年科技教育活动】 2016年，贺州市科协以广泛组织开展各类活动为抓手，认真组织开展各类青少年科技教育活动传统项目。同时，创新举措，承办“唱响八桂中国梦·艺术精品到基层”科普木偶剧贺州巡演等活动，全市的青少年科技教育工作开创了新局面。

2016年5月29日，市科协牵头联合市教育局、市科技局举办第二届贺州市青少年科普剧大赛。全市三县两区、市直学校16支代表300多名学生、辅导老师、学校领导参赛

3月18日—20日，由贺州市科协主席张佩娟率领26个参赛项目36名选手参加第31届广西青少年科技创新大赛，共获奖90项，其中：一等奖18项、二等奖30项、三等奖32项，有14个项目被推荐参加第31届全国青少年科技创新大赛。

3月和5月，昭平县、富川瑶族自治县分别承办以“体验科学”为主题的中国流动科技馆巡展。每个县巡展长达2个月，前往观摩、体验的青少年和干部群众共有10万人次。

5月6日，贺州市科协联合市教育局举办贺州市第六届青少年机器人竞赛。三县两区及市直学校66支参赛队近300名青少年参赛，大赛评选出一等奖27个、二等奖37个、优秀组织奖5个、优秀教练员40名。

5月13日至15日，贺州市组队参加2016年广西青少年机器人竞赛。贺州代表队共获创意竞赛、基本技能、FLL工程挑战赛、WRO工程挑战赛四大项目的一等奖11项、二等奖16项、三等奖10项。

5月29日，贺州市科协牵头，与市教育局、科技局联合举办了第二届贺州市青少年科普剧大赛。全市三县两区及市直学校16支代表队参赛，共评选出一等奖3个、二等奖5个、三等奖8个和单项奖一批。

9月下旬，贺州市科协邀请广西未成年人科普演讲团、中国天文学会会员覃育和广西区气象信息中心高级工程师、南极科考队员李静锋，以及南宁市第一中学通用技术教师王冈，分别深入全市三县两区15所中小学校巡回举办广西“大手拉小手，科普报告希望行”贺州科普报告会，3000多名师生聆听了报告。

9月，贺州市以“走进创客，创新体验”为主题，围绕《活动手册》的相关内容和资源包，开展学习活动、体验活动、调查活动、拓展活动和征集活动。全市18所学校提交活动调查表4000多份，共有7所学校获得2016年广西青少年科学调查体验活动推广示范单位。

9—10月，贺州市科协联合市教育局、科技局等单位开展了第四届广西青少年科学节贺州活动，组织中小学校、青少年校外活动中心、乡村学校少年宫、科普场馆、青少年科学工作室等场所广泛开展科学节活动。全市27所学校、校外活动中心开展了活动，学生参与率90%以上。

11月19日至20日，贺州市科协牵头，联合市教育、市科技局成功举办了贺州市第十五届青少年科技创新大赛。来自全市三县两区、市直学校的500多名青少年学生、科技辅导员、各县区科协、教育、科技部门的分管领导和部分学生家长、市民群众参加了大赛展示、观摩和创意交流体验活动。共有273项作品400余名选手参赛300余名师生和各界人士观摩,大赛选拔推荐了93项优秀作品参加第32届广西青少年科技创新大赛。

【基层科普】 2016年,贺州市科协坚持主动服务,创新工作思路,整合科普资源,在抓好科普宣传上进行了新尝试和新探索,在服务全民科学素质提升上实现了新突破。一是深耕"贺州微科普"系列品牌。通过与贺州电台联办"科普杂志"和"贺州微科普"微信公众号,与市委组织部、市气象局联办"远教微科普"大喇叭,与市远程办开设远程教育科普专栏,与市公安局联办"贺州微科普"手机短信,在贺州火车站站前广场设置大型LED科普显示屏等举措,深耕"贺州微科普"品牌,初步建立起一套符合时代要求、覆盖城乡基层、传播速度快、信息量大、互动性强的多元立体科普传播网络体系。"贺州微科普"被推荐为2016年全国"十月科普大行动"特色活动。二是实施"基层科普行动计划"项目。2016年,全市新发展农技协13个,其中:平桂区6个、八步区3个、昭平县2个、钟山和富川各1个;有7个科普项目获得全国基层科普行动计划先进单位和个人奖励;有5个科普项目获得广西科普惠农兴村计划先进单位和个人奖励,共获奖补资金161万元。同时,市、县科协积极做好"五个一"农村适用技术培训工作。2016年,共举办农村适用技术骨干培训班42期,培训3800人次,各级农技协举办各类培训班75期,培训5500多人次,发放各类科技宣传品2万余份。三是开展科技助力"精准扶贫"。与市委宣传部联合征订全年《南方科技报》1000余份,分别向全市267名贫困村"第一书记"、151家农家书屋、57个乡镇农业服中心和一批农村专业技术协会、农村科普示范基地及种养大户免费赠阅。同时,联合组织部门摄制《贺州市农村致富秘籍》系列电视片、《农业技术通500问》科普微课件,并在党员远程教育网开设了科普博览专栏,为贫困地区农民群众脱贫致富提供科普服务。

2月4日,八步区荣膺首批2016—2020年度全国科普示范县(区)称号,实现了贺州市全国科普示范县(区)零的突破。

2月5日,由广西科协出资、贺州市科协实施的贺州首块科普宣传LED大屏在贺州火车站站前广场顺利建成并运行,每天分三个时段滚动宣传科技发明创造、健康科学、医药常识、生活窍门等与百姓生活息息相关的科普知识。

4月27日,市政府组织召开"十二五"全民科学素质工作总结会议,总结贺州市"十二五"全民科学素质工作情况,部署"十三五"的相关工作。市政府副市长黄志光出席会议并讲话。各县区政府分管副县(区)长、科协主席和全民科学素质工作成员(责任)单位的分管领导、联络员参加会议。

6月22日,贺州市"远教微科普"广播栏目开播仪式在市气象局举行。市委常委、组织部部长廖立勇出席开播仪式并讲话。

12月2日,市、县区科协组织20多家农技协、科普示范基地、科普带头人和近百个品种的名特优农产品参加2016年广西"科普惠农兴村计划"成果交流活动。

12月7日,广西区科协下发桂科协普发〔2016〕39号文件,向全区推广贺州市科普信息化建设典型经验。

(科协)

贺州市文学艺术界联合会

【文联组织及概况】 贺州市文学艺术界联合会(简称贺州市文联),下辖八步区、平桂区、钟山县、富川瑶族自治县、昭平县等三县两区文联和公安文联、平桂飞碟文联。全市有文学创作、美术、书法、音乐、舞蹈、摄影、戏剧曲艺、民间文艺家、文艺评论家等市直各艺术专业协会会员1500多人,其中省级以上会员400余人。市文联机关编制5人,事业编制4人,后勤编制1人。2016年,文艺工作围绕贺州市委市政府中心工作要求,积极巩固文艺惠民工程,实施文艺激励机制,组织文艺精品创作,举办文化艺术活动,开展对外文化交流。

【文艺创作】 2016年10月,由市文联汤松波、杨剑华创作的瑶族铃鼓《歌堂夜》获广西首届曲艺展演节目奖(最高奖);汤松波、邱有源等创作的"美丽南方　广西"系列歌词(13首)入选系自治区党委宣传部主编的"美丽南方　广西故事"歌曲选集。原创音乐作品《美丽广西我的家》《三姐的歌万人和》(作词汤松波)《长寿老人》《红豆生南国》(作词邱有源)入选"美丽南方　广西故事"主题征歌活动优秀歌曲并于国庆前后在广西电视台、广西人民广播电台滚动播出……

长篇小说《股份农民》改编同名电视剧2016年完成摄制,该剧在影视领域首次树起"南方农民"勤劳、进取、创新形象的大旗,真实展现了波澜壮阔的社会主义新农村建设中出现的新人、新事、新气象,艺术表现了21世纪当代中国农村发展的新进程,生动展示了当代南方农村生活画卷。《股份农民》电视剧共36集,由中央电视台电视剧中心著名导演延艺执导,张国强、傅晶、郭家铭、张雯等著名演员实力出演。于2016年底与观众见面。

2016年8月,第二届《飞天》十年文学奖在甘肃兰州揭晓,贺州市作家汤松波的《民族花环(组诗)》荣获诗歌奖。9月,贺州市的长篇小说《股份农民》(作者朱东),歌曲《爱你风雅》(作词邱有源),玉雕作品《逐》(作者方志杰),小戏《连心店》(作者裴志勇、莫波、聂小文),曲艺《莲花雨》(作者邱有源、杨剑华)等五件文艺作品喜获第七届广西文艺创作铜鼓奖,无论是数量还是艺术门类,均实现了贺州市文艺精品创作获自治区政府奖的重大突破。

2016年,市文联对《贺州文学》进行改版升级,将原刊每季出刊、每期80个页码、分送市内,改为双月刊、160个页码、分送市内各机关、事业、企业单位及广西区直各单位、珠江西江经济带、粤桂黔高铁经济带各友好城市,扩大了贺州的社会影响力,增强了贺州的美誉度。改版升级以来,各期《贺州文学》先后有作品被《广西文学·内刊选粹》选登或被国内知名文学刊物《十月》《花城》《芳草》转载,初步形成了岭南优秀文艺期刊文艺品牌的雏形。

【文艺研讨展演交流】 2016年，贺州市创作文学、书法、美术、摄影、歌曲等各类文艺精品参加省部级以上单位展演、展示和展播的文艺精品313件，入展、获奖作品72件。

同时，积极开展系列"走出去""请进来"文艺活动，着力打造贺州亮丽的"文艺名片"。3月，围绕"生态贺州　长寿胜地"主题开展文艺研讨、采风活动，建市以来，首次成功承办了全国性"中国多民族作家走进贺州"的采风创作活动，得到了来自全国各地23个少数民族作家的赞誉。5月，指导县区文联积极申报创建由广西文联颁发的"广西书法之乡""广西桂剧、瑶族山歌之乡""广西客家歌谣之乡"。9月，组织完成了"美丽南方·意象潇贺"贺州美术系列创作，相关系列画展6场(次)，展出美术精品近200幅，惠及群众近5万人次。联合广西音乐家协会，组织广西、贵州、湖北三省区的著名词曲作家深入贺州采风，创作完成"美丽南方·广西故事"《潇贺长歌》，作品集已正式出版发行。

【文艺惠民】 2016年，全市文联系统有文艺志愿者1500多人(次)参与文艺支教、公益展演、主题采风创作等文艺志愿服务130多场(次)，直接受益群众5万多人(次)。

4月29日，市文联、市音乐家协会组成文艺志愿服务队，深入国家级贫困县昭平，举办"黄姚故事"音乐会，向当地群众及景区游客进行公益演出，助力当地旅游文化发展。

2016年10月，在贺州市文联指导推荐、积极争取下，昭平县被中国文联列为全国首批27个"文艺扶贫奔小康"志愿服务行动工作示范县之一。

【文联队伍建设】 2016年，贺州市文联选派1名干部到经济部门挂职锻炼；选派干部5人次参加中国文联文艺扶贫奔小康文艺会员行动培训班、中国曲艺家协会高级研修班、广西文联文艺家读书班、贺州市宣传文化干部专题培训班等培训，多形式多渠道培养优秀人才，有效提升了文联干部整体素质。

2016年12月，指导成立贺州市文艺评论家协会，发展会员200多名。同时，大力推荐市直各文艺家协会会员加入上级协会，新增国家级协会会员1人、自治区级会协会会员16人。

【文化产业】 2016年，为贯彻落实广西壮族自治区党委、政府《关于加快旅游业跨越发展的决定》和贺州市关于旅游发展工作的有关精神，推动贺州市旅游文化产业发展，贺州市文联围绕中心，服务大局，努力探索文化旅游产业发展之路，充分发挥在文化项目策划方面的优势，依托贺州市作为世界长寿市、目前全国唯一一个"中国长寿之乡"县域全覆盖的地级市在历史文化、生态资源和长寿底蕴的禀赋优势，引进广西鑫福家园文化传播公司打造以"山水实景演出、健康美食体验、长寿养生家园"为要素的旅游文化产业综合体，项目投资额为10亿元。通过打造"瑶族文化、长寿文化和养生文化"等具有贺州地域特色的旅游文化符号，发展内涵丰富、形式多元的旅游文化产业项目，在全国打响"生态贺州·长寿胜地"旅游文化品牌。2016年12月，该项目战略合作框架协议已经市政府常务会议研究批准实施。　（文联）

贺州市社会科学界联合会

【社科联组织及工作概况】 2016年末社科联有团体会员45个。内设机构2个(综合科、规划科)，在职人员5人(其中主席1人，专职副主席1人，工作人员3人)。现任领导是第二届社科联委员会，有委员25人，其中常务委员14人，兼职副主席7人，现任主席向云，副主席邱彧。贺州市社科联获2016年度自治区社科联工作成绩突出单位、自治区社科联系统舆情信息工作先进单位。

【社会科学学术活动】 9月26日，市社科联举办"贺江论坛"第六期"面向桂粤湘，构建大物流"专题座谈会，专家学者围绕贺州产业物流园特征、意义与布局原则、建立区域物流体系规划提出了20多条有针对性、前瞻性的意见建议。11月25日，举办"贺江论坛"第七期"社会组织在经济社会发展中的积极作用"专题讲座，自治区民政厅民间组织管理局副局长、广西社会组织促进会会长刘宏作专题报告，对贺州市创新社会服务管理、不断提升社会组织为经济社会发展作贡献的能力和水平带来许多新的启示。2016年市社科联开展第三次社会科学优秀成果奖评选活动。本届评奖工作由社会科学领域专家组成的评审委员会对参评的196份材料进行认真评选，共评出59项成果，其中著作类成果13项、论文类成果28项、调研报告类成果18项，作品范围涵盖经济、政治、法律、教育及文史哲等社会科学各领域，是对贺州市近年来社会科学研究成果的一次集中展示。获奖作品由市人民政府下文表彰。12月2日至5日，第二届两岸青年农业论

2016年9月26日，举办的"贺江论坛"第六期"面向桂粤湘，构建大物流"专题座谈会现场

坛在黄姚古镇隆重举行。贺州市社科联负责承办主旨论坛。专家学者共同探讨如何抓住科技与创意农业、“互联网+农业”、长寿健康食品等领域新业态机遇，打造新的现代农业服务模式，实现两岸资源整合优化。会后，编辑出版《第二届两岸青年农业论坛成果汇编》，为此次两岸合作与交流留下宝贵的档案资料。

【社会科学普及活动】 2016年，贺州市社科联认真抓好社科普及工作。一是积极参加贺州市科技、文化、卫生“三下乡”集中服务活动，通过布置宣传展板、开展有奖问答等形式，向农村群众宣传十八届五中全会、社会科学各领域知识。发放资料2000份，接受群众咨询300人次，向大宁镇捐赠帮扶资金1万元。二是认真开展社会科学普及大行动。年内共获得全区社会科学普及联合大行动资助项目4个。在贺州学院成功举办题为“潇贺古道文化在八桂文化中的地位”的社科大讲坛。各县区社科联也分别举办了社科讲坛和广场科普活动。三是开展社会科学普及进校园活动。11月，联合市教育局在贺州市社科普及共建基地挂牌单位——贺州市实验中学开展社会科学普及进校园活动，举办“美丽校园，有你有我”黑板报比赛。

【社会科学研究工作】 2016年，社科联积极开展应用对策课题研究，为党委政府决策提供智力咨询。一是根据市委、市政府年度重点工作，精心选题，策划开展《贺州市发展长寿养生产业研究》专项课题研究，为贺州市发展长寿养生产业提出可操作性的建议。二是认真组织哲学社会科学规划课题研究。通过公开招标、专家评审等方式确定2016年哲学社会科学规划研究课题，共资助《贺州市构建国家生态保护与建设示范区战略研究》等7个项目，其中重大课题1个，重点课题3个，一般课题3个。三是组织县区社科联开展县级应用对策研究课题，不断提高县级社科联的研究能力和水平。八步区、平桂区、钟山县社科联开展的3个课题研究获得自治区社科联的立项资助，其中平桂区社科联的《生态平桂　绿色崛起——平桂区生态建设应用对策研究》获得全区县级社科联应用对策课题研究优秀课题一等奖。

【社会科学成果】 2016年，社科联共出版内刊4期，刊登理论文章80多篇，社会科学信息30多条。出版社会科学理论研究专著《贺州发展高铁经济带理论与实践探索》。该书从承接产业转移、发展碳酸钙新材料产业、推进旅游产业发展、建设高铁新城、发展特色农业、发展服务业等6个方面进行了探讨，对贺州发展高铁经济带提出了可行性建议。编辑出版社会科学工具书。编辑出版《社会科学新词热词速查手册》，收录近5年以来中央、自治区以及贺州市党委、政府提出的具有战略意义的新概念、新理念，和网络上出现的大众较为关注的新词、热词。该书的出版发行，为干部群众的工作学习提供了方便，受到一致好评。

【党建工作】 2016年，社科联开展“学党章党规、学系列讲话、做合格党员”学习教育活动。制订“两学一做”学习教育方案和学习计划，严格落实“三会一课”制度。采取集中学习和个人自学相结合、开展专题辅导、每个党员轮流讲党课的方式，组织党员逐篇逐本学习中央规定的必学内容和必读篇目，做到通读熟读、学深学透。班子成员深入扶贫联系点八步区步头镇黄石村上党课，扩大了“两学一做”学习教育活动范围。　（社科联）

贺州市归国华侨联合会

【侨联组织及工作概况】 贺州市侨联是由市委直接领导的群团组织，由市委常委分管侨联工作。市侨联机关共有行政编制3个，后勤控制编1个，无退休干部。现有主席1人，兼职副主席两人，秘书长1人，后勤控制编人员1人。党组织关系由中共贺州市委统战部支部管理，辖区内的基层侨联组织有5个，分别为钟山县、昭平县、富川县、八步区和平桂区侨联。贺州市第一次归侨侨眷代表大会于2006年10月12日召开，贺州市侨联机关于2007年8月23日挂牌成立。贺州市是广西重点侨乡之一，现有归侨232人，侨眷18406人；港澳同胞亲属29099人；海外华侨、华人730多户，约2830人，主要分布在东南亚和美国、加拿大、英国、法国、毛里求斯等23个国家。

【侨界文化交流】 2016年6月16日至20日，由贺州市侨联主席屈春秀带队组成的贺州市代表团一行15人赴韩国参加由韩中文化交流协会举办的“第16届韩中文化交流会演”活动。此次活动主要是为韩中文化交流搭建平台，更好地传承韩中传统民族文化，进一步促进韩中友谊的健康发展。参加本次活动的有来自中国上海、澳门、南宁、贺州和韩国首尔、安养市、安山市等地的代表队。在此次文化交流与会演活动中，贺州市代表队表演的唢呐独奏《打枣》《百鸟朝凤》和歌舞《爱你风雅》《歌飞天下》等节目，赢得了观众的赞扬与好评，并分别荣获了韩中文化交流协会颁发的优秀节目荣誉纪念奖，贺州市侨联也同时荣获优秀团队荣誉纪念奖。代表团并就贺州市与韩国安养市合作办学互派留学生等项目，专程考察了韩国知名学府安养大学，为贺州今后与韩国各界人士在经济、文化、教育和科技等领域方面的合作奠定了良好的基础。

【参政议政】 2016年3月30日，贺州市侨联召开全市侨联工作会议暨市侨联二届七次全委（扩大）会，市侨联二届委员、各县区侨联机关全体干部参加会议，市直涉侨涉外部门的领导和各县区党委分管侨联工作的领导应邀出席会议。市委常委、统战部部长刘雪萍出席会议并作讲话。刘雪萍部长在讲话中充分肯定市侨联在2015年所取得的成绩，并对2016年全市侨联工作提出了要求。会议还传达了中共中央书记处对侨联工作的指示精神和自治区侨联九届事次全委会议精神，审议通过市侨联主席屈春秀代表市侨联常委会作的题为《着实汇集侨界力量，主动融入发展大局　为助推贺州市“十三五”规划开好局贡献力量》的工作报告。

【维护侨益服务侨胞活动】 2016年1

开展春节“送温暖、献爱心”慰问归侨侨眷活动

月25日至2月1日，由贺州市委常委、市纪委书记黎云、市政协副主席廖桂生带队，市侨联主席屈春秀陪同，市侨联先后赴三县两区开展春节“送温暖，献爱心”慰问活动。据统计，2016年春节前夕，全市各级侨联共走访慰问侨众、侨企130户(个)，其中困难归侨侨眷、归侨侨眷代表人士、新侨代表和驻村扶贫点困难户125户，有突出贡献的华商代表企业5家，发放慰问金和慰问品共计6.40万元。

2016年1月19日，澳大利亚华人企业家、慈善家魏基成“温暖列车”项目捐赠活动到昭平县仙回茅坪、走马东坪、五将武阳村小学等地开展，受魏基成夫妇委托，昭平县侨联干部将200件爱心棉衣送到孩子们手中；4月23日，魏基成“天籁列车”项目捐赠活动在昭平县黄姚镇篁竹村举行，捐赠活动共捐赠助听器100台，老花镜300副，价值20多万元；10月18日，魏基成再次来到昭平县黄姚镇北莱村开展爱心助残捐赠活动，共向黄姚镇北莱村、罗望村、枧盘村捐赠爱心冬衣140件、助听器60台，价值20多万元。

2016年7月7日至8日，港澳加东井圆林东慈善基金会、中山市林东慈善基金会组织28名海外爱心侨胞到访贺州并捐赠爱心善款13万元人民币。其中，3万元已作为首批扶助资金捐助新凤村小学，为新凤村的脱贫建设工作添砖加瓦。同时，市侨联积极开展“扶贫日”活动，为村部建设捐赠办公用品，并与镇、村干部共同探讨发展本村新兴产业的思路，制订下一步工作措施，推动新凤村的全面发展，共创美好未来。（侨联）

贺州市残疾人联合会

【残疾人组织及工作概况】 贺州市残疾人联合会(简称市残联)，机关内设办公室、教就部、康复部、组联宣文维权部4个部室，下属市残疾人就业服务中心、市残疾人康复中心(市残疾人辅助器具中心)2个事业单位，下辖八步区、平桂区、钟山县、富川瑶族自治县、昭平县等三县两区残联。2016年贺州市有乡镇(街道)残联61个、理事长61名，村(社区)残协755个、专职委员767名。市残联机关有编制7个，实际配备6人；下属事业单位有编制10个，实际配备10人。2016年，市残联认真贯彻落实加快推进残疾人小康进程的决策部署，扎实开展“两学一做”学习教育，团结带领全市广大残疾人，锐意进取、真抓实干，扎实推进各项工作的落实，取得显著成效。

【组织建设及人才培养】 根据市委人事安排和《中国残疾人联合会章程》，市残联于2016年9月组织召开市残联第三届主席团第二次全体会议，调换主席团部分委员、副主席，推选黎春玲同志担任市残联第三届执行理事会理事长，并审议通过市残联第三届执行理事会工作报告。进一步夯实基层残疾人组织基础，依托村(社区)各类服务资源，积极打造“一站式”服务的“残疾人之家”300个，为残疾人提供日间照料、康复服务、就业指导、教育培训、文体娱乐等各项服务。深入实施“强基育人”工程，进一步提高残疾人专职委员待遇，在自治区补助村残疾人专职委员每人每月30元的基础上，市本级再补助每人每月10元，各县(区)再补助每人每月20元以上。

【残疾人基础管理】 2016年，根据自治区残联关于残疾人基本服务状况和需求信息数据动态更新工作安排，市残联指导各县(区)残联开展残疾人基本服务状况和需求信息数据动态更新工作业务培训。从2016年7月份开始，组织县(区)、乡镇(街道)、村(社区)三级工作人员900多人，走访村(社区)755个，完成登记对象底册预采集62447名，除已故(注销)残疾人3339人，完成调查登记填表58501人，入户调查率达97.2%，圆满完成2016年度残疾人基本服务状况和需求信息数据动态更新工作。

【扶贫解困工作】 2016年，市残联积极配合民政部门实施困难残疾人生活补贴和重度残疾人护理补贴项目，发放重度残疾人护理补贴740.34万元，受益残疾人12339人；发放困难残疾人生活补贴577.5万元，受益残疾人9625人。积极与扶贫部门沟通协商，在全市范围内开展农村残疾人贫困户的专项精准识别工作，识别残疾人13374人，并录入精准扶贫系统。组织基层党组织、党员干部与残疾人家庭结对帮扶，在技术、信息等方面提供帮助服务，共投入资金89万元，其中自治区补助62.3万元，市、县(区)配套26.7万元，共帮扶农村贫困残疾人890户。以“基地+贫困残疾人”的方式，通过产业带动扶持农村贫困残疾人提高收入，共投入资金125万元，其中自治区补助100万元，市、县(区)配套25万元，建立“阳光助残扶贫基地”5个，帮扶农村贫困残疾人500多户。（残联）

法　　治

编　辑:陈敏兰
许中继

人大立法

【执法检查】 2016年7月至8月,市人大开展《中华人民共和国环境保护法》《中华人民共和国大气污染防治法》《中华人民共和国水污染防治法》等环保法律法规的执法检查,肯定工作成效8项,发现存在问题9项,并重点检查中央环境保护督察组反馈的涉及贺州市环保工作存在问题的整改落实情况。

9月至10月,受自治区人大常委会委托,开展《中华人民共和国安全生产法》执法检查,指出存在问题2项,提出工作建议4条,要求逐步建立安全生产长效机制,确保全市安全生产形势持续稳定好转。

【立法工作】《贺州市黄姚古镇保护条例》作为贺州市拟制定的第一部实体地方性法规,列入市人大2016年立法计划。市人大常委会于2016年初指导市政府成立《条例》起草工作领导小组;3月下旬,组织相关立法人员先后赴重庆市石柱土家族自治县、云南省腾冲市等地进行立法考察;多次深入黄姚古镇实地调研,认真了解黄姚古镇保护和管理现状、面临的困难及亟须立法解决的问题,确保古镇保护立法符合实际需要;7月份,市人民政府将条例草案提请市人大常委会会议一审后,常委会多次开展立法调研、专家论证,向立法专家顾问咨询,委托桂林电子科技大学法学院进行评估论证,通过贺州日报、贺州人大网公开征求社会意见,书面征求昭平县人民政府、黄姚产业区管委及市直40多个部门的意见;11月份,市四届人大常委会第一次会议对条例草案进行二次审议。（人大办）

法治政府建设

【概况】 2016年底,贺州市法制办公室内设5个科室,即综合科、规范性文件审查和政府法律事务科、法制监督科、行政复议科和法规科,有1个二层事业单位,即贺州仲裁委员会秘书处,共有干部职工18人。

【地方政府立法】 2016年,贺州市法制办积极推动市政府立法工作有序开展,落实工作责任,规范各部门、各环节的立法工作要求与责任。组织人员到南宁、柳州等地学习地方立法经验,安排具体负责人参加市和自治区举办的各类进修班和培训班学习。认真落实《贺州市黄姚古镇保护条例》起草工作任务,经报市政府审议通过后报请市人大常务委员会审议。通过专题调研、书面征求、座谈会等形式,广泛征集立法项目建议,为制定2017年市政府立法计划奠定基础。完成了《贺州市规章制定程序办法》的起草、征求意见、咨询论证、上报市政府常务会议审议等工作。

【目标制定和实施】 2016年,贺州市法制办制订印发《贺州市2016年法治政府建设工作要点》明确了全年工作重点和目标任务;起草并经市绩效办审议通过2016年度县(区)、市直、区直驻贺有关单位法治政府建设考评指标和评分办法,并完成了法治政府建设的考核,确定将法治政府建设成绩纳入年度绩效考评。起草报请市委、市政府审议通过《贺州市法治政府建设实施方案(2016—2020年)》,明确今后五年贺州市法治政府建设的具体目标、任务和要

2016年6月21日,黄姚古镇保护条例专家论证会

求。认真组织、协调、统筹推进各级各部门依法行政、法治政府建设工作，成效显著，全市有5个单位被确认为市级第五批依法行政示范点。对照设区市法治政府建设专项考评指标要求，认真开展政府法制工作，并做好相关材料收集归档和迎检工作，贺州市2016年度法治政府建设绩效考评得分11.2分（其中加分1.5分），取得了较好成绩。把法治宣传教育工作紧密融合于推进建设法治政府工作全局，深入基层、深入群众并通过日常业务工作的开展努力做好法律普及和法制宣传教育，在市级以上各类媒体发布法治政府建设信息稿件共200余篇。

【行政执法监督】 加强规范性文件清理审核，强化行政执法监督管理。审核清理并确定政府规范性文件停止执行31件、失效17件、修改17件、继续有效135件；政府部门规范性文件停止执行19件、失效11件、修改11件、继续有效72件。提请市人民政府印发施行《贺州市行政执法评议考核办法（试行）》。对全市行政执法人员进行专项清理，共收回执法证件524个，保留有效执法证件2302个。成立专项工作领导小组，市本级40个执法单位已经实行行政执法公示制度。对重大行政处罚决定进行备案审查，全年共审查有关单位报备的重大处罚案件135件。进行专项行政执法监督检查和执法案卷评查，全市各级行政执法单位共自查行政执法案卷39062卷，其中：行政许可案卷33473卷，行政处罚案卷5089卷，行政强制案卷500卷。分别与市财政局、市档案局开展非税收入收缴情况、涉及重大建设项目有关单位档案管理进行监督检查，查找执法中存在的突出问题，并通报了检查情况。按照规范性文件“有件必备、有备必审、有错必纠”要求。全年报送自治区政府、市人大常委会备案文件11件，审核县（区、管理区）、市级单位报备文件24件。组织751人参加全区行政执法人员资格（续职）年度考试，合格593人。

【重大决策合法性审查】 2016年，贺州市法制办全年共审查重大行政决策事项14项，出具法律意见书364件（次），其中，规范性文件合法性审查意见书11件（次）。对民主法制领域全局性的重大改革项目提出意见或方案；参加各类涉法问题研究协调会议108次。参与市领导信访接待12人次，参加市信访事项研究协调会，并提出法律意见15件（次），办理市政协委员关于经济、民生、涉法事务的提案1件。

【政府法律顾问制度】 2016年，贺州市法制办印发实施了《贺州市政府法律顾问工作专项经费管理办法》（贺法制发〔2016〕18号）《贺州市政府法律顾问管理服务规则》（贺法制发〔2016〕19号），规范和加强对政府法律顾问的管理。聘请的法律顾问积极参与贺州市法治政府建设各项工作，在市政府重大行政决策合法性审查、地方政府立法、行政诉讼出庭应诉等方面，较好地履行法律顾问岗位职责，提供了大量的专业意见，有效发挥法律顾问的作用，共出具法律意见书7件、参与应诉案件5件。

【行政复议和应诉】 2016年，贺州市法制办全年共受理向市人民政府申请的行政复议案件24件，上期结转2件，结案19件，申请人在立案前自愿撤回申请4件。市政府作为被告的一审行政诉讼案件17件，3名市领导出庭应诉6件，行政机关负责人出庭应诉工作取得明显成效。制定印发《建立行政复议基层服务制度的指导意见》，拓宽基层行政复议案件受理渠道，全市共在乡镇（街道）设立10个行政复议咨询服务室。制定印发《关于加强和规范行政机关落实司法建议和检察建议的意见》，推动改进行政执法工作，提升行政执法水平。在全市组织了1期行政复议“三大纠纷”业务培训和案卷评查。

【仲裁工作】 2016年，贺州仲裁委员会受理仲裁案件54件，按期审结52件，标的额为60余万元。注重做好仲裁法律制度的宣传推广工作，协同有关主管部门、行业组织、专业机构在处理各类涉及财产权的民事纠纷时，指导和鼓励当事人依法运用仲裁法律制度解决纠纷，如贺州市工商银行优先选择仲裁方式解决金融争议纠纷，受理3件金融纠纷案件。进一步加强仲裁工作队伍建设，贺州市机构编制委员会第四十七次全体会议，同意增核贺州仲裁委员会秘书处全额拨款事业编制2名，充实了工作队伍。 （法制办）

法 院

【概况】 2016年贺州市中级人民法院下辖八步区、平桂区、钟山县、富川县、昭平县五个基层人民法院（其中，9月18日经最高人民法院批复，同意设立贺州市平桂区人民法院），设置17个人民法庭。内设政治部、办公室、研究室、立案庭、刑事审判一庭、民事审判一庭、审判监督庭等16个内设机构以及1个事业二层机构。全市法院在职在编干警人数495人。贺州市中级人民法院院长党组书记、院长成广。2016年，未成年人案件综合审判庭被最高人民法院评为全国法院先进集体，八步区人民法院被全国老龄办评为全国老年法律维权工作先进集体，涌现了以全国法院党建工作先进个人李坚为代表的一批先进干警典型。

【刑事审判】 2016年，贺州市法院共审结各类刑事案件2397件，判处罪犯2809人，同比分别上升43.7%和36.7%。依法严惩危害国家安全、公共安全犯罪，共审结此类案件723件，判处罪犯728人。其中，依法严惩黑恶势力犯罪和杀人、抢劫、绑架、爆炸、拐卖妇女儿童等严重危害公众安全感的犯罪，审结昭平县马江镇五死一伤特大杀人案等重大案件。共审结此类案件60件，判处罪犯78人；依法严惩贪污贿赂犯罪和渎职犯罪。共审结此类案件50件，判处罪犯60人；加大生态环境司法保护力度，依法惩处破坏环境资源犯罪。共审结此类案件61件，判处罪犯73人。

【民商事审判】 2016年，贺州市法院共审结各类民商事案件9276件，解决争议标的金额22.27亿元，同比分别上升9%和3%。审结婚姻家庭和继承纠

2016年6月15日，贺州中院召开“执行案件集中清理月”活动新闻发布会

纷案件1571件，促进家庭和谐；审结劳动争议纠纷案件317件；审结民间借贷纠纷案件1710件，涉诉标的金额4.88亿元，同比分别上升28.9%和3.8%；审结房地产纠纷案件613件；依法妥善审结钟山水泥厂等2件破产案件；审结了马峰凉粉侵害商标权纠纷等案件，共审结知识产权纠纷案件7件；依法审结涉外及涉港澳台案件8件。

【行政审判】 2016年，贺州市法院共审结各类行政案件179件，同比上升5.3%。为了加强人民法院与行政机关的良性互动，中院与市法制办、市环保局等部门签署《加强环境资源司法审判与行政执法协调配合备忘录》，合力守护贺州绿水青山；继续支持行政机关加强行政应诉工作，行政机关负责人出庭应诉率达到75%，同比提高50%，共有3名副市长出庭应诉。

【审判监督】 2016年，贺州市法院共审结再审案件16件。其中，改判10件，发回重审1件，少量确有错误的裁判得到及时纠正；切实抓好审判管理，确保放权不放任，监督不缺位。健全长期未结案件督办机制，案件法定审限内结案率为95.45%；规范减刑、假释案件审理，依法办结减刑案件1617件、假释案件3件。

【案件执行】 2016年，贺州市法院共执结案件3944件，结案标的16.42亿元，同比分别上升59.9%和107.8%，结案率达85.8%。其中，强化执行威慑，形成高压态势。加大媒体曝光力度，利用本地媒体、微信、微博及LED显示屏，公布曝光“老赖”名单。

【司法特色服务】 2016年，贺州市中院出台为加快推进生态健康产业发展和培育“两个千亿元产业”提供司法服务和保障的意见，昭平县法院、八步区法院分别成立了旅游巡回法庭、生态资源合议庭等专门法庭，服务贺州“绿色崛起”发展战略。服务供给侧改革，加强对商品房销售合同、借款合同等群发性纠纷案件的司法应对，及时运用调研成果指导审判实践；服务民计民生。加大对妇女、儿童、老年人等弱势群体的司法保护力度，切实维护弱势群体合法权益；创新司法便民、利民举措，通过巡回办案、网上立案、QQ法庭接访等措施，切实降低当事人诉讼成本；加大对生活确有困难的刑事被害人、信访人、申请执行人救助力度，共为128人发放司法救助金122万元；加强法律援助，依法为符合条件的当事人减免相关诉讼费用149.8万元，确保困难当事人打得起官司；保障律师诉讼权利，为律师依法履职提供便利。

【司法体制改革】 2016年，贺州市法院加大司法体制改革力度。完成首批法官入额工作。全市共有173法官进入法官员额；深化司法责任制改革。积极推进“司法管理扁平化、审判实质化、分工专业化”的改革，建立专业法官会议、审判委员会讨论案件清单等制度，确保“让审理者裁判，由裁判者负责”司法责任制的落实。由院、庭长参加案件审理并直接签发裁判文书的案件比例达到80%；推进家事审判改革。在八步区法院成立家事法庭，助力家庭文明建设。完善与妇联等部门对家事纠纷的诉调对接机制，家事案件一审调撤率达46%。

【队伍建设】 2016年，贺州市法院深入开展“两学一做”学习教育，坚持抓党建带队建促审判，在服务大局中展现新作为；加强司法能力建设。共举办、参加各类培训班81期，培训283人次。坚持开展“优秀裁判文书”、“优秀示范庭审”及“精品案件”评比活动；抓好党风廉政建设，健全党风廉政建设制度体系，推动“两个责任”落地生根。坚持正确用人导向，顺利完成基层法院换届工作，配齐配强了基层法院领导班子；深化法院文化建设。将中华文化、贺州文化和法治文化有机融入法院建设，牢固树立对公平正义的信仰与追求。

【基层基础建设】 2016年，贺州市法院加强对基层法院及人民法庭的监督指导，帮助基层提高司法水平；加快两级法院诉讼服务中心升级改造，优化群众的诉讼环境；顺利完成中院审判大楼改扩建工程建设，改善了法院办公、办案条件；做好新成立的平桂区法院的筹建工作，平桂区法院院长已选举产生。

【司法公开】 2016年，贺州市法院自觉接受人大监督，落实两会期间人大代表审议意见，落实重大事项报告制度，完善定向结对联络工作机制，全市法院走访人大代表78人次，邀请人大代表到法院视察、旁听庭审，参加阳光评议、现场监督执行118人次；自觉接受各界监督。定期向政协通报法院工作情况，走访政协委员61人次。依法接受检察监督，认真办理检察建议，邀请检察长列席审判委员会30次。自觉接受新闻媒体和社会舆论监督，召开新闻发布会、通报会11次；不断拓宽接受监督途径。全市法院共在“中国裁判文书网”公开发布裁判文书10627篇，开展网络庭审图文直播148次，视频直播22次。两级法院均开通“两微一网一端”，主动发布法院信息1000多条。在贺州电视台、贺州日报开办法治宣传专栏，营造良好的舆论氛围。充分保障陪审权利，258名人民陪审员共参与审理案件3814件。（法院）

检 察

【贺州市检察工作概况】 2016年，贺州市人民检察院下辖八步区、平桂区、钟山县、富川县、昭平县5个基层人民检察院，内设办公室、政治部、侦查监督科、公诉科、反贪污贿赂局、反渎职侵权局、职务犯罪预防局、监所检察科、民事行政检察科、控告申诉检察科、检察技术科、纪检监察科、法律政策研究室、法警支队、行政财务装备科、后勤服务中心、驻钟山监狱检察室、案件管理中心共18个机构。2016年，全市检察机关编制数313人，实有在编人数294人。

【侦查监督】 2016年全市两级法院共受理审查逮捕案件1788件2565人，件数同比上升2.35%，人数同比下降3.35%，审结1789件2565人，批准或决定逮捕1560件2125人，件数同比上升10.01%，人数同比上升3.96%。不捕440人（不构成犯罪不捕30人、证据不足不捕249人、无社会危险性不捕132人、其他情况不捕29人）。捕后不起诉130人（存疑不诉17人、相对不诉101人、附条件不起诉12人），捕后不诉率同比上升2.40个百分点。无捕后撤案案件、无捕后被判无罪案件，无经复议复核改变原决定案件。富川县院通过办理华能公司涉嫌非法占用农用地案向该公司发出的关于加强对公司管理的检察建议书被评为“2015年全区检察机关侦查监督部门精品检察建议书”；八步区院侦监科报送的“黄海南涉嫌容留卖淫案伪造证人证言监督案件”荣获全国检察机关“优秀侦查活动监督案件”；1名干警荣获“广西检察机关第四届侦查监督业务竞赛业务标兵”称号；2名干警撰写的检察理论研究论文获得“优秀成果奖”。2016年，市检察院监督公安机关立案41件45人，与上年55件64人件数、人数同比分别下降25.45%、29.69%。监督公安机关撤案18件，与上年为17件，同比上升5.88%。监督立案后批捕22人，起诉29人，其中，有罪判决超过三年不满十年的5人，三年6人，不满3年15人。纠正漏捕犯罪嫌疑人105人，与上年118人相比下降11.02%。书面提出纠正违法案件15件次，与上年为25件次，同比减少10件次，目前已纠正14件次。办理延长羁押案件18件43人。发出检察建议书4份。受理审查逮捕破坏环境资源犯罪案件65件92人，批准逮捕53件69人；监督公安机关立案13件15人，监督撤案2件6人。受理审查逮捕危害食品药品安全犯罪案件6件14人，批准逮捕5件10人；监督公安机关立案12件16人。

【公诉】 2016年，市两级检察院共受理各类刑事案件2713件3738人，审结2401件3220人，审结率为94.88%，人均办案106.2件。其中审结后提起公诉2226件2930人，不起诉165件273人。法院已判决1701人均做有罪判决。判决无罪0人，同比持平，无罪判决率为0‰，同比持平。撤回起诉案件6件6人，同比件数上升20.00%，人数下降14.28%。提出抗诉6件，法院同期审结2件，采纳抗诉意见2件，抗诉意见采纳率100%。获全区检察机关公诉人业务竞赛“优秀组织奖”、“广西三八红旗集体”、第三届全区“人民满意的公务员集体”等称号。被评为自治区级“公诉标兵”1人、“优秀公诉人”1人。

【反贪污贿赂】 2016年，贺州市两级检察院共立查贪污贿赂案件43件59人，与上年59件61人同比下降3.28%（人）。其中，立查大案42件57人(9月份以来查办20万~300万以上1件1人)，占立案总数的97.67%，与上年54件56人同比下降22.22%（件）；要案2件2人，与上年同比减少4件4人；查办科级12件15人，与上年18件19人同比下降21.05%（人）。侦查终结41件58人，与上年同期62件64人相比下降9.37%（件）。提起公诉26件40人。有罪判决27件33人。

【反渎职侵权】 2016年贺州市两级检察院共立案侦查渎职侵权案11件13人，与上年10件13人同比件数上升10%，人数持平。共立查多罪名案件5件5人，占立案总人数的38.46%，与去年5件5人同比持平。立查重特大案件8件9人，占立案总人数的69.23%，与上年4件6人同比分别上升100%和50%；立查窝串案6件8人，占立案总人数的61.54%；立查要案3人（享受副处待遇），与上年1人同比上升200%。全市查办乡科级以上干部8人(2人享受副科+待遇)，与上年10人同比下降20%。侦查终结11件13人，移送审查起诉11件13人，生

2016年6月12日，“检察开放日活动”中代表与检察官互动

效有罪判决 9 人。

【预防职务犯罪】 2016 年贺州市两级检察院开展案例分析 51 件，同比上升 10.87%；预防调查 39 件，同比上升 18.18%；被采纳检察建议 38 件，同比上升 22.58%。开展行贿犯罪档案查询 7815 次，同比上升 11.40%。积极开展警示教育和宣传，深入各单位各领域开展精准扶贫廉洁为民警示宣传教育 225 次，接受全市 36 个单位参观警示教育基地。设置广西检察机关预防职务犯罪宣传联播网媒介 4 个。2016 年荣获全区精品检察建议 1 项，全区精品惩治和预防职务犯罪综合报告 1 项，全区优质检察建议 1 项。创新预防警示教育载体，拍摄了《梦醒时分》《精准扶贫，廉洁为民》和《我们村里的检察官》3 部微电影，在八步、富川、钟山电视台分别播放 400 余次。

【控告申诉检察】 2016 年，市两级检察院共受理群众来信来访 332 件，同比上年 321 件上升了 3.4%。其中举报类 109 件，同比上年 91 件上升了 19.8%；分流控告申诉类案件 175 件，同比上年 165 件上升 6.1%；受理刑事申诉类案件 27 件，同比上年 33 件下降 18.2%；受理司法救助案件 20 件，救助金额 16.6 万元，并首次启动三级联合司法救助。八步区院获得“全区检察机关文明接待示范窗口”称号，昭平县院获得“全区检察机关文明接待室”称号，继续确认市院及钟山县院为“全区检察机关文明接待室”称号。2016 年，市两级检察院共受理办理刑事申诉复查案件共 27 件，其中不服检察机关处理决定 12 件，不服法院判决 15 件；共受理并办理国家赔偿案件 2 件，国家赔偿复议案件 2 件。市院办理的纪业昌不服不起诉刑事申诉案，被自治区检察院评为“全区检察机关公开审查刑事申诉精品案件”。

【民事行政检察】 2016 年贺州市两级检察院共审查处理各类民事行政检察监督案件 116 件，与上年 104 件同比增加 12 件。审查处理不服生效裁判申请监督案件 45 件，与上年 41 件同比增加 4 件。提出抗诉 1 件，提请抗诉 15 件。审判活动违法和执行监督发出检察建议 28 件，法院采纳 24 件，与上年 44 件同比下降 16 件。督促履职发出检察建议 9 件，采纳 8 件。

【监所检察】 2016 年，市检察院监督纠正刑罚执行和监管活动中各类违法情形 32 件，提出意见或建议获采纳 32 件，书面监督纠正监外执行履行职责不当 3 件。受理羁押必要性审查 136 人，提出变更强制措施建议函 119 人，相关部门采纳变更强制措施建议 105 人。2016 年清查出判处实刑未执行刑罚罪犯 7 件 7 人，已纠正 2 件 2 人。检察钟山监狱新收押罪犯 1121 名、刑满释放 1182 名、外监调入 200 名、正常死亡 13 人、在押罪犯 3059 名。对钟山监狱提请减刑案件 1589 件、假释 3 件、保外就医 1 件进行审查。加强对监管场所的检察监督，共进行安全防范检察 14 次、罪犯劳动检查 48 次、罪犯卫生检察 48 次、罪犯学习检察 48 次、罪犯严管、禁闭检察 48 次。

【检察技术】 2016 年贺州市两级检察院受理办结各技术门类案件 163 件（检验鉴定 16 件，技术性证据审查 87 件，技术协助 60 件），与上年的 157 件同比上升 38.21%。所有案件均在规定时间内办结并注重程序、环节的合法性及鉴定结论的准确性。加强技术协助，按照“全面、全部、全程”的要求，落实讯问犯罪嫌疑人同步录音录像制度，开展全程同步录音录像共 266 件次，办案区、特审室及便携式移动同步录音录像全程均无故障发生。启动司法实验室建设，目前已完成装修，部分设备已到位。投入 800 多万元推进的电子检务工程建设走在了全区前列。

【案件管理】 2016 年，市两级检察院认真履行“监督、管理、服务和参谋”职责，促进案件管理规范化、司法服务便利化和检察信息公开化。全市统一受理案件 5056 件，统一出口案件 5114 件，统一涉案物品监管 6288 件，统一涉案款项监管 340.15 万元，向办案部门发出口头预警 550 件，提出流程流程监控纠正 514 件；受理查询行贿档案 10338 份，受理律师阅卷查询 457 次，统一受理辩护人和代理人阅卷 443 次；通过互联网公开法律文书 1389 份，公开程序性信息 3921 份，重要案件信息 729 份。对全市去年以来办理的不捕、不诉 68 件案件开展质量督察评查，县（区）院也独立开展案件质量评查。共撰写案件质量评查报告 16 篇，编写专题统计分析 15 篇，其中 4 篇被自治区院案管处信息刊物《广西案件管理工作情况》采用。八步区院被最高人民检察院确定为案件管理工作联系点，贺州市检察院、昭平县检察院荣获市检察系统“先进集体”称号，钟山县院宋伟同志荣获全区检察机关首届“案件管理业务标兵”称号。

【未成年人检察】 2016 年，市检察院依托中国少年基金会公益项目，设立广西唯一一个“女童保护工作站”。在八步区检察院建成广西首个集人文、教育、办案为一体的“八步区青少年人文馆”工作区。重点实施“检察官伴你健康成长”系列活动，构建“九个一”事前预防未成年人犯罪体系。受最高人民检察院表彰 1 人，荣获“广西青少年维权岗”“自治区妇女儿童维权岗”称号。

【司法警察】 2016 年，市两级检察院共出警执行任务 3005 人次。其中，执行传唤 45 人；执行拘传 18 次；提押（含长途押解）犯罪嫌疑人、被告人 64 人；看管犯罪嫌疑人、被告人 96 人 179 天；参与搜查 20 次；协助执行强制措施 28 人；送达法律文书及案卷 11175 件；参与处置突发事件 12 次；参与死刑临场监督 1 次，保护公诉人出庭 31 次；协助执行监视居住 16 人 224 天，均无办案安全事故发生。（检察院）

公　安

【公安组织结构及工作概况】

2016 年，贺州市公安局下辖钟山县、富川瑶族自治县、昭平县 3 个县公安局和八步区、平桂区 2 个分局。全市有派出所 73 个。市公安局设纪律检查委员会（监察室）、办公室、政治部、指挥

2016 年 10 月 1 日，贺州市副市长、公安局党委书记、局长莫建平（右一）深入基层一线检查指导工作

中心、情报中心、警务督察支队、国内安全保卫支队、经济犯罪侦查支队、治安警察支队、巡逻警察支队（城区警务警察支队）、特警支队、户政管理支队、刑事侦查支队、出入境管理支队、消防支队、警卫科、宣传科、网络安全保卫支队、技术侦察支队、监所管理支队、法制支队、交通警察支队、警务保障处、禁毒支队（贺州市禁毒委员会办公室）、科技信息化支队、邪教犯罪侦察支队、反恐怖侦察支队、审计科、机要保密科、机关党委、离退休老干部工作科、外联办公室、贺州市人民警察训练学校、贺州市看守所、贺州市拘留所、贺州市强制隔离戒毒所等机构，并设有后勤服务中心（警务保障中心）、互联网信息安全中心、公安监管场所卫生所等全额拨款事业单位。贺州市公安局机关（不含交通警察支队、八步分局、平桂分局）有民警 401 人、职工 60 人、协（辅）警 282 人，文职人员 36 人。全市有公安民警 1757 人，职工 89 人，协（辅）警 1221 人，文职人员 339 人。局党委书记、局长：莫建平（贺州市人民政府副市长兼）。

2016 年来，在市委市政府、区公安厅的坚强领导下，贺州市公安局以“当地党委政府满意、上级公安机关满意、辖区人民群众满意”（三满意）为目标，以科技创新为引领，以全面深化公安改革为动力，以打造正规化公安队伍为根本，深入扎实推进公安改革和“四项建设”，牢记使命、忠诚履职、锐意进取，实现了打击效率提升、城区无警情天数提升、安全感满意度提升“三提升”，刑事案件总数下降、八类暴力性案件下降、两抢案件下降“三下降”的全市社会治安“三升三降”良好局面。2016 年全年群众安全感排名全区第五，达到历史最好成绩。

2016 年市社会治安实现了“三升三降”明显好转。2016 年 1 至 11 月，在各类案件发案持续下降的情况下，逮捕人数达到了 2112 人，同比增长 11%；市区有 217 天“两抢”案件零报警，与上年同期的 206 天相比提高了 5.33%；第三季度的人民群众安全感测评工作中，贺州市排名全区第 4；以及 2016 年 1 至 11 月，贺州市立刑事案件 5047 起，同比下降 5.40%；八类暴力刑事案件发 253 起，同比下降 19.94%；“两抢”案件仅发 118 起，同比下降 50%。全市社会治安实现了打击效率、城区无警情天数、安全感满意度的“三提升”，刑事案件总数、八类暴力性案件、两抢案件的“三下降”，社会治安明显好转。

2016 年（1 至 12 月）全市刑事案件立破案数及打击处理统计

年份 \ 项目	刑事案件（起）		打掉违法犯罪团伙（个）	打击处理（人）	
	立案	破案		逮捕	劳教
2016	5716	3538	149	2217	0

【打击刑事犯罪】 在命案侦破工作方面，全市现发命案 13 起，破 13 起，破案率 100%。此外，还侦破命案积案 1 起。民警人均起诉犯罪比例全区第一。

在“神剑 1 号”专项行动工作方面，全市共抓获涉枪涉爆犯罪嫌疑人 715 人，逮捕起诉 576 人，缴获各类枪支 789 支，子弹 14561 发，炸药 205 公斤，导火索 1945 米。人均破案缴枪数全区第一。

在“神剑 2 号”专项行动工作方面，打黑除恶工作排名全区第二，是贺州在此项工作上取得的历史最好成绩。

打击盗抢骗等多发性侵财案件工作方面，1—11 月，全市共立盗抢骗刑事案件 3511 起，同比下降 17%，破案 1604 起，同比下降 29%，其中，破现案 1114 起，同比下降 26%。打掉盗抢骗团伙 91 个，起诉跨区域系列团伙犯罪 14 串，同比上升 100%，逮捕 737 人，追缴被盗汽车 9 辆，其他赃款赃物折合人民币 687 万余元。截至 11 月份，八步城区两抢案件零报警天数 217 天，同比上升 5.3%。

在打击电信网络新型犯罪工作方面，全市共发电信网络诈骗案件 535 起，同比下降 6%，破 30 起，同比上升 100%，破案率 5.6%，比全区平均破案率 4.2% 高出 1.4 个百分点。抓获电信网络诈骗犯罪嫌疑人 76 人，同比上升 838%。打掉团伙 4 个，铲除诈骗窝点 4 个。共追缴并返还被骗资金 42.5 万元。已起诉 19 人，起诉跨区域系列电信诈骗案件 6 串，同比分别上升 72.7% 和 100%。

【禁毒缉毒】 2016 年，贺州市各级禁毒部门持续开展声势浩大的“铡刀行动”、“神剑 2 号”等系列打击涉毒犯罪严打专项行动，始终保持对毒品犯罪主动进攻的态势，取得了显著的成效。2016 年，贺州市共破获毒品犯罪案 284 起（其中部级 3 起、省级 17 起、公斤或 5 人以上团伙案件共 9 起），逮捕、直诉毒贩 330 人，缴获各类毒品 53.16 公斤、各类枪支 6 支，与 2015 年同比，破案、逮捕、缴毒量分别上升 29.7%、27.9% 和 94.8%。圆满完成自治区公安厅下达给贺州市的逮捕直诉、部目标案件、公斤或5人以上团伙案件和缉毒基础信息采集等任务指标，贺州市禁毒绩效考评成绩排名全区第一(全区唯一满分的市)。

【治安管理】 2016年，贺州市共有基层派出所71个，派出所警力543人，占全市警力(1754人)的30.96%。大力推进社区警务机制，实现社区网格化管理。通过将城市社区划分成若干个单元网格，把人、地、物、事、组织等基本要素和社会化服务全部纳入网格管理范畴，形成网格管理、信息支撑的工作体系。2016年，在市区8个社区、4个村实行了网格治理的模式，共设置了186个网格，配备了195名网格员。全市烟花爆竹销售单位10家，生产单位1家(扶隆炮竹厂)。严管严控旅馆业、出租屋、娱乐场所、旧货市场、互联网公共上网服务场所，以及散装汽油、物流寄递、公交客运等行业和阵地，全面落实实名制管理措施。2016年共检查旅馆业386家，印章业1家，典当业1家，寄卖行家；印刷业30家，废旧金属收购业184家，开锁业21家，机动车修理业422家；检查寄递企业155家，物流企业数87家，目前已安装实名登记管理信息系统的共计242家，安装率达100%。积极会同有关主管部门和行业系统，推动学校、医院、金融机构、公交系统和党政首脑机关、水电煤气等重点单位部位的人防、物防、技防措施和各项安全管理制度的落实。年内共检查中小学校799所，幼儿园256所，检查医院69家，金融机构10家，保险机构8家；公交运营企业5家，抽检车辆210台，保安公司2家，武装押运企业2家，发现整改各类隐患153处。全市共查处涉赌刑事案件31起，逮捕101人，查处涉赌行政案件350起，行政拘留770人，收缴涉案赌博游戏机1260台，端掉赌博窝点115个。查处涉黄刑事案23起，逮捕45人，查处涉黄行政案件173起，行政拘留376人，端掉卖淫窝点21个。大力打击食品安全领域上的违法犯罪活动，对危害食品安全的违法犯罪行为始终保持高压态势，年内共破食品药品案件35起，逮捕犯罪嫌疑人28人。2016年，开展“扫黄打非”清查整治行动87次，出动743人次、执法车辆189车次，共清查出版物市场、摊点637家次、网吧51家次、发廊113家次，清理整顿经营摊点50个、流动摊贩165摊次，收缴2158份“六合彩”赌博资料、盗版音像制品1963张、淫秽色情出版物10本、非法出版物期刊567册、法轮功书刊432册；在行动中，共刑事拘留11人，行政拘留35人，逮捕2人。

【出入境管理】 2016年，贺州市共受理出入境申请95350人次，同比增长18.10%，其中因私出国22103人次，同比增长23.56%；短期往来港澳70375人次，与2015年同期持平；前往港澳定居62人次，同比下降8.06%；大陆居民往来台湾2701人次，同比增长211.53%；外国人签证证件办理90人次，同比下降17.4%。2016年，全市共查处外国人“三非”案件15起60人(均为越南人)，其中属非法入境案件13起查处58人(采取拘留审查措施49人、限制活动范围9人)，已全部遣送出境；属非法居留案件2起查处2人(警告和罚款处理各1人)。

【110报警服务】 2016年，贺州市公安局指挥中心110接警台共接警96584起，比上年105559起下降0.085%，有效警情27279起，比上年29558起下降0.077%，其中刑事警情2180起，治安警情8515起，交通事故9622起，火灾警情100起，受理求助4643起，提供咨询874起，其他警情2354起，无效警情69305起(骚扰电话41928起，其他无效电话27377起)。 (公安局)

司法行政

【司法行政机关及工作概况】 2016年，市、县(区、管理区)两级司法行政机关共有在职在编人员224人。其中，市司法局机关33人；三县两区(管理区)司法局机关80人；2016年，贺州市共有61个乡镇(街道)司法所，司法所共有政法编制131个，司法所现有在编工作人员126人，落实公益性岗位76人，司法所公用经费已按每人每年1.7万元标准列入财政预算。市局机关荣获市委、市政府年度绩效考核良好等次。有2个集体和2人(次)分别获得了省部级表彰；有3个集体和5人(次)分别获得了自治区级表彰。

【法制宣传】 2016年，市司法局开展各种主题法制宣传教育活动，提高干部群众法治意识和法律素质。一是广泛开展以宪法为重点的法制宣传教育活动。全市共组织开展综合治理宣传月、知识产权宣传周、安全生产等各项大型法制宣传教育活动，同时在各重点矿区、重点乡镇、重点村(社区)、重点学校开展以宪法为核心、各基本法和专业法为重点的形式多样的法律知识宣传普及活动。主要宣传《宪法》《反家庭暴力法》《反恐怖主义法》等40多部法律法规。据统计，2016年贺州市共举行法律宣传咨询活动96场、法制文艺演出569场次、法律知识竞赛70多次、法制讲座181次、展出法制宣传板报988期，解答群众咨询2万多人次，受教育人数200多万人次。二是加强国家工作人员学法用法。认真贯彻落实中组部、中宣部、司法部、人力资源和社会保障部印发的《关于完善国家工作人员学法用法制度的意见》，重点健全完善领导干部学法用法联系点制度、党委(党组)中心组学法制度和国家工作人员日常学法等制度。落实好党委(党组)中心组学法制度。年内市委中心组已组织学习了《中华人民共和国反恐怖主义法》，全市各党委(党组)中心组也把宪法、反恐怖主义法列入年度学法内容。截至2016年年底，全市共举办领导干部法制讲座、培训10多期，参加学习的各级领导干部达1200多人(次)；全市党政机关领导干部、公务员每年的参学率、学完率、考试合格率均达到100%，企事业单位干部职工的“三率”达98%以上。三是积极开展形式多样的“法律六进”活动。①开展法律进机关活动。建立健全领导干部学法用法的各项制度，把领导干部学法用法情况纳入年度考核，各党委(党组)中心学习组都按要求制订法律法规的学习计划并认真抓好落实，领导干部学法用法活动得到有效开展。全市共举办领导干部法制讲座20多期。②开展

2016 年 12 月 28 日，自治区司法厅厅长赵波率队到贺州市，就司法行政工作进行调研

“法律进校园”活动。贺州市始终重视青少年法制宣传教育，在全市范围内开展“加强校园法治宣传教育，促进法治贺州建设”、“法制宣传教育逐校行”等主题宣传教育活动。建立完善并实行全市中小学法制副校长制度，法制副校长共上法制教育课 320 多场（次），受教育中小学生 15 万多人（次）。③开展“法律进社区”活动。在社区建立法制宣传橱窗、法律图书角、法制宣传教育队伍和居民学法制度，组织律师、法律工作者，深入社区，开展法律服务，解答有关法律问题，有效地把普法依法治理、人民调解、基层法律服务工作有机整合。④开展“送法进企业”活动。利用各种宣传月、周、日活动深入企业、厂矿开展法制宣传教育，重点加强企业法律法规、安全生产、诚实守信、维护职工权益等方面的法律法规的宣传普及工作。⑤开展“法律进乡村”活动。一是在全市重点乡镇、重点村（屯）等行政村都设立“法律进乡村”宣传栏，为丰富农民群众学习法律知识搭建平台。出版劳动合同法、就业促进法、农村土地管理法等与农民息息相关的法律知识，让农民群众在家门口学习掌握到各种法律知识，有效地提高农民群众的法治观念。截至 2016 年底，全市开展“法律进农村、社区”活动共 100 多场次，培训村、社区干部、党员 0.8 万多人次，有近 5 万农民、居民参加了职业技能和法律知识培训，90% 以上的行政村、社区建立了远程教育接收点和永久性法制宣传栏。

【普法工作】 2016 年，市司法局在普法工作方面，做了大量工作。一是做好“七五”普法规划的组织实施工作和年度重点工作安排。根据自治区法建办下发的 2016 年全区普法依法治理工作要点，结合贺州市实际，及时制定下发 2016 年全市普法依法治理工作要点，对年度全市普法依法治理重点工作进行安排和部署。根据全国全区“七五”普法规划，结合贺州实际，贺州市已初步拟定开展法治宣传教育的第七个五年规划（2016—2020 年），并向各县区管理区，各有关单位广泛征求意见，11 月，市委市政府下发《中共贺州市委、市政府转发〈市委宣传部、市司法局关于在公民中开展法治宣传教育的第七个五年规划（2016—2020 年）〉的通知》，对全市“七五”普法工作进行安排部署。二是通过绩效考评落实各单位的普法责任。为推动全市普法依法治理工作开展，积极争取市绩效办将 2016 年普法依法治理工作列入本年度绩效考评内容，利用绩效考评这一平台，加强对普法依治理工作的检查考核，推动各部门各单位普法责任的落实。三是创建法制宣传教育特色工作。创建青少年法治宣传教育基地，在巩固和提高富川民族中学、昭平中学青少年法制教育示范基地创建工作的基础上，进一步落实好贺州高中、八步区实验中学的示范基地创建工作。打造村屯法治宣传教育基地（文化公园），在平桂管理区望高镇新联村石牛塘自然村建设法治宣传教育文化公园，文化公园包括法治文艺戏台、法治文化走廊、法治文化长栏、法治教育凉亭、法治文化广场等内容，通过阵地建设，弘扬法治精神，引导广大人民群众学法知法守法护法。目前正在完善规划，设计文化公园的效果图。四是创新普法新思路，推动新媒体普法依法治理工作。贺州市坚持完善法治宣传教育体系，提高宣传教育针对性实效性，不断增强群众法治信仰。坚持入脑入心，因地制宜、推陈出新。在充分发挥电视、报刊等传统普法载体作用的同时，积极探索网络、手机短信、微博、微信、电影等新兴普法载体，构建立体宣传模式。在贺州日报、贺州电视台、贺州人民广播电台等主流媒体开办法制宣传专题节（栏）目。同时，开通“贺州普法”微信公众号和“贺州普法”微博，政法各部门也相应开通微博、微信公众号，充分利用新媒体加强法治宣传教育工作。用短信、微信、微博适时向公众介绍典型案例和实用法律提示，引导公众尊法学法守法用法，依法理性维护自身权益。截至 2016 年底，全市共出动“流动普法车”100 余台次；在户外广场、单位楼宇电子显示屏滚动普法宣传 6 万余次；开通“12348”法律援助、“12315”消费者维权等多条服务热线，提供法律咨询达 1.2 余万人次；发送法治短信 6 万条；播放法治电影 30 余场次。制作《法治时空》《广播电视管理条例》《防范和打击非法集资》等法治小专题 20 多期，播出 100 多次；播出普法宣传稿件 100 多篇。全市共建有普法网站 3 个、普法微博 20 个、普法微信公众号 31 个，破解法治宣传教育工作时空局限瓶颈，实现了“指尖上普法”，法治动漫、短剧、微电影等已成为开展全民普法的重要形式，开辟出法治宣传教育工作新领域和新阵地。五是开展好法治建设工作。按照自治区机构设置调整，贺州市将贺州市依法治市领导小组更名为贺州市法治建设领导小组，领导小组下设办公室，办公室设在市司法局，负责法治建设日常工作开展。根据自治区政法委、自治区绩效办、自治区司法厅开展法治建设工作专项绩效考评的相关要求，2016年10月底，我们把自治区下达的法治建设目标任务逐级分解到各县（区、管理区）、市直各单位，按照上下对应、对口承接的办法，承接落实好各项目标任务，明确每一项目标任务的承接单位、分管领导、责任科室。市司法局与市委政法委、市绩效办共同拟定、印发了《贺州市法治建设指标体系（纲要）》《贺州市法治建设专项考评办法》《2016年度对各县（区、管理区）法治建设专项绩效考评指标和评分细则》《2016年度法治建设专项绩效考评指标分解表》等四个文件，并分别召开法治建设工作专项绩效考评动员会、推介会，较好地完成了相关工作任务。

【律师工作】 2016年，全市有10家律师事务所、4家分所，有执业律师147名，其中专兼职律师122名，法律援助律师20名、公职律师5名。2016年全市律师共担任常年法律顾问510家，办理刑事诉讼案件辩护与代理256件，办理民事诉讼代理1362件，办理行政诉讼代理74件，办理非诉讼法律事务473件，咨询和代写法律文书解答群众咨询1617人（次），成功调解17件，办理仲裁业务14件，办理法律援助案件99件，为维护社会公平正义，促进经济社会发展作出应有的贡献。一是做好律师事务所及律师年度考核工作。对全市9家律师事务所和律师进行实地年度考核和备案审查，重点对各所律师的职业道德、执业纪律、业务开展、内部管理等进行考核，严格执行管理和年检审核制度，在考核中有3名律师缓检、1人不参加外，其余均评为称职。二是开展“围绕中心、服务大局、服务经济、服务群众”三大法律服务活动，年内分别到各重点园区管委会进行回访，就如何为重要经济部门和重点园区企业更好地提供法律服务听取意见建议，为园区发展提供更好的法治保障。三是加强和规范实习律师的管理教育及执业律师的培训工作，分别举办实习律师和执业律师培训班。四是加强律师行业党建工作，着重培养年青律师，壮大律师党员队伍。6月30日，成立贺州市律师协会党总支部。五是积极参与信访维稳工作。市司法局、市律师协会、市中级人民法院经协商，共同签订协议，确定律师参与化解和代理涉法涉诉信访案件的范围。与市信访局协商制定律师代理信访案件工作制度，安排律师每周三到市信访接待中心接访，为来访群众提供法律咨询服务，解答法律问题。指派律师参与市委市政府领导每月一次的信访接待日活动，充分发挥律师的独特优势，引导信访群众理性表达诉求、依法维护权益。建立律师参与化解和代理涉法涉诉信访案件人才库，已有43名优秀律师进入贺州市人才库。六是做好律师参政议政工作，在市、县（区）两级、党代会、人大会、政协会换届代表选举当中，贺州市积极跟进，主动作为，推荐律师参政议政，实现新突破，其中律师何天红当选贺州市和自治区党代会代表，律师李煜当选市人大代表，律师钟晨、陶智录当选市政协代表。

【法律援助工作】 2016年，贺州市成立法律援助工作站121个，在100%的行政村组建法律援助联络员队伍，开展法律援助便民服务活动。2016年贺州市各级法律援助机构共受理法律援助的案件1277件，为1343名当事人挽回损失811万元；共接待来访、来电、来信群众3200人次，其中，通过“12348”法律援助专线电话咨询1087人次；全市6个法律援助机构全部启用运行新的法律援助信息管理系统，录入案件1277件，录入率达100%。2016年，通过举办专题培训班、以会代训等方式积极开展法律援助业务培训班（会）11期（次），培训课时达88课时，参加培训人员涉及法律援助机构工作人员、法律援助工作站人员等达346人次。加大法律援助宣传力度，2016年共开展法律援助宣传15场，在新闻媒体发表法律援助文章184篇（次），进一步扩大法律援助的社会知晓率。

【公证工作】 2016年，全市公证机构参与市政府统一行动108次，出动公证人员334人次；全市共办理各类公证件2458（含涉港澳台168件，涉外461件）；全年全市共接待来电来访11114人次，解答咨询7895个，上门为弱势群体办证202件，为困难群众提供公证法律援助案件58件。2016年，全市抽检了各类公证案卷322件（含涉港澳台35件，涉外60件），从检查情况看，合格案件322件，案件合格率为100%，无假证、错证现象，确保了公证案件质量。

【人民调解】 2016年，贺州市共排查纠纷11334件，调解纠纷件12076件，调解成功11816件，成功率为97.8%。其中，防止民间纠纷转化为刑事案件22件；制止群众性械斗28起；防止群体性上访16件。在已经成立交通事故、医患、劳动纠纷调委会基础上，成立全市旅游纠纷人民调解委员会，重点打造黄姚景区旅游纠纷人民调解委员会，投资20多万元建成的调委会岗亭式办公场所正式投入使用，为规范景区服务，提升景区服务质量，为维护景区和谐稳定发挥积极作用。2016年贺州市各级医患纠纷人民调解委员会受理医患纠纷案件23件；道路交通事故人民调解委员会共调解纠纷599件；调解旅游纠纷案件11件，涉及省际市际边界调解成功12件。

【公共法律服务】 2016年，贺州市的市、县（区）两级均建立了公共法律服务中心，在所有乡镇建立公共法律服务站，在村（社区）建立公共法律服务工作室321个，占全市754个村（社区）的40%。市、县、乡三级公共法律服务中心共接待来访群众3456人（次）。继续积极推进一村（社区）一法律顾问工作，组织律师、基层法律服务工作者担任村（社区）法律顾问，全市共为368个村（社区）落实法律顾问，占全市村（社区）48.8%。

【社区矫正工作】 2016年，贺州市社区矫正工作坚持监管与服务并重、规范和创新结合，充分发挥职能作用，积极采取管控和预防措施，实现了社区服刑人员无脱管、漏管现象，重新违法犯罪率低于0.2%的工作目标。市司法局成立了市社区矫正警察支队，支队长、政委由局领导兼任。继昭平县上一年已经成立社区矫正执法机构后，2016年富川瑶族自治县经该县机构编制委员会同意，该县的县、乡镇分别挂牌成立社区矫正警察大队和社区矫正警察中队。在八步区开展“重塑梦想，展翅飞翔”贺州市社区矫正社会工作服务项目。该项目采用社工+社区+志愿者的模式，为选定乡镇（街道）的80名社区服刑人员提供心理咨询、重建家庭关系、家庭支持系统和再就业支持，帮助社区服刑人员顺利回归社会。年内，组成由市委政法委、市中级人民法院、市人民检察院、市公安局及市司法局等单位有关负责人参加的检查组，分别于6月、11月对各县（区、管理区）社区矫正执法工作进行检查。重点检查县（区）“社区矫正基层基础建设加强年”活动开展情况及社区矫正工作执法规范化、经费保障、基础设施、信息化建设等情况。通过执法检查，全面了解社区矫正人员工作台账、移交衔接、日常监管、警示教育、公益劳动、教育帮扶等各项措施落实情况。建设以“司法E通”为核心的社区服刑人员管理信息化系统，实现对重点社区服刑人员的远程监控和智能管理，实现人员、时间、区域的全覆盖，完成社区矫正管理从“人防”向“技防”的转变。对重点服刑人员配备定位手机。建立健全社区矫正工作机制，规范审前调查，规范社区服刑人员接收、登记、个人档案建立及档案移交，规范宣告程序，严格社区服刑人员外出管理等各项监督管理、教育矫正措施。

【安置帮教工作】 2016年，贺州市坚持“衔接好、引导好、扶持好、服务好”的安置帮教工作思路，认真贯彻落实上级各项工作部署，积极履行职能，加强管理力度，畅通刑释解教人员回家路，为安帮工作的顺利开展奠定坚实基础。指导钟山县司法局利用自治区监狱局划拨的3600平方米土地，新建一个产权属于钟山县司法局的刑释社矫人员安置帮教基地。该基地是贺州市安置帮教基地的示范点，面积约500平方米，有帮教中心、宿舍、食堂等设施。刑满释放人员和社区矫正服刑人员既可以在基地里获得短暂的过渡性安置，又可以进行果苗、树苗、盆景等苗木的种植、嫁接等技能培训，增强就业技能。2016年，贺州市刑满释放人员安置率达99.1%，帮教率达99.3%，重新违法犯罪率控制在3%以内。

【法治政府建设工作】 2016年，贺州市司法局按照自治区人民政府和市人民政府关于推进各级政府部门权力清单制度的统一部署和要求，梳理本局权力事项，编制权力清单和责任清单，报市法制办和市政府审定。经审定，司法局保留的行政权力事项共39项，其中行政许可（基层法律服务工作者执业核准）1项，行政处罚14项，行政检查10项，行政确认（公证机构负责人）1项，行政给付1项，行政奖励4项，其他行政权力8项。主要调整事项是原非行政许可事项的“法律援助审查”调整为行政给付事项。8月初，已将本局权力清单和责任清单在广西政府信息公开统一平台和贺州普法网进行了公示。

【司法鉴定】 结合贯彻落实新修订的《司法鉴定程序通则》和学习《司法部关于司法鉴定违法违规处罚情况的通报》，司法局开展了司法鉴定内部管理专项检查。对司法鉴定所鉴定程序、归档立卷、内部建设以及卷宗执业规范情况进行检查，进一步强化执业监管。从检查情况，贺州市和顺司法鉴定所在规范化建设、完善内部管理制度、规范执业行为、保障鉴定质量等方面有长足改进。2016年，司法鉴定机构和司法鉴定人员没有发生被投诉现象。

【国家司法考试】 2016年，贺州市国家司法考试实际报名人数336人，报名人数同比增长23%，为历年来报名参加国家司法考试人员最多的一年。2016年，通过国家司法考试获得A类法律职业资格7人，获得C类法律职业资格38人

（司法局）

社会治安综合治理

【概况】 2016年贺州市市级社会管理综合治理委员会办公室（简称“综治办”）1个，县级综治办5个，乡镇级综治办61个。全市61个乡镇（街道）均建立综治中心，配备有乡镇（街道）综治专干73人，兼职人员31人。乡镇（街道）调解庭、室61个，村（社区）调解庭、室726个，人民调解员2460人。基层综治协会231个，治保会517个，维稳信息员735人。城乡基层专业和义务治安巡防队635支，队员6748人。2016年，贺州市群众安全感为89.63%，排名全区第5位；市城区实现257天“两抢”零报警，取得历史新高；实现各重点敏感时期赴邕进京“零非访”目标；市综治办荣获中央综治办、共青团中央命名的全国青少年维权岗称号。

【综治中心和网格化管理工作】 2016年，贺州市按照《社会治安综合治理综治中心建设与管理规范》国家标准，多方筹集资金，整合人力物力，积极推进市、县、乡、村四级综治中心建设。同时，坚持以网格化管理、社会化服务工作为引领，以解决群众反映最强烈的突出治安问题为行动指导，全面加强基层综合服务管理平台建设，深入推进全市网格化管理工作，全市各级综治部门已初步建立起常规化集中上门服务、日常联系等长效工作机制，基本实现基础信息一网采集录入、公共资源一网整合共享、关联数据一网查询比对、社会事务一网分流督办、社区服务一网延伸跟进、日常工作一网考核评估等功能。2016年，全市建成县（区）级综治中心5个、乡镇（街道）级综治中心21个，村（社区）级综治中心52个，总投资近2000万元；市级综治中心纳入2017年市财政预算，总投资300多万元。全市共划分网格3904个，全部配备专（兼）职网格员，共落实手持移动终端853个、电脑终端288个，开通综治e通账号1141个。全市共有消防、应急、禁毒、铁路护路等多个模块纳入综治E通系统，37个市直单位开通综治E通并投入使用；完成人口采集220多万条、网格办理事项2700多个。

【矛盾纠纷排查化解工作】 2016年，贺州市坚持把矛盾纠纷精准排查精细化解工作整合到每月的矛盾纠纷排查化解常态工作中，下发《关于继续做好全市矛盾纠纷精准排查精细化解工作的通知》，统筹做好各项工作。积极创新矛盾纠纷多元化解机制，在昭平县

试点运行“医患诉调”新型诉调联动机制，整合法院、公安、司法、卫计等部门参与医患纠纷多元化解、联动调处；在黄姚景区探索建立集人民调解、行政调解和旅游行业调解联动的旅游纠纷化解工作机制；在黄姚镇打造法院、检察院、交警、司法、保险公司“五位一体”的交通事故(纠纷)调解工作站，成为全区“乡镇级”交通事故损害赔偿调解机制首创。同时，继续加强与湖南省永州市、广东省清远市和肇庆市的沟通合作，不断深化“六联”工作模式，健全粤桂湘省际边界人民调解协作机制，确保贺州市边界和谐稳定。2016年，全市共排查出矛盾纠纷10035件，累计调解纠纷10122件，调解成功10041件，成功率为99.20%，未发生因调解不及时、不正确引发的矛盾激化案件。昭平县医调委共接待群众咨询168余人次，调解医疗纠纷5起，达成调解金额12.8万元；黄姚调解工作站共调处交通事故纠纷284起，成功调解结案284件，调解成功率100%；黄姚景区旅游调解委员会共接受群众咨询246余人次，受理旅游纠纷35起。调成32起，调成率91%。

【重点混乱地区治安整治】 加强重点地区整治工作。按照自治区有关部署要求，综合发案情况、治安状况、黄赌毒情况、矛盾纠纷排查化解情况、群众安全感情况等因素比对，对八步区南乡镇进行挂牌整治。全年组织开展了6次矛盾纠纷精准排查精细化解专项行动，出动工作人员180余人次，进村入户2000多户家庭，排查出矛盾纠纷48起；开展了10次社会治安突出问题专项整治行动，立刑事案件15起，逮捕、直诉25人，行政拘留26人，整治行动取得显著成效。加强突出治安问题整治工作。按照自治区综治办《关于2016年度社会治安重点地区及突出治安问题通报、约谈、挂牌督办整治通报》要求，重点加强督办昭平县综合市场的消防安全隐患工作和富川县提升群众安全感工作。2016年，昭平县综合市场已落实资金89.5万元进行消防设施整改，于10月底完成验收；富川县四季度群众安全感上升至全区第58位，整治效果初步呈现。加强寄递物流清理整顿工作。按照“三个100%”要求，市综治办联合公安、邮政管理、安监、交通等部门对各地开展寄递物流整顿清理工作进行整治，并做好全市寄递业申报配置X射线安检机补助资金的监督检查工作，确保寄递企业X光机配备工作落实到位。2016年，全市已有17家企业落实了X光安检机，有效确保了寄递物流业安全。加强校园周边治安综合整治工作。落实责任，强化宣传，不断推进全市各中小学校校园的安全管理和应急处置预案建设，加大学生上下学交通安全教育和管理，加强禁毒、消防等安全教育工作，全面排查整改校园周边的安全隐患，有效保证全市学校和周边的良好社会治安环境。2016年，全市未发生影响学校及校园周边安全的案(事)件。

开展常态化的警用摩托车巡逻

【流动人口和特殊人群服务管理】

加强流动人口服务管理 2016年，贺州市综治办紧紧抓住流动人口和出租屋中存在的突出社会治安问题，切实做到流动人口来有登记、走有注销，对混迹其中的犯罪人员发现得了、控制得住。

加强特殊人群的服务管理 2016年，贺州市综治办积极协调卫计、公安、民政、残联、财政、人社、司法、团委等部门，加强严重精神障碍患者救助和管理，协助监护人对其进行监护，建立贺州市流浪乞讨人员救助管理工作局际联席会议制度，积极做好流浪精神病人的救助和救治工作，防止严重精神障碍精神病人进行肇事肇祸的情况。2016年，全市严重精神障碍患者管理率达81.29%，规范管理率为77.82%，两项指标均达到自治区的考核指标要求。

扎实推进社区矫正工作 2016年，贺州市综治办组织成立市社区矫正警察支队，以“社区矫正基层基础建设加强年”为载体，进一步强化社区矫正依法、规范开展工作，积极帮助社区服刑人员提供心理咨询、重建家庭关系、家庭支持和再就业支持等，帮助社区服刑人员顺利回归社会。2016年，全市社区服刑人员在矫正期间重新犯罪率仅为0.18%，低于全区平均水平。

【群众安全感工作】

总结分析安全感情况 2016年，贺州市综治办针对每季度群众安全感得分排名，分别召开全市群众安全感会议，对全市每季度得分排名进行分析总结，各部门各单位认真贯彻落实会议精神，通过层层召开动员部署会，切实把全市党员干部思想认识统一到市委、市人民政府的决策部署上来，形成主要领导亲自抓、分管领导具体抓、干部职工共同抓的工作局面。

全面落实综治工作责任制 2016年，贺州市综治办制订下发《贺州市关于进一步提升全市群众安全感工作的意见》，进一步健全落实责任追究制度。明确对群众安全感长期偏低，连续两个季度排名处于全市末位或全区100名后的县区，在全市进行通报警示。连续三个季度处于全市末位或全区100名后，或者全年排名在全区100名后的，由市委政法委约谈县区政法委主要领导,有效提高各级领导干部抓群众安全感工作的自动性和积极性。

加强宣传,落实责任 2016年,贺州市综治办组织成立群众安全感宣传工作的督查小组,深入各部门各单位进督查,要求各部门各单位充分利用自己的宣传栏、LED屏幕等,通过出版板报墙报、悬挂宣传条幅、张贴宣传标语等形式对群众安全感进行宣传,使全市群众安全感调查工作的目的、意义、知识深入人心,有效提升各部门对安全感提升工作参与度。2016年,贺州市群众安全感为89.63%,同比提升1.71个百分点,排名全区第5位。 (综治办)

2016年8月10日,市综合执法局对竹篙巷非法鸡鸭交易市场主体建筑进行强制拆除

城市管理综合执法

【城市管理综合执法机构及工作概况】 贺州市城市管理综合执法局办公地点设在正赢集团6楼,共设置4个内设机构即局办公室、人教财务科、政策法规科、执法督导科,下辖2个二层机构即市城市管理行政执法支队、市城乡建设监察支队。综合行使市容市貌管理、违法建设治理、大气扬尘防治等方面的行政执法。局机关行政编制11名,已配备局长1名,副局长3名,副调研员1名,科级以下干部5名,后勤控制数1名;城管支队核定参公人员编制数为35名(实有35人),后勤服务事业编制(后勤服务聘用人员控制数)2名(实有2人),聘用人员控制数为60名(实有60人)。城监支队核定参公人员编制数15名(实有参公人员12人,后勤服务事业编制人员1人),聘用人员控制数45名(实有43人)。

【市容市貌整治】 2016年,贺州市城市管理综合执法局按照"主干道严禁、次干道严控、背街小巷规范"原则清理整治城区主次干道、市场周边的店外经营、占道摆卖、露天烧烤、搭设摊棚、广告招牌乱摆放等违章行为的整治。全年累计出动执法人员17890多人次、车辆2250多辆次,下发整改通知17500多份,播放宣传广播72840余次,共计教育疏导占道经营商户121140多家次,取缔占道摊点53950家次,取缔夜宵店占道经营268家次、暂扣占道物品315车次,清除非法小广告2600处(85000多张)。

【违法建设整治】 2016年,贺州市城市管理综合执法局按照"划分片区,强化管理,落实责任"的原则,构建片区责任网格制,实行定人员、定区域、定目标、定责任的管理制度,确保查处违法建筑做到早发现、早教育、早处理。全年共计立案查处未取得和未按照建设工程规划许可证建设及未取得建筑施工许可证建设案件28起,行政处罚22起,罚款总金额212.89万元;查处占用消防通道等公共用地各类违章搭建建筑132间,总建筑面积20138平方米,累计拆除违章搭建占道摊棚268间,共计18760平方米。

【扬尘污染防治】 2016年,贺州市综合执法局加大对城区各类建筑工地的检查,成立了渣土车扬尘整治小组,强化对渣土车违规运渣、漏渣、撒渣等整治工作。全年共出动人员890多人次,对城区混凝土搅拌站进行检查3次,拦截车轮带泥上街车辆30多辆次,查处违规运输渣土及大货车违规入城11233辆次,有力的遏制了渣土车运渣、撒渣、漏渣引起的扬尘问题。

(城市管理综合执法局)

军　事

编　辑：陈敏兰
许中继

贺州军分区

【军区部队思想政治工作】 2016年，贺州军分区突出抓好党的十八届六中全会精神的学习贯彻，深化习主席系列重要讲话精神特别是国防和军队建设重要论述学习贯彻，完成4个专题理论学习，组织学习“七一”重要讲话研讨交流会，坚定官兵职工向党看齐、维护核心意识。贯穿全年开展“两学一做”学习教育和改革强军主题教育，扎实开展“三新”职能和“政治工作生命线”大讨论，领导干部带头授课，官兵职工人人发言。开展纪念建党95周年、长征胜利80周年活动，抓好“三关爱”、南海形势、反邪教等专题教育，编写的反邪教教案被军区编入经常性思想教育教材印发军区部队，广大官兵职工投身改革强军实践的信念追求更加坚定。2016年，贺州军分区狠抓新闻宣传、政研和要讯工作，2016年分区有103篇（幅、条）稿件被军内外媒体刊用。

【备战应急工作】 2016年，随着指挥体制的改革，各级积极主动适应新形势新标准新要求，主动与上级机关对接、搞好汇报沟通、熟悉情况，对兵力动用特别谨慎、对战备行动管控有效；作战值班秩序进一步规范和加强，各级对作战值班室进行扩建改造，调整军分区本级“三室两库”，补充完善物资器材；协调召开贺州市军地情报信息互通联席会，健全军地情报信息互通机制，上报一周要情素材30余条，在军区整体排名第三；由下而上修订细化各类应急预案，督导各级做实防范暴恐袭击等应急处突准备，首长机关带民兵分队拉动战备和常驻应急分队落实演练常态。持续推进训练场地建设和训风转改，着力夯实专武干部和民兵训练基础，组织建市以来首次民兵应急分队成建制进行重难点训练课目会操，军地各级反响强烈，民兵分队遂行任务能力不断提升，先后出动9批505人次圆满完成抢险救灾、安保警戒、协助地方公安维护社会秩序等急难险重任务。普及推广“柳州”试点成果，按新编制抓好民兵应急分队整组，召开民兵应急分队和民兵武器装备仓库规范化建设现场会，全面落实营区常驻应急力量，应急分队应急应战能力得到加强。

【军区部队扶贫工作】 2016年，贺州军分区投入90万元援建八步区贺街镇新忠村扶贫项目，全区定点精准帮扶贫困村6个，帮扶贫困学校4所，救助军烈属等困难家庭25户，协调对接广州军区善后办扶贫帮困富川县新华乡，军政军民关系更加密切融洽。贺州市荣获“全国双拥模范城”三连冠，钟山县荣获“自治区双拥模范县（区）”称号。

【安全稳定工作】 2016年，贺州军分区坚持以上率下，严下先严上，领导机关做表率，扎实开展“尊法学法守法用法”活动，抓好军委国防动员部17条规定、部队管理6个法规学习贯彻，官兵职工的条令法规意识不断增强。严密组织“百日安全”活动，各级党委领导重视，主官亲自动员部署，从严落实教育整顿、排查整改等各个环节，军区“百日安全”活动简报每次都对军分区做法给予肯定。高度重视做好预防事故工作，深刻检讨反思友邻单位事故原因、教训，持续深化重大安全隐患整治，定期分析安全形势，逐级签订安全责任书，始终把“人车枪弹密”“涉外、涉地方”作为安全管控的重中之重，组织安全隐患排查，注重经常性督导检查，先后4次组织安全工作大检查，及时发现纠正5类28个方面问题，接受军区安全工作暗访组检查，总体评价较好，军分区部队安全稳定的基础和形势稳固向好。

【财务工作】 2016年，贺州军分区实行“党委总揽、经费归口、集中使用”统管办法，强化党委管财理财，深化财务大清查成果，严格经费物资管控，每月首长办公会审核通报经费开支情况，自觉接受监督。2016年，军分区机关和各人武部全年行政消耗性开支同比减少45.43%，公务接待费同比减少48%。引进地方审计机构，实现零星工程审计全覆盖，审减金额10余万元。制订完善财经管理规定细则，进一步规范财经管理秩序，组织机关和人武部经费管理清理自查，逐张发票、逐份合同、逐个物资审核、逐个整改问题。接受军区财务工作组检查，督导整改5类15个方面具体问题。稳妥推进全面停止有偿服务，彻底核清26个项目底数，关停17个可控托底项目，清理清查9个复杂敏感项目。坚持财力物力向战斗力聚焦，钟山县、富川县、昭平县民兵武器装备仓库建设进展顺利。　（军分区）

武警贺州市支队

【概况】 中国人民武装警察部队广西壮族自治区总队贺州市支队(简称武警贺州市支队)于1983年1月重新组建。1997年11月25日,梧州地区支队更名为贺州地区支队,受广西总队和贺州地区行署领导。2003年,贺州地区支队更名为贺州市支队,所辖的贺州市中队更名为八步区中队。2003年9月6日,贺州市支队由梧州市迁至贺州市。2005年,八步区中队更名为贺州市中队。2014年,武警总部要求调整支队编制,桂林市支队十中队转隶贺州市支队,编为三中队,警通勤务汽车中队改称勤务中队。2016年,支队参加总队特勤排(应急班)教练员集训和军事训练交叉考核,分别获团体第一名和第五名,参加总部教练员竞赛,1人被总部评为优秀教练员。2016年被评为先进中队。

【思想政治教育】 2016年,贺州市支队着眼"三个绝对"重引领铸军魂。始终把思想政治建设摆在首位,按照"三个绝对"标准,着力锻造"四铁"过硬部队。大抓改革强军主题教育。坚持用习主席建军治军思想武装头脑,帮助官兵深刻理解"四个全面""四有"等重大理论观点。深入开展"两学一做"学习教育,系统学习习主席"七一"讲话精神、在红军长征胜利80周年纪念大会上的讲话精神,扎实开展改革强军主题教育,探索"四讲五课",教育模式,广泛开展强军故事征集、演讲比赛等配合活动,每月统筹教育内容、下发教育计划,坚持"像查勤一样查教育",深入基层"跟课跟学",政工例会"评课评学",教育系统"查课查学"。抓好党史、军史教育,深入学习"时代楷模"张楠的先进事迹,组织经常性讨论,运用读书读报、典型激励等方法,教育官兵把争做"四有"革命军人转化为内在信念和自觉行动。细做经常性思想工作。针对部队调整改革深入,官兵思想活跃,注重做好引导工作。结合兄弟支队发生事故案件问题,广泛开展"深知兵、真爱兵"活动,营造和谐融洽内部环境。深入开展"珍爱生命、崇尚法纪、遏制事故、确保安全"教育整顿和自杀问题集中整治活动。按照"八个到现场"要求,从搞教育、建队伍、配器材、备资料、练战法入手,构建两级"三战"分队综合力量体系。规范"三战宣传箱"物品,组织"三战"骨干、网评员培训,精研"三战"战法,规范处置不同性质事件的喊话内容,广泛开展"远学张楠、近学盛浩"活动,3名战士火线入党,支队任务中"心理战法研究"得到总队军事训练交叉考核组充分肯定,野营拉练政治工作做法被总队转发,有效发挥了政治工作的服务保证作用和直接作战功能。推进先进军事文化。结合强军风采系列文化活动,突出国庆、红军长征胜利80周年等时机,举办"讲好贺州故事"主题演讲会、首届贺州卫士杯篮球赛。结合"八桂武警"公众号传导教育,以爱的故事、爱的事迹、爱的人物作为典型示范引路,持续引导官兵寻找爱的理由,感受爱的孕育,收获爱的结晶。开展"贺州武警之歌"歌咏比赛,齐唱队歌振奋兵心,有力奏响了向总队第一方阵迈进强军号角。

武警贺州市支队党委二届五次扩大会议

【部队管理】 2016年,贺州市支队强化"四种意识"抓看齐带部队。清醒认识和准确把握从严治党的新要求,把大力加强党的建设作为重点突出出来。靠理论武装统思想。以"不忘初心、继续前进"为主题,严格落实党委中心组理论学习和党日活动、党课教育、双重组织生活制度,按照"三如"要求,突出学习领悟习主席系列重要讲话精神,从"四个扎实""五个更加注重""六个统一"等维度开展学习研讨,自觉向政治建军、改革强军、依法治军重大战略思想对表看齐,从思想上拨乱反正、正本清源、回归本色,确保政治上思想上与党中央、习主席保持高度一致。靠民主团结强班子。以《党委会的工作方法》为基本教材,以"三个规范性文件"为依据,严格遵守和落实党委议事决策制度,始终做到坚持原则决策、遵循程序决策、发扬民主决策、对照政策决策,尤其在干部任用、工程建设等重大问题上,不减少步骤、不简化程序,做到会前酝酿、会上讨论、会后同音,以制度执行力保证决策质量。班子成员之间互相尊重、互相信任,对分管的工作都很上心、用心、尽心,一班人干事创业氛围比较浓厚。靠正风肃纪带队伍。定期组织学习政治纪律和政治规矩相关文件,及时传达案例通报,认真收看《永远在路上》专题片,用好总队《党员干部廉洁自律须知》教材,保持了对作风建设的清醒认识。严格按照总部、总队党委要求,全面彻查涉郭徐周等信息,肃清流毒影响,派出工作组先后4次深入基层,一间一间库室过、一本一本图书查,对每台电脑、每部手机全盘扫描,共收集问题书籍、光盘、资料、文件共500余份统一销毁。结合"两学一做"学习教育,组织全体党员认真学习条例、准则和违纪违法案例通报,筑牢思想防线;以基层风气建设专项整治为抓手,以杜绝一瓶酒、一包烟“微腐败”为切入点，开设首长、廉政信箱，公布党委委员、纪委电话，畅通民主渠道，着力纠治打骂体罚、违规喝酒、私自外出、侵占士兵利益等问题；采取军人大会检查剖析、纪委诫勉谈话和实施纪律处分等方式，抓违规、抓违纪、抓失职，起到了教育本人、警示部队的目的。

【安全保卫】 2016年，贺州市支队坚持依法从严建安全守底线。认真落实《安全工作八个方面基本规范》和总队党委四届十一次全会精神，持续在抓规范、促正规、保安全上出实招用真功。一是注重法治促正规。坚持每月组织一次政策法规、形势任务和法纪警示教育，让官兵熟悉掌握基本规定。严密组织党委(支部)会议分析讨论“3·21”“4·9”“8·2”“11·4”等事故案件教训，扎实学习贯彻总队依法从严治军“十条铁规”和“八项硬性规定”，为每名官兵制作了一张卡片，以板报、橱窗等形式营造氛围，深入开展“抓好安全为了谁、出了问题害了谁、确保安全依靠谁”讨论，始终做到“安全阀”常紧、“安全经”常念、“安全弦”常绷，使每名官兵警钟长鸣、警醒常在。二是突出防范除隐患。围绕“彻查六类隐患、摸清七种情况”，以开展“严控对外交往、严守群众纪律、严防军民纠纷”警示教育活动、暑期百日安全竞赛、安全工作大检查等活动为载体，将安全工作的任务、目标和责任明确到具体岗位和人员，一级抓一级，一级对一级负责。每月组织安全普查验收一遍，每周组织行政督察督促一遍，每日利用电话、网络抽查覆盖一遍，及时下发通报、录像曝光、督促整改，提高各级运用“八个规范”指导安全建设、开展安全工作的能力。支队和富川县中队分别被总部总队表彰为暑期百日安全竞赛优胜单位。三是抓住关键保安全。紧盯人的管理不放，严格落实季度考核讲评士官制度和干部22时后、战士18时后不准外出的刚性要求，对所有在外人员坚持每周电话联系一次、安全短信提醒一次；紧盯枪弹安全不放，扎实开展枪弹专项治理活动，着力解决制度落实不严格、不经常等问题，确保了枪弹绝对安全；紧盯车辆管理不放，对29名拥有私家车的干部进行登记造册、签订责任书，并组织所有驾驶人员和有私家车干部集中开展警示教育，确保安全行车零事故；紧盯治酒禁酒不放，制作警示卡片，群发短信提醒，联合家庭监督，加大检查力度，确保“六个严禁”刚性执行；紧盯用电安全不放，支队先后派出三个工作组对基层用电安全进行全面排查；紧盯手机管理不放，制订《手机管理补充措施》，对所有官兵手机登记造册，严格落实“一人一机一号”，对符合使用手机人员实行“一天一放一收”，确保手机管理不失控；紧盯保密安全不放，对涉密载体、存储介质、信息网络等进行全面清查，邀请市国安局对支队网络安全环境进行安全检测，严防失泄密问题发生。

【军事训练】 2016年，贺州市支队聚焦“维稳大事”强能力保中心。始终把能打仗、打胜仗作为根本指向，努力把支队建设成“稳定属地、执勤处突”的生力军。抓好经常性执勤。认真贯彻新“十六字”执勤思路，持续推进“五防一体化”建设。严格落实“日检查、周通报、月讲评”制度，规范执勤秩序，扎实开展“三线”“三圈”防逃制逃实案化演练，不断提高干部组勤管勤、哨兵执勤和分队应急处置能力。圆满完成了“9·26”广东调犯押解、“两会一节”安保、火车站武装巡逻等临时勤务30多起；成功处置2起刑满释放人员报复干警事件，1起持刀砍人事件，1起闹监事件；担负环桂检查站设卡成功抓获4名贩毒分子，查获冰毒3公斤，受到武警总部首长签批表扬和地方党委政府的充分肯定。加强常态化战备。扎实贯彻武警部队战备工作集训精神，完成作战指挥中心技术方案和指挥器材室建设，机动中队完成战备库室的调整建设，县市中队完成车库建设。围绕“三场战役”时间节点，按照“两个不经、一个保持”的要求，与市公安、气象、安全等部门建立情报互通研判机制，与110指挥中心调度台保持无线对讲信号通联，严格落实“一句话命令加补充指示”指挥流程、最大抽组兵力编成、反恐AB队备勤和装备以车代库等制度，实化方案预案、细化编携配装、优化战术战法，严密组织值班首长、作战勤务值班员和各要素值班值守，部队始终保持“箭在弦上、引而待发”的高度戒备状态。坚持每月进行综合性拉动演练，全面检验战备工作落实，不断提高部队快速反应、官兵应急处置和各级干部指挥能力。狠抓实战化训练。按照军事训练“八落实”和“六种组训模式”要求，充分运用考核、比武、竞赛等形式，严密组织机关集中强化训练、“魔鬼周”训练和教练员集训等活动，深化总部“千人大集训”成效。支队参加总队特勤排(应急班)教练员集训和军事训练交叉考核，分别获团体第一名和第五名，参加总部教练员竞赛，1人被总部评为优秀教练员。

【基层建设】 2016年，贺州市支队按照“两个全面”打基础厚底蕴。认真贯彻落实武警党委1号文件和总部基层建设工作会议精神，始终把工作重心放在基层。精准帮建增效益。以“三帮一提高”为载体，健全党委委员包片、股队挂钩、重点单位精准指导的帮扶机制，将以往“大水漫灌”变为“精确滴灌”的精准帮建方式，按照“一队一策”要求，制订《按纲服务指导基层计划》和《精准帮建基层实施方案》，全力抓好勤务中队的精准帮建，善武同志亲自挂帅，带作训、警务、管理、组织、运输油料五个股室深入中队进行调研，重点解决摆位不正、能力不够、责权不清、凝聚力不强等问题，中队各项建设进步明显，2016年被评为先进中队。转变作风摸实情。细化落实“六跟五帮”措施，明确班子成员跟帮的重点单位、重点内容，切实沉到一线、住进班排，全程不换人、蹲实不离岗，确保“六跟”不缺席、“五帮”不漏项。一年来，严密组织六批次联合工作组蹲点帮建，党委委员严格落实“六跟五帮”，深入解剖“麻雀”，班子成员平均在基层中队跟帮70天以上。破解难题补短板。针对干部队伍动力活力不足的问题，坚持每季度召开干部讲评会，表扬先进、鞭策后进、明确要求。针对官兵争先创优意识不强的问题，坚持把平时与评时、任务与建设统一起来，与单位评先评优、个人成长进步相挂钩，激发官兵“双争”热情。针对官兵家庭存在现实困难的问题，坚持解难帮困暖人心。

【后勤保障】 2016年,贺州市支队突出“前勤导向”优保障增效益。以全面建设现代后勤为主线,着力推动“后勤”变“前勤”。狠抓后勤专业培训强队伍。及时修订完善后勤战备方案,加强军地融合,与驻地超市、医院等签订保障协议。强化“一兵多用、一专多能”训练,先后举办10期司务长集体办公、2期军械员和5期驾驶员集训复训,狠抓纪律作风和业务技能,增强后勤专业兵能力素质。狠抓规范化管理敢较真。扎实开展财务大清查“回头看”,严格对照政策法规,采取逐张票据、逐份合同、逐笔支出、逐个账户检查的方式,进一步规范财经管理秩序。扎实开展“伙食管理精细年”活动,坚决执行“6211”“1126”模式及特勤排新伙食标准要求,科学调剂伙食,确保官兵吃够标准、吃出营养。扎实推进“三库”清理整治,排查各类隐患49处,完成支队军械库升级改造、新建防爆弹药库、安装恒温空调以及教导队兵器室高清晰度摄像头、指纹门禁识别系统等安防设施。扎实开展每周车场日、每月20日车辆警示日等活动,加大对车辆动静态的管理,圆满完成“两会一节”安保、冬季野营拉练、“魔鬼周”集训等运输保障任务。坚持每月开展医疗巡诊和卫生常识教育,5次邀请地方医院的专家对医疗急救与训练伤防治进行授课,与市中医院签订医疗对口支援协议,选送1名医生、3名卫生员进行学习培训,大力提升支队医疗技术水平。

【拥政爱民】 2016年,贺州市支队做好精准扶贫工作。支队机关积极做好八步区南乡镇垌新村的对口帮扶、10户结对贫困农户脱贫致富,所属县市中队均有定点扶贫对象,采取定期送法、送医、送文化、送生活用品和大项建设资助等形式,累计支援扶贫点5万余元脱贫搞建设,为贫困农户捐赠1万余元生活用品,照顾孤寡老人26人,资助贫困学生13人,以实际行动支持地方建设,支队长王善武被自治区表彰为“拥政爱民先进个人”。

【重大任务】 2016年8月25日至9月15日,支队派出30名兵力,担负中国—东盟博览会、中国—东盟商务与投资峰会的机动备勤任务。在支队党委的有效领导下,任务部队发扬“不怕苦、不怕死”的战斗精神和敢打必胜的战斗信念,树立起贺州武警“威武之师、文明之师”的崇高形象,圆满完成此次“两会”安保任务。

2016年9月3日,支队担负贺州市城区武装巡逻任务官兵,配合公安民警成功处置一起持刀砍人事件。

2016年9月7日,为有效维护“两会”期间贺州市社会安全稳定,防范和打击各类暴恐事件及违法犯罪活动,支队出动官兵20名在贺州市灵峰检查站设立卡点,对来往车辆进行检查登记,并配合公安机关成功抓获四名贩毒人员,缴获冰毒3公斤。

【支队二届四次党委扩大会议】 2016年3月8日至9日,支队召开党委二届四次扩大会议。会议认真传达学习了中央军委、总部、总队三级党委全会精神,总结分析了2015年部队建设形势,研究部署了2016年工作任务。支队党委书记柳光磊代表党委向大会作题为《坚定看齐对正,聚力提速换挡,在强军实践中奋力向总队第一方阵迈进》的工作报告,党委副书记王善武主持。支队党委委员、机关干部和基层(大)中队主官出席会议。

【支队二届五次党委扩大会议】 2016年8月17日,支队召开党委二届五次扩大会议。会议认真传达学习了中央军委、总部、总队三级党委全会精神,总结分析了2016年上半年部队建设形势,研究部署2016年下半年工作任务。支队党委书记柳光磊代表党委向大会作题为《坚定看齐追随,强化问题导向,在狠抓末端落实中稳步向总队第一方阵迈进》的工作报告,党委副书记王善武同志主持。支队党委委员、机关干部和基层(大)中队主官出席会议。

(武警支队)

中国人民武装警察部队贺州市消防支队

【概况】 贺州市消防支队属现役部队,称谓为中国人民武装警察部队贺州市消防支队,又名贺州市公安消防支队,接受上级消防部队和同级公安机关的双重领导体制,正团级单位。支队设司令部、政治处、后勤处、防火监督处四个部门,下辖5个消防大队和6个消防中队,分别为八步区消防大队、平桂区消防大队、钟山县消防大队、富川县消防大队、昭平县消防大队和特勤消防中队、八步消防中队、平安消防中队、钟山县消防中队、富川县消防中队、昭平县消防中队,对贺州市“三县两区”的消防工作实施监督管理,担负着《中华人民共和国消防法》规定的火灾扑救工作和参加其他灾害或者事故的抢险救援工作任务。

【组织建设】 2016年,支队在自治区消防总队党委、贺州市委市政府和市公安局的坚强领导下,紧紧围绕社会稳定大局,严要求、高站位、讲作为,狠抓社会消防管理创新,强力推动消防安全责任制落实,忠实履行消防监督执法和灭火应急抢险救援职责,努力保持社会火灾形势和部队管理“双稳定”,部队安全无事故,全市无重特大火灾事故发生。支队党委巩固两级党委班子和中队党组织规范化建设成果,切实打牢听党指挥思想,切实贯彻民主集中原则,切实落实议抓大事制度,敢于担当,议事决策透明公正,官兵满意度高。2016年,贺州市消防工作在全区公安绩效考评中取得并列第一名,支队在总队组织的党内法规知识竞赛中荣获一等奖,廉政节目在总队廉政文化作品征集展演中荣获三等奖。

【政治教育】 2016年,支队党委始终坚持思想建党、政治建警不动摇,确保部队坚定正确的政治方向。2016年,支队深入开展改革强警主题教育活动和“两学一做”学习教育活动,通过“两学一做”专题辅导讲座、纪念建党95周年、“戴党徽、亮身份”、纪念长征胜利80周年等配套活动,把我党我军光荣传统教育和队史教育作为思想政治教育的重要内容,教育广大官兵继承和发扬党的优良传统,进一步增强荣誉感和使命感,教育官兵全面准确理解习近平总书记提出的一系列重大战略思想、重大理论观点和重大决策部署。同时，支队大力开展“开卷有益”读书活动，组织官兵阅读了《大清相国》《党员必须牢记的100条党规党纪》《〈关于新形势下党内政治生活的若干准则〉辅导读本》等书籍，参加了罗援将军《周边安全环境和软实力建设》国防教育专题讲座，开展“学准则条例，话廉政故事”征集展演活动，编排、制作廉政小品作品6部，通过新的活动载体，潜移默化官兵的思想道德，培养了官兵正确的世界观、人生观、价值观，有效地提升了部队官兵整体素质和战斗力。

2016年11月，贺州支队勇夺全区消防部队实战化练兵比武竞赛第四名

【安全保卫】 2016年，全市消防部队共检查各类社会单位12785家，发现并消除火灾隐患24163处，市消防部队共接警出动349起，出动车辆705台次，出动人员4266次，抢救被困人员307人，疏散被困人员331人，抢救和保护财产价值6415.65万元，完成各类大型活动消防安全保卫任务240多次。成功处置了八步区“5·11”大桂山国家森林公园游客坠崖救援事故及富川县“5·20”洪涝灾害事故处置等急难险重任务，受到市委、市政府领导和人民群众广泛赞誉。

【军事训练】 2016年，支队始终坚持聚焦打赢，紧贴实战练兵，积极参加贺州市联合举办的石板尾隧道高速公路危化品事故应急救援演练，组织全市基层指挥员和中队长助理、班长骨干开展轮训，分别派出多名业务骨干到柳州参加总队水域救援培训、到钦州参加危险化学品事故处置培训、到桂林参加车辆事故救援技术培训，不断提升官兵攻坚克难能力。积极推进灭火救援数字化预案制作工作，全年共制定灾害类型演练方案66份，修订灭火救援预案支队级12份、大中队级192份，开展演练374次，其中夜间演练124次，熟悉单位462家，进一步打牢部队战训业务基础。通过狠抓全员岗位练兵和整建制实战化训练，不断提高部队攻坚打赢能力，在总队2016年实战化练兵比武竞赛中，支队在5个项目比武竞赛中分别以1个第一、2个满分的出色发挥勇夺团体总分第四名，取得历史性突破。

【部队管理】 2016年，支队坚持以树立机关“四个样子”，规范部队“四个秩序”为抓手，深入推进“三个经常性工作”，扎实开展部队正规化建设和安全工作“五无”创建活动、“条令条例学习月”活动，重点开展基层中队一日生活秩序检查评比和安全自查互查活动，对基层中队人员管理、营区管理、营门警卫设置等部队管理工作进行了规范，不断提高部队正规化建设水平。突出问题导向，深入开展部队管理教育专项整治及回头看和百日安全防事故大检查活动，加强对“人、车、酒、网、电、密”等重点环节的管理，坚持以案件警示，用教训说话，严防安全事故案件发生。一年来，支队未发生一起违纪违法和作战训练安全事故，部队高度安全稳定。

【后勤保障】 2016年，支队始终瞄准发展瓶颈，坚持完善机制、开源节流、提高效能，一是聚焦中心强保障。2016年争取经费4292.1万元，政府专职消防员保障经费630.8万元，同比去年分别增长14.5%、43.8%。二是聚焦发展强基础。支队“三站合一”建设项目（培训基地、战勤保障站、特勤站）用地调整到60亩，预算投资7047.29万元，“三站合一”建设项目采用政府购买服务的模式建设，已获批准并且经费已落实；平桂大队室内训练馆2月份已投入使用；昭平县黄姚消防站建设各类手续已基本完善，正在开展征地工作；富川、昭平大中队办公场所分离已开工建设。三是聚焦打赢强装备。支队共投入184万元采购个人防护装备2573件套，投入353万元采购水域救援装备、应急通信装备和消防宣传车，投入40万元用于“两室一站”建设，1000万元贷款项目已上报采购方案。2016年，贺州支队“四个一”车辆配备、个人防护装备完成率100%。

【拥政爱民】 2016年，支队在广西公安消防部队消防工作满意度调查中全区综合排名第一名，被自治区党委政府评为“自治区拥政爱民模范单位”，被总队被为消防监督执法工作先进单位，支队消防政务中心窗口被市政务中心评为“五星级窗口”，全市消防工作连续7年实现消防执法“零案件、零违纪、零信访、零投诉”。组织开展“爱心公益万里行”活动，组织官兵参加义务献血、资助贫困学生、慰问孤寡老人，支队各单位定点帮扶辖区内1个贫困村；为群众开门开锁20余次，送水300多吨，官兵们在学雷锋活动日和参加城乡清洁工程中共擦洗市政铁栅栏2000多米，清除垃圾10多吨，冲洗街道80余公里。

【宣传教育】 2016年，支队突出抓好传统媒体宣传、新兴媒体宣传、“七进”宣传和阵地宣传。以“119”消防宣传月为契机，联合安监局、公安局、民政局、教育局、科技局、减灾委员会等部门开展了“全国科技活动周”“防灾减灾日宣传周”“安全生产月”“消防爱心公益万里行”“暑期消防安全宣传教育”“我是小小消防员儿童消防作文绘画竞赛”“消防宣传进军训”“第四届中小学消防广播操比赛”等消防宣传活动;与市电视台、电台和贺州日报等媒体合作打造《平安119》《聚集119》等消防宣传专栏,在央视播放新闻15条,中央人民广播电台4条,中央级报刊(法制日报)2篇,部局消防信息网21篇,“贺州消防”微博排名全国67名,支队微信、微博粉丝达6.1万人,举办消防宣传活动105场次,发放资料10万份,消防站及消防科普馆对外开放85次,接待各类人员1万多人。

(消防支队)

人民防空

【人防工作概况】 贺州市人防办内设机构4个,分别是综合科、指挥通信科、工程科、财务科;设二层参公管理事业单位1个,贺州市人防指挥信息保障中心。全办在职在编人员19人。2016年,贺州市人防办深入学习贯彻《中共中央、国务院、中央军委关于深入推进人民防空改革发展若干问题的决定》(中发〔2014〕15号)精神,坚持人民防空建设融合发展,积极推进改革,人防军事斗争准备工作扎实开展,防空救援服务民生的能力进一步增强。2016年被自治区人防办评为人防年度工作目标管理“达标先进单位”。

【人防指挥通信系统建设】 2016年,人防办投资98万元对贺州市区内的防空警报器进行升级改造,解决试鸣需人工上电的问题,实现了自主化控制;完善北斗卫星导航定位系统和短波通信系统,购置2台无人机,建设1套备用无线图像传输系统,拓宽了指挥通信保障渠道。开展人防指挥通信系统综合保障演练,5月份全市人防系统干部职工在富川县柳家乡龟石水库坝尾开展通信野营拉练,7月份参加“人防桂东—2016”协同演练,11月份参加广西全区人防系统通信装备操作使用比武竞赛,各项训演任务圆满完成。组织“9·18”防空警报试鸣,结合试鸣在八步区灵峰社区组织100多名居民开展人口紧急疏散演练。推进人口疏散地域建设,按照新修订的《广西人防疏散地域建设指南》,2016年,人防办贺州市新建4个疏散地域,新增接受安置市区人口约2000人。三县人防办与应急办共同新建了3个应急避难场所。

【人防工程建设】 2016年,人防办推进1228人防工程建设,完成项目地质勘查、迁坟、总平设计、初步设计及施工图设计等工作。开展坑道人防工程平战结合建设,将已开挖完成毛洞的鸡心山、马鞍山坑道式人防工程列为平战转换项目,平时用于停车,战时用于防护,年内项目完成初步设计方案并报自治区人防办立项。完成市本级地面应急指挥中心附属设施建设,结合星光路市政工程提质改造,完成市人防办大门、值班室、围墙及绿化建设。

【人防法治建设】 2016年,人防办开展人防依法行政检查,对2011年至2015年间的工程建设、行政审批、设备物资服务类采购、人防工程建设从业管理等全面检查,整改问题,促进依法行政。严格依法行政审批,市人防办行政审比窗口办结率、群众满意率均达100%;严格新建民用建筑修建防空地下室审批,全年市本级审批核发12项结建人防工程设计条件,人防建筑面积为62370平方米,兼顾32975.6平方米,审批易地建设128项,收易地建设费4200万元,与市财政局联合审批,减免29项共669万元,无任何违规减免缓现象。加强人防工程监督管理,2016年,人防办对全市已开工建设的结建人防工程开展质量监督管理,每个项目备案资料齐全完整,从业单位和从业人员严格资质建设;规范结建人防工程建设秩序,6月份举办了一期结建人防工程质量专题培训班。

【基层人防建设】 2016年,钟山县、富川县、昭平县人防办全年依法行政审批138项,收易地建设费1449.3万元,依法减免15项收费项目共79万元。圆满完成“9·18””全区防空警报统一试鸣任务。推进县级人防地面应急指挥中心建设,昭平县完成项目立项、可研批复,初步设计已报自治区人防办审核,正开展施工图设计及招投标工作;富川县落实项目用地指标及建筑红线图,项目立项已报自治区人防办审批;钟山县落实新建政务中心四楼作为新办公场所的指标。

【人防机关建设】 2016年,各级人防办部门开展“两学一做”学习教育,学习领会党章和习近平总书记系列重要讲话精神,召开党组民主生活会和党支部组织生活会,办党组和广大党员的政治意识、大局意识、核心意识、看齐意识增强,严守政治纪律和政治规矩。落实“三会一课”“支部主题党日活动”和基层党建7项重点任务,补缴党费8051.8元。推进扶贫攻坚,市人防办18名干部职工结对帮扶八步区莲塘镇长湾村19户贫困户,年内捐赠了价值7600多元的物品物资;支持长湾村委建设办公楼资金5万元。认真履行全面从严治党主体责任,加强监督检查,组织观看廉政广告、开展廉政教育、谈心谈话;坚持“一岗双责”,班子成员加强对分管领域的党风廉政建设,2016年市人防办未发生任何违纪违法问题。加强人防宣传教育,开展“进机关、进企业、进社区、进学校、进网络”活动,订购《人民防空知识》6000册分发至市区各初级中学一年级,开展人防知识教学活动;订购《人防科普知识宣传册》《居民防空防灾应急手册》各5000册分发给市区居民,开展防空防灾群众教育活动;购置200套应急救援包分发给市区居民,实际操作使用逃生装备;制作8个人防移动展板到各单位巡展,年内在《中国人民防空网》《贺州日报》《广西人防》杂志等媒体上刊稿20篇,完成全市党委信息、政务信息投稿任务,在自治区政府信息统一公开平台发布了120多条信息。

(人防办)

经　　济

编　辑：陈敏兰
许中继

分类经济

国有经济

【概况】 贺州市人民政府国有资产监督管理委员会（简称“贺州市国资委”）成立于2004年8月，成立之初为贺州市人民政府特设机构，2014年9月调整为贺州市人民政府工作部门，根据贺州市人民政府授权，履行出资人职责，主要负责企业国有资产管理、国企改革重组、监督企业投资活动、推进建立现代企业制度等工作。贺州市国资委内设办公室（党委办公室）、产权评价科（业绩考核评价分配科）、企业改革发展科、企业领导管理科（党委组织宣传部）、投资管理科（行政审批办公室）5个内设机构，下辖1个直属事业单位贺州市国有企业监事会管理中心。2016年，市国资委机关、事业单位在职在编人员19人。其中，行政机关在职在编人员12人，后勤服务事业编制人员1人，贺州市国有企业监事会管理中心在职在编人员6人。

【国有资产监督管理体系建设】 2016年，市国资委监管企业按类别分，有一类企业4家，分别是农投集团、正赢集团、旅实集团、矿投集团；二类企业13家，分别是广元公司、广泽公司、贺江生态公司、项目投资公司、旺投公司、富泉供水公司、润贺公司、三兴人才公司、桂东燃料公司、宏辉公司、宏顺公司、宏海公司、振园公司。按产权层级分，有一级企业17家、二级企业38家、三级企业38家。

2016年，市国资委坚持围绕管资本为主，积极构建国有资本分层分类全覆盖管理运营体系。一是强化产权管理。开展企业国有资产产权年度检查登记，规范企业国有产权转让行为，做好企业国有资产评估管理，理顺产权关系，确保国有资产保值增值不流失。二是完善考核机制。建立企业负责人经营业绩考核和薪酬管理办法，充分发挥业绩考核的导向作用，科学制定考核指标，按照工资与效益联动机制合理预测并做好工资总额预算工作，调整优化收入分配关系。三是加强运营监管。强化企业财务动态监测，建立健全月度、季度、半年度、年度经济运行分析制度，落实领导参加监管企业经济运行分析会，加强对监管企业经营运行分析工作的指导。四是加强安全生产管理。每个季度下发安全生产工作文件，督促企业抓好安全生产工作。积极开展“安全生产月”活动，从严从细开展安全检查，年内对企业进行16次安全生产检查，监管企业安全生产工作形势稳定向好。

【国有企业改革工作】 2016年国资委根据国务院《关于深化国有企业改革的指导意见》及配套文件精神，深入推进贺州市国资国企改革。一是推进国有企业并购重组。指导完成广西贺州市农业投资集团有限公司、广西贺州市振园工业发展有限公司、广西贺州市广元资产运营有限公司、广西贺州市广泽资本投资有限公司、广西贺江生态投资开发有限公司和广西贺州市项目投资发展有限公司6家国有独资公司的组建工作，市国资委监管的一级企业由2015年的12家增加至2016年的17家，全市国有企业规模与数量持续增长。二是构建经营性国有资产统一监管新模式。起草《贺州市本级行政事业单位经营性国有资产统一监管工作实施方案》，指导成立贺州市广元资产运营有限公司，负责接收管理市本级行政事业单位经营性国有资产，稳步推进行政事业单位的经营性国有资产统一监管。2016年完成所有需移交资产的39家单位的前期摸底、调查和对接工作。三是加快发展混合所有制经济。指导正润集团与北京无锋高科科技有限公司合资成立广西正润新材料科技有限公司，投资建设电子铝箔工程项目，正润集团电子新材料产业链全线贯通；鼓励矿投集团通过与民营企业合作经营的方式获取矿权，解决了“三块石头”优质资源多数散落在民间的历史难题。四是推进企业薪酬制度改革。起草《市国资委监管企业负责人经营业绩考核暂行办法》和《市国资委监管企业负责人薪酬管理暂行办法》，将国有资本经营收益目标任务纳入企业负责人经营业绩考核范畴，将国有资本经营收益目标任务完成情况与考核结果、企业负责人年度薪酬相挂钩，进一步激发企业活力和动力。

【国有资产保值增值】 2016年，面对经济下行压力，市国资委指导企业转型升级，通过不断提高服务质量和水平，为企业发展营造了良好的氛围。一是国有企业持续健康发展。2016年，监管企业资产总额319.10亿元，同比增长51.93%；所有者权益总额91.23亿元，同比增长37.74%；营业收入

59.60亿元,同比增长47.45%;已交税费总额5.43亿元,实现利润总额2.35亿元。二是项目建设顺利推进。2016年,市国资委监管企业一共承担64个项目工程,项目总投资196.31亿元,其中2016年列入自治区、市本级层面统筹推进的重大建设项目共46个,项目总投资186.30亿元。面对项目多、投资大的艰巨任务,市国资委勤督促、抓落实,积极开展项目调研,召开项目协调会议,解决项目存在问题,为项目建设保驾护航。其中,贺州市铝电子产业项目(一期)工程、广西麦岭(湘桂界)至贺州高速公路、第十届广西(贺州)园林园艺博览会园博大道、贺州站站房改造项目、贺州市市政综合提质项目、人工湖提质工程和主次干道提质工程等项目顺利推进。三是拓宽融资渠道。为了解决企业资金瓶颈,市国资委做到早谋划、早部署,努力为企业争取金融机构信贷支持,为企业发展提供了强有力的资金保障。指导企业申报国开行等国家政策性资金,利用当前宽松的金融环境,扩大融资规模;着重利用政府购买服务方式融资,企业争取政府采购模式融资;引导企业积极加强资本运作,寻求通过资本市场进行融资。

【监事会建设工作】 2016年国资委扎实开展监事会工作,促进企业规范管理和健康发展。一是加强机构建设。完善市国有企业监事会管理中心机构设置,充实机构工作人员,加强监事队伍建设,进一步提高监事会监管水平。二是加强日常监管。充分发挥监事会当期监督的作用,派驻企业监事列席监管企业董事会会议29次,监督企业重大决策、重要经营管理活动,及时了解企业的运营情况,防控运营风险。三是开展专项监督检查。坚持问题导向,强化对企业的年度监督检查和专项检查工作,查找企业存在的风险及隐患,督促企业改善经营管理,完善内控机制,防范经营风险,提高企业经济效益。对四大集团开展了2015年度监督检查工作,对2家贸易类公司以及5家工业园区公司进行了2015年度财务专项检查。

(国资委)

集体经济

【集体企业概况】 2016年贺州市有集体企业225家(其中企业法人113),比上年减少0.88%;注册资金总额8147.81万元,比上年减少0.83%。年内新登记集体企业8家,注销3家。

在集体企业中,从事批发和零售业、制造业的企业较多且注册资金比重较大,从行业分布看:批发和零售业140家,注册资金4405.98万元;电力、热力、燃气及水生产和供应业21家,注册资金340万元;制造业20家,注册资金1010.13万元;农、林、牧、渔业14家,注册资金91.4万元;建筑业6家,注册资金1222万元;交通运输、仓储和邮政业6家,注册资金882.3万元;租赁和商务服务业5家,注册资金19万元;居民服务、修理和其他服务业4家,注册资金31万元;房地产业3家,注册资金13万元;科学研究和技术服务业3家,注册资金50万元;采矿业1家,注册资金30万元;住宿和餐饮业1家,注册资金50万元;水利、环境和公共设施管理业1家,注册资金3万元。 (工商局)

【二轻企业改制】 2016年,市、县(区)二轻工业联社加大城镇集体企业改革的力度,拓展二轻行业空间,增加经济总量。一是按照《中华人民共和国城镇集体所有制企业条例》《物权法》《公司法》的要求,进行为以明晰产权为核心的产权制度改革,做到产权明晰,权责明确,促使企业真正成为市场经济的独立主体;二是分配制度改革。产权明晰后,改变以往权责不明,干好干坏一个样,吃大锅饭的现象;三是对于部分缺乏生存能力、生产无资金、产品无销路的企业,在其退出市场过程中,引导其利用剩余资产,安置好职工;在改制过程中,市、县(区)联社根据集体企业的实际,把握好方针政策,借鉴区内、区外二轻同行兄弟单位成功改制企业的经验,指导制订企业改制及分配安置方案,力求在企业改革改制工作中既不影响地方政府的城镇化建设,又切实维护好集体企业职工的合法权益;对在企业改革改制工作中出现的资产分配等政策、法规方面的问题,及时向市委、政府和自治区二轻工业联社汇报,争取上级业务机关的支持;2016年,贺州市二轻城镇集体企业改革改制达100%。

【联社服务】 2016年,市、县(区)二轻工业联社已全部列入参照公务员法管理的范围,是作为市、县(区)人民政府直属事业单位。全市传统二轻企业有职工1840人(含退休职工)。年内全力解决贺州市二轻集体企业职工社保、医保问题,使原来没有参加"两保"的职工大部分参加"两保",全市应参保人数1840人,实际参保人数1651参保率达89.73%。

【亮点工作】 2016年,二轻联社继续开拓创新"亮点"工作,为工艺美术行业服务。一是主动为工艺美术企业及作者提供政策咨询、就业、创业扶持、参展参评等行业指导帮助服务(政策咨询服务、资金扶持服务、组织培训服务、组织参展参评服务);二是协助建立贺州工艺美术行业保护发展档案。联社以宣传贯彻《广西壮族自治区传统工艺美术保护办法》为契机,对贺州市工艺美术行业进行认真调查研究,并撰写了《关于贺州市传统工艺美术保护和发展问题的调研报告》调研文章1篇。三是推荐工艺美术创作人员参加技艺培训。2016年,工艺美术行业共推荐3人4次区内外研修班学习和技艺培训班学习。四是组织贺州市工艺美术企业参加全国性展览。2016广西工艺美术作品暨大师精品展览和参评"八桂天工奖"。全市计有论艺阁、艺佳、黄石瑶家服饰、冬梅瑶绣、金海乐器、麒麟马艺术团和贺州学院7家企业和院校以及10多名作者落实200多件作品参展,其中有35件申报参评"八桂天工奖",获得金奖2项、银奖3项、铜奖4项和优秀奖1项。年内,草拟《贺州市传统工艺美术发展保护办法》。

【安全生产】 2016年,市联社与市人民政府、市联社与各县(区)联社分别签订2016年度"安全生产责任书",开展"安全生产月"和安全生产检查活动。年内,市联社领导带领检查组累计15次共45人次深入基层检查督查安全生产工作,排查出事故隐患6处并及时督促完成整改。 （二轻联社）

个体私营经济

【个体工商业】 2016年贺州市有个体工商户53099家,从业人员119547人,资金数额40.92亿元,分别比上年增长15.18%、减少5.12%、增长22.63%。年内新登记个体工商户10969家,新增从业人员25782人,新增资金数额10.69亿元。

个体工商户以批发和零售业、住宿和餐饮业、居民服务、修理和其他服务业、制造业、农、林、牧、渔业、交通运输、仓储和邮政业居多。从行业分布看:农、林、牧、渔业1841家,从业人员5687人,资金数额4.76亿元;采矿业114家,从业人员591人,资金数额6842.1万元;制造业3083家,从业人员13238人,资金数额4.81亿元;电力、热力、燃气及水生产和供应业21家,从业人员80人,资金数额2968.2万元;建筑业150家,从业人员486人,资金数额1631.8万元;批发和零售业35497家,从业人员6.69万人,资金数额19.478亿元;交通运输、仓储和邮政业1004家,从业人员2147人,资金数额11087.36万元;住宿和餐饮业5063家,从业人员14365人,资金数额5.23亿元;信息传输、软件和信息技术服务业279家,从业人员488人,资金数额1063.6万元;金融业3家,从业人员6人,资金数额3.8万元;房地产业31家,从业人员74人,资金数额221.2万元;租赁和商务服务业541家,从业人员1420人,资金数额5881.99万元;科学研究和技术服务业148家,从业人员378人,资金数额743.88万元;水利、环境和公共设施管理业1家,从业人员1人,资金数额1万元;居民服务、修理和其他服务业4516家,从业人员11329人,资金数额2.36亿元;教育1家,从业人员2人,资金数额2万元;卫生和社会工作56家,从业人员142人,资金数额230.5万元;文化、体育和娱乐业268家,从业人员1114人,资金数额8722.92万元;其他行业482家,从业人员1119人,资金数额3455.89万元。

【私营企业】 2016年贺州市有私营企业12881家,从业人员63195人,注册资本(出资金额)429.44亿元,分别比上年增长21.51%、22.62%、56.33%。年内新开业私营企业2569家,新增从业人员13093人,新增注册资本(出资金额)144.23亿元。

私营企业以批发和零售业、农、林、牧、渔业、租赁和商务服务业居多。从行业分布看:农、林、牧、渔业3408家,从业人员15316人,注册资本(出资金额)56.96亿元;采矿业176家,从业人员998人,注册资本(出资金额)11.31亿元;制造业783家,从业人员6381人,注册资本(出资金额)50.68亿元;电力、热力、燃气及水生产和供应业219家,从业人员747人,注册资本(出资金额)15.84亿元;建筑业613家,从业人员4078人,注册资本(出资金额)30.57亿元;批发和零售业4279家,从业人员1.83万人,注册资本(出资金额)81.49亿元;交通运输、仓储和邮政业367家,从业人员1744人,注册资本(出资金额)4.54亿元;住宿和餐饮业125家,从业人员786人,注册资本(出资金额)2.31亿元;信息传输、软件和信息技术服务业415家,从业人员1201人,注册资本(出资金额)4.38亿元;金融业262家,从业人员1685人,注册资本(出资金额)68.36亿元;房地产业377家,从业人员2189人,注册资本(出资金额)29.81亿元;租赁和商务服务业1064家,从业人员5571人,注册资本(出资金额)47.39亿元;科学研究和技术服务业272家,从业人员1328人,注册资本(出资金额)9.94亿万元;水利、环境和公共设施管理业50家,从业人员333人,注册资本(出资金额)4.32亿元;居民服务、修理和其他服务业175家,从业人员770人,注册资本(出资金额)1.9亿元;教育42家,从业人员219人,注册资本(出资金额)7712.5万元;卫生和社会工作11家,从业人员81人,注册资本(出资金额)4540万元;文化、体育和娱乐业91家,从业人员399人,注册资本(出资金额)9969.49万元;其他行业152家,从业人员1041人,注册资本(出资金额)7.42亿元。

2016年7月25日,中国共产党贺州市小微企业个体工商户专业市场委员会在贺州市工商局挂牌成立

【合伙企业】 2016年贺州市有合伙企业202家(其中分支机构16家),认缴出资总额36.94亿元,实缴出资总金额4.18亿元。

合伙企业以电力、热力、燃气及水生产和供应业、批发和零售业居多。从行业分布看:农、林、牧、渔业17家,认缴出资金额2709万元,实缴出资金额434万元;采矿业14家,认缴出资金额2811万元,实缴出资金额2066万元;制造业26家,认缴出资金额1.46亿元,实缴出资金额2899万元;电力、

2016年10月8日，市工商局、市政管办、市公安局有关领导共同发出全市首张由工商部门核发的“六证合一、一照一码”营业执照

热力、燃气及水生产和供应业76家，认缴出资金额43817.67万元，实缴出资金额3.52亿元；建筑业1家，认缴出资金额6万元，实缴出资金额6万元；批发和零售业31家，认缴出资金额2055万元，实缴出资金额262万元；住宿和餐饮业3家，认缴出资金额152万元，实缴出资金额132万元；信息传输、软件和信息技术服务业2家，认缴出资金额13万元，实缴出资金额13万元；金融业3家，认缴出资金额30亿元，实缴出资金额0万元；房地产业2家，认缴出资金额72.1万元，实缴出资金额72.1万元；租赁和商务服务业11家，认缴出资金额594万元，实缴出资金额203万元；科学研究和技术服务业1家，认缴出资金额0.2万元，实缴出资金额0万元；居民服务、修理和其他服务业7家，认缴出资金额161万元，实缴出资金额61万元；教育5家，认缴出资金额2301.5万元，实缴出资金额301.5万元；其他行业3家，认缴出资金额165.4万元，实缴出资金额114.4万元。

【私营独资企业】 2016年贺州市有私营独资企业4457家，出资额10亿元。

私营独资企业以农、林、牧、渔业、批发和零售业居多。从行业分布看：农、林、牧、渔业2542家，出资额36068万元；采矿业68家，出资额1.2亿元；制造业230家，出资额2.06亿万元；电力、热力、燃气及水生产和供应业27家，出资额5421.9万元；建筑业7家，出资额375万元；批发和零售业1153家，出资额1.53亿元；交通运输、仓储和邮政业12家，出资额322万元；住宿和餐饮业45家，出资额646万元；信息传输、软件和信息技术服务业218家，出资额4216.36万元；房地产业1家，出资额68万元；租赁和商务服务业29家，出资额1053万元；科学研究和技术服务业8家，出资额161万元；居民服务、修理和其他服务业47家，出资额969.8万元；教育12家，出资额1501万元；卫生和社会工作7家，出资额540万元；文化、体育和娱乐业32家，出资额539.6万元；其他行业19家，出资额318.8万元。

【农民专业合作社】 2016年贺州市有农民专业合作社1696家，成员总数15833人，出资总额2.34亿元，分别比上年增长65.79%、83.61%、76.00%。年内新登记661家，新增成员总数4844人，新增出资总额8.57亿元，分别比去年增长116.01%、118.69%、150.37%。年内注销20家。

农民专业合作社按业务范围分：从事农业生产资料的购买24家；农产品销售89家；农产品加工5家；农产品运输3家；农产品贮藏3家；与农业生产经营有关的技术、信息等服务94家；种植业1088家；养殖业340家；其他140家。

农民专业合作社按地域划分：八步区517家，占30.48%；平桂管理区307家，占18.10%；钟山县246家，14.51%；富川瑶族自治县297家，17.51%；昭平县329家，占19.40%。（工商局）

股份制经济

【内资（非私营）股份有限公司】 2016年贺州市有内资（非私营）股份有限公司264家，注册资本18.11亿元，实收资本6.15亿元。

内资（非私营）股份有限公司以金融业、批发和零售业居多。电力、热力、燃气及水生产和供应业、金融业、制造业注册资本比重较大。从行业分布看：制造业6家，注册资本2.62亿元，实收资本1.52亿元；电力、热力、燃气及水生产和供应业3家，注册资本8.44亿元，实收资本2.92亿元；批发和零售业46家，注册资本1000万元，实收资本50万元；交通运输、仓储和邮政业2家；信息传输、软件和信息技术服务业37家；金融业140家，注册资本6.96亿元，实收资本1.71亿元；租赁和商务服务业1家；其他行业29家。

【私营股份有限公司】 2016年贺州市有私营股份有限公司145家，注册资本12.78亿元，实收资本3.96亿元。

私营股份有限公司以金融业、信息传输、软件和信息技术服务业居多。金融业、制造业、建筑业注册资本比重较大。从行业分布看：农、林、牧、渔业3家，注册资本3900万元；制造业5家，注册资本2.46亿元，实收资本2.24亿元；电力、热力、燃气及水生产和供应业3家，注册资本500万元；建筑业4家，注册资本1.64亿元，实收资本1217.69万元；批发和零售业15家，注册资本2960万元；交通运输、仓储和邮政业16家，注册资本1.24亿元，实收资本989.88万元；信息传输、软件和信息技术服务业21家，注册资本5180万元；金融业67家，注册资本4.3亿元，实收资本1.1亿元；租赁和商务服务业4家，注册资本5000万元，实收资本1000万元；科学研究和技术服务业1家，注册资本500万元；居民服务、修理和其他服务业2家；文化、体育和娱乐业1家；其他行业3家，注册资本1.33亿元，实收资本3000万元。

（工商局）

外商及港澳台商投资经济

【外商投资企业概况】 贺州市共有外商投资企业51家，其中以工业为主，工业30家、农林业10家、电力开发6家、商贸服务业4家、房地产开发1家。2016年新批外商投资企业2家，投资总额860.88万美元。2016年，应参加年检51家，实际参加年检49家，年检率96%。在参检企业中，合资企业11家；独资企业38家；合作企业2家；独资企业生产营业的35家。

【外商及港澳台商投资经济】 2016年，贺州市外商投资企业销售总额46.47亿元人民币，利润总额6.52亿元人民币。有进出口业绩的企业有10家，累计进出口3061.99万美元，其中：出口1825.49万美元，进口1236.5万美元。半停产有10家，停业有6家。

（商务局）

投资开发和经济协作

固定资产投资

【固定资产投资概况】 2016年，贺州市完成全社会固定资产投资继续保持高速增长，完成投资650.83亿元，增长4%，占自治区下达贺州市2016年度工作目标720亿元的90.4%，增速排位全区第十一，进度排位全区第十二。贺州市共争取中央预算内投资项目120项，年度计划下达投资10.09亿元，其中中央预算内投资57847万元。全市2016年共审批核准备案项目712项，总投资1328.15亿元，其中，审批510项，总投资860.23亿元；核准41项，总投资51.184亿元；备案161项，总投资326.71亿元。

【重大项目推进成效显著】 2016年贺州市共谋划市级层面统筹推进重大项目415项，415个市级层面统筹推进重大项目完成投资277亿元，占固定资产投资比重为42.2%，比上年提高0.7个百分点。列入2016年自治区层面统筹推进计划的项目共41项，亿元项目投资计划改变了近年占比不足30%的局面。组织编制三年滚动投资计划，列入自治区重大项目储备库159个，总投资399.9亿元。

（发改委）

【人民政府直属公司简介】

旅实公司 广西贺州市旅游实业集团有限公司成立于2015年9月，注册资本金9亿元，是贺州市人民政府为全面整合旅游资源，加快推进产业转型升级，实现做大做强旅游产业的旅游投资经营主体和融资平台。现有11个子公司（广西贺州黄姚古镇投资有限公司、贺州市姑婆山景区有限公司、广西贺州黄姚仙女湖投资有限公司、贺州市星泰物业有限公司、贺州市新海投资有限公司、贺州市昌鸿商贸有限公司、广西黄姚德缘观光农业有限公司、广西黄姚东潭岭投资有限公司、广西贺州姚江漂流有限公司、广西贺州市天贺旅行社有限公司、广西昭平黄姚古镇文化旅游有限公司），包括3个景区（黄姚古镇AAAA景区、姑婆山AAAA景区、黄姚花海景区）和4家酒店（酒壶山宾馆、半岛度假酒店、姑婆山森林酒店、黄姚花海酒店）。经营范围涵盖景区开发及运营、酒店、物业管理、医养、旅行社、旅游产品开发、园博园、城市公交与汽车租赁以及旅游房地产等，现有职工1000余人。

（旅实公司）

矿投公司 广西贺州市矿业投资集团有限公司（以下简称市矿投集团）的前身是2011年成立的贺州市矿业投资有限公司（以下简称市矿投公司）。

贺州市矿业投资有限责任公司于2011年11月正式挂牌成立，成立时注册资本金5000万元；2013年12月，贺州市矿业投资有限责任公司更名为贺州市矿业投资有限公司，重组成为广西贺州正赢发展集团有限公司的子公司；2015年6月，市政府正式批准在原市矿投公司的基础上组建市矿投集团，并于2015年9月正式挂牌，是国有独资企业，注册资本金2亿元，担负着贺州市矿产资源收储、整合经营、培育碳酸钙产业龙头，服务贺州石材·碳酸钙和新型装配式建筑“两个千亿元产业”发展的重任。

截至2016年12月31日，集团资产总额为69830万元，集团共有职工95名，拥有全资及控股企业13家，其中全资子公司5家，控股公司4家，参股公司4家，拥有矿权12个，计划申办矿权16个，矿权优势明显。

（矿投公司）

农投集团 广西贺州市农业投资集团有限公司（以下简称“农投集团”）成立于2016年6月，是由贺州市委市政府批准成立的国有独资企业，是贺州市产业发展和扶贫开发投融资平台，主要经营范围包括农业投资，农业产业现代化项目投资，农产品加工、流通、配送经营，农机具维修，农业技术开发和技术转让，农业观光旅游，农业园区基础设施投资开发建设，农村基础设施建设，电力基础设施投资开发，电子及电子元器件、铝产业产品投资开发，房地产开发，房屋出租，金融、证券、旅游及酒店投资经营，工业园区开发建设，能源贸易，环境影响评价，环保技术开发，环保工程，环境治理，生产、销售环保设备。

农投集团拥有二级、三级全资、控股和参股企业40家，员工近4000人。截至2016年12月，农投集团资产总额143.49亿元（其中正润集团资产总额141.56亿元），营业收入31.84亿元，上缴税收4.36亿元。

农投集团下属多家企业连续多年入围“广西100强企业”“中国服务业500强企业”。其全资子公司广西正润发展集团有限公司名列2016年广西企业100强第56位、2017年广西企业100强第47位、2017广西制造业企业50强第22位；广西桂东电力股份有限公司（沪市上市公司，股票代码600310）名列2015年广西企业100强第68位、2017年广西企业100

强第49位、2017广西服务业企业50强第20位。

农投集团立足我国经济发展新常态，紧紧围绕自治区绿色发展战略和贺州市绿色崛起战略，充分依托贺州得天独厚的生态资源禀赋，发挥贺州“三省通衢”和“毗邻粤港澳”的区位优势，以做强、做大核心资产桂东电力为根本，持续提高集团融资能力，着力推动农业、电力能源、新型建筑材料、电子新材料、生态旅游、环保等六大板块协同发展，争取实现农业、建筑新材料、环保等产业成功上市，切实将农投集团打造成为贺州市农业龙头标杆企业和现代国有企业，为把贺州建成广西对接东部和中部地区的重要门户和枢纽做出积极贡献。（农投集团）

扶贫开发

【扶贫开发机构及工作概况】 贺州市扶贫开发办公室内设科室3个，即：综合科、项目科、社会扶贫科；二层事业单位2个，即：贺州市扶贫培训中心、贺州市扶贫信息管理中心，贺州市扶贫信息管理中心在贺州市扶贫培训中心挂牌，均为正科级全额拨款事业单位。至2016年12月底，贺州市扶贫开发办公室共有国家公务员8人、事业编制干部6人、机关后勤控制数编制1人。

2016年，贺州市脱贫摘帽各项工作任务进展顺利，实现了46个贫困村脱贫摘帽、81799贫困人口脱贫，减贫速度27.8%，高于全区平均减贫速度2.8个百分点。

【扶贫资金投入】 全年争取上级财政扶贫资金（下达扶贫部门）61175万元，比2015年的14343万元增长326.5%。其中，基础设施项目资金12934.1万元、产业开发资金6215.91万元、扶贫培训资金1978.23万元、扶贫贴息贷款资金4313.94万元、易地扶贫搬迁项目资金4185万元、旅游扶贫项目资金500万元，生态乡村·村屯绿化资金696万元，政府新增债券资金3亿元，项目管理费351.82万元。市本级投入5000万元用于八步区脱贫摘帽。

【产业扶贫】 2016年全市共投入扶贫产业开发项目资金6603.31万元。扶持发展重点产业项目种植46250.4亩，家畜养殖23304头，家禽养殖7.7万羽，水产养殖54.6万公斤，食用菌培育606万棒，养蜂4747群；扶持合作社27个，建立肉牛养殖基地3个；支持富川县岔山村和昭平县黄姚风景区2个旅游扶贫项目建设；受益贫困户7829户32264人。

【贫困地区基础设施建设】 2016年贺州市投入财政扶贫资金24698.1万元（其中政府新增债券资金11824万元）。新建砂石路43条84.03公里；硬化路740条620.38公里；独立桥梁32座325.7延米；人饮工程35处，其中水池（井）702立方米，铺设水管38100米；小水利工程23处，建设三面光渠道4.05公里，水池1座75立方米等；其他工程47处，其中贫困村种养设施工程6处，新建旅游公园路1公里、绿色旅游停车场道路1公里，以及小型水电设施、水果产业基地拉电工程等。

【为民办实事项目】 2016年贺州市扶贫为民办实事项目投入财政扶贫资金6268.92万元。建设屯级道路189条133.55公里；独立桥梁9座89延米；人饮工程7处，水池4座100立方米；小水利5处，三面光渠道4.05公里；其他工程5处。发展各种经济作物种植22273亩；家禽养殖0.9万羽、家畜养殖500头。

【金融扶贫】 2016年全市有贫困户69670户，需评级授信65754户，已完成评级授信65754户，授信率100%。全年累计发放扶贫小额贷款14.35亿元，累计贴息2411.44万元（含历年贴息额）。全年获得扶贫贷款户数为33448户，占全市贫困户的51%。其中：2016年脱贫户获得贷款17060户，占全年脱贫户（20431户）的83.5%。

【扶贫培训】 2016年贺州市共补助6541人，发放补助金1180.444万元。其中，围绕2016年产业扶贫开发和“十百千”产业化扶贫示范工程，全市共举办农村实用技术培训班17期，培训1980人（次）补助1614人8.744万元，其中专家培训363人1.815万元，启发式培训454人2.27万元，农家课堂366人，示范点培训183人1.189万元，其他培训614人3.47万元。主要开设油茶、水果、烤烟、茶叶、中草药材、松、杉树经济林、木薯、肉鸡、竹鼠等种养业项目的培训课程。严格落实“应补尽补”政策，抓好贫困劳动力转移就业培训，落实1031.4万元扶持符合补助条件的4153名学生上学，其中，2016年普通高校本科学历教育新生共补助1167人583.5万元；职业学历教育共补助2986人447.9万元（其中2015级续培生补助1347人202.05万元）。抓好短期技能扶贫培训工作，共补助410人40.2万元，其中扶贫部门主办的补助325人32.5万元，以奖代补的补助85人7.7

2016年9月22日，贺州市委书记赵德明（左二）到八步区桂岭镇调研产业扶贫

贺州市通过总结推广“三统一分”扶贫产业发展模式，全力培育黑木耳扶贫特色产业，到2016年底全市黑木耳种植面积达100.1万平方米(1502亩)，培植菌棒1682万棒，产值超6000万元以上。图为钟山县大田村黑木耳种植基地

万元。抓好中期就业技能扶贫培训工作，共补助364人100.1万元。开展“两广”对口帮扶职业教育工作，完成学生预报名107人。完成干部培训21期2890多人(次)。

【定点扶贫】 2016年，按照“领导挂点、单位包村、干部包户”的工作模式，贺州市参加定点帮扶的中直、区直、市直、县直单位587个，37名市四家班子领导挂点联系37个贫困村；安排了34657名干部以“一对一”“一对多”的方式结对帮扶69681户建档立卡贫困户、贫困生，因户施策，实现帮扶全覆盖和“一户一册一卡”。中国航空集团公司联系帮扶昭平县，投入715万元(含物资折款)，其中资助贫困学生100人次；中国节能环保集团联系帮扶富川瑶族自治县，投入10万元建设富阳镇新坝村委楼前广场；广州军区善后办从2016年9月起定点帮扶富川瑶族自治县，2016年投入资金26万元，其中资助贫困学生76人次。“10·17扶贫日”期间，全市共募集捐资捐物折合人民币1571万元；组织了近百家非公企业参与“千企帮村、助民圆梦”活动，与98个贫困村进行结对帮扶，投入资金14333.9万元，帮扶贫困户4068户。开展了“爱心包裹”捐赠活动，全市共寄出爱心包裹993个，价值近16万元。开展了机关党员“帮扶贫困户、点亮微心愿”、“情系家乡、脱贫攻坚”等主题实践活动。

【易地扶贫搬迁】 2016年，贺州市扶贫部门精准勾选全市“十三五”易地扶贫搬迁对象，积极配合做好全市易地扶贫搬迁工作，落实易地扶贫搬迁项目资金4185万元。 (扶贫办)

国内经济技术合作

【经济区域合作】 2016年，投资促进局组织参加浙江省、上海市的学习考察及广西“十三五”经济社会发展推介会、第十三届中国—东盟博览会、第十九届中国国际投资贸易洽谈会、第十一届泛珠三角区域合作与发展论坛暨经贸洽谈会、桂粤合作驻点招商大行动、广西农业投资项目推介洽谈会暨第二届农业科技成果展示对接会等招商引资活动，在福建、上海、浙江、广东等地组织、策划招商项目对接洽谈会，与杭萧钢构股份有限公司、太平洋建设集团、广东联塑科技集团、中国王力集团、能诚集团、中照资本基金公司、广东联泰集团、广东烨龙集团有限公司、江西省萍乡市格丰科技材料有限公司等企业洽谈对接产业合作项目。

(投资促进局)

经济园区、示范区

【经济区、示范区概况】 2016年，贺州市有贺州旺高工业区(广西碳酸钙千亿元产业示范基地)、广西华润循环经济产业示范区、粤桂县域经济产业合作示范区、广西贺州生态产业园(广西贺州高新技术产业开发区)等五大工业园区。为进一步推动贺州市工业园区体制机制改革创新，激发园区发展活力，加速贺州新型工业化进程，根据《中共贺州市委员会关于贯彻落实〈中共中央关于全面深化改革若干重大问题的决定〉的意见》精神，在原来草拟的《关于深化工业园区体制机制改革的意见》的基础上，由市政府办牵头，发改、工信等相关部门和各园区参加，先后到区内的南宁、钦州和区外的广州、佛山、深圳、韶关等地进行学习考察，借鉴外地各市产业园区体制机制改革的成功经验和做法，结合贺州情况，起草形成《关于深化工业园区体制机制改革的实施方案(征求意见稿)》，经征求市直有关单位和工业园区管委意见补充完善后上报市政府。该实施方案于2016年8月31日市政府三届六十三次常务会议原则通过。在此基础上，市工信委按常务会议要求，并参照自治区党委办公厅、自治区人民政府办公厅9月27日印发的《粤桂合作特别试验区体制机制改革创新先行先试总体工作方案》和《粤桂合作特别试验区人事管理体制改革创新工作方案》的经验和做法，形成《方案(初稿)》。2016年11月4日，市政府组织各园区负责人进行了讨论，并再次征求八步区人民政府、钟山县人民政府、富川县人民政府及市直有关部门和五大工业园区管委共17个单位的意见后，进一步修改完善形成了《方案(试行)(征求意见稿)》。12月21日，市委办召开贺州市园区体制机制改革碰头会，我委按会议要求对《方案(试行)(征求意见稿)》进行了补充完善，形成《方案(试行)(报审稿)》，12月22日报送市人民政府审定。2016年12月30日市委常委四届第十次会议原则通过，尚未进入实施阶段，还需要制定《贺州市工业园区竞聘上岗实施细则（试行）》《贺州市工业园区薪酬收入分配实施细则（试行）》《贺州市工业园区绩效考评实施细则（试行）》等相关配套文件，具体实施时间待市委市政府确定。

2016 年，贺州市工业园区完成工业总产值 498.1 亿元，完成工业增加值 135.99 亿元，企业上缴入库税收 14.8 亿元，产业项目实际投资 58.5 亿元，基础设施建投资 25.66 亿元。

【广西贺州旺高工业区】 广西贺州旺高工业区（碳酸钙千亿元产业示范基地）于 2015 年 6 月 19 日由广西贺州旺高工业园区和广西碳酸钙千亿元产业示范基地合并成立，是自治区级重点工业园区。园区（基地）规划面积 100 平方公里，包括西湾街道、望高镇、羊头镇，重点发展石材碳酸钙和稀土新材料两大主导产业，培育发展钨锡钛新材料产业，并兼顾其他相关联产业发展。2016 年，园区共有企业 433 家（含规上企业 58 家）。

石材碳酸钙产业作为园区（基地）重中之重打造的产业，依托贺州市丰富的大理石矿山资源（拥有华南地区最大的大理石矿产基地，远景储量达 26 亿立方米以上，尤以“贺州白”大理石享誉国内外）。依托贺州市丰富的碳酸钙产业资源，园区（基地）紧紧围绕以发展碳酸钙千亿元产业为主线，同步加快稀土、钨锡钛新材料产业和商贸物流会展产业发展定位，着力把园区建设成为中国石材碳酸钙新材料全产业链示范基地和最大的重质碳酸钙生产基地、人造岗石生产基地，努力打造全国岗石之都、重钙之都。结合实际，制订和实施“12366”产业发展思路，即打造一个碳酸钙千亿元产业示范基地，培育壮大望高和西湾两个园区，围绕转型升级、提质增效、创新驱动三条发展主线，建设重钙粉体、天然板材、人造岗石、有色金属新材料、复合材料、商贸物流六大产业园，力争 2020 年实现园区工业总产值六百亿元，努力构建贺州工业发展的新兴示范园区。碳酸钙产业已形成“大理石原料—大理石板材和工艺品—大理石边角废料回收—重质碳酸钙超细粉—合成人造大理石—新材料（涂料、塑料母粒、石头纸等）”循环产业链。

2016 年，园区重钙粉体和人造岗石工业体系已初具规模，具备年产重质碳酸钙粉体 800 万吨的加工能力，已成为全国最大的重质碳酸钙粉体生产基地，产品全国占有量达到 35% 以上，贺州市于 2016 年 4 月被中国无机盐工业协会授予了“中国贺州 · 重钙之都”的称号，2016 年 9 月，国家发改委批复确定以旺高工业区和望高镇为建设中心的贺州市为国家级产城融合示范区建设单位。同时园区（基地）还具备 120 条人造岗石生产线的建设能力，120 条人造岗石生产线全部投产后将成为全国最大的人造岗石生产基地，将成为“中国岗石之都”乃至“国际岗石之都”，目前园区（基地）正积极配合市人民政府做好“中国岗石之都”的申报工作。

2016 年，贺州市石材 · 碳酸钙产业技术交流大会

2016 年，园区（基地）工业经济呈现投资稳中有增、经济整体呈现上升态势。据统计，工业总产值累计完成 163.2 亿元、同比增长 16.3%；其中规上企业工业总产值累计完成 138.7 亿元、同比增长 17.1%。工业增加值累计完成 47.1 亿元、同比增 14.4%；其中规上企业工业增加值累计完成 39.6 亿元、同比增长 13.1%。固定资产投资累计完成 30.1 亿元，其中工业项目投资累计完成 23.9 亿元，基础设施项目投资累计完成 6.2 亿元。实现税收入库 2.34 亿元，同比增长 10.8%。

（旺高工业区管委会）

【粤桂县域经济产业合作示范区（信都工业区）】

概况 粤桂县域经济产业合作示范区（信都工业区）涵盖信都、灵峰、铺门、仁义、步头 5 个乡镇，是市委“双驱动”工程之一的“信都东部产业园区”前沿，是广西 A 类产业园区（信都工业区）驻地，是国家级桂东承接产业转移示范区的桥头堡，是国家珠江—西江经济带的重要组成部分。示范区规划面积 66 平方公里，规划建设信仁一体化核心区、仁义产业区、铺门产业区、灵峰产业区和扶隆产业区以及八步飞地园区。经过十多年的发展，示范区基本形成了以金属制品、林产加工、新型建材、机械加工、食品和农产品加工为主的产业发展格局，园区的聚集示范作用正在逐步显现。示范区有钢材、板材、建材等企业 80 多家，其中规上企业 34 家，培育了桂鑫钢铁集团等广西强优工业企业。2016 年以来，在市委、市政府的正确领导及市直各有关部门的大力支持帮助下，紧紧围绕“一年打基础、三年搞建设、五年见成效”工作目标，把基础设施建设和产业发展作为两大根本任务，强化责任，不断夯实工业发展基础，示范区经济呈现稳中向好的发展态势。2016 年全年示范区工业总产值完成 192.59 亿元，同比增长 18.2%，占全市工业总产值（543.98 亿元）35.4%，增量为 29.65 亿元；规模以上工业总产值完成 169.24 亿元，同比增长 24.48%，增量为 29.73 亿元，占全市规模以上工业总产值（483.6 亿元）

34.99%；工业增加值完成56.28亿元，同比增长14.2%。均超额完成全年各项经济目标任务。

园区重点项目建设 2016年示范区制定了《粤桂示范区重点项目(事项)推进倒排时间责任表》。确定了全年七大项工作重点，共116项工作任务，1163小项细节工作事项。一是实现开(竣)工基础设施项目15个，总投资额20.9亿元。其中：开工项目14个，总投资20.53亿元，主要包括信都大道改扩建、仁义至信都火车站公路、陶瓷企业公租房、管委公租房、示范区科技企业孵化器、扶隆220KV变电站等项目；竣工项目1个，总投资0.4亿元，主要是207国道(K3075+800—K3077+600)路段改造工程项目。二是实现开(竣)工产业项目12个，总投资额155亿元。其中：开工项目8个，总投资131.5亿元，主要包括纯一生态陶瓷、铝电子产业动力车间、榕木花岗岩加工厂项目、鹏达不锈钢项目、榕信金属制品技改复产等项目。竣工项目4个，总投资23.5亿元，主要包括挺进建材二期、金门建材二期、科利五彩装饰材料一期、鹏达不锈钢铸件生产等项目。三是统筹推进信都至仁义、联盟至铺门、联盟至信都、信都至扶隆、仁义至信都火车站一级公路等等项目前期工作，共有14个项目成功列入2016年自治区层面统筹推进重大项目；信都马塘公路、桂园路、灵峰路、合作大道、现代服业聚集区路网工程等项目已基本完成各项前期工作，基础设施项目前期费用支出达2305万元。示范区将以“核心板块作支撑，快捷交通作连接，现代农业作助推，特色小镇作提升”为总体规划目标，基本完成示范区总体规划、信都平龙片区控规、铺门扶隆片区控规、千亿元新型建筑材料产业示范基地概念性和产业规划、铺门河东产业园区总体规划、示范区信都国家生态工业示范园区建设等规划；启动了5000多亩高新科技产业园区控制规划、200平方公里的粤桂现代农业示范区规划和火车站前现代物流产业园概念性规划设计；启动了八步区第二人民医院、教育园概念性规划、信都第二高中修建性常规、教育路网规划设计以及平龙小学、平龙幼儿园规划设计。

招商引资工作 2016年招商引资进来项目11个，到位资金30亿元。引进的项目有鹏达不锈钢金属有限公司年产40万吨铸件项目、几何建材有限公司高档生态陶瓷生产项目、昊晟建材有限公司高档生态陶瓷生产项目、理昂生物质发电项目、广西金门建材有限公司纸装箱生产项目、纯一建材有限公司高档抛光砖生产项目、榕信金属制品有限公司引资技改项目等。

征地拆迁工作 2016年，完成丈量土地面积约7200亩，发放征地补偿款的土地面积6799亩，发放补偿资金3.446亿元，签订房屋拆迁协议19份，迁坟1562座。争取落实示范区项目土地指标7350亩，其中列入自治区重点统筹推进的10个项目有4575亩，完成“招拍挂”土地4宗共计654.94亩，完成土地出让收入4488万元。

筹措资金助推园区建设 争取到国开行、农发行商业贷款15.35亿元；全年争取到国家地方债券资金、自治区财政资金、珠西经济带基础设施大会战补助资金6703万元及社会筹措资金2.65亿元用于征地。另外，G207国道信都至仁义段、贺州市仁义至信都火车站公路、示范区双创教育实践基地路网一期工程等6个项目列入政府购买服务，计划融资39亿元，其中仁义至信都火车站公路、信都至仁义公路已取得2.95亿元贷款。

培育规模以上企业 2016年，培育新入规企业5家，分别为贺州鑫峰建材物资有限公司、贺州市宏佳铝业有限公司、广西贺州市久鑫新型墙体材料有限公司、广西挺进建材有限公司、贺州市龙昌塑料制品有限公司。

【广西桂东电力股份有限公司】 广西桂东电力股份有限公司(沪市上市公司，证券简称“桂东电力”，证券代码“600310”)系经广西壮族自治区人民政府桂政函〔1998〕114号文批准，由广西正润发展集团有限公司(原“贺州市电业公司”)作为主要发起人，以合面狮水电厂和供电公司等经营性电源和电网资产投入，于1998年12月4日成立。2001年1月12日经中国证监会证监发行字〔2001〕4号文核准，公司首次向社会公众公开发行A股4500万股，公司股票于2001年2月28日在上海证券交易所挂牌交易。广西桂东电力股份有限公司隶属广西贺州市农业投资集团有限公司管理。桂东电力现有全资及控股子公司14家，参股公司12家。2016年广西桂东电力股份有限公司名列广西百强企业和中国服务业企业500强。

广西桂东电力股份有限公司是全国水利系统地电行业中厂网合一、网架覆盖面最宽最完整、以110KV输电线路环网运行、拥有完整统一的发供电一体化体系、电网内发供电相互配套的地方电力企业。2016年公司控制(全资及控股)的电源装机总容量38.26万千瓦，包括五个主要水力发电厂：合面狮电厂、巴江口电厂、昭平电厂、下福电厂、梧州京南水电厂，合计年平均发电量17亿千瓦时左右。公司电力销售区域形成三省(区)联网电量互为交换互通有无的灵活格局，拥有比较稳定的用电客户群，市场相对稳定，主要供电营业区域包括贺州市八步区、平桂区(营业方式为趸售与直供)，贺州市钟山县、富川县、昭平县、苍梧县旺甫镇(主要为趸售)，以及梧州市部分直供用户，约占贺州市供电份额50%。与广西电网、梧州市及下辖的市、县和广东省的郁南县、罗定市以及周边湖南省的江永、江华、永州等县市互为网间电力电量交换。

广西桂东电力股份有限公司属于电力行业，主要产品为电能，以发供电为主业，同时涉及石油煤炭化工产品贸易、新型建筑材料、酒类销售和电力设计咨询等行业。2016年占公司营业收入或营业利润10%以上的为电力销售收入、石油化工产品贸易收入，其中售电收入占公司营业收入的30.27%，贸易收入占公司营业收入的67.04%。2016年公司各水电厂流域全年来水和分布情况较好，各水电厂均超设计出力，发电量创历史最好水平。公司控制的5个主要水电厂全年共完成发电量20.63亿千瓦时，比上年增加25.10%；售电方面，全年售电量也创出历史新高，达到40.36亿千瓦时，比上年增加52.97%。2016年全年实现营业收入52.13亿元，同比增加45.17%，其中电力销售收入15.75亿元，同比增加30.40%，全年合并实现营业利润

1.42亿元，同比减少70.60%；实现净利润2.94亿元，同比减少44.30%。截至2016年12月31日，公司总资产110.05亿元，净资产26.63亿元，营业收入52.13亿元，归属于上市公司股东的净利润2.09亿元，每股收益0.25元。

（广西桂东电力股份有限公司）

【广西贺州生态产业园】

园区概况 广西贺州生态产业园（广西贺州高新技术产业开发区）是在贺州电子科技生态产业园的基础上设立的，园区位于距离贺州市主城区约2公里的西部，始建于2010年11月，2011年3月确认为自治区A类产业园区；2013年7月批准为自治区知识产权示范园；2014年3月列为自治区产城互动试点园区；2015年8月更名为广西贺州生态产业园。

广西贺州生态产业园总体规划面积为48.139平方公里，按照"一区（高新区）多园（高科技园）"的模式在园区内设立了规划面积为18.4平方公里的贺州高新区。贺州高新区与广西贺州生态产业园的管理机构合署，实行"一套机构、两块牌子"的管理模式。

园区经济 园区经济发展实现新突破。2016年，园区工业总产值累计完成2.82亿元，同比增长2.9%；规上企业总产值累计完成2.82亿元，同比增长2.82%；规上工业增加值累计完成0.82亿元，同比增长3.4%；实现税收1967.58万元，同比增长50.31%；完成工业实际投资2.36亿元，同比增长12.4%；基础设施项目投资3.7亿元，同比增6.8%。与上年同期相比，企业生产情况有好转，园区发展也呈稳步增长。

园区规划编制 园区规划进一步明晰。2016年完成园区总规、控规编制以及产业规划布局工作。广西贺州生态产业园总体规划面积为48.139平方公里，一期规划面积23.639平方公里，二期规划面积24.5平方公里，重点发展电子信息、新材料、现代服务业、生态健康产业和生物制造产业。按照"一区（高新区）多园（高科技园）"建设和管理模式，在生态产业园内规划了总面积为18.4平方公里、建设用地面积为15.1平方公里的广西贺州高新技术产业开发区。2016年2月经自治区人民政府批准升格为自治区级高新技术产业开发区，实现了贺州市零高新区的突破。

园区建设 2016年，园区基础（配套）设施进一步完善。基础设施方面，园区路网共投资3.56亿元，主次干道建设7.057公里，"一纵四横"架构基本形成；公共租赁住房项目累计完成1.8亿元，已建成可投入使用住房432套，在建住房445套；标准厂房项目（一期）完成建设面积4万平方米，2#楼、5#楼完成建设可以交付使用，1#楼、3#楼已完成主体结构建设，正在进行砌筑工作，4#楼正在进行二层梁板施工；标准厂房（二期）、（三期）现在正在办理前期工作手续。污水设施项目完成雨污分流管道，已建成日处理能力300吨临时污水处理设施。配套设施方面，已有13路、14路公交车正常运营，百事快递、邮政快递等多家快递公司入驻，为入园企业员工和周边村庄群众的出行、生活提供了便利。

2016年1月18日，管委主任陆善东（前排右一）向客商介绍园区建设现状

2016年，园区产业发展形成新局面。一是电子新材料产业链布局基本形成。正润日轻桂银偏析法高纯铝项目、正润新材料已建成投产。二是装配式新型建筑材料产业快速推进。广西超超新材料公司的纳米高科技复合新型墙板材料研发试验生产项目第一条生产线已于2016年8月点火试产；广西建工集团牵头投资的装配式轻钢结构新型建筑材料生产与研发示范基地项目已落户园区，为贺州市打造新型建筑材料千亿元产业打下坚实基础。三是科技创新研发服务业初步形成。园区已建立运营省级科技孵化器公司一个，入驻孵化器企业23个。

（生态产业园）

【广西贺州华润循环经济产业示范区】

广西贺州华润循环经济产业示范区是广西首个循环经济产业示范区和自治区重点建设的工业园区。示范区先后荣获广西壮族自治区循环经济示范园区及认定为自治区A类产业园区，国家循环经济教育示范基地，全国105家增量配电改革业务试点园区。

重点培育以华润电厂、华润水泥和华润啤酒为核心的循环产业链，投资10亿元的华润水泥（富川）有限公司年产200万吨水泥项目；投资78亿元的华润电力（贺州）有限公司2×1000MW超超临界燃煤机组及润电新能源（贺州）有限公司6MW光伏发电项目；投资6亿元的华润雪花啤酒（广西）有限公司年产20万吨项目先后建成投产。引进华天能高效保温烧结砖及轻质板材项目，啤酒瓶厢项目相继建成投产，进一步拓展示范区的循环经济产业链条。累计实现工业总产值190多亿元，累计完成税收12.4亿元。

2016年，示范区正在打造清洁能源生产基地和多能互补集成优化示范工程，广西首座超低排放电厂改造完成；贺州市首座光伏电站投产运营；国家首批增量配电网试点加快推进；广西首座分散式风电项目。火电厂、水泥厂、

贺州华润循环经济示范区平面图

啤酒厂通过循环经济实现废物再利用，贺州市碳酸钙、新型建筑材料“两个千亿元产业”所产生的大理石废浆、岗石污泥等固体废物循环利用于电厂烟气脱硫、水泥生产。示范区循环经济链条已经由企业间循环扩大为社会化大循环。示范区不仅是经济的贡献者，更是环境的护卫者，为工业绿色发展提供新的思路与途径。

2016年，示范区总规划面积由11.16平方公里调整到35平方公里。正在打造“一区多园”模式：以能源产业为龙头，建材加工、食品加工、金属加工、生物医药为主的华润循环经济园，以农产品精深加工、农产品物流园、农产品装备制造为主的新湾工业园，以饲料加工、家具制造为主的白沙工业园，以制造加工业、特色农产品加工、体验农业、民俗文化旅游的湘桂专业合作示范区。规划建设四大服务平台：以总部商务办公、电子商务基地、智慧信息、商品展销中心等功能构成的生产服务平台；以购物中心、超市、商场、特色酒店、休闲娱乐、特色餐饮、医疗卫生等功能构成的生活服务平台；以运输、仓储、装卸、配送、电子商务、终端结算等功能构成的物流仓储平台；以人才创业、产品研发、企业孵化、专利转化等功能构成的高新技术研发与应用平台。这些服务平台的建成将进一步加强示范区公共服务承载能力。同时加大“集中供热、集中供电、集中供水、集中供气、集中治污、集中物流”六个集中基础设施投入力度，为各企业入园提供坚强保障以及全方位优质服务。

（华润循环经济产业示范区管委）

【贺州市生态新城管委】 2016年，贺州市生态新城管委［桂台(贺州)客家文化旅游合作示范区管委会］坚持以经济建设为中心，高铁新城、黄田新城、江南新城、生态水城“四城联动”。全年推进项目15个，自治区层面重大项目2个，市级层面重大项目12个，总投资约42.8亿元。新开工项目7个，续建项目3个，完成投资10.43亿元。

高铁新城全面开工建设 2016年12月1日高铁新城项目开工仪式举行，正式拉开高铁新城基础设施建设序幕。总投资8.66亿元的贺州生态新城核心区路网工程一期工程黄田大道已开工实施清表；二期工程已完成施工、监理招标，已落实贷款6亿元，完成投资1.06亿元。总投资9.7亿元的贺州火车站综合交通枢纽及配套基础设施建设工程开工建设，是全市唯一能在年内开工的自治区层面重大项目。项目配套的火车站站前停车场已投入运行，完成投资1.37亿元。

黄田新城建设 总投资7.48亿元的黄田新城(火车站站前片区棚户区改造项目)一期工程完成1#楼、2#楼5层砼浇筑。二期工程2#、3#地块围墙、土方回填完成。三期工程施工、监理招标工作完成，实施清表。累计完成投资4.91亿元。

生态水城建设 金泰湖水生态综合治理工程总投资9.34亿元，一期工程投资4.04亿元，前期工作已基本完成，已落实贷款13.7亿元，完成投资约0.4亿元。永丰湖水生态综合治理工程总投资6.72亿元，正在加快推进前期和融资工作。

江南新城建设 北堤公园一期和大钟山公园一期于2016年12月31日成功开园，结束了贺州市城区无公园的历史，城市形象明显提升。北堤公园二期正在加快推进，累计完成投资0.78亿元，2016年完成投资0.41亿元。大钟山公园工程一期工程累计完成投资1.54亿元，二期工程方案正在报批，2016年完成投资0.94亿元。总投资2.24亿元的八步区江南片区棚户区改造项目一期26#-34#楼已完成三层梁板柱的施工；二期正在开展前期工作，累计完成投资0.71亿元。总投资0.48亿元的江北东路堤工程，防洪堤、护岸建设已完成，累计完成投资0.43亿元，2016年完成投资0.39亿元。与此同时，江南中路堤也于同年的11月全面开工，截至2016年底，完成投资额980万元，呈现出一片如火如荼的建设景象。

四个新城征地工作成效显著 高铁新城已征300亩；黄田新城已征900亩；生态水城已征120亩。江南新城江南中路及东路堤工程已征180亩；江南棚改项目30亩征拆工作基本完成；出台大钟山公园征地拆迁包干方案，完成公园内1300多座坟墓迁移、1000多只羊群迁移，并创造一天内迁坟112座的征拆工作新高。

破解融资难题 采用政府购买服务模式、申请国家专项基金、政府债、市本级预算等方式，解决资金共33.56亿元。正在通过政府购买服务模式为永丰湖、生态新城三纵三横道路、滨江南路3个项目融资28.23亿元。2016年，管委采取政府购买服务的融资模式已在全市推广运用，全市通过政府购买服务模式包装项目112个，融资360多亿元。

（生态新城管委会）

【钟山工业园区】

概况 2016年园区签约项目共计

16个，总投资达28亿元。年内，提出园区“十三五”发展思路（“11335”工作思路），即：力争到2020年工业园区实现工业总产值100亿元的目标；重点建成1个产业关联度高、辐射能力强、发展后劲足、综合能力显著增强的工业园区县城核心区；由工业园区核心区辐射带动回龙片区、燕塘片区和珊瑚片区3个工业集中区的建设，形成各具特色、联动发展的新格局；重点打造长寿生态休闲旅游养生经济产业、碳酸钙新材料和新型建材产业，着力拓展矿山机械装备制造产业等3大产业；努力创建长寿养生经济示范基地、国家级小型微型企业示范基地、农民工就业创业示范基地、产城融合示范基地、农村电商物流示范基地等5大示范基地。

园区规划定位 第一阶段：园区2008年12月获广西壮族自治区确认为A类产业园区段规划总面积12.47平方公里（县城园区规划用地面积8.75平方公里，珊瑚园区规划用地面积3.73平方公里），第二阶段：2012年钟山工业集中区成立后，推行“一区多园”模式。规划分为县城核心区（含城北工业组团、城西工业组团和城南工业组团）、燕塘产业区、回龙产业区、珊瑚产业区四大集中园区，总规划面积为20.7平方公里。园区主导产业：有色金属采选加工、机械新材料、碳酸钙下游新材料、轻纺产业、农林产品加工、石材建材等。第三阶段：2014年10月，钟山县工业集中区管委会升格为贺州市钟山工业园区管委会（正处级），属贺州市政府的派出机构，由钟山县委、县人民政府代管，进一步明确了园区的管理机制。园区按100平方公里进行修规，一期规划20.7平方公里，规划分为县城核心区（含城北工业组团、城西工业组团和城南工业组团），规划用地面积11.84平方公里，重点发展碳酸钙新材料、机械装备制造、轻纺服饰产业和人造首饰等产业。2016年，有广西长城矿山机械设备制造有限公司、贺州市旭平首饰有限公司、贺州市钟山县双文碳酸钙新材料有限公司、钟山县兴利通纺织有限公司等龙头企业入驻。燕塘产业区规划用地面积2.14平方公里，重点发展高档石材建材产业，兼容发展家装手工艺品制造、装饰建材产业、物流等。已入驻企业有：钟山县瑞丰石业有限公司、钟山县永辉石业有限公司、钟山县鑫岩石业开发有限公司、钟山县建琳石材有限公司等石材加工企业20多家。回龙产业区规划用地面积5.39平方公里，重点发展新型建筑材料、碳酸钙新材料、轻纺配套及其他高新节能产业。2016年，投资3亿元的广西钟山县邝氏矿业有限公司已入驻园区并进行建设。珊瑚产业区规划用地面积1.27平方公里，重点发展有色金属深加工产业。目前已入驻的企业以国企广西桂华成有限责任公司为主，该企业连续多年为钟山县纳税第一。

基础设施建设 2016年累计投入资金约1.3亿元，一期准厂房、规划道路、排污管网、污水处理、站供电、供水等基础设施建设顺利推进。完成一期标准厂房建设面积3万平方米；完成工业大道、新材料园区二路、轻纺园区二路等规划道路建设8.5公里。启动日处理能力2.5万吨核心区污水处理厂日处理能力0.65万吨燕塘产业园区污水处理厂9.8公里核心区规划道路1.75公里燕塘产业园区规划道路、规划面积100亩的核心区母粒产业园一期工程、标准厂房二期项目、核心区城西组团规划道路工程等项目前期工作。

入园企业项目建设 兴利通纺织项目一期厂房建成，生产设备安装完成80%，正建办公楼及宿舍楼；双文碳酸钙新材料项目一期厂房已建成并投产入规，研发大楼主体完成80%；旭平首饰一期生产厂房建成，开始安装生产设备，二期项目厂房开工建设，宿舍楼基础完成；邝氏矿业正在抓紧厂房建设、配套用房、规划道路建设，一期生产设备安装完成，申报矿山林地指标开始；天顺石材项目、天顺木业项目、裕恩制品项目、孔氏塑编项目等一批项目开展建设前期工作。

经济发展与招商引资 2016年，园区新增规模以上企业1家，有入驻企业共有42家，其中规模以上企业21家。2016年全年实现工业总产值53.12亿元，同比增长14.46%；实现工业增加值11.63亿元，同比增长13.16%；实现税金7940万元，同比增长8.2%。其中规模以上企业实现工业总产值50.3亿元，同比增长17.13%，完成市工信委下达的全年任务47亿元的107.02%；实现工业增加值11.02亿元，同比增长15.88%。

通过考察和多方洽谈，园区确定改性母粒产业作为园区碳酸钙下游产业发展的主攻方向之一，园区管委专门在县城核心区规划近400多亩地作为改性母粒产业园。有6家改性母粒生产厂家意向到园区投资建厂；与丹麦安徒生基金会签订了投资7.5亿元的安徒生文化产业园投资协议；与6家石材企业签订投资意向书，投资金额达4.2亿元；与15家皮革制造企业进行深入洽谈，投资金额约16亿元。

（钟山工业园区管委会）

2016年10月24日，“联合国安徒生文化组织”考察团在贺州市钟山工业园区考察合作项目

对外经济贸易与澳台贸易

利用外资及港资

【利用外资概况】 2016年贺州市实际利用外资1331.69万美元,全部纳入商务部口径统计,贺州市新批外商投资企业2家,总投资860.88万美元,注册资金525.64万美元。

【外来投资来源与项目分布】 实际利用外资主要来为:广西龙光广贺高速公路有限公司出资811万美元、钟山县兴利通纺织有限公司出资361.29万美元、广西正润日轻高纯铝科技有限公司出资88.16万美元、广西真龙彩印包装有限公司增资71.24万美元。资金到位主要分布:香港、日本;项目分布主要香港。

【重点外商投资项目简介】 2016年贺州市新批外商投资企业2家,总投资860.88万美元,注册资金525.64万美元。重点项目如下:一是广西星辉电子有限公司,总投资241.8万美元,注册资金216.1万美元,外商外资企业,批准时间:2016年3月22日,投资方:香港商人黄奕凌,经营范围:从事生产加工电线、连接器、注塑电子产品。二是华润混凝土(平桂)有限公司,总投资619.08万美元,注册资金309.54万美元,外商外资企业,批准时间:2016年7月29日,投资方华润水泥投资有限公司(香港),经营范围:商品混凝土及预制构件的生产和销售。 (商务局)

对外与香港贸易

【对外贸易概况】 2016年贺州市外贸进出口总额5.19亿元人民币,同比下降18.9%,其中:出口3.85亿元,同比下降14.8%;进口额1.34亿元,同比下降28.8%。

【对外贸易主要产品及市场】 主要出口产品是打火机、塑料制品、铝材及水果(橘、橙)等;进口产品主要有煤及褐煤、燕麦、初级形状的塑料及农产品等。主要贸易地区是亚洲,进出口额达33628.4万元,占进出口总额的64.78%;主要贸易伙伴为香港以及东盟、欧盟、拉美等,其中对香港进出口6950万元,对东盟进出口1.33亿元,对欧盟进出口4358万元,对拉丁美洲国家进出口3965万元。

【外贸进出口贸易情况】 2016年一般贸易、加工贸易进出口双下降,其中一般贸易进出口总额4.09亿元,同比下降19.9%,占贺州市进出口总额的78.7%;加工贸易进出口1.11亿元,同比下降15.3%。

【重要外贸活动】 1. 境内展:组织中港、桂诚、桂达、耀龙10家外贸进出口企业参加第119、120届广交会,获得展位58个,两届广交会签订意向合同金额2523万美元。

2. 境外展:耀龙和桂诚两家公司参加2016年6月在匈牙利及德国举办的2016年中国品牌商品(中东欧)暨广西茶叶德国专题对接会。

3. 向自治区商务厅推介平桂股份有限公司的"飞碟/PGMA"为广西出口名牌,已通过专家评审,于11月30日予以公布。

4. 推广应用"一达通"外贸综合服务平台借助"一达通"外贸综合服务平台上线运营,贺州市利升岗石(石材加工企业)与阿里巴巴签订服务合作协议。 (商务局)

财政·税务

财 政

【财政机构及财政收支概况】 2016年,贺州市财政局内设机构有23个:办公室、综合科、预算科(公务用车定编管理办公室)、国库科、行政政法科、教科文科、经济建设科、社会保障科、农业科、农村财政财务管理局、农业综合开发办公室、企业科、商粮贸科、金融科、会计管理科、法规税政科、政府采购监督管理办公室、非税收入征收管理科、行政事业单位国有资产管理科、财政监督检查办公室、人事教育科、监察室、机关党委;派出机构1个:贺州市财政局旺高工业区分局;局属事业单位11个:贺州市财政预算绩效管理局、贺州市财政稽查大队、贺州市财政局预算编审中心、贺州市财政局国库支付中心、贺州市财政投资评审中心、贺州市财政局票据管理中心、贺州市财政局干部教育中心、贺州市财会培训考试中心、贺州市财政局信息管理办公室、贺州市财政政策研究室、贺州市财政局政府债务管理办公室。

2016年,全市组织财政收入50.90亿元,完成年度收入预期目标51.86亿元的98.1%,比上年增加3.76亿元,增长8%,增幅在全区排第4位,高于全区平均增幅(5.2%)2.8个百分点(如按上年统计口径加上独立编制预算的国有资本经营预算收入6500万元,全市财政收入完成51.55亿元,同比增长7.87%)。其中,一般公共预算收入完成32.42亿元,同比增加3.45亿元,增长11.91%;上划中央税收收入完成14.58亿元,同比增加3622万元,增长2.5%;上划自治区税收收入完成3.90亿元,同比减少519万元,下降1.3%。全市一般公共预算支出161.15亿元,完成年度预算的95.8%,同比增长4.5%(其中:权责发生制列支23.67亿元,同比增加1.75亿元)。

【财政支持地方经济发展】 一是稳增长加力增效。围绕自治区稳增长目标任务,定向发力,强化与经济社会发展密切相关的重点支出项目、领域和重大专项资金、转移支付资金的统筹管理能力,提高财政资金在"六稳"重点领域的使用效益。全年纳入GDP核算的财政八项支出同比增长20%,增幅在全区排第3位,高于全区平均增幅2.7个百分点,对拉动全市GDP平稳增长起到促进作用。二是支持重点项目建设。投入资金13.94亿元,用于路花水库、园博园、大钟山公园、北堤公园、贺州至巴马高速公路、火车站综合交通枢纽及配套基础设施等重点项目建设。三是支持产业结构调整。支持发展碳酸钙、新型建筑材料和健康产业三大产业集群，统筹投入8.14亿元；支持工业园区基础设施建设，搭建政银企平台解决企业融资难题，加快中小企业技术改造升级和新兴产业发展；发展特色旅游，做大做强旅游业，打造“世界长寿市”品牌效应，投入1.76亿元，支持黄姚古镇、姑婆山景区和特色旅游名县、名镇打造和乡野、生态旅游等。四是优化经济发展环境。推进供给侧改革，落实资源税改革、支持小微企业发展等税收优惠政策，降低实体经济成本，增强企业发展活力和盈利能力；组织开展涉企收费清理专项检查，强化涉企收费管理，减轻企业经营成本，增强企业产税创税能力；贯彻落实“清税减费”政策，按要求取消、停征和减征相关行政事业性收费项目。

【财政改革】 一是完善全口径政府预算。在积累上年经验的基础上，继续推进全口径、综合预算管理，提高预算完整性，全面、真实地反映政府收支总量、结构和管理活动。二是深化国库集中支付改革。全市全年纳入国库集中支付改革单位851家，改革覆盖率100%，国库集中支付改革资金量158.24亿元，占当年财政预算支出的84%，较上年提高2.2个百分点，财政国库精细化管理水平得到提高。三是完善绩效预算管理机制。全市全年纳入预算绩效管理单位562个，占全部预算单位总数的94.9%，预算绩效管理项目资金32.14亿元，资金规模达21.8%，政府管理效能得到提升。四是加强政府债务风险管控。按照分类管理、区别对待、逐步化解的原则，严格清理甄别存量债务，实行举借、使用、偿还政府债务全过程管理。全市全年归还政府债务本金17.33亿元，利息2.33亿元。全市争取自治区代发新增政府债券资金19.32亿元，主要用于扶贫、交通基础设施、城市建设发展等重大公益性项目支出以及市委、市政府确定的重大民生项目支出。五是试编政府综合财务报告。严格按照政府综合财务报告试编内容、范围和方法，协调有关单位及时收集整理相关报表，组织各县区按要求开展政府财务报告编制，指导和督促6个市本级部门预算单位开展首次部门财务报告编制。

【收支管理】 一是强化征管力促增收。围绕全年收入目标，分部门、分县区实施收入量化管理，严格执行全面推行“营改增”后的税收收入划分办法，应对政策性减收因素影响。牵头拟定《贺州市2016—2018年综合治税实施方案》，增强履行依法治税、征税和协税的部门职责，强化综合治税工作的协调和配合，促进涉税信息共享和应用，创新税收征管、稽查和评估平台。开展非税收入专项检查，规范非税收入收缴。全市全年非税收入占一般公共预算收入的比重（同口径）为40.5%，比上年下降0.4个百分点。二是严控行政运行成本。认真贯彻落实中央和自治区关于厉行节约的各项规定，补充和完善差旅费、会议费等相关经费管理办法；执行“三公”经费支出的动态监控预警规则，开展“三公”经费支出专项检查，有效控制和降低行政运行成本。全市全年“三公”经费同比下降17%。三是统筹整合使用资金。积极调整和优化支出结构，统筹和整合各项资金，保障全市经济社会发展的大事和改善民生的实事。全年争取上级补助资金106.70亿元、自治区代发政府债券资金34.94亿元，有效缓解全市财政困难局面；盘活财政存量资金，清理压减结转结余资金，全市全年累计盘活财政存量资金7.86亿元，统筹用于稳增长和惠民生等重点领域支出。四是强化支出通报考核。量化分月、分季度的财政支出进度目标，对影响全市支出进度的县区和部门，提请市人民政府进行集中约谈和问责，督促各级各部门采取措施加快财政支出进度，发挥财政资金的使用效益。

财政局局长蒲圣南（右三）到高新电子生态产业园调研

【财政保障民生】 一是全面提升社会保障水平。投入13.98亿元，加大社会保障与就业投入，提高城乡低保、五保供养补助标准，发挥社会保障的托底救急功能；落实社保补贴、培训补贴等就业政策，设立创业扶持资金，鼓励创业促进就业；投入18.58亿元支持构建全民医疗卫生体系，落实“新农合”和城镇居民医疗保险补助以及基本公共卫生服务人均补助，群众“看病难、看病贵”问题得到缓解。二是推进教育事业优先发展。完善义务教育公用经费保障机制，投入资金2.48亿元，支持改造农村薄弱学校；投入资金8507万元，支持职业院校教师培训、实训基地和特色学科建设；市本级配套投入6800万元，支持高层次人才培养引进，加快高标准大学建设。三是支持文化体育事业发展。抓好文化惠民工程，投入资金1.81亿元，落实博物馆、纪念馆、图书馆、文化馆（站）、大型体育场馆免费开放政策，办好农村文化信息共享工程等。四是全面落实强农惠农政策。投入“一事一议”财政奖补资金1.57亿元，推进安全饮水、危房改造、道路和美丽乡村建设，农村生产生活环境明显改善；累计发放各项强农惠农补贴2.59亿元，加强耕地保护和粮食适度规模经营;成立全市扶贫资金政策专责小组,强化扶贫工作的联动和配合,全市投入扶贫资金 11.70 亿元,全力保障精准扶贫工作,支持贫困地区加快发展。

【财政监督检查】 一是完善预算执行动态监控机制。修订和完善市本级财政预算执行动态监控管理办法、预警规则和操作规程,强化国库集中支付资金监控管理。全市全年纳入预算执行动态监控的预算单位 851 家,监控金额 133.52 亿元,预警金额 48.40 亿元,占监控资金的 36.2%。二是加强财政专户管理。严格按照财政部和自治区财政厅有关文件规定及程序,对财政部门管理的存量专户进行清理归并,督促各县区清理专项支出财政专户及存量资金。全市各级财政部门按上级时间节点要求撤并财政专户 13 个。三是节约财政资金。加强政府采购管理,从 6 月起市本级政府采购审核审批事项实行备案制,缩短政府采购审批时间,最大限度地节约和使用财政资金,全市全年政府采购预算资金 91.52 亿元,实际采购资金 89.46 亿元,节约资金 2.07 亿元,节约率 2.3%。四是实行预算编制和执行风险防控。健全内部控制制度,制定出台预算编制和执行风险防控管理办法,明确一般公共预算收入编制、政府性基金预算编制、国有资本经营预算编制和收入预算执行、支出预算批复下达、支出预算变更、资金拨付、账户管理、总预算会计核算和决算、预算绩效管理等方面的 376 个风险点以及防控措施,提高预算编制和执行的规范性、科学性和准确性。五是加强财政资金监督检查。组织开展财政资金安全检查、局内监督检查、会计监督和信息质量检查、农村安全饮水监督检查、财政扶贫领域执纪问责检查、预决算公开情况专项检查、非税收入收缴专项检查、民生政策落实重点检查和政府采购代理机构监督检查等,全面推进财政资金安全有效使用。

【非税收入】 2016 年,贺州市非税收入完成13.43亿元,同比增加1.57亿元,增长 13.2%。非税收入保持较快增长,一方面是完善了非税收入收缴体系管理,规范了执收行为,堵塞了征管漏洞,确保各项收入应收尽收、应缴尽缴;另一方面是受政策性因素影响的特殊增收,主要是五项基金转列一般公共预算收入和公立幼儿园保育费纳入行政事业性收费管理形成的不可比因素增收。

【基本建设项目资金管理】 2016 年,贺州市共争取上级专项补助资金 37.95 亿元,基本建设资金主要投向住房保障、农林水利、交通运输、教育、医疗卫生、社会保障和就业等方面。其中,住房保障 6.95 亿元,农林水利 8.59 亿元,交通运输 3.70 亿元,教育 6.10 万元,医疗卫生 2.73 亿元,社会保障和就业 4.76 亿元,环境保护 1.63 亿元,极大地支持了贺州市基础设施建设。

不断完善财政投资评审工作机制,努力提高财政投资项目效益。采取委托评审、联合评审和独立评审等方式,合理统筹安排评审项目,优化工作流程,全市全年财政投资评审机构完成评审项目 2013 个,送审金额 99.98 亿元,综合审定金额 92.40 亿元,综合核减金额 7.58 亿元,核减率为 7.6%。

【财政扶贫】《贺州市"十三五"精准脱贫攻坚财政资金筹措任务分工方案》明确市、县两级财政部门职责,为全市脱贫攻坚资金筹集工作提供政策保障。围绕贺州市脱贫攻坚目标任务,按照市级财政涉农资金统筹整合要求下放审批权限,以切块分配方式下达财政扶贫专项资金。本级预算全年安排 7500 多万元财政专项扶贫资金,其中有 5000 万资金通过切块直接下达到县(区),资金只明确用于扶贫领域,不规定具体用途,赋予县(区)资金项目安排自主权,以利于县(区)开展统筹整合。全市共筹措财政扶贫资金 12.60 亿元,比上年增加 8.19 亿元,增长 185.8%。

按照自治区总体要求和贺州实际,创新资金利用和贷款使用方式,推广"自用自营、入股共营、委托联营"等经营模式,为扶贫小额信贷工作提供制度保障。全市累计获得扶贫小额贷款贫困户 33448 户,发放扶贫小额贷款 14.35 亿元,财政累计贴息 2411 万元。其中:八步区已发放贷款 7260 户 3.56 亿元;平桂区已发放贷款 7331 户 1.94 亿元;钟山县已发放贷款 8980 户 4.39 亿元;富川瑶族自治县已发放贷款 4677 户 2.29 亿元;昭平县已发放贷款 5200 户 2.16 亿元。

【财政支农】 市本级财政支农年初预算安排资金 1.10 亿元。

全市全年共争取上级扶持贺州农业财政专项资金 12.77 亿元,比上年增加 4.27 亿元,增长 50.2%,其中:农业 2.43 亿元;林业 1.81 亿元;水利 1.31 亿元;库区移民资金 1.30 亿元。

根据《贺州市人民政府办公室关于印发贺州市现代特色农业示范区建设(2016—2017 年)行动方案的通知》要求,市本级安排一般债券资金 1000 万元,专项用于示范区创建。根据《贺州市现代特色农业示范区建设资金使用方案》,市人民政府组织市创建办、财政局、审计局组成督查组,对全市现代特色农业示范区建设情况进行督查。财政部门要求严格按照《广西壮族自治区现代农业示范区建设专项资金管理暂行办法》和政府一般债券资金要求规范使用资金。

(财政局)

国家税务

【国家税务机构及税收概况】 贺州市国税局下辖八步区、平桂管理区、钟山县、富川县、昭平县等 5 县(区、管理区)国税局,13 个税务分局,4 个稽查机构,7 个办税服务厅,主要负责征收全市增值税、消费税、企业所得税以及车辆购置税等四大税种。截至 2016 年,全系统共有干部职工 452 人,平均年龄 46.5 岁。全系统共管辖 32844 户纳税户,其中增值税一般纳税人 2934 户,小规模纳税人 29910 户。重点税源有电力、石材粉体、建材产品、有色金属、钢坯钢材、造纸及纸制品、制药等。2016 年,全系统荣获地厅级以上表彰奖励的集体荣誉 12 项,个人荣誉 17 项。

2016 年,贺州市税收收入总量在克难攻坚中提档进位。贺州国税经过连续 3 年的快速增长后,自 2015 年开始受经济下行影响,增速放缓。

截至 2016 年 12 月 30 日止,共组织税务总局口径税收收入 22.27 亿元,

国税干部热情服务纳税人

同比增收3.92亿元，增长21.3%，提前半个月完成了收入任务。组织自治区人民政府口径税收收入20.59亿元，同比增收3.83亿元，增长22.8%；组织贺州市人民政府口径税收收入20.21亿元，同比增收3.34亿元，增长19.8%；组织市本级税收收入6.77亿元，同比增收6054万元，增长9.8%，收入总量提档进位，在全区排位从2015年的第13位上升至第11位。

【国税征管】 2016年，国税征管不断强化。一是夯实税收征管根基。清理整顿个体户，加强户籍管理，个体双定户达起征点由原来的233户，增加到1412户，月增税款150万元。二是推行实名办税。完成增值税一般纳税人信息采集132户，完成部分信息采集897户。三是加强风险管理和应对。成立风险管理团队，通过“决策二包”应对风险入库税款5145.3万元，罚款1.27万元，滞纳金475.35万元；调减留抵金额731.8万元，进项税额转出342.81万元；调减弥补亏损金额1891.31万元，调整应税所得额628.11万元。四是大力推进增值税发票管理新系统。全市应推行发票新系统8307户，已推行8305户，推行进度为99.98%，全区排名第2。主动利用增值税发票新系统“大数据”进行风险分析、比对、核查，全年共检查失控、缺联、作废、不符等异常发票358份，查补增值税319万元。五是信息化管税水平提高。通过自主开发的《税源与征管状况风险监控管理平台》采集第三方的电费数据60多万条，石材调运数据23.45万条，公共资源交易中心的数据1277条数据，下发5批堵漏增收名单数据，共558户纳税人。运行《大理石石矿调运智能管理系统》实行物耗控税，全市石材行业入税收1.7亿元，同比增收950万元。启用“林木行业智能化管理系统”堵漏增收。木材行业入库税款1250万元，同比增长3倍。

【税制改革】 2016年，贺州市各项税收改革在系统合力下推行成功。一是“营改增”试点工作运行平稳有序。截止到2016年12月15日，全市入库四大行业增值税2.99亿元，其中建筑业1.57亿元，房地产业6417万元，金融业5339万元，生活服务业1143万元。二是推进商事制度改革顺利。落实“六证合一、一照一码”，纳税人办理涉税事项更方便、快捷。已发放“六证合一、一照一码”营业执照743户，其中企业类613户，农民专业合作社130户。三是同步实施个体工商户“两证整合”改革。简化个体工商户登记注册程序，真正实现申请人只需填写“一张表”，向“一个窗口”提交“一套材料”。12月1日正式启动当日就有16人次办证、换证。四是贯彻落实深化国税地税征管体制改革。印发实施方案、贯彻落实意见、任务分工和相关制度文件，成立了督促落实领导小组，确保改革落到实处。

【国税纳税服务】 2016年，国税局深入开展“便民办税春风行动”，贯彻落实《纳税服务规范(2.0版)》，不断深化国地税征管体制改革，加强国地税联合办税深度，为纳税人提供快捷高效的服务。一是拓展办税渠道，提高办税效率。充分运用“广西国税网上办税服务厅”和“广西税务12366”微信服务平台，为纳税人提供网上办税服务和政策查询。在贺州市各办税服务厅共增设自助使用办税电脑6台，浪潮自助领票终端设备4台，自助代开终端设备2台，拓宽办税渠道。二是优化办税辅导，提高办税能力。以《纳税服务规范》为基础，将总局梳理的“全国统一事项”共110项内容和图标粘贴在醒目处，纳税人用手机“扫一扫”马上获取基础办税流程、报送资料、办理时限等信息，实现办税事项一次性电子化告知。三是简化办税流程，缩短办税时间。鼓励符合条件的小规模纳税人按照税种分别实行按季申报，进一步简并纳税申报缴税次数。实行分类管理，对全市2015年度符合评价条件的2439户企业纳税人进行纳税信用评价，对纳税信用优良的企业实行简并发票领用次数、取消增值税发票认证等措施。设立资料预审岗，辅导纳税人填写相关表单证书，减轻办税窗口的压力避免盲目排队等候。四是加强国地税合作，实现办税资源高效融合。11月28日在全区率先启动国地税办税事项“全市一窗通办”“一人双机双系统”模式，让纳税人感受到“进一家门、在一个窗、办两家事”的快捷服务。

【国税政策落实】 2016年，贺州市国税局围绕市委、市政府的重大战略部署，主动融入服务大局，充分落实税收优惠政策，积极为促进经济转型升级建言献策。一是落实税收优惠政策为企业减负。全年依法为各类纳税人办理减免(退)增值税1.85亿元，减免(退)消费税547万元，减免(退)企业所得税3.63亿元，减免车辆购置税6815万元，办理出口退税1828万元，为3834户小微企业免征增值税1779万元。全年累计减免各种税收6.4亿元，执行税收优惠政策占全市国税税收收入的29.9%。二是为扶持企业发展，培植税源建言献策。坚持立足税收看经济、看社会、看发展，多次以信息专报、专题汇报等形式，积极向市委、市政府领导报送扶持企业发展、降低企业成本、促进经济转型的调研报告和建议，得到了市委、市政府领导的高度肯定。如市政府召开四届二次常务会议讨论《关于扶持贺州市钢铁企业健康发展的报告》，市政府召集市财政、市发改委、市住建局等8个部门专题讨论政府项目工程采取“甲供”方式节约财政资金的建议。为灵峰药业减轻企业负担，拓展市场，该企业全年入库税款1000多万元，同比增长近20倍。（国税局）

地方税务

【地方税务机构及税收概况】2016年，贺州市地方税务局机关共设13个科室：办公室、政策法规科、劳务和财产行为税科、征管和科技发展科、重点税源管理科、财务管理科、所得税科、人事科、监察室、纳税服务科、收入规划核算科、离退休人员工作科、基层工作科。2个直属机构：贺州市地方税务局直属税务分局、贺州市平桂区地方税务局。下辖贺州市八步区地方税务局、钟山县地方税务局、富川瑶族自治县地方税务局、昭平县地方税务局4个全职能局。全市地税系统设立基层税务分局（所）37个。

2016年，贺州市各级地税部门共组织市政府口径收入185,637万元，同比减收7122万元，下降3.69%，剔除“营改增”划转因素后，同比增收22,622万元，增长13.88%，完成市政府预期目标的106.08%。另外代征地方教育费附加3950万元、工会经费3164万元和残疾人保障金986万元。

受经济下行及“营改增”试点后主体税种划转国税征收等因素影响，全年地方税收收入同比减收21,862万元，下降10.49%，收入规模跌出“20亿元”关口。从产业结构看，2016年来自股份公司和股份合作企业的税收完成110,940万元，占全部税收的比重为59.49%，比上年同期下降4.62个百分点；国有企业和集体企业税收完成13,471万元，占全部税收的比重为7.22%，比上年同期增长0.53个百分点；私营企业税收完成4343万元，占比2.32%，同比增长1.17个百分点。经济多元化特征明显，产业税收结构更加优化。

【地税依法行政】2016年，贺州市地税部门强化规范性文件监督管理，在规范性文件制订、备案审查方面，严格按照“同步起草、同步审批、同步发布”的“三同步”要求，做到规范性文件制订合法性审查率、及时报备率和公告率达到100%。2016年清理2010年7月1日以后制定的所有税收规范性文件共11份，确认现行有效文件4份，全文失效废止文件6份，部分条款废止或失效文件1份。向社会公示保留的行政许可3项，行政处罚43项，行政强制4项，行政征收14项，行政检查6项，行政奖励2项。在门户网站平台公示贺州地方税务局税收执法人员、行政执法主体及执法依据、执法权限等内容，广泛接受社会监督，坚持规范用权阳光用权。清理行政执法人员，对辖区内已经取得国家税务总局税务执法资格证或者自治区行政执法证的行政执法人员进行了全面清理，保留持有广西壮族自治区行政执法证的人员32名，国家税务总局税务执法资格证人员339名。

【地税纳税服务】2016年，贺州市地税部门优化行政审批，行政审批事项由原来的87项减为现在的3项，大幅度减少了行政审批项目。开展“便民办税春风行动”，开通24小时自助办税服务，拓展网上办税服务。深化国地税纳税服务合作，全市有10个办税厅实行窗口互设、人员互派，共设互派窗口24个，共建全职能联合办税厅1个。开通“三个通办”，10月20日，在全区率先开通涉税业务“全市通办”，在“全区通办”范围4大类21项基础拓展为5大类37项，实现税款线下（办税厅）异地申报征收，成为广西首个实现异地税款征收“全市通办”的地区。11月28日，启动国税、地税“一窗通办”。12月28日，开通涉税业务“全区通办”。2016年，全市国地税联合评定A级纳税93户，联合制定服务A级纳税人的十项激励措施。2016年，累计帮助9户非公有企业获准贷款（授信）810万元。

【地税征管】2016年，贺州市地税部门与国税部门搭建“营改增”工作平台，对金税三期信息系统的系统代征机构、人员等进行设置，并提前领用税控盘、增值税普通发票和增值税专用发票，确保5月1日“双代”工作顺利开展。2016年以八步区国税局、八步区地税局作为国地税合作示范点，年内完成22项基本合作事项和5项创新合作事项，延伸合作开展“委托邮政代开普通发票、代征税款”“国税进驻地税大厅窗口”“营改增合作工作”“个体税收清理整顿”等多项合作项目。推进金税三期管理决策2包（风险管理系统）的推广应用，完成风险管理全流程的纳税人1348户，查出实际有问题纳税人132户。共查补税款171.14万元，

2016年10月20日，“全市业务通办”在钟山县地税局开通，实现税款异地申报征收

查补滞纳金 13.45 万元。2016 年通过社会综合治税平台获取第三方涉税信息 10 万多条，利用第三方涉税信息入库税款 12700 多万元。

【信息化建设】 2016 年，贺州市地税部门全面推进网络和信息安全建设，开展税务网络信息安全宣传周活动，加强信息安全宣传教育。实行安全安防软件在税务专网计算机全覆盖，安装率达 100%，在全市地税系统内推广使用安全 U 盘，严控外来移动存储介质在内网使用。做好推广“金税三期”优化版技术支持。紧抓系统运维，组建运维团队跟踪落实，深入基层一线调研，现场解答基层操作人员的操作困惑、操作问题，从政策执行、系统规范操作、操作问题的原因分析等进行现场培训，使基层操作人员加深金三系统的理解与规范操作，确保金三系统运行平稳。

（地方税务局）

金 融

银 行

【银行机构概况】 2016 年，贺州市共有金融监管部门 2 个，为中国人民银行贺州市中心支行和中国银行业监督管理委员会贺州分局。银行业金融机构 12 家，机构网点数 198 个，从业人员 2632 人，其中政策性银行 1 家、国有商业银行 4 家、邮政储蓄银行 1 家、城市商业银行 1 家、农村合作银行 1 家、农村商业银行 2 家、农村信用联社 1 家、村镇银行 1 家。保险业金融机构 16 家。证券业金融机构 3 个。小额贷款公司 15 家。融资性担保公司 5 家。典当行 2 家。

2016 年，贺州市金融业总体保持平稳健康发展，但仍面临较大不确定性。全市银行业金融机构各项存款、贷款较快增长，经营效益有所下降，不良贷款风险压力下行。2016 年末，银行业金融机构实现利润总额 4.88 亿元，同比下降 2.79%；不良贷款余额 9.36 亿元，比年初减少 0.46 亿元，不良贷款率为 2.53%，比年初下降 0.64 个百分点。证券业、保险业继续维持稳健发展的趋势。金融机构改革不断深化，金融体系日益完善，金融基础设施逐步完善，金融生态环境优化进一步提高。

【存贷款业务】 2016 年末，贺州市全金融机构本外币各项存款余额 615.68 亿元，比年初增加 79.91 亿元，增长 14.91%。人民币各项存款余额 615.07 亿元，比年初增加 79.75 亿元，增长 14.90%。从存款结构看，2016 年末，贺州市人民币单位存款余额 227.86 亿元，比年初增加 43.64 亿元，增长 23.69%；人民币储蓄存款余额 387.75 亿元，比年初增加 50.71 亿元，增长 15.05%；财政存款余额 8.22 亿元，比年初减少 7.71 亿元，下降 48.40%。

2016 年末，贺州市银行业金融机构本外币各项贷款余额 370.36 亿元，比年初增加 60.23 亿元，增长 19.42%。从贷款期限结构看，2016 年末，票据融资余额为 12.01 亿元，比年初增加 6.64 亿元，增长 123.65%。人民币短期贷款余额 112.63 亿元，比年初减少 16.11 亿元，下降 12.51%。人民币中长期贷款余额 245.52 亿元，比年初增加 70.78 亿元，增长 40.51%。新增人民币中长期贷款占全部新增贷款的 117.52%，提高 32.71%。

【中间业务】 2016 年，贺州市银行业金融机构本外币中间业务收入 1.85 亿元，同比下降 1.28%。其中结算性中间收入 0.83 亿元，同比增长 0.92%；担保性中间业务收入 0.04 亿元，同比下降 30.57%；管理性中间业务收入 0.43 亿元，同比下降 5.12%；投资性银行业务收入 0.10 亿元，同比增长 35.35%；其他中间业务收入 0.44 亿元，同比下降 3.81%。

【保险业务】 2016 年，贺州市累计保费收入 12.61 亿元，同比增长 21.03%。保险密度为 619 元 / 人，同比上升 20.43%；保险深度为 2.43%，同比增长 9.46%。

【票据业务】 2016 年末，贺州市银行承兑汇票余额 6.70 亿元，同比下降 37.67%，全年业务缓慢下降且在年底降至最低点。2016 年末，票据贴现余额为 12.01 亿元，同比增长 123.65%。

【外汇业务】 2016 年，贺州辖区跨境资金流动 22087.44 万美元，同比减少 97.75 万美元，同比下降 0.44%，产生跨境资金净流出 5837.1 万美元，同比少流出 4689.68 万美元，同比下降 44.55%。2016 年，贺州辖区结售汇总额为 8097 万美元，比上年同期减少 11846 万美元，同比下降 59.4%，其中：结汇 4384 万美元，售汇 3713 万美元，结售汇顺差 671 万美元，而上年同期为逆差 10051 万美元。

【黄金业务】 2016 年，实物黄金成交金额为 5403 万元，同比增加 114 万元，同比上升 2.14%，年累计成交量为 166 千克，比上年同期增加 107.76 千克，同比上升 185.03%。2016 年 12 月末，银行账户金年累计成交金额为 5839 万元，同比增加 549 万元，同比增长 10.38%，年累计成交量为 220 千克，同比减少 6 千克，同比下降 2.65%。

【金融创新】 2016 年，贺州市推出创新工程“金融名片通”。“金融名片通”是按照“政府主导，人民银行牵头，各家银行为主体，企业和群众受益”的原则，由各级政府主导，人民银行贺州市中心支行、市金融办、市文明办共同牵头，组织辖区各家银行机构共同行动，打造的一张金融名片。

2016 年，贺州市首个“农户信用信息采集和评价系统”成功上线运行，昭平县为试点县。2016 年，该系统已经录入 8000 余份农户信息。

（人民银行贺州支行）

【银行业监管】

银行监管机构及工作概况 2016 年，贺州银监分局共有党支部 2 个，党员总数 21 人，其中在职党员 19 人，退休党员 2 人。2016 年以来，在广西银监局和贺州市委、市政府的坚强领导下，贺州银监分局，引领和推动贺州银行业在服务实体、风险防范、银行改革等方面取得新成效。截至 2016 年底，贺州银行业总资产 643.98 亿元，同比增长 15.80%；存款余额 615.68 亿元，同比增长14.91%，增速排名全区第4，高于全区平均增速3.13个百分点；贷款余额370.36亿元，同比增长19.42%，增速排名全区第2，高于全区增速5.51个百分点。辖区银行业呈现稳健发展态势。

供给侧改革 一是着力加大信贷投放力度，大力服务地方经济发展战略。2016年，分局持续督促引导辖内银行业金融机构加大信贷投放力度，制定《贺州银行业进一步做好服务实体经济工作的意见》，引导辖内银行机构支持辖区重大基础设施建设、碳酸钙产业园区、扶贫生态移民项目等区级、市级重点项目建设。年末，辖区银行业重点支持区级、市级重大项目共75个，贷款余额49.98亿元，比年初增加18.14亿元。二是加大金融扶贫支持力度。①完善扶贫组织体系，辖区银行业金融机构均成立由一把手担任组长的金融扶贫工作领导小组，负责组织和协调全行的金融扶贫工作；②创新扶贫工作制度，辖区农合机构均制定《贫困农户小额信用贷款评级授信管理暂行办法》，建立扶贫贷款评级授信制度，并在全市范围内推广实施，贫困农户小额信用社贷款额度3万元至5万元，对自有发展能力较强的可提高至10万元；③创新金融扶贫模式，辖区农合机构结合辖区气候环境及产业特色积极探索产业扶贫模式，让贫困户由“输血型”向“造血型”转变。如结合扶贫小额信用贷款的发放，辖区农合机构探索出“企业＋贫困户＋农信社”、“能人大户＋贫困户＋农信社”、“企业＋基地＋合作社＋贫困户”等多种模式。截至2016年年底，辖区银行业扶贫贷款余额24.73亿元，其中，扶贫移民搬迁贷款余额12.7亿元，扶贫小额贷款余额12.03亿元，扶贫小额贷款客户数24764户。三是改善薄弱环节金融服务。提升对小微企业的金融服务水平。截至2016年年底，引导辖区银行推出“诚税贷”“税易贷”“税贷通”等税贷产品，利用银税互助平台发放贷款18笔，金额1.2亿元，有效帮助诚信纳税人实现“纳税信用”转换为“银行信用”。小微企业贷款余额177.25亿元，占全辖银行业贷款余额的47.85%。小微企业贷款比年初增加29.05亿元，增长19.60%，高于各项贷款平均增速0.18个百分点；小微企业贷款户数13117户，同比增加205户；法人机构申贷获得率99.91%，同比上升0.13个百分点。辖区整体完成小微企业“三个不低于”目标。提升对“三农”金融的服务水平。截至2016年底，辖区涉农贷款余额209.23亿元，比2016年初增加23.74亿元，增长12.80%，实现“涉农信贷投入持续增长”的目标。四是组建债权人委员会，促进地方经济发展。协调指导辖区银行分两批共组建8家债权人委员会，其中优质企业债委会6家，困难企业债委会2家，涉及融资总额66.41亿元。经债委会统一行动，全年共对6家优质企业新增贷款18.19亿元，缓释化解困难企业不良贷款1.5亿元。

综合排查治理 2016年辖区银行业累计核销不良贷款3.93亿元，资产转让3965万元，实现不良贷款及不良贷款率双下降。

银行业改革创新 2016年，完成富川农商行改制工作。富川农商行于4月26日挂牌成立。督促法人机构持续优化公司治理、绩效考评和经营管理，将表内外各类信用风险纳入统一授信管理。指导农行贺州分行继续深化三农事业部改革。在分行增设三农金融部专司涉农业务的基础上，将3个县支行整体纳入三农金融分部管理，构建“以年度信贷政策指引为引领、以涉农行业信贷政策为基础、以差异化的区域信贷政策为重点”的三农信贷政策体系。引导机构完善网点布局，扩大服务覆盖面。东盈村镇银行继续下沉小微服务机构业务，新设信都支行。桂林银行新设2家社区支行，拓宽服务小微企业渠道，增加金融服务机构。

（贺州银监分局）

【中国人民银行贺州市中心支行】 中国人民银行贺州市中心支行是人民银行的派出机构，下辖昭平县支行。2016年末，中国人民银行贺州市中心支行在职人员107人，昭平县支行30人。2016年，中国人民银行贺州市中心支行全面落实国家方针、政策、法律、法规及上级行的有关规定；认真贯彻执行国家货币政策，优化信贷结构；监督管理金融市场，防范和化解辖区系统性金融风险，维护地区金融稳定；维护辖区支付清算系统的正常运行；加强大额和可疑交易资金的监测工作，协查反洗钱案件；履行管理辖区内外汇市场、经理国库、发行货币及管理人民币流通、金融统计调查、征信管理等职责。

货币政策 2016年，中国人民银行贺州市中心支行下调金融机构存款准备金率1次，释放辖区法人金融机构可用资金1亿元，向人民银行南宁中支申请票据再贴现额度1亿元。

民生金融服务 2016年末，贺州市小微企业贷款余额138.28亿元，余额同比增长29.91%；涉农贷款余额210.32亿元，同比增长13.39%。2016年，人民银行贺州市中心支行累计发放再贷款0.5亿元。全市民贸民品优惠贷款余额0.276亿元，同比下降70.23%；民贸民品贷款贴息138.41万元，同比下降57.69%。2016年，人民银行深入开展金融精准扶贫工作，在辖区三县两区（贫困县区）创建了“金融扶贫示范点”6个、“金融支持特色农业产业示范区”2个。

国库业务 2016年，共办理各项预算收入72.36亿元，同比增长5.1%；预算支出248.81亿元，同比增长10.2%。通过柜面监督共发现并纠正不合规业务475笔，涉及金额5.48亿元。

征信系统建设 2016年，共建立“诚信文化教育基地”示范点6个。新增征信查询机具，个人征信查询21364笔，同比增长55.60%；企业征信查询546笔，同比下降21.89%。截至2016年12月末，已纳入信用档案本地中小企业2564户，已取得银行授信意向中小企业1897户，累计发放贷款224.28亿元；已评定信用农户112780户，信用村182个，信用乡（镇）15个，顺利完成“3个20%”创建目标。

支付服务环境 2016年，贺州市银行卡存量为420.09万张，同比增长20.25%；ATM存量为753台，同比增长36.91%；特约商户存量为9469户，同比增长35.08%；POS机存量为8726台，同比增长27.95%；新增助农取款服务点57个、农村金融综合服务站17个，支付服务行政村覆盖率100%，有效满足农村金融服务需求。

货币发行与管理 2016年，中国人民银行贺州市中心支行加强普通纪念币发行管理，做好2016年生肖币的发行工作。扎实做好现金投放回笼与调拨工作，加大小面额人民币投放和残损人民币回收力度，提升流通中人民币整洁度。加强监管，提高货币流通管理水平。加强协作，全力推进反假货币工作。截至2016年12月末，共收缴假币6012张，同比下降12%；金额473610元，同比下降14%。

（人民银行贺州支行）

【中国农业银行股份有限公司贺州分行】

概况 中国农业银行股份有限公司贺州分行成立于2008年8月28日，是贺州市第一家成立二级分行的国有大型商业银行。2016年内设14个部室，下辖八桂、钟山、富川、昭平4个一级支行，28个营业网点，12个离行式自助银行，全行在职员工448人。2016年末，全行各项存款余额124.36亿元，同比增加8.28亿元；各项贷款余额62.18亿元，同比增加13.51亿元，各项存贷款存量、增量均居四大国有商业银行首位。

支持地方经济发展 2016年，累计投放各项贷款41.55亿元（不含卡透支），较2015年增长36.7%，大力支持工业园区、生态旅游、特色农业等重点领域的发展，积极助力打造贺州千亿元产业。同时，大力推广房抵贷、随薪贷、信用卡分期等业务，2016年累计投放个人贷款7.53亿元，信用卡消费额达20.73亿元，主动满足城乡居民的金融需求。

服务“三农”做出亮点 2016年，实现农户贷款增量1924万元，计划完成率排名全区农行第2位。成功与三个县政府签订“政府增信”合作协议，并与富川、昭平县开展业务合作，累计发放“政府增信”贷款2511万元支持184户种养殖大户、农村经营专业户发展壮大；累计发放“农民安家贷”1.29亿元，助力农民进城购房。“政府增信”业务和“农民安家贷”成为县域资产业务新的增长点。截至2016年底，惠农通有效服务点达212个，全年累计发生金融性交易笔数7.79万笔，金额达14.4亿元；布放电子机具735台，覆盖53个乡镇371个行政村，乡镇和行政村覆盖率分别为91.38%和51.24%。实现惠农卡有效户数6.74万张，比年初新增5918张，惠农卡存款余额3.11亿元，比年初增加7433万元，惠农卡发卡乡镇及行政村覆盖率均达100%。

（农业银行贺州分行）

【中国工商银行股份有限公司贺州分行】

概况 中国工商银行股份有限公司贺州分行（简称工商银行贺州分行）是隶属中国工商银行股份有限公司广西壮族自治区分行管辖的二级分行，管辖贺州市两区三县（八步区、平桂区、钟山县、富川瑶族自治县、昭平县）营业机构，设立营业网点有13个，离行式自助银行13个，2016年末在职人员274名。

存款业务 2016年末各项存款余额65.72亿元，比年初增加5.05亿元，余额四大行同业占比25.83%，增量四大行同业占比16.02%。其中：储蓄存款余额35.48亿元，比年初增加2.13亿元，余额四大行同业占比25.76%，增量四大行同业占比16.30%；对公存款余额30.24亿元，比年初增加2.92亿元，余额四大行同业占比25.91%，增量四大行同业占比15.83%。

信贷业务 截至2016年底，贺州市工行各项贷款余额53.37亿元，比年初增加3.15亿元，余额四大行同业占比33.44%，增量同业占比14.01%。其中法人贷款余额38.45亿元，较年初增加2.83亿元；个人贷款余额14.92亿元，比年初增加0.32亿元。累计发放贷款34.28亿元，主要投向于交通运输、电力、燃气及水的生产和供应业等基础设施领域，其中累计发放法人贷款31.34亿元，个人贷款2.94亿元。

（工商银行贺州分行）

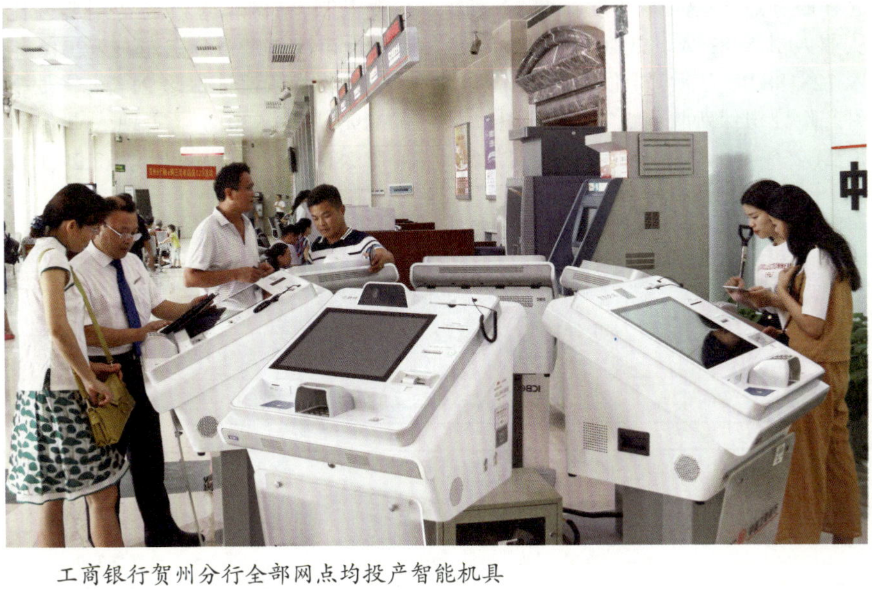

工商银行贺州分行全部网点均投产智能机具

【中国农业发展银行贺州市分行】

概况 中国农业发展银行贺州市分行内设办公室、客户业务部、信贷与风险管理部和计划财会部4个部室，下辖钟山1个支行，全辖在职员工46人。2016年年末各项存款余额26.39亿元，比年初增加9.71亿元，增幅58.21%；贷款、基金、转贷余额44.30亿元，比年初增加18.67亿元，增幅72.84%，其中，贷款余额28.71亿元，比年初增加7.85亿元，增幅37.63%，基金余额达8.64亿元，比年初增加3.87亿元，增幅81.13%，转贷余额6.95亿元；不良贷款继续保持为零；实现账面利润1.10亿元，同比增加0.59亿元，增幅113.25%。

2016年，农发行紧紧围绕贺州市“三农”发展、脱贫攻坚“十三五”规划，不断加大信贷投入。一是突出支持易地扶贫搬迁工程。截至2016年底，贺州市三县两区有7个易地扶贫搬迁项目全部由农发行承贷，共获批贷款56.45亿元，安置建档立卡贫困人口80479人，占贺州市“十三五”易地扶贫搬迁计划的69.97%；全年累放扶贫贷款11.5亿元，承接广西农投集团统贷资金6.95亿元、扶贫专项债券资金2.86亿元，扶贫专项基金1.75亿元，支持了全市7个扶贫项目开工建设。二是强化粮食收购资金保障。全年累计投放粮食贷款2.27亿元，累计支持企业订单收购、轮入和增储粮食0.85亿公斤，100%完成订单粮收购任务。三是持续推进基础设施工程建设。全年发放贷款1.56亿元，支持了贺州市城东新区生态保护及配套路网工程建设、土地征地拆迁整治收储及配套设施建设和八步区3.06万吨现代化仓储建设。发挥基金对投资的拉动效应，2016年完成基金投资项目8个，金额3.87亿元，有效解决了贺州市易地扶贫搬迁、棚户区改造、城镇配电网改造、城镇供排水供热等基础设施及工业余热、农村产业融合发展等13个项目资本金不足问题，带动投资30亿元。

2016年农发行有新开客户73户，吸收存款11.93亿元。

（农发行贺州分行）

【贺州八步东盈村镇银行】

贺州八步东盈村镇银行（简称“贺州东盈银行”）是于2012年8月经国家银行业监督管理委员会批准，由世界银行300强，总资产规模超3000亿元，存款规模超2000亿元的东莞农村商业银行发起创办的贺州首家村镇银行，也是贺州市委市政府深化“两广金融战略合作”重点引进的首家广东金融机构。自成立以来，贺州东盈银行始终坚守“立足本地、服务三农、支持中小企业”的市场定位，在“做多（客户层面多）、做广（业务覆盖广）、做小（客户单量小）、做准（业务定位准）”方面下功夫，运用村镇银行法人机构的灵活优势，充分发挥新型农小金融机构对农村地区的金融补充作用，着力支持县域三农和中小微实体经济发展，致力成为农民朋友的贴心银行、中小企业的伙伴银行。

近年来，贺州东盈银行各项业务规模得到有效增长，经营业绩也得到相应提升。截至2016年12月末，贺州东盈银行资产总额达8.41亿元，各项存款余额6.69亿元，各项贷款余额5.83亿元。年度全市辖内11家银行业机构仅有东盈银行实现“三个不低于”监管指标。2014至2015年连续两年监管评级为3B级，在广西区内已开业的36家村镇银行年度综合考核排名分别排在第15位和第7位，处于广西全区盈利的村镇银行之列，各项主要监管指标整体达标，2016年度监管评级为3A级。

贺州东盈银行根据客户需求和管理需要，设立了综合管理部、风险管理一部、风险管理二部、信贷业务部、业务发展部、营业部等6个职能部门，目前下辖一级支行（信都支行）、二级支行（城东支行）共2个分支机构，平桂西湾支行（一级支行）正在筹建中，预计于2017年底前正式对外营业。截至2016年末全行在职员工57人。目前开发了银行卡、农信银、代收代付、网上银行、手机银行、POS收单、自助银行等多种在行、离行金融服务。大力创新金融信贷产品，除传统经营类贷款外，还陆续推出股权质押、设备抵押、林权抵押、商易贷、保证贷、薪易贷、POS贷、足值贷等系列“易”贷产品，突出支农支小业务发展重点，解决贺州三农、个体商户和中小企业的信贷资金需求，业务发展在贺州站稳了脚跟。

（东盈银行）

保　险

【保险业概况】 截至2016年末，贺州市有保险机构16家，其中财产险公司11家，人身险公司5家；地市级分公司（中心支公司）14家；县支公司总数为28家，本年度新增6家；营销服务部总数为33家；保险专业中介代理机构总数为7家，本年度新增5家；保险远程服务点33家，本年度新增22家。从业人员5389人。2016年原保费收入128188.98万元，同比增长29.65%。财产险公司保费收入5.2亿元，同比增长21.25%；人身险公司保费收入7.62亿元，同比增长36.09%。2016全辖赔付、给付总额3.2亿元，其中财产险公司赔付2.3万元，同比增长47.04%；人身险公司赔、给付3079.52万元，同比增长7.89%。农业保险保费收入2800.41元，同比增长29.27%，农险赔付3047.53万元，赔付率108.82%。大病保险参保总人数209.75万人，保费合计6397.38万元，累计赔付金额达到5331.83万元。全辖代征税收累计5497.8万元，实现税收累计5077.23万元。

【保险市场体系】 2016年，新增地市级分公司1家、县级公司7家、保险专业中介代理机构5家。保险总体业务快速增长，保障、服务社会能力明显增强，2016年原保费收入12.82亿元，同比增长29.65%，业务规模全区排11名，增长速度排全区前列。保险积极参与以保障和改善民生为重点的社会建设，扩大涉及民生的保险保障范围，加强保险参与经济社会管理的综合能力，2016年城乡居民大病保险保费由原来的28.5元/人提高到了30.5元/人，保费合计6397.38万元，赔付案件为15439件（含“一站式”结算），累计赔付金额达到5331.83万元，有14家定点医院城乡居民大病保险“一站式”即时结算服务系统上线，大病保险的持续推进，有效缓解了群众因大病致贫和返贫的问题，有力助推国家脱贫攻坚战略。市场秩序不断规范，公司内控管理、自律意识不断加强，不正当竞争行为得到有效遏制，辖区车险市场费用普遍比周边地市少5个百分点左右。2016年累计发放贷款保证保险21笔，贷款金额3290万元。2016年实现农业保险保费2800.41万元，同比增长29.27%

人身保险公司业务情况（2016年）

单位：万元

累计保费	累计同比增长(%)	意外险	健康险	寿险	其中	
					学生意外险	大病保险
76161.63	36.09%	4532.62	1967.33	63706.95	8450.97	6397.38

累计赔给款	累计同比增长(%)	意外险	健康险	寿险	其中	
					学生意外险	大病保险
3079.52	7.89%	1083.49	906.74	1272.99	660.47	5331.83

财产保险公司业务情况(2016 年)

单位:万元

企财险	家庭财险	机动车险	工程保险	责任保险	意外伤害险	保证保险	船舶保险	货运险	农业险	其他险	累计保费收入
1265.26	1070.95	42266.79	68.38	1431.99	2893.28	61.74	1.00	53.77	2800.41	113.81	52027.35

企财险	家庭财险	机动车险	工程保险	责任保险	意外伤害险	保证保险	船舶保险	货运保险	农业险	其他险	累计赔款
568.32	490.91	16807.53	138.79	485.26	1318.17	0.00	0.00	69.59	3047.53	36.56	22967.10

万元,农险赔付 3047.53 万元,赔付率 108.84%,极大提高了农户在防损救灾方面的能力。通过积极推进"五位协同"道路交通事故纠纷调解、道路交通事故快处快赔试点工作、车险理赔服务质量测评等措施,公司理赔服务质量得到明显提升,营销队伍素质有了不同程度提高,各公司高管人员依法合规经营意识明显增强。

【财产保险】 2016 年,辖内有 11 家财产保险机构,开展的主要业务有企财险、家庭财产险、机动车险、工程保险、责任保险、意外伤害险、货运险和农业保险等。全年原保费收入累计 5.20 亿元,同比增长 21.25%;财产险公司赔付 2.30 亿元,同比增长 47.04%。

【人身保险】 2015 年辖区共有人寿保险机构 5 家。开办的主要险种有健康险、意外险、人身险等。2016 年累计保费收入 7.62 亿元,同比增长 36.09%;累计赔付 3079.52 万元,同比增长 7.89%。

2016 年 12 月 15 日,举办贺州保险业首届文艺会演

【主要公司简介】

中国人民财产保险股份有限公司贺州市分公司 简称中国人保财险贺州市分公司。辖八步、钟山、昭平、富川 4 个县级支公司和平桂、信都 2 个营销服务部,从业人员 286 多人,主要经营机动车辆保险(含交强险)、单位(家庭)财产保险、责任信用保险、工程保险、货物运输保险、船舶保险、农业保险以及人身意外伤害保险、短期健康险等业务。2016 年保费收入 1.58 亿元,同比增长 14.66%,产险市场占比 30.33%;当年赔付总额 7491.28 万元,同比增长 17.09%。

中国太平洋财产保险股份有限公司贺州中心支公司 简称太平洋产险贺州中心支公司。下辖八步、富川、钟山、昭平(2016 年 12 月升格为支公司)4 个支公司和平桂、信都 2 个营销服务部,从业人员 166 人。开办的业务有机动车辆交通事故责任强制保险、机动车辆商业险、机器损坏险、公众责任险、雇主责任险、家庭财产安居综合险、各种职业、场所及产品的责任保险、人身意外伤害保险等险种。2016 年保费收入 1.36 亿元,同比增长 15.74%;产险市场占比 26.08%;2016 年赔款累计 6427.30 万元,同比增长 13.21%。

中国平安财产保险股份有限公司贺州中心支公司 简称平安产险贺州中心支公司。下辖富川、钟山、昭平(2016 年 8 月设立)3 个县级分支机构,有员工 99 人。办理企业财产保险、家庭财产保险、机动车险、工程保险意外险等业务。2016 年保费收入 8425.67 万元,同比增长 27.58%;产险市场占比 16.19%;2016 年赔付总额 3461.29 万元,同比增长 95.24%。

中国大地财产保险股份有限公司贺州中心支公司 简称大地产险贺州中心支公司。下辖钟山、昭平、富川 3 个营销服务部,从业人员 32 人。办理企财险、家财险、机动车险、意外险等保险业务。2016 年保费收入 1810.10 万元,同比增长 0.71%,产险市场占比 3.48%;累计赔付 634.50 万元,同比增长 43.6%。

安邦财产保险股份有限公司贺州中心支公司 简称安邦产险贺州中心支公司。辖钟山、昭平 2 个营销部,从业人员 14 人。2016 年,保费收入 218.47 万元,同比增长 118%;产险市场占比 0.42%。

天安财产保险股份有限公司贺州中心支公司 简称天安产险贺州中心支公司,辖钟山县支公司,从业人员 31 人。主要办理企财险、家财险、机动车险、意外险等业务,2016 年保费收入 2380.59 万元,同比增长 27.63%;产险市场占比 4.58%;赔付总额 895.61 万元,同比增长 12.61%。

都邦财产保险股份有限公司贺州中心支公司 简称都邦产险贺州中支,从业人员 11 人。主要办理企

中国人寿贺州分公司与贺州市人社局签订2016年大病城乡居民大病保险合作协议

财险、家财险、机动车险、意外险等业务。2016年保费收入1076.59万元，同比增长14.2%;产险市场占比2.07%;2016年赔付总额378.25万元，同比增长34.9%。

华安财产保险股份有限公司贺州中心支公司 简称华安产险贺州中心支公司。辖昭平、富川、钟山(2016年5月设立)3个县级支公司，从业人员45人。主要办理企财险、机动车险、责任保险和意外伤害险等业务。2016年保费总收入3569.81万元，同比增长17.14%；产险市场占比6.86%；累计赔付1314.78万元，同比0.31%。

阳光财产保险股份有限公司贺州中心支公司 简称阳光产险贺州中心支公司，从业人员17人。主要办理机动车险和意外伤害险等业务。2016年保费总收入905.57万元;同比增长14.51%；产险市场占比1.74%；当年累计赔付269.73万元，同比增长19.64%。

中国人寿财产保险股份有限公司贺州市中心支公司 简称国寿财险贺州市中心支公司，2016年12月经广西保监局批复设立。主要办理的业务是机动车保险，从业人员30人。2016年保费总收入934.57万元，同比增长6.6%；产险市场占比1.8%；2016年总赔付448.44万元，同比增长82.33%。

中国人寿保险股份有限公司贺州分公司 简称中国人寿贺州分公司，下辖贺州、钟山、昭平、富川、贺州市建设东路4家支公司和23个营销服务部，从业人数1494人。主要办理意外险、健康险、寿险和大病保险等业务。2016年保费收入4.83亿元，同比增长38.49%，寿险市场占比63.91%；办结给付、赔付总额2174.06万元，同比增长7.95%。

中国太平洋人寿保险股份有限公司贺州中心支公司 简称太平洋人寿贺州中心支公司，下辖钟山支公司，从业人员816人。开办险种150多个，覆盖人寿保险、年金保险、健康保险、意外伤害保险等多个领域。2016年实现保费收入1.05亿元，同比增长12%，寿险市场占比13.83%；办结给付、赔付总额482.25万元，同比增长12.43%。

中国人民人寿保险股份有限公司贺州片区公司 简称人民人寿贺州片区支公司，受辖于人民人寿梧州分公司，人民人寿贺州片区共有4个支公司(含人民人寿贺州支公司、人民人寿钟山支公司、人民人寿昭平支公司、人民人寿富川支公司)，从业人员308人。主要经营人寿保险、健康险、意外险、人身再保险投资业务。2016年保费收入8531.93万元，同比增长11.87%；寿险市场占比11.2%；办结赔付总额1632万元，同比下降5.32%。

中国泰康人寿保险股份有限公司贺州片区公司 简称泰康人寿贺州公司，包括贺州支公司和昭平营销服务部，受辖于泰康人寿梧州中心支公司，从业人员214人。办理人寿保险、年金保险、健康保险、意外伤害保险等多种业务。2016年保费收入2443.47万元，同比增长25.29%；人身险市场占比3.21%；办结赔付总额53万元，同比增长85.53%。

中国平安人寿保险股份有限公司贺州中心支公司 简称平安人寿贺州中支，辖钟山支公司(2016年9月经广西保监局批复设立)，从业人员960人。主要办理人寿保险、年金保险、健康保险、意外伤害保险等多种业务。2016年保费收入5977.09万元，同比增长121.23%；人身险市场占比7.85%。

（保险行业协会）

经济管理与监管

宏观经济管理

【概况】 2016年，贺州市发改委稳步推进年度经济计划草案编制工作，开展季度经济运行分析，编制落实稳增长工作措施，完成贺州市2016年上半年国民经济和社会发展计划执行情况的报告，全市经济社会保持协调可持续发展。

【重点领域改革】 2016年贺州市重点领域改革稳步推进，一是推进简政放权改革，全市承诺件办结率99.85%，办理提速96.6%。取消、下放、调整合并行政审批事项33项，38个部门向社会公布权责清单。二是推进深化改革4个专项小组改革工作，完成并上报市经济体制改革等4个专项小组2016年工作要点及任务清单。三是公务用车制度改革。基本完成党政机关以及参公事业单位公务用车制度改革工作。四是公立医院综合改革试点全面推进，公立医院实施药品零差率，推动市县两级全面推进县级公立医院综合改革工作方案、城乡居民大病保险实施方案的出台，稳步推进大病保险理赔工作。

【发展规划编制】 2016年完成了全市“十三五”规划纲要编制，印发了《贺州市国民经济和社会发展第十三个五年规划纲要》，开展贵广高铁经济带先行示范区发展规划编制工作，加快完成

《广西贺州市贵广高铁经济带先行示范区发展规划(2016—2030 年)》《贺州市现代服务业“十三五”规划》《贺州市扶贫开发“十三五”规划》等专项规划的编制,着重抓好《贺州市发展总体规划(2016—2030 年)》《贺州市生态健康产业发展规划(2014—2025 年)》等重大发展规划的实施。结合国家自治区最新政策和发展形势,以补链强链建链为目的,进一步包装规划所涉及的重大项目,编制完成贺州市招商引资手册,谋划出台贺州市招商引资引智优惠政策。

【经济形势调研】 2016 年贺州市紧抓宏观经济管理,开展经济形势调研工作。11 月初进行县域经济调研,并形成了《贺州市县域经济发展情况调研报告》;11 月下旬到各县区、园区开展了经济形势分析工作调研,在此基础上结合各部门对本行业发展现状与趋势的分析预测,并于 12 月中旬形成《2016 年全市经济形势分析和 2017 年经济社会发展初步考虑的报告》。

【投资与项目建设】 2016 年贺州市固定资产投资完成 650.8 亿元,增长 4%;415 个市级层面统筹推进重大项目预计完成投资 277 亿元,占固定资产投资比重为 42.2%,比上年提高 0.7 个百分点。开展基础设施建设大会战,按“四个批次”分阶段推进总投资 684.5 亿元的 188 个基础设施项目建设,其中前两批次 88 个项目完成前期工作,实现开工 55 个。市城区扩容提质,新开工重大项目 22 个、续建 67 个、竣工 2 个,2016 年完成投资 87 亿元;实施综合交通项目建设攻坚战,新开工重大项目 8 个、续建 4 个、竣工 4 个,2016 年完成投资 42 亿元,永贺高速贺州段实现主线贯通,新增公路里程 47 公里,现代综合交通枢纽地位逐步显现;能源保障力度进一步加强,新开工重大项目 9 个、续建 6 个、竣工 5 个,年度完成投资 15 亿元;农林水利重大工程加快推进,新开工重大项目 10 个,续建 15 个,竣工 3 个,完成投资 20 亿元;园区投资环境得以改善,电子科技生态产业园获批为自治区级高新技术产业开发区。全市 7 个工业园区完成基础设施投资 25.66 亿元,同比增长 40.18%。

【经济结构调整】 2016 年贺州市继续加强推进结构调整,第一、二、三产业结构比为 21.6 : 40.8 : 37.6。一是农业保持稳步增长。农林牧渔业增加值增长 4.1%,完成粮食播种面积 201.32 万亩,粮食总产量 72.71 万吨。农业产业化经营加快,全市流转耕地累计 37.8 万亩,涉及农户 10.5 万户,新增农业企业 125 家,创建广西休闲农业与乡村旅游示范点 3 个。启动实施现代特色农业示范区建设行动,建成自治区级示范区 4 个,市县乡级示范区 22 个。黄姚黄精酒、钟山英家大头菜入选国家地理标志保护产品。林产、畜牧渔业产值分别完成 193 亿元、56 亿元,新建了一批渔业休闲基地,国有林场改革试点工作启动实施。农村一、二、三产业融合取得新进展,富川获批为国家农村产业融合发展试点示范县。二是工业快速发展。新开工重大项目 9 个、续建 24 个、竣工 13 个,完成投资 71 亿元,规上工业增加值增长 11.6%,比上年同期提高 6.3 个百分点。荣获“中国贺州·重钙之都”称号,碳酸钙产业产值突破 150 亿元,增长 28.5%;超超新材料一期等新型建筑材料产业项目竣工试产,千亿元产业基础进一步夯实。园区经济逐步壮大,园区规上工业总产值增长 13.5%,占全市规上工业总产值 87%。落实“41 条”降成本措施,工业投资完成 323 亿元,全年新增规模以上工业企业 24 家,规模以上工业企业达到 191 家,产值超亿元企业 95 家。三是服务业发展势头良好。新开工重大项目 10 个、续建 14 个、竣工 3 个,完成投资 18 亿元服务业增加值增长 8.3%,居民消费价格指数涨幅在可控范围内,限额以上汽车类商品销售额增长 25% 以上,社会消费品零售总额增长 9.6%;金额机构存款余额增长 14.9%、贷款余额增长 19.4%;生态健康产业逐步壮大,生态旅游业蓬勃发展,入选国家第二批全域旅游示范区,接待游客人数突破 1800 万人次,增长 16.1%,旅游总消费突破 200 亿元,增长 28.0%。黄姚等 4 个旅游小镇建设步伐加快,黄姚一级景观大道等工程竣工,原创历史歌舞剧《临贺长歌》驻场常态化演出,承办旅游 V 影响力峰会等系列活动。工业与服务业的融合发展取得突破,获批为“十三五”国家服务业综合改革试点市,入选国家级产城融合示范区创建单位。开展城区农贸市场综合整治行动,实施八步中心市场等改造工程。贺州市通过对农业、工业、投资和生态建设方面对经济结构做出调整,保障发展质量的提高,也推进贺州市经济结构的健康发展。 (发改委)

2016 年 12 月,全区发展改革系统现代服务业业务培训班在贺州市发改委六楼会议室举行,市委常委、副市长廖和明(右一)主持

国有资产监督管理

【概况】 贺州市人民政府国有资产监督管理委员会(简称“贺州市国资委”)成立于 2004 年 8 月,成立之初为贺州市人民政府特设机构,2014 年 9 月调整为贺州市人民政府工作部门,根据贺州市人民政府授权,履行出资人职

责，主要负责企业国有资产管理、国企改革重组、监督企业投资活动、推进建立现代企业制度等工作。贺州市国资委内设办公室（党委办公室）、产权评价科（业绩考核评价分配科）、企业改革发展科、企业领导管理科（党委组织宣传部）、投资管理科（行政审批办公室）等5个内设机构，下辖1个直属事业单位贺州市国有企业监事会管理中心。2016年，市国资委机关、事业单位在职在编人员19人。其中，行政机关在职在编人员12人，后勤服务事业编制人员1人，贺州市国有企业监事会管理中心在职在编人员6人。

【国有资产监督管理体系建设】 2016年，市国资委监管企业按类别分，有一类企业4家，分别是农投集团、正赢集团、旅实集团、矿投集团；二类企业13家，分别是广元公司、广泽公司、贺江生态公司、项目投资公司、旺投公司、富泉供水公司、润贺公司、三兴人才公司、桂东燃料公司、宏辉公司、宏顺公司、宏海公司、振园公司。按产权层级分，有一级企业17家、二级企业38家、三级企业38家。

2016年，市国资委坚持围绕管资本为主，积极构建国有资本分层分类全覆盖管理运营体系。一是强化产权管理。开展企业国有资产产权年度检查登记，规范企业国有产权转让行为，做好企业国有资产评估管理，理顺产权关系，确保国有资产保值增值不流失。二是完善考核机制。建立了企业负责人经营业绩考核和薪酬管理办法，充分发挥业绩考核的导向作用，科学制定考核指标，按照工资与效益联动机制合理预测并做好工资总额预算工作，调整优化收入分配关系。三是加强运营监管。强化企业财务动态监测，建立健全月度、季度、半年度、年度经济运行分析制度，落实领导参加监管企业经济运行分析会，加强对监管企业经营运行分析工作的指导。四是加强安全生产管理。每个季度下发安全生产工作文件，督促企业抓好安全生产工作。积极开展“安全生产月”活动，从严从细开展安全检查，2016年对企业进行了16次安全生产检查，监管企业安全生产工作形势稳定向好。

【国有企业改革工作】 2016年市国资委根据国务院《关于深化国有企业改革的指导意见》及配套文件精神，深入推进我市国资国企改革。一是推进国有企业并购重组。指导完成了广西贺州市农业投资集团有限公司、广西贺州市振园工业发展有限公司、广西贺州市广元资产运营有限公司、广西贺州市广泽资本投资有限公司、广西贺江生态投资开发有限公司和广西贺州市项目投资发展有限公司等6家国有独资公司的组建工作，市国资委监管的一级企业由2015年的12家增加至2016年的17家，全市国有企业规模与数量持续增长。二是构建经营性国有资产统一监管新模式。起草《贺州市本级行政事业单位经营性国有资产统一监管工作实施方案》，指导成立贺州市广元资产运营有限公司，负责接收管理市本级行政事业单位经营性国有资产，稳步推进行政事业单位的经营性国有资产统一监管。2016年完成所有需移交资产的39家单位的前期摸底、调查和对接工作。三是加快发展混合所有制经济。指导正润集团与北京无锋高科科技有限公司合资成立广西正润新材料科技有限公司，投资建设电子铝箔工程项目，正润集团电子新材料产业链全线贯通；鼓励矿投集团通过与民营企业合作经营的方式获取矿权，解决了“三块石头”优质资源多数散落在民间的历史难题。四是推进企业薪酬制度改革。起草《市国资委监管企业负责人经营业绩考核暂行办法》和《市国资委监管企业负责人薪酬管理暂行办法》，将国有资本经营收益目标任务纳入企业负责人经营业绩考核范畴，将国有资本经营收益目标任务完成情况与考核结果、企业负责人年度薪酬相挂钩，进一步激发企业活力和动力。

【国有资产保值增值】 2016年，市国资委监管企业资产总额319.10亿元，同比增长51.93%；所有者权益总额91.23亿元，同比增长37.74%；营业收入59.60亿元，同比增长47.45%；已交税费总额5.43亿元，实现利润总额2.35亿元。2016年，市国资委监管企业一共承担64个项目工程，项目总投资196.31亿元，其中2016年列入自治区、市本级层面统筹推进的重大建设项目共46个，项目总投资186.30亿元。面对项目多、投资大的艰巨任务，市国资委勤督促、抓落实，积极开展项目调研，召开项目协调会议，解决项目存在问题，为项目建设保驾护航。其中，贺州市铝电子产业项目（一期）工程、广西麦岭（湘桂界）至贺州高速公路、第十届广西（贺州）园林园艺博览会园博大道、贺州站站房改造项目、贺州市市政综合提质项目、人工湖提质工程和主次干道提质工程等项目顺利推进。

【监事会建设工作】 2016年，市国资委扎实开展监事会工作，促进企业规范管理和健康发展。一是加强机构建设。完善市国有企业监事会管理中心机构设置，充实机构工作人员，加强监事队伍建设，进一步提高监事会监管水平。二是加强日常监管。充分发挥监事会当期监督的作用，派驻企业监事列席监管企业董事会会议29次，监督企业重大决策、重要经营管理活动，及时了解企业的运营情况，防控运营风险。三是开展专项监督检查。坚持问题导向，强化对企业的年度监督检查和专项检查工作，查找企业存在的风险及隐患，督促企业改善经营管理，完善内控机制，防范经营风险，提高企业经济效益。对四大集团开展2015年度监督检查工作，对2家贸易类公司以及5家工业园区公司进行了2015年度财务专项检查。（国资委）

金融协调管理

【金融协调机构及工作概况】 贺州市金融工作办公室（简称贺州市金融办）是贺州市人民政府挂牌工作部门。主要履行以下职责：协调组织全市金融机构和投融资平台围绕全市经济建设和社会发展做好金融服务工作；承担与金融管理部门、各类金融机构联系、沟通、协调和服务工作；配合金融监管部门依法对全市金融机构进行监管。至2016年末，贺州市金融办内设综合科、银行保险科（加挂小额贷款公司监管科）、资本市场与融资科（加挂融资性担保公司监管科）科共3个科室，核定编制5个，

2016年8月30日，全市召开打击和处置非法集资工作暨互联网金融规范工作布置会

有在职人员4人；下设二层机构——贺州市金融服务中心，为正科级全额拨款事业单位，全额拨款事业编制3名，科级领导职数1名，有在职人员3人。贺州市5个县（区）均设立金融办：其中，八步区金融办挂靠区政府办，钟山县金融办挂靠县政府办，富川县金融办挂靠县政府办，平桂区金融办挂靠区政府办，昭平县金融办挂靠县政府办。

【**农村金融改革**】 贯彻落实中央、自治区农村金融改革政策措施，立足于贺州特色，以“农金村办”为切入点，构筑“三农”金融合作平台，初步建立农村金融改革长效机制。一是加强组织领导。印发了《贺州市加快推进农村金融服务工作实施方案》和《贺州市全面深化农村金融改革工作联席会议制度的通知》，明确当前工作重点和工作任务。二是扩大信贷投放量。2016年涉农贷款余额达210.32亿元，比年初增加24.22亿元，同比增长13.39%。三是加大财政支持力度。各县（区）已出台或落实有涉农贷款鼓励优惠政策、设立农民工创业担保贷款担保金和扶贫小额信贷风险补偿金。市本级积极向自治区申报各种补贴资金，收到自治区2016年度农民工创业担保贷款贴息资金55.21万元；自治区扶贫小额信贷贴息资金2045万元；贺州八步东盈村镇银行股份有限公司、广西昭平农村商业银行分别向自治区财政厅申请定向补贴资金789.09万元和涉农贷款增量奖励资金51.53万元。四是锐意创新金融产品。率先在全区探索推进惠农补贴“一卡通”试点工作，印发了《贺州市“农金村办”惠农补贴“一卡通”试点实施方案》。率先探索全国实行政银合作打造“贺州金融名片”，人民银行贺州市中心支行与我办共同拟了《贺州市“金融名片通”工程实施方案》。五是以昭平县农村信用体系建设为示范，逐步优化农村信用环境，健全农村金融服务功能。截至2016年底，全市共创建14个信用乡（镇）、182个信用村、已评定信用等级农户11.28万户，市本级创建面分别为24.56%、25.74%和21.38%，各县（区）创建面也均完成20%目标。六是加快“农金村办”模式的推广。全市已创建“三农金融服务室”254个，其中14个信用乡镇，辖内105个行政村（含非信用村）100%全覆盖；5个非信用乡镇的镇级推广示范点，辖内44个行政村“三农金融服务室”100%全覆盖；其余38个非信用乡镇，辖内106个行政村已建立“三农金融服务室”。

【**存贷款业务**】 2016年全市银行业金融机构人民币各项存款余额615.07亿元，比年初增加79.75亿元，增长14.90%；同比增加79.75亿元，增长14.90%。全市人民币各项贷款余额370.36亿元，比年初增加60.23亿元，增长19.42%；同比增加60.23亿元，增长19.42%。新增存贷比为75.52%，余额存贷比为60.21%。新增贷款呈翻倍式增长，开创了金融工作新局面。同时，加大与重大项目的融资对接，辖内银行发放永贺高速贷款11.79亿元。

【**小额贷款服务**】 2016年新增2家小额贷款公司，全市共15家，经营资金总额达7.58亿元，贷款余额6.62亿元。2016年发放贷款4878笔共5.98亿元，其中涉农贷款4599笔共1.64亿元。据不完全统计，我市小额贷款公司直接安排就业岗位130多个，间接带动劳动就业近万人。

【**融资担保服务**】 截至2016年，我市融资性担保公司共6家，其中法人公司4家，注册资本金4.20亿元，担保余额3.31亿元，担保发生额3.48亿元。针对我市涉农企业、小微企业抵质押物不足，信贷有效需求供给不足等问题，市财政拿出1000万元作为风险担保基金，推出小额贷款保证保险新产品，支持我市涉农企业、小微企业发展。

【**保险服务**】 2016年，全辖累计保费收入12.82亿元，同比增长29.65%，同比增速比去年同期增加11.3个百分点。其中产险公司累计保费收入5.20亿元，同比增长21.25%；寿险公司累计保费收入7.62亿元，同比增长36.09%。

【**企业上市**】 2016年，贺州市培育企业上市（挂牌）工作取得突破性成效，上市（挂牌）企业达16家。一是落实企业上市激励机制。支持符合条件的企业通过多层次资本市场进行融资，把企业在新三板、国内（省级）区域性股权市场挂牌等纳入奖励范畴，扩大奖励对象。广西贺州市正丰现代农业股份有限公司于2016年1月26日在深圳前海股权交易中心挂牌，依据《贺州市推进企业上市工作方案》规定，于2016年5月13日向金融工作办公室提交了申请50万元奖励的申请材料，成为全市第一家获得奖励的企业。二是鼓励和支持国有企业探索利用资本市场发行非公开公司债券直接债务融资，进一步降低企业融资成本。广西正润发展集团有限公司于2016年4月发行非公开债券4亿元，并于12月2日依据《关于2016年度财政引导金融促进社会投资降低实体经济企业成本奖补申报的通知》(桂金办发〔2016〕25号)规定,向金融工作办公室提交了相关奖励申请。麦贺高速项目10年期收益债成功发行,这是全国第一支高速公路项目收益债,也是中央登记结算上海分公司发行的第一支项目收益债。三是加大设立基金力度,缓解贺州市的各项项目建设及产业发展的资金需求。印发了《关于印发设立若干政府投资引导基金的工作方案的通知》,决定设立工业园区基础设施建设、环境治理、交通发展基金、特色农业发展基金、水利发展基金、平滑基金等等11项政府投资引导基金,总规模达222亿元。其中4支基金已获批复:贺州创新发展基金、湾行·贺州城市发展投资基金、贺州市工业发展基金和贺州市旅游产业发展基金,总额度62亿元。

【打击非法集资】 一是开展打击和防范非法集资活动。组织召开了全市打非及互联网整治工作推进会;向媒体通报了贺州市春丰房地产开发有限公司涉嫌非法吸收公众存款一案的详细情况;在灵峰广场开展了宣传日活动。二是开展地方金融组织常态管理,对互联网金融支付、股权众筹、P2P网络借贷、保险等领域开展了摸底排查工作,形成五个专项报告上报。三是对担保公司进行现场检查,指导融资担保机构完善有效制衡的法人治理、内部治理结构和内控机制,指导各机构做好经营许可证换发工作。 (金融办)

物价管理

【物价部门工作概况】 2016年,贺州市物价局严格按照自治区物价工作会议要求,狠抓"降电价清收费"稳增长政策措施的落实,在保持价格总水平基本稳定的前提下,充分发挥价格杠杆作用,深化价格改革,强化市场价格监管,不断优化消费环境,着力解决民生价格问题,促进贺州市经济平稳健康发展,全年居民消费价格(CPI)涨幅1.4%,市场物价运行总体平稳。

【价格调控】 2016年,贺州市物价局继续降低工商业销售电价,在2015年降低一般工商业销售电价6.34分/千瓦时的基础上,分别于2016年1月1日、6月17日两次继续下调降低一般工商业销售电价1.5分/千瓦时、0.24分/千瓦时,全年为企业减负400多万元;降低大工业用电价格为企业减负2700余万元,两项合计减负3100万元;免收新增电力用户临时接电费用,将新增电力用户免交临时接电费用的执行时间延长至2017年12月31日,2016年减轻用户高可靠性供电费负担约15万元;对粤桂合作特别试验区、粤桂县域经济产业合作示范区114家企业实施峰谷分时电价,使其与广东省毗邻地区享受相同的电价政策,全年可为园区企业电费减负1.7亿余元。

【价格改革】 2016年,贺州市物价局探索景区门票价格管理新模式,配合开展旅游景区门票价格专项整治活动,合理纠正以前违规调整的景区门票价格,姑婆山景区门票由100元纠正为71.5元;十八水景区门票价格由75元纠正为65元;玉石林景区门票价格由80元纠正为65元;允许景区上浮15%。同时调整姑婆山景区游览观光车价格15元/人。

2016年,贺州市物价局按照管理权限,核定贺州市光明花园项目经济适用房销售价格一期步梯房1750元/平方米、电梯1778元/平方米,二期均价1850元/平方米;核定合面狮电厂生活区5、6、7号住宅楼经济适用房销售价格975元/平方米;核定贺州市有色冶炼总厂生活区1、2、3、4、5、6号住宅楼经济适用房销售价格1100元/平方米。批复贺州市城东新区公租房4号楼(人才公寓)月租金价格5元/平方米,批复平桂矿区管理处新建公共租赁住房月租金价格2元/平方米。

【价格调节基金】 2016年2月1日起停征北控水务有限公司污水处理价格调节基金,2016年7月7日停征旺高工业园区污水处理厂污水处理价格调节基金。停征前,价格调节基金征收入库11.83万元。

【收费管理】 2016年4月,贺州市物价局会同市卫计委核定八步区聋儿语训部聋儿康复服务收费:听力语言康复类18项(其中日常生活能力评定收费18元)、听力检测服务类13项(其中听力脑干反应收费55元)、听力语言康复社区指导类4项(其中家庭巡诊收费5.20元);8月核定3所民办学校每个学期收费标准:朝阳学校学杂费初中2500元、小学2600元,正誉中学学杂费2500元,竞尚小学学杂费2900元,各校住宿费统一为250元。

【取消和减免收费项目】 2016年,贺州市物价局取消经营性收费9项,即燃气综合服务费、房地产权属档案查询服务费、房地产网络信息服务费,城建工程竣工档案整理综合技术服务费、征地劳务费、道路运输驾驶员继续教育培训收费、地震安全性评价收费、部分气象防雷服务费、农用机动车二号保养维修费;减免涉企收费4项,即城市园林绿化补偿费、城市绿化用地面积补偿费、眼镜配置用计量器具检定(按现行标准

贺州市物价局召集市直区县收费单位进行收费统计工作培训

的70%)、玻璃温度计检定(按现行标准50%);免征(扩大范围)14项,即国内植物检疫费、新兽药审批费、拖拉机号牌费、拖拉机行驶证费、拖拉机登记证费、拖拉机驾驶证费、拖拉机安全技术检验费、渔业船舶登记费、社会公用计量标准证书费、修理计量器具新产品型式批准证书费、修理计量器具许可证考核费、计量考评员证书费、计量授权考核费、林权勘测费。全年减轻企业和群众负担950万元。

【**市场价格监测**】 2016年,贺州市物价局对面粉、粮食、食用油、肉鱼蛋、副食品、蔬菜、水果7大类41个品种的商品市场价格建立41个监测点进行不间断的监测,发放价格监测补助资金1.28万元;从7月份起对劳动力市场小区物业保洁员员工平均收入进行监测,小区物业保洁员员工平均收入为1382.50~1752.00元/月。全年报送市场价格信息56篇,其中动态信息39篇,综合调研信息2篇、价格分析报告15篇;被贺州市委、政府采用46篇,区厅采用14篇,中办采用12篇,在当地主流媒体发布信息14篇。

【**平价商店**】 广西爱买菜超市贺州市农副产品平价商商店于5月10日正式开始营业,截至11月,平价商品销售蔬菜16.67万斤,肉类8.5万斤,销售额193.55万元,让利金额21.99万元。

【**价格调查**】 2016年,贺州市物价局成本监审受理完成3个系统6个单位的价格成本监审工作,即:①经济适用房价格成本监审了西湾矿区国有工矿棚户区改造工程成本、贺州城东新区公租房(人才公寓)月租金定价成本、光明花园一期经济适用住房定价成本、合面狮电厂科生活区5—7#住宅楼经济适用房定价成本;②姑婆山景区观光车营运成本,核定单位营运成本27.54元/人次;③北控水务有限公司污水处理成本,核定单位营运成本1.19元/吨。上述成本监审共审核上报项目成本总额25535.18万元,核定项目成本24256.95万元,核增项目成本39.72万元,核减项目成本1318.81万元。

农产品生产成本调查,设点在莲

2016年贺州市10月份主要商品市场零售价格

品种	规格等级	单位	当前价格(3月)
1. 面粉			
标准粉		元/500克	2.50
富强粉		元/500克	3.00
2. 粮食			
早籼米	标一	元/500克	2.00
晚籼米	标一	元/500克	2.80
早籼稻	中等	元/50千克	135.00
晚籼稻	中等	元/50千克	150.00
3. 食用油			
花生油	一级桶装	元/5升	139.00
花生油	一级散装	元/500克	12.00
大豆调和油	一级散装	元/500克	59.50
4. 肉鱼蛋			
猪肉	精瘦肉	元/500克	15.70
牛肉	去骨鲜肉	元/500克	38.00
羊肉	带骨鲜肉	元/500克	23.00
鸡肉	白条鸡、开膛上等	元/500克	13.00
活鸡	1~1.5公斤		10.00
鸡蛋	新鲜完整	元/500克	5.00
带鱼	冻国产	元/500克	19.80
草鱼	活750克左右一条	元/500克	8.00
鲤鱼	活750克左右一条	元/500克	8.00
5. 副食品			
食用盐	精制含碘	元/500克	2.50
白砂糖	当地主销	元/500克	3.98
红糖	当地主销	元/500克	3.98
牛奶	当地主销	元/500克	5.25
豆腐	水豆腐	元/500克	1.40
6. 蔬菜			
芹菜	新鲜一级	元/500克	3.90
大白菜	新鲜一级	元/500克	2.40
油菜	新鲜一级	元/500克	2.90
黄瓜	新鲜一级	元/500克	2.80
萝卜	新鲜一级	元/500克	2.00
茄子	新鲜一级	元/500克	2.90
西红柿	新鲜一级	元/500克	3.40
土豆	新鲜一级	元/500克	2.80
胡萝卜	新鲜一级	元/500克	2.60
豆角	新鲜一级	元/500克	3.20
青椒	新鲜一级	元/500克	4.90
尖椒	新鲜一级	元/500克	3.80
圆白菜	新鲜一级	元/500克	2.30
蒜薹	新鲜一级	元/500克	6.50
韭菜	新鲜一级	元/500克	4.90
7. 水果			
火龙果	一级	元/500克	5.30
苹果	一级红富士	元/500克	6.00
香蕉	一级国产	元/500克	2.70
西瓜	一级地产主销	元/500克	1.80

塘镇东鹿村、贺街镇东联村、沙田镇龙井村和鹅塘镇塘面村，在规定时间内完成早籼稻、晚籼稻、花生、大白菜、茄子、菜椒6个农产品31户生产成本调查和农户存粮、农户农资购买两个项目调查。在调查工作中，一是优化调查户，对确不适合农本调查工作要求的调查点（户）进行调整；二是完善制度，实行目标到岗，责任到人的工作方式实行“三定三包”；三是服务于民。加强与农调户的感情沟通，及时反馈生产及销售过程中存在的问题，同时加大对农产品成本调查户的补助力度，2016年，贺州市物价局发放农产品成本调查户误工补贴1.5万元，年终发放农产品成本调查户慰问金0.56万元。

【市场价格监管】 2016年正常市场监管业务开展了景区门票价格、餐饮行业经营行为、药品价格等专项市场价格检查；另外开展涉企行政事业性收费和中介服务收费重点检查，共组织检查了住建、交通、环保、工商等部门及其相关单位12个，及时纠正一些不合理收费行为，切实减轻企业和群众负担。11月21日—24日，开展商品房销售明码标价专项检查，对八步区、平桂区9家房地产开发商和45家房地产销售中介在售楼盘进行逐一现场告诫，指出各销售楼盘中存在标价中内容和方式不规范的地方，并督促整改。

“12358”价格监管平台受理价格举报、投诉、信访、咨询352件，全部办结；利用“3·15”、“12·4”等宣传日活动，发放市场价格监管资料2000多份，现场受理群众价格咨询、举报投诉230多人次。全年查处检查价格违法案件3件，实施经济制裁75.36万元。

【价格服务及价格基础工作】 2016年，贺州市物价局认真贯彻落实国家发展和改革委员会价格认证中心《价格认定行为规范》，从7月1日起，执行新版的价格认定书格式，价格认定人员不再在价格认定结论书上签字；同时各司法和行政机关提出价格认定时，改用《价格认定协助书》，结束了委托书的形式。全年完成各类价格认定案件884件，鉴证总金额23,534万元。其中涉案（刑事）类408件，金额228万元；涉税（二手房地产）类289件，金额23,236万元；综合类8件，金额70万元；另外经市场调查后出具涉案类无实物价格咨询证明书179件。

（物价局）

工商行政管理

【工商管理机构及工作概况】 贺州市工商行政管理局（简称贺州市工商局）办公地址在贺州市贺州大道36号。贺州市工商局是负责全市市场主体准入、保护公平竞争、消费者权益保护、商标专用权保护、广告监督管理、规范直销打击传销和“小个专”党建工作，下辖贺州市工商局八步区分局、平桂区分局。2016年，全系统（含贺州市工商局八步区分局、平桂区分局）共有基层工商所20个，在职公务员195人，工勤人员3人。其中，具有研究生学历20人，大学学历113人，专科学历59人，中专及以下学历3人。

2016年，贺州市工商局八步区分局八步灵峰工商所被评为广西工商系统2015年度诚信市场创建工作突出单位，贺州市工商局在2016年度贺州市绩效考评中荣获一等奖，档案年检被评为优秀等次。

【公平交易执法】 2016年，贺州市工商局开展“美丽广西·生态乡村·整治市场”“红盾护农”、格式合同、电动自行车、成品油市场等各类专项整治，集中查处重点领域不正当竞争行为。2016年，贺州市工商系统查处各类违法案件511件。

【市场监督管理】 2016年，贺州市工商局开展“红盾亮剑”行动，加强重点领域市场监管；开展流通领域商品质量检测，抽检家用电器、服装鞋帽、建材、手机、电动工具、农资、成品油等商品186批次，其中97个批次合格，89个批次不合格，总合格率为52.15%；开展“整治农资市场秩序，净化农资市场环境”行动，检查农资经营户965户次，抽检农药15批次、肥料98批次。农药13批次合格，不合格2批次，合格率86.66%；化肥52批次合格，不合格18批次，合格率74.28%。立案查处农资案件86件，案值39.60万元，罚没款27.53万元。

【商标管理】 2016年，贺州市工商局开展贺州市商标战略实施情况专题调研，形成《贺州市商标战略问题研究》调研报告，获市领导好评。2016年，新增广西著名商标2件，续展广西著名商标6件；新增注册商标233件，全市商标持有量增长率为19.1%。

【广告监管】 2016年，贺州市工商局组织开展医疗药品保健食品医疗器械虚假违法广告、互联网金融广告、打击“两非”广告以及非法集资广告等专项

2016年3月15日，市工商局在灵峰广场纪念“3·15”国际消费者权益日宣传咨询服务活动。图为执法人员现场指导群众辨别假冒名酒

整治行动，检查各类广告874条次，查处违法广告案件16件，罚没款41.28万元。广告严重违法率为0.11%，同比下降98.1%，广告市场秩序持续向好。2016年成立贺州市首个广告协会。

【打击传销】 2016年，贺州市打击传销工作实现由工商为主公安配合向工商公安联合执法、公安侦办和工作重点由清查驱赶为主向刑事打击为主的“两个转变”。2016年，八步区、平桂区与13个社区（村）开展“无传销社区（村）”共建活动。钟山县委、政府为“无传销社区（村）”授牌，得到自治区工商局综合治理平安建设考评组的高度赞扬，称之为全区首个。

【企业注册登记管理】 2016年，全市新登记各类型企业2633户，同比2015年增加393户。其中，私营企业2569户，占企业新登记总数的97.57%，同比增长18.83%；内资企业58户，占企业新登记总数的2.21%，同比负增长14.71%；外资企业为6户，占0.23%，同比负增长40%。2016年全市内资企业1541户，注册资金203.03亿元，私营企业12881户，注册资金（本）4294396.37万元，外资企业105户，注册资金（本）4.73亿美元。

【个体经济登记管理】 2016年，全市新登记个体工商户为10969户，资金数额10.69亿元。从所属区域上看，八步区所占份额较大，其次为平桂区、钟山县、富川县、昭平县：八步区4465户，占总数的40.71%，资金数额4.34亿元；平桂区1934户，占总数的17.63%，资金数额18250.97万元；钟山县1752户，占总数的15.97%，资金数额17763.40万元；富川县1441户，占总数的13.14%，资金数额1.18亿元；昭平县1375户，占总数的12.54%，资金数额1.57亿元。2016年底，个体工商户总户数50399户，从业人员119547人，注册资金40.92亿元。

【农民专业合作社登记管理】 2016年，全市新登记农民专业合作社661户，成员4844人，出资总额达85675.62万元，与2015年同期相比，新登记户数、成员数、出资总额分别增长116.01%、118.69%、150.37%，发展形势喜人。2016年底，农民专业合作社总户数1696户，成员总数15833人，出资总额23.44亿元。

【商事登记制度改革】 2016年，贺州市工商局继续推进商事登记制度改革。10月8日，贺州市工商局发出首张“六证合一”营业执照；12月23日，发出首张电子营业执照。

开启“六证合一”“两证整合”登记模式。2016年10月1日、12月1日分别与广西壮族自治区同步实施“六证合一”“两证整合”登记模式。2016年，全市发放新设立企业“三证合一、一照一码”营业执照2515份，发放企业“六证合一、一照一码”营业执照1025份，发放个体工商户“两证整合”营业执照610份。

加强“事中事后”监管。制定推广随机抽查规范事中事后监管工作实施方案、“双随机”执法检查人员名录库管理制度等工作制度，建立和完善实施“先照后证”改革后加强事中事后监管工作机制。2016年开展市场主体年报信息抽查工作，对自治区工商局随机摇号确定的1370户抽查主体，全面推行“双随机”抽查机制，抽查结果正常1093户，公示信息隐瞒真实情况弄虚作假158户，住所失联74户，迁移、注销等其他情况45户，列入经营异常名录121户。

加强信用约束，深入推进协同监管和联合惩戒。严格执行企业经营异常名录和严重违法企业名单制度。对未按规定公示年度报告、公示信息隐瞒真实情况弄虚作假、住所失联的市场主体，依法列入经营异常名录，并依法公示，予以限制或禁入，强化信用监管，2016年共列入经营异常名录、标识经营异常状态10302户次。对按规定补报年度报告、更正公示信息、依法变更住所重新取得联系的市场主体，依法移出经营异常名录、恢复正常记载状态，年内共移出经营异常名录、恢复正常记载状态市场主体1831户次。严格执行失信企业协同监管和联合惩戒合作备忘录。建立和完善市场监管领域内跨部门协同监管和联合惩戒机制，构建失信市场主体“一处违法，处处受限”的信用监管框架。2016年，市工商局共函告57个部门在贺州市列入经营异常名录、标识经营异常状态市场主体3批次，共计19088户次。

【“小个专”党建工作】 7月25日，中国共产党贺州市小微企业个体工商户专业市场委员会（简称“小个专”党委）在贺州市工商局挂牌成立，标志着贺州市非公企业党建工作向“小个专”领域延伸，非公有制企业党建工作取得新突破。组织“小个专”党组织开展“党旗领航·诚信经营”“党旗领航·放心消费”等活动，激发非公经济发展创新活力，推动非公党建工作发展。年内，全市共成立“小个专”党组织50个，正式党员57个，流动党员84个，党员“三亮数”88个。“小个专”党员刘景英被评为全国先进个体工商户，受到李克强总理的亲切接见。

【市场主体年报公示】 2016年，贺州市工商局扎实推进市场主体年报公示工作。截至6月30日，企业年报率89.42%、个体工商户年报率78.95%、农民专业合作社年报率90.73%，分别超额完成自治区年报目标任务的6%、10%和7%。（工商局）

审 计

【审计工作概况】 贺州市审计局设有办公室（监察室）、法规科、财政金融审计科、行政事业审计科、企业审计科、固定资产投资审计科、经济责任审计分局、政府投资审计中心和审计信息管理中心等9个分局、科室及中心。2016年人员编制46名（其中行政编制18名，事业编制26名，工勤编制2名），实有43人（其中行政编制17名，事业编制24名，工勤编制2名）。

【审计成果】 2016年，贺州市审计局完成审计项目54个，审计发现违规金额3199万元，归还原渠道资金2335万元，调账处理金额2569万元；移送司法机关、纪检监察部门相关处理事项30件；提交审计工作报告、信息84篇，被

2016 年 6 月 22 日，贺州市审计局学雷锋志愿服务队到平桂区水口镇中心小学开展爱心助学活动

采用 76 篇。

【财政审计】 2016 年，贺州市审计局完成财政审计项目 10 个。审计以提高财政资金使用绩效、保障公共资金安全为目标，重点关注财政收支的真实合法效益、积极财政政策落实、政府预算体系完善、存量资金盘活、专项资金统筹整合和使用绩效，以及中央八项规定贯彻落实情况。审计发现相关部门预算收入未及时缴入国库、政府性基金收入质量不高、暂付款科目余额较大等问题。报告提出了加强预算管理、严格预算执行，加大预算执行的监督力度、提高财政资金使用的有效性，稳步推进贺州市国有资本经营预算管理体制改革等主要建议。通过审计，促进深化财税改革，优化支出结构及提高资金使用绩效。

【固定资产投资审计】 2016 年，贺州市审计局完成计划内政府投资审计（跟踪审计）项目 30 个，促进节约投资额 8363 万元。重点跟踪审计重大项目的重要环节、关键时点和重点事项，对重点项目的前期设计、工程招投标、项目管理、资金使用进行监督。审计发现部分项目建设单位和监理单位审核不严、概预算编报不够规范等问题。报告提出了建设单位应加强项目管理、认真对待现场收方工作，应全面审核工程真实性、核实工程数量等主要建议。通过审计，进一步规范贺州市政府投资项目管理，为国家节约大量的建设资金。

【经济责任审计】 2016 年，贺州市审计局完成经济责任审计项目 12 个。审计坚持党政同责、同责同审，严格依法规范审计内容和审计评价，着力监督检查领导干部履行发展、环保、民生、安全、绩效、廉政等责任情况。审计发现部分单位财政资金使用进度缓慢、部门预算编制内容不规范、内部控制制度执行不够到位等问题。报告提出加强预算管理、发挥资金效益，进一步加强财经法规学习、提高财务管理水平等主要建议。通过审计，有效地促进领导干部遵纪守法和履行职责。

【农业与自然环保审计】 完成领导干部自然资源资产离任审计项目 1 个。年内实施昭平县原县长自然资源资产离任审计项目，审计充分考虑当地地域及自然资源资产分布特点，选择了水资源和森林资源进行了试点审计，着力检查责任落实、重大资源毁损、重大生态破坏、重大履职不到位等问题。审计查出涉及各类问题金额 25109 万元，发现生态公益林补助发放不及时、林业专项资金结余较大、行政处罚案件办理不够规范等问题。报告提出了进一步强化自然资源规划的编制管理工作，进一步加快盘活财政结余资金、提高资金使用效益，加强部门间的协同合作、强化对自然资源的管理等主要建议。通过审计，促进领导干部认真落实自然资源资产管理和生态环境保护责任，促进当地经济社会可持续发展。

【专项资金审计】 2016 年，贺州市审计局完成专项资金审计项目 4 个。审计重点关注国家和自治区精准扶贫精准脱贫政策实施、脱贫工作责任制落实、相关项目实施、资金管理使用、脱贫任务完成情况等，促进脱贫政策落实，提高扶贫资金绩效、推动脱贫攻坚任务完成。审计发现将不符合扶贫标准的对象纳入建档立卡管理、违规向不符合条件的对象发放扶贫物资、部分扶贫工程项目进展缓慢等问题，报告提出了进一步加强扶贫工作的精细化管理，加大地方财力投入、规范会计核算，加强扶贫项目管理、确保申报的项目符合当地的实际和贫困农户的意愿等问题。通过审计，充分发挥惠民资金的经济和社会效益。

【其他审计调查】 2016 年，贺州市审计局根据国家审计署和自治区审计厅的统一部署，认真开展重大政策措施落实情况跟踪审计。2016 年，出具审计报告 4 份，审计发现部分县区农民工创业担保贷款贴息资金使用进展缓慢、部分水污染防治项目推进较慢等问题，经审计督促并得到及时整改，有效促进了中央、自治区重大政策措施的落实。根据自治区审计厅的安排，在自身审计力量紧缺的情况下积极选派 4 名审计骨干参加全区医疗保险基金审计工作，顺利完成任务。根据受市委、政府的安排，牵头组成督查组对所辖县（区）的异地扶贫搬迁专项资金管理使用情况进行督查，为扶贫攻坚保驾护航。

（审计局）

统　计

【概况】 贺州市统计局内设 7 个职能科室，即办公室（监察室）、法规教育科、综合核算统计科、农村统计科、工业贸易投资统计科、社会与人口统计科、能源环境评价统计科。下设普查中心和数据管理中心两个二层事业单位。局机关核定行政编制 12 名，其中科级领导职数 8 名（含监察室主任 1 名）。

2016年12月6日，贺州市召开全市第三次全国农业普查工作会议

【统计服务】 2016年贺州市统计局实地调研贺州市“十三五”任务的重点领域、重点行业和部门、企业，向市委、市政府报送《贺州生态健康产业发展前景调研报告》《科学引领，加快贺州碳酸钙千亿元产业发展》《贺州市传统产业升级改造探讨》等产业发展调研报告4篇，《2016年贺州市经济运行情况初步分析》《2016年贺州市农业农村经济形势分析》等行业和产业发展现状、前景预测与形势分析20多篇。全年组织编辑出版统计月报11期，统计公报1期，统计要情4期，统计参考资料27期；撰写统计分析70多篇；提供各类统计信息服务1000余人（次）。定期通过政府网对外发布信息平台及时发布各月数据，为社会公众提供信息服务。

【统计队伍建设】 全年培训干部职工100多人（次），建设现代化党员活动室一间，投入2万余元用于购买党建、统计业务、经典文学、时政解读等各类书籍建设“职工书屋”，帮助全体干部职工内外兼修，提升自身综合素养和业务水平。

【统计执法检查】 2016年全市检查111个单位，发现有统计违法行为单位47个，立案9起，结案9起，有效遏制迟报和提供不真实或不完整的统计资料等统计违法行为，为统计工作的正常开展提供法律保障。

【统计信息化建设】 2016年贺州市统计局不断加强信息化建设，基本实现无纸化办公。一是电脑机房建成并投入使用。投入80多万元，建成57平方米的新机房。该机房在动力、消防、监控、空调等方面在市直单位中达先进水平。二是开发应用贺州市统计局协同办公平台（OA系统）。10月全面投入使用，从此实现全局无纸化办公。三是高性能PDA实现全覆盖。干部职工人手配置一台高性能PDA，大大加快统计数据采集、上传。四是完成市局内网改版。统计信息更加便于传阅和管理。

（韦玉洁）

经济社会调查与监测

【概况】 2016年国家统计局贺州调查队下设6个科室，全队在职人员16人。贺州调查队在总队的正确领导和贺州市委、市政府的关心支持下，认真贯彻落实党的十八届三中、四中、五中、六中全会精神，按照全区调查工作会议的统一部署，紧紧围绕“规范化建设强化年”工作主题，以提升数据质量为基本工作思路，加强党建工作，以强化规范化建设为切入点，狠抓调查基础，锐意进取，扎实工作，较好地完成了各项调查工作任务。

【经济社会调查与监测项目】 2016年国家统计局贺州调查队以强化规范化建设为主线，加强调查业务培训，夯实调查业务基础，加强调查数据审核，注重部门协调合作，较好地完成了工业生产者价格、主要畜禽监测、县级粮食产量抽样、主要农产品中间消耗、农产品生产者价格、住户一体化收支、农户固定资产投资、农民工监测、农村贫困监测、农民工市民化监测、劳动力，消费和零售价格、低收入居民基本生活费用价格、农业生产资料价格、规模以下服务业抽样、采购经理、批发零售住宿餐饮限额以下行业抽样、规模以下工业抽样以及建筑业小微企业等18个调查任务。此外，还较好地完成了2016年投资环境监测、党风廉政建设民意调查等专项调查任务。

【统计法制工作】 2016年9月是统计开放日，2016年国家统计局贺州调查队在贺州广场和铺门镇扶隆村两地开展现场宣传活动。接受群众面对面的咨询37人次，发放宣传资料500多份，让广大群众能读懂用统计数据，了解统计法治知识。12月4日，在灵峰广场举办“12·4”国家宪法日暨全国法制宣传日宣传活动，活动通过板报展示、发放《统计法》读本、《政策简摘》、三农普宣传单等多种形式进行宣传，共发放宣传资料100余份，赠送《统计法》等宣传100余本，悬挂宣传标语1幅，展出各类宣传展板1块，接受群众咨询50余人次。12月8日，《统计法》颁布纪念日由主要领导带队，在单位门口开展统计普法宣传活动，向过往群众发放《统计法》等宣传材料并接受现场群众咨询。 （调查队）

质量技术监督

【质量技术监督机构及工作概况】 贺州市质量技术监督局办公地址在贺州市火车站站前路与民乐路交汇处。贺州市质量技术监督局是负责全市产品质量安全监督、标准化、计量监督、特种设备安全监察、认证认可、食品相关产品许可等工作的政府职能部门，全系统（含市辖3县）共有职工110人，其中贺州市局机关和直属单位54人，本科以上学历95人，拥有硕士学位和研究生学历20人，取得专业技术资格任职的高级职称3人，中级职称10人，初级职称20人。局机关下设11个科室，1

个直属行政机构和2个直属事业单位。2011年,贺州市质量技术监督局被评为全国文明单位。2016年度,贺州市质量技术监督局被自治区人民政府评为“自治区依法行政先进单位”,局机关党委被自治区党委授予“先进基层党组织”荣誉称号;贺州市质量技术监督局在全市绩效考评中被评为一等奖,连续五年获此殊荣。

【产品质量管理】 2016年,贺州市质量技术监督局组织对生产溶解乙炔、硫酸、农药、松节油、脂松香等危险化学品及钢筋、水泥、人造板、一次性塑杯等36家获证企业进行45次的巡查、回访,重点检查了企业的生产条件、检验手段、生产技术、安全保障等方面是否符合有关规定,督促企业建立健全索证索票、购销台账等管理制度,及时发现问题并督促整改。完成工业产品监督抽查92个批次,合格87个批次,不合格5批次,合格率95%。开展了农资打假下乡活动、建材产品专项执法、食品相关产品专项检查等活动,共出动执法人员728人次,车辆185台次,检查生产企业和经营批发部仓储218家次,查获不合格产(商)品货值8.86万元,立案20起,已结案20件。全年无行政复议、行政诉讼案件。“双打”案件信息公开4件。

【食品质量安全监管】 根据《中共贺州市委、贺州市人民政府印发〈关于贺州市人民政府职能转变和机构改革的实施意见〉〈贺州市人民政府机构设置〉的通知》,贺州市质量技术监督局将生产环节食品安全监督管理职责划给食品药品监督管理部门,在职能划转后,贺州市质量技术监督局不再负责食品质量安全监管工作。

【计量监督管理】 2016年,贺州市质量技术监督局完成六类重点民生计量器具强制检定、校准计量器具6624台件。开展定量包装商品进行重点监督抽查,抽查定量包装商品生产企业37家,48批次产品,净含量标注合格32批次,合格率66.67%;净含量合格43批次,合格率90%。对6家机动车安检机构进行监督检查,针对检查出的问题要求安检机构限期整改。开展了在用出租汽车计价器计量专项监督检查,检查在强制检定有效期内的出租车计价器共465台,合格率为92%。开展新闻、出版、电视领域使用法定计量单位情况监督检查,共抽查电视新闻报道50条,报纸新闻报道70条,其中发现5处错误,出错率为4.2%。指导5家耗能企业开展能源计量工作,为企业转型升级提供了基础保障。

【质监体制改革】 2014年,根据《中共贺州市委、贺州市人民政府印发〈关于贺州市人民政府职能转变和机构改革的实施意见〉〈贺州市人民政府机构设置〉的通知》(贺发〔2014〕14号),设立贺州市质量技术监督局,为市人民政府工作部门。

【特种设备安全监察】 2016年,贺州市质量技术监督局指导完成了特种设备定期检验,其中检验锅炉93台,压力容器365台,电梯1001台,起重机械604台,安全阀校验810个,特种设备定期检验率达100%。扎实开展特种设备使用单位安全监督检查,共出动安全监察人员324人次对辖区内143家使用单位进行了特种设备安全检查,检查发现安全隐患35处,下达安全监察指令书20份采取责令立即停止设备使用、责令限期改正或约谈等措施,责令有关单位及时消除事故隐患。连续三年未发生特种设备一般及以上级别事故。

(质量技术监督局)

食品药品监督管理

【概况】 2016年,贺州市食品药品监督管理局加大对“四品一械”的日常检查和监督抽检力度,切实抓好“两责”(日常检查责任和监督抽检责任)的落实,完成“四品一械”日常监督抽检1967批次。加强食品、药品、医疗器械、化妆品等审批、审评查验、质量规范认证、不良反应监测等工作,完成食品生产许可技术审查企业43家。共核发药品经营、医疗器械经营、食品生产、食品经营许可证以及医疗器械二类备案凭证3051张,均在规定时限内办结。药品、医疗器械、化妆品不良反应监测报告任务完成率分别为306.64%、190.13%、184.31%,报送药物滥用监测报告221份。认真开展“四品一械”违法广告监测工作,未发现有关媒体刊播违法广告。全市食品药品安全保障水平进一步提升,没有发生重大食品药品安全事故。

【食品监管】

食品生产监管 以实施食品安全战略为主线,围绕乳制品、白酒、食用植物油、肉制品、米粉、豆制品、走私冻品等重点品种,重点对食品生产企业的持证、环境卫生、设施设备、从业人员卫生状况、原料入厂、生产操作、产品质检等环节开展监督检查,督促食品生产企业落实主体责任,指导重点食品生产企业建立食品安全追溯体系,推进食品生产企业风险分级分类监管。开展以企业自查、平级互查、上级督查为主要形式的“食品安全三查行动”,共同防范食品安全风险。开展生产环节食品监督抽检,完成监督抽检210批次。开展食品生产(加工)小作坊摸底调查和备案工作,对全市1781家食品生产(加工)小作坊进行了摸底调查,登记备案445家。开展食品生产企业食品安全信用等级评定工作,全市获证的130家食品生产企业中,评定为A级企业(信用正常企业)104家,B级企业(信用异常企业)2家,C级企业(信用危险企业)9家。

食品流通监管 以实施《食用农产品市场销售质量安全监督管理办法》为契机,加强监督检查和培训,督促食品经营者和市场开办者落实食品安全主体责任,严把市场准入关。以问题为导向,以人民群众生活密切相关的米、食用油、肉、奶等食品为重点品种,以超市、卖场、农贸集贸市场、食品批发市场和批发部、食品经营户、小食杂店、校园周边食品零售店(点)等作为重点场所,加强监督检查频次,认真开展食品监督抽检,进一步规范食品经营市场秩序。全市完成流通环节食品监督抽样1315批次。餐饮食品监管:以旅游景区、学校及周边、高速公路及车辆人流量大公路沿线等为重点区域,深入大型餐饮服务单位、学校食堂等重点场所,以肉及肉制品、水产品、食用油、鲜湿米粉、凉菜、糕点、乳制品、食品添加剂等

2016 年 9 月 7 日，贺州市开展“两节”“两会”食品安全检查。图为副市长黄志光（右二）在百家福超市检查月饼索票索证情况

为重点品种，加大日常监督检查力度，强化过程监管，督促指导餐饮服务单位落实食品安全管理制度，严格规范加工操作，防范食物中毒事件。认真做好传统节庆、重大活动、高（中）考期间的食品安全保障工作。深入开展餐饮服务食品安全示范店创建、餐饮单位“明厨亮灶”工程以及餐饮服务食品安全量化分级管理等工作，进一步提高餐饮服务食品安全保障水平。2016 年，贺州市完成监督抽样 201 批次，已进行量化等级评定的餐饮服务单位有 2198 家，量化率达 87.5%，其中评定优秀等级有 289 家、良好等级有 1420 家、一般等级有 489 家；实施“明厨亮灶”的餐饮单位 509 家，“明厨亮灶”率为 17.8%。在市范围内开展了网络订餐餐饮服务经营者及第三方平台专项检查，贺州市共检查网络订餐餐饮服务单位 60 家，其中持许可证经营的 37 家，针对 23 家未经许可经营食品的入网餐饮单位，我局已责令整改，限期办理食品经营许可证。

【保健食品化妆品监管】 2016 年保健食品、化妆品安全风险监测工作稳步推进。强化问题产品靶向性，全面加强保健食品和化妆品经营日常监督检查，加大对保健食品非法添加、化妆品违法使用禁限用物质监督抽检力度，进一步规范保健食品和化妆品经营秩序。2016 年贺州市检查保健食品化妆品经营企业有 934 家（次），抽检化妆品 41 批次、保健食品 45 批次。

【药品和医疗器械日常监管】 2016 年，贺州市食品药品监督管理局以基本药物和特殊药品为重点，加大对药品生产企业生产现场的监管，开展药品生产环节全覆盖检查，督促药品生产企业严格按药品 GMP 要求组织生产。结合药品 GSP 跟踪检查，以药品批发企业、零售药店以及乡镇以上医疗机构为重点单位，以疫苗、麻醉药品、精神药品以及需冷藏药品为重点品种，加强对药品经营使用单位在药品购进、储存管理和使用方面的监管，进一步规范了药品经营企业、医疗机构的药品经营使用行为。强化医疗器械生产经营企业的监管，开展医疗器械经营企业安全信用等级评定工作，对持证的 284 家经营企业进行安全信用等级评定，共评出守信企业 280 家、警示企业 4 家。医疗器械抽检 10 批次，药品 145 批次。药械不良反应及药物滥用监测工作不断加强。全市共上报药品不良反应监测 3416 例，完成自治区下达任务的 306.64%；上报医疗器械不良事件 424 例，完成自治区下达任务的 190.13%；上报化妆品不良反应 94 例，完成自治区下达任务的 184.31%。

【食品药品安全专项整治】 以问题为导向，围绕重点产品、重点行业、重点企业、重点区域、重点时段，组织开展了食用植物油、鲜湿米粉、乳制品、冷冻肉、春季学期学校食堂及学校周边食品安全、灵芝类保健食品“蓝健”行动、进口化妆品、疫苗以及打击非法制售和使用注射用透明质酸钠行为等多个专项整治行动，严厉打击食品药品违法犯罪行为。全市共抽检各环节食品药品 1967 批次，立案查处食品药品违法案件 139 件，罚没款 153.9754 万元，移送司法机关涉嫌犯罪案件 18 件，移送案件线索 8 条。

【食品药品安全科普宣传】 组织开展各类宣传活动，充分利用报刊、电视台、门户网站、宣传物品、“12331”食品药品投诉举报受理宣传周、食品安全宣传周等，向公众普及食品安全知识，增强公众的食品安全和自我防护意识。全市共发放宣传资料 9.17 万余份（册），接待群众咨询 400 余人次。播放食品药品安全公益性短片 10 部 2680 次，举办食品药品安全知识讲座 56 期。保障“12331”投诉举报电话畅通，及时受理和处置消费者有关食品安全方面的投诉举报，依法严肃查处食品安全违法违规行为，努力形成食品安全社会共治良好氛围。全市“12331”平台共接到各种投诉举报、咨询电话 327 个，受理有效投诉举报 188 起。及时向社会公布全市食品药品安全抽检、行政处罚案件查处等信息，引导公众理性消费。共公布风险提示、消费警示 15 条，公开监督抽检信息 11 期，公开行政处罚案件 96 件，得到了广大人民群众的好评。

【干部队伍建设】 2016 年，贺州市食品药品监督管理局以开展学党章党规、学习近平总书记系列重要讲话、做合格党员学习教育为契机，通过“请进来、走出去、传帮带”以及集中学习培训、分组研讨、现场实地参观相结合等方式，加大对干部职工的学习教育培训力度，使全体党员进一步坚定理想信念，提高党性觉悟；进一步提高干部职工政策理论和业务水平，增强干部职工依法行政、依法履职的能力。全市系统共举办各类培训班 42 期，有 2762 人（次）参加了各类学习培训。

（食品药品监督管理局）

烟草专卖·盐业管理

【烟草专卖概况】

卷烟市场销售 2016 年，全市共

2016年3月29日,贺州市烟草专卖局在灵峰广场开展烟草法律法规宣传

销售卷烟67646箱,实现单箱额23715元,增长2.91%;销售8元以上"真龙"9109箱,同比增长8.22%,销售全国重点品牌57109箱,占总销量比重84.44%,同比提高1.53个百分点;截至2016年底,全市共有卷烟零售客户9312户,毛利率保持在14%左右,新建现代终端114户,累计达到1167户,累计改造普通终端烟柜6666户。

卷烟市场监管 2016年,累计查处涉烟案件571起,其中破获符合公安部、国家烟草专卖局网络案件标准的2起,1万元以上案件116起;累计查获非法卷烟780.89万支,其中假烟149.29万支、非烟410.33万支、走私烟221.27万支;累计查获烟叶烟丝20.37吨;移交公安部门处理案件18起,移送处理人员19人,刑拘15人,逮捕10人,判刑7人。

卷烟企业管理 加强财务管理,三公费用同比下降10.15%;抓好课题研究等创新工作,螺旋刀式井窖移栽打孔器研发课题获国家实用新型专利;推进年轻干部培养交流,10名年轻干部实现了岗位晋升,16名中层干部实现了轮岗交流,强化员工教育培训,全年开展各类培训班61场次,培训3200余人次。 (烟草专卖局)

【盐业管理】 2016年是"十三五"开局之年,是国家盐业体制改革方案出台之年,在区盐务管理局的正确领导、贺州市政府及相关职能部门的关心支持下,盐务管理局以"解决突出问题为重点,改革创新为动力,依法行政为准则,提速发展为目标"作为指导思想,强化盐政管理,规范盐业市场秩序,打击盐业违法行为,保障食盐安全有序供应。2016年年以来盐务管理局共开展6次专项行动,包括春季食盐市场检查、"3·15"打假、夏季盐政检查、八步区治理制贩假盐专项行动,平桂区治理制贩假盐专项行动,钟山县治理制贩假盐专项行动等。全年出动执法人员578人次、车辆192台次,处理盐业违法案件53起,罚款27000元,移交司法部门判刑1人,刑事拘留2人,发放宣传资料9000多份,其间未发生重大食盐安全事故,促进了贺州市盐业市场的稳定健康发展,进一步巩固了碘缺乏病防治成果。 (盐务管理局)

安全生产监督管理

【安全生产监督管理机构及工作概况】 2016年,市安全生产监督管理局共有编制人员33人,其中行政编制15个,事业编制17个,工勤编2个。内设7个职能科室,分别为办公室、法规与宣教科、安全生产协调科、安全监督管理一科、安全监督管理二科、安全监督管理三科、安全监督管理四科,并单独设立局监察室。下属二层事业单位4个,分别为贺州市安全生产监察支队、贺州市应急救援指挥中心、贺州市安全生产培训中心、贺州市安全生产考试中心。市、县两级均建立安全监察执法机构队伍、全市61个乡镇(街道)均设立安全监管站(所),共配备专职乡镇安全监管人员191名;759个行政村分别配备一名兼职安全员。全市初步建立起安全生产"三级安全监管机构、二级安全执法队伍"体系。各县区职业健康安全监管等机构基本得到健全、人员编制基本到位。

2016年,全市共发生各类事故391起,同比增加7起、上升1.82%;死亡115人,同比减少4人、下降3.36%;受伤197人,同比减少1人、下降0.5%;直接经济损失1146.61万元,同比增加78.37万元、上升7.34%。其中,发生1起较大事故(属非生产经营性道路交通事故)、死亡4人,同比事故起数下降66.67%、死亡人数下降60%。水上交通、农机、铁路路外未发生伤亡事故,全市安全生产形势总体稳定。

【安全生产责任体系落实】 2016年市安监局全面推进安全生产责任"五级五覆盖"、"五落实五到位"。市政府与5个县(区)党委、政府及35个市安委会成员单位签订了年度安全生产责任书,层层分解、延伸落实到县乡村和企业、车间班组到个人,并对10个市直重点部门、4家重点企业进行年度考核,通过加大绩效中安全生产考核权重、落实安全生产责任目标管理考核来推进责任落实,形成"横向到边、纵向到底"的全社会齐抓共管的良好安全生产工作格局。

【安全生产事故防控工作】 2016年,贺州市共挂牌督办五级(区、市、县、乡、村)重大安全事故隐患项目1225项,完成整治1224项,隐患整改率99.92%。其中列为自治区挂牌督办的两个项目(贺州市联佳矿业有限公司选厂尾矿库隐患和贺州市金琪矿业有限责任公司张公岭矿通风系统安全隐患)均已完成整改验收销号。完成自治区安全生产专项资金项目6个,落实整改资金230万元。春节、"两会"、"三月三"、五一、汛期、国庆等重大节假日、重点时段期间,各级各部门"靠前指挥、重心下移",组织人员力量深入基层一线开展安全隐患排查,严格落实企业停产期间和复产验收安全措施。领导干部坚持到岗带班和关键岗位24小时值班,畅通信息报送渠道,有力保障应急物资和队伍,严密防范和有效应对各类突发性事件。全市安全形势稳定良好,未发生较大以上安全事故和较大影响突发性事件,实现了"大事不出、中事不出、小事少出"的工作目标。

【安全生产执法检查】 2016年,市安监局大力开展安全生产执法检查和集中整治活动。取缔非法违法储存运输烟花爆竹行为7起,整治非法违法经营烟花爆竹点18处,收缴的烟花爆竹价值达30多万元。排查天然气管道安全隐患点共39处,较大以上隐患3处,隐患整改率100%。查处各类交通违法行为16336起,违法违规运输经营车辆125辆次。检查各类社会单位4757家,发现并消除火灾隐患8147处,实施处罚167起,临时查封单位55家,责令"三停"单位18家,拘留7人。检查在建工程项目68个,共立案查处违法行为7起,罚款金额46.15万元,暂停投标资格3家。取缔非法开采点48个,扣押挖掘机、装载机、农用车13台,捣毁柴油机、空压机、打砂机等机械设备51台套,立案查处矿山违法案件16宗,收缴罚没款17万元。安全生产执法监察立案处罚69起,处罚306万元,有力地维护了安全生产秩序。

【安全生产宣传】 2016年,市安监局以深入开展安全生产月活动为契机,组织各级各部门、各企业以安全专题会议、宣传咨询点、讲座培训、知识竞赛、放电影、宣讲团、演讲比赛、征文比赛等形式,以及利用电子屏、广播电视、网站、短信等现代工具,广泛宣传安全生产知识,营造浓厚的安全生产社会氛围。据统计,全市先后组织开展了交警的交通安全教育课、安全咨询日、消防部门的"微传播"、"消防爱心公益万里行"等10余项活动。据不完全统计,2016年安全生产月印发宣传资料100多万册(份),出版板(墙)报1000多版,开展局长下基层有400多人次,组织演出、放电影、知识竞赛等群众性活动100多场次,开展交通、矿山、消防、学校应急演练100场以上,开展安全培训班(讲座)500多场,受教育人员达100多万人次。

【职业健康监管】 狠抓职业健康宣传:全市共发放《职业病防治法》等宣传资料1.5万份,举办1期专题培训班共培训251人,10期安全、职业卫生一体化培训班共培训1400人。集中开会宣贯用人单位主要负责人5次,深入用人单位宣贯162家次。

推进职业危害申报工作:根据总局及自治区局的有关要求,全面推进工作场所职业危害申报。全市已申报备案1260家,已申报待审查企业21家,共涉及劳动者达37408人,其中接触职业病危害的18591人。并对开展了职业卫生检测或有重大变更的企业进行变更申报,力求申报的准确规范,2016年变更申报34家。职业病危害申报工作步入了规范化、常态化。

2016年7月27日—29日,自治区安监局副局长李明凤(中)来贺州进行汛期安全生产督查

积极督促用人单位开展职业健康体检工作:2016年,广济医院和市疾控中心共为全市145家企业开展体检工作,共体检5481人(部分企业请市外流动体检车的未统计)。其中市疾控中心为43家企业的职工作职业健康体检,共体检1788人,检查发现粉尘疑似职业病9人,职业禁忌证47人;广济医院为102家企业的职工作职业健康体检,共体检3693人。检查发现粉尘疑似职业病3人,噪声疑似职业病4人,职业禁忌130人(有70人属于岗前体检)。接到3例新增职业病报告。(安监局)

海 关

【概况】 海关是国家的进出境监督管理机关,主要职责是:依照有关法律、行政法规监督进出境的运输工具、货物、行李物品、邮递物品和其他物品,征收关税和其他税、费,查缉走私,编制海关统计和办理其他海关业务。2016年末梧州海关实际在职关员98人,设置有16个科室,业务辖区包括梧州市和贺州市,其中在贺州市设有综合业务科(贺州监管组),负责办理贺州市的海关业务并推动进出口业务的发展。2016年梧州海关主动融入地方经济发展大局,采取务实措施优化口岸通关环境,为企业发展减负增效,以实际行动支持地方外贸发展。

【通关监管】 2016年贺州市进出口货运量18.8万吨,同比增长1.2倍;外贸进出口总值5.19亿元人民币,同比下降18.9%,外贸进出口面临较为严峻的态势。全年全市备案加工贸易手册6本,与上年持平,备案金额623.7万美元,同比下降10.2%。

【查缉走私】 2016年梧州海关积极开展"国门利剑2016"行动,严厉打击货运渠道走私、出口骗退税以及侵犯知识产权行为,打击的重点商品(物品)包括稀土等"两高一资"商品、涉税应征商品以及废五金、涉黄涉非物品、毒品等。协调出入境检验检疫、公安、工商、

烟草等各部门，组织开展多次专项行动，全年梧州海关缉私分局共受理行政案件17起，案值29.3万元，涉及漏缴（偷逃）税款4.99万元；受理刑事案件1起，查获毒品恰特草10.198千克，为广西区内该类毒品的首次查获。

【关税征管】 2016年梧州海关以综合治税为重心，坚持向监管要税收，通过加强规范申报及补税力度、加强部门间的交流合作、建立税收征管联动机制等多项措施，不断提高税收征管质量，实现税收入库再创新高。全年累计税收入库2.08亿元，同比下降58.2%，其中，关税0.3亿元，增长3.6%，进口环节税1.78亿元，下降19.5%。

【服务地方经济建设】 2016年梧州海关引导企业用足用好各项减免税优惠政策，为企业减负提供便利和帮助，以支持地方经济的发展。据统计，2016年，为贺州学院以科研用品申报进口的仪器设备减免税额达83万元。

（梧州海关）

出入境检验检疫

【检验检疫机构及工作概况】 贺州检验检疫局始建于2001年4月，原名为广西检验检疫局贺州办事处，2012年10月，经中央编办批准成立贺州检验检疫局，2013年6月贺州检验检疫局正式挂牌对外办公，主要职能是贯彻执行国家出入境卫生检疫、动植物检疫和进出口商品检验的法律法规，负责贺州辖区内的出入境卫生检疫、动植物检疫和进出口商品检验、鉴定和监督管理工作。2016年，内设4个科室（办公室、检务科、综合业务科、技术检测科），现有在编干部职工16人。

【进出口商品检验】 2016年，贺州局完成各类检验检疫业务1586批次，货值4123万美元。其中出境货物检验检疫1230批次，货值3296.6万美元，同期分别减少9.4%和19%。检出不合格商品29批次。完成入境货物检验检疫11批次，货值826.3万美元，同期增长83.3%和3.94倍，无不合格情况。

完成原产地证签证487份，货值1399万美元。

进口商品主要有：进口医疗成套设备。

出境植物及其产品主要有：蔬菜、水果（主要为温州柑、蜜柑）、竹木制品、马蹄粉等。输往的国家和地区主要有：日本、加拿大、韩国等。

【检验检疫服务地方经济社会发展】 2016年，贺州市检验检疫局深化运用出口食品农产品质量安全示范区创建成果，大力推动贺州果蔬供港澳“直通车”项目平台建设。一是积极与贺州市农业局、各县区沟通交流，走访龙头企业、种植大户等，收集“直通车”项目存在的问题和困难，并组织人员深入分析，向贺州市政府提出相应的措施。二是加强与梧州海关贺州工作组的沟通，达成了共同扶持贺州特色农产品直通港澳的有关意向。三是重点抓农业龙头企业的培养，新增2家出口水果企业，帮扶1家公司获得供港蔬菜基备案，指导贺州农业重点项目贺州天贺正丰公司做好果蔬加工厂的规划、建设，全力助推贺州农产品扩大出口。2016年，贺州出口水果1463.8吨，同比增加了10.2%。在贺州辖区其他出口货物均减少的情况下，成为贺州出口的一个新亮点。

市检验检疫局开展“科技周”宣传工作，向中小学生普及科技知识

2016年，贺州市检验检疫局在截获外来有害生物方面实现零突破。结合辖区进口粮食后续监管，认真做好贺州外来有害生物的截获。累计完成8批进口粮食后续监管样品抽样鉴定工作，首次检出假高粱、黑高粱、刺蒺藜草、蒺藜草（非中国属）、长芒苋、豚草、法国野燕麦等检疫性杂草和其他杂草，共计次数73次，检出有害生物8种并及时上报植物检疫截获信息平台。

2016年，贺州市检验检疫局大力服务贺州“两个千亿元产业”发展，提升服务地方经济发展的有效性。一是指导碳酸钙企业利用原产地签证优惠政策，通过走访企业、召开产地证知识培训班，进一步指导企业用好原产地签证优惠政策，降低企业贸易成本，增强国际竞争力。2016年共为“两千亿元产业”签发原产地证书7份，货值12.5万美元，为企业节省关税约4万元人民币。二是帮助企业解决木质包装检疫处理问题。协调推动梧州恒凯公司提前介入，对贺州辖区出口的木包装材料开展前期核对、盖章等工作，待货物到达梧州口岸后，即可进行整柜熏蒸处理，减少了掏柜、再装柜的环节，有效地减少处理时间。

【检验检疫技术】 2016年对实验室质量管理体系文件进行了修订，参加2次能力验证和1次检查比对活动，确保实验室质量管理体系有效运行；落实资金安排新仪器设备投入使用，更换现有陈旧的打火机检测设备；进一步加强实验室基础能力建设，提升履行职责的技术保障能力。

（检验检疫局）

产　业

编　辑：陈敏兰
许中继

农　业

农业综述

【农业和农村经济发展】 2016年贺州市农林牧渔业总产值173.75亿元、增加值114.50亿元，分别同比增长4.11%、4.10%，增加值增速自治区排名第三。其中农业种植业产值99.19亿元、增加值68.04亿元，分别同比增长5.61%、5.22%。农村居民人均可支配收入9952元，同比增长8.3%。

【农村土地改革】 2016年贺州市全面铺开农村土地确权登记颁证工作。至年底，全市共完成承包关系调查42.28万户，占全市承包农户94.1%。地块调查面积10.51万公顷，占全市集体耕地面积83.0%。38个乡镇完成二轮公示，占全市乡镇的64.4%；604个行政村完成二轮公示，占行政村的83.2%。完善土地承包合同37.15万份，可发证率为82.7%，进度在自治区中排名第二。2016年全市农村耕地流转面积为2.52万公顷，占全市耕地面积的19.9%。

【农业产业结构调整】 2016年贺州市农业产业结构调整坚持以守住粮食安全为底线，以促进农民增收为目的。全市蔬菜种植面积6.47万公顷，总产量170.41万吨；食用菌种植面积793公顷，总产量1.50万吨；茶叶种植面积9808公顷，总产量8492吨；马蹄种植面积4197公顷，总产量18.37万吨。全市扩大冬种黑木耳生产基地覆盖四县（区），平桂区扩大优质莲藕和双季莲藕生产基地，全市蔬菜品种中的莴苣和瓜果类基本代替旧品种，实现良种化。昭平县年产500吨高纯度茶多酚生产项目正式投产，拉动茶叶产业升级发展。全市农业产业集群呈现一县（区）一业突出的格局，如八步李子、平桂水生蔬菜、钟山贡柑、富川脐橙、昭平茶叶等。

【农村专业合作经济发展】 2016年贺州市在工商部门登记注册的农民专业合作社1678家，新增663家。其中：市级示范社30家，自治区级示范社46家，国家级示范社9家，形成了种、养、加工、服务产业，大户、龙头企业带动与市场紧密结合的特色。

【农业企业发展】 2016年贺州市农业产业化联席办评定第十批市级重点龙头企业9家，分别是广西贺州市正丰现代农业股份有限公司、贺州市万园生态农业投资发展有限公司、广西贺州金润林业投资有限公司、钟山县山水牛生态农业有限公司、广西富川华发农业科技有限公司、昭平县象棋山茶叶有限公司、广西昭平县松江林化有限公司、广西德林农业发展有限公司、昭平县天润仙回食用菌有限公司。至2016年底，全市农业企业中，已有粮食、蔬菜、茶叶、中药材、水果、林化、造纸、林板等八大类产业的规模农业企业累计632家，市级重点龙头企业42家（其中自治区级重点龙头企业10家，国家级重点龙头企业1家）。

【农作物生产结构调整】 2016年贺州市农作物生产结构调整以保障粮食安全、确保粮食播种面积和粮食总产量稳定在71万吨以上为前提，全面开展创建自治区、市、县、乡四级现代特色农业示范区，推进生态有机农业、富硒农业种植基地建设，继续推进出口农产品备案基地、供港蔬菜基地建设与旅游、物

有机黑木耳采摘　　（农业局　提供）

流、工业、金融科技和扶贫等产业的融合力度。（农业局）

粮食生产

【粮食生产概况】 2016年贺州市粮食播种面积（含复种）13.42万公顷，总产量72.71万吨，每公顷产量5417公斤。粮食生产实行粮食安全行政首长责任制，市人民政府与各县（区）政府签订目标责任状，制定责任制考核指标。推广增产提质增效十大主推技术，突出抓好粮食高产创建和粮食示范区创建工作，钟山县雅瑶华香粮食产业示范区和八步区信都镇利成粮食示范区，被自治区人民政府认定为第一批广西县级、乡级现代特色农业示范区。钟山县富强农业种植专业合作社被评为2015年自治区粮食先进合作社，沈利成、廖记发、张德斌和张继池被评为2015年自治区种粮大户。

【稻谷生产】 2016年贺州市稻谷播种面积9.99万公顷，总产量60.92万吨，每公顷产量6098千克。

【玉米生产】 2016年贺州市玉米播种面积1.43万公顷，总产量6.82万吨，每公顷产量4769千克。

【马铃薯生产】 2016年贺州市马铃薯播种面积379公顷，总产量6824万吨，每公顷产量18005千克。

【红薯生产】 2016年贺州市红薯播种面积1.14万公顷，总产量17.55万吨，每公顷产量15395千克。

【大豆生产】 2016年贺州市大豆播种面积2772公顷，总产量5526吨，每公顷产量1994千克。（农业局）

经济作物生产

【概况】 2016年贺州市经济作物播种面积12.74万公顷，总产量224.06万吨。经济作物生产以现代特色农业产业品种品质品牌“10＋3”提升行动为抓手，大力推广农作物“三避”（避雨、避寒、避晒）技术、农作物间套种技术、生态有机农业生产技术，品种结构调整更加优化，布局更趋合理，区域优势更加明显。优质蔬菜、食用菌、茶叶、马蹄、中药材等特色农业产业集群发展基地经济效益显著。

【甘蔗生产】 2016年贺州市甘蔗种植面积2766公顷，产量17.63万吨。其中，糖蔗面积1657公顷，产量10.70万吨，每公顷产量65.01吨；果蔗面积1109公顷，产量6.93万吨，每公顷产量63.72吨。

【蔬菜生产】 2016年贺州市蔬菜（含菜瓜）播种面积6.47万公顷，其中秋冬蔬菜播种面积5.55万公顷。总产量170.41万吨，每公顷产量2.63万公斤。重点建设八步区、平桂区、富川县三个秋冬菜核心产业区。全年引进玲珑节瓜、锄头牌红萬笋、精纯青杂3号大白菜等蔬菜新品种40多个。

【木薯生产】 2016年贺州市木薯种植面积7883公顷，产量57024吨，每公顷产量7234公斤。

【桑蚕生产】 2016年全市桑园面积871公顷，鲜茧产量2339吨。全市小蚕共育率达到72.8%。方格蔟推广普及率75.8%。研制出与横栅簇相配套的两种采茧器—台式齿形采茧器和便携式齿形采茧器，申请了国家专利。

【茶叶生产】 2016年贺州市茶叶种植面积9808公顷，其中采摘面积8720公顷，茶叶产量8492吨。10月8日，中国茶叶流通协会授予昭平县“中国有机茶之乡”称号，成为广西首个获此殊荣的县。

【油料生产】 2016年贺州市油料播种面积1.53万公顷，总产量3.38万吨，每公顷产量2211公斤。其中，花生播种面积1.39万公顷，产量3.22万吨，每公

经济作物种植面积及产量情况(2016年)

作物名称	面积(公顷)	产量(吨)
1. 油料作物	15285	33799
其中花生	13886	32214
油菜籽	1030	1157
芝麻	369	428
2. 甘蔗	2766	176261
其中糖蔗	1657	106970
果蔗	1109	69291
3. 烟叶	4872	10360
其中晒烟	2195	4844
烤烟	2677	5516
4. 药材	2547	17600
5. 木薯	7883	57024
6. 红瓜子	4209	4598
7. 蔬菜	64721	1704097
8. 食用菌	793	15028
其中香菇	141	1497
木耳	185	1571
蘑菇(鲜品)	311	6990
9. 果用瓜	2538	53252
10. 马蹄	4197	183654
11. 桑蚕	871	2339
12. 茶叶	9808	8492
13. 花卉	210	162万(枝、盆、株)

（农业局）

顷产量 2320 公斤；油菜播种面积 1030 公顷，产量 1157 吨，每公顷产量 1123 公斤；芝麻播种面积 369 公顷，产量 428 吨，每公顷产量 1160 公斤。

【食用菌生产】 2016 年贺州市食用菌种植面积 793 公顷，总产量 1.50 万吨，每公顷产量 18951 公斤。其中香菇种植面积 141 公顷，产量（干品）1497 吨，每公顷产量 10617 公斤；蘑菇种植面积 311 公顷，总产量（鲜品）6990 吨，每公顷产量 22476 公斤；云耳、木耳种植面积 185 公顷，总产量（干品）1571 吨，每公顷产 8492 公斤。

【烟草生产】 2016 年贺州市烟草种植面积 4872 公顷，产量 10360 吨，每公顷产量 2126 公斤。其中：晒烟种植面积 2195 公顷，产量 4844 吨，烤烟种植面积 2677 公顷，产量 5516 吨。

【花卉生产】 2016 年贺州市各类花卉生产面积 210 公顷，出售切花切叶 47.00 万支，盆栽植物 70.00 万盆，花卉种苗、苗木 45.00 万株，草皮 50 公顷，花卉销售额 4847.3 万元。全市有花卉市场 10 个，花卉生产企业 9 家，花农 161 户。

【中药材生产】 2016 年贺州市中药材种植面积 2547 公顷，产量 1.76 万吨，销售额 13030 万元。全市中药材种植基地 25 个。（农业局）

水果生产

【概况】 2016 年，全市水果种植面积达到 102 万亩，其中新种水果面积 5.59 万亩；水果总产量 77.54 万吨，比上年增产 12.81%；水果产值 18.12 亿元，上年增长 12.90%；全市人均水果收入 1586.6 元、人均有果 678.9 公斤，排名跃居全区前列。

【政策导向】 2016 年各级政府财政直接投入的水果产业发展资金达 1285 万元，比上年增加 370 万元，增长 40.4%。其中：中央支持 220 万元、自治区支持 50 万元、市本级 165 万元，富川县 400 万元、钟山县 350 万元、其他县（区）100 万元。五个县（区）均出台对种植水果的贫困户给予补助的政策（每亩按品种补助 500~2000 元不等）。另外，富川县 2016 年对种植脐橙、钟山县对种植贡柑的农户，继续实行县政府统一采购、免费提供种苗的政策。

【品牌建设】 2016 年，富川脐橙荣登 2016 年中国品牌价值榜单，获评品牌强度 755，品牌价值 42.17 亿元，是广西入列的 2 个产品品牌之一。2016 年，富川瑶族自治县国家脐橙综合标准化示范区项目顺利通过国家标准委的验收考核。建成水果标准园 5.1 万亩，比 2016 年增加 1.5 万亩。2016 年，八步区三华李标准园（满天下李产业核心示范区）、钟山县贡柑标准园（幸福冲贡柑核心示范区）等已颇具规模，富川脐橙标准园（神仙湖核心示范区）声名远扬，示范带动效应明显。

【水果销售】 就 2016 年而言，水果平均销售价格比上年上涨 15% 左右，其中三华李、脐橙、南丰蜜橘、沙糖橘、温州柑等大宗水果品种价格坚挺，平均销售价同比上涨 5%~100%（其中三华李 5.2 元 / 公斤，同比上涨 16.3%；脐橙 4.2 元 / 公斤，同比上涨 100%；南丰蜜橘 2.6 元 / 公斤，同比上涨 80.0%；沙糖橘 6.0 元 / 公斤，同比上涨 15.0%；温州柑 2.2 元 / 公斤，同比上涨 5.0%；沙田柚 3.0 元 / 公斤，同比上涨 5.0%），贡柑平均销售价 6.2 元 / 公斤，与上年基本贺州市持平，而大果山楂、百香果、葡萄等小品种的平均销售价同比下降 10%~15%。全市水果销售呈现鲜果价高、优果优价的特点，基本未出现积压等现象，销售总体顺畅。2016 年 10 月 12 日，自治区农业厅在召开“全区特色果业助农增收现场培训会”，对贺州市工作给予充分肯定。

【主产业安保】 2016 年，先后召开了全市柑橘黄龙病防控工作会议、防控工作推进会、疫情普查动员会、防控技术现场会，并邀请了广西农科院院长白先进、广西柑橘创新团队首席专家邓崇岭、广西特色水果创新团队首席专家陈东奎等 20 多名高层次专家到贺州市，为柑橘黄龙病防控问诊把脉，还与贺州电视台合作，从 2016 年 5 月起，利用市电视台综合频道、县（区）电影队进村放公益电影这两大平台，持续播出柑橘黄龙病防控专题片；同时，在富川县创建了黄龙病统防统治试点 2 个、网棚栽培示范点 6 个。各县（区）也加大了防控力度，富川县出台了《富川瑶族自治县富川脐橙产业保护条例》，并建立了柑橘黄龙病检测平台，黄龙病群防群治的氛围正在加快形成。

【科技应用】 2016 年，我办与广西特色作物研究院续签了《战略合作框架协议》，并强化与广西农科院园艺研究所、广州市果树研究所等院所的交流合作，引进了水果优新品种 4 个、脱毒苗木 1500 株。全市加大网棚设施育苗推广力度，全年网棚育苗 600 多万株，占育苗总数 60%，其中市本级繁育无病脐

2016 年 9 月 28 日，副市长刘国学（前左三）带队到市无毒害繁育基地调研

橙苗木60万株，并与八步区合作繁育三华李等苗木30万株，为优化水果品种结构打下了基础。市本级聘请了水果科技特派员3名，全市推广水果“三避”技术、水肥一体化技术等面积56.5万亩，比2016年增5.2万亩；全市建成有机水果生产基地7个，面积0.42万亩，建成绿色水果生产基地3个，面积0.95万亩。（水果办）

机械化插秧（农业局 提供）

农业技术推广

【农业技术推广工作概况】 2016年贺州市各级农业部门以现代特色农业产业品种品质品牌“10＋3”提升行动为抓手，以“农业＋”模式创新发展优势特色产业，推广粮食增产提质增效十大主推技术，继续开展农作物“三避”技术推广、水稻良种良法和机播机插推广，实施生态有机农业种植、实施耕地质量保护与提升行动和化肥使用量零增长行动，全面开展现代特色农业示范区创建工作。

【农业现代化建设】 2016年贺州市农业现代化建设以稳粮增收为目的，推进农业现代化建设。全年完成粮食播种面积和单产计划任务的103.12%、101.91%。昭平茶叶、八步淮山、平桂马蹄、富川蔬菜的特色产业效益增强。“昭平茶”“昭平红”“昭平绿”公共品牌知名度不断提升。全市新增“三品一标”农产品14个，累计达到72个。建立各类示范基地18片面积638公顷，良种覆盖率达到100%。发布病虫情报96期，病虫害预警信息覆盖100%的乡镇和93%的行政村。通过创建现代特色农业示范区，田间道路、水利电力等基础设施逐步完善夯实。农业企业、农民专业合作社、家庭农场成为引领农业技术推广生产、销售的主力军。全市完善土地确权承包合同36.16万户，占可发证率达80.5%。全市61个乡镇建成蔬菜农药残留流动监测站。

【农业信息服务体系建设】 2016年贺州市以提升服务质量，推进全市农业信息化为目标，结合“强基惠农大行动”活动、农业自然灾害应急、农业生态旅游精品线路建设等项目的实施。收集整理和报送常规农情生产进度50期，突发性、破坏性农业灾情12期，撰写农情分析材料、灾情分析材料65篇。在广西农业信息网站群贺州市、县（区）栏目发布原创信息888条，原创率达到64.12%。实行责任编辑本市信息自行审核，上报并获得《广西农业信息网》采用信息1385条。

【农业科技培训与教育】 2016年贺州市培训农民1.34万人（次），其中，冬春农业科技大培训132场（次），进村入户培训指导农民1.05万人（次），赠送书籍5760本，发放明白纸9120份，发放光碟1780张，赠送物资价值12.5万元。全市培训村“两委”干部500人，其中，新农村建设示范村党支部书记100人、农村新经济社会组织负责人100人、种养大户200人。三县二区列入广西区新型职业农民培育工程示范项目县。全市开展新型职业农民整村推进示范村6个村。培育新型职业农民1037名，达到中等职业教育水平的新型职业农民180人。举办基层农技干部技能提升培训班，培训人员101人。

【农作物“三避”技术推广】 2016年贺州市农作物“三避”技术推广面积14.99万公顷，其中粮食作物推广面积5.93万公顷，甘蔗推广面积0.08万公顷，水果推广面积3.39万公顷，蔬菜推广面积3.86万公顷，其他作物推广面积1.73万公顷。

【农作物“间套种”技术推广】 2016年贺州市农作物间套种面积3.46万公顷，其中甘蔗间套种面积0.05万公顷，木薯间套种面积0.40万公顷，水果间套种面积1.43万公顷，粮食作物间套种面积0.65万公顷，其他作物间套种面积0.93万公顷。

【无公害生产基地建设】 2016年贺州市实施无公害农产品、绿色农产品、有机农产品、富硒农产品和良好农业规范（GAP）种植、加工的生态有机农业建设。全市累计通过认证无公害农产品10个、绿色食品11个、有机农产品44个、富硒农产品10个、良好农业规范产品5个。认证企业53家，认证面积0.76万公顷，认证产量10.92万吨。通过实施化肥使用量零增长行动，农作物化肥用量增幅降低到1.2%，减少化肥使用量（折纯量）1.51万吨，测土配方施肥到户率75%，畜禽粪便养分还田率50%，农作物秸秆养分还田率49%，机械施肥占比5%，农作物肥料利用率达到37%，无公害农产品质量得到了提高。

【耕地质量提升与建设】 2016年贺州市开展中低产田改良面积0.89万公顷，酸化土改良面积0.20万公顷，秸秆还田技术面积7.39万公顷，增施有机肥面积0.35万公顷，冬种绿肥面积1.61万公顷，2015年的冬种绿肥全部实行绿肥压青技术，培肥土壤。

【标准化生产与市场准入】 2016年贺州市建设农业标准化面积5.07万公顷，通过有机食品、绿色食品、无公害农产品认证的企业及合作社40家，新增生态有机农业认证企业、合作社11家，发展生态有机农业认证面积0.67万公顷；富硒农产品开发面积371公顷，产值4513万元，新增富硒农产品认定8家。开展生产基地与农产品出口企业、超市、批发市场之间的联创共建示范点建设，开展“农超对接”、“农批对接”及出口备案基地、农产品供港供澳“直通车”联创共建活动。4家农业企业建立了农产品质量安全追溯体系平台。

【节水农业技术推广】 2016年贺州市在果园、茶园、玉米、花生、烤烟、蔬菜等作物推广地膜覆盖和生物覆盖节水技术，在低龄果园推广间套种技术，建立旱作节水农业示范基地。截至2016年底，全市节水农业技术推广应用面积2.80万公顷，其中，推广水肥一体化技术应用面积0.07万公顷、喷灌滴灌0.09万公顷、地膜覆盖0.85万公顷、秸秆覆盖0.71万公顷。

【现代特色农业示范区建设】 2016年贺州市全面启动“自治区、市、县、乡”四级示范区建设，全市共创建现代特色农业示范区67个，其中，自治区级8个、市级13个、县级19个、乡级31个。组织并通过验收的示范区25个，3个自治区级示范区全部通过考评，“平桂区姑婆山森林生态文化旅游（核心）示范区”被评为五星级、“八步区满天下李子产业（核心）示范区”被评为四星级、“昭平县南山茶海（核心）示范区”为三星级示范区；“昭平县故乡茶博园休闲农业示范区”等9个县级示范区、“钟山县钟山镇昱成贡柑产业示范区”等8个乡级示范区全部通过验收认定；组织了两批市级示范区验收，贺州满天下李子产业示范区等5个示范区获得市级示范区认定。示范区引进和培育农业龙头企业、农民专业合作社、家庭农场等新型经营主体163家，引进新品种174个、新技术104项，购置先进设备132台，修建道路352.15公里、水渠262.78公里，电力建设198.25公里，投入设施建设专项资金5.45亿元。建成示范区生态农业观光示范点25个，乡村旅游收入超过42亿元，成为贺州市农业经济发展新的增长点。

（农业局）

农业植保

【农作物病虫草鼠害防治概况】 2016年，贺州市农作物病虫草鼠害发生程度为中等偏轻发生，发生面积90.52万公顷，比去年减少3.26万公顷，防治面积90.51万公顷，处置率达99.99%；挽回损失71.50万吨，实际损失5.36万吨，总体防治效果达93.02%。

【水稻病虫害防治】 2016年贺州市水稻病虫害发生程度为中等，属偏轻发生年份。主要病虫害有稻飞虱、稻纵卷叶螟、三化螟、二化螟、稻纹枯病、稻瘟病、稻曲病、水稻病毒病、农田鼠害、农田草害等。全年发生面积26.71万公顷（次），防治面积28.19万公顷（次），挽回损失9.76万吨，实际损失0.78万吨，总体防效为92.60%。

【玉米病虫害防治】 2016年贺州市玉米病虫害发生程度为中等，主要病虫害有玉米蚜虫、玉米螟、地老虎、玉米纹枯病、玉米大小斑病等。全年发生面积3.77万公顷（次），防治面积3.70万公顷（次），挽回损失0.84万吨，实际损失0.11万吨，总体防效为88.42%。

【蔬菜病虫害防治】 2016年贺州市蔬菜病虫害发生程度为中等偏重。主要病虫害有菜蚜、黄曲条跳甲、小菜蛾、菜青虫、菜螟、斜纹夜蛾、豆荚螟、美洲斑潜蝇、黄守瓜、螨类、白菜霜霉病、白菜软腐病、白菜病毒病、瓜类霜霉病、瓜类炭疽病、瓜类枯萎病、瓜类白粉病、番茄病毒病、番茄晚疫病、茄子疫病、香芋疫病、香芋软腐病、莴笋菌核病、马蹄秆枯病、马蹄枯萎病等。全年发生面积9.89万公顷（次），防治面积9.80万公顷（次），挽回损失21.75万吨，实际损失1.48万吨，总体防效为93.63%。

【柑橘病虫害防治】 2016年贺州市柑橘病虫害发生程度为中等偏重，主要病虫害有红蜘蛛、潜叶蛾、柑橘鳞甲、根腐病、天牛、柑橘小实蝇、蚧壳虫、锈蜘蛛、吸果夜蛾、溃疡病、黄龙病、疮痂病、炭疽病等，其中黄龙病发生均较往年严重。全年发生面积17.99万公顷（次），防治面积18.34万公顷（次），挽回损失22.82万吨，实际损失1.33万吨，总体防效为94.49%。

【农田鼠害防治】 2016年贺州市农田鼠害发生程度为中等，发生面积2.41万公顷（次），防治面积2.37万公顷（次），挽回损失0.64万吨，实际损失0.06万吨，总体防效为91.43%。

【农田草害防治】 2016年贺州市农田

八步区信都镇利成水稻产业示范区　　（农业局　提供）

草害发生程度为中等，发生面积20.25万公顷次，防治面积18.49万公顷次，挽回损失10.90万吨，实际损失1.14万吨，总体防效为90.53%。

【螺害防治】 螺害主要以水田的福寿螺为主，2016年贺州市螺害发生程度为中等偏轻，局部中等偏重，发生面积2.44万公顷(次)，防治面积2.74万公顷(次)，挽回损失1.24万吨，实际损失0.12万吨，总体防效为91.18%。

【植物检疫】 2016年贺州市植物检疫杂交制种产地检疫面积6205亩，签证合格水稻种子数量111万公斤。实施苗木产地检疫面积120亩，签证合格苗木数量130万株；出动135驾次650人(次)开展市场检疫，检验种子135批次101万公斤。检验苗木98批次14.31万株。检验植物产品6批次。调运检疫、签发种子类1批次5万公斤。签发苗木类6批次28.6万苗。 (农业局)

农业产品质量安全监管

【农业执法概况】 2016年全市农业执法部门共出动农业执法人员4191人(次)，出动车辆1186台(次)，检查整顿农资市场2502个(次)，检查经营农资企业6799个(次)。2016年监督抽检农药产品样本30份，肥料产品样本50份，查处假冒伪劣农资产品13770公斤，货值4.455万元，立案7起，结案6起，其中肥料3起，农药3起，罚没款1.651万元，挽回经济损失7.5万元。

【农产品质量安全监管】 2016年贺州市农产品质量安全监管工作成效显著。开展了生产基地与农产品出口企业、超市、批发市场之间的联创共建示范点建设；"农超对接"、"农批对接"及出口备案基地、农产品供港供澳"直通车"联创共建活动顺利开展，4家农业企业建立了农产品质量安全追溯体系平台。八步区、昭平县和富川县承担国家农业部农产品质检站建设，能够独立开展定量检测工作，乡镇一级实现了农产品定性检测数据与广西区农业厅农产品质量安全监控系统联网全覆盖。全市确立了72个蔬菜农药残留监测点，61个乡镇建立了蔬菜农药残留流动监测站。

【农产品质量安全检测】 2016年贺州市抽检蔬菜、水果等农产品样品113957份，其中采用快速定性检测法抽检样品112957份，合格率为99.98%；采用色谱法定量检测抽检样品1000份，合格率为99.07%。制订了《2016年贺州市茶叶、芋头、红薯、南瓜、橙、马蹄中农药残留专项监测实施方案》，对茶叶、马蹄进行取样检测。总结、汇总、评价全市监测结果，编写"结果通报"2期。12月，贺州市农产品质量安全检测中心通过广西壮族自治区技术监督局计量认证复评审和广西壮族自治区农业厅农业检测机构考核。

(农业局)

农业机械化

【农业机械机构及工作概况】 贺州市农机事业局是贺州市人民政府直属正处级事业单位，2007年12月自治区人事厅批准参照公务员法管理，行使市人民政府赋予的管理全市农业机械职能，负责全市农业机械化工作。贺州市农机事业局成立于1972年3月，原名"梧州地区革命委员会农业机械管理局"，1997年1月根据梧州地区编制委员会文更名为"梧州地区农机事业局"，1997年10月成立贺州地区后更名为"贺州地区农机事业局"，2002年贺州撤地设市后成立贺州市农机事业局。内设机构有办公室、管理科、科教科，2009年5月经市纪委批准设立监察室；下辖二个直属二层单位，分别是：贺州市农机安全监理所，贺州市农机技术推广站。

【农机购置补贴】 2016年全市农机总动力达121万千瓦；全市主要农作物耕种收综合机械化水平达50.08%，比2015年增长3.85%，其中水稻耕种收综合机械化水平达72.26%，比2015年增长5.36%。2016年共实施购机补贴资金1754万元，使用中央农机购置补贴资金1597万元，完成任务的90.23%，使用自治区资金157万元，完成任务的98.74%。直接拉动农民投资5262万元，受益农户达6577余户，补贴各类机械6829台(套)。

【农机服务管理】 2016年度，全市在工商部门登记注册的各类农机专业合作社达79家，入社成员945个(户)。从业人员532人，专业技术人员78人，占从业人员的15%，服务农户达20593人；合作社资产总额3078万元；合作社拥有各种农机具1580台(套)，其中大中拖拉机123台，拖拉机配套农具711台(套)，联合收割机237台，水稻插秧机158台，其他农机具853台；农机作业服务面积12万多亩。合作社2016年总收入为1857万元。

【农机安全生产】 2016年，贺州市农机安全监理工作坚持"安全第一，预防为主、综合治理"的方针，在新常态下认真履职，加强与安监、交警部门的联系，狠抓联合执法和打非治违，强化源头管理和宣传教育，全市农机安全生产形势持续稳定，全市没有发生农机责任死亡事。

2016年全区农机安全生产履职考评总分全区排名第三，钟山县和昭平县农机监理站记全区集体二等功，有2名监理员记全区个人二等功，昭平县建成使用拖拉机、联合收割机驾驶员无纸化考试室，使贺州市无纸化考试室实现"零"突破。

2016年全市共召开农机安全生产工作专题会议9次，制定印发有关方案20个，全市逐级签订农机安全生产责任状达5100多份，完成拖拉机年检4958台，占任务数的91.65%，与上年同期相比减少11个百分点，其中八步区完成1716台，占任务数的100.53%；钟山县完成780台，占任务数的100.52%；富川县完成780台，占任务数的92%；昭平县完成890台，占任务数的103.13%；平桂区完成792台，占任务数的65.13%。全市共核发驾驶证427本，办理农业机械注册登记345台，与上年同期相比分别下降24.6%和24.5%。农机监理服务窗口业务办结率100%、群众满意率100%、投诉率为"零"。2016年，开展全市性农机安全生产大检查、督查活动9次，共排查出农机事故隐患6项,76起,治理76起,整改率100%。确保农机安全生产责任全覆盖。

【农机执法】 2016年,全市共组织开展农机安全执法检查479次,每个工作日与交警等部门开展联合执法行动;出动监理执法车782辆次,监理人员1986人次,检查拖拉机、联合收割机3569台次,教育、查处各种违法违章行为525起,其中无牌无证行驶、无证驾驶72起,违法载人96起;开展联合执法行动25次,出动监理执法车226辆次,监理人员572人次,检查拖拉机、联合收割机817台次,教育、查处非法违章行为105起,其中无牌无证行驶、无证驾驶33起,整治、处罚非法改装拖拉机11台,农机安全执法工作取得较好成效。 (农机局)

农机技术推广

【农机推广机构队伍概况】 2016年全市有农机推广机构52个,其中市级站1个,县级站5个,基层乡镇站或区域站46个。全市有农机推广人员200人,其中大学学历30人,大专57人,中专84人,高中及以下29人;具有高级技术职称4人,中级68人,初级85人,除钟山县农机技术推广站为参照公务员管理单位外,其他站均为财政全额拨款事业单位。基层站实行“县乡共管,以县为主”管理体制,全部定编、定岗、定员管理。

【农机技术推广】 2016年,全市推广各类农业机械9357台套,其中耕整机械5745台、种植机械6台、田间管理机械125台,排灌机械(含微滴灌)817台套、收获机械86台、收获后处理机械123台、农产品加工机械384台、畜牧水产机械1152台套、其他机械919台。

2016年,积极推进水稻生产全程机械化建设,在抓好八步5000亩、钟山2000亩、平桂管理区2000亩、昭平1000亩育秧中心建设的同时,新增2个可育秧500亩以上的育秧中心建设并可投入生产,至此,全市建立水稻工厂化育秧中心和烘干中心8座。覆盖全市3县2区,其中八步区3座、钟山县2座、平桂管理区、昭平县和富川县各1座,实现100%县区全覆盖。富川县古城镇水稻种植大户获得了富川县政府奖励40万元,用于购买3台谷物烘干机。

2016年,全市共举办水稻机械育插秧、稻谷机械烘干和茶叶等生产新技术新机具演示会、现场会9场次,现场演示水稻工厂化育秧播种机、插秧机、履带式旋耕机、采茶机等各种新机具共10种类型30多台套,并印发宣传资料7000多份。

2016年,农机局以项目实施为载体,重点主推无纺布育秧技术,突破水稻机械育插秧瓶颈。贺州市依托桂台合作项目钟山志龙种植中心在全区率先开展了无纺布育秧技术推广试点工作,取得成效。全市在各县区(管理区)共推广无纺布育秧面积达2500多亩。在主推工厂化育秧技术与无纺布育秧技术的同时,引入新技术做好推广水稻麻膜育秧技术试点工作。

以项目实施为契机,多渠道、多层次开展学习培训活动,加大主要农作物、新技术新机具的推广应用。市站组织站技术骨干到各县区授课2期。钟山县农机局和县总工会还联合举办了农机从业人员机械插秧技能、联合收割机收获技能、拖拉机耕整技能操作竞赛。共有25个队伍参赛。

抓好水稻农机农艺融合机插秧示范推广工作。在上年的基础上,今年我站继续与八步区农机推广站和八步区农业技术推广站共同开展水稻机插秧示范推广工作。建立示范点6个,示范点面积达15亩。

研发农机新机具、新技术。与校企联合开发马蹄挖掘机以及桑树收割机,服务贺州市名特优产业。马蹄挖掘机由贺州学院及海达机械有限责任公司分别研发了2种机型,并开展田间试验。农机站与贺州市海达机械有限公司合作进行桑树收割机械的研发工作,已经完成第1代样机。

【农机质量投诉监督】 2016年全市有农机质量投诉监督机构6个,其中市级站1人,县级站5个。与农机技术推广站实行“一套人马,两个牌子”办公。

2016年,农机质量投诉监督主要工作:

1. 以“3·15”国际消费者权益日活动以及贺州市“十月科普大行动”进校园活动为契机,认真开展农机产品质量宣传和信息及技术咨询服务。支挂宣传牌、发放农机购机补贴、农机产品质量三包、安全生产等宣传资料2000多份,并接受现场群众政策咨询、投诉咨询近200人次。

2. 开展农机产品质量专项治理工作,贺州市及各县(区)农机部门共出动执法人员231人次,派出执法车辆50台次,检查农机销售企业32家,检查农机产品20个品种(手扶拖拉机、耕整机、微耕机、旋耕机、收割机、饲料粉碎机、碾米机、大型拖拉机、喷雾器、动力打谷机、田园管理机、茶叶机械等),检查农机产品132个,累计检查各种农机产品达1262台/套,总价值达741.384万元。共查出涉嫌销售不合格产品的经销企业12家;发放整改通知书12份。

3. 开展专项整治交叉抽查工作。5月24日—27日,农机局组织科教科、农机质量投诉监督站及各县区农机质量监督站主要业务骨干,深入5个县区、11个乡镇开展为期4天的农机产品质量专项整治交叉抽查活动。

4. 组织开展学习培训。3月23日—24日,组织市、县区农机质量投诉监督站共10人到桂林市兴安县参加自治区农机鉴定站在桂林举办的2016年农机产品质量法律法规及集中检查和专项整治学习培训。9月25日—30日组织市、县区技术骨干19人到贵港、钦州及柳州三市参观学习,通过参观学习,大大提高了基层干部的工作积极性和工作水平。 (农机局)

农村能源和生态农业建设

【农村能源开发概况】 2016年贺州市有农村能源行政管理推广机构67个,工作人员148人,其中市直属机构1个,工作人员7人;县级机构5个,工作人员56人;乡(镇)直属机构61个,工作人员85人。全年财政投入农村能源建设资金470万元,其中:中央财政拨款

119 万元，自治区财政拨款 288.5 万元，市财政拨款 62.5 万元。全市累计建有户用沼气池 18.9 万多座，年产沼气 0.8 亿多立方米，农村能源消费量折标准煤 11.9 万吨。

【沼气池建设】 2016 年贺州市新建农村有机垃圾沼气化处理试点项目 6 个，其中八步区 3 个、平桂区 2 个、钟山县 1 个，投资总额 400 万元。

【太阳能利用】 2016 年贺州市新增太阳能热水器 3099 台，采光集热面积 0.9297 万平方米，全市累计太阳能热水器 33838 台，彩光集热面积达 10.15 万立方米。

【农村生态能源职业技术培训】 2016 年贺州市新增沼气生产工培训人次 694 人次，年末累计 13873 人次。

【省柴节煤灶推广】 2016 年，贺州市新增省柴节煤灶 5564 台，年末全市累计省柴节煤灶 44.97 万台。

【农村能源综合示范试点建设】 2016 年，林业局指导和督促各县（区）建设一批农村能源综合示范试点。一是沼气建设示范点。以中央预算内投资农村沼气项目建设为载体，每个县区建设 1~2 个沼气建设示范点，对户用沼气池的施工及“三改”建设实行高标准严要求，强化技术力量精心指导农户日常正确、安全管理使用沼气池，综合利用沼肥，努力提高综合利用率。起到很好的示范作用，有力带动了整个项目及面上沼气建设。二是生态能源建设示范点。沼气已成为贺州市广大农村重要的生活用能，并在农业生产及农村生活中起着重要作用，但沼气发酵受季节气候及发酵原料的制约。目前，农村的生活用能除使用沼气外，还广泛使用着柴草和农作物秸秆等生物质能、太阳能热水器、电、煤及天然气等商品能源。必须多种能源综合使用，优势互补，才能完全满足群众的能源需求。按照“巩固成果、优化结构，建管并重、强化服务，综合利用、提高水平”的方针，每年在全市范围内选 1~2 个条件比较好的自然村，整合项目和资金，建设以沼气为核心的农村生态能源示范点。三是农村能源综合建设试点。结合社会主义新农村建设、城乡风貌改造工程建设、“清洁城镇·美丽乡村”活动，2016 年争取上级财政资金，在三县两区建设农村有机物垃圾沼气化处理试点、太阳能风能路灯试点等。通过农村有机物垃圾沼气化处理试点探索利用沼气发酵技术协助处理农村垃圾，为推进“清洁城镇乡村·建设美丽贺州”作贡献；通过便携式组装沼气池试点探索适宜边、远、山区建设的沼气池型，提高沼气池的入户率及适宜建池农户基数；通过太阳能热水器试点、太阳能风能路灯试点分析清洁新能源推广应用效益及前景，为制定推广方案提供依据。（林业局）

林　业

林业综述

【林业生产情况】 2016 年，贺州市紧紧抓住森林资源培育、保护和利用这三个重要环节，充分挖掘和发挥林业的生态、经济、社会三大效益和功能，积极致力于发展生态林业、民生林业、和谐林业和效益林业，努力实现传统林业向现代循环经济林业发展模式的转变，贺州林业产业呈现出持续、高效、快速发展的良好势头，林业已成为贺州市国民经济的五大支柱产业之一。

2016 年，贺州市实现林业总产值 201.9 亿元，同比增长 1.7%，其中第一产业产值 86.40 亿元，第二产业产值 94.39 亿元，第三产业产值 21.11 亿元；完成林业行业固定资产投资 13.47 亿元，占市政府下达任务的 134.723%，占林业厅下达任务的 122.48%，同比增长 37.7%；实现木材及造纸业加工产值 64 亿元，同比增长 8.5%；实现人造板产量 133 万立方米，同比增长 -6.7%；花卉产业产值 2.3 亿元，同比增长 13.3%。森林覆盖率（含灌木林）达 72.87%。

【林业旅游业发展情况】 贺州市森林旅游资源丰富，森林旅游景点众多，全市现有森林旅游地 17 处，其中：国家级 7 处、自治区级 6 处、国有林场 4 处，分别是姑婆山国家森林公园、大桂山国家森林公园、富川龟石国家湿地公园、昭平桂江国家湿地公园、贺州合面狮国家湿地公园、广西大桂山鳄蜥国家级自然保护区、广西七冲国家级自然保护区，富川西岭自治区级森林公园、昭平五叠泉自治区级森林公园、昭平五指山自治区级森林公园、富川西岭山自治区级自然保护区、八步滑水冲自治区级自然保护区，大桂山林场、姑婆山林场、大脑山林场、黄洞林场。现有“森林人家”共 4 家，分别是黄洞月湾茶园、姑婆山国家森林公园、贺州十八水原生态景区、八步区怡华农家馆。贺州市依托森林旅游地大力开发生态旅游资源，以姑婆山国家森林公园为代表的森林生态旅游品牌，在两广及东南亚地区已有较高知名度。为提高贺州市森林生态旅游品质，贺州市加大景区基础设施投入和建设力度，通过争取资金扶持、招商引资、农发行贷款项目等方式多元投入对森林旅游地进行改造扩建。为深化森林生态文化内涵，增加生态文化教育功能，广西姑婆山自治区级保护区森林自然教育基地项目已规划总投资 5000 万元，2016 年姑婆山国家森林公园重点推进创 AAAAA 工作、现代特色林业示范区创建工作。

立足“生态贺州·长寿胜地”的发展战略，依托丰富的森林资源，通过“一镇一特”的主题化发展，打造姑婆山欧洲风情温泉小镇、黄姚文化旅游古镇、西溪森林温泉养生小镇和大桂山水森林颐养小镇四个特色小镇，辐射带动全市森林旅游发展，打造生态健康旅游产业集群。2016 年 12 月，姑婆山国家级森林公园被列入全国首批 36 个森林康养基地试点建设单位之一。2016 年，贺州市森林旅游年接待量达 413.2 万人次，森林旅游年收入约 31.08 亿元；仅姑婆山国家森林公园年接待量达 183.9 万人次，森林旅游年收入约 17.56 亿元。森林旅游业已成为贺州市重要经济支柱产业之一。

【现代特色林业示范区建设】 贺州市充分发挥丰富的森林生态资源优势和特色，积极创建符合本地方发展的自治区、市、县、乡级现代特色林业示范区

2016年10月14日至16日，自治区林业厅厅长黄显阳到贺州调研。图为富川秀水状元村古树名木保护调研

建设项目。2016年，自治区级、市级、县乡级现代特色林业（核心）示范区实现全覆盖，全市5个示范区全部通过考评验收，并取得授牌。其中，姑婆山森林生态文化旅游（核心）示范区被评为广西五星级现代特色农业（核心）示范区，是全区林业系统第一个五星级示范区。以大脑山林场为主体创建的昭平县南山茶海（核心）示范区获得自治区三星级示范区称号；以八步区林科所为主体创建的八步区森林仙草产业示范区、以西岭山自治区级森林公园为主体创建的富川瑶自治县柳家下湾生态休闲农业示范区、以黄洞月湾茶园休闲度假区为主体创建的八步区月湾生态休闲示范区获得广西县级示范区称号；以八步区炭冲村马鞍寨为主体创建的八步区莲塘镇炭冲生态乡村旅游示范区获得广西乡级示范区称号。八步区滑水冲（西溪温泉）林业生态特色产业示范区、八步区森林仙草现代林业核心示范区、富川县秀水森林生态文化旅游示范区正编制示范区规划。

贺州市林业示范区创建工作通过积极探索一、二、三产业结构调整，推进森林文化旅游、林下经济、乡村生态旅游项目建设，推动了农业种植业、畜牧业、休闲农业等配套产业发展，大大促进了产业融合发展。实现了景区收入大幅增长、产业集群作用凸显、农村经济快速发展、品牌效应显著提升。2016年，贺州市平桂区姑婆山森林生态文化旅游（核心）示范区旅游接待人数达到180万人，同比增加18%。景区及产业集群实现收入1.57亿元，比2015年增加20%。昭平县南山茶海（核心）示范区采用“公司＋基地＋小型初加工厂＋农户”的模式，带动5~8万茶农年亩平均增收500元以上的社会经济效益。八步区森林仙草产业示范区辐射带动3个乡镇4个村共计280多户发展林下经济。八步区月湾生态休闲示范区直接吸收贫困户就业39人，增加贫困户工资收入41万余元，协同黄洞乡政府引导贫困户参与村级合作社产业发展104户433人，帮扶贫困户发展林下经济38户116人，农民收入得到明显提高，比黄洞乡高18.8%。2015年，富川瑶自治县柳家下湾生态休闲农业示范区核心区农民人均纯收入达7960元，比拓展区高8.3%，比辐射区高15.7%，远高全乡平均水平。

【集体林权制度改革】 2016年，贺州市集体林权制度改革紧紧围绕林下经济示范项目建设、政策性森林保险、林权抵押贷款和山林纠纷调处四个方面开展。全市林下经济产值实现36.98亿元，比上年同期增加6.38亿元。其中，林下种植14.64亿元，林下养殖12.58亿元，林下旅游5.68亿元，林下产品加工4.08亿元。全市林下经济发展累计面积达360.54万亩。林下经济惠及林农人数92.75万人。林权抵押贷款余额11.1亿元。林业专业合作社188个。政策性森林保险投保面积完成公益林311.11万亩，商品林262.68万亩。

2016年，自治区将林下经济项目经费整合到扶贫资金中直接划拨到各县（区）财政，由县（区）独立安排资金。全市新建林下经济项目二个：一是昭平县五将镇良凤村牛大力（中药材）基地，种植面积600亩，总投资估计120万元，全为自筹资金，目前已种植完毕；二是昭平县《建设50亩林下种植金线莲示范项目》，项目总投资为61.5万元，其中林下经济发展专项补助资金10万元，自筹51.5万元，种植任务已完成。

（林业局）

森林资源培育

【林业资源概况】 2016年，贺州市行政区域土地总面积117.63万公顷，林业用地面积90.22万公顷，森林面积85.72万公顷，其中自治区级以上的生态公益林（地）20.8万公顷，森林覆盖率72.87%（含灌木林），活立木总蓄积量5345.23万立方米。

【种苗生产】 2016年，贺州市苗木生产经营企业113家（其中市直3家，八步区19家，平桂管理区13家，昭平县45家，钟山县17家，富川县16家），其中：新办苗木生产经营企业9家，属于自治区级林木良种基地3家，油茶定点苗圃3家，油茶采穗圃2家。2016年贺州市完成育苗面积1069.5亩，培育苗木3799万株。

新扩建杉木、马尾松良种基地及种子园1194亩。八步区黄洞林场新扩建杉木二代种子园434亩，马尾松、杉木良种基地220亩；钟山县花山林场新建杉木二代种子园190亩；昭平县东潭林科所续建杉木良种基地150亩；昭平县富罗林场续建马尾松良种基地200亩。

【速生丰产林工程】 2016年完成种植速生丰产林9.3万亩，占计划任务的116.2%。

【油茶造林】 2016年完成油茶新造林7326亩，占计划任务的146.5%。

【珠江防护林工程】 2016年完成种植珠江防护林5.8万亩。

【退耕还林工程】 2016年贺州市完成新一轮退耕还林工程造林3万亩，占任务的100%。

【石漠化治理工程】 2016年完成石漠化综合治理0.19万亩。

【中央财政造林补贴项目】 2016年贺州市完成中央财政造林补贴项目人工造林9.1万亩，中央财政森林抚育补贴项目6.4万亩。

【义务植树】 2016年贺州市积极组织开展全民义务植树活动，发动和组织广大适龄公民，通过植树造林、栽花栽草、绿地养护、认捐认种、捐资造林等多种形式履行植树义务，提高义务植树尽责率。2016年贺州市完成义务植树601万株，参与植树人数120.2万人次，义务植树尽责率为95.5%。

贺州市林业局被授予"全国绿化先进集体"称号，贺州市八步区南乡镇江坪村农民岑延象（壮族）被授予"全国绿化劳动模范"称号。

【村屯绿化】 2016年，贺州市结合林业生态工程、义务植树活动，全力推进"美丽广西·生态乡村"村屯绿化专项活动，加快生态贺州、美丽贺州发展。全市完成生态乡村建设村屯绿化专项活动的村屯共有2823个，包括自治区级绿化示范村屯248个（含扶贫部门实施的12个）和一般村屯绿化任务2575个，完成率均达100%。

（林业局）

林业产业

【林产工业概况】 2016年，贺州市林业产业初步呈现出规模化、多元化、特色化的发展势头，林业产业建设体系基本形成，其中八步区速丰林产业、林产品加工园区产业，平桂区生态旅游产业、油茶产业，昭平县生态育林产业、人造板产业，富川县松脂及深加工产业，钟山县人造板及深加工产业，极具典型性和示范性。

【林产业加工】 2016年，贺州市纯木材加工企业达150家左右，规模以上企业11家，广西现代林业产业龙头企业11家，筹备上市企业2家，年产10万立方米以上企业9家。全市人造板生产能力180万立方米、纸浆生产能力10万吨、松香及深加工产品生产能力3万吨。以欣荣星林业、速丰木业、嘉和木业为代表的中高密度纤维板企业，以高峰桂山为代表的刨花板企业，以桂巽板业、恒达板业为代表的胶合板企业，以贺达纸业为代表的林纸企业，以富川威龙为代表的林化企业，以恒达板业桉木碳化指接木地板、圣丰木业红木家具为代表的木材深加工企业成为贺州市林业产业发展的"龙头"，为夯实林业经济总量打下坚实基础，并发挥良好的示范带动作用。

【林产化学加工】 2016年，贺州市林化加工企业以富川威龙林化有限公司为龙头，辐射带动全市林化加工企业。主要产品有脂松香、脂松节油、歧化松香、歧化松香钾皂、合成芳樟醇、合成樟脑、松油醇、氢化松油醇、长叶烯、α－蒎烯、二氢月桂烯醇、香叶醇、橙花醇、高顺式蒎烷。其中富川威龙林化有限公司拥有年产2万吨松香生产线，年产1.5万吨松香树脂生产线，年产值可达4亿元。公司主要生产松香、松节油、松香甘油酯、松香季戊四醇酯、马来酸松香树脂、酚醛松香树脂，产品在行业内广受欢迎。2016年，贺州市林产化工产业产值约5.87亿元，其中松脂产量31716吨。

【林业加工园区建设】 八步区莲桂林产品精深加工产业园项目，总投资28亿元，园区建设面积2800亩，第一期1500亩，第二期1300亩，已被自治区林业厅列入广西十三五期间林业重大项目。第一期工程1500亩已完成征占用林地外业工作，完成第一期基础设施项目可研、初步设计等项目前期工作，已落实资金5亿元，到位资金1.2亿元，预计年底开工建设。该项目建成后将成为桂东主要的板材生产基地和湘、粤、桂家具制造与展销的区域中心。

（林业局）

国有林场

【国有林场概况】 贺州市辖6个国有林场，包括市属国有贺州市姑婆山林场，县级国有八步区黄洞林场、昭平县富罗林场、昭平县大脑山林场、钟山县花山林场以及富川县天堂岭林场，属自收自支的正科级事业单位。国有林场经营总面积87.04万亩，总森林蓄积量290.04万立方米。对外出租林地面积45.01万亩，职工自营经济林地面积4.87万亩，纳入补偿的生态公益林面积26.75万亩，还有少量苗圃地、无立木林地、宜林地、林业生产辅助用地等。6个国有林场编制职工人数共为918人。全市国有林场现有职工1525人，其中在编在职595人、在编不在职12人、在职不在编42人、离退休职工881人。2015年底工龄满30年或预计5年内退休的职工人数142人。国有林场共有建筑面积64500平方米，其中办公用房6000平方米，生产用房5589平方米，职工用房42711平方米。等级公路26公里，林区公路580.1公里，林道1377.8公里，防火线及防火带812.5公里，瞭望台10座。国有林场资产总额49525万元，2015底负债合计16862.5万元，拖欠社会保险费用3425.35万元，拖欠职工工资2737万元，拖欠退休职工生活补贴231.4万元，拖欠林业部门"两费一金"172.9万元，其他负债8774.85万元；2010—2015年贺州市国有林场危旧房改造总建设任务数为1184户，已经建成898户，占总任务1184户的75.8%，分配入住833户，累计完成项目总投资6624万元。

【国有林场改革】 2016年，贺州市国有林场改革主要任务有：(1)定性定编定经费：坚持公益性改革方向，主要承担保护和培育森林资源等生态公益服务职责，贺州市国有林场原则上都按公益一类事业单位来定性；坚持因地制宜、"因养林而养人"原则，根据生态建设需要科学核定国有林场事业编制，保持国有林场现有在职在编人员稳定；对定性为公益一类的国有林场，经费由同级财政予以全额保障。(2)安置富余人员:按照“内部消化为主,多渠道解决就业”和“以人为本,确保稳定”的原则妥善安置国有林场富余职工;(3)落实社会保障政策:分类改革后,国有林场应按分类改革后确定的单位性质依法参加基本养老保险和基本医疗、失业、工伤、生育保险,按时足额缴纳社会保险费;(4)完善森林资源保护和监管机制:建立健全森林资源产权制度、森林资源有偿使用制度、湿地保护制度、林地保护制度、森林保护制度、自然保护区制度、监督制度和考核制度等制度体系;(5)完善公益林管护机制:充分发挥国有林场在生态建设和生态保护中的重要作用,将生态区位重要、生态系统脆弱、生态功能突出的国有林场商品林地划为公益林,逐步实现通过政府购买服务实现国有林场公益林管护;(6)妥善处置林场债务:市、县(区)人民政府、金融机构,要积极采取措施化解国有林场债务情况进行调查摸底,积极采取措施化解国有林场债务;(7)推动政事分开、事企分开,按照“因地制宜,一场一策”的方法,实行保护与利用并举。(8)加强基础设施建设,市、县(区)人民政府要将国有林场发展纳入同级政府发展规划。

2016年11月11日市常委会、人民政府常务会审议通过并印发《贺州市国有林场改革实施方案》(贺发〔2016〕18号),明确了改革目标、主要任务、保障措施、改革时间表、路线图。贺州市八步区黄洞林场作为全区国有林场改革试点单位,2016年9月,《八步区黄洞林场改革实施方案》通过八步区人民政府审议及市人民政府审核并报送自治区国有林场改革工作领导小组备案,是全区国有林场试点改革工作最快的几个县(区)之一。2016年12月八步区黄洞林场已经通过了自治区国有林场改革工作领导小组验收工作。2017年全市国有林场改革工作全面铺开,5月24日《贺州市姑婆山林场改革实施方案》通过市人民政府常务会审议并上报自治区国有林场改革工作领导小组办公室备案。6月12日《富川瑶族自治县天堂岭林场改革实施方案》已通过富川县人民政府常务会审议、市人民政府审核,报送自治区国有林场改革工作领导小组办公室备案。按2017年广西国有林场改革工作方案(桂林场改字〔2017〕1号)中的时间节点要求,2017年12月31日前全市国有林场完成改革主体任务。(林业局)

森林和野生动植物保护

【林政资源管理】 贺州市加大林政执法工作力度,认真执行森林采伐限额管理制度,着力提高森林资源动态管理能力,严格做好征占用林地的审核和服务工作,加强野生动植物保护管理,依法打击破坏森林资源的违法犯罪行为。2016年贺州市采伐限额215.31万立方米,全年全市采伐证发放完成采伐量125.49万立方米,占年采伐限额的58.28%。

【森林防火】 2016年,贺州市共发生森林火灾21起,其中一般火灾10起,较大火灾11起,没有发生重、特大森林火灾和人员伤亡事故。过火面积133.8公顷,受害面积59.46公顷,受害率为0.07‰。全市配备森林防火运输车12辆,指挥车15辆;建有瞭望台53座,瞭望覆盖率85%;有移动电话、对讲机、固定电话等通信设备有1000多部,通信覆盖率90%;防火线4538.73公里,其中,有防火林带2735.53公里。组建有森林消防专业队5支共182人,各乡镇均组建有半专业队61支,队员1220人,组建有造林大户半专业队12支,队员174人,形成市、县(区)、乡三级扑火体系,增强对森林火灾的预防、控制和扑救能力,最大限度地减少森林火灾的发生。

【森林病虫害防治】 贺州市全面贯彻落实《国务院办公厅关于进一步加强林业有害生物防治工作的意见》(国办发〔2014〕26号)精神和《2015—2017年重大林业有害生物防治目标责任书》要求,坚持“预防为主,科学治理,依法监管,强化责任”的方针,狠抓森防基础建设,健全森防体系,切实加强松材线虫病等重大林业有害生物防控工作。

贺州市林业有害生物发生面积为13.0123万亩,成灾面积0亩,成灾率为0,未发现松材线虫病、薇甘菊疫情;预报准确率为85%;测报准确率为96%;无公害防治率为99.7%;全年检疫调运种子250千克,苗木192万株,调运木材44万立方米,种苗产地检疫率达100%,木材及其产品的调运检疫率达100%,各率均高于自治区下达的年度目标要求。完成了贺州市林业有害生物普查工作并通过自治区专家组验收评审。2016年度贺州市责任书目标管理工作被自治区林业厅考核评定为“优秀”等级。

【野生动植物保护管理】

植物资源 贺州市属中亚热带南部季风湿润气候区,植被属亚热带常绿阔叶林植被区,全市发现有野生植物1400种。以马尾松、杉木、油茶、八角、荷木和天然次生杂木疏灌丛草等构成主要植被。主要有松科、杉科、壳斗科、木兰科、樟科、山茶科、大叶栎、红椎,白椎、枫香、樟木、桦木、拟赤杨等常绿阔叶树种;灌木主要有桃金娘、野牡丹、三桠箦、算盘子、木羌子、胡枝子、余甘子等;草本植物有五节芒、野古草、黄茅草、金茅等;蕨类植物主要有铁芒萁、东方乌毛蕨等。果树兼用树种有八角、青梅、三华李、脐橙、金柚、板栗等。

动物资源 贺州市森林覆盖率和绿化程度均高于全国、全区的平均水平,野生动物物种丰富(或较丰富),其中陆栖脊椎野生动物290种。贺州市有大桂山、七冲、滑水冲、姑婆山、西岭山等5个自然保护区,总面积达52155.2公顷。这些保护区分布着全市的野生动物资源,据调查,在保护区内生存的野生动物有鸟类128种,兽类48种,其中:属国家一级保护动物的有黄腹角雉、巨蜥、蟒蛇、林麝、鳄蜥5种,属国家二级保护动物的有穿山甲、白鹇、蛤蚧、虎纹蛙、红腹锦鸡、大灵猫、小灵猫、苏门羚、猕猴、大鲵、水鹿、黑鹿、原鸡、草鸮、娃娃鱼等24种,其余多数为广西重点保护动物。

【自然保护区建设和管理】 2016年,贺州市现有2个国家级自然保护区(大桂山鳄蜥国家级自然保护区、七冲国家级自然保护区),3个自治区级自然保护区(姑婆山自治区级自然保护区、滑水冲自治区及自然保护区、西岭山自治区级自然保护区),51个自然保护小区,林业系统自然保护区总面积达116万亩。贺州市初步形成一个以国家级自然保护区为核心,以自治区级自然保护区为主体,以自然保护区小区为网络和基础的保护类型较齐全、布局较合理、管理较科学,生态效益和社会效益较显著的自然保护区体系。

【森林和野生动植物保护】 2016年,贺州市全面加强打击破坏森林和野生动物资源违法行为。一是建立部门间联动机制。加强与工商、交通、水产畜牧等部门的沟通和协调,共同推进长效的野生动植物保护执法工作制度。积极联合市工商管理部门,规范利用野生动物招徕等行为,并在餐饮企业中开展签订《守法经营承诺书》活动,取得明显成效。二是进一步强化保护执法。2016年,森林公安工作和队伍建设取得了2016年度工作综合考评全区第二、刑事案立案数全区第二、破案数全区第二,行政案件查处数、百名民警查处行政案件数全区第二的优异成绩,市森林公安局被广西森林公安局授予"2016年度优秀工作单位"。①围绕风险防控,全力维护林区治安大局稳定。组织开展林区枪爆物品大清查、缉枪治爆等系列专项整治行动,查获收缴砂枪41支、射钉枪3支、自制手枪1支、自制狙击气枪1支、射钉弹187发,及小批量火药、铁砂、钢筋头、结子等制爆物品。组织开展了矛盾纠纷精准排查和精细化解专项行动,共排查出涉林不稳定事(案)件12起、涉林信访事件63起、重点群体5个,调解处理纠纷20余起。加强林区禁毒法律宣传教育,巩固了全市林区非法毒品原植物"零种植"的成果。②围绕主业,强化破案打击,全力保护森林和珍稀、濒危野生动植物资源安全。组织开展严厉打击非法占用林地等涉林违法犯罪、"神剑1号、2号"、"净网行动"、保护候鸟"清网行动"等8个专项行动,办理各类涉林案件1227起,其中刑事案件立案215起,破案184起,逮捕犯罪嫌疑人189人(逮捕86人,直接起诉103人);办理林业行政案件1012起,查处1006起(其中擅自改变林地用途34起),收缴野生动物1227头(只)、收缴木材3163立方米。③围绕固本强基,努力提升警务保障能力。全市共完成9个森林公安机关业务技术用房建设项目、4个林区警务室改造项目;建立3个警犬基地,驯养警犬6头;投资200多万元建设了"贺州市森林公安局警务指挥中心"、姑婆山森林公园人脸识别系统。四是围绕规范执法,着力抓好执法规范化建设。完成森林公安机关执法办案场所规范化改造项目9个,37名森林公安民警参加基本级、中级、高级执法资格等级考试。

【林业科技创新】 2016年林业局,以华南农大高层次拔尖人才到局里挂职锻炼为契机,大力推进科技兴林工作。与华南农业大学林学与风景园林学院、材料与能源学院签订产学研合作协议,今年以来在人才培养引进、智力项目合作、成果转化应用等方面取得丰硕成果。贺州市恒达板业有限公司与华南农业大学共同合作攻关的"速生桉木实木化利用关键技术开发与应用"项目获得贺州市人民政府授予贺州市科学技术进步一等奖,是近十几年来林业系统第一次获得该奖项;同时还获得了广西科学技术奖励委员会授予广西技术发明奖三等奖,是木材加工企业唯一获奖单位。华南农业大学硕士研究生组成研究团队,已进驻贺州市电子科技生态产业园创新创业孵化基地,贺州市科学技术局与该公司签订《踢脚线高效环保涂饰关键技术研究与示范》的科学研究与技术开发计划项目合同。

(林业局)

畜牧业

畜牧业综述

2016年,贺州市水产畜牧业以转变发展方式和提升水产畜牧产品质量安全为主线,大力推进生态养殖、畜禽养殖污染减排、产品质量安全监管、特色示范区建设、养殖产业扶贫等各项工作,实现养殖增效、农民增收。全年肉类总产量为164138吨,同比减少1.93%;禽蛋产量8834吨,同比增长15.3%;牛奶产量16171吨,同比增长5.1%;畜牧业总产值为48.21亿元,占全市农业总产值181.29亿元的26.59%。

【畜牧业概况】 2016年,随着经济社会和生态文明建设的发展,以及农村劳动力结构等的变化,畜牧业的生产和经营也悄然发生变革。生产方面,规模养殖越来越向生产要素富集和环境承载强的地区转移,形成了各具特色的优势功能区,如以富川县新华、福利、麦岭和平桂区羊头等乡镇为主的瘦肉型猪主产区,以钟山县、八步区信都镇、平桂区羊头镇为肉鸡主产区,以钟山为牛乳主产区。经营方面,专业化和加盟企业化经营的比例进一步提高,众多兼业型的散养户要么加盟公司或合作社发展,要么加快退出。2016年,全市加盟型养鸡户591户、养鸭户200户、养猪户914户;家庭农场45家,各种养殖专业协会、合作社增至243家,有会员7296人。规模以上出栏生猪和肉禽的数量分别占总数的55.6%、53.5%。

【畜牧科技】 2016年,贺州市畜牧业新技术应用主要体现在"微生物+设施设备""微生物+饲料饲草""微生物+粪污处理"三个方面,旨在推进"资源节约、环境友好"的节水节地、种养结合、循环利用的生态大农业快速发展。

【畜牧业标准化建设】 2016年,钟山温氏乳业有限公司和广西贺州农贝贝农牧科技有限公司获得自治区级标准化养殖示范场称号,至12月底全市已有国家级标准化养殖示范场1个,自治区级标准化养殖示范场7个,通过无公害产地认定和产品认证且在有效期内的水产畜牧养殖场9个。

(水产畜牧兽医局)

畜牧业生产

【生猪生产】 2016年,贺州市出栏生猪157.82万头,同比减少3.59%,其中瘦肉型猪出栏107.71万头。年末生猪存栏141.23万头,同比增长9.25%,其中能繁母猪存栏14.93万头。

【家禽生产】 2016年，全市出栏家禽2460.85万羽，同比增长2.25%。年末家禽存栏943.05万羽，同比增长1.32%。

【草食畜禽养殖】 2016年，贺州市出栏牛7.88万头，同比增长3.01%，出栏羊5.44万头，同比增长5.02%。年末牛存栏15.93万头，与上年持平；羊存栏4.26万头，同比增长1.43%。

【养蜂业】 2016年，贺州市蜂蜜产量1019吨，同比增长285.98%；年末蜂存栏5.82万箱。

【奶业开发】 2016年，贺州市有奶牛养殖场户4个，年末奶牛存栏4929头，全年牛奶产量17029.14吨。

【重点养殖基地简介】

贺州广东温氏畜禽有限公司

贺州广东温氏畜禽有限公司是农业产业化国家重点龙头企业——广东温氏食品集团有限公司投资控股的一个子公司。公司以养猪业为主导，推行"公司+农户+客户"的生产经营模式与周边农户挂钩合作养猪，公司为合作农户提供猪苗、饲料、药物、技术服务、销售一条龙服务，实行产供销一条龙、科工贸一体化经营，走产业化的道路。

贺州广东温氏畜禽有限公司于2011年4月份开始筹建，地址位于平桂管理区鹅塘镇夏岛村，目前配置了办公室、财务部、服务部、饲料厂以及2个1万头规模的全自动化大型种猪场。2016年，贺州公司合作养猪户380户，猪场猪苗出栏数22.78万头，上市肉猪17.83万头，养户全年养殖效益4484万元，户均获利20.2万元，平均毛利为235元/头。

钟山温氏乳业有限公司

钟山温氏乳业有限公司创办于2012年4月，基地位于钟山县钟山镇龙井村，占地530亩，总投资达2亿元，以订单收购农户种植的全株玉米或农副产品，并配合一定的专门化饲草料的形式，养殖荷斯坦牛，生产和销售牛乳。2016年，公司存栏奶牛4900头，累计生产生鲜乳1.7万吨，是广西规模最大的现代化奶牛养殖基地和牛乳生产基地。

钟山温氏畜禽有限公司

钟山温氏畜禽有限公司位于贺州市钟山县，是国家农业产业化重点龙头企业——广东温氏食品集团股份有限公司属下分公司，也是温氏集团在广西发展的第七家分公司。公司坚持以"公司+农户"的经营模式带动公司周边30公里范围的农民合作养鸡增收。2016年合作养鸡户591户，出栏肉鸡1080多万羽。

富川广东温氏畜牧有限公司

富川广东温氏畜牧有限公司是农业产业化国家重点龙头企业——广东温氏食品集团股份有限公司投资设立的子公司，公司于2008年1月16日注册成立，设计生产规模为年上市瘦肉型肉猪40万头，总投资达5亿元。2016年公司已建成4个种猪场，1个年产12万吨的饲料厂和相应的办公、生活配套设施。公司与周边农户实行合同养殖，依托"公司+基地+家庭农场+客户"的经营模式，以记账的形式为农户提供猪苗、饲料、药物和全方位的技术服务与指导，对肉猪实行保价回收，实现产、供、销一条龙，科、工、贸一体化经营运作，有效地调动当地农民参与到农业产业化生产当中，带动农民走上致富的道路。2016年合作养猪户562户，出栏肉猪49.36万头。

广西贺州福昌种猪有限公司

广西贺州福昌种猪有限公司是一家专业从事种猪繁育、遗传基因研究的综合性农牧产业化企业，于2012年获得"农业部生猪标准化示范场"称号。公司位于贺州市八步区仁义镇保福村，占地面积450亩，计划总投资1000万美元，规划饲养祖代原种母猪3000头，年可出栏种公猪1.2万头，种母猪2.4万头以上。2016年，公司引进原种基础母猪1000头，生产二元杂母猪6000头，商品肉猪6000头。

（水产畜牧兽医局）

畜禽良种繁育

【畜禽保种】 2016年，贺州市杂交配种母牛24366头（其中人工授精配种母牛23655头），新生犊牛15240头，产仔率62.55%；推广生猪良种补贴猪精55074份。2016年，依托钟山县山水牛生态农业有限公司实施《农业资源及生态保护项目》，开展富钟水牛品种资源保护工作，并顺利通过自治区水产畜牧兽医局验收。

【畜禽苗种生产】 2016年，生产二元杂母猪6000头，商品猪苗87.3万头，家禽禽苗1600万羽。

【重点种畜种禽建设】 2016年，继续抓好贺州广东温氏畜禽有限公司羊头种猪场和凤凰种猪场、贺州福昌种猪有限公司、钟山温氏乳业有限公司、钟山温氏畜禽有限公司和桂柳种鸭场的建设，形成以种猪场、奶牛场、种鸡场和种鸭场为主体的畜禽良种繁育体系，并逐步向产供销一体化发展。

（水产畜牧兽医局）

动物卫生

【动物疫病防控】 2016年，贺州市按照"预防为主，依法处置"的原则，通过采取免疫预防、监测预警、疫情报告、流行病学调查等措施，积极开展重大动物疫病防控工作。一年来，对全市羊场进行了布鲁氏菌病流行病学普查和采样监测，对其他重大动物疫病也进行了预警监测，累计检测奶牛、羊、猪布鲁氏菌病8863头，检测奶牛结核4988头，检测口蹄疫等重大疫病免疫抗体12509份，监测口蹄疫病、猪瘟、猪蓝耳病、禽流感等重大疫病病原学血清、棉试纸等6017份，为严格防控重大动物疫病提供了重要的信息技术支撑，有力地保障了全市没有区域性重大动物疫情发生。

【畜兽免疫】 全年免疫家禽禽流感730.19万羽，免疫密度99.80%；免疫猪口蹄疫283.5万头，免疫密度99.52%；免疫牛口蹄疫12.89万头，免疫密度99.67%；免疫羊口蹄疫11.12万头，免疫密度97.54%；免疫猪瘟282.44万头，免疫密度99.39%。免疫鸡新城疫569.25万羽，免疫密度99.81%。

【动物产地检疫】 2016年，贺州市动

2016年9月21日，市水产畜牧兽医局技术人员开展动物疫病检测

物产地检疫生猪99.32万头、牛0.87万头、羊0.98万头、家禽1412.83万羽；共有平桂区9个乡镇水产畜牧兽医站完成动物检疫申报点规范化建设；全市范围内均已实施动物产地检疫电子出证。

【动物疫情监测】 2016年，水产畜牧兽医局开展了禽流感、口蹄疫、猪蓝耳病、猪瘟等重大动物疫病的流行病学调查，共调查61个乡镇（街道办）、739个行政村（居委会）、745户散养户、475个规模养殖场，调查存栏家禽10.41万羽、猪3.21万头、牛0.56万头，未发现疫情。开展了羊布鲁氏菌病流行病学调查，共调查了603个羊场，调查存栏羊5.21万头。开展了羊小反刍兽流行病学调查，共调查了603个羊场，调查存栏羊5.21万头。（水产畜牧兽医局）

畜牧业行业管理

【屠宰行业管理】 2016年，贺州市有定点屠宰场（点）27家，全部由县动物卫生监督所、乡镇动物检疫申报点派驻检疫员（或协检员），进行入场检查、待宰巡查或尿检、宰后同步检疫，并与业主签订动物防疫承诺书，对场地和染病畜进行消毒与无害化处理监管，确保动物入场持证率100%，耳标佩戴率100%，产品出厂持证率100%，病害肉无害化处理率100%。2016年，屠宰检疫生猪32.22万头，牛、羊0.087万头，检出染病畜0.03万头，全部依法进行了无害化处理；全市县级生猪定点屠宰场已全部实施屠宰检疫电子出证；2016年，共捣毁2个生猪私宰窝点，没收屠宰工具一批、生猪13头、猪产品372.1公斤，涉案人员共11名，并将案件移送公安机关。

【畜产品质量安全监管】 2016年，水产畜牧兽医局大力推广标准化健康养殖技术，全面提高养殖产品质量，并通过“三品一标”认证提升产品档次和地位。同时，以饲料与兽药（抗菌药）、兽用生物制品、动物诊疗、跨省引进乳用动物、生猪屠宰、奶畜养殖和生鲜乳质量安全、畜禽检疫电子出证和水产苗种检疫、兽药产品二维码标识管理和追溯试点等专项行动为抓手，建立健全水产畜牧产品质量安全网格化监管体系，强化源头监管和终端检测，切实保障产品质量安全水平。2016年，累计监测畜禽肉样品100份，生猪尿样6820份，结果全部合格，水产畜牧产品质量安全监管示范市创建顺利通过自治区水产畜牧兽医局验收。

【饲料安全监管】 2016年，贺州市饲料管理部门坚持“安全第一、预防为主、综合治理”方针，对持有自治区核发生产许可证的7家饲料和饲料添加剂生产企业及229家饲料经营企业进行依法监管。通过开展《饲料和饲料添加剂管理条例》《饲料质量安全管理规范》等法律法规的宣传培训和执行检查，以及饲料抽样监测、执法督导等工作，切实强化饲料和饲料添加剂生产企业的质量安全生产专项整治工作。同年，累计印发宣传资料1620份，张贴标语、横幅22条，开展质量安全培训班2期，培训人员98人次；组织执法检查工作19次，出动执法检查人员165人次，检查饲料和饲料添加剂生产企业43家次、经营企业330家次，整治饲料和饲料添加剂生产企业安全隐患22项，如期整改22项；抽检饲料和饲料添加剂样品115批次，合格率100%。

【兽药监督执法】 2016年，贺州市兽药管理部门健全管理机制，强化兽药经营许可审批，全市121家兽药经营企业全部持证经营，并要求经营业主安装兽药GSP软件，实行信息化管理。同时，强化巡查、督查监管，对兽药经营户进行拉网式检查，严查无证经营、超范围经营、过期经营，严格检查产品、包装、批文、档案等，定期进行兽药质量抽样监测，严厉打击经营和使用假劣兽药产品及国家禁止使用的兽用抗菌药等违法违规行为。2016年，累计出动监督执法车辆485车次，出动兽药监督执法人员2024人次，全市立案查处7起兽药行政案件；抽检兽药样品40批次送检，5批不合格，35批合格，合格率达87.5%。（水产畜牧兽医局）

渔　业

渔业综述

【渔业经济发展】 2016年，贺州市水产品产量79476吨，渔业总产值8.02亿元。水产品市场供求基本平衡，名优水产品发展较快，常规水产品供求平稳，整体价格基本稳定，渔业生产稳步发展。

【渔业科技成果】 2016年，渔业部门加大了技术指导和服务力度，把培养特色水产养殖示范作为渔业发展的着力点，抓好四大渔业典型示范基地：昭平县休闲渔业基地、昭平县桂江网箱健康养殖基地、八步区贺江生态网箱养殖基地和市城区周边龟鳖健康养殖基地；以养殖公司、渔业专业合作社和示范户为重点，树立榜样，坚定周边群众增收致富的信心，发挥带头模范作用，及时提供市场信息、新技术，养殖队伍不断壮大。积极推行健康养殖生产，开展全方位的服务工作，对江河网箱养殖的安全生产经常督促和指导，促进了特色水产养殖的发展。

水产技术推广机构结合开展脱贫攻坚活动，进行渔业科技培训、技术咨询、印发资料等各种形式抓好渔业技术服务工作。2016 年，全市举办 32 期水产养殖培训班，培训 2500 多人（次），发放水产养殖资料 3500 份。同时，还加强水产养殖病害防治力度，积极为养殖户排忧解难，组织技术人员不定期进村入户，到池塘、网箱边进行技术指导和讲解，帮助群众解决养殖生产中存在的问题。（水产畜牧兽医局）

渔业生产

【渔业生产概况】 2016 年，贺州市渔业生产呈现“江河网箱养鱼、池塘养殖和庭院龟鳖养殖的三大产业”和“黄沙鳖、广西拟水龟、倒刺鲃、光倒刺鲃和优质草鱼五大特色品种”的特点。全市水产养殖面积 7836 公顷，其中池塘和山塘养殖面积占 98.6%，网箱养殖面积占 0.227%，其他养殖面积占 1.187%；养殖水产品产量 6.88 万吨、同比增长 4.61%，其中池塘和山塘养殖产量占 86.5%、网箱养殖产量占 12%。庭院渔业养殖户 3795 户，产量 3487 吨，产值 7705 万元。2016 年，因强降雨引发的江河洪涝等影响，渔业受灾面积 35 公顷，水产品损失 31 吨，直接经济损失 60 万元。全市没有发生大面积渔业疫情，渔业生产稳定，水产品市场供应充足，价格比较平稳。

【渔业优势特色品种养殖】 贺州市继续发展具有地方特色的优质水产养殖，在全市现有的 2 个水产养殖协会、22 个水产养殖专业合作社及 7 个水产养殖企业的带动下，水产优势特色养殖重点为黄沙鳖、广西拟水龟、倒刺鲃、光倒刺鲃和优质草鱼等五大特色品种。倒刺鲃、光倒刺鲃和优质草鱼养殖主要分布在桂江和贺江的网箱，庭院龟鳖养殖主要分布在城郊。通过积极引导民间资本投入发展水产养殖，推行健康养殖生产，水产优势特色品种养殖逐步壮大，并形成了一些产、供、销为一体化运作的组织。2016 年底，全市广西拟水龟规模养殖户超过 200 户，同比增长 15%；黄沙鳖养殖户 550 户，面积 450 亩，产量 287 吨；江河网箱养殖名优鱼面积达 5 万平方米，鱼产量 1600 吨，产值达 6400 万元；中华圆田螺、稻（藕）田养鱼等稻田综合种养面积达 1025 亩。

【渔业规范管理】 贺州市把推行水域养殖证制度和苗种生产许可制度以及健康养殖作为渔业规范化管理的工作重点，在《贺州市水域滩涂养殖规划（2015—2020 年）》的框架内，水域滩涂养殖证发放以江河网箱养鱼为主，全市已发放水域滩涂养殖证 442 本、水产苗种水产许可证 5 个，已登记发证的信息全部录入农业部养殖证管理信息系统。积极开展水产品质量安全专项整治活动，着重检查了全市 3 个具有鱼苗繁殖生产能力的场点和 29 个规模养殖户；检查水产健康养殖示范基地、水产苗种生产的投入品使用和养殖生产记录等方面，加强对养殖环节实行质量控制，提高了水产品生产的质量安全水平。

【水产苗种生产】 2016 年，全市人工繁殖鱼苗产量 0.94 亿尾，同比减少 1.05%。由于贺州市春季气温较低，鱼类人工繁殖时间较晚，鱼苗销售受到广东、桂南地区生产鱼苗种进入冲击，致使本地鱼苗生产日渐萎缩。2016 年，全市鱼苗繁殖孵化场只有 3 个。

（水产畜牧兽医局）

渔业行业管理

【渔政管理】 2016 年，渔业部门通过继续实行禁渔期管理制度、禁渔宣传、增殖放流及执法督查等举措，深入开展渔政管理。一年来，开展禁渔电视报道 2 次，悬挂宣传横幅 8 幅，张贴公告标语 60 条，发放宣传资料 700 多份，发送手机短信 700 多条；开展执法行动 116 次，收缴和烧毁“地龙”等非法网具 700 米、电鱼工具 13 台套，捣毁灯光诱捕设施 32 个、立案查处电鱼案 1 件，移送公安机关 1 件。

【渔船检验】 2016 年，渔船检验机构严格按照内河渔业船舶检验规范对渔船进行检验，从检验申请、登船检验、拍照留存、技术文件整理、证书签发、资料归档等每一个环节完善渔船检验程序，实行一船一档，并对船检实行“谁检验，谁签发，谁负责”的管理制度。同时，深入贯彻“高效便民”理念，在八步区贺江沿岸设立 5 个检验点，昭平县桂江沿岸设立 7 个检验点，富川瑶族自治县龟石水库沿岸设立 1 个检验点，开展渔船船检工作。2016 年，全市检验渔船

2016 年 7 月 13 日，渔政工作人员在龟石水库开展渔业安全大检查

1250艘，其中市船检处（渔政站）检验渔船884艘，昭平县检验站检验366艘，渔船受检率达到100%。

【水产品质量安全管理】 2016年，渔业部门狠抓责任落实、技术培训、抽样监测、执法督查工作，进一步完善水产品质量安全管理，保障水产品质量安全水平。2016年，举办培训6期、培训300多人次，督查水产品质量安全工作36次，检查水产苗种场7家、规模养殖场110家次，抽样检测水产品66个，合格率为100%。

【渔业安全生产管理】 按照“安全第一，预防为主”的方针，严格落实安全生产“主体责任、监督责任、属地主管、分级负责”的管理制度，从渔业安全生产宣传教育、气象和汛期预警、应急演练、执法监督、互助互保、隐患排查整改等多方面，全面提高安全防范水平。2016年，全市渔业安全生产责任状签订率为100%；开展安全生产月宣传及渔业消防应急救生演练活动4次；举办安全生产知识和技能培训9期、培训600人；发送预警短信3650条；开展安全生产大检查行动和“打非治违”行动6次，出动执法监管人员200余人次，车船60车（艘）次，检查渔船1750艘次，共查出隐患13项，整改13项，全年没有发生渔业生产安全事故。

（水产畜牧兽医局）

渔业资源保护

【水生生物资源养护】 2016年，渔业部门投入资金45万元，在贺江八步区段和龟石水库增殖放流草鱼、鲢鱼、鳙鱼、青鱼、细鳞斜颌鲴、斑鳢、倒刺鲃等鱼苗158万尾，并加强防范外来鱼类入侵，保护贺江本地特有鱼类种质资源，维护自然水域水生生物生态平衡。

【水生野生动植物保护与管理】 2016年，渔业部门充分利用报刊、标语、培训、短信等形式，广泛开展水生野生动物植保护宣传活动争取社会各界广泛支持和参与水生野生动植物保护工作。同时，加强对集贸市场、水生野生动物养殖场、水族馆、餐馆等重点区域的检查整治，强化水生野生动物驯养繁殖与经营利用的许可管理，规范水生野生动植物生产经营秩序。2016年，共出动执法人员100多人次，宣传检查车29辆次，对12家饮食企业和47家水生野生动物驯养繁殖场进行了检查，新办理水生野生动物驯养繁殖许可证29份、经营利用许可证29份。

（水产畜牧兽医局）

2016年12月21日，市水产畜牧兽医局在富川龟石水库开展渔业增殖放流活动

工　业

工业综述

【工业生产】 2016年，贺州市实现工业总产值543.98亿元，同比增长12.5%；工业增加值144.67亿元，同比增长10.3%。其中：规模以上工业实现工业总产值483.59亿元，同比增长13.8%；实现工业增加值121.73亿元，同比增长11.6%。

【工业经济效益】 2016年，贺州市规模以上工业实现主营业务收入429.60亿元，同比增长13.03%；实现利润总额22.73亿元，同比下降16.30%；实现税金13.29亿元，同比增长3.44%。

【优势产业培育】 2016年，贺州市十分重视优势产业的发展，通过优化投资结构，改造提升传统优势产业，大力发展新兴产业，积极发展关联配套产业，加快构建以电力、林产、矿业、电子、新材料和碳酸钙、食品药品“5+2”现代产业体系，有效拉动了全市工业经济的增长。2016年，贺州市“5+2”产业实现规模以上工业总产值448.94亿元，占全市规模以上工业总产值的92.83%，同比增长1.46%；实现工业增加值120.79亿元，占全市规模以上工业企业增加值的92.87%。

【工业绿色发展】

节能减排技术改造 2016年，贺州市在工业企业中积极推广燃煤锅炉改造、热电联产、余热余压利用、电机系统节能、能量系统优化等重点工程，按照自治区文件要求组织华润电力（贺州）有限公司开展自治区2016年节能技术改造财政奖励资金项目申报工作，并获得自治区财政奖励资金；组织贺州市骏鑫矿产品有限责任公司、贺州市欣荣星林业有限公司和广西华鑫化工有限公司开展自治区2016年工业循环经济财政奖励资金项目申报工作并获得429万元财政奖励资金。

燃煤小锅炉整治 2016年，贺州市按照《贺州市燃煤小锅炉整治计划（2015—2017年）》，对列入2016年整治范围的2家企业进行指导督促和整治。对广西灵峰药业有限公司燃煤锅炉一台进行了拆除，广西贺州西麦生物食品有限公司燃煤锅炉两台完成了生物质燃料改造。

大气污染专项集中治理行动 2016年，贺州市政府对城区重点企业桂东电子、灵峰药业、西麦食品等企业展开整治。企业结合自身实际分别从增设脱硫脱硝设施、加装除尘设备、燃煤锅炉清洁化改造、设备工艺和技术升级改造等方面制定实施整治方案，切实减少扬尘和废气排放，整治工作取得应有成效。

【工业投资及企业技术改造】 2016年，贺州市由于林产、建材、有色等行业产品体格下滑，市场前景不明朗，投资有所回落。全市完成工业完成投资275.7亿元，同比下降14.6%。其中，完成制造业投资196.4亿元，同比下降16.9%；完成技改投资167.5亿元，同比增长15.2%。工业投资、制造业投资、技改投资增速分别处于全区第11、11、6位。滇西北至广东特高压直流±800千伏工程（贺州段）项目，桂东电力220千伏扶隆输变电工程，桂东电力铝电子动力车间送出工程，广西亿仕达机械有限公司年产1000台（套）机械项目，贺州市信昌粉体有限公司年产30万吨粉体、400万平方米岗石项目，华润水泥协同处置工业固废项目、华润雪花啤酒配套啤酒瓶项目等一批项目实现开工建设，永亨新材料、宏基岗石、亚太粉体、永泰岗石、万益岗石、顺达岗石、金门建材、挺进建材等一批项目已投产（部分投产）。

【工业企业技术创新】 2016年，贺州市继续加大力度开展工业技术创新活动，提高科技创新能力，推动科技成果转化和产业化取得较好成绩。广西吉光电子科技有限公司技术中心被认定为2016年自治区级企业技术中心。广西长城矿山机械设备制造有限公司中频感应电炉冶炼纯净耐磨锰钢被认定为2016年自治区工业新产品；桂东电子电动汽车充电桩铝电解电容器用阳极箔形成工艺开发等8个项目列入自治区工业创新项目计划；广西恒希建材有限公司被认定为广西工业企业品牌培育试点企业；金源稀土被认定为自治区质量管理标杆企业。

【资源节约与综合利用】 2016年，贺州市规模以上工业能源消费量209.3万吨标准煤，同比增长7.5%；万元工业增加值能耗同比下降3.68%，完成了自治区下达同比下降3.4%的目标任务。

2016年，市工信委积极推进碳酸钙产业废渣废浆处置问题。一是通过华润水泥协同处置工业固体废弃物项目，利用人造岗石废渣生产水泥获得成功，目前贺州市旺高工业区内的所有岗石废渣，都运往该公司做水泥生产原料处理。二是不断加快推进冠成新型建筑材料公司项目建设，该项目可以通过对大理石废浆的利用，每年生产1亿个蒸汽砂灰砖和10万立方米加气混凝土砌块，形成大理石废浆的回收利用。

【工业发展存在的问题】 贺州市工业发展还存在一些问题和困难，主要体现在以下几个方面：

1. 产业结构调整仍任重道远。贺州市传统产业多属于资源型、粗放型经济。产业布局上，近年来工业经济增长主要集中在电力、矿业、碳酸钙等几个主要优势产业上，但产业链条短、产品附加值不高、产业关联度低，且对政策依赖性较大，容易因政策调整而产生较大波动。

2. 要素制约影响加剧，融资难问题依然突出。重点体现在工业园区基础建设投入不足、配套设施落后、土地落实难、工业用电成本高、产业工人缺乏等。2016年，贺州市多数企业资产规模较小，受市场环境、经营成本上涨等影响，盈利水平较低，企业资金周转困难。而中小企业能用于贷款的资产少，信用等级较低，银行贷款手续复杂、方式不多且门槛较高或中小企业续贷难，续贷时间长，手续费用高等制约了企业发展，部分创业型、成长性企业融资难度加大。

3. 缺乏高端专业人才，创新发展能力不强。贺州市产业创新基础和能力薄弱，工业企业高端人才和专业人才严重缺乏，企业急需一批高层次、高素质的专业人员支撑企业创新发展。受高端人才、专业人才、研发投入不足等因素影响，造成产业创新能力不强，难以延伸产业链，提升产品价值链。

【工业经济规划】 2016年，市工业和信息化委员会制订了两个规划：《贺州市工业和信息化发展十三五规划及2021—2030年展望》《贺州市电力发展规划（2016—2030年）》。这两个规划，为全市“十三五”工业经济发展明确了方向、奠定了目标、确定了任务，打下了坚实的基础。 （工信委）

轻工业

【轻工业概况】 2016年，贺州市轻纺工业主要有：农副食品加工业、食品制造业、酒、饮料和精制茶制造业、医药制造业、纺织业、纺织服装制造业、皮革制品业、家具制造业、印刷业、文教、工美、体育和娱乐用品制造业、木材加工业、造纸和纸制品业12个行业。规模以上轻工业总产值约占整个规上工业总产值的19.6%。主要产品有：罐头、饲料、白糖、茶叶、蚕丝、胶合板、纸、服装、玩具、皮革制品和蔬菜水果加工品等。在轻工业中，农副食品加工业、食品加工业、木材加工业、造纸和印刷业为重点优势产业。2016年全市规上轻工企业数为55个，完成工业总产值94.72亿元。贺州市轻工业初步形成区域性特色产业。八步区主要以果蔬、林产品加工为主；平桂区主要生产罐头；昭平县以生产茶叶、林板为主；富川主要以脐橙加工为主，基本形成区域特色产业格局。

【造纸及纸制品业】 2016年贺州市有造纸和纸制品业规上企业共4家，完成工业总产值3.68亿元，工业销售产值4.08亿元。主要企业有：贺州市红星纸业有限公司、贺州市鹏源纸业有限公司、广西真龙纸品包装有限公司、广西甲天下水松纸有限公司等。主要产品有：纸浆、纸板、印刷纸、再生白纸等。

【食品制造工业】 2016年贺州市有食品制造工业规上企业5家，完成工业总产值15.82亿元主要产品有：清水马蹄罐头、菠萝罐头、豆类罐头、玉米罐头、速冻果疏、马蹄粉、马蹄糕等。重点企业有：贺州嘉宝食品有限公司，钟山县洲星食品有限公司，广西贺州西麦生物食品有限公司等。

【农副产品加工业】 2016年全市仅农副食品加工业规上企业就有15家，完成工业总产值24.14亿元。重点农副产品加工企业有：广西富川华源粮油有限公司、贺州漓源饲料有限公司、富川广东温氏畜牧有限公司。

【纺织业】 2016年贺州市有纺织工业规上企业1家，是广西昭平县春来丝绸有限公司。完成工业总产值0.1亿元，主要产品有：白厂丝、蚕丝被、蚕丝被套、蚕丝床单、蚕丝枕头等。

【医药工业】 2016年贺州市有医药工业规上企业1家，是广西灵峰药业有限公司，是生产中成药的企业。主要产品有：金鸡胶囊、金鸡颗粒、金鸡片、益母草颗粒、强力枇杷露、药制龟苓膏、金鸡抑菌洗液等。2016年完成工业总产值1.56亿元。 （工信委）

电力工业

【电力工业概况】

贺州市是广西主要能源基地之一，截至2016年末，境内发电装机容量达278.52万千瓦，其中：水电站217座共64.57万千瓦，占23.18%；火电209万千瓦，占75.04%；风电4.95万千瓦，占1.78%。2016年，全市总发电量87.01亿千瓦时，同比增长3.17%。其中：火电发电量57.41亿千瓦时，同比下降1.77%；水电发电量电28.69亿千瓦时，同比增长12.67%；风电发电量0.92亿千瓦时，同比增长110.60%。

贺州市电网主要由广西电网公司贺州供电局、广西桂东电力股份有限公司及其控股的贺州市桂源水利电业公司、广西水利电业集团下属独立的县级电力公司（钟山县水利电业有限公司、富川县水利电业有限公司、昭平县水利电业有限公司）和平桂电力售电有限公司（中国有色集团（广西）平桂飞碟股份有限公司下属子公司）组成。2016年全市拥有500千伏变电站1座，变电容量225万千伏安，500千伏输电线路787公里。220千伏变电站9座，变电容量219万千伏安（广西电网7座，变电容量183万千伏安；桂东电力公司2座，变电容量36万千伏安）。220千伏输电线路1009.8公里（广西电网796.8公里，桂东电力213公里）。110千伏公用变电站26座，变电容量183.7万千伏安（其中：广西电网2座、变电容量22.6万千伏安；桂东电力公司及其控股的桂源水利电业公司17座，变电容量151.1万千伏安；广西水利电业集团公司8座、变电容量27.6万千伏安）。110千伏输电线路1619.3公里（其中：广西电网58.5公里、桂东电力公司1337.90公里、广西水利电业集团222.9公里）。

2016年，贺州市以优势互补、合作共赢为原则，加强贺州市电网企业与广西电网、湖南电网的合作，最大限度保障全市的电力供应。全年贺州市全社会用电量76.47亿千瓦时，同比增长22.12%。

【主要电力企业简介】

华润电力（贺州）有限公司 位于贺州市富川瑶族自治县境内，公司由华润电力控股有限公司独资兴建，于2008年1月注册成立。公司电厂规划容量为400万千瓦，分两期建设，属国家鼓励的高效、低耗、符合产业政策的大型发电厂。一期项目建设2×104.5万千瓦超超临界燃煤发电机组于2010年4月15日获得国家发改委核准批复，同年8月16日开工建设，2012年8月16日和11月4日两台机组正式投入运营，工程建设总工期两年，创造了国内百万机组建设工期新标杆。该电厂为国家“西电东送”广西境内北部重要的电源支撑点，能有效解决广西电力系统预期电力缺口，改善电源布局，增加广西电网输电能力，同时增强南方电网公司500千伏电网结构，支撑西电东送网架，确保西电东送容量，对加快广西经济发展具有重大意义。2012年，华润电力（贺州）有限公司实现两台机组一年双投产，当年实现发电量23.88亿千瓦时，产值9.3亿元，是同期国内效率最高、最节能、最环保的火力发电机组。2016年实现发电量57.41亿千瓦时，产值21.60亿元。

广西桂东电力股份有限公司 成立于1998年12月4日，注册资本8.28亿元，由贺州市电业公司（广西贺州投资集团有限公司前身）作为主要发起人，联合其他5家发、供电企业共同发起设立。2001年2月28日，公司4500万A股股票在上海证券交易所正式挂牌上市交易。

桂东电力上市后，不断壮大企业总体规模，由成立初的净资产仅为1.75亿元、经营单一发供电业务的企业发展成为总资产达92亿多元、净资产达26亿多元综合性企业。该企业拥有骨干电厂五座（含控股，总装机容量38.21万千瓦），220千伏变电站2座，110千伏变电站17座（含控股），220千伏输电线路213千米，110千伏及35千伏输电线路1813.18千米，全资及控股子公司14家，参股公司12家。先后获得广西优秀企业、广西百强企业、全国服务业500强企业等称号。2016年，广西桂东电力股份有限公司主营业务收入52.12亿元，同比增加45.14%；利润总额2.77亿元，同比下降48.99%。

广西电网公司贺州供电局 贺州供电局是广西电网公司所属的全资子公司，是广西电网公司所属十四个供电局中最年轻的地级供电局。

贺州供电局主要担负广西主电网向贺州市供电的任务。2016年拥有500千伏变电站1座，变电容量225万千伏安，500千伏输电线路787公里。拥有220千伏变电站7座，变电容量183万千伏安，220千伏输电线路796.8公里。110千伏公用变电站2座，变电容量22.6万千伏安，110千伏输电线路58.5公里。贺州供电局以网间交易方式向桂东电力公司售电，以趸售方式向桂源水利电业公司和钟山县、昭平县、富川县水利电业公司售电，同时直供广西贺州市贵丰金属制品有限公司等5家直供客户。

贺州供电局成立以来，主动承担社会责任，全力做好电力供应，年售电量从2008年的10.6亿千瓦时提升至2016年的39.72亿千瓦时；占贺州市全社会用电量的比重由2008年的36.85%提高到2016年的36.93%。

贺州市桂源水利电业有限公司 成立于2008年2月20日，股东为广西桂东电力股份有限公司和广西水利电业集团有限公司。公司供电辖区有贺州市八步区和平桂管理区辖下的莲塘、贺街、黄洞、大宁、桂岭、开山、水口、大平、公会、黄田、沙田、鹅塘、南乡、里松（未进行体制改革）、步头、信都、仁义、铺门、灵峰19个乡镇，和八步、西湾2个街道办事处。

2016年，桂源公司电网投入建设已运行的110千伏变电站6座（其中：在建110千伏田洞头变电站1座），35千伏变电站16座，110千伏及35千伏变电站总容量为1555.5兆伏安（MVA）；拥有35kV及以上输电线路134条共1688.78千米，35千伏及以下配电线路192条共7955.23千米，主变容量1605.64兆伏安，用电户数量约27.43万户。桂源公司电网形成以110千伏线路为骨架、以110千伏变电站为供电中心、35千伏V供电环网为主网络、10千伏布点深入负荷中心的覆盖贺州市八步区、平桂区城乡的辐射分区供电网络。2016年，贺州市桂源水利电业有限公司主营业务收入6.23亿元，同比增长8.73%；利税总额4732.27万元，同比下降1.02%。 （工信委）

机械工业

【机械工业概况】 2016年，贺州市规模以上机械工业企业有长城矿山机械和钟山通用铸造2家，2016年分别实现工业总产值8.73亿元和4707万元。其他机械工业企业均为小型私营企业或个体工商户。全市机械工业企业主要生产经营圆锥（颚式）破碎机耐磨配件、锤式破碎机、挖掘机、装载机及水泥矿山机械等工程机械配件，球（棒）磨机、浮选机、磁选机、跳汰机系列、摇床、水枪及矿山机械配件，混砂机、抛丸机、造型机、大型除尘器和铸造生产（砂处理）线成套设备，农业机械、水泵、水电设备及配件，木材削片机、切竹机、脱皮机、木粉机等5个系列产品。

【主要机械企业简介】

广西长城矿山机械设备制造有限公司 成立于2011年3月，位于广西贺州市钟山县县城北环路北侧323国道，占地约80亩，由个人投资设立。公司注册资金为人民币柒佰柒拾万元，公司主要生产用于矿山使用的破碎机耐磨配件。公司现有生产线1条，年产矿山机械高锰钢耐磨配件能力达8000吨。公司现有员工128人，拥有技术专业以上人员30人，约占员工总人数的30%，本科以上学历10人，约占员工总人数的10%，其余的都是高中以上经过专业培训的具有较高素质的人员。目前公司可生产2000多种不同规格型号的破碎机耐磨配件产品，还可根据客户的要求生产特殊规格的耐磨配件，主要技术指标处于国际先进，部分达到国际领先水平。公司于2013年通过国家高新技术企业审核。在管理方面，公司深入贯彻ISO9000管理体系的要求，推行执行力考评和全员KPI考核，注重每道工序的标准化作业，每个层面都引入竞争机制，形成科学作业、优胜劣汰、严格有序的管理体系。2011年，长城矿机从我国3万家铸造企业中脱颖而出，被选中成为“中国铸造行业千家重点骨干企业”，排名第303位。2012年年初，长城公司的一件4000公斤重，采用铁模覆砂工艺生产的圆锥破碎机耐磨衬板在2012年中国铸造博览会中获得大会“优质铸件金奖”，此产品在会后被中国铸造博物馆收录馆藏。2012年10月，自治区工信委专家组认定长城公司的“铁模覆砂”铸造工艺和“高锰钢中频炉纯净钢精炼技术”两项科技成果为国际先进，部分技术为国际领先。

公司是广西区内最专业的高锰钢耐磨配件生产企业，生产的主要原材料为废碳钢，电解锰、铬铁与锰铁，公司拥有火花直读光谱仪、碳硫分析仪、型砂强度分析仪、普氏硬度计、洛式硬度计、德国贺立氏测温仪、冲击试验机、金相分析仪、瑞士高精度倾斜仪等辅助设备，在软件上也应用了德国MAGMA铸造模拟软件并辅助有华中科技大学自主研发的华铸CAE系统。公司每年按销售收入的3%~5%的资金投入研发项目，对提高产品质量和竞争力、节约成本发挥了巨大的作用。产品已销往广东、湖南、四川、福建、海南并出口至美国、澳大利亚、英国和立陶宛地区。2016年实现工业总产值8.73亿元，利润4290万元，税金2589万元。

（工信委）

电子工业

2016年贺州市重点构建“铝锭—高纯铝—电子铝光箔—中、高压阳极箔—铝电解电容器—新型电子元器件及相关产品”产业链，积极培育引进铝电子浆料、铝铜复合导体、铝电池、消费电子产品用铝合金等新型铝电子新材料项目；同时贺州市铝电子产业充分运用日本领先技术，并融入欧洲技术元素，在光箔国产化，中压高容、高压高容和节能灯化成箔技术等多个领域取得了突破，并形成了一批具有自主知识产权和一定市场竞争力的产品。桂东电子科技有限责任公司的节能灯和变频器铝电解电容器用阳极箔制备技术在国内同行业中处于领先水平；广西正润发展集团公司与世界五百强、日本最大的高质量铝制品生产商日本轻金属株式会社合作开发的广西正润日轻高纯铝科技有限公司高纯铝项目。目前，贺州市铝电子企业共有5家，分别为：广西贺州市桂东电子科技有限责任公司、广西吉光电子科技股份有限公司、广西贺州和展电子有限公司、广西正润新材料科技有限公司、广西正润日轻高纯铝科技有限公司。但生产运营的铝电子规上企业只有3家，分别是：桂东电子、吉光电子、和展电子。2016年全市铝电子工业总产值为8.83亿元，同比增长6.7%。

冶金工业

【概况】 2016年，贺州市经济结构进一步优化，工业主导地位得到巩固提高，钢铁冶金产业对工业经济发展起到拉动作用。钢铁产业方面形成了以贺州市兆鑫五金制品有限公司为龙头的广西桂鑫钢铁集团，主要产品有钢板带材、钢线材，冶金产业方面形成了中国有色集团（广西）飞碟股份有限公司、中铝广西有色金源稀土股份有限公司和中铝广西贺州稀土开发有限公司等多家冶金有色企业，主要产品有稀土新材料和矿冶装备等产品。2016年，全市共有钢铁企业6家，实现工业产值108.8亿元，同比增长34.2%，占全市规上工业总产值22.5%；冶金企业8家，实现工业产值53.32亿元，同比增长5.73%。

【质量管理】 平桂飞碟公司主要产品已通过ISO9001：2000质量认证，"飞碟牌"锡锭曾连续3次荣获"国家优质产品金质奖"，为伦敦金属交易所注册品牌；钛白粉、仲钨酸铵等产品为"广西优质产品"；"飞碟牌"商标多次被授予"广西著名商标"称号。长城机械的"圆锥破碎机破碎壁、轧臼壁铁模覆砂铸造工艺""中频感应炉冶炼纯净耐磨锰钢技术"项目达到国际同行业先进水平。其中，中频感应电炉冶炼耐磨锰钢氧和氢含量控制技术达到国际领先水平。质量管理体系符合GB/T19001-2008/ISO9001：2008，该体系覆盖范围为矿山机械配件（高锰钢铸件和低合金铸件）的生产、销售和服务。金源稀土公司的产品获得稀土多项专利，其中氧化钕、氧化铽获2006年自治区优秀新产品一等奖，35UH和N50高性能稀土永磁性材料产品在2011年分别获自治区优秀新产品一等奖和二等奖。质量管理体系符合GB/T19001-2008/ISO9001：2008，该体系覆盖范围为稀土氧化物的生产、销售，烧结钕铁硼磁性材料及磁性器件设计开发、生产、销售。

【主要钢铁冶金企业】

广西桂鑫钢铁集团 广西桂鑫钢铁集团是广西轧钢技术装备齐全、工艺技术成熟、生产规模较大的钢材生产企业，主要生产钢筋混凝土用热轧带肋钢筋Φ10~25毫米等多个规格的产品，具有年产300多万吨钢材的生产能力，年产值超过100亿元，是目前贺州市最大的冶金工业企业集团。

中国有色集团（广西）平桂飞碟股份有限公司 中国有色集团（广西）平桂飞碟股份有限公司是一家集投资、生产、贸易、科研为一体，跨有色金属采掘、冶炼、化工、电力、建材、设计、旅业等多个行业的大型企业，现有总资产7.5亿元、净资产3亿元、员工2100人，下辖冶炼厂等4个分支机构和广西桂华成有限公司（珊瑚矿）等7个全资或控股子公司。

该公司主要产品年生产能力为：钨采选能力330千吨、钨精矿（WO365%）2000吨、锡精矿金属量320吨、锡锭8000吨、钨制品3700吨、钛白粉2.5万吨。平桂飞碟2016年完成工业总产值4.06亿元。

中铝广西有色金源稀土股份有限公司 中铝广西有色金源稀土股份有限公司稀土技术中心联合国内科研院校，开展技术合作，实现优势互补，先后开发了以铈铽氧化物、镧铈铽共沉氧化物为首的20多项新技术和新产品，填补了广西稀土新产品空白。其中，企业自行研发的N48SH新型高利磁、高矫顽力稀土、永磁材料产品获2012年广西新产品优秀成果奖三等奖。2016年，企业完成工业总产值16.2亿元。

（工信委）

建材工业

【水泥行业】 2016年，贺州市水泥生产总量为320.3万吨，同比增长7.6%，其中散装水泥供应量为104.3万吨，同比增长2.1%。全市共有7家水泥生产企业，年设计生产水泥总能力达573万吨。其中，新型干法水泥生产企业两家，分别是：年设计生产水泥能力203万吨的华润水泥（富川）有限公司和年设计生产水泥能力70万吨的贺州市平桂飞碟水泥有限公司；年设计水泥粉磨能力60万吨的水泥生产企业6家，分别是：贺州市金晖水泥有限责任公司、广西贺州鑫山建材物资有限责任公司、贺州鑫峰建材物资有限公司、广西贺州市宏泰建材有限公司和贺州市麒麟水泥有限公司。

（工信委）

碳酸钙工业

【碳酸钙工业概况】 贺州市依托丰富的石材资源，经过十几年的努力，已初步构建起"石材矿山开采—板材和工艺品—边角废料回收—重质碳酸钙超细粉—合成人造岗石—新材料（涂料、塑料母粒、新型建材等）—碳酸钙固废综合利用回收"产业链。全市石材粉体产业从重质碳酸钙粉体生产加工，延伸到人造大理石（岗石）、塑料改性、涂料、塑料包装等下游及配套产业，是全国石材碳酸钙产业链较完善的地区之一。2016年，贺州市有碳酸钙企业705家，工业总产值达到150亿元，其中，规上企业71家，有贺州市平桂信昌石材有限公司、广西贺州市科隆粉体有限公司、广西利升石业有限公司等，共完成工业总产值123.29亿元。2016年6月，贺州市获得"重钙之都"称号。

【主要碳酸钙企业简介】

广西贺州市科隆粉体有限公司 广西贺州市科隆粉体有限公司成立于1997年，是一家集矿山开采、超细粉体加工及新材料研发为一体的民营高新技术型企业，是中国重质碳酸钙骨干生产企业之一。公司拥有一座大型碳酸钙原材料矿山，探明储量高达两千万吨以上。工厂占地330亩，拥有集中式原料破碎站、球磨、立磨、环辊磨及连续式表面处理改性设备等50多条生产线。公司的生产工艺集超细粉碎和精细分级于一体，具有粉碎充分、无粗颗粒、粒度分布合理及具有良好的分散性等特点，在生产过程中实现了全封闭、无粉尘的自动化控制，减少了中间污染环节，确保了产品质量的稳定，有效地改善了环境。公司产品质量检测中心购置全套世界先进的检测设备，建立了严格的检测制度，检测科学，手段先进，为确保产品卓越的品质打下了坚实的基础。公司技术力量雄厚，拥有一支具备较强研发能力的科研队伍。随着不断加大的研发投入，近年来陆续开发出人造岗石专用碳酸钙填料、TC系列及KL系列表面处理活性碳酸钙产品，在市场上得到广大客户的认可及欢迎。公司管理规范，通过了国家"标准化良好行为企业"AAA级认证。公司先后被认定为"广西优秀科技型企业"、"广西企业技术中心"及"广西重质碳酸钙工程技术研究中心"，并获得"广西名牌产品"和"广西著名商标"称号。2014年，中国无机盐协会和无机盐协会钙美分会授予"中国碳酸钙工业重钙十强"。同年，中华全国总工会授予"五一劳动奖状"。2009年至今，连年获评贺州市平桂区企业纳税大户。"科技创新，追求卓越”是公司的奋斗目标。基于研发能力及市场的良好表现，公司被全国化学标准化技术委员会认定为国家标准起草单位，先后参与制订了《无机化工产品白度测定的通用方法》《碳酸钙分析方法》等4项国家标准及《工业用重质碳酸钙》等4项国家行业标准，为促进我国碳酸钙行业可持续健康发展做出了积极的贡献。2016年完成工业总产值6.5亿元。

广西利升石业有限公司 广西利升石业有限公司成立于2012年1月，注册资金8000万元人民币，是一家集人造石及异型材的研发、生产、销售、现场施工及后期养护于一体的人造石材民营企业。公司地址在广西贺州市平桂区，占地面积308亩。我公司计划在成立5年内实现年产1000万平方米人造岗石的目标，预计总投资为人民币6亿元。我公司人造岗石项目的建成将进一步提高贺州市大理石废料的回收利用，促进区域循环经济发展，消化大量天然石材废料，提高石材资源利用率；延伸石材加工产业链条，提高贺州石材产品附加值，增强企业效益，实现可持续发展。公司产品有完善的ISO9001质量管理体系、ISO14001环境管理体系和严格计量检测体系监控；公司目前已与中国恒大地产集团、中海地产集团、越秀地产集团等大型地产集团结成战略合作伙伴关系，产品深受消费者喜爱。公司现已获得“中国环境标志产品认证证书”“国家质量检测合格证书”“国家权威检测达标产品”“2015中国低碳环保·健康节能绿色建材采购平台准入企业”“2015中国绿色建筑首先配套（人造石）产品”“购房者首选家居品牌”“中国消费者（用户）十大满意品牌”等系列荣誉。公司主要的品牌有：公司主营莎安娜、银晶白、松香黄、爵士白、马蹄莲白、金玉满堂、贵妃红玉、雅仕白、圣米尔石、卡拉拉白等人造岗石，主要销售网遍布北京、上海、天津、南京、沈阳、哈尔滨、重庆、武汉等国内各大中城市。公司以成为“全国人造岗石行业著名品牌”作为企业发展目标，积极构建“创新进取、追求卓越”的核心企业文化。2016年完成工业总产值2.41亿元。 （工信委）

陶瓷工业

【陶瓷工业概况】 2016年贺州市有陶瓷企业规上企业3家，分别是广西贺州市美仪瓷业有限责任公司、广西钟山县钟美瓷业有限公司、广西贺州市威林瓷业有限公司，共完成工业总产值2.64亿元。

“十二五”期间，贺州市委、市人民政府推动贺州陶瓷产业振兴，着力打造建材及新型陶瓷产业集群。建筑陶瓷方面，支持八步区发挥信都工业区承接东部产业转移的“桥头堡”优势，在信都镇、仁义镇规划建设八桂建材（陶瓷）工业基地，加快引进广东佛山建筑陶瓷等产业。八桂建材工业基地引进恒希、金门2家广东佛山陶瓷建材企业，总投资15亿元。广西恒希建材有限公司新建年产5280万平方米中高档内墙砖、仿古砖生产项目（中高档内墙砖4180万平方米，中高档仿古砖1100万平方米），项目总投资7亿元，项目一期建设完成，2016年实现产值1.97亿元。2016年，广西金门建材有限公司新建年产3960万平方米高档陶瓷抛光砖生产项目，主要生产市场需求量比较大的高档抛光砖产品，项目总投资8亿元，目前项目一期建设完成，2016年实现产值2.55亿元。

贺州市委、市人民政府鼓励美仪瓷业、钟美瓷业、新兴瓷业等一批日用陶瓷进行产品结构调整和技术改造，开发制造高档日用陶瓷产品，提高产品的科技含量和市场占有率。广西钟山县钟美瓷业有限公司于2006年成功改制为民营股份制企业，公司致力于技术开发和产品研发能力的提升，每年进行科技创新、技术开发和新产品开发项目达20多项，产品质量大幅度提升，产品远销全国各地并出口俄罗斯及东南亚各国。

【主要陶瓷企业简介】

贺州市美仪瓷业有限责任公司 贺州市美仪瓷业有限责任公司是一家民营企业，是一家集研究、开发、生产、销售为一体的日用瓷企业。公司注册资本2009万元，有日用瓷生产线两条，年产中档日用瓷4500万件，年产值4500万元，年缴纳国、地税400万元，在册员工1200人。产品畅销广西、广东、福建、重庆、新疆、辽宁和广州、深圳、成都、昆明等省区，部分转出口到越南、柬埔寨等国家和地区。2016年实现产值2600万元。

广西钟山县钟美瓷业有限公司 位于钟山县城钟羊路，是一家集科研、开发、生产、销售于一体的陶瓷生产企业。公司总投资3000万元，占地面积8万平方米，建筑面积3万平方米，现有员工600多人。公司拥有日用瓷生产线1条，高档微波炉专用瓷生产线1条，年产陶瓷1.3亿件，生产的釉中彩、釉下彩餐具、微波炉专用餐具供不应求，远销区内外和东南亚、俄罗斯等地。2016年实现产值2.15亿元。

（工信委）

印刷工业

【印刷工业概况】 贺州市的印刷工业起步较晚，印刷工业企业少，印刷品种单一是其主要特色。2016年，全市印刷工业规模以上企业有2家，分别是广西真龙彩印包装有限公司、贺州市冠丰教育印刷有限公司，共完成工业总产值11.56亿元。

【主要印刷企业简介】

广西真龙彩印包装有限公司 广西真龙彩印包装有限公司是广西中烟工业有限责任公司旗下一家集烟标设计和制作印刷为一体的中外合资企业。公司始建于1995年7月，2003年从南宁搬迁至富川。公司坐落于贺州市富川瑶族自治县民族路12号，占地面积97639.2平方米，注册资本1亿元，投资总额1亿元。公司拥有从意大利引进的具有国际先进水平的ROTOMEC七色凹印机联线横切生产线1条、瑞士博斯特尚普兰七色凹印机C-82H联线模切生产线1条，以及从德国和瑞士等国引进的海德堡高速对开七色胶印机、博斯特全自动平压平全息烫金及压凹凸机、自动平压平模切机等一批国际先进印刷设备，并配有国产单凹、丝网印刷、糊盒等设备及工艺。年生产卷烟商标能力达160万箱。公司技术力量雄厚,有在职员工475人,其中,高级管理人才5人,专业技术人员74人,技术工人118人,并建有专门从事制版及工艺研发的技术中心。主要从事卷烟商标、各类社会产品及包装纸盒等印刷品的生产加工及制版业务,是一家集电脑创意、CTP直接制版、平、凹彩色印刷、丝网印刷、烫金、模切成型的“全能型”企业。公司始终坚持“精益求美创卓越品质,高效创新树真龙品牌”的质量方针,拥有美国爱色丽SP64色差仪、美国7890A-5975C气质联用仪、德国REA Scan ChecK Ⅱ条码检测仪、德国赛多利斯BT 244S电子天平、意大利KIORTNER—50纸张测试仪、GC9800气相色谱仪等先进检测仪器,实现对原辅材料、油墨、溶剂、色彩控制的全方位质量检测。2009年8月,公司顺利实现ISO9001—2008版国际质量管理体系的换版工作,所印制的“真龙”烟标产品被中国烟草协会、中国收藏家协会评为“全国十佳烟标印刷金奖”,18个科研创新项目获国家实用新型技术专利证书。公司秉承“精雕细琢、印制精美、诚信务实、超越自我”的经营理念,以顾客为关注点,不断提升产品及服务质量,为区内及广东、浙江、湖南烟用辅料建设提供可靠的资源保证。公司先后被评为或授予“广西百强企业”、“广西五一劳动奖状”、“广西优秀企业”、“广西工人先锋号”、“全区劳动关系和谐单位”、“广西守合同重信用企业”、“广西文明庭院单位”、广西“安康杯”竞赛优胜企业、“贺州市科技创新先进集体”、“贺州市模范纳税企业”等称号。公司工会被评为“全区模范职工之家”。2016年公司实现工业总产值8.49亿元。

贺州市冠丰教育印刷有限公司 位于贺州市钟山县城北环东路,地处323国道旁—桂梧高速公路和洛湛铁路交会处,与贺州市三县两区相连,交通便利。公司占地面积30亩,建筑面积11288平方米。建设总投资3621万元,建设规模在贺州市出版物印刷业中排第一位,在广西居前十位。2009年被评为贺州市“文明单位”,2010年被评为自治区“文明单位”。公司拥有国际较先进的印刷生产设备,有德国海德堡单张纸四开四色和对开四色印刷机、高斯八色高速轮转胶印机、六色胶印轮转印刷机、配备有进口晒版机、德国进口裁纸刀及三面切纸机、骑马订联动线和平订联动线、胶订生产线等一整套印前、印中、印后印刷生产设备,设备投资总额2450万元。建立和生产能力相适应的《质量保障体系》规范企业的标准化管理。被自治区勤工办指定为“防近视作业本”定点印刷企业。2016年完成工业总产值3.07亿元。

(工信委)

交通邮政业

铁路运输业

【铁路运输业概况】 贺州市境内铁路运输主要依托洛湛铁路和贵广铁路,洛湛铁路于2009年7月建成通车,贺州境内设富川、井山、钟山、贺州4个中间站,为客货共线铁路;贵广铁路于2014年12月正式运营,设钟山西、贺州2个中间站,为客运专线。据初步统计,2016年全市发送旅客量约280万人,到达旅客量约300万人,高峰期日发送旅客量约1.5万人,到达旅客量约1.8万人;2016年全市发送货物量约66.9万吨,到达货物量约254.8万吨。其中贺州站发送货物量约5.0万吨,主要以日用百货、铁矿粉为主,到达货物量约6.1万吨,主要以日用百货为主;钟山站发送货物量约61.9万吨,主要以石材、石粉、石料、铁矿粉为主,到达货物量约28.8万吨,主要以化肥、粮食、饲料、硫铁矿、钛矿、石膏矿为主;井山站为华润电厂专用站,不办理发送业务,达到货物量207.5万吨,主要以煤炭为主。

【铁路建设】 2016年,贺州市继续大力推进铁路建设。一是加快推进贺州火车站综合交通枢纽及配套基础设施项目建设,完成项目立项、可研、规划选址、用地预审、环评等批复;二是继续完善贺州火车站站房改造项目前期工作,完成项目立项、可研、环评、水保等批复;三是配合自治区铁建办做好贺州至梧州城际铁路、柳州经贺州至韶关铁路、洛湛铁路永州至玉林段电气化改造等项目前期工作,推动项目“十三五”初期开工建设;四是积极谋划布局永州至贺州、贺州至柳州、贺州至肇庆、贺州至清远等铁路干线,以及规划建设市域黄姚至南乡、姑婆山至信都等一批铁路支线项目。

(发改委)

公路运输业

【公路运输业概况】 2016年,全市有客运企业12家,其中二级企业2家、三级企业3家、四级企业2家、五级企业4家,1家未评级,出租汽车企业6家;货运企业59家,其中危货企业7家。客运从业人员3776人,货运从业人员24434人。全市拥有客运班线261条,日发班次2844班,其中农村客运班线94条,日发班次2002班,全市所有乡镇开通了客车,596个行政村开通了客车,行政村通车率85.6%。全市拥有营运汽车14208辆,其中营运客车741辆,公交车296辆,出租汽车632辆,营运货车12539辆。营运客车中,中高级客车566辆,占全市营运客车总数的76.4%。2016年全市公路通车里程4893.1公里,每百平方公里公路密度为41.27公里,其中:高速公路220.828公里,国道497.4公里,省道261.6公里,县道901.7公里,乡道1229.1公里,专用道32.0公里,村道1750.5公里。

【公路交通基础设施建设】 2016年,贺州市公路水路完成固定资产投资70.8亿元,占年度投资目标任务的118%,同比增长33.6%,创贺州建市以来新高。

高速公路建设 2016年,永贺高速贺州段主线路基工程完工,实现路基全线贯通,路面工程已经开始施工。在加快主线建设的同时,永贺高速贺州支线第一标段已进行施工招标。贺州至巴马高速公路分两段实施,钟山至昭平段全面进场施工建设,年内完成投资7亿元;昭平至蒙山段初步设计已经完成。梧州至信都高速公路项目工可编制已完成行业评审,二广高速广东连山至贺州支线贺州段招商方案已报市政府审批。

路网项目建设 2016年，贺州市进一步用好国家国省道提级改造等政策，全面提升各等级公路互联互通能力，G323贺州至钟山公路二级公路、大汤经南乡至广东福堂二级公路，省道201昭平三合至马江二级公路、省道204线昭平富裕至马江二级公路、黄姚至昭平二级公路昭平绕城线（含马滩大桥）等国省干线路网项目建成投入使用；续建项目贺州（贺街）至富川一级公路一期工程平桂至望高段累计完成投资2.79亿元，望高至富川段累计完成投资4347万元，二期工程贺街至东出口段累计完成投资1.68亿元，各项施工稳步推进。

农村公路建设 2016年，交通运输局加快推进县乡联网路、通建制村沥青（水泥）路、新建桥梁、危桥改造等18个农村公路建设续建项目，已经完工9个。17个新建项目截至年底开工11个，其中完工2个。实施农村公路安保工程、危桥改造项目、路面大中修项目14个，总计划投资3148万元，截至2016年底已完工5个，其余项目正在施工。扎实开展"美丽贺州·生态乡村"道路硬化专项活动，年内实施17个"道路硬化"项目，共计157.2公里，桥梁197延米，总投资14875万元，年底已全部完工。

水运项目建设 贺江扩能工程列入自治区"一干七支流"及"十三五"规划，年内贺江扩能项目一期工程的4个子项目工程可行性研究报告初稿已编制完成；贺江"八步至厦岛"段旅游航道维护整治工程顺利推进并竣工验收。

运输站场建设 2016年新建农村便民亭35个，并完成了城区公交场、站选址方案（其中：公交首末站5处，枢纽站6处，停保站5处，公交站台32对），用地红线图申请等工作。

【公路运输生产】 2016年，贺州市完成公路客运量（不含城区客运）1195万人次，同比下降4.5%；旅客周转量127381万人公里，同比下降5.06%；完成公路货运量4086万吨，同比增长7.53%；货物周转量832420万吨公里，同比增长5.93%；完成公路客货运周转量84.5亿吨公里，同比增长5.8%，增速居全区第四。

【公路养护管理】 2016年贺州市管养公路总里程为4672.3公里，贺州市交通运输部门管养公路总里程为3848.3里，其中：国道7.2公里，县道829.5公里，乡道1229.1公里，专用道32.0公里，村道1750.5公里。桂东公路管理局管养里程为824公里，其中：国道490.2公里，省道261.6公里，县道72.2公里。自治区高速公路管理局管养高速公路220.83公里。

2016年，贺州市加大公路养护力度，公路列养率为100%，县道优良路率为39.7%，乡道优良路率为29.1%，村道优良路率为23.9%，各项数据均达到自治区下达的指标要求。积极组织实施市农村公路安保工程、危桥改造项目、路面大中修项目共14个，总计划投资3148万元，其中：安保工程3个，处置隐患里程66.3公里，总投资1021万元；危桥改造项目2座235延米，总投资1329万元；路面大中修项目9个，总投资798万元。

2016年，交通运输部门制订了贺州市农村公路安全生命防护工程规划，"十三五"期间计划对全市217条路线，总里程1602公里，处置隐患里程988.3公里，估算投资13078万元，其中：2016年实施2条路线，处置隐患里程60.3公里，估算投资813万元；2017年实施52条路线，处置隐患里程492.4公里，估算投资8601万元；2018—2020年实施163条路线，处置隐患里程435.5公里，估算投资3664万元。

【道路运输行业管理】

客运管理方面 2016年，运管局组织开展全市建制村客运通达情况调研，分成四个工作小组对全市未开通客车的建制村进行实地勘察调研，截至2016年底，贺州市707个建制村已开通客车的建制村有596个，具备通客车条件建制村客运通达率85.6%，顺利完成目标任务。优化运输环境，做好运力发展调控工作和黄标车淘汰工作。积极面对高铁开通给道路运输行业的影响，引导企业转变观念，做好运力发展与调整。因地制宜地引导车头向下，通过提升服务等措施积极开拓市场，扩展新的发展空间，对2016年度客运运力发展计划做好实地调研。根据自治区运管局要求开展2016年度道路客运运力发展计划，受理期间共收到各项申请事项81项。2016年度已同意列入省市际道路客运运力发展计划事项18项，其中省际包车指标4个、省际班线变更12项、市际班线变更2项。列入2016年度县际县内道路客运运力发展计划事项，其中新增县际县内经营范围2项、新增县际县内包车指标2个、新增县内班线5项、县际班线变更3项。同时积极配合市委市政府开展的市容市貌整治工作，继续推进营运客车黄标车淘汰工作。截至年底，贺州市客车黄标车已淘汰213辆，其中2016年淘汰11辆。

货运管理方面 加快推进综合物流网络体系建设，整合货运资源，积极推动现代物流业发展。召开全市货运企业工作会议，在宣贯《道路运输车辆技术管理规定》的同时，要加强车辆技术管理各项基础工作的落实和过渡时期车辆二级维护及技术等级评定管理工作。同时，组织货运行业积极开展甩挂运输工作，2016年，贺州市4394台牵引车、重型载货车辆安装了北斗星车载终端，并实现联网联控。把好货运准入关，对危险品运输车辆进入运输市场进行严格的要求，凡申请更新或新增的危货运输车辆，一律按照承运品名购置专用车辆。年内新增营运货车辆724辆8618吨，完成投资11186.4万元。按行政审批程序批准成立3家普货公司，对4家普货公司未能按期履行投入车辆承诺予以撤销经营许可。

【交通行政执法】 2016年，运管局严厉打击非法营运，确保重点时期和地区的营运秩序。一是积极与地方政府、公安交警等部门沟通达成协作共识，定期或不定期组织属地政府、交警、城区警务或派出所等部门人员，对非法营运相对集中的火车站、汽车站、宾馆、医院及各乡镇等重点区域，开展集中打击专项行动，加强打击工作力度；二是成立了一个专职打非执法小组，每月（或每周）不少于2次的对城区范围内特别

2016年，钟山县城厢至龙团窄路加宽项目建成　　（张春花　供图）

是火车站、汽车站、医院和城乡接合部等重点区域的非法营运车辆进行打击，强化常态化打击管理；三是保持与运输企业、客运承包业主联系和定期座谈机制，或通过电话投诉等渠道，调动企业对打非工作主动性，掌握非法营运车辆动态实施针对性打击，提高打击工作成效，同时邀请他们参与打击行动，了解执法环境，理解打非击非法营运的艰巨性，维护行业稳定。全年共出动打非执法人员2000多人次，开展非法营运专项打击及常态化纠查157次，查扣非法从事客运车辆158辆次（小汽车143辆次、机动三轮车15辆）。

【交通行政许可】　编制权力和责任两个清单，公开权力职权199项，责任事项80项，进一步明确了权责。优化行政审批服务，交通窗口全年共办理行政许可事项883件，办结率100%，群众满意率100%，荣获2016年“五星级服务窗口”，自2011年以来交通窗口荣获“优秀窗口”称号六连冠。

（交通运输局）

城市公共交通

【城市公共交通运输概况】　贺州市城区拥有在营公交线路14条，公交营运线路总长度209.6公里，共计362对公交站点，公交从业人员196人，其中驾驶员160人，公交车131辆（136.7标台），万人公交车拥有率为5.7标台，座位6050个，完成客运量1277万人次，同比下降2.5%。

【城市出租车】　2016年，贺州市城区共有华安、益民、鑫海三家出租汽车公司，拥有出租汽车400辆，从业人员737人。

【城市公共交通行业监管】　一是加快推进城区公交站台的建设工作，积极协商市规划局、市财政局、市政管理局、市城投集团、交警支队加快推进公交站台规划建设工作，2016年建成29个站台，淘汰更新了170个老旧公交站牌。二是积极发展新能源公交汽车。贯彻绿色交通发展导向，6月份城区公交投放首批共10辆新能源纯电动公交车，对公交6路线（市政府—贺州学院西区）现有车辆进行更新，设置3台充电桩，可同时满足6台车辆的充电需求。三是规范公交服务，提升服务水平。严格按照《贺州市城区公共汽车服务质量考核办法（试行）》，对公共汽车企业的经营行为、服务质量、管理水平、安全生产和履行社会责任等方面进行综合评价、对群众投诉、拒载、不按规定线路行驶、车辆冒黑烟等行为进行规范管理。2016年查实处理各类公交车投诉（包含乘客电话投诉、来信投诉和网友反映等）共63例，及时回复网民诉求，对网民提出合理意见予以采纳。四是优化城区公交线路。10月23日，经市人民政府同意在贺州市交通运输局召开了贺州市城区公交线路优化调整听证会，对城区原有13条线路进行优化调整，新增4条新线路。

（交通运输局）

水路运输业

【水路运输业概况】　2016年，贺州市水路运输主要航道为“两江一湖”（贺江、桂江和碧溪湖航区），通航里程为322公里。其中：桂江段93公里，通航设施有昭平船闸、下福船闸和金牛坪船闸；贺江段119公里，通航设施有厦岛船闸、云腾船闸、龙江船闸三座船闸、

2016年6月8日，贺州市首批10辆电动公交车开始运营　　（谢虎翼　供图）

合面狮干式升船机(50 吨级)和规划建设的五协船闸、扶隆船闸。区间通航的主要有富川碧溪湖航区 17 公里、走马河 50 公里、沙子河 43 公里。辖区内现有主要港口为贺州港昭平作业区(3 个 300 吨级泊位)、贺州港信都作业区(4 个 300 吨级泊位)。

【水路运输生产】 2016 年,贺州市拥有旅游运输企业 1 家;货运船舶 112 艘 25217 净载重吨,旅游客船 2 艘 100 客位,乡镇客圩渡船共 121 艘 6352 客位。全年完成水路客运量 1.7 万人,同比增长 15.3%;旅客周转量 34.66 万人公里,同比增长 21.8%。水路货运量 109.7 万吨,同比下降 22.1%;货物周转量 10529 万吨公里,同比增长 20.2%。全年完成水路运输客货运周转量 1.05 亿吨公里,同比增长 20.2%,增速居全区第二。

【水路运输管理】 2016 年,贺州市运管局积极组织开展水路运输业、水路运输服务业以及船舶年度核查工作,分时段、分片区上门核查与集中核查的工作方式相结合,完成了 2016 年度的水路运输核查任务。水运企业方面:应核查的水路运输企业共 4 家,其中省际普通货运企业 3 家,县内客运企业 1 家。本次 3 家企业参加核查,其中 1 家省际普通货船运输企业通过核查,1 家省际普通货船运输企业没有通过核查,1 家市内客运企业需要整改,1 家省际普通货船企业没有参加核查。没有参加核查和核查没通过的 2 家普通货船运输企业的船舶大部分都已转为个体经营,企业已准备解散。运输船舶方面:应核查船舶为 244 艘 17629 总吨,其中省际运输普通货船 104 艘 14384 总吨,省内运输客船和客渡船 140 艘。通过核查的船舶 186 艘 13841 总吨,有 58 艘 3788 总吨运输船舶未参加核查。核查中,所有船舶营运证均无违章记录。

【水运基础设施建设】 2016 年,贺州市建成 4 个便民码头(昭平县五将镇五将渡口码头、昭平县文竹镇油麻渡口、昭平县文竹镇大广渡口、昭平县马江镇砂冲渡口),完成投资 71.8 万元。

(交通运输局)

国道省道建设

【概况】 广西壮族自治区桂东公路管理局是隶属于自治区交通运输厅、公路管理局的正处级区直事业单位,为自治区级及全国文明单位。下辖桂东路政执法支队,苍梧、岑溪、藤县、蒙山、八步、钟山、富川、昭平 8 个县(市)公路管理局(路政执法大队)及昙容收费站,负责梧州、贺州两市所辖区域专业公路养护、建设、路政、征费管理工作。目前负责管养梧州、贺州两市境内公路里程 1561.2 公里,其中国道 8 条 962.032 公里,省道 7 条 531.968 公里,县乡道 67.2 公里;一级路 48.991 公里,二级路 1026.573 公里,三级路 248.044 公里,四级路 222.22 公里,等外路 15.372 公里。

【公路养护管理】 2016 年,完成公路管理养护责任主体移交工作,进一步理顺了公路管养权属关系,真正进入国省道公路归专业公路养护部门的新阶段。全年路面修补完成 117.5 万平方米,全部路线优良路率达到 60.1%,其中国省干线优良路率为 65.2%。在建养护工程项目 7 个,总金额 1.3 亿元,全年累计完成投资 0.89 亿元,除 S301 线 K0~K4 段大修工程因地方要求改善灵峰过境公路未完成外,其余各项目均完工。开展道路安全隐患整治专项活动,全局投入约 1280 万元,清理路基上边坡塌方 14.8 万立方米 /163 处,修建护坡挡土墙 3486 立方米 /24 处,修复、设置水泥护栏、钢板护栏、缆索护栏 6047 米 /270 处。完成 2015 年危桥改造项目 6 座,完成投资 1073 万元,实施 2016 年危桥改造项目 5 个,完成投资 576 万元。

【路网工程建设】 2016 年,桂东公路管理局重点抓好进度管理、质量管理、合同管理、规范工程管理费使用 4 项内容,持续强化路网工程的“四个同步”建设,提升路网工程管理水平。在建的路网工程有昭平县绕城公路工程及富裕至马江、马江至三合、贺州至钟山公路提级改造工程,4 个工程项目总投资 4.5 亿元,累计完成投资 4.2 亿元。八步至昭平公路黄姚至昭平段工程、G323 线梧州至倒水公路提级改造工程、S207 白沙井至西坪公路提级改造工程通过竣工验收。2016 年底,贺州至钟山二级公路通过了交工验收,三马、富马二级公路完成了主体工程并通过了质量鉴定。

【路政执法管理】 2016 年,桂东公路管理局共投入治超执法人员近 2.6 万人次,检测货运车辆 30 万台(含后续监管),查获超限运输车辆近 4800 辆,为国家挽回经济损失 528.5 万元。规范整治道口 70 多处、500 多米,疏通堵塞的水沟 1100 多米。配合整治 207 国道信都至贺街等 7 个大修工程排水系统,累计新建三面光水沟 5000 米。同时收

贺州至钟山二级公路建成通车　　(叶桂如　摄)

集涉嫌违法超限超载运输车辆数据，抄送本地违法车辆数据至运管部门，推行申请法院强制执行案件，全年发送后续处理各类法律文书2.5万份，处理违法超限运输货车514台次，挽回国家经济损失40多万元。申请法院强制执行案件并结案23起。

【贺州至钟山公路全线建成通车】 2016年9月30日，G323贺州至钟山公路正式通车。G323贺州至钟山公路路线全长27.25公里，其中平桂管理区境内18.74公里，钟山县境内8.51公里。全线采用二级公路标准建设，设计速度60公里/小时(局部困难路段40公里/小时)。 (桂东公路管理局)

邮政业

【机构及邮政业概况】 贺州市邮政管理局是2012年11月19日正式揭牌成立的中直驻贺单位，负责贺州市邮政行业监督管理工作。2016年，市邮政管理局内设办公室(纪检监察室)、行业管理科(机要通信科)2个科室，局机关核定行政编制8人，实有在职在编公务员8人。

2016年，贺州市邮政业从业人员1273人，其中快递企业从业人员774人，邮政营业网点71个(城市营业网点8个，农村营业网点63个)，快递服务网点245个。全市邮政行业业务收入完成16680.47万元(不含邮政储蓄银行直营收入)，同比增长34.73%；全市邮政行业业务总量完成14606.23万元，同比增长47.19%。其中，规模以上快递业务量完成413.31万件，同比增长148.22%；快递业务收入完成6741.83万元，同比增长81.69%。快递业务投递总量1617.38万件，年人均快递使用量为8.83件。2016年，全市邮政邮路总条数18条，邮路总长度(单程)1037公里；农村投递路线191条，农村投递路线长度(单程)4833公里；城市投递路线60条，城市投递路线长度(单程)1056公里；全行业共有各类汽车155辆，比上年末增长37.17%，其中快递服务汽车75辆，比上年末增长33.93%。

【邮政行业监督管理】 2016年，市邮政管理局累计出动普遍服务监督检查人员545人次，检查邮政普遍服务网点71个、邮政机要通信网点4个、邮票销售网点4个。组织开展了无着邮件处置、机要通信保密安全、纪特邮票销售、建制村通邮、普遍服务营业场所覆盖和服务情况等专项检查。充分发挥社会监督作用，组织全市邮政特邀社会监督员检查普遍服务营业网点53处，走访消费者144人次，反馈监督报告144份。市邮政管理局配合国家邮政局、自治区邮政管理局完成信件全程时限测试工作及国家规定报刊投递质量调查等普遍服务测试工作，开展邮政行业“扫黄打非”工作，对非法图书坚决予以查堵。

2016年，市邮政管理局共开展快递市场检查182次，出检890人次，下达整改通知书16份，行政处罚24起，罚款8.6万元。组织开展了全市寄递渠道清理整顿、快递市场清理整顿、化学品寄递安全专项整治、“收寄验视、实名收寄、过机安检”三项制度落实情况等市场执法专项行动，全市邮政和快递企业X光安检机从无到有，累计配置共计17台。2016年，市邮政管理局在重大会议、节假日期间会同市公安局、国家安全局等部门开展联合检查，严把安全生产关。

【农村邮站建设】 2016年，市邮政管理局对辖区内所有行政村通邮情况进行普查。全市707个行政村中，有302个行政村建设有村邮站，行政村村邮站覆盖率为42.72%。市邮政管理局出动检查人员195人次，抽查6个乡镇39个行政村，并通过向邮政公司发函的形式，获取其他行政村通邮情况，掌握全市建制村一级普遍服务水平，建立了全市行政村未通邮情况台账。

【行业安全管理】 2016年，邮政局从五个方面加强邮政行业安全管理，依法做好行政审批相关工作。市邮政管理局严格实地核查，严把准入关口，严守安全底线，全年未出现邮政企业未经审批擅自撤销营业场所和停限办业务的现象；二是筹划全市邮政行业“十三五”规划。根据贺州市邮政业发展实际和“十三五”前期重大问题研究初步成果，结合对贺州市邮政行业“十三五”发展形势的判断，编制完成《贺州市邮政业发展“十三五”规划》；三是推动各项政策措施贯彻落实。推进快递产业园区建设、“快邮合作”协同发展、“快递+”特色产品工程、“快递进校园”等各项政策落实；四是加强邮政行业人才队伍建设。引导快递从业人员参加职业技能鉴定考试，开展“局长下基层督导”活动，举办全覆盖的寄递渠道安全生产培训班，提高从业人员素质；五是提升邮政行业统计数据质量。按时审核邮政业统计系统的邮政、快递企业的月、年报表，在局网站发布了每月全市

2016年3月15日，市邮政管理局在灵峰广场开展“诚信快递·你我同行”主题宣传活动。图为贺州市快递企业向消费者展示快递业诚信宣传专用标识

邮政业运行情况及2016年邮政行业统计公报，完成了每季度全市邮政业经济运行分析工作，不断提升邮政行业统计数据质量。

【邮政消费者申诉处理】 2016年，市邮政管理局处理来自“12305”邮政业消费者申诉电话、国家局申诉网站、传真、来信、来访等各类邮政业消费者申诉118起，其中有效申诉48起，占申诉总量40.68%，申诉处理满意率为94.7%。其中涉及快递服务有效申诉115起，占有效申诉总量的97.46%；涉及邮政服务有效申诉3起，占有效总申诉量的2.54%。快递企业有效申诉主要集中在快件延误、损毁、服务质量有待提高等方面，分别占比28.58%、35.71%、35.71%。（邮政局）

信 息 业

无线电管理

【无线电管理概况】 贺州市无线电管理处是自治区工业和信息化委员会的派出机构，管理贺州市无线电监测站。2016年底，全处核定编制8人，在职干部7人，其中研究生1人，本科7人；具有高级职称1人。

2016年，贺州市无线电管理处紧紧围绕中心工作，谋篇布局，协调推进频率管理、台站管理、秩序维护等各项工作，较好地完成了无线电管理各项任务。

【无线电台管理】 2016年，管理处进一步完善频率台站审批和管理程序，推进台站属地化管理，简化台站审理程序，方便设台用户，完善台站数据库，提升台站数据入库质量，加强业余无线电台的管理。2016年，共计审批频率2个，收回频率9个，审批台站736个，撤销设台62个，举办业余台站操作证书考试1次，共26人通过A类考试，3人通过B类考试。

【无线电监测】 2016年，管理处坚持做好无线电频谱监测月报工作，完成国家自治区下达的专项监测任务，结合台站数据库，为无线电频率指配提供有力的技术支撑。突出对高铁、民航等重要无线电业务的监测保护工作，加大主动查处不明信号的工作力度，及时消除干扰隐患，高效处理干扰投诉。全年累计监测9894小时，查处1个不明信号，解决1起干扰投诉。

【无线电安全保障】 2016年，无线电管理处全力做好节假日及重大活动无线电安全保障工作。在“元旦”“春节”“国庆”“两会”等重大节庆以及在党政机关、人流、交通复杂等维稳重要区域和重大考试期间，开展无线电监测保障工作。2016年，累计参加重大活动无线电安全保障10次。

2016年无线电管理处积极防范和打击考试作弊行为，营造公平公正的考试环境，维护社会和谐稳定。10月16日，管理处联合当地公安局和人社局，在2016年度执业药剂师资格考试保障工作中，加强防控，发现了作弊信号，但嫌疑人未出现，为了能人赃俱获，管理处采取严防死守的方式，从上午10点锁定目标到下午6点嫌疑人出现连续蹲守8个小时，最终成功查处了一起利用无线电设备进行考试作弊的犯罪案件，查获用于考试作弊的无线电发射设备1套，作案车辆1部，抓获犯罪嫌疑人1名。2016年，累计参加各类考试保障16次。

【无线电管理宣传】 2016年，管理处树立“抓宣传就是抓管理”的新理念，拓宽思路、积极探索“互联网+”时代新形势下无线电管理宣传新模式创新宣传手段，创新性的开展宣传工作。一是借助政府部门宣传大平台，为全市10所小学的师生提供无线电科普知识的宣传和培训。由贺州市委组织部、宣传部，市文明办、科技局、科协、市无线电管理处等多部门联合主办的“十月科普大行动”从9月28日起分别进入龙山小学、太白路小学、八步区实验小学、新宁路小学、八步第三初级中学等10所中小学，以“创新放飞梦想，科技引领未来”为主题开展魅力科普进校园活动。二是结合业务工作，把宣传工作和业务工作深度融合。在开展重点专项工作中进行宣传。结合打击“伪基站”“黑广播”等专项行动，1月11日、6月20管理处分别查处贺州市首例“伪基站”、首例“黑广播”案件，在查处过程中，贺州市电视台全程跟踪录播，在社会产生了强大的社会反响。在无线电安全保障工作中进行宣传。在重大活动和高考、公务员考试等无线电安全保障中，将宣传工作有机融入其中。在开展全市青少年无线电测向比赛中进行宣传。为管理处首次主办的2016年全市青少年首届无线电测向比赛作准备，管理处于10月26日，在龙山小学对全市中小学40多名辅导员进行无线电知识和无线电测向设备操作的培训，使之更全面系统的了解无线电知识。三是利用新兴媒体开展科普宣传。管理处与市科协、市发改委、市卫计委、市农业局、市气象局等部门主办，市广播电台承办《贺州微科普》栏目，贺州微科普节目每天通过微信公众号、贺州电台不同频段进行科普宣传。

【打击“伪基站”“黑广播”】 2016年，无线电管理处累计共查处“伪基站”案件4起，“黑广播”案件1起，查获“伪基站”设备4套，“黑广播”设备1套，车辆2辆，犯罪嫌疑人4人。

【规费征收】 管理处2016年度无线电频率占用费的征收工作共涉及32个单位，共收频率占用费13.45万元，收费率达100%，比上年同期增长9.4%。（无线电管理处）

电 信 业

【中国电信股份有限公司贺州分公司】 中国电信股份有限公司贺州分公司（下称贺州分公司）属小型本地网，管理城区分公司、八步区、平桂区2个区域营销部、钟山、昭平、富川3个县分公司。2016年，中国电信主营业务收入累计完成2.4亿元，同比增幅10.7%；其中长途通话业务收入出现负增长317.12万元，同比下降28.96%。

电信网络建设情况 2016年，贺州市IP城域网出口达250 G，固定宽带带互联网端口32.38万个(其中已占端口12.62万个);宽带接入用户达15.78万户,家庭固定宽带普及率达到40%,4兆比特每秒(Mbps)或以上用户占比达到100%,98%的城区住户具备20兆比特每秒(Mbps)或以上的带宽接入能力;行政村宽带网络村通总数达642个(不包括街道、社区),覆盖率达84%;2016年FTTH(光纤到户)达21.7万端口。

电信业务用户发展情况 2016年,全市移动电话用户净增2.62万户,其中4G移动电话用户净增5.52万户,固定宽带接入用户净增1.39万户,移动互联网用户净增1.3万户。预计全年移动电话用户达25.3万户,其中4G移动电话用户达10.62万户。2016年1月26日,中国电信贺州分公司与等9家贺州市知名旅游景点及旅行公司签订智慧旅游战略合作框架协议。

电信业务使用情况 2016年,全市移动电话去话通话时长达3.06亿分钟,同比增长3.53%。其中,移动本地去话通话时长和移动长途通话时长分别为2.55亿分钟、0.51亿分钟,同比增长5.06%和-3.52%。

2016年,全市移动短信业务量共1884万条,同比提升8.74%。移动短信业务实现收入151.25万元,同比下降34.07%。2016年,通过手机上网的流量达107.55万G,同比增长151.83%。

电信业务经济效益 2016年,移动话音业务实现收入3806.94万元,同比下降11.78%;固定通信业务实现收入3601.38万元,同比下降10.09%;固定数据及互联网业务实现收入9148.76万元,同比增长5.22%。

【中国移动通信集团广西有限公司贺州分公司】 中国移动通信集团广西有限公司贺州分公司(以下简称贺州市公司)负责经营贺州市所有中国移动通信业务,于2009年5月升格为市级分公司,下辖钟山、昭平、富川3个分公司,设置12个部门。贺州市公司共有员工503人,平均年龄33岁,是一支充满活力、战斗力与凝聚力的年轻团队。2016年,中国移动通信集团广西有限公司贺州分公司有手机通信基站2154个,新增606个,其中新增4G基站557个。4G用户超59万户,比上年增长86.47%,全年实现运营收入同比增长12.2%,市场份额75.45%,确保了市场领先地位。

1.特殊天气通信保障工作

冰灾通信保障 2016年1月23日。受寒潮天气和冰冻雨雪灾害影响,贺州市基站停电251个、退服197个,光缆中断6处。贺州市公司启动应急预案,成立应急通信小组,共出动保障人员386人次、保障车辆157台次、油机158台,确保了全市通信安全运行。

汛期通信保障 2016年4月10日,贺州市遭受突如其来的狂风暴雨,本地网停电站点355个、2G基站退服148站、3G基站退服42站、4G基站退服213站。贺州市公司全力投入抢修工作,累计投入维护人员259人次、车辆46辆次、发电机229台。2016年5月7日,贺州市本地网停电站点218个,2G基站退服128站,3G基站退服39站,4G基站退服136站。贺州市公司累计投入维护人员106人次,车辆43辆次,发电机94台进行了抢修。

2016年5月19日,贺州市富川瑶族自治县连续大暴雨,导致新华、古城、莲山三个乡镇电力线路故障停电,大量基站退服。贺州市公司累计出动抢修人员151人次、抢修车辆67台次,发电206站次,发电时长近1000小时,成功抢修基站200个。

地震通信保障 2016年7月31日,受梧州市苍梧县(北纬24.08度,东经111.56度)5.4级地震影响,贺州市公司累计出动人员38人次、车辆12辆、油机20台,抢修恢复退服站点13个。

"妮妲"台风通信保障 2016年8月2日,受台风影响,贺州基站退服116个。本次抢修累计出动维护人员119人次、车辆31辆次、油机99台次。

2.4G+高清语音业务正式商用 2016年3月30日,4G+高清语音(VoLTE)业务在贺州正式商用。商用前期,贺州市公司在"贺州移动"官方微信平台组织"高清语音驾到,摘果子抢流量话费"主题活动,吸引4万多人参加,有效引导客户到实体渠道开通高清语音功能,并扩大客户对高清语音的认知。

3.防汛应急演练 2016年4月6日,贺州市公司与贺州铁塔公司、代维公司开展防汛应急演练。演练模拟应急指挥调度发电抢修的所有流程,历时94分钟。

4."营改增"工作 2016年4月27日,贺州市八步区召开全面推开营业税改征增值税试点工作动员会。"营改增"前期,贺州市公司开展了"营改增"基础知识及其影响的学习培训,深入解读了税务政策。贺州市公司"营改增"实施举措包括进项侧方面对采购管理、物流管理、预算管理、发票管理以及跨期业务梳理等。实施"营改增"以来,贺州市公司增值税税负由2014年下半年的5.68%下降至2015年的4%。

5."中国移动爱'心'行动——广西贫困先心病儿童救助计划"到贺州 2016年7月11日—12日,中国移动邀请天津泰达心血管病医院专家在贺州市八步区福利院开展"中国移动爱'心'行动——广西贫困先心病儿童救助计划"免费筛查,为贺州市八步区、平桂区、钟山、昭平、富川等县的221名先心病儿童提供免费筛查和咨询服务,并确定63名具有手术适应征的儿童;9月4日,第一批47名患儿赴天津接受治疗;10月16日,第二批16名患儿赴天津接受免费手术治疗。

6.罗援少将做客2016年贺州移动大讲堂 2016年11月24日,中国战略文化促进会常务副会长兼秘书长,军事科学院世界军事研究部原副部长罗援少将做客贺州,并作题名《周边安全环境和软实力建设》的主题讲座。讲座吸引了500余名观众。

【中国联合网络通信有限公司贺州市分公司】 中国联合网络通信有限公司贺州市分公司于2008年10月15日由原中国联通红筹公司、中国网通红筹公司合并后改名成立。中国联合网络通信有限公司贺州市分公司(简称中国联通贺州市分公司)在电信业改革重组的号角下,由原中国网通、原中国联通两家通信运营商的强强联合,实现了新联通的整体规模和势力都得到了明显提升。截至2016年底,中国联通贺州市分公司4G网络建设投入2536.27万元,宽带互联网建设投入266.47万元,固定资产总额达6.17亿元,新建GSM基站33个、FDD-LTE基站218个,互联网宽带新增端口6884个,GSM基站达到842个,WCDMA基站达到694个。

【中国铁塔股份有限公司贺州市分公司】 中国铁塔股份有限公司贺州市分公司成立于2014年11月20日,经营范围包括接受隶属公司委托开展以下经营活动:铁塔建设、维护、运营等。2016年中国铁塔贺州市分公司网络建设投入5162.79万元,截至2016年年底,公司固定资产总额达2.83亿元。

(工信委)

房地产业

【房地产业概况】 2016年贺州市房地产开发投资完成31.47亿元,同比下降54.8%,完成目标任务的209.8%。共批准商品房预售面积120.73万平方米,预售商品房11255套;分别同比增加16.24%和16.41%。商品房销售面积94.27万平方米,同比增长9.4%,二手房成交面积29.60万平方米,同比增长175.09%。新建商品房均价2990元/平方米,同比上涨6.94%;二手房均价为1824元/平方米,同比下降43.25%。

【房地产市场管理】 2016年,贺州市对凡未完成征地拆迁、未开工、未全部开工的棚户区改造项目(可扣除旧住宅区综合整治项目)原则上实行货币化安置,且货币化安置的比例要达50%以上。加大实施棚户区改造项目以购代建和货币化安置方式,打通商品房和保障性住房的通道,消化商品房库存。

【白蚁防治】 2016年,贺州市共签订新建白蚁预防合同244项,合同面积216.04万平方米。完成合同项目202项,完成施工面积70.5万平方米。新签房屋白蚁灭治2858平方米,共8户。开展白蚁回访复查工作223项。

(住建局)

商业服务业

商业服务业综述

【社会消费品市场】 2016年贺州市社会消费品零售总额为160.98亿元,同比增长9.55%。其中:按地域看,城镇地域零售额125.4亿元,同比增长9.2%,乡村地域零售额35.58亿元,同比增长11%;按行业看,批发业零售额55.29亿元,同比增长5%,零售业零售额98.28亿元,同比增长11.9%,住宿业零售额0.82亿元,同比增长14.9%,餐饮业零售额6.59亿元,同比增长14.5%。

【农贸市场建设】 贺州市各类农产品市场总共有55个,其中:城区13个,八步区21个,平桂管理区21个。资产总额31222万元,总建设面积约116496平方米,总营业面积113443.4平方米。国有农贸市场34个、民营农贸市场19个、批发市场2个。2016年完成对灵峰市场、八步中心市场二楼、黄田市场、桂岭市场、信都猪花市场、信都成衣市场、西湾市场、步头市场等市场升级改造工作。

【成品油市场流通】 2016年贺州市共销售成品油28.48万吨,同比下降3.98%。其中:汽油销售14.46万吨,同比增长10%,柴油销售14.02万吨,同比下降15.1%。2016年不断规范成品油审批事项,共办理申请加油站原址改扩建审批5项,加油站变更法人代表审批2项,企业名称变更54项。初审上报申请新建加油站规划确认事项7项,加油站申领《成品油零售经营批准证书》2项,加油站申请迁建规划确认1项;完成了114家(含管理公司4家,加油站110家)成品油经营企业2015年度经营资格的年检工作。2016年还启动了《贺州市加油站行业发展规划(2015—20120)》的编制工作,并及时召集相关单位和部门研究部署了成品油质量升级工作,保证贺州市油品升级工作按时完成。同时加强对加油站安全生产的监督管理工作。

【电子商务】 一是根据市委市政府的有关要求,起草并报市人民政府审核印发了《贺州市关于加快电子商务发展的实施意见》和《贺州市电子商务发展扶持办法(试行)》,开展《贺州市电子商务发展规划(2016—2020)》的编制,进一步促进和规范贺州市电子商务健康快速发展。二是组织企业参加各类电商活动。组织各类企业参加电商节、2016广西电子商务高峰论坛、第三届中国—东盟电子商务峰会等大型电商活动;评审推荐5支队伍参加全区电商创业大赛,瑶源团队参赛项目获大赛一等奖;并配合市政府举办了第二届两岸青年农业论坛"互联网+农业"分论坛的活动。三是农村电商加速发展,电商扶贫取得成效。2016年推荐并协助富川县积极申报和获批全国电子商务进农村示范县项目,获2000万元项目资金支持。富川县电子商务服务中心和八步区农村电子商务产业园已建成运营,乡(镇)、村级电商服务网点遍地开花,贺州市共建设了近400个乡(镇)、村级电商服务站。此外,认真贯彻落实有关"电商扶贫"工作要求,通过与组织部等部门联合开展七一红色购物季等系列活动和有关电商平台,既促进农产品上线溢价销售,助农增收,又繁荣了农村消费市场、促进了就业,推动电商扶贫落到实处。2016年贺州市农村电子商务交易额超1000万元,农特产品上线22类50种,注册用户突破3万人。

(商务局)

粮食商业

【概况】 贺州市粮食局(在贺州市农业局挂牌)是市人民政府主管粮食工作的职能部门。行政编制8人,后勤编制1人,设办公室、调控科、流通与科技发展科、财务科、监督检查科等5个科(室),下设贺州市军粮供应管理中心(参公)、贺州市粮油检测监督站、贺州市储备粮管理中心3个事业单位。局原因有独资企业贺州市恒丰储备粮管理有限公司于2016年8月根据市人民政府办公室《关于印发广西贺州市农业投资集团有限公司资金注入和资产划转工作方案的通知》（贺政办发〔2016〕79号）文件精神，整体划转市农业投资集团有限公司。2016年，贺州市粮食局认真贯彻执行国家和自治区粮食流通政策法规，认真履行粮食流通宏观调控、行业指导和监管等职能，积极构建粮食宏观调控体系，着力提高粮食市场监管能力，扎实推进粮食产业化经营，保持了粮食供求平衡和稳定，确保了全市粮食安全。

【粮食安全行政首长责任制】 2016年是贺州市开展粮食安全行政首长责任制考评的第一年，市粮食局推动建立了粮食安全行政首长责任制考核工作联席机制，成立考核工作组及办公室（设在市粮食局），将粮食流通工作的责任内容和量化指标列入对各县（区）、各牵头单位的绩效考评范围，进一步强化了各级政府保障粮食安全的责任意识。市粮食局充分发挥牵头协调作用，加强工作落实督查，通过督查推动县（区）人民政府不断完善粮安考核工作机制，并有效解决工作推进中存在困难和问题。至2016年底，市粮食局在全区首创组织各牵头部门开展粮食安全行政首长责任制联合检查的考评模式，统一考核时间、统一考核标准、统一考核人员，“三统一”确保了考核工作公平、严谨，有效推动了粮食安全行政首长责任制的落实。

【粮食直接补贴】 2016年，自治区年初下达贺州市三县两区储备粮直补订单收购计划任务23500吨（普通早籼稻、下同），粮食收购期间，八步区申报增加收购量2000吨，全市年度直补订单收购计划为25500吨，比上年增加3500吨。各县（区）分解落实直补订单粮食收购计划任务乡（镇）共28个，有效地调动了农民种粮积极性，增加了种粮农民收入。贺州市负责订单粮食收购的企业在收购中都严把粮食品种、质量标准关，执行普通早籼稻2.68元/公斤的收购价格，做到不压级压价，不打白条，不代扣代收任何款项，及时足额结算农户售粮款；严格执行自治区的补贴政策，按农户签订及实际售粮粮数量造册报当地财政部门审核，由财政部门于5个工作日内按每公斤0.24元的标准将应兑付给订单农户的补贴资金通过农补网“一折通”直接兑付给订单售粮农户。2016年贺州市储备粮直补订单收购任务25500吨，10月15日全部入库完成，应兑付的粮食直补资金612万元也全部足额兑付给订单售粮农户。

【粮食流通监督检查】 2016年，市粮食局会同发展改革、财政、农发行贺州市分行等有关单位，对市、县共10个储粮企业，45个储粮库点进行抽查，受检储粮企业储存的粮食数量、质量均符合储备粮管理相关标准和规定，没有发现违法违规行为。6月，市粮食局组织开展夏粮收购市场的监督检查，进一步规范夏粮收购市场秩序，共出动检查人员80多人次，对20多家粮食收购企业进行检查，未发现违法、违规交易行为，对部分企业未完善粮食经营台账的情况，当场要求其整改。在做好重大节日期间粮油食品质量抽查的基础上，市粮食局定期到应急粮油储备点进行数量、质量检查，确保应急储备大米、食用花生油的库存数量真实、质量良好。

【储备粮油管理】 2016年1月至7月，贺州市恒丰储备粮管理有限公司作为市粮食局直接管理的国有独资企业，代表政府履行市本级储备粮油日常直接管理职能，做好新增储备粮规模落实和市级储备粮代储资格认定工作，完善网点布局，市级储备粮油主要代储分布在贺州市金泰粮油发展集团有限责任公司贺街库点，昭平县城厢粮油管理所樟木、皇竹、巩桥库点，钟山县粮油总公司回龙、燕塘、凤翔、石龙库点，富川瑶族自治县粮油贸易总公司莲山库点，八步区粮油管理中心仁义库点。2016年8月，将贺州市恒丰储备粮管理有限公司资产整体划转给农投集团，作为农投集团全资子公司，继续担负对市本级储备粮油日常管理职能。

【粮食安全管理】 2016年，粮食局开展储粮安全检查及安全生产检查，确保储粮安全。在节假日及敏感时期，及根据上级有关部门布置的开展粮食库存暨安全生产检查、秋季粮油安全生产大检查等要求，全面开展全市粮食库存检查和储粮安全检查等，同时通过不定期开展安全生产日常检查活动，严格执行储备粮政策，储备粮实行专仓专储，专账记载；对储粮安全用药、用电、消防、设备设施安全定期不定期进行检查，切实排除事故隐患；库区环境无易燃易爆物品、消防器材设施完好有效；储粮药品实行双门双锁专仓存放，储粮熏蒸作业严格遵守操作规程；粮食防汛工作到位，排水系统畅通；“安全生产月”安全生产知识培训和消防应急演练活动；开展粉尘防爆督查工作，联合工商部门对辖区内涉及粉尘爆炸的粮食加工企业开展集中打击和专项整治。经检查，贺州市库存粮食质量无严重虫粮、高水分粮、霉变粮、发热粮等储粮安全隐患，各项指标均符合国家粮食质量标准，属宜

2016年8月5日，贺州市恒丰储备粮管理有限公司资产划转移交仪式

存粮，达到安全储粮的安全要求；粮食药剂和熏蒸作业管理、仓储消防设施和防爆管理均符合安全要求，粮食仓储管理做到“一符、三专、四落实”。2016年，没有储粮安全及安全生产事故发生。

【开展节粮减损活动】 2016度全市农户科学储粮专项投资任务8000户，分别为八步区4000户，平桂区2000户，钟山县2000户。资金筹措采取农户自筹100元/套，财政负担350元/套。2016年10月16日，市粮食局联合农业、教育、妇联、科技等有关部门，在贺州市灵峰广场通过举办“世界粮食日暨全国爱粮节粮宣传周”活动，增强群众粮油质量意识。

【粮食仓储设施项目建设】 2016年，市粮食局完成《贺州市粮食行业发展“十三”五规划》的编制工作。粮食加工、仓储、物流和应急设施等粮安工程建设纳入贺州市“十三五”总体规划。完成“危仓老库”维修改造任务，年内共安排维修库点（含民营）24个，总投入资金408.97万元，修缮仓容3.76万吨。完成市本级粮食储备库项目第一期工程6栋2.56万吨仓容散装平房仓及附属设施的主体工程。八步区粮食储备中心库一期工程1.8万吨仓容正式投入使用，规划建设大宁收纳库2000吨，铺门收纳库1000吨；昭平县粮食储备中心库完成1.5万吨仓容主体工程建设；富川县粮食储备库一期工程5537吨仓容完成主体工程建设；钟山县粮食储备中心库2.7万吨仓容正在进行征地和前期工作，争取早日开工建设；平桂区粮食储备中心库1.5万吨仓容，完成市规审会通过项目选址等前期工作。

计划投入资金1230万元，实施“粮安工程”粮食仓储设施智能化升级改造项目，涉及仓房99间，仓容103100吨。其中贺州市恒丰储粮管理有限公司仓容25600吨，平房仓11间，总投资200万元；八步区粮油管理中心（粮食储备中心库）30600吨，平房仓25间，总投资230万元；昭平县粮食储备中心库15000吨，平房仓15间，总投资200万元；钟山公安广西粮食储备库12500吨，平房仓28间，总投资200万元；富川瑶族自治县粮食贸易总公司古城粮食储备库19400吨，平房仓20间，投资200万元。 （粮食局）

肉食品商业

【猪肉储备】 2016年贺州市猪肉储备任务为19600头980吨（含冻猪肉储备196吨折算为活体储备3920头）。贺州市猪肉储备任务由18个承储基地场负责储备，通过与18个承储基地场签订协议，并由市商务局、财政局、水产畜牧兽医局等部门组成公证检查验收小组对各承储基地场入储情况进行公检验收，贺州市生猪活体储备存栏量保持在两万头以上，确保贺州市“菜篮子”稳定。 （商务局）

食盐商业

【概况】 2016年，盐务局贺州盐业分公司担负着贺州市行政辖区内的食盐及各类用盐供应工作，内设综合办公室、财务科、市场经营科3个职能科室。昭平自营点通过自营点在10公里配送半径范围内的辐射作用，实行“一件起送”，控制零售终端及餐饮终端市场，在保证销量和防止私盐冲销上获得主动权。3月，贺州盐业分公司对富川和钟山两个自营点的客户进行筛选，保留优质客户，定时、定量、定路线实行20件起送。4月，富川和钟山两个自营点进行裁撤。

【食盐购销】 2016年购进盐品7048吨，完成年计划7000吨的100.69%；销售盐品7879吨，完成年计划8000吨的98.48%，其中直接食用盐5541吨，完成年计划5500吨的100.75%；多品种盐5227吨，完成年计划3700吨的141.26%；加工用盐1818吨，完成年计划1900吨的95.71%；工业盐519吨，完成年计划600吨的86.49%。

（盐务管理局）

卷烟商业

【贺州烟草概况】 贺州市烟草专卖局、广西壮族自治区烟草公司贺州市公司成立于2001年12月，下辖城区、钟山、富川、昭平四个县级局（营销部）和一个卷烟物流配送中心，截至2016年末共有在职人员482人。内设办公室（信访办、烟草学会）、人力资源管理科、财务科、审计科、法规科、纪检监察科（整顿与规范办公室）、政工科（机关党委、工会）、综合管理科、安全保卫科、信息管理科、后勤服务科、专卖监督管理科（稽查支队）、专卖内部监督管理派驻办公室、卷烟营销中心、烟叶科等15个科室部门。2016年，实现税利3.75亿元，同比减少1863万元，下降4.73%，上缴各项税金3.04亿元，同比增加1177万元，增长4.03%。 （烟草专卖局）

石油商业

【石油商业概况】 截至2016年，贺州市共有成品油流通企业111家（含管理公司4家），其中：中石化：62家（含管理公司3家），在营加油站58家，歇业整改1家；中石油：24，（含管理公司1家），在营23家；中海油：1家；社会（民营）：24家，在营14家，迁建中2家；广西辉煌交通石化2家。据统计，2016年贺州市共销售成品油28.48万吨，同比下降3.98%。其中：汽油销售14.46万吨，同比增长10%，柴油销售14.02万吨，同比下降15.1%。

【中国石油化工股份有限公司广西贺州石油分公司】 中国石油化工股份有限公司广西贺州石油分公司（以下简称“中石化贺州石油分公司”）位于贺州市建设西路60号，于2012年8月16日揭牌成立，升级为地级市分公司，设立办公室、企管法律事务科、政工办、纪检监察室、人力资源科、安全数质量科、发展基建科、实物资产科等8个职能管理科室，经营管理科、商业客户部、零售管理部、非油品经营部、财务核算部、信息技术服务部、物流配送中心等7个专业运营部门，下辖钟山、昭平、富川、八步、信都、高速公路等6个片区及一个控股公司（广西桂东石化有限公司）。2016年，该公司累计销售成品油18.18万吨，总量减少6838吨，同比下降3.62%。其中,汽油销售8.87万吨同比增长11%;柴油销售9.31万吨,同比下降18%。非油品收入6587.46万元,同比增加1613.38万元,增幅32.43%。公司在抓好成品油销售的同时,严格落实企业安全生产责任,除例行检查外,全年组织开展综合安全检查6此,检查共发现问题390个,已整改362个,整改率92.82%;开展安全教育培训8期,276人次接受培训教育。同时积极履行社会责任,深入开展"畅通群众路线,定点联系基层"等活动,在所以加油站设置党员挂靠点,收集员工诉求289条,着力解决基层职工和群众关心的突出问题。组织230人次青年员工和志愿者开展"情暖驿站 满爱回家"服务春运活动;组织开展"爱心加油站""无偿献血"、植树造林、慰问弱势群体、爱心助学、青年文明号创建等活动。

【中国石油天然气股份有限公司广西贺州销售分公司】 中国石油天然气股份有限公司广西贺州销售分公司(以下简称"中国石油广西贺州销售分公司")位于贺州市建设东路80号,于2010年1月1日独立成建制运行,升级为地级市分公司。公司设立综合管理部、业务运作部(加油站管理部)、质量安全建设部、财务部等4个部门,下辖八步、平桂、钟山、昭平、富川等5个片区。2016年,中国石油广西贺州销售分公司有员工184人,在营油站达到23座,网点布局日趋完善。2016年,中国石油广西贺州销售分公司全年实现成品油销售量8万吨,同比增长5.3%,非油品收入845万元,同比增长12.03%。(商务局)

供销合作联社

【机构概况】 贺州市供销合作联社隶属于贺州市人民政府的财政全额拨款的参公管理事业单位,是全市供销合作社的联合经济组织。全社核定全额事业编制12人,后勤服务事业编制(聘用人员控制数)1名;内设机构4个,分别是理事会办公室、综合业务科、财会审计科、监事会办公室;领导职数配备4人,理事会主任、监事会主任各1人、理事会副主任、监事会副主任(兼纪检组长)各1人。

【购销业务】 2016年贺州市供销社系统实现综合经营总额24.22亿元,同比增长16.38%;商品购进总额11.76亿元,同比增长18.06%;商品销售总额12.45亿元,同比增长14.93%;农副产品购进总额2.23亿元,同比增长15.11%;消费品零售总额8.16亿元,同比增长15.69%,售给农民的农业生产资料3.27亿元,同比增长6.94%。

【农资经营】 2016年全市供销社系统售给农民各类化肥104661吨,农药2338吨、农膜4吨。供销合作社系统继续保持农资经营的主渠道作用。

【供销合作社综合改革】 2016年,全市供销合作社系统全面推进综合改革试点工作,综合改革各项工作取得明显成效。一是夯实为农服务基础,拓展农业社会化服务。创建县级综合服务中心1个、乡镇综合服务站3个、村级综合服务社6个;通过领办或参办的方式组建农民专业合作社联合社5个,开展土地托管服务1350亩。二是加快基层社改造。进一步健全基层社理事会、监事会、社员代表大会"三会"制度,打造基层社、乡镇"农合联"、综合服务站"三位一体"新格局。三是创新供销社治理体制。五个县(区)供销合作社均实行"县基合一"管理新模式。四是发展农村电子商务。全市供销合作社新组建电子商务公司5家。五是盘活社有资产,继续推进项目兴社战略。2016年获得项目6个,共计扶持资金320万元。六是加大招商引资力度。与贺州市泰兴超市合作,投资5000万元建设钟山县购物中心。

【供销社改革文件出台】 贺州市委、市人民政府分别召开常委、常务会议,审议通过深化供销社综合改革实施意见文件。2016年9月20日,中共贺州市委员会、贺州市人民政府印发《关于深化供销社综合改革的实施意见》(贺发〔2016〕17号),将贺州市供销社综合改革任务细化为"六个创新"、23项具体内容、7项保障措施。

(供销合作联社)

医药商业

【医药商业概况】 2016年贺州市有药品生产企业4家(其中医用氧分装企业2家),药品批发企业5家,药品零售连锁企业6家,门店183家,零售药店407家;医疗器械经营单位498家,其中Ⅲ、Ⅱ类产品经营企业28家,Ⅱ类产品经营企业470家;贺州市辖区有保健食品经营企业650家,化妆品经营企业530家。

贺州市供销系统打造的城乡综合服务中心——钟山县综合服务中心

药品医疗器械经营企业网点分布(2016 年)

网点分布区域	药品				医疗器械		
	药品生产企业(家)	药品零售连锁企业(家)	药品零售连锁门店(家)	药品零售企业(家)	医疗器械生产企业(家)	医疗器械Ⅲ、Ⅱ类产品经营企业(家)	医疗器械Ⅱ类产品经营企业(家)
市城区	4	4	114	203	0	23	262
钟山县	0	0	11	78	0	3	81
富川县	1	0	13	55	0	1	67
昭平县	0	1	45	71	0	1	60
合 计	4	5	183	407	0	28	470

(药监局)

个体商业

【个体贸易业】 2016 年贺州市有个体批发和零售业经营户 35497 户，从业人员 66880 人，资金数额 194775.13 万元，分别比上年增长 11.38%、减少 18.78%、增长 16.60%。其中：城镇批发和零售业经营户 29188 户，从业人员 56106 人，资金数额 175491.36 万元，分别比上年增长 14.38%、减少 21.46%、增长 18.71%。农村个体批发和零售业经营户 6309 户，从业人员 10774 人，资金数额 19283.77 万元，分别比上年减少 0.66%、减少 1.21%、增长 0.40%。

【个体住宿和餐饮业】 2016 年贺州市有个体住宿和餐饮业经营户 5063 户，从业人员 14365 人，资金数额 52254.27 万元，分别比上年增长 30.19%、23.96%、34.15%。其中：城镇住宿和餐饮业经营户 4691 户，从业人员 13432 人，资金数额 49982.22 万元，分别比上年增长 33.53%、25.94%、35.80%。农村个体住宿和餐饮业经营户 372 户，从业人员 933 人，资金数额 2272.05 万元，分别比上年减少 1.06%、增长 1.08%、增长 5.81%。

【个体居民服务、修理和其他服务业】 2016 年贺州市有个体居民服务、修理和其他服务业经营户 4516 户，从业人员 11329 人，资金数额 23596.43 万元，分别比上年增长 18.10%%、17.10%、29.23%。其中：城镇居民服务、修理和其他服务业经营户 3957 户，从业人员 10202 人，资金数额 22090.57 万元，分别比上年增长 21.53%、19.59%、31.31%。农村个体居民服务、修理和其他服务业经营户 568 户，从业人员 1144 人，资金数额 1436.63 万元，分别比上年减少 1.58%、减少 1.49%、增长 4.82%。

(工商局)

广 告 业

【广告业概况】 2016 年贺州登记注册的广告经营单位 487 个，从业人员 1337 人，广告经营额 2595 万元。其中电视台广告经营单位 4 个，从业人员 12 人，广告经营额 215 万元；广播电台广告经营单位 1 个，从业人员 3 人，广告经营额 150 万元；报社广告经营单位 1 个，从业人员 5 人，广告经营额 400 万元。

广告经营单位按经济类型分，私营企业 148 家，从业人员 644 人，广告经营额 1300 万元；个体工商户 333 家，从业人员 673 人，广告经营额 580 万元；事业单位 6 家，从业人员 20 人，广告经营额 715 万元。

全市广告总投入 2595 万元。各类广告投入及所占比重情况，按广告业务类型分：广告设计 500 万元；广告制作 1000 万元；广告代理 280 万元；广告发布 815 万元。按商品和服务类别分：食品广告 265 万元，药品广告 60 万元，酒类广告 180 万元，化妆品及卫生用品广告 170 万元，房地产广告 320 万元，家用电器及电子产品广告 185 万元，信息传播、软件及信息技术服务广告 30 万元，金融保险广告 130 万元，服装服饰及珠宝首饰广告 60 万元，招工招聘及其他劳务广告 90 万元，汽车广告 190 万元，医疗服务广告 110 万元，农业生产资料广告 20 万元，生活美容、休闲服务广告 80 万元，旅游广告 160 万元，教育广告 60 万元，批发和零售服务广告 130 万元，其他广告 355 万元。

【广告违法案件查处】 2016 年贺州查处违法广告 15 件，比上年减少 46.42%。违法广告按违法行为主体划分：均为广告主违法。按违法媒介划分：户外广告违法 9 件、印刷品广告违法 2 件、网络广告违法 4 件。按违法类别划分：医疗服务广告违法 3 件、农资广告违法 1 件、食品广告违法 2 件、房地产广告违法 1 件、家用电器广告违法 1 件、汽车广告违法 1 件、生活美容媒体休闲服务广告违法 2 件、其他广告违法 4 件。

(工商局)

旅 游 业

旅游业综述

【旅游业机构及工作概况】 2016 年，在市委、市政府的正确领导下和各相关部门的大力支持下，贺州市旅游部门紧紧围绕打造生态健康旅游、生态健康休闲、生态健康养生、生态健康养老四个新业态，积极构建“快旅慢游”服务体系；使贺州旅游新形象进一步树立，旅游品牌进一步打响、影响力进一步提高、产业规模进一步壮大、服务质量进一步提升、旅游知名度和美誉度进一步提高，开创了贺州旅游业发展新局面。2016 年贺州市对外开放的旅游景区(点)超过 20 个，其中 4A 级景区 4 个、3A 级景区 8 个、2A 级景区 3 个，农业旅游示范点 9 个(国家级

1个)、星级乡村旅游区7个(五星级1家)、星级农家乐25家(四星级6家)。旅游星级饭店23家(其中四星级饭店2家),旅行社20家,建成旅游咨询服务中心11家。

【旅游市场监督管理】 2016年,贺州市旅游发展委员会进一步加大旅游市场监督管理,积极开展"元旦"、"春节""三月三"、"清明""五一"、"端午"以及"国庆""中秋"等重点节假日旅游市场专项整治。严厉打击未经许可经营旅行社业务行为,整治"不合理底价游"、"黑导"、"黑车"及"零负团费"违法行为。及时受理和处理游客投诉,全年无重大旅游服务质量投诉。同时,向社会各界聘请了31名旅游行风服务质量义务监督员,对贺州市旅游"食、住、行、游、购、娱"各环节的旅游企业经营活动进行监督,促进了贺州市旅游行业的发展,进一步规范旅游市场秩序。

【旅游接待和旅游收入】 2016年,贺州市共接待游客1813.17万人次,同比增长16.1%,其中接待国内旅游者1775.52万人次,同比增长16.31%,接待入境过夜旅游者37.65万人次,同比增长7.1%。实现旅游总消费217.37亿元,同比增长28.02%,其中国内旅游消费208.38亿元,同比增长28.28%;旅游创汇13544.52万美元,同比增长13.07%。

【旅游区域合作】 2016年1月28日,贺州市旅游发展委员会参加在清远召开的华南五市旅游联盟会议,总结2015年联盟宣传推广情况并讨论研究2016年工作计划;10月8日,贺州市旅游发展委员会组织各县区(区)旅游(发展)局及旅游行业代表23人参加"第二届粤桂黔高铁经济带合作联席会议";11月4日,组织参加粤桂黔高铁经济带旅游产业联盟筹备会议、佛山秋色及旅游相关活动;10月20日至22日,组织各县区(区)旅游(发展)局及旅游行业代表参加2016中国—东盟博览会旅游展;11月23日至25日,各县区(区)旅游(发展)局及旅游行业代表组织参加2016年"华南五市"黄金旅游线路(重庆)推广活动;12月1日至4日,由市分管旅游的领导带队参加2016两广城市旅游合作(钦州)联席会议。旅游区域合作推广活动的开展进一步加深了各区域旅游部门在旅游资源共享、品牌共建、市场共有方面的合作,带动了区域旅游市场宣传推介的活力。

【旅游信息化建设】 2016年,贺州市旅游发展委员会投入资金60万元,建立了贺州旅游应急指挥监控平台,该平台具备视频会议、行业监管、应急指挥等三大功能,监管范围涵盖姑婆山国家森林公园、黄姚古镇、玉石林景区、十八水景区各重点部位,并已成功接入自治区旅游应急管理平台。通过监测,实时掌握贺州市重点景区节假日期间人流密度情况,以便更好地指导景区高峰期分流工作,及时开展应急救援,保障游客安全。 (旅发委)

旅游规划建设

【旅游规划编修】 2016年4月,贺州市启动创建国家全域旅游示范区工作,委托上海交通大学城乡规划设计院开展了《贺州市全域旅游空间布局及特色小镇概念性规划》,主要围绕"14589"(即:一城:一个全域旅游服务城;四镇:姑婆山欧洲风情温泉小镇、黄姚古镇、西溪森林温泉养生小镇、大桂山水森林颐养小镇;五片:五个特色旅游片区;八廊:八条特色旅游廊道;九区:九大重点旅游区)体系,着力打造贺州市全域旅游示范区,该《规划》已完成中期成果,并于11月中旬通过市四家班子联席会议审议。同时组织开展了《姑婆山旅游区发展规划》评审,指导修改完善姑婆山景区创国家5A级景区景观价值报告。

【旅游项目建设】 以姑婆山森林公园、黄姚古镇、南乡西溪温泉和大桂山自然保护区"四个小镇"为核心,通过"一镇一特"的主题化发展,打造姑婆山欧洲风情温泉小镇、黄姚文化旅游古镇、西溪森林温泉养生小镇和大桂山水森林颐养小镇,构建全域旅游发展新载体,辐射带动贺州特色旅游发展。充分利用贺州五个县区特色旅游资源,倾力打造五个特色旅游片区。其中,八步区以大桂山国家森林公园、西溪温泉为依托,打造八步养生旅游区;昭平县依托黄姚古镇及优越的生态禀赋,打造昭平生态旅游区;富川县依托龟石国家湿地公园、秀水状元村等古村落群,打造富川国际慢城旅游区;平桂以姑婆山国家森林公园为依托,打造平桂休闲旅游区;钟山县以钟山十里画廊为依托,打造钟山生态乡村旅游区。同时,积极打造内通外联交通网络与旅游精品路线和停车场、游客集散中心等公共服务设施。

【A级景区创建】 2016年,贺州市旅发委组织开展《姑婆山旅游区发展规划》评审,指导修改完善姑婆山景区创国家5A级景区景观价值报告,姑婆山景区的导览标识系统、游客服务中心、旅游公厕、自驾车营地、生态观光栈道及森林宾馆、锦绣村、景区停车场等基础设施已完成改造并投入营业;黄姚古镇景区创5A工程的黄姚游客服务中心及景观专用道已建成并投入使用;景区内标识系统、旅游厕所、步道等基础设施工程已完成,古镇景区旧房修缮工作正在进行中,黄姚旅游集散中心已完成前期工作,正在进行土地平整工作。另外,2016年新增黄姚花海景区、南山茶海景区、客家围屋3个AAA级景区。 (旅发委)

旅游市场开发

【旅游市场营销体系建设】 2016年以创新的理念构建旅游市场宣传促销新平台,并根据我市旅游市场的特点,积极开展各项旅游宣传推广活动。一是继续推进旅游品牌体系建设。着力打造"生态贺州·长寿胜地"、"世界长寿市"、"中国美食之都"旅游形象品牌。2016年已打造39家以"贺州味道"为品牌宣传的形象店,并创办"贺州味道"网站、公众微信号等宣传媒体加大对贺州美食的宣传力度;9月11日,贺州市旅游发展委员会策划承办了2016贺州市特色长寿美食、特色旅游商品评选活动;10月1日,贺州市旅游发展委员会策划承办贺州市第一届长寿美食节暨长寿簸箕宴活动，中国饭店协会授予贺州“中国长寿美食之都”称号。二是创新旅游营销方式。在广州公交车车体、旅游度假区 LED、北京西（上海西）至南宁列车车厢投放贺州旅游宣传广告形式宣传贺州市生态、休闲、养生旅游品牌，大力宣传贺州的旅游资源，进一步提高贺州旅游在珠三角地区的知名度和美誉度，以“旅行贴士”的表现形式，将贺州各个景区（点）、酒店、美食、线路等（吃、住、行、游、娱、购）旅游资讯，编制《贺州旅行口袋书》及贺州旅游环保袋，向游客全面、精确介绍了贺州的旅游资源，并为游客打造了一本便捷携带且实用的“旅游指南”读本；邀请北京《家有童星》剧组到贺州市旅游景区拍摄“2016 贺岁档精品剧《瑶乡奇遇》”，并在河南电视台旅游频道及网络媒体面向全国播出，多维度地传播了“影视剧里的贺州美景”的旅游魅力；贺州市旅游发展委员会组织协调中央电视台第二频道《第 1 时间》到贺州市拍摄姑婆山、黄姚古镇、黄姚花海、钟山油茶、贺州特色美食小吃等事宜，并在中央电视台播出，向全国乃至全世界展示了贺州魅力；11 月 17 日至 30 日中央电视台第十套《味道》栏目导演组到贺州拍摄两集时长 45 分钟的纪录片，并在 2017 年元旦及大年初三分别在 CCTV10-2017 年《味·道》节目中播出；贺州市旅游发展委员会和南方卫视牵头，联合优酷网、爱奇艺、央视网、搜狐视频、凤凰视频、腾讯视频、乐视网等视频网站以及美拍、秒拍短视频分享应用平台和搜狐、新浪、网易、腾讯网、凤凰网、新华网、人民网、中国网等，共同推出“贺州旅游创意微视频大赛”，展开贺州微视频作品的征集、评选、发布，持续宣传贺州旅游；在《广西日报》旅游板块以诗歌、游记、绘画等形式对贺州旅游进行为期一年的旅游形象宣传报道，极大地宣传推广了贺州旅游资源和产品，并委托《贺州日报》采写主题宣传贺州旅游美文，创新贺州旅游宣传推广方式，加大贺州旅游资源宣传力度。

【主要旅游主题活动】 5 月 19 日，贺州市旅游发展委员会组织各县（区）旅游行政部门和全市各旅游企业，分别在黄姚古镇古戏台广场和灵峰广场举办了“2016 年中国旅游日主题活动暨黄姚古镇邮票全国发行启动仪式”和“5.19 乐游贺州主题宣传推广活动”。

2016 年 11 月 11 日，中国旅行自媒体联盟成员在姑婆山国家森林公园合影

（孙 新 摄）

【国家 AAAA 级景区简介】

姑婆山国家森林公园 姑婆山国家森林公园总面积 8000 公顷，园内峰高谷深、山势雄伟、森林繁茂、动植物资源丰富、瀑飞溪潺、环境清幽，集“雄、奇、秀、幽”于一体，被誉为“南国天然氧吧、瀑布森林公园”。公园气候宜人，年均温度 18.2℃，空气负氧离子含量高达 65856 个 / 立方厘米，森林覆盖率 99.55%，是难得吸氧洗肺，生态休闲的天然大氧吧。园内景点众多，有仙姑瀑布、奔马瀑布、银河落九天瀑布等各具特色蔚为壮观的瀑布；有五颗樟大草坪、情人林、野营烧烤场、天然泳池、激情漂流、户外拓展基地等森林休闲及郊野游乐景点；有风格各异的电视剧拍摄外景地，如拍摄香港电视连续剧《茶是故乡浓》的方家茶园、《酒是故乡醇》的九铺香酒厂、《春蚕织梦》的江南水乡锦绣村等。公园交通、通信便利，吃、住、行、游、娱配套齐全，是集观光、休闲、度假、探险、保健、疗养、科研、教学、会议、户外拓展等多功能于一体的生态型旅游胜地。

黄姚古镇 黄姚古镇距今已有一千多年的历史。古镇地处桂林漓江下游，为典型的喀斯特地貌。古镇内完整保存了大批明清时期的建筑，九宫八卦的建筑布局向人们展示着古人应用风水的绝妙智慧。黄姚古镇里居住着 80% 以上的原住民，是名副其实“活着的千年古镇”，漫步于古镇内，颇有小桥流水人家的意境。世代传承的鱼龙节、柚子灯节、“三月三”壮族歌圩节、七夕取水节等活动吸引了众多游客前来体验最纯粹的民俗文化。此外，古镇内有广西省工委旧址、广西日报社旧址，以及何香凝、欧阳予倩、高士其等抗日志士名人故居，是红色旅游的胜地。

夜晚的古镇更加美丽，大型歌舞剧《临贺长歌》在黄姚大剧院上演。《临贺长歌》根据史实改编，讲述了隋朝发生在这里的忠贞爱国故事，是广西重点文化精品项目。剧目完美结合了贺州当地的少数民族歌舞特色，场面气势恢宏、现场气氛热烈，赢得了众多游客的好评。

贺州玉石林 贺州玉石林位于平桂区黄田镇，距市区 18 公里，与姑婆山国家森林公园、贺州温泉同在一条旅游线上；贺州玉石林景区面积 25 公顷，总游览路程约 13 公里，观赏景点一百余处。游于林中，如入仙境，大自然的鬼斧神工令人叹为观止，千百年的故事，传说令人舒坦感慨。

贺州玉石林是一片十分罕见的由汉白玉石柱、石笋组成的“玉石林”，它形成于一亿多年前的侏罗纪时期，由于燕山期地质的断裂隆升和长期的岩溶渗蚀及局部受高温影响，加上自宋朝以

黄姚古镇客栈　　（宣传部　供稿）

来1000多年的锡矿开采业，使区域内地层峰从间石芽裸露、奇峰突兀，石笋石柱、地槽漏斗、狭缝密布，成就了"千年骆驼""空中走廊""一线天"等众多的奇异自然景观。它独立于四周的石灰岩山中，被游人誉为"人间仙境"，被地学专家称作地质奇迹。

贺州十八水原生态景区　贺州十八水原生态景区位于广西贺州市北郊20公里处的路花山区，与姑婆山景区、玉石林景区及贺州温泉在同一条旅游黄金线上，总面积18平方公里。因内有飞瀑十道、水湾十八处，故名"十八水"。景区内山高林深，瀑布成群，奇石斗妍，古木参天，原始森林覆盖率高达98%，空气中负氧离子含量达10万个以上/立方厘米，是华南地区最富足的原生态天然大氧吧，被誉为"城市绿肺"。夏季平均气温18℃~22℃，相对湿度85%以上，冬暖夏凉，气候宜人，是南中国最佳的避暑养生胜地。自古以来，这里就是长寿之乡，人称"十八水寿，寿水八十"。景区以水奇、石奇、树奇之"三奇宝地"著称。水景集奇、雄、美于一体，是广西落差最大的叠水瀑布群，堪称天下瀑布之奇观。以"大佛瀑""仙女瀑""神龙瀑""黄绸瀑"为主体，由上而下由大至小呈大漏斗状，谓为天下之奇；十级叠水瀑布群落差近300米、最宽处60米，气势磅礴，如群龙天降，谓为雄；"仙女瀑""美人瀑"形态袅娜、曲线优长，美不胜收。

（旅发委）

旅游行业管理

【旅行社管理】　2016年，贺州市旅游发展委员会加强对旅行社的监督管理，开展旅行社年检、内设部门登记备案、清理旅行社违规承包和挂靠等工作，实行严格的旅行社动态管理制度，进一步加强了旅行社的监督管理。打击非法经营旅行社业务，非法组团行为，清查旅行社"不合理底价游"、"零负团费"、出团租用"黑车"等现象，规范旅行社经营和导游服务行为，建立诚信经营体系。同时严格旅行社设立的行政审批程序，2016年全年新成立旅行社2家，注销1家，截至12月，全市共有旅行社18家，其中出境社2家。

【导游人员管理】　2016年，国家旅游局废止了《导游人员管理办法(2001)》，取消了"导游计分、导游证年审、导游人员资格证3年有效"等制度。在导游管理工作中，通过全面开展全市导游审核、登记和建档等工作，严厉打击"黑导"等违法行为，促进全市导游人员管理逐步走上规范化轨道；同时采取理论学习和业务实操并举的模式，开展导游人员培训工作，促使贺州市导游人员全面素质的提升。至2016年底，全市共有导游人员336人。

【旅游饭店管理】　2016年，贺州市星级饭店总数为17家，其中四星级饭店3家，三星级饭店11家，二星级饭店3家，床位总数为3014张。新增一家四星级饭店为黄姚酒壶山宾馆。同时，贺州市旅游发展委员会启动了昭平恒丰酒店等酒店申报三星级旅游饭店工作。

【旅游安全管理】　2016年贺州市旅游发展委员会共派出检查人员150人次，对全市旅游企业进行检查83家次，组织到县(区)开展旅游安全督查25次。做到了市直旅游企业全覆盖，重点旅游企业全督查。根据上级和市安全管理部门的要求，制订及下发了《贺州市旅游行业"安全生产月"活动方案》，部署在全市旅游行业开展"安全生产月"工作。6月16日，组织旅游企业和单位人员参加灵峰广场安全生产咨询日活

玉石林　　（先　涛　摄）

动，共接待人民群众300余人次的问询，现场发放了800多份旅游安全生产宣传资料。

贺州旅游发展委员会积极部署了岁末年初、夏季消防防控等工作。在4月底贺州市进入主汛期后，在每次恶劣天气到来前，都及时下发文件，要求各县区旅游局和旅游企业做好安全预警和防范工作，同时主动组织人员对工作开展情况进行督查，确保游客的生命和财产安全。

2016年，旅发委分别指导了贺州国际酒店、维也纳大酒店、黄姚古镇景区及姑婆山景区开展消防、地质灾害为主题的旅游安全预案演练。通过开展应急预案演练，大力宣传旅游安全、事故预防、紧急避险、自救互救等应急知识，提高旅游全行业与旅游者预防和处置旅游突发公共事件的能力，切实提高我市防范事故和应对旅游突发公共事件的公共服务水平。

【旅游行业培训】 2016年，旅发委以建设国家全域旅游示范区为契机，大力开展各类乡村旅游经营者培训、农村党员旅游扶贫培训、旅游市场营销培训、导游讲解员培训、饭店服务从业人员培训、质监执法培训、《旅游法》和《广西旅游条例》宣传培训，组织行业内人员参加全区星级饭店星评员培训、旅游执法培训、旅游投诉处理培训等，全面提升旅游从业人员综合素质。同时抓好旅游行业安全生产教育培训工作和安全应急演练工作。 （旅发委）

旅游节庆活动

【元宵上灯炸龙节】 2016年1月19日到1月24日，农历正月初十到十五，上灯炸龙节在富川举行。这是一项有着400多年历史的年俗活动，每年炸龙节都吸引上万人观看。

【黄姚鱼龙节】 黄姚古镇每年的农历正月初一至初三都会过鱼龙节。大年初一在黄姚宝珠观开坛打醮，连续三日三夜，又请来戏班子在古戏台唱戏三日三夜。正月初二晚举行舞鱼龙提灯晚会。鱼龙节是从乾隆年间开始的，至今已有200年的历史。

【“5·19”旅游日】 2016年5月19日晚，在灵峰广场举行“5·19”乐游贺州主题宣传推广活动。

【黄姚柚子灯节】 每年农历七月十四“中元节”，昭平黄姚古镇有一个特殊的传统风俗那就是放柚子灯。柚子灯就是在每一只柚子上都插上一炷香和点燃的蜡烛，连成20多米长，在姚江上游行，寄托着人民对美好生活的祝福与祈盼。

【富川脐橙节】 富川脐橙节即富川瑶族自治县举行的富川脐橙节暨瑶乡文化旅游节，一般在11月中下旬举行（脐橙收获时），每两年举办一次，活动期间包含有开幕式文艺表演、瑶族风情表演、脐橙系列评比表彰、脐橙展销、吃脐橙比赛、地方风物民俗展、脐橙丰收观光游览等系列活动。 （旅发委）

国土资源·建设·环保

编　　辑:陈敏兰
许中继

资　　源

国土资源管理

【国土资源概况】 贺州市国土资源局办公地址在贺州市建设中路2号,是负责对全市土地、矿产等自然资源进行规划、管理、保护与合理利用和对测绘行业进行管理以及负责组织实施全市不动产统一登记工作的政府职能部门。全市国土资源系统(含市辖三县、两区国土资源局)共有干部职工826人,其中市局机关下设13个科室、11个直属事业单位,共有干部职工233人(拥有博士学历学位1人,硕士学位和研究生学历4人,本科以上学历109人,取得专业技术资格任职的副高级职称1人,中级职称20人,初级职称44人)。2016年,贺州市国土资源局先后获全区国土资源系统综合管理目标考核优秀奖,贺州119消防"先进集体"奖,2015年度全区国土资源系统信息报送先进单位三等奖。

【土地资源】 2016年,贺州市行政区域土地总面积1.18万平方公里,其中市辖区面积5517平方公里,下辖3县区域面积6235.23平方公里。

【矿产资源】 截至2016年底,贺州市已发现煤、铁、锰、钛、钨、锡、铜、铅、锌、锑、钼、金、银、稀土、硫铁矿、砷、磷、水晶、饰面花岗岩、饰面大理岩、水泥用灰岩、白云岩、黏土、陶瓷土、硅灰石、重晶石、钾长石、萤石等有用矿产约60多种,主要矿产为饰面大理岩、饰面花岗岩、铁矿、钨矿、锡矿、铅锌矿、金矿、银矿、稀土、硅灰石和水泥用石灰岩,矿产地有100多处。探明储量的共有28种(含伴生矿种),其中大型矿床13处,中型20处,小型115处。饰面大理石、钨矿、锡矿、稀土矿、硅灰石等探明储量居广西前列,稀土矿、饰面花岗岩、饰面大理石、硅灰石等保有资源量居广西第一位,热矿泉较多,能源矿产少,铁锰缺富矿。2016年4月12日—14日,经中国无机盐工业协会邀请部分硫酸钙行业专家组成的考核组对贺州市大理石资源、矿石质量、重质硫酸钙部分生产企业及加工企业进行调研和考核后,该市被授予"中国贺州·重钙之都"称号,有效期自2016年4月至2019年4月。

【国土资源规划】 2016年《贺州市土地利用总体规划(2006—2020)调整完善方案》(2015年调整)及市区所辖各乡镇级土地利用总体规划调整完善方案、钟山县及钟山镇土地利用总体规划调整完善方案均已获得自治区批复。其中《贺州市土地利用总体规划(2006—2020)》调整完善方案于2016年11月3日获自治区国土厅以桂国土资函〔2016〕1815号文批复,为全区14个地级市第一个获批的市。同时,该市第三轮市、县两级土地整治规划(2016—2020年)分别于同年10月底、12月底完成规划编制成果,并通过专家评审;市、县两级矿产资源总体规划(2016—2020年)分别于同年11月底、12月底通过专家评审并按要求上报审批。上述工作的完成,为该市用地用矿

贺州市和市辖3县各种地类面积结构(2016年)

单位:公顷

地类行政名称	行政区域总面积	耕地	园地	林地	草地	城镇村及工矿用地	交通运输用地	水域及水利设施用地	其他土地
贺州市	1175256.63	162704.5	36787.67	813491.7	40826.59	40856.06	10850.39	34614.13	35125.65
市辖区	551733.15	65945.75	9068	411504.6	15464.58	23730.01	4704.38	13067.15	8248.73
昭平县	322364.20	17538.88	11387.86	271483.6	1709.44	5756.88	1403.06	7827.97	5256.49
钟山县	147182.82	37438.82	4074.46	79536.28	4553.63	6371.17	2299.29	4369.95	8539.22
富川瑶族自治县	153976.46	41781.01	12257.35	50967.23	19098.94	4998	2443.66	9349.06	13081.21
所占比例	100.00%	13.84%	3.13%	69.22%	3.47%	3.48%	0.92%	2.95%	2.99%

2016年8月31日，市国土资源局局长罗巧科（中）陪同广西壮族自治区国土资源厅厅长陈建军（左一）、市政法委书记韦升安（右一）到平桂区调研

提供了规划保障。

【项目用地保障】 2016年，国土资源局统筹落实用地指标937.49公顷，同比增长5%，创历史新高，其中争取追加指标686.32公顷，是年初下达量的373%，保障了园博园等156个项目的用地需求。2016年获批建设用地面积1295公顷，全市用地报批率80.32%，全区排名第一；用地获批率31.31%，全区排名第二，获国土厅通报表扬。对保障性安居工程等民生项目用地应保尽保，凡项目前期工作完成，具备用地条件的自治区、市、县（区）级重点项目，用地保障率100%。

【征地拆迁】 2016年，国土资源局先后印发《城区处遗项目专项包干经费拨款审核程序》《城区农民回建房基础超深补助方案》《市本级城市规划范围内产业用地区片划分和回建地地价的意见》等文件，实行和谐拆迁、文明拆迁。新调整的城市规划区范围内建设项目征地拆迁补偿及安置标准调整经市人民政府常务会讨论通过并以贺政发〔2016〕48号文印发实施，切实维护被征地农民利益。2016年拨付征地拆迁资金5.95亿元，为征地拆迁工作顺利推进提供强有力的资金保障，完成征地拆迁766公顷。

【土地储备】 2016年，国土资源局共筹集资金23.7亿元，实际到位资金13.7亿元；落实466.67公顷土地收储项目征地拆迁资金15亿元，同比增长36.69%。完成对22宗共104公顷国有土地的收储。

【国有土地供应】 2016年，国土资源局供应土地367宗，面积1413.86公顷，同比分别增长11.21%、24.81%。其中，市本级出让国有土地111宗，出让土地面积219.46公顷（招拍挂出让土地38宗，面积215.87公顷；协议出让土地73宗，面积3.59公顷），成交价款10.14亿元；划拨土地140宗，面积798.53公顷。全市近五年供地率72.77%，全区排名第一。

【地籍管理】 2016年底，贺州市三县两区行政区域土地总面积1175256.63公顷，其中：耕地162704.46公顷、园地36787.67公顷、林地813491.68公顷、草地40826.59公顷、城镇村及工矿用地40856.06公顷、交通运输用地10850.39公顷、水域及水利设施用地34614.13公顷、其他土地35125.65公顷。全面推进不动产统一登记和农村宅基地和集体建设用地使用权确权登记工作。市、县均提前完成不动产机构整合，落实了人员编制、办公场所、办公经费。市本级3月份在全市率先开始受理不动产登记业务，实现“新开旧停”，成为全区第三个“新开旧停”的地级市；钟山、富川、昭平3县也按时在6月份实现“新开旧停”。至此，该市全域不动产统一登记全部实现“新开旧停”。2016年，不动产登记电子档案移交全部完成，全市共核发不动产权证书2660本，不动产登记证明7644份。市本级农村宅基地和集体建设用地使用权确权登记工作（一般区域）于12月份完成外业验收。

【土地开垦整理】 2016年贺州市经自治区国土厅批复立项的整村推进土地整治项目共41个，完成市级竣工验收的24个，已完工正在完善竣工验收材料的16个，完成规划设计工程量的2%的1个。富川、钟山两县整县推进土地整治61个项目全部开工建设，实施面积47283公顷，总投资近7.05亿元。其中富川县37个项目，34个开展了市级验收，1个基本完工；另2个分别完成规划设计工程量的82%、89%。钟山县24个项目，22个完成自验并提交初验申请，另2个分别完成规划设计工程量的94.1%、95%。2016年立项实施土地开垦项目8个，规模达493公顷，提质改造（旱改水）项目10个，规模达391公顷。“小块并大块”耕地整治，八步区实施项目1个，面积1604.4亩；钟山县实施项目2个，面积共945.6亩。2016年，完成表土剥离102.39公顷，完成应剥离任务14.99公顷的683%，全区排名第四。建设沟渠1573公里、屯内路240公里、生产路473公里、田间主道478公里、防冲护岸等农田防护设施23公里，项目区的生产、生活条件得以改善，村屯面貌焕发新颜，近百万群众受益。

【矿产资源开发管理】 2016年，贺州市有勘查项目157个，勘查的主要矿种有金矿、锡矿、钨矿、铅锌矿、铁矿、锰矿，持证矿山177个（含国土部发证1个，自治区国土资源厅发证25个）。矿山年检、探矿权年检、矿山储量动态监测等管理工作有序开展。2016年年检应检矿山173个，实检173个，年检率100%，合格169个，合格率93.4%，其中有8个限期整改；完成对全市88个参检探矿权的年度检查；2015年度应开展矿山储量动态监测矿山177个，完成171个;组织开展大理石(含石灰岩)、花岗岩、钾钠长石等优势非金属矿资源调查形成了初步调查成果;开展了矿产品年度销售价格调查、采矿权价款评估、矿山督察、矿山安全生产大检查和“打非治违”等工作,矿山管理进一步规范。全力服务矿业发展,确定并编制2016年度市本级9个采矿权出让计划,网上挂牌出让采矿权10宗,成交采矿权价款2791万元。引进中国冶金地质总局投资40亿元开发的石材产业矿山开采已获自治区批准协议出让,为贺州市矿业经济发展特别是两个千亿元产业发展提供了规划和资源保障。

【矿业秩序整顿】 2016年,国土资源局共查办41宗中央环境保护督察组转办的举报案件。分两批对平桂管理区43个大理石采矿权实施整合,第一批6个整合区矿山的整合工作基本完成,2016年,共开展清理整治开采行动625次,取缔非法矿点104个,立案查处非法开采行为36宗,结案35宗,收缴罚没款84万元。2016年,贺州市发生矿山安全事故3起,没有发生较大矿山生产安全事故。

【国土资源行政监察】 2016年,国土资源局按照土地卫片执法检查的工作部署和规范要求,组织对全市2015年度卫片土地违法图斑144个和矿产违法图斑3个进行核查和整改,立案和结案率100%,全市违法用地占用耕地占新增建设用地占用耕地比例下降到5.5%,如期完成了图斑核查、数据填写、数据分析及有关情况汇总上报等工作,以全区第一的良好名次顺利通过自治区检查验收,连续6年实现“零约谈”“零问责”。

【地质灾害治理】 2016年,全面完善群测群防体系,层层落实责任,强化地质灾害防治、监测巡查和地质灾害气象风险预警工作。2016年完成7个地灾项目治理,使550个群众摆脱威胁;全面完成学校地灾排查核查工作,共巡查学校1077所,核查疑似存在地灾隐患学校163所,并对存在隐患的56所提出针对性措施和建议;全市累计巡查地灾隐患150多处,应急处置地灾险情灾情10多处,成功预报地灾2起,避免14人伤亡。举办集中培训班8期,培训地灾隐患点监测人2586多人;全市发生地灾20起,5人死亡1人受伤,直接经济损失60.1万元。

【行政审批改革】 2016年,国土资源局取消、下放和调整行政审批事项24项,清理规范行政审批中介服务事项11项。继续深化市、县国土资源“审管分离”行政审批制度改革,所有行政审批事项进驻政务中心,实现三集中审批。进一步简化审批程序,充分授权,所有审批事项不再回单位签字盖章,一站式办结,简化审批材料112份。加强局域内部信息共享,变群众跑为内部跑,实行“菜单式”及OA电子办公系统同步并联审批,优化和再造审批程序22个。公开办事流程,进一步规范和优化行政许可审批程序,有效提高国土资源审批工作效率,全年审批1191宗,审批提速53%。

【国土资源信息化管理】 2016年,国土资源局开展数据库建设、系统建设与升级、地籍发证数据迁移到不动产库等国土资源电子政务系统升级项目建设工作;经贺州市国土资源局局长办公会讨论通过的贺州市矿政网上审批系统及不动产数据迁移建设项目(含电子政务基础平台升级、采矿权网上审批系统、探矿权网上审批系统、矿产储量评审备案系统、不动产基础地理数据整合入库、城镇地籍土地登记数据迁移到不动产库、不动产系统日常维护本地化服务等建设内容)于12月底完成验收。此外,数字贺州地理空间框架建设项目于11月通过自治区测绘地理信息局组织的验收。

【国土资源信息公开】 据统计,2016年贺州市国土资源局在该局门户网站累计更新信息1579条,网站点击率约200548次,公开数与点击量逐年提高。

【依法行政】 2016年贺州市国土资源局修订完善了工作规则,制定《实施重大行政决策程序暂行办法(试行)》。2016年共召开党组会、局长办公会、局务会32次,研究讨论议题300多个,有效提高了国土资源工作依法科学民主决策水平。2016年,国土资源局先后组织全市国土资源系统各级各部门开展了“打非治违”、违法违规用地和非法勘查开采行为大排查大整治、环境风险安全隐患大清查大整治、土地管理和矿产资源专项整治等行动,成效显著。2016年局党组,有针对性地制定出台了《贺州市国土资源系统行政机关首问负责制度》《贺州市国土资源系统行政机关限时办结制度》《贺州市国土资源行政执法程序制度》《贺州市国土资源行政执法监督检查制度》《贺州市国土资源行政执法人员文明执法规范制度》等一批可执行、可监督、可检查、可问责的制度。2016年,国土资源局依法受理行政复议申请13件,全市各级国土资源系统共解决群众来信来访举报案件108件,有效维护了人民群众的合法权益。

【信访和维稳工作】 2016年,贺州市国土资源系统共受理群众来信178件,同比减少31%,接待群众来访92批326人次,分别同比减少60%、64%,其中市本级受理群众来信133件,同比增加23%,接待群众来访49批,同比增加4%。所受理的信访事项全部办结。

【土地例行督察】 国家土地督察广州局于2016年4月中旬进驻贺州市并对贺州市2015年土地利用管理工作进行例行督察,以《国家土地总督察例行督察意见书》反馈该市664个整改问题。针对反馈问题,贺州市高度重视,落实市国土资源局牵头,采取积极有效措施,迅速落实督查整改意见。通过强化措施,全面完善土地管理制度;规范管理,全面强化土地保护意识;加强督查,开展整改工作专项督办等方式途径全力抓好问题整改,并取得积极成效,2016年完成整改645宗,整改率97.14%,超过95%的要求,整改工作获得广州局高度肯定。

(国土资源管理局)

水资源管理

【水利机构及工作概况】 2016年,贺州市水利局有内设机构6个，直属事业单位10个，在编在职干部职工73人。内设机构分别为办公室、人事科、财务科、水政水资源科、政策法规科、安全生产监督科；所属事业单位分别为贺州市防汛抗旱指挥部办公室、贺州市水利工程管理站、贺州市水利建设与质量监督站、贺州市水土保持站（水土保持监测分站）、贺州市农田水利站、贺州市水电管理站、贺州市水政监察支队、贺州市堤防工程管理站、贺州市水利科技教育管理站、贺州市灌溉试验中心站。

2016年，贺州市水利电力局争取中央和自治区水利资金2.98亿元；完成水利电力固定资产投资15.13亿元；全市完成水电发电量28.98亿千瓦时，为全市经济社会发展提供了有力支撑。

【河流概况】 贺州市集雨面积在100平方公里以上的河流有40条，集雨面积在50平方公里以上的河流有80条，属珠江流域西江水系。境内主要河流有桂江、贺江、思勤江、富群河、大宁河、大平河、马尾河、林洞河等。

桂江 属西江一级支流，发源于广西北部的兴安县与资源县交界处的越城岭主峰猫儿山，主源是兴安县华江乡境内的大溶江，后由北向南流经灵川县、桂林市、阳朔县、在平乐县的黄龙流入贺州市昭平县，流经文竹、昭平、富裕、五将、古袍、马江、木格7个乡镇，后注入苍梧县在梧州市汇入西江。桂江在兴安县到阳朔河段又称漓江，阳朔以下称桂江。明朝时期，因桂江中下游流经平乐和梧州两府，所以此河又曾称府江。明成化年间，为安抚当时桂江沿岸的壮、瑶、苗等少数民族，又改府江为抚河，今梧州市人还称桂江下游为抚河。

桂江全长426公里，在昭平县境内河段总长100公里，落差25米，河面平均宽度约150米。全流域面积19288平方公里，昭平水位站控制流域面积14965平方公里，马江站多年平均流量549立方米/秒。桂江河床最窄处为马峡，宽50米，最宽处为五将中洲处，宽750米。桂江在昭平县境内河段可开发水资源理论蕴藏量为25万千瓦。

思勤江 是桂江一级支流，发源于钟山县两安瑶族乡沙坪村和恭城县三江交界山地，流至钟山县清塘镇新竹村，自北向南流入昭平县走马乡西坪村西鸦冲，经走马乡的西坪裕路、走马、庇江乡的庙丫、庇江、佛丁、福行、昭平镇的江口村在县城东4公里的练滩口汇入桂江。思勤江全长108公里，钟山县境内61.43公里，昭平县境内长46.57公里，全流域面积1778平方公里，多年平均径流量17.2亿立方米。水力理论蕴藏量5.30万千瓦，可开发量3.82万千瓦。

富群河 属桂江一级支流，富群河原名富群水，东汉时伏波将军马援南征到过此地，后人为纪念马援，又叫马江。现马江人仍叫富群河下游为马江。富群河发源于平桂管理区的公会镇与钟山县分界处的天炉岭，经公会大冲山东缘流入昭平县凤凰乡营盘村山脚屯，继续向东流，经公会石塔，再入昭平县境内的三江、潮江、古莲、沙子、百宜、富罗、金龙、镇南、三合至马江汇入桂江。全流域面积1226平方公里。年平均径流量9.91亿立方米，河流出口处多年平均流量36立方米/秒。

贺江 属西江一级支流，发源于富川瑶族自治县麦岭乡大坝村的茗山，流经富川瑶族自治县、钟山县、八步区至广东封开县的江口镇汇入西江。贺江全长351公里，全流域面积11500平方公里，实测最大流量5840立方米/秒（1994年信都站），信都水文站多年平均流量193.3立方米/秒，年平均径流量61亿立方米。贺江干流在贺州市境内全长231公里，控制流域面积6912平方公里，天然落差147米，水力蕴藏17.72万千瓦，可开发量12.55万千瓦。贺江较大的一级支流有大宁河、大平河、马尾河、马峰河、盘谷河、南堂河、湖罗河、古源河、林洞河等。

大宁河 又名临江，属贺江一级支流，发源于八步区开山镇与湖南省江华瑶族自治县的大圩、新圩交界的萌渚岭及广东连山，自东北向南流经开山、桂岭、大宁、南乡、黄洞、莲塘、贺街等乡镇，于贺街浮山汇入贺江。集雨面积2470平方公里，河长88公里，多年平均流量87立方米/秒，最大流量2420立方米/秒，最小流量25立方米/秒。多年平均径流量26.8亿立方米，最大径流量50.1亿立方米，最小径流量12.8亿立方米，天然落差203.1米，河床平均坡降2.31‰，水力蕴藏量21.8万千瓦，可开发量15.97万千瓦。

大平河 属贺江一级支流，发源于平桂管理区沙田镇的风雾顶，流经公会、大平、水口乡（镇），由水口镇注入梧州市苍梧县，经苍梧县的梨埠河汇入贺江。境内集雨面积494平方公里，境内河长56公里，最大流量765立方米/秒，最小流量7.9立方米/秒。河床平均比降2.6‰，天然落差146米。

马尾河 又名里松河，属贺江一级支流，发源于八步区里松镇的斧头山，流经里松、黄田、莲塘等乡镇至莲塘的古柏汇入贺江。集雨面积466平方公里，河长48.9公里，最大流量733立方米/秒，最小流量7.5立方米/秒，平均比降0.66‰，天然落差30米。

【水资源管理】 2016年，贺州市保有取水许可证393本，审批取水量480.42亿立方米。2016年，贺州市水利电力局加强饮用水水源地保护力度，推进贺州市龟石水库水源保护及生态修复工程（石坝村、坝首试点项目）、平桂区沙田镇供水工程狮洞水库水源地保护工程、广西贺州市钟山县钟山水厂水源地保护二期工程和贺州市城区供水引水渠道保护工程建设；编制完成2016年的《贺州市水资源管理年报》《贺州市水资源公报》《贺州市水务管理年报》《贺州市地下水通报》。

【水资源总量】 贺州市多年平均降雨量在1500~2000毫米之间，平均水资源总量120亿立方米。2016年贺州市降雨量为2182毫米，径流深为1421.8毫米，水资源总量为168.56亿立方米。虽然水资源总量多，但降雨主要集中在汛期，降雨时空分布不均，水资源可利用量不多。据广西水资源公报数据，2016年贺州市总用水量约15.04亿立方米。

【江河水质】 2016年，贺州市16个重要江河湖泊水功能区水质达标率均达100%，并全部纳入最严格水资源管理制度考核，年度水质类别为Ⅰ类水。桂江的昭平县至梧州市、贺江的富川瑶族自治县至钟山县、贺江的钟山县至平桂区、大平河的平桂区至苍梧县、贺江的平桂区至八步区、贺江的八步区至封开县共计5个跨行政区河流交界断面水质达标率达100%，全年监测次数为12次，水质均达到Ⅱ类水以上。据贺州市水利局对龟石水库和贺江的监测，龟石水库共监测12次，结果为：Ⅰ类水2次，Ⅱ类水3次，Ⅲ类水6次，Ⅳ类水1次；贺江共监测12次，结果为：Ⅰ类水1次，Ⅱ类水11次。

【水土保持】 2016年，贺州市加大新修订水土保持法律、法规的宣传力度，完成水土保持方案审批29项，组织水土保持专项验收3项，征收水土保持补偿费1100万元。投入1162.79万元实施贺州市八步区西溪河水土保持综合治理工程、钟山县珊瑚河同古镇片小流域水土保持综合治理项目、昭平县走马镇福行村社冲小流域国家水土保持重点工程、富川县白沙小流域国家水土保持重点工程，完成治理水土流失面积25.84平方公里，新增水保林169.19公顷，经果林23.57公顷，封禁治理2361.16公顷，修建河道防护堤3.52公里，新建蓄水池13座，新建引水坝1座，田间道路2.67公里。

【水资源开发利用】 贺州市水能资源丰富，理论蕴藏量为108.83万千瓦，可开发量为86.05万千瓦，可开发水电站309座。2016年末，全市建成水电站217座，总装机容量64.57万千瓦，占可开发75%，2016年全市水电发电量28.98亿千瓦时。

2016年，贺州市总供用水量为15.04亿立方米，其中：农田灌溉用水11.32亿立方米，林牧渔畜用水1.42亿立方米，工业用水0.79亿立方米，建筑业和服务行业用水0.43亿立方米，居民生活用水1.01亿立方米，生态环境用水0.08亿立方米。

贺州市水资源开发利用特点是：水能资源高度开发，开发利用率为12.5%；农田灌溉水有效利用系数为0.475，农业生产耗水量大、渠道水利用系数低；工业、生活用水量小、利用效率低；水资源开发利用集中在贺江中上游。

【水利执法】 2016年贺州市水事行政执法人员共进行日常巡查1059次，组织联合执法97次，现场处理案件共计103件，立案查处55件，均已结案，共处警告184次，责令限期拆除28次，罚款38.58万元。

【大中型水库及电站简介】

龟石水库 为珠江流域西江支流贺江上游的一座大(二)型水库。坝址位于贺州市钟山县钟山镇龟石村境内，距钟山县城15公里。于1958年10月动工兴建，1966年3月竣工，水库有多年调节功能，以灌溉为主，兼顾发电、防洪、养殖、供水、工业用水。水库控制流域面积1254平方公里，总库容5.95亿立方米；正常蓄水位182.0米，相应库容4.40亿立方米、相应水面面积50平方公里。枢纽工程建筑物由主坝、副坝、溢洪道、发电站、灌溉输水涵管等组成。水库原设计灌溉面积为16.2万亩，1999年起通过对龟石水库与狮洞等十二座小水库结瓜形成水库群及龟石灌区续建配套改造后，设计灌溉面积为30.45万亩。电站装机容量为4×0.4万千瓦，枯水期为下游11级水电站提供了3亿多立方米的水资源调节，2016年发电量0.58亿千瓦时。水库下游影响人口35万人、耕地25万亩。

2009年10月—2011年11月曾进行水库除险加固，完成主、副坝防渗加固、副坝加高培厚、溢洪道加固、蜈蚣岭滑坡体治理、水情测报系统和大坝安全监测系统改建、防汛公路、金属结构和启闭设备更新改造等。

合面狮水库 为西江支流贺江中游的一座大(二)型水库。坝址位于贺州市八步区信都镇水口村境内，距贺州市区66公里，距信都镇10公里。水库有季调节功能，以发电为主，兼顾灌溉、航运。控制流域面积6260平方公里，最大坝高54.5米，总库容2.96亿立方米，正常蓄水位88.00米，相应水库面积2.7万亩、回水长度43公里。工程于1970年动工兴建，1974年第一台发电机组并网发电，同时向东、西干渠输水灌溉农田，1976年下闸蓄水，1977年5月4台发电机组全部建成投入运行。工程由拦河大坝、发电厂房、灌溉渠、船筏道4部分组成。电站原设计装机容量4×1.7万千瓦，1996年增容改造后装机容量为4×2.0万千瓦；船筏道布置在大坝左端，过坝通航型式为干式斜面升船机，原设计年通过木材、船货运量分别为8万立方米、10万吨，1989年12月开始对过坝设施进行整体改造，1992年9月竣工，过坝能力50吨每次；大坝左右两端均设1.8米×1.8米方形渠道输水洞，输水能力共为13.3立方米/秒。水库设计灌溉面积10.31万亩，有效灌溉面积8.07万亩；库区养鱼水面2.7万亩。2016年发电量4.95亿千瓦时。

狮洞水库 位于贺州市平桂区沙田镇狮中村，坐落在珠江流域贺江支流

2016年4月6日，贺州市副市长刘国学(前排左二)带领市水利、环保、水产等部门的主要领导和专家，到龟石水库检查防汛工作，市人民政府副秘书长罗义俊(右二)、市水利局局长岑可乾(右一)陪同

2016年10月25日，自治区水利厅厅长杨焱（右三）考察贺州市路花水库工程建设现场，市水利局局长岑可乾（右一）、副局长黎桂升（左二）、副局长秦垂旺（左一）陪同

马峰河的上游，距贺州市区20公里，距沙田镇4公里。工程于1958年9月动工兴建，1963年3月竣工蓄水。水库坝址以上集雨面积45.5平方公里，是一座以灌溉为主，兼顾防洪、发电、养殖、供水等综合利用的中型水利工程。水库总库容1658万立方米，有效库容1037万立方米，设计灌溉面积2.55万亩。水库枢纽工程由大坝、溢洪道、输水涵管、坝后电站等建筑物组成。坝后水电站为坝后引水式，2015年完成增效扩容改造，改造后装机容量2×200千瓦。水库垮坝影响下游人口12万人，耕地10万亩。

2007年3月—12月开展狮洞水库除险加固前期工作，鉴定大坝为三类坝，除险加固主要建设内容为：坝体、坝基防渗处理，上、下游护坡加固整治；溢流堰灌浆，加固溢洪道底板、边墙及消力池，溢洪道交通桥改造；封堵原输水涵管，新建放水隧洞；右坝肩错落体加固；修建防汛抢险道路，完善水库安全监测设施及修建管理房等。于2008年12月开工建设，2010年12月主体工程完工，尚未进行竣工验收。

沙冲水库 位于贺州市八步区铺门镇贺江支流沙冲河中段，是一座以灌溉为主，兼顾防洪、水面养殖等综合利用的中型水库。工程于1965年10月动工兴建，1966年10大坝竣工蓄水。坝址以上集雨面积80平方公里，多年平均降雨量1693毫米，多年平均径流量9500万立方米。水库总库容为1650万立方米，其中调洪库容1130万立方米，有效库容344万立方米，死库容176万立方米。水库正常蓄水位64.15米，设计洪水位67.41米，校核洪水位68.23米。水库枢纽工程建筑物由主坝、副坝、溢洪道、输水涵管组成。2002年曾对水库大坝内坡砼面板、上坝公路维修等项目进行维修加固。水库设计灌溉面积1.14万亩，历年最大实灌面积1.12万亩。水库垮坝影响下游人口1.65万人，耕地1.5万亩。

2006年8月—2007年6月开展沙冲水库除险加固工程前期工作，鉴定大坝为三类坝，除险加固主要建设内容为：主坝、副坝加固；新旧溢洪道加固及新建交通桥；放水设施改建；进库防汛公路；管理房及金属结构安装。工程于2008年10月开工，2010年6月完工。2010年12月通过自治区水利厅组织的竣工验收。增加库容53万立方米，恢复灌溉面积1000亩，改善灌溉面积1.12万亩，防护2.5公里外的国道207线和广贺高速公路。

横塘水库 位于贺州市富川瑶族自治县福利镇贺江支流毛家河中下游，是一座以防洪、灌溉为主，兼以发电、养殖的综合利用的中型水利工程。工程于1958年1月动工兴建，1961年12月竣工蓄水。坝址以上集雨面积96.8平方公里，多年平均降雨量1592毫米，多年平均径流量5760万立方米。水库总库容为1778万立方米，其中调洪库容872万立方米，有效库容906万立方米。水库正常蓄水位217.42米，设计洪水位219.51米，校核洪水位220.02米。水库枢纽建筑物主要有主坝、溢洪道、梯级放水管、电站压力引水管道和厂房及5座副坝。水库电站装机容量为300千瓦，设计灌溉面积2.0万亩，实际灌溉面积3.19万亩。水库垮坝影响下游人口3.2万人，耕地3.0万亩。

昭平水库 为西江支流桂江中游的一座大(2)型水库。坝址位于贺州市昭平县境内，距昭平县城4.5公里。昭平电站是桂江开发规划的第二个梯级电站，有日调节功能，功能是发电为主，兼顾航运和灌溉。控制流域面积13170平方公里，最大坝高39.5米，总库容1.221亿立方米。正常蓄水位72.0米（黄海基面），相应水面面积7.65平方公里，回水长度26.08公里。工程于1989年动工兴建，1994年第一台机组发电，1995年竣工。工程由大坝、溢洪道、发电厂房和船闸4部分组成。电站装机容量3×2.1万千瓦，2016年发电量3.89亿千瓦时。水库设计灌溉面积0.4万亩，有效灌溉面积700亩。工业、生活用水年均供水量为630万立方米。

下福水电站 下福水利枢纽位于西江支流桂江昭平段富裕乡玉河村下福屯，距昭平县城14公里，是一座以发电为主，结合航运、灌溉、水产养殖、旅游的综合利用工程。昭平电站是桂江开发规划的第三个梯级电站，坝址以上集雨面积1.52万平方公里，最大坝高31.9米，总库容1.28亿立方米。正常蓄水位54米（黄海基面）。工程于2003年6月年动工兴建，2005年12月第一台机组发电，2007年12月竣工。电站装机3×1.65万千瓦，2016年发电量2.59亿千瓦时。

金牛坪水电站 金牛坪水利枢纽位于西江支流桂江昭平段马江镇熊埠村，距昭平县城16.5公里，是一座以发电、航运为主，兼顾旅游及水产养殖等综合利用工程。金牛坪电站是桂江开发规划的第四个梯级电站，坝址以上集雨面积1.57万平方公里，最大坝高32米，总库容1.84亿立方米。正常蓄水位42米（黄海基面）。工程于2004年

10月动工兴建,2007年5月第一台机组发电,2007年12月竣工,电站装机3×2万千瓦,2016年发电量2.97亿千瓦时。

花山水库 为桂江一级支流思勤江支流花山河中游的一座中型水库。坝址位于贺州市钟山县花山瑶族乡板冠村境内,距钟山县城31公里。水库有多年调节功能,以灌溉为主,兼顾防洪、发电。控制流域面积76平方公里,最大坝高49.5米,总库容4349万立方米。工程于1975年动工兴建,1983年竣工蓄水。1994年曾进行水库除险加固,完成副坝加固、隧洞灌浆、溢洪道防渗等10个项目。工程由主坝、副坝、溢洪道、输水隧洞和水电站4部分组成,水电站装机4×500千瓦,年均发电量350万千瓦时。水库原设计灌溉面积8万亩,因灌区配套工程未完成,有效灌溉面积3.5万亩,实际直接灌溉0.5万亩。

2009年2月—2011年2月开展花山水库除险加固前期工作,鉴定大坝为三类坝,设计主要建设内容:主坝、1#~6#副坝除险加固;溢洪道加固,拆除重建溢流堰段启闭机排架及交通桥,更换溢洪道闸门及启闭设施;输水隧洞加固;拆除重建人行桥等。2013年8月开工,2014年底累计完成投资2010万元。

龙潭水库 为桂江一级支流思勤江支流珊瑚河上游的中型水库。坝址位于贺州市钟山县东南部珊瑚镇境内,距钟山县城30公里。水库有多年调节功能,灌溉为主,兼顾防洪、发电、供水。控制流域面积36平方公里,原设计坝高30.8米。工程于1957年动工兴建,1958年竣工蓄水。1976年进行水文复核,以100年一遇洪水设计,500年一遇洪水校核,可能最大暴雨(PMP)洪水保坝,1978年按此标准除险加固,大坝加高5米,溢洪道加宽3米,总库容增至3455万立方米。1994年10月至1995年3月曾进行溢洪道水毁工程修复加固。1998年10月至1999年4月对梯级放水管改造,由原来的梯级放水塞改为杠杆式转动闸门放水管。工程由大坝、溢洪道、灌溉输水管、水电站组成。水电站为坝后引水式电站,2016年完成增效扩容技改,技改后装机容量2台共650千瓦,年均发电量146万千瓦时,发电尾水可作灌溉用水。水库设计灌溉面积5.19万亩,有效灌溉面积4.60万亩,解决下游珊瑚、凤翔、石龙、回龙四个镇农田的灌溉用水及当时珊瑚矿区生产生活用水。水库保护下游人口2.6万人,耕地1.95万亩。

2009年2月—2011年4月开展龙潭水库除险加固前期工作,鉴定大坝为三类坝,设计主要建设内容有:坝体塑性混凝土防渗墙,坝基和坝肩帷幕灌浆,坝顶及上下游坝坡加固整治,新建下游排水棱体、完善排水设施,坝面白蚁防治等;溢流堰加固,堰基帷幕灌浆,溢洪道进口段、泄槽段底板衬砌,拆除重建溢洪道控制段左侧挡墙,溢洪道下游排洪渠疏浚及护岸;封堵原左、右岸高、低输水洞(涵),新建左岸输水隧洞;维修水库防汛公路,完善水库安全监测设施及修缮水库管理生产业务用房等。2012年1月开工,至2014年底累计完成投资2196万元,工程建设基本完工。

周家水库 位于昭平县黄姚镇、桂江支流富群河上游,是一座以灌溉为主,兼顾发电、防洪、水面养殖等综合利用的中型水库。工程于1958年6月动工兴建,1965年3建成蓄水。坝址以上集雨面积17.2平方公里,多年平均降雨量1756毫米,多年平均径流量1080万立方米。水库总库容为1455万立方米,其中调洪库容257万立方米,有效库容1223万立方米,死库容3万立方米。水库正常蓄水位219.2米,设计洪水位220.64米,校核洪水位220.99米。枢纽工程建筑物由主坝、副坝、溢洪道、输水涵管组成。水库设计灌溉面积1.4万亩,历年最大实灌面积1.9万亩。水库垮坝影响下游人口6.5万人,耕地3.5万亩。

2004年12月—2007年2月开展周家水库除险加固工程前期工作,鉴定大坝为三类坝,除险加固主要建设内容为:主坝右坝肩防渗灌浆;内坡整治;副坝加防浪墙及外坡整治;封堵主坝输水涵管;溢洪道底灌溉输水涵管;新建放水隧洞;更新旧放水塔启闭设备;主坝上坝公路维修;新建副坝上坝公路;更新大坝安全监测及水情自动测报设施,完善工程管理设施。工程于2007年11月开工,2008年12月完工。2010年12月通过自治区水利厅组织的竣工验收。恢复灌溉面积3300亩,增加灌溉面积1700亩。

良佑水库 位于昭平县北陀镇良佑村,属西江水系桂江支流富群河,是一座以发电为主,兼顾农田灌溉、防洪、养殖等综合利用的中型水库。工程于1976年6月动工兴建,1980年因地质等问题工程停建。1986年12月底续建工程动工,1990年8月竣工。坝址以上集雨面积45.0平方公里,多年平均降雨量1780毫米,多年平均径流量4082万立方米。水库总库容为2660万立方米,其中调洪库容469万立方米,有效库容1752万立方米。水库正常蓄水位165.00米,设计洪水位167.90米,校核洪水位168.80米。枢纽工程建筑物由主坝、溢洪道、压力管和电站组成。水库电站装机容量为2×800千瓦,多年平均发电量462.4万千瓦时,设计灌溉面积800亩,有效灌溉面积800亩。水库垮坝影响下游人口3.5万人,耕地2.5万亩。

(水利局)

建　设

建设综述

【建设概况】 2016年,住建局以实施新型城镇化为主线,积极推动建筑、房地产“两业”发展,统筹城乡建设,提升城市品位,建设美丽贺州。截至2016年底,全市城市规划区面积78平方公里,建成区面积40平方公里,城区人口38万,城镇化率43%。

城市建设概况 城市地下管线普查及综合管理信息系统已通过竣工验收。加快推进城东新区路网建设工程、市文化中心、爱莲湖公园、灵峰山以西旧住宅区整治改造等一批市政项目建设,开发投资碧桂园、嘉年濠庭、香槟城、绿洲家园、城市花园广场等一批高品质房地产项目,城市品位明显提升。2016年,全市完成城镇市政设施投资80亿元;住建局所联系的重大项目完成投资 11.1 亿元，完成年度投资任务的 125%。

村镇建设概况 2016 年，自治区下达贺州市农村危房改造任务户数为 9400 户，其中包含建档立卡贫困户 3621 户。下达贺州市中央、自治区补助资金共 1.74 亿元，市级配套资金 1410 万元。截至 12 月底，全市已落实 9400 户，落实率 100%；已开工 9400 户，开工率 100%；已竣工 7606 户，竣工率 80.91%。其中，全市建档立卡贫困户已落实 3866 户，落实率 106.77%；已开工 3866 户，开工率 106.77%；已竣工 3790 户，竣工率 104.67%。广西乡土特色建设示范项目、百镇建设示范工程、特色名镇名村项目、传统村落申报和保护、"美丽广西·生态乡村"屯内道路硬化项目、少数民族乡建设项目、农村垃圾专项治理两年攻坚工程等村镇建设项目稳步推进，村镇建设成效明显，八步区贺街镇入选全国首批特色小镇和第四批美丽宜居小镇示范名单，昭平黄姚镇入选全国第二批全国特色小镇，三个村入选中国美丽宜居村庄示范名单，平桂区羊头镇柿木园村等十八个村获评中国第四批传统村落，村镇面貌明显改观。

建筑业发展概况 2016 年全市建筑业总产值 18.22 亿元，同比增长 20.6%，完成全年目标任务 17 亿元的 106%，超额完成年度目标任务。全市现有建筑企业 73 家。装配式建筑工作取得新进展，贺州市被列为广西建筑产业现代化综合试点城市，装配式建设试点项目稳步推进。加强建设工程质量安全监督和建筑工地扬尘治理工作，工地文明施工水平进一步提升。共组织投入扬尘治理专项经费 280 万元；城区 70 个在市住建局办理报监和施工许可证的新增建筑工地均达到扬尘治理 8 个 100% 的要求。

房地产业概况 2016 年，贺州市完成房地产投资 31.47 亿元，同比增长 37.51%；商品房销售面积 94.27 万平方米，同比增长 9.45%；全市保障性住房和棚户区改造住房新开工 7894 套，完成任务的 100%；基本建成 5717 套，完成任务的 178.66%；分配入住 5029 套，完成任务的 167.63%；新增发放补贴 180 户，完成任务的 144%。

重点建设

【重点建设概况】 2016 年，市住建局以"一江两岸三新区"、贺八平钟一体化为重点，继续抓好贺州桂东汇豪国际城、湖广大市场、远东国际城、春天·五彩江南、在美·宫城、香槟城、绿洲家园、嘉年濠庭、碧桂园、帝景湾、金源·麒麟广场等一批房地产项目建设；加快生态新城建设，使集居住、现代商贸物流业为一体的火车站新区初见成效；加快推进城东新区路网建设工程、爱莲湖公园、市文化中心工程、市民活动中心、市民服务中心等一批项目的建设，使集旅游、度假、休闲、商贸金融、居住为一体的城东新区初具规模。2016 年市政府下达住建局的市级层面重大项目投资目标任务为 8.9 亿元，截至 2016 年底，住建局所联系的重大项目完成投资 11.1 亿元，完成任务的 125%。

2016 年 12 月 31 日，贺州市委书记李宏庆出席大钟山公园开园仪式并宣布开园

（生态新城管委会 供）

【重点建设项目选介】

城东新区路网工程 属续建项目，资金来自政府投资，位于贺州市八步区灵凤村，总投资 3.3 亿元。建设道路有大兴路、松木岭路、鞍山东路、乐业路、滨泰一路、滨泰二路、南苑路、灵凤路、平安东路、太白东路、江北中路、桃源路、工达路等 13 条城市道路，线路总长 22 公里，设计道路红线宽度分别为 60 米、40 米、30 米、26 米。截至 2016 年 12 月 31 日，已完成投资 2.43 亿元，预计 2017 年完成投资 3000 万元。

贺州华润循环新城（一期）基础设施工程 属续建项目，为城市市政道路，总长 16979 米，包括工业大道 A 段、工业大道 B 段、横 B 路、横 D 路、井山大道、大深坝路、横 C 路等 18 条道路，路基红线宽 14~40 米，总投资 7.04 亿元，截至 2016 年 12 月 31 日，完成投资 4 亿元，预计 2017 年完成投资 2 亿元。

贺州大钟山公园（大钟山市民文化活动中心） 属续建项目，建设内容：建设大门、停车场、管理建筑、园林景观建筑与景观小品、道路广场、游乐设施及其他市政管网配套设施、绿化工程等，总投资 2 亿元，截至 2016 年 12 月 31 日，完成投资 8044.8 万元，预计 2017 年完成投资 5000 万元。

贺州市北堤公园提升改造工程 属续建项目，主要建设内容为灵峰桥桥头广场、阳光建设区、特色亲水广场、趣味阶段看台、彩虹桥广场、亲水平台、公园集中服务区、植物游园等，以及供水、供电、道路等配套附属设施建设。项目建设规模为对北堤公园的景观环境及公共活动设施进行升级改造，面积约为 22.96 万平方米（344.423 亩），总投资 1.27 亿元，截至 2016 年 12 月 31 日，完成投资 4300 万元，预计 2017 年完成投资 4000 万元。

贺州市市容市貌综合提质三年行动道路建设工程项目 属续建项目，福中路一期、民乐路一期、新华西路一期、文殊路、钟山东路一期、康乐路二期、东兴路一期、升平路一期、新华东路、钟山东路二期、钟山东路三期、文苑路一期、文苑路二期、钟山西路、民乐路二期、竹山路16条新建道路;姑婆山大道扩建工程、芳林路及西约街改扩建工程、八达路改造工程3条改造道路;建设路、鞍山西路、星光路、莲八路4条街道立面改造。主要建设内容:包括新建主车道、人行道、排水管道、路灯、绿化和交通安全设施。总投资7.59亿元,资金来自政府投资。截至2016年12月31日,完成投资2822.73万元,预计2017年完成投资5000万元。

贺州市八步区文化旅游新城及基础设施项目一期工程 属续建项目,建设游客集散服务设施、商业中心、酒店等配套设施,总建筑面积29万平方米,建设道路长3.9千米,总投资7.73亿元,资金来源是政府投资。截至2016年12月31日,完成投资2.77亿元,预计2017年完成投资1.5亿元。

八步区古柏生态科技园基础设施建设项目 属续建项目,新建10条市政道路,总长8.8公里,总投资6.16亿元,资金来源是政府投资。截至2016年12月31日,完成投资1.77亿元,预计2017年完成投资1亿元。

远东国际城南组团 属续建项目,东临建鞍路,南临江北中路,西临灵峰南路,北临国贸路。项目用地面积94.92亩,总投资7.5亿元,资金来源是企业自筹。截至2016年12月31日,完成投资4.47亿元,预计2017年完成投资5000万元。

贺州嘉年濠庭项目 属续建项目,项目净用地面积5.05万平方米,总投资7亿元,资金来源是企业自筹。截至2016年12月31日,完成投资6.06亿元,预计2017年完成投资5000万元。

春天·五彩江南项目 属新建项目,房地产开发建设,总建筑面积26.74万平方米,规划为商业、办公、酒店、居住等多建筑形态一站式全体验生活社区。总投资6亿元,资金来源是企业自筹。截至2016年12月31日,完成投资5017万元,预计2017年完成投资5000万元。

在美·宫城项目 属续建项目,房地产开发建设,总建筑面积约10.8万平方米,其中,计容积率面积约8.6万平方米,半地下室约2.2万平方米。总投资2.3亿元,资金来源为企业自筹。截至2016年12月31日,完成投资1.76亿元,预计2017年完成投资3000万元。

绿洲家园工程 属续建项目,占地约635亩,建设4000多套限价房,总投资13.8亿元,资金来源是企业自筹。截至2016年12月31日,项目已竣工。

金水湾花园项目 属续建项目,占地面积6.12万平方米,建筑面积约20.72万平方米,总投资3.5亿元,资金来源是企业自筹。截至2016年12月31日,项目已竣工。

城东新区公租房建设工程 属续建项目,总建筑面积为7.93万平方米,其中地上总建筑面积为6.54万平方米,地下室总建筑面积为1.4万平方米,项目总投资18413万元。建设内容包括:主体建设、室内简单装修、室外场地平整硬化绿化、排水排污工程、居委会、物业用房、老少年活动中心用房。截至2016年12月31日,完成投资1.54亿元,预计2017年竣工。

贺州市经济适用房光明花园二期工程 属续建项目,项目位于江南新城汽车总站旁,二期工程总建筑面积10.25万平方米,规划建设688套住房,总投资1.95亿元。截至2016年12月31日,完成投资1.11亿元,预计2017年完成投资4000万元。

贺州市棚户区改造项目(一期)——八步二区改造项目 属续建项目,安置住户1175户,建筑面积16.2万平方米,总投资7.21亿元。截至2016年12月31日,完成投资5.97亿元,预计2017年完成投资6000万元。

贺州市棚户区改造项目(一期)——八步三区改造项目 属续建项目,安置住户800户,建筑面积5.64万平方米,包括3个安置区:供电安置区、信都安置区和桂东(桂东技校)安置区,总投资2.99亿元。截至2016年12月31日,完成投资8552.06万元,预计2017年完成投资5000万元。

火车站站前片区棚户区改造项目 属新建项目,安置住户1000户,建筑面积12万平方米,改造区域"七通一平"、安置区域新建安置房、道路以及公共交通、供水、供电、供气、通信、污水与垃圾处理等市政基础设施和商业、教育、医疗卫生等公共服务设施,总投资7.48亿元。截至2016年12月31日,完成投资3.33亿元,预计2017年完成投资2亿元。 (住建局)

城市规划与村镇规划

【概况】 贺州市规划局于2014年12月8日挂牌成立,将原市住房和城乡建设委员会城乡规划管理职责划入市规划局,为贺州市人民政府组成部门。办公地点设在贺州市住房公积金大楼4楼和贺州市住房和城乡建设局4楼。贺州市规划局内设办公室、城市规划管理科(总工程师办公室)、用地规划管理科、建筑工程规划管理科(行政审批办公室)、市政工程规划管理科、村镇规划管理科6个科室。另设1个监察室。原贺州市住建委所属的市城乡规划设计院、市城乡建设服务中心和市地理信息中心3个事业单位成建制划转到贺州市规划局管理为二层机构。贺州市规划局平桂分局于2016年12月18日挂牌成立,作为贺州市规划局向平桂区派出规划管理分支机构,负责平桂区城乡规划管理;八步区、钟山县、富川瑶族自治县和昭平县均尚未成立分局,规划管理职能依旧在各县(区)住建局(建设局)。

2016年,贺州市规划局抓紧推进贺州市城市总体规划修编,完成园博园等重大项目规划编制,加快推进《贺州市中心城区风貌规划导则》《贺州市海绵城市专项规划(2016—2030)》《贺州市中心城区综合管线及综合管廊专项规划(2016—2030)》等专项规划编制工作,完成17个村庄规划编制(其中14个为传统村落保护与开发规划编制)。加快《贺州市城市规划管理技术规定》修编,依法依规核发规划"一书两证"。

【贺州市总体规划修编】 2016年1月12日,《贺州市城市总体规划纲要(2016—2030)》通过中共贺州市委常委三届九十二次(扩大)会议审议。《贺州市城市总体规划(2016—2030)》于2016年9月23日通过专家评审会审议，2016年11月10日通过贺州市城市规划专业审批委员会2016年第11次成员会议审议，2016年11月16日通过市四家班子联席会议审议。

【片区、园区、重大项目规划编制】 片区——《贺州市生态新城核心区控制性详细规划》于2016年11月16日通过市四家班子联席会议审议;《贺州市平桂新城控制性详细规划》于2016年11月6日获得批复;《贺州市八步区文化旅游新城控制性详细规划及城市设计》于2016年3月21日获得批复。《厦岛片区控制性详细规划》通过贺州市城市规划专业审批委员会(2016年第5期)审议;《贺州"一江两岸"核心区控制性详细规划》通过过市四家班子联席会议审议;《贺州生态产业园一期东岸控制性详细规划调整方案》通过市城市规划专业审批委员会(2016年第1期)审议;

园区——《贺州现代商贸产业园(贺州古柏生态科技园)总体规划(2016—2030)》《贺州现代商贸产业园(贺州古柏生态科技园)控制性详细规划》于2016年3月22日获得批复,《旺高工业区(广西碳酸钙千亿元产业示范基地)总体规划(2015—2030)》于2016年6月2日获得批复。

重大项目——《第十届广西(贺州)园林园艺博览会园区及贺州市厦岛扶贫移民搬迁一期工程休闲养生工程修建性详细规划》于2016年8月3日获得批复;《广西(贺州)园林园艺博览会(南入口建筑)方案》于2016年9月29日获批复;《广西(贺州)园林园艺博览会(主场馆)方案》于2016年5月17日通过市城市规划专业审批委员会2016年第4期审议;《贺州市爱莲湖公园工程项目修建性详细规划》于2016年4月26日获得批复;《贺州火车站综合交通枢纽及配套基础设施建设项目(调整方案)》于2016年7月1日获批复;《贺州市规划馆、博物馆、图书馆、档案馆设计方案》于2016年12月3日获批复;《贺州市示范性综合实践基地(一期工程)设计方案》于2016年7月19日获批复。

【专题规划编制及研究】 2016年,《贺州市中心城区风貌规划导则》已完成规划初步成果;《贺州市中心城区建筑高度控制专项规划》经市城市规划专业审批委员会(2016年第3期)审议通过;《贺州市中心城区及生态产业园规划水资源论证报告》已完成规划初步成果。

【村镇规划】 2016年,市规划局指导市本级17个重点镇继续完善规划修编工作:八步区桂岭镇、莲塘镇的总规上报八步区人民政府待批复,信都镇、贺街镇通过市人民政府规审会,并上报自治区人民政府审批。平桂区望高镇、沙田镇、公会镇的总规已上报平桂区人民政府待批复。富川瑶族自治县朝东镇、麦岭镇、莲山镇(用原版本)的总规富川瑶族自治县人民政府已批复。钟山县公安镇、回龙镇、清塘镇的总规钟山县人民政府已批复。昭平县富罗镇、马江镇的总规昭平县人民政府已批复实施,其余重点镇的规划按原版本规划实施。完成平桂区公会镇大姚村,钟山县同古镇四合村,昭平县黄姚镇北莱村等17个村庄规划,其中14个为自治区级传统村落保护与开发规划。

【规划服务工作】 2016年,共协助市政府组织召开12次市规委会,组织召开14次局专审会,完成平桂管理区广西贺州电子科技生态产业园棚户区改造项目安置点一方案设计、平桂管理区广西贺州电子科技生态产业园棚户区改造项目安置点二方案设计、贺州市平桂管理区广西贺州电子科技生态产业园棚户区改造项目安置点三方案设计(二期)等23个项目建设方案报批工作。提交项目规划意见及情况汇报、答复意见等300多项,出具规划设计条件110项。协助市政府组织召开11次市土审会,核发项目用地红线图40件。共核发选址意见书29项,总用地面积5470.8亩;核发建设用地规划许可证19项,总用地面积1459.58亩;核发建设工程规划许可证26项,总建筑面积60.54万平方米;非建筑类规划许可证9项。 (规划局)

村镇建设

【概况】 2016年,贺州有建制镇(不含市区、平桂区黄田镇(已纳入市区)、县人民政府驻地镇,下同)49个,集镇12个,村庄8268个(其中,村民委员会714个)。建制镇镇区占地面积1214060公顷,集镇镇区占地面积4499.30公顷,村庄占地面积30344.47公顷。建制镇建成区有户籍人口227.8万人,暂住人口6.59万人。集镇建成区有户籍人口22.90万人,暂住人口3.28万人。村庄有户籍人口194.41万人,暂住人口2.49万人。

2016年,贺州有794户建制镇居民建设新房,住宅竣工面积22.21万平方米,(其中混合结构建筑面积

2016年12月18日,贺州市规划局平桂分局挂牌成立

22.13万平方米，占99.64%）。建制镇公共建筑竣工面积10.32万平方米，生产性建筑竣工面积5.15万平方米，建制镇建设完成投资3.94亿元，其中住宅完成投资1.70亿元，公共建筑完成投资1.11亿元，生产性建筑完成投资0.52亿元，市政公用设施完成投资0.61亿元。至2016年底，全市建制镇住宅面积714.01万平方米（其中混合结构建筑面积504.62万平方米，占70.67%）。

【村镇公共设施建设】 2016年，贺州市建制镇公用设施完成投资0.61亿元，其中自来水设施完成投资513.35万元，道路桥梁完成投资1947万元。建制镇有自来水厂30个，日供水能力8.93万吨，年供水总量1164.51万吨；建制镇拥有道路543.41公里，桥梁138座，排水管道109.30公里。建制镇绿化覆盖面积414.66公顷，绿地面积200.55公顷，公园绿地面积13.04公顷。建制镇生活垃圾年处理量11.44万吨，有生活垃圾中转站30座，有环卫机械车辆214台，公共厕所121座。

【农村危房改造】 2016年自治区下达贺州市农村危房改造任务合计为9400户（包含建档立卡贫困户3621户）。其中八步区2100户、平桂区1000户、钟山县1100户、富川瑶族自治县2680户、昭平县2520户。截至12月底，已完成一般贫困户危房改造3816户，建档立卡贫困户危房改造3790户，共计7606户。其中建档立卡贫困户超额完成4.67%，剩余的1794户一般贫困户危房改造任务将于2017年5月底完成。

2016年中央、自治区、市、县配套资金总额为2.07亿元，其中中央补助7332.55万元、自治区补助资金10071万元、市级配套资金1410万元、县级配套资金1880万元，各级补助配套资金已经全部足额到位，并按改造进度分批拨付到农村危改户账户上。

（住建局）

水利和地方电力建设

【水利建设概况】 2016年全市完成水利电力固定资产投资15.13亿元，争取上级水利建设资金3.65亿元。重点水利项目建设方面取得重大进展：一是路花水库水源工程建设顺利进行，全年完成投资1.5亿元，累计完成投资2.52亿元，占总投资的53.90%。二是江北东路堤工程累计完成投资4400万元，江南中路堤及东路堤工程完成投资2553.64万元。三是跨省贺江流域综合治理—龟石饮用水源保护工程、大湾水库工程、贺江综合整治二期工程—长龙河秀峰湖河湖连通工程均已完成设计采购招标并签订合同，正在开展项目建议书、可研报告编制工作。民生水利工程建设方面，续建的2座中型、31座一般小(2)型座水库除险加固主体工程基本完工，新开工建设的回面肚、下湾、砂子冲3座新出险水库，完成投资1300万元；中小河流治理完成固定资产投资8091.18万元，完成河堤及护岸工程建设28.77公里。

【农田水利建设】 2016年投入3765万元开展“特色农业示范项目县”“小农水项目县”的年度工程建设；面上修

2016年贺州市在建(改扩建)水电站情况

序号	项目名称	所在地	建设性质	改造装机容量(千瓦)		总投资(万元)	计划建设年限	备注
				改造前	改造后			
1	槽河水电站增效扩容改造项目	平桂区	改扩建	820	820	269	2016—2019	
2	槽河二级水电站增效扩容改造项目	平桂区	改扩建	400	450	189	2016—2019	
3	太平电站增效扩容改造项目	平桂区	改扩建	640	950	319	2016—2019	
4	茅禾洞二级水电站增效扩容改造项目	平桂区	改扩建	500	560	197	2016—2019	
5	临江电站增效扩容改造项目	八步区	改扩建	9400	10000	2705	2016—2019	
6	黄洞电站增效扩容改造项目	八步区	改扩建	2400	2700	868	2016—2019	
7	良佑二级电站增效扩容改造项目	昭平县	改扩建	1260	1400	297	2016—2019	
8	新丰水电站	八步区	新建	9600		14800	2016—2017	

水利建设主要指标完成情况

单位：万元

单位及投资	合计	水资源工程	城市防洪	水土保持及生态环境工程	地方小水电	面上小农水	其他
总计	151315.4	53633.3	62666.6	1864.0	30411.8	2178.0	160.0
中央投资	39127.2	5287.0	31635.0	298.0	818.2	1196.0	100.0
自治区投资	13472.1	2139.6	9812.0	666.0	214.6	640.0	0.0
市投资	68.0	0.0	68.0	0.0	0.0	0.0	0.0
县区投资	14171.9	9609.5	3851.6	40.0	0.0	342.0	60.0
其他投资	84476.2	36597.2	17300.0	860.0	29379.0	0.0	0.0

复水毁工程25处，水库工程建设6座，防渗渠道173公里，清淤渠道2119公里。新增有效灌溉面积0.9万亩，恢复有效灌溉面积1.64万亩，改善灌溉面积20.93万亩。

【农村饮水安全巩固提升工程建设】2016年投入3102.5万元实施建设农村饮水安全巩固提升工程44个，涉及农村受益人口4.73万人，其中解决226个建档立卡贫困村、7665户贫困户、3.04万贫困人口的饮水问题。

【大中型灌区建设】2016年龟石大型灌区投入29.6万元对农田水利设施进行维修养护，主要对鱼塘排洪闸、塘头便桥、锦山便桥、龙井松柏塘斗门桥附属建筑物、一支渠口下游段进行维修，东干2+000段渠堤维修进行设计改造。

【水电电源建设】贺州市水电资源丰富，理论蕴藏量为108.83万千瓦，可开发量为86.05万千瓦，可建设309座水电站。2016年末，全市已建成水电站达217座/64.5745万千瓦（其中：八步区76座/27.315万千瓦，平桂区38座/5.363万千瓦，昭平县25座/23.266万千瓦，富川县32座/3.3775万千瓦，钟山县46座/5.253万千瓦）。2016年，实施“十三五”农村水电增效扩容改造项目7个，新建八步区新丰水电站，共完成投资5406万元。2016年在建（改扩建）电源主要是农村水电增效扩容工程以及新建八步区新丰电站，具体项目如下表。（水利局）

移　民

【移民工作管理机构概况】2016年8月，贺州市水库移民工作管理局更名为贺州市移民工作管理局，机构规格为相当正处级财政全额拨款、承担行政职能类事业单位。内设办公室、搬迁安置科、后期扶持科、信访稽查科四个职能科室。核定事业编制12名，后勤控制数1名。其中局长1名，副局长3名，科级领导职数4名。办公地点设在贺州市水利局办公大楼。更名后贺州市移民工作管理局在原有的水库移民工作管理职能基础上，新增加了易地扶贫搬迁移民工作管理职能。9月20日起，负责全市易地扶贫搬迁移民工作综合管理工作。

【水库移民概况】2016年，全市有移民搬迁安置和淹没影响人口扶持安置任务的大、中、小型水库共257座（其中：大型水库6座，中型水库11座，小型水库240座）。涉及水库搬迁移民及影响人口15.68万人（其中：大型水库移民6.26万人，中型水库移民1.48人，小型水库移民1.21万人，大、中、小型水库淹没影响人口共计6.73万人）。按照国家有关政策规定，贺州市列入国家大中型水库移民后期扶持政策范围的水库有17座。其中：贺州市境内水库13座（大型水库5座：龟石、合面狮、昭平电站、下福电站、金牛坪电站，中型水库8座：沙冲、狮洞、横塘、石家、花山、龙潭、周家、良佑），外地涉及贺州市境内的水库4座（大型水库1座：梧州市京南；中型水库3座：梧州爽岛、湖南水市、桂林义洞）。按规定享受国家后期扶持政策的大中型水库移民共有74653人（指标），分布在全市5个县区42个乡镇252个村委1185个村民小组。

【易地扶贫搬迁移民概况】2016年，自治区下达贺州市搬迁计划指标为7503户34662人，其中建档立卡搬迁对象为7126户32843人（含2014、2015年建档立卡贫困户9423人），同步搬迁对象为377户1819人。经批准调整后的项目20个（其中，八步区项目3个，钟山县项目3个，富川县项目2个，昭平县项目10个，平桂区项目2个）。截至2016年底，项目已全部开工，投资进度达到48.25%，入住率达到22.77%，两项指标基本完成自治区绩效考核要求的投资进度和入住率要达到20%的要求。

【水库移民后期扶持政策落实】2016年一至四季度，贺州市共发放大中型水库移民后期扶持直补资金4479.18万元。

【水库移民新村建设】水库移民新村建设列入2016年自治区、贺州市为民办实事项目之一，年内在八步、钟山、富川、平桂等4个县（区、管理区）共实施移民新村项目共36个，总投资1976万元，包括新建和改造水库移民危（旧）房，硬化村内道路、村内排水沟，以及新建篮球场、文化室等公共文化娱乐设施等，受益库区移民群众10938人（次）。

【水库移民基础设施建设】2016年，在全市5个县（区）共实施水库移民村屯道路建设项目79个，项目资金2762万元；水库移民村屯绿化示范点项目建设28个，项目资金336万元；大中型水库移民分散居住旧房改造项目78个，项目资金154.8万元。建成一批道路交通、村屯绿化、旧房改造等项目，惠及移民和当地群众3万余人。

【水库移民增收项目建设】2016年，共投入资金260万元，在八步区、富川县、昭平县扶持实施水果种植、微小企业等移民增收产业项目18个，其中“一村一品”增收项目3个，微小企业15个。示范带动生态种养业、农副产品加工业、库区观光休闲旅游及二、三产业发展，拓宽移民群众的增收渠道，增强了移民群众自我发展能力。

【水库移民教育培训】2016年，全市共开展水库移民农村实用技术技能培训12期，组织移民村组干部、致富能人、种养大户等612人参加培训，培训内容包括农业生产技术培训，培训内容涉及果树栽种、名贵药材种植、农产品经纪及技术，以及劳动力转移培训等，提高了水库移民脱贫致富能力。

【水库移民避险解困试点工作】富川县柳家乡龙岩村委新寨村、石坝村委石坝村、富阳镇新坝村委虎头村3个水库移民避险解困试点村屯项目，于2015年开始实施，共投入中央、自治区及移民自筹资金8156.59万元，受益移民461户2264人。2016年底前基本完成了试点项目实施。贺州市试点项目工作进度排在全区前列。

【路花水库移民安置前期工作】2016年，市移民局积极与自治区移民局汇报

2016年9月8日,贺州市移民工作管理局正式揭牌

对接,协调联系市城投集团、平桂管理区与市移民局签订了路花水库工程建设征地移民安置三方协议,落实移民征地补偿安置资金。根据批准的移民安置规划设计实施方案,按照市政府统一部署,积极协调配合项目业主和有关部门,督促和指导做好工程建设征地补偿资金发放、库区淹没区三家企业补偿、专业项目复改建安置工作等相关工作。通过公开招投标,落实了移民安置监督评估服务单位。确保路花水库工程移民安置各项工作顺利推进。

【维护库区社会稳定】 全市各级移民部门深入开展了“进移民家,知移民情,暖移民心,解移民困”信访巡防活动,全力构建和谐稳定库区,年内,市、县(区)两级移民部门共接待移民群众来信来访51批(次),对这些信访问题做到了100%接访、回复,有效化解水库移民的各种矛盾纠纷,解决移民群众的合理合法诉求,维护了库区和移民安置区社会和谐稳定。

【易地扶贫搬迁工程建设】 项目开工进度情况:截至2016年底,全市20个搬迁项目已全部实现开工建设,开工率为100%。项目用地落实情况:2016年全市项目用地计划为248.7公顷,已全面落实,用地落实率100%。安置住房建设情况:2016年全市计划建设住房8112套,截至年底,竣工1653套,竣工率20.38%。项目投资进度情况:2016年全市计划总投资306359万元,截至年底,完成投资147813万元,投资完成率48.25%。专项融资资金落实情况:2016年易地扶贫搬迁全市计划融资资金163850万元,已全面落实,融资资金落实率100%。搬迁入住情况:2016年全市搬迁计划34662人,2016年已实现搬迁7892人,搬迁入住率为22.77%。 (移民局)

建筑施工

【建筑施工企业概况】 全市建筑企业73家,其中施工企业一级资质1家,二级资质企业11家,三级资质企业47家(含监理企业1家,商品砼企业12家),其他企业14家(含工程造价企业1家,工程检测企业8家)。2016年全市建筑业总产值18.22亿元,同比增长20.6%,完成全年目标任务17亿元的106%。

【建筑市场秩序规范管理】 2016年贺州市对辖区各县区开展层级监督检查4次,发出停工整改建议书18份,隐患整改建议书22份;停止企业投标资格5家,通报批评企业15家,进一步规范了市场行为,维护了建筑市场的正常秩序。全市深入开展“企业服务年”各项工作,指导建筑企业申报和升级,完成新增建筑企业10家,完成建筑企业三级升为二级资质1家。

【建设工程质量管理】 2016年,住建局认真组织开展工程质量安全隐患排查治理行动,开展质量通病专项治理、工程质量安全隐患突出问题专项治理行动,定期和不定期开展工程质量抽测和商品混凝土抽测,对保障性安居工程、公共建筑和大型商品房明确规定工程主体结构验收前,必须进行工程主体结构质量抽测。同时全面推广住宅工程逐套验收规定,确保了全市无较大质量事故发生,工程实体质量状况总体可控。2016年贺州市在建工程465个(含县区,按报监次数进行统计),在建面积350.63万平方米,工程造价67.12亿元,贺州市(含县区)监督机构检查工地813个次,发出停工整改通知书152份,隐患整改通知书603份,其中,存在建筑施工重大危险源53处。

【建筑业安全生产】 2016年,住建局组织开展建筑施工安全生产大检查及隐患排查治理专项行动共4次(仅统计正式印发检查通知的检查),出动检查人员1121人次。其中,共检查工地326个,责令停工整改36个,责令限期整改185个。本部门派员参加各级组织开展的安全检查82人次。

2016年,住建局多次组织“三类人员”考试,五大员和“三类人员”继续教育。全国“安全生产月”活动期间,住建局组织或参加活动9项,参加人员1117人。举办各类安全生产宣传活动11项,安全生产培训班5班次,培训人员568人,全面提高全市建筑行业安全生产管理水平,实现多年建筑安全无事故。

【建筑业评优】 2016年,住建局在全市各在建工地开展创建“安全文明工地”和安全标准化工地等活动,共有4个工程获得自治区建设工程施工安全文明标准化工地,有2个工程获得自治区建设工程施工安全文明标准化示范工地,有11个工程获得市级建设工程施工安全文明工地。

【建设领域“清欠”工作】 加大防止拖欠工程款工作力度,切实维护农民工的合法权益,开展解决拖欠工程款、民工工资专项治理工作。会同劳动部门开展拖欠农民工资支付专项检查工作。据统计贺州市未返还各类保证金总数为2122.93万元，其中未返还的投标保证金2046.8万元、涉及301个项目；未返还的工程质量保证金共26.117474万元，涉及3个项目；未返还的农民工工资保证金共50.01万元，涉及12个项目。截至2016年12月30日，由我局牵头，经市人民政府的大力协调和各有关单位全力配合下，各类保证金2122.930974万元已全部返还给企业，顺利完成贺州市清理规范工程建设领域保证金任务。（住建局）

环境保护

【环境保护机构及工作概况】

环境保护概况 2016年，贺州市坚持以环境质量改善为核心，深入贯彻实施“生态立市”战略，全面落实“多规合一”和城市环境总体规划的成果，落实“三个十条”，环保能力建设得到较大提升，环境保护各项工作稳步推进，环境质量持续改善。全年饮用水水源水质达标率100%，城市水域功能水质达标率100%，饮用水源地龟石水库水质类别为Ⅲ类，贺江扶隆码头、贺江贺街、桂江桂花三个断面地表水综合评价水质类别为Ⅲ类，水质评价为良好；城区环境空气优良率达96.6%。

机构调整 2016年，贺州市环境保护科学研究所完成环评改制工作，环境影响评价业务整体划拨到市农业投资集团有限公司下属广西正泽环保科技有限公司。至此，贺州市环境保护科学研究所不再承接环境影响评价任务。

【环境质量】

大气环境 2016年，贺州市环境空气质量总体良好，环境空气质量指数属于良好类别。除PM2.5年均值超过国家二级标准外，二氧化硫、二氧化氮、PM10、臭氧、一氧化碳等其他5项监测指标均达到国家二级标准以上；其中二氧化硫、二氧化氮、臭氧、一氧化碳达到国家一级标准。城区空气质量有效监测天数为356天，其中优的天数有186天，良的天数有158天，轻度污染天数有11天，重度污染天数有1天，城区环境空气优良率为96.6%。可吸入颗粒物PM10平均浓度为55微克/立方米，PM2.5平均浓度为36微克/立方米。全市降雨pH均值为6.11，酸雨频率11.8%。

水环境 2016年，贺州市地表水常规监测中桂江桂花、贺江扶隆码头、贺江贺街三个断面的监测结果均符合《地表水环境质量标准》(GB3838—2002)表1中Ⅲ类标准限值〔注：根据《地表水环境质量评价办法(试行)》(环办〔2011〕22号)中相关规定，评价指标为《地表水环境质量标准》GB3838—2002表1中除水温、总氮、粪大肠菌群以外的21项指标〕水质评价为良好。贺州市集中式饮用水水源地龟石水库水质均符合《地表水环境质量标准》(GB3838—2002)表1中Ⅲ类标准和表2、表3中相关标准限值，水质状况良好。

声环境 2016年，贺州市区域环境噪声昼间均值为54.8分贝，符合《声环境质量标准》(GB3096—2008)表1中的2类标准。2016年，贺州市城区5条道路交通噪声昼间均值为68.7分贝，符合《声环境质量标准》(GB3096—2008)表1中的4a类标准。

【污染减排】 2016年，全市二氧化硫排放总量控制目标在0.94万吨，比2015年减少4.8%；氮氧化物排放总量控制目标在1.13万吨，比2015年减少3.6%。

2016年完成了广西灵峰药业有限公司1台和广西贺州西麦生物食品有限公司2台燃煤锅炉改燃生物质整治工作，从源头控制大气污染物排放。

2015年10月，华润电力(贺州)有限公司1号机组完成超低排放和节能改造工程，率先成为广西区域获得超低排放电价的第一台机组；2016年底，华润电力(贺州)有限公司完成2号机组超低排放改造工程。1号、2号机组均已实现超低排放，改造后SO_2平均排放浓度为30毫克每立方米(mg/m^3)(标准为35mg/m^3)，NOx平均排放浓度为40mg/m^3(标准为50mg/m^3)。

2016年SO_2排放量为3976吨，NOx排放量未10608吨，均完成2016年度减排任务。

【环境应急管理】

突发环境事件 2016年，贺州市无重大突发环境事件发生，并成功应对各项突发事件：一是贺江“6·14”铺门扶隆码头水质自动监测站在线监测数据镉出现短时异常事件。通过及时发现，及时应急监测，并经过排查确认无企业偷排现象，同时通过比对监测，确认数据正常。二是“7·29”公会大姚村唐屋甲醛罐车侧翻事件，现场应急监测数据显示，空气中未发现甲醛，未对环境造成影响。三是扎实应对7.31地震。7月31日，梧州市苍梧县发生5.4级地震，地震对贺州市八步区、平桂区

2016年12月8日，开展“防线2016”梧贺突发环境事件联合应急演练

部分乡镇造成一定影响，贺州市环境保护局及时制订地震环境应急工作方案，及时对辖区内企业开展环境风险隐患大排查工作和环境应急监测工作，确认此次地震未对贺州市造成环境污染事故。四是“8·2”第四号台风“妮妲”事件，经查台风未对贺州市造成环境污染事件。

环境风险防范与应急管理 2016年，贺州市人民政府印发《贺州市突发环境事件应急预案》。

2016年，贺州市环境保护局派员参加高速公路隧道应急演练、“防线2016”梧贺突发环境事件联合应急演练。组织开展2016年贺州市重污染天气桌面推演。指导完善县区级突发环境事件应急预案；指导13个市管企业、4个工业园区突发环境事件应急预案备案工作；指导1家企业开展突发环境事件应急演练工作。

建立企业风险防范系统，完成本级风险源网上录入。已完成应急预案备案工作的企业信息录入应急预案管理平台，让企业信息在地图上直观显示，增强了企业对环境应急工作的管理。

环境应急能力建设 2010—2015年度重金属专项资金支持环境应急与事故调查能力建设项目的应急设备、仪器已到位，进一步增强贺州市环境事故调查与应急处置能力，有效提升突发环境事件应对水平。

2016年7月8日，在贺江两省交界处开展跨省界水体水质联合监测采样工作

【水污染防治】

重点流域水污染防治 2016年，贺州市组织各县（区）对贺江、里松河、马尾河、大宁河、白沙河、西湾河、思勤江、桂江等主要河流、河段开展巡查工作。通过加强巡查检查，全市共取缔非法采砂点42个，捣毁采砂机具39台套，流动抽砂船6艘，当事人自行拆除5台套，依法立案2起。2016年8月，贺州市环保、国土、工商、林业、安监、公安等部门出动约150人次，车辆29车次，对可达矿区及白沙重点流域周边的5个无证照非法采选矿点开展取缔工作，对昭平金竹洲矿区历史遗留的柴油机、球磨机、电机各1台、厂棚9间进行拆除。

饮用水水源地保护 2016年，贺州市开展县级以上饮用水水源地整治工作，富川县取缔龟石水库饮用水源一级保护区内养猪场2家，取缔库区灯光诱捕点200多个；平桂区拆除东干渠两侧各纵深50米范围内的堆肥房2间；对龟石水库坝首至望高输水明渠沿途村庄、桥梁道路段安装隔离防护栏，安装多处饮用水水源保护区警示标识牌；开展集中式饮用水水源保护区划定工作，完成2个市级、55个乡镇级、182个农村集中式饮用水水源保护区（调整）划定工作。

【环境专项整治】

环境保护专项整治 2016年，组织开展全市环境安全专项检查行动、危险化学品和危险废物环境风险专项检查、风景名胜区和自然保护区专项排查整治、核与辐射安全大检查等专项检查整治工作等专项检查。全市出动人员633人次、车辆177台次、共检查企业301家次。发现环境风险隐患26处，下达整改通知书17份。2016年，全市使用移动执法终端移动执法1265次。对违法行为实施行政处罚32件；全市查处违规建设项目25个；超标排污案4件；违法信息公开案2件；违反固体废物管理制度案1件。通过各项专项行动，消除环境风险隐患，有效地打击各类环境违法行为，震慑违法排污企业，确保全市环境安全。

【城市环境综合整治】

中央环境保护督察 2016年，贺州市环保部门通过加强信息公开、加强跟踪督办和督查问责、实行包案联系制等措施迅速受理和回应群众环境污染投诉。中央环保督察组共向贺州市交办群众举报的环境问题64件，扣除重复投诉的环境问题，实际举报投诉44件，已办结43件。在责任追究方面，全市立案处罚4件，立案侦查1件，责任追究39人，其中免职8人，约谈14人，诫勉谈话15人，批评教育2人。

大气污染防治 2016年，贺州市环保局先后印发了《关于开展全市秋冬重污染天气应对专项行动的通知》《贺州市2016年度突出环境污染综合整治工作方案》《关于印发贺州市2016年城区市容市貌综合整治工作方案的通知》《贺州市大气污染防治2016年度实施计划》等有关大气污染治理的文件，明确整治任务、内容、整治时限、责任单位和责任人等，重点整治建筑工地扬尘、道路扬尘、餐饮油烟、机动车等污染。同时，加强督查检查，强化责任落实，各项工作取得了积极的成效。2016年，全市累计PM10平均浓度为55微克/立方米，同比2015年同期下降8.3%。圆满完成自治区下达贺州市2016年PM10年度控制目标任务（57微克/立方米）。

违规项目清理整治 2016年，贺州市环保局组织各县（区）对辖区内环保违法违规建设项目进行全面排查和整治，全市共排查出2594个违规项目，占自治区总数的21.5%。通过成立违规项目专职小组、实行县区局长负责制、每周例会分析，每天清理进度一通报等措施，全市违规项目清理工作推进迅速。2016年，全市已完成违规项目清理2578个，完成率99.38%。

农村环境综合整治 2016年，贺州市富川瑶族自治县获得农村环境综合整治（整县推进）项目，总投资2000万元，建设农村生活污水处理设施34套。

【降雨监测】 2016年，贺州市城区降雨监测点位设在环保小区，贺州市郊区降雨监测点位设在东凤完小。贺州市环境监测站严格按照国家要求对市环保小区降雨监测点开展逢雨必测的监测分析工作，开展监测分析项目为pH、电导率、硫酸根、硝酸根、氟、氯、铵、钙、镁、钠、钾等11个项目。2016年，贺州市环境监测站分别对环保小区和东凤完小开展了57、53场降雨的监测工作。

2016年，环保小区降雨pH值均值为6.27，呈弱酸性。降雨pH值范围在5.02~7.67，全年有2天pH值小于5.6的降雨现象出现，分别出现在1月、4月，酸雨频率3.5%。东凤完小降雨pH值均值为5.94呈弱酸性。降雨pH值范围在4.40~6.51，全年有11天pH值小于5.6的降雨现象出现，分别出现在1月、3月、4月、5月，酸雨频率20.7%。

2016年，全市降雨pH均值为6.11，酸雨频率11.8%。

【环境监测】

环境空气监测 2016年，贺州市城区共有环境空气监测点位2个，分别为环保小区和政协大楼，均为国家级空气质量评价点。

环境空气监测点位分别处于办公文化区和商业交通居民混合区，均为环境空气质量功能区的二类区。贺州市城区环境空气质量监测点位布设见下表。

环保小区站点于2014年9月4日通过验收，2014年11月开始上报AQI数据；政协大楼站点于2015年7月12日通过验收。2016年10月1日起，环境保护部上收监测事权，贺州市环境空气质量自动监测站的运行维护和数据审核均由第三方运维公司武汉天虹环保产业有限公司审核。

PM2.5监测 2016年，贺州市城区环保小区与政协大楼自动站设置了细颗粒物(PM2.5)监测仪，每天24小时不间断开展监测。2016年贺州市城区PM2.5平均浓度为36微克/立方米，同比2015年(2015年贺州市城区PM2.5平均浓度为40微克/立方米)下降10%。

地表水环境监测 2016年，贺州市环境监测站每月对贺江和桂江干流进行江河水常规监测，贺江扶隆码头、贺江贺街及桂江桂花三个监测断面共9个采样点，监测项目为《地表水环境质量标准》(GB3838—2002)表1的基本项目(24项)、表2的补充项目(5项)，以及电导率、流量等31项。监测结果表明：2016年桂花、贺街、扶隆码头三个监测断面的水质均符合《地表水环境质量标准》(GB3838—2002)表1中Ⅲ类以及表2中的标准限值，水质状况均为良好。

集中式生活饮用水水源地水质监测 2016年，贺州市环境监测站对贺州市饮用水水源地龟石水库进行每月1次监测，监测项目为《地表水环境质量标准》(GB3838—2002)表1的基本项目(23项，化学需氧量除外)，表2的补充项目(5项)和表3的优选特定项目(33项)，共61项。龟石水库属于湖

贺州市城区环境空气质量监测点位布设(2016年)

测点名称	功能区	功能区	监测项目	监测频次
环保小区	商业交通居民混合区(评价点)	二类区	二氧化硫(SO_2)、二氧化氮(NO_2)、一氧化碳(CO)、臭氧(O_3)、可吸入颗粒物(PM10)、细颗粒物(PM2.5)	每日监测
政协大楼	办公文化区(评价点)	二类区		每日监测

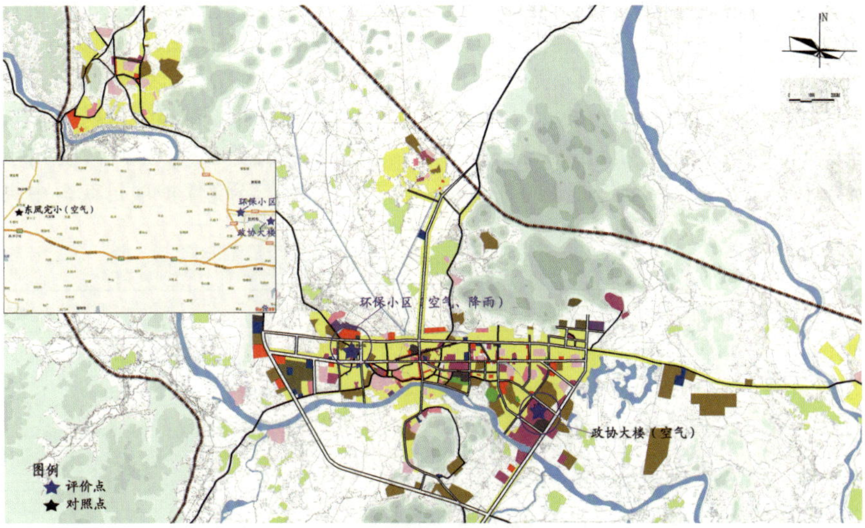

2016年贺州市环境空气、降雨监测点位示意图

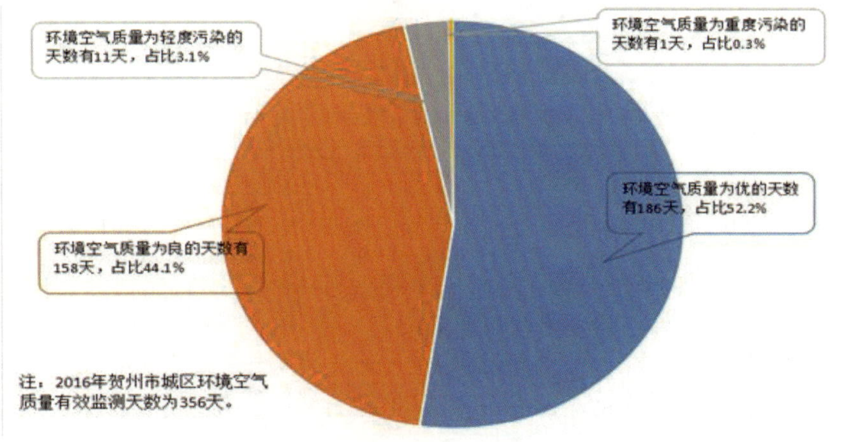

2016贺州市城区空气质量等级分布图

库型水源地，加测叶绿素 a 和透明度两项，共 63 项；每年 7 月，按照《地表水环境质量标准》(GB3838—2002) 中的 109 项开展 1 次全分析监测。监测结果表明：2016 年龟石水库水质符合《地表水环境质量标准》(GB3838—2002) 表 1 中Ⅲ类标准和表 2、表 3 中标准限值，水质状况良好。

声环境监测 2016 年，贺州市环境监测站对贺州市进行声环境质量监测 1 次，监测内容为贺州市城市道路交通声环境质量及贺州市城市区域声环境质量，并按时将数据上报。

辐射环境监测 贺州市环境监测站现有通过资质认定项目 1 项，项目为 X- γ 辐射剂量率，持证人员 9 名。

重点污染源监督性监测 贺州市共有 6 家企业被列入国家重点监控重金属排放企业名单。除季节性停产企业和其他原因停产未能开展监督性监测工作的企业外，2016 年共完成 4 家次重金属企业的监测工作，监测完成率 100%。

监督性监测 2016 年，贺州市的国控重点监控企业有 19 家，其中废水 7 家，废气 1 家，污水处理厂 5 家，重金属 6 家，因市场原因全年停产的企业 6 家（废水 2 家，涉重金属 4 家），正常生产企业 13 家。除季节性停产企业和其他原因停产未能开展监督性监测工作的企业外，2016 年完成监测企业 20 家次，监测完成率为 100%；比对监测方面，除停产企业外，全年共完成 48 家次国控重点源比对监测工作，完成率为 100%，公布率为 100%。

企业自行监测 2016 年，贺州市自行监测及公开自行监测信息工作的企业有 29 家。其中全年停产企业 9 家，季节性停产企业 2 家，正常生产企业 18 家。各企业基本能按照自行监测方案的要求开展自行监测，并在自行监测信息公开网站上公开自行监测结果信息，监测完成率 100%，公布率 100%。

【生态保护和建设】

试点示范创建 2016 年，贺州市环境保护局加强对生态示范创建工作的培训和指导，各级政府及环保部门积极开展生态乡村创建工作，贺州市 12 个乡镇获得“自治区级生态乡镇”称号，81 个村获得“自治区级的生态村”称号，98 个村获得“市级生态村”称号。

生态建设资金 2016 年，贺州市龟石水库生态环境保护项目获得中央资金 2000 万元。

自然保护区建设和管理 贺州市有 2 个国家级自然保护区（七冲自然保护区和大桂山鳄蜥自然保护区）、3 个自治区级自然保护区（姑婆山、滑水冲、西岭山）。2016 年，贺州市环境保护局组织开展自然保护区违法违规活动清理整治工作，多次到现场督查整治工作情况。

生物多样性保护 贺州市的 5 个自然保护区（2 个国家级、3 个自治区级）总面积 52154.9 平方公顷，保护区内物种丰富，主要保护对象为生物多样性。

良好湖泊建设 2016 年，龟石水库生态环境保护项目获得国家良好湖泊专项资金 2000 万元，包括龟石水库饮用水水源地标示标识标志建设、入库河流生态恢复工程、农村生活污水处理工程、畜禽养殖小区污染治理工程等 10 个项目。

采样点基本情况（2016 年）

序号	道路名称	测点名称	测点数
1	八达路	八达东路嘉禾木业对面，八达中路 235 号，八达西路 36 号	3
2	建设路	建设东路 7 号，建设中路 4 号，建设西路 45 号	3
3	光明大道	光明街 65 号	1
4	向阳路	向阳路 6 号	1
5	贺州大道	贺州大道 21 号，贺州大道永丰宾馆前	2

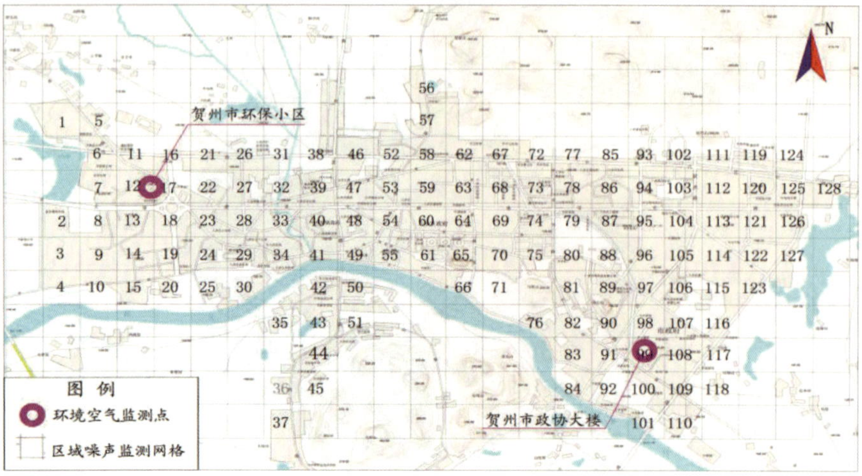

2016 年贺州市城区道路交通噪声监测点位

【辐射安全监管】

核技术应用和电磁辐射设施 2016 年，贺州市使用Ⅳ、Ⅴ类密封放射源单位 7 家，共使用Ⅳ类密封放射源 4 枚，Ⅴ类密封放射源 8 枚。同时使用Ⅱ、Ⅲ类射线装置单位的有 2 家，仅使用Ⅲ类射线装置的 72 家。

核电厂安全监管 贺州市目前无核电厂项目。

辐射安全培训与核安全文化宣贯 2016 年 3 月，贺州市环境保护局与中国移动通信集团广西公司贺州分公司、中国铁塔有限公司贺州分公司联合开展“基站电磁辐射科普宣传活动”。

2016 年 5 月，贺州市环境保护局组织市、县两级环境保护局业务负责人，贺州市废旧金属回收利用企业人员参加自治区环境保护厅组织的“废旧金属再生辐射安全管理培训班”。

2016 年 6 月，贺州市环境保护局组织核技术应用单位参加自治区辐射环境监督管理站举办的“2016 年辐射工作人员辐射安全与防护培训”。

2016 年 6 月，贺州市环境保护局组织市、县（区）环境保护局业务人员参加自治区辐射环境监督管理站举办的“2016 年全区核与辐射安全监管及审批人员培训班”。

辐射安全管理和监督检查 2016年,贺州市环境保护局发放辐射安全许可证3份;完成环境影响登记表备案手续1家;完成9家使用Ⅲ类射线装置单位竣工环境保护验收工作。

放射性废物收贮管理 2016年,贺州市环境保护局积极与自治区辐射环境监督管理站对接,收贮贺州市闲置的放射源8枚,消除辐射安全隐患。

辐射环境执法 2016年,贺州市开展放射源清查专项行动,督促技术利用单位建立"一厂一案"、放射源"一源一档",督促企业加强辐射安全的监督管理、完善放射源的环保手续、加大对工作人员的安全培训,完善对放射源的安保管理措施,防止放射源丢失。

核与辐射事故应急管理 2016年,贺州市环境保护局积极组织各级辐射环境管理站做好辖区辐射安全隐患排查,并做好辐射应急准备。

【环境执法监察】

配合中央环境保护督查 2016年7月14日至8月14日,中央第六环境保护督察组对广西壮族自治区开展了环境保护督察。贺州市成立了迎检小组,迎检小组办公室设在贺州市环保局,贺州市环保局作为主要牵头部门,牵头组织各个成员小组单位做好中央第六环境保护督察组交办的群众举报的环境问题调查上报等工作,中央第六环境保护督察组进驻广西期间共向贺州市交办群众举报的环境问题64件,已办结64件。全市立案处罚4件,立案侦查1件,处罚11.5万元,责任追究39人,其中免职8人,约谈14人,诫勉谈话15人,批评教育2人。

环境监察稽查 2016年,贺州市环保局重点对贺州市昭平县、富川瑶族县环保局开展了环境监察专项稽查。共派出稽查人员20余人次,调阅了40家污染源现场监察案卷,6份企业环境行政处罚案卷。稽查结束后下发了《环境监察稽查意见书》,对稽查中发现的问题提出整改意见。县区环保局对照监察稽查意见书反映的情况均进行了认真整改,规范化环境监察工作。

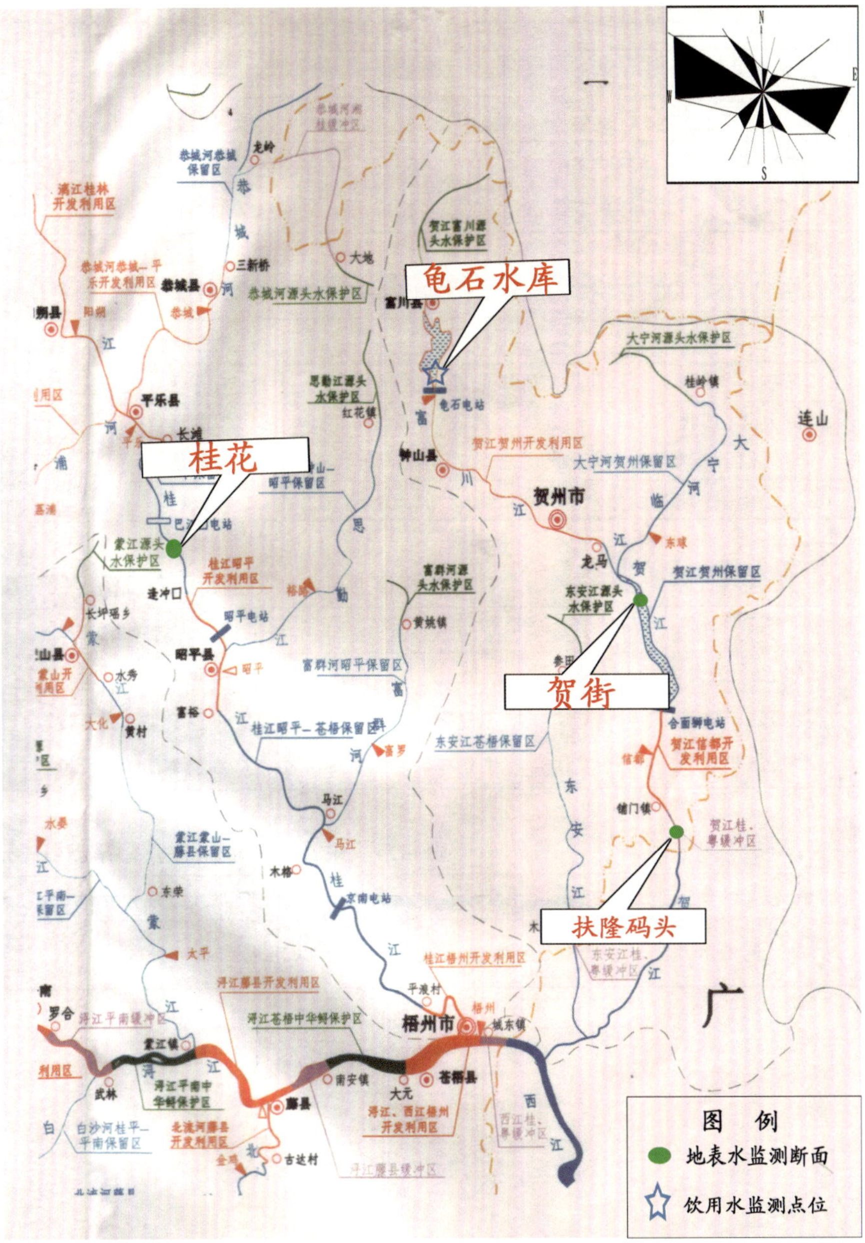

2016年贺州市地表水监测断面示意图

日常环境执法检查 贺州市逐步推行环保执法检查"双随机"制度,配备完善的移动执法设备,制订《贺州市环境监察移动执法系统管理办法》,全面利用执法终端加大对造纸、化工、制药、火电、涉重金属等重点行业企业、饮用水源的现场执法检查工作,组织力量对新、扩、改建项目环评和"三同时"执行情况、污染治理设施运转情况等进行现场检查。2016年全面使用移动执法终端参与移动执法1216次,督促检查企业落实各项环境管理制度,确保污染防治设施正常运行稳定达标排放。

【排污费征收】

2016年贺州市排污申报核定与排污费征收工作在自治区环保厅的指导下,按照国家、自治区等文件规定有序开展,严格按程序核定征收,执行"收支两条线",依法全面足额征收,并进一步做好排污收费稽查和国控企业欠缴排污费清理工作。2016年贺州市排污费征收总金额875万,其中市本级环保局共计征收排污费213万元。

(环保局)

贺州市降雨 pH 值结果统计(2016 年)

城市名称	季度	样本数	最小值	最大值	pH 均值	酸雨频率(%)
贺州市	环保小区	57	5.02	7.67	6.27	3.5
	东风完小	53	4.40	6.51	5.94	20.7
	全市	110	4.40	7.67	6.11	11.8

贺州市环境空气质量监测点位一览(2016 年)

测点名称	功能区	功能区	监测项目	监测频率
环保小区(国控)	商业交通居民混合区(评价点)	二类区	二氧化硫、二氧化氮、PM10、PM2.5、臭氧、一氧化碳	每日连续自动监测
政协大楼(国控)	办公文化区(评价点)	二类区		每日连续自动监测
西湾(区控)	商业交通居民混合区(评价点)	二类区	二氧化硫、二氧化氮、PM10	每日连续自动监测
东风完小(区控)	清洁区(对照点)	/		每日连续自动监测

贺州市河流水质监测断面布设情况(2016 年)

水系	河流名称	断面名称	水域范围	控制级别	采样点	监测频率(次/年)	监测项目
西江水系一级大支流	桂江	桂花	平乐黄龙—昭平电站	国控	3	12	25 项
西江干流	贺江	贺街	贺州黄石电站—贺街镇	国控	3	12	25 项
西江干流	贺江	扶隆码头	贺州信都—广东交界	区控	3	12	25 项

贺州市集中式饮用水源地基本情况(2016 年)

水系	水体	所在流域	类型	所在县市	功能区类别	评价标准
珠江	龟石水库	贺江	湖库型	富川县	饮用水水源保护区	《地表水环境质量标准》(GB3838—2002)表 1 中Ⅲ类标准、表 2 和表 3 标准限值

(环保局)

文化·卫生·体育

编　　辑：陈敏兰
许中继

文　化

文化综述

【机构概况】 2016年，贺州市有文化新闻出版广电机构108个，其中市文化新闻出版广电局1个，市直属文化新闻出版广电机构9个，县级文化新闻出版广电体育局5个，县直属文化新闻出版广电机构38个，乡镇文化和广播电视站55个。有文化新闻出版广电干部职工629人。

【工作概况】 2016年，贺州市文化新闻出版广电局按照市委、市政府“五位一体”总体战略布局的要求，积极推进文化建设，大力实施文化惠民工程，加快构建现代公共文化服务体系。建设了64个村级公共服务中心，建成5个乡镇广播电视村村通无线覆盖发射台站，完成更新232个“农家书屋”出版物，放映农村公益电影8484场，市文化中心、市级“四馆”重大项目建设扎实推进；相继举办了2016贺州市“新年茶话”会、2016年迎新年龙狮展演、新春广场文艺演出和游园活动、新春美术书法展、2016年百姓文艺展演、2016年新春欢乐花灯会国风礼俗展演、贺州市“快乐小脚丫”赛事活动、大型歌舞剧《临贺长歌》进驻黄姚景区演出、“壮族三月三”系列演出、贺州市“劳动者之歌”广场文艺演出、“民俗·非遗·传承”文艺展演、小型器乐演奏会、全国文化遗产日宣传活动等，累计开展群众文化大型活动25场次，服务群众达5.6万人次；排演的《莲花雨》被自治区人民政府授予广西文艺创作铜鼓奖，曲艺瑶族铃鼓舞《歌堂夜》获广西首届曲艺大赛金奖，《瑶族开山歌》（作词）参加广西“畅享民歌”比赛获一等奖，富川《瑶族蝴蝶歌》走进中央电视台，参加《中国民歌大会》第四期“大海故乡情”，反响强烈。

【文化体制改革】 2016年，出台《贺州市关于加快构建现代公共文化服务体系的实施方案》，明确了到2020年基本建成覆盖城乡、服务便捷、保障充分、统筹有力、充满活力的现代公共文化服务体系的目标。按照贺州市人民政府办公室关于印发《贺州市综合行政执法体制改革试点工作实施方案的通知》和《贺州市人民政府办公室关于文化旅游和交通运输领域综合执法体制改革有关事项的通知》要求，完成贺州市文化市场综合行政执法和旅游行政执法整合，组建了贺州市文化旅游综合执法支队。贺州市文化旅游综合执法支队为相当副处级全额拨款参公事业单位，内设综合科、执法一大队、执法二大队、执法三大队和投诉处理科5个科室。2016年，共有全额拨款事业编制11名，后勤服务事业编制（后勤服务聘用人员控制数）1名，现有在职执法人员10名，其中，支队长1名、副支队长1名、科级干部2名、其他干部6名。

【贺州新闻网】 贺州新闻网是贺州市的城市门户网站，是贺州市内唯一具有网络视听发布资质的官方新闻网站。全网已实现全媒体平台的搭建，可读报、看电视、听广播全面了解本地时政民生资讯；可通过网络问政平台听民声、访民意、解民忧；可通过视频在线点播观看当地新闻、电视台栏目、本地精彩视频；还有车市楼市、电子黄页、店铺商讯等生活在线服务。2015年共发稿8066篇，作为新兴的第四媒体有力配合市委市政府各项中心工作的开展，奠定了贺州门户网站的地位。积极推进新媒体和传统媒体融合发展，着力打造新媒体平台，贺州新闻网微博、微信公众号“贺州发布”“贺州城事”成绩不俗，先后多次进入广西新媒体影响力排行前十名及中国城市新闻网微信公众号影响力排行榜百强。

【文化产业发展】 2016年根据自治区文化厅2016年特色文化产业发展重点项目征集计划，贺州市政府积极组织市内企业提交申报材料，促使20家条件较优的文化企业成功录入项目库。

2016年贺州市获得自治区2016年度特色文化产业发展重点项目3次，其中新建类为广西贺州黄姚古镇投资有限公司的黄姚古镇文化旅游提升项目。续建类为广西昭平故乡茶业有限公司的昭平县故乡茶文化中心项目、广西富川冬梅瑶绣有限公司的瑶族刺绣与瑶族中草药配方结合创意产品开发项目。

2016年，文新广电局持续推动贺州市11家文化产业示范基地的发展，积极组织申报自治区第六批文化产业示范基地工作，报送广西昭平寿乡黄姚文化旅游有限公司、梧州桂东电影发行放映公司共5家有代表性的文化企业。

配合市发改委、财政局等部门做

好文化部办公厅2016年度中央财政文化产业发展专项资金重大项目申报工作，帮助贺州市梧州桂东电影发行放映公司、广西富川冬梅瑶绣有限公司、广西昭平故乡茶业有限公司3家文化企业获得2016年度自治区文化产业发展专项资金。（文新广电局）

市文化中心建成

公共文化

【群众文化活动】 2016年，在群众艺术培训方面，贺州市群众艺术馆培训辅导声乐、舞蹈以及指挥等课程600余课时，免费培训近2万余人次。帮扶沙田镇文化站逐步组织起文艺队伍近30支。暑期免费培训班课程涵盖了美术、声乐、主持艺术、书法、舞蹈、小提琴等内容，培训青少年文艺爱好者350余人，培训课时350余课时。

举办"红色记忆"主题群众文化活动、"知党恩·跟党走"纪念建党95周年歌咏比赛、第四届"多彩金秋"文艺会演、"纪念红军长征胜利80周年诗词诵读晚会"、"纪念红军长征胜利80周年音乐会"等系列文艺活动。

在文化惠民活动方面，市文化部门举办了2016年"百姓乐"新春系列活动、贺州市百姓文艺展演、送戏下乡、歌舞剧《临贺长歌》等百余场群众文化活动和惠民演出活动。

2016年，贺州市艺术创作成果显著，共创作舞蹈类作品11个，音乐类作品3首，小品类作品4个，书画类作品3幅，影视作品1个。编导曲艺瑶族铃鼓舞《歌堂夜》获广西首届曲艺大赛金奖；编导少儿舞蹈《兵娃娃》获广西少儿舞蹈展演二等奖；编导少儿三人舞《月狐吟》获全区少儿独三双舞蹈比赛银奖；编导儿童科普剧《小青蛙》获全市科普剧一等奖；论文《贺州瑶族服饰的民俗文化意象》荣获第八届"魅力北部湾"2016年度广西群众文化理论优秀论文一等奖。

贺州市图书馆馆藏书新增1.97万册，总量达25.32万册。年 拥有持卡读者总数12030人，接待各类读者191245人次。2016年，被中国图书馆学会评定为全国"全民阅读"先进单位。在贺州市政府机关、公检法部门、部队等特殊场所设立移动阅读服务点7个；送文化、送科技下乡14次，共赠送图书3000多册，电脑18套，价值13.86万元；举办文化展览24期，展出作品3673幅，吸引104674人次群众参观；开展"国学小品"表演、读书摄影比赛和诗歌朗诵等各类读者活动18次；举办摄影培训1期，共有100多名摄影爱好者参与；开展道德讲堂活动20期，共1435人参加。为钟山县石龙镇石龙村源头小学建立了以三字经为内容，面积约13.8平方米的文化长廊。全年累计服务群众达5.5万人次。

【文化基础设施建设】 根据自治区为民办实事项目建设的要求，2016年，自治区要求贺州市安排64个为民办实事项目建设任务——"64个村级公共服务中心"（八步区11个，平桂区10个，钟山县15个，富川县10个，昭平县18个）。64个项目全部于2016年11月底如期开工，开工率100%，还组建文艺队64支，篮球队64支。2016，贺州市已有57个乡镇文化站拥有文化综合楼，且每个乡镇文化站每年5万元的免费开放资金，全部纳入中央、自治区及地方财政预算，全面实现免费开放。

（文新广电局）

非物质文化遗产

【非物质文化遗产概况】 2016年，贺州市有5350项非遗项目资源，涵盖民间文学，传统音乐、美术、舞蹈、戏剧和曲艺、传统民俗、传统技艺和医药、传统体育和游艺等六大类。全市拥有国家级非遗代表性名录4项，分别为《瑶族盘王节》《瑶族服饰》《瑶族蝴蝶歌》《瑶族长鼓舞》，自治区级代表性非遗项目31项，市级非遗代表性非遗项目32项，县（区）级代表性非遗项目280项；拥

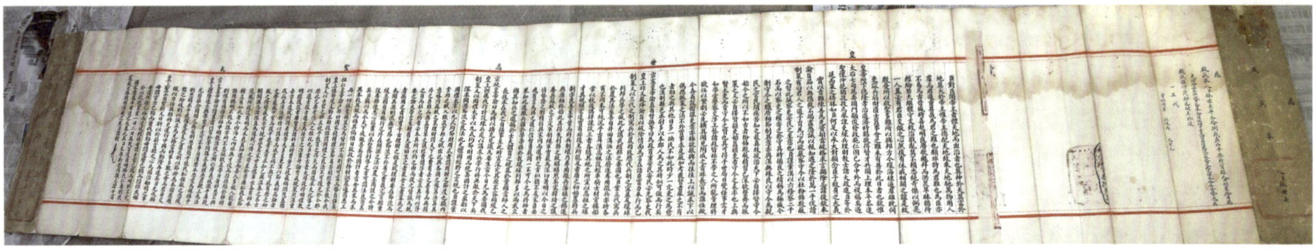

清末进士林世焘中殿试二甲第二名的试卷

2016 年 9 月 13 日，贺州市"民俗·非遗·传承"文化展演活动在贺州广场举行

有国家级非遗代表性传承人 1 人，自治区级非遗代表性传承人 19 人，市级非遗代表性传承人 43 人。

【非物质文化遗产保护】 2016 年，贺州市成功实现对全市非遗传承人全面资助，极大地调动了各级非遗传承人的传习积极性，其中国家级非遗代表性传承人 1 人，资助传习活动经费 20000 元；自治区级非遗代表性传承人 9 人，每人 3500 元，共 66500 元；市级非遗代表性传承人 43 人，每人 700 共 30100 元。

2016 年，通过积极申报，全市有 8 项非遗项目获批公布为第六批自治区级非物质文化遗产代表性项目名录，分别为八步采茶戏；八步壮族服饰；贺州平桂瑶族唢呐；贺州客家民歌；贺州平桂盘瑶度戒；平桂瑶族服饰；富川瑶族抢花炮；瑶族朝踏节。

2016 年，文化部门积极组织传承保护项目申报，共完成国家非遗名录《瑶族服饰》《瑶族盘王节》两个项目申报书的编制。项目预算分别为 257.3 万元。

2016 年 5 月，贺州市人民政府拨出专款 30 万元，专门用于瑶族文化保护区的申报。到 12 月，《南岭瑶族文化（贺州）生态保护区规划纲要》的编制工作完成初稿，并通过初级评审。

【非物质文化遗产文艺作品】 2016 年，贺州市艺术研究所以国家级非物质文化遗产保护名录——瑶绣为题材，创作大型歌舞剧《瑶绣情》。

专业文艺

【专业文艺事业概况】 2016 年贺州市文新广电局完成 2016 年国家艺术基金的申报工作，其中黄兆权的中国画《盛世·三月三》获得 5 万元项目资助，周国泉的中国画创作《上巳瑶风》获得 10 万元项目资助，李素芳的工艺美术创作《手工绣制瑶族传统尖头服饰》获得 15 万元的项目资助；组织开展全市地方戏曲剧种普查工作，符合地方戏曲剧种的主要有桂剧、彩调剧、客家山歌剧、木偶戏和采茶戏共 5 种。组织舞蹈《羊角长鼓舞之传承》、歌舞《蝶舞瑶乡》参加粤桂黔高铁经济带·西江经济带城市舞台艺术联合展演活动；组织蝴蝶歌《流水欢歌迎客来》走进央视演播大厅；组织现代桂剧《校长爸爸》参加中宣部、文化部主办的全国基层文艺院团戏曲会演；举办 4 期戏曲、声乐、舞蹈等各类艺术人才培训班，选派 20 多名业务骨干到上海戏剧学院、中国戏曲学院、自治区级院团进行专业培训。

【艺术作品获奖】 客家山歌剧《连心店》获第七届广西文艺创作最高奖铜鼓奖。《瑶族开山歌》参加广西"畅享民歌"比赛获演出一等奖。独舞《爱莲说》获第三届广西青年舞蹈演员比赛表演三等奖。论文《贺州瑶族服饰的民俗文化意象》荣获第八届"魅力北部湾"2016 年度广西群众文化理论优秀论文一等奖。舞蹈《多嘎多耶》荣获"炫舞南方"广西第八届广场舞大赛"最佳风采奖"，《歌飘山水间》荣获首届全区"南珠杯"百姓广场舞比赛铜奖。微电影《手艺》获 2016"中国梦·美丽南方"第二届广西微电影大赛网络人气奖和故事类入围优秀影片奖。小品《特殊调解》参加全区建党九十周年法院系统文艺展演荣获三等奖。小品剧本《一片韭菜叶》《等车》刊登在《上戏新剧本》(2016.05)；歌词《春花开十里》发表在《词海》(2016.12)；散文《江山交付的下午》入选《艰难的世界——年度最佳散文》；撰写电视专题片《悠悠黄姚》剧本（由广西电视台拍摄，并在广西综艺频道播放）。

【文艺演出活动】 2016 年贺州市文化部门围绕打造"临贺文化剧场"驻场演出品牌项目这一贺州文化重点工作，组织歌舞剧《临贺长歌》等剧（节）目进驻昭平县黄姚古镇进行惠民演出。至 2016 年底，累计演出 90 多场次，被自治区文化厅评为 2016 年度优秀驻场公益演出项目。此外，贺州市各级文艺团体还开展了惠民演出活动 300 多场。组织举办大型文艺活动 6 场。

（文新广电局）

文化市场管理

【文化市场管理概况】 贺州市范围内的各类文化市场经营场所共 288 家，其中：互联网上网服务营业场所 183 家，歌舞娱乐场所 88 家，文艺表演团体 15 家，艺术品经营单位 2 家。贺州市文化新闻出版广电局在对文化市场进行管理时，进一步建立健全文化市场监管体系，强化对文化市场的管理，以规范求繁荣，以创新求发展，有效地促进了贺州市文化市场健康有序发展。

【文化市场监管】 2016 年贺州市共有文化市场综合执法队伍 6 支，在编在岗执法人员 24 名，负责监管全市范围内的各类文化市场经营场所。贺州市各级文化行政主管部门通过日常监管和专项执法整治相结合方式，同时推动文化市场诚信体系建设，实行文化市场“黑名单”管理试点工作，进一步净化和繁荣了贺州市文化市场。2016年，全市共出动执法人员6892人次，检查各类文化市场经营单位2762家次，责令改正50家次，当场处罚46家次，立案调查66件，警告89家次，停业整顿2家，办结案件112件，罚款15.49万元，联合工商、公安取缔无证文化市场经营场所4家，列入文化市场“黑名单”2家。

2016年2月2日，市文新广电局局长张达河带队检查歌舞娱乐场所

【上网服务行业转型】 2016年贺州市文化新闻出版广电局坚持“改变上网服务场所环境”和“鼓励多元化经营”为基本点，通过积极引导、多措并举，有序推动了贺州市互联网上网服务行业转型升级，取得显著成效。2016年完成转型升级上网服务场所11家。在参与自治区文化厅开展星级评定活动中，贺州市共有8家获得星级评定，其中五星示范店2家、四星示范店5家、三星示范店1家。树立了行业“健康、整洁、敞亮”的社会形象。

【文化市场重大案件查办】 2016年，贺州市文化旅游综合执法支队与八步区文化综合执法大队联合办理的“贺州市八步乐巢量贩娱乐场播放含有禁止内容的曲目案”，被国家文化部评为2016年度文化市场重大案件；贺州市文化旅游综合执法支队因办理“贺州曙光综合门诊部擅自从事出版物的出版业务案”，被自治区文化厅评为2015—2016年度文化市场综合执法重大案件办案单位。

【文化市场行政审批】 2016年，贺州市、县(区)行政审批工作实现审批程序规范、审批行为规范、审批窗口运行规范，在方便群众办事的同时提高了行政效率和办事时效。文化市场的监管已经形成以综合行政执法、社会监督、行业自律、技术监控为主要内容的文化市场监管体系。 (文新广电局)

文物博物

【文物博物事业概况】 贺州市博物馆馆藏可移动文物20698件(组)，其中：一级文物2件，二级文物97件，三级文物1215件。全年实行免费开放，开放时间313天，常年展出“碑廊展、瑶族风情展、贺州汉魂展、古钟展和贺州客家人”五个固定陈列，2016年，举办了《曾凡忠树叶雕刻艺术展》《金华铁英—贺州金属文物展》《百年八步展》《文化名人与民族精神展》《阿拉善蒙古族民族民俗文物精品展》《曾凡忠剪纸人物展》《红七军七千里长征展》等七场临时展览。

【文物藏品保护】 2016年，客家生态博物馆排水沟、门窗、横梁、角子板等维修更换工作完成。留趣山钟廊新建厕所一座。博物馆主体大楼新增文物库房一间，留趣山新增文物库房一间。可移动文物保护囊匣及文物藏品保护设备经过政府采购方式完成采购并顺利安装使用。

【可移动文物普查】 2016年，贺州市全面完成第一次全国可移动文物普查工作。贺州市博物馆20698件文物录入可移动文物信息数据库。

【文物宣传和交流】 2016年，贺州市博物馆开通了微信公众号，制作完成贺州市博物馆官方网站。“5·18”国际博物馆日和文化遗产日期间，贺州市博物馆举办“我心中的国宝”有奖征文活动，在灵峰广场举办“文化遗产日”文物保护宣传文艺演出。

【文物研究】 贺州市博物馆胡庆生、陶红云的著作《贺州瑶族》荣获2016年广西博物馆协会第一届优秀学术成果奖(著作类)，并同时荣获贺州市第三次社会科学优秀成果一等奖。

【考古发掘】 2016年2月，由自治区文物局授权，贺州市文管所在贺街镇公共租赁住房工地抢救性清理发掘了一座隋唐时期墓葬，出土典型的隋唐时期文物6件，为研究临贺故城的历史提供弥足珍贵的实物资料。此外，古墓上叠压有一处元代的建筑遗址，遗址被多个时代的文化层打破，历史信息非常丰富，现场采集了300多块陶瓷标本。

11月，自治区考古所、民族博物馆与贺州市文管所在黄姚镇白山村吊钟岩联合开展洞穴遗址发掘，出土15种哺乳动物化石五百多件，采集旧石器时期打制石器2件。

【古建筑维修】 2016年，贺州市文物保护部门完成全国重点文物保护单位临贺故城——浮山寺维修工程，完成惠民扶贫文化旅游项目——八步区文物保护单位莲塘白花村客家围屋修缮前期工作。

【文物征集】 2016年，市博物馆全年征集文物496件。市文管所追缴社会流散的出土文物91件，其中青铜器13件、陶瓷器78件，经过自治区文物专家鉴定，这91件出土文物中，珍贵文物21件。

【文物普查】 贺州市村镇和街区文化

2016 年,申报国家历史文化名城工作中列入首批 34 处贺州市重点文物保护单位之一的莲塘客家围屋群

遗产底蕴丰富,保存较好,拥有中国传统村落 32 个,自治区级历史文化街区 3 条,中国历史文化名镇 2 座,中国历史文化名村 2 个。　(文新广电局)

广播电视电影

【广播电视事业概况】 贺州市文化新闻出版广电局下辖的贺州人民广播电台、贺州电视台为市级唯一的广播、电视播出机构。2016 年末,全市广播电视系统从业人员 244 人,其中副高职称 4 人,中级职称 29 人。贺州人民广播电台在职干部职工 45 人,其中在编 27 人、聘用 18 人;副高职称 2 人、中级职称 9 人、初级职称 23 人。贺州电视台在职干部职工 99 人,其中在编 49 人,聘用 50 人;副高职称 1 人,中级职称 10 人,初级称职 30 人。钟山、富川、昭平、平桂四县区设有电视台,八步区设有新闻中心,八步区、平桂区的新闻节目在贺州电视台综合频道插播。

【广播电视基础设施建设】 2016 年,自治区技术中心投资 8.95 万元对贺州转播台(大钟山)发电机房进行改造,合同工程总造价人民币 8.29 万元。工程于 2016 年 8 月底全部完成。

大钟山高压线路增加真空开关。贺州转播台大钟山高压线路易遭雷电影响,供电部门要求安装高压真空断路器。8 月,由桂林利源水电建设有限责任公司负责安装施工,8 月底安装完成。

安装无线数字化本地节目 AVS+ 编转码器设备。为配合全市地面无线数字广播电视的发展,贺州市县加入本地电视节目的 AVS+ 编转码器,由贺州市局负责采购安装调试。2016 年 1 月份在贺州市、各县安装完成。平桂管理区建设的乡镇村村通无线数字地面电视加入贺州电视台三套电视节目,各县的乡镇村村通无线数字地面电视加入贺州电视台新闻综合电视节目和各县本地电视节目一套。

广播电视村村通建设。2016 年,为解决边远乡镇收听收看不好或者是收听收看不到中央和自治区及市、县广播电视节目难的问题,在八步区的贺街镇、步头镇、南乡镇和昭平县的文竹乡、仙回乡 5 个乡镇建 5 个无线发射台(站),自治区、市、县(区)政府共筹集工程建设及配套资金 400 多万元,10 月底工程完工并交付安装使用,12 月中旬 5 个台站设备安装完毕,按要求成功的试播了广播节目 5 套和不少于 15 套地面数字电视节目。

【广播电视宣传】 2016 年,贺州人民广播电台开设综合广播(FM92.1)、交通音乐广播(FM91.4)两个频率。其中新闻综合广播发射功 300 瓦,信号覆盖贺州市三县两区及周边广西、湖南等区内外毗邻县市。两个频率每天共播出 35 小时。其中,综合广播每天播出 18 小时,与广西电台风尚调频合作,以风尚调频节目贯穿全天,自办节目有《贺州新闻》《921 整点播报》《走进潇贺古道》《青春加加油》《国学中医》《月亮船》《921 信息交流站》《微科普》等;交通音乐广播每天播出 17 小时。全年公共广播节目播出时间 12692 小时。综合广播还转播中央人民广播电台《新闻和报纸摘要》《全国新闻联播》节目和广西人民广播电台《广西新闻》《广西新闻联播》节目。开办贺州交通音乐广播、走进潇贺古道、快乐小脚丫、贺州微科普等微信公众号。贺州电视台开设综合频道和图文信息平台频道,每天播出节目总时长超过 40 小时。自办节目有《贺州新闻》《今日报道》《影像贺州》《食尚玩家》《党旗如画》《贺州味道》等 6 档。开办贺州电视台、食尚玩家等微信公众号,拓宽宣传阵地。建有贺州市首个移动互联网融媒体云平台——贺州手机台,开设《掌上快讯》《新闻午餐》《图文直播》等栏目。

开设《精准扶贫　圆梦小康》《美丽贺州 生态乡村》《践行两学一做 争做四讲四有党员》《看十二五变迁 绘十三五蓝图》等 30 多个广播电视新闻专栏和系列报道;完成《桂东明珠,锦绣贺州》《躬行践履,改革创新》等 10 部电视专题片的摄制。2016 年,贺州电台新闻综合频率播出新闻 4125 篇,社教、历史文化类专题节目 1560 多期,制作广播剧 2 部。贺州电视台共播出新闻 6880 篇,稿件数量、质量双提升。贺州电视台在广西电视台发稿 417 篇,其中《广西新闻》181 篇;在中央电视台发稿 46 篇,上送发稿量连续 6 年稳居广西地市台第一方阵,蝉联广西电视台新闻报道先进单位称号。贺州电台在广西电台发稿 201 篇,在中国国际广播电台发稿 16 篇。贺州电台《走进潇贺古道》荣获 2016 年全区广播电视优质栏目扶持项目一等奖。贺州电视台摄制 14 集历史文化系列纪录片《古村物语》,与广西电视台国际频道联合摄制 5 集大型历史文化纪录片《潇贺古道》。全市有 36 件作品荣获 2016 年度广西广播电视奖,其中一等奖 3 件,二等奖 8 件,三等奖 25 件。

【电影事业概况】 2016年，贺州市城区2家数字影院正常运营，新建成并投入使用的县城数字影院2家，在建(改建)县城数字影院2家，基本实现数字影院全覆盖。贺州市电影放映发行公司全年放映收入107万元。公司投资的梧州中影星河数字影城获自治区文化发展专项资金贷款贴息补助20万元。年度培训放映员66名。全市共计有0.8K流动放映设备94套(其中国拨机35套，自购机40套；更新机19套)；1.3K放映设备2台套；卫星接收设备二套；放映用车15辆(其中由国家资助五台、管理站自购七台、院线公司补贴3.3万元购置用车3辆)。

【电影放映】 2016年，贺州市电影发行放映公司共发行放映节目283个。

贺州市影院电影放映 2016年，大地影院—贺州远东国贸影院票房超过1088万元，贺州八步天立影院全年票房104万元，贺州市电影公司梧州中影星河影城全年票房53万元。

县级电影院放映 昭平县数字影院全年票房62万元；富川县新时代数字影院全年票房11万元。

农村电影公益放映 2016年贺州市完成放映任务8484场，为任务总数的100%。全年开展面向农民工的专场电影放映100场；法治节目订购2920场，完成2828场(其中配合国家电影“三下乡”环保宣传放映节目《农村土壤污染防治》580场)。配合贺州市文明办开展“电影道德讲堂”放映工程放映847场，该项目被区文明办向全区推荐；放映民族语电影50场。

(文新广电局)

新闻出版

【新闻出版概况】 2016年，贺州市共有出版物发行单位89家(含音像制品经营单位)，批发企业8家，零售单位81家(邮政报刊亭35家，民营企业46家)，从业人员共373人，全年销售收入10083.6万元(其中，图书销售额9905.796万元，报纸期刊销售额76.834万元，电子音像销售额100.97万元)，利润总额705.92万元，其中新华书店系统销售收入9167.76万元，占全部出版物发行单位销售收入的91%。

全市印刷企业34家，从业人数1249人，工业总产值11.95亿元(同比下降17.6%)，销售收入12.7亿元，利润总额2.53亿元。出版物印刷企业1家，内部资料性出版物印刷企业3家，专营数字印刷企业2家，包装装潢印刷企业8家，其他印刷品印刷企业18家。贺州市年印刷总产值5000万元以上的印刷企业有2家——广西真龙彩印包装有限公司、广西真龙实业有限责任公司。广西真龙彩印包装有限公司2016年工业总产值8.36亿元，继续位列全区印刷企业年产值第一位。2016年新申办印刷企业3家，其中新增数字印刷企业2家。此外，复印打印店53家，2015年工业总产值353.92万元，从业人数102人。

2016年，“美丽南方·广西故事”电视专题片《悠悠黄姚》在黄姚古镇开拍

2016年，贺州文化新闻出版广电局共办理25件新闻出版审批业务，其中内部资料性出版物审读审批业务22件，印刷企业新办业务2件，出版物批发企业新版业务1件。贺州市全年共出动检查人员728人次，出动车辆91辆次，检查印刷企业181家次，认真贯彻落实了全区“印刷行政执法报告评价制度”。

【版权管理】 2016年，钟山县版权局被评为2015年查处侵权盗版案件有功单位三等奖。钟山县版权局承办的“11·4”侵犯著作权案，被全国“扫黄打非”办公室列入“秋风”专项行动查处的全国十起侵权盗版案件。联合市“扫黄”办开展集中销毁侵权盗版及非法出版物活动，集中销毁收缴的非法书报刊1.82万册、非法光盘1.39万张。在富川县举行贺州市“加入绿书签”签名活动启动仪式，发起“拒绝侵权盗版，打造书香校园”倡议和“百万中小学生公开向非法出版物说‘不’活动”。

2016年，市文化部门开展知识产权周版权宣传活动，进行法律法规宣传，出版2版版报在活动现场展览；组织全市书刊发行单位开展优惠售书活动，共销售图书约2000多册、5万多元；开展“剑网2016”专项行动，打击网络侵权盗版。

【软件正版化管理】 2016年，文新广电局举办贺州市2016年推进软件正版化工作培训班；到市直有关单位和各县(区)开展软件正版化检查工作，现场抽查市、县各3家单位，并且抽查每家单位比例不低于10%、数量不低于5台的电脑。

(文新广电局)

【贺州日报社概况】 2016年，贺州日报社内设总编办公室、要闻部、经济部、副刊部、记者部、广告经营部、发行部、行政办公室、财务科、监察室共10个内设机构。2016年末有员工72人，其中在编人员45人，聘用人员27人，采编人员全部具有大学专科以上学历。报社开办有“两报一网三微”即《贺州日报》《贺州晚报》、中国贺州传媒网、贺州日报新浪微博、贺州晚报新浪微博、贺州日报微信。

强化舆论宣传 2016年，报社制订40多个宣传报道方案,重点策划市党代会、市“两会”、新媒体群英会、纪念红军长征胜利80周年等重大活动的宣传报道,开辟“打造碳酸钙千亿元产业”“践行‘三严三实’推进作风建设”“严肃查处群众身边‘四风’和腐败问题”“开展‘两学一做’全面从严治党”“深入学习贯彻十八届五中六中全会精神”“创建卫生城市　建设美好家园”“榜样·传播正能量”“展示新成就 喜迎党代会”“长寿美食在贺州”“美丽乡村 生态贺州”“投资拉动、发展提速”“党旗引领奔小康”“学习贯彻党代会精神 谱写跨越发展新篇章”等80多个栏目,刊登稿件超过8000篇(幅)。组织专题报道、深度报道和连续报道,增强新闻宣传的效果。实行《贺州日报》全新改版,整合版面资源,给读者呈现更多更好的新闻资讯。激励报社编辑记者向上级媒体发稿,至今已在上级媒体刊发稿件40多篇。2016年,贺州日报社获得2015年度“广西新闻奖”“中国城市党报新闻奖”一、二、三等奖作品共有18件。

加快新媒体发展　2016年,报社将中国贺州传媒网、贺州日报微信公众号、贺州日报官方微博等新媒体资源进行整合,设立新媒体中心,抽调精兵强将对新媒体进行运营。推出新闻即时播报,开创贺州市重大活动网络图文直播的先河,先后对贺州长寿美食节、市第四次党代会、市“两会”等新闻大事件进行直播。同时,依托新兴媒体集群,对报社各类内容产品和信息资源加强二次开发和循环利用,实现平台的融合。2016年,贺州日报微信平台获评为2016年贺州市正能量微信公众号二等奖及一篇正能量微信原创作品二等奖,制作的H5、微信有两件作品分获广西网络文化节、区新闻网二等奖、优秀奖。

搞活广告经营　2016年,报社广告收入同比下降8.5%。从7月起,报社以拓展政务宣传为抓手,加大对县区宣传的拓展力度,抓市直重点单位的广告开发,深化乡镇一级的宣传合作;成立专版服务部门,以优质周到的服务,促进报社广告创收;成立潇贺文化传媒有限公司,通过市场运作,公司联合新媒体中心组织策划贺州市防艾健步走、防艾大型文艺巡演、网络“寻找最美防艾人”等系列活动,有效地扭转广告收入持续下滑的态势。　（日报社）

地方史志研究

【概况】　中共贺州市委党史研究室、贺州市地方志编纂委员会办公室(以下简称市委党史研究室〈市方志办〉)为中共贺州市委员会、贺州市人民政府管理的相当正处级事业单位,参照《公务员法》管理,两块牌子一套人马。截至2016年,市委党史研究室(市方志办)内设秘书科、党史征编科、地方志编纂科、年鉴科、宣传教育科5个科室,承担着征集、整理地方党史资料,组织开展党史志专题资料、人物传及地方党史基本著作的编写、编辑、出版工作,负责地方志书、综合年鉴、地情书等组织编纂和出版工作,开展党史宣传读志用志教育活动,协调、指导各县(区)的党史方志工作,组织会审各县(区)出版的党史丛书和志书。2016年,市委党史研究室(市方志办)全额拨款事业编制9名,后勤服务事业编制(后勤服务聘用人员控制数)1名,在职人员11人,其中主任1人、副主任2人、调研员1人、副调研员1人、科级5人、职工1人。全市5个县(区)均设有党史和方志机构,其中钟山县、富川瑶族自治县党史、方志为独立机构,市本级党史与方志合署办公,八步区党史与方志合署办公,昭平县党史与方志合署办公,平桂管理区党史与档案、方志合署办公。

【地方志书编纂】　2016年,《贺州市志》编纂工作全速推进,主要成效有:一是继续对志稿进行修改补充,并逐篇进行统稿。《贺州市志》计划成书共33篇,至11月底,完成初稿编写共30篇,约250万字。年内,执行主编和副主编对已完稿的各篇进行初审,其余3篇继续收集补充资料。二是把好志稿质量关。在志稿初审过程中,主编和责任编辑紧密配合,首先由执行主编和副主编对照志书体例要求,仔细审阅,反复推敲,能直接修改的认真修改,需要进一步补充资料的由主编或副主编列出问题清单后,由责任编辑补充修改,共同把好质量关。三是加快整理编纂图照片资料,共收集到1000多幅图照片。

县(区)志书编纂工作　2016年,《八步区志(1990—2005)》根据三级评稿会上领导、专家提出的评审意见,完成勘界、地方组织等10余个章节5万余字的补充、修改和完善;《昭平县志》初定篇目共24篇,完成初稿22篇约200万字,完成初稿任务的91%。《钟山县志》初定篇幅31篇,完成初稿编写28篇,完成任务的90%。《富川县志》初定篇目共21篇,完成初稿编写21篇,约90万字。

【年鉴编纂】　2016年12月公开出版《贺州年鉴·2014》。年内,完成《贺州

2016年5月26日,贺州市委党史研究室(地方志办公室)主任黄观壮(左一)率调研组到昭平马江镇调研,搜集入志资料,马江镇镇长李臣(右一)陪同

2016年12月20日,自治区地方志办公室主任李秋洪(左排左二)带队到贺州调研

年鉴·2015》完成总纂工作。2016年6月启动《贺州年鉴·2016》编纂工作,调整栏目设计;7月印发《关于做好〈贺州年鉴·2016〉供稿工作的通知》。年底有116个单位完成图文供稿任务,征集稿件100多万字。加强对县区年鉴编纂工作的指导,督促各县区按计划加快综合年鉴的编纂进度。截至2016年,实现"一年一鉴、公开出版"目标任务的有平桂区、钟山县,未实现"一年一鉴、公开出版"目标任务的有八步区、富川县。2016年11月公开出版《昭平年鉴(2013—2014)》;2016年10月公开出版《钟山年鉴(2015)》;2016年12月公开出版《平桂年鉴(2016)》;《富川年鉴·2014—2015》完成总纂工作。

【史志宣传工作】 2016年,市委党史研究室(市方志办)依托党史国史宣讲专家团队开展党史宣教工作。年内,市委党史研究室(市方志办)副主任、市党史国史宣讲专家库成员钟来全应市委组织部、市委党校以及钟山监狱邀请,给贺州市中青班学员、科级干部培训班学员和钟山监狱干警讲授党史国史知识和十八届六中全会精神、《中国共产党纪律处分条例》《中国共产党廉洁自律准则》专题讲座各1次;到社区、扶贫联系点举办专题讲座2次。继续推进党史"六进"活动,到扶贫联系点—富川县葛坡镇合洞村、八步区建中社区开展党史文化进农村、进社区活动各1次,给两个支部的党员赠送党史书籍100多册;到市图书馆开展党史国史进机关单位活动1次,赠送党史书籍60多册。10月21日至12月25日,与市委宣传部、市文化新闻广电局、市文联联合举办纪念红军长征胜利80周年展览。

【《中国共产党贺州历史》第二卷编纂】 2016年,市委党史研究室(市方志办)继续收集资料并完成初稿修改、补充编写。年内,二卷初稿已完成17多万字,八步区党史办、钟山县党史办、昭平史志办已完成初稿。

【《中共贺州委执政纪事》编纂】 2016年,市委党史研究室(市地方志办公室)继续做好2015卷的编纂工作。2016年3月公开出版发行《中共贺州市委执政纪事·2015》。4月启动《中共贺州委执政纪事》2016卷编纂工作,5月下发撰稿通知,至12月中旬,完成稿件统稿80%。

【党史专题征研】 2016年,市委党史研究室接自治区党史研究室安排《广西改革开放纪实》课题研究编写任务,将《贺州探索新型农村社区建设纪实》作为2016年《广西改革开放纪实》贺州专题申报。2016年9月,《贺州探索新型农村社区建设纪实》报告上报自治区党史研究室。年内,完成《广西抗战红色印记》《革命遗址、遗迹、文物综述》贺州篇稿件。2016年上半年,启动《中共贺州地方历史资料汇编(抗日战争时期)》编纂工作,11月完成近20万字的初稿编写。 (党史研究室)

档　　案

【档案机构及工作概况】 贺州市档案局(档案馆)是市委、市人民政府主管全市档案工作的职能部门(一个机构两块牌子),履行全市档案事业行政管理和保管利用两大职能。担负着集中统一管理贺州市党政机关、团体、企事业单位形成的具有长久保存价值的档案、资料以及对全市档案工作业务指导、档案行政执法、档案宣传、教育培训、档案收集、保管利用、档案统计、档案信息化建设、政府公开信息和现行公开文件查阅利用等职责。2016年,在职人员11人,其中具有档案系列中级职称3人,初级职称2人。全市共有6个综合档案馆,1个专业档案馆。

2016年,贺州市档案局在全区档案目录数据采集报送工作评比中荣获三等奖;局党支部被市直机关工委评为"共产党员先锋号"。

【档案馆基础业务建设】 2016年,贺州市各级国家综合档案馆认真做好档案的安全保管、接收征集、提供利用与重点档案抢救保护工作,档案馆基础业务工作得到进一步夯实。

档案馆库建设 市档案馆建设项目前期工作稳步推进,平桂管理区档案馆建设已投入使用,钟山县档案馆建设项目各项前期工作稳步推进,八步区、昭平县、富川瑶族自治县档案馆各项前期工作正在筹备当中。档案安全保管:市档案局对现有档案库房进行了维护改造,安装了自动防火报警系统与灭火设备,为每个库房配足空调机和除湿机。对扫描室和数字化质检室增加3个监控器,实现全方位监控。截至2016年底,市档案馆馆藏档案44441卷又92874册,图书资料20244条。日常做好档案的防火、防潮、防虫、防高温、防磁等"九防"工作,定期备份档案数据,及时排除安全保密隐患,确保档案信息的安全。全年未发生档案安全保管事故。

档案开放利用 2016年，全市共接待档案利用者2870人次，提供利用档案资料4217卷又7600件，提供民生档案利用2383卷又3470件，为贺州市经济建设、编史、修志、核实工龄等方面提供了大量翔实的第一手资料。

档案接收、征集和信息公开 2016年，全市共接收文书档案1923卷又66734件。其中市档案馆接收文书档案215卷又25427件、接收扫描件22.13万页，征集散存于社会的珍贵档案史料、图书资料60多册；征集了贺州辖区八步客家话、桂岭本地话、铺门话等多种地方方言、民俗的照片、录音、录像、视频、概况等档案资料；走访慰问了三位抗战老兵，并就三位老兵的抗战经历进行了口述档案的采集。昭平县档案馆接收进馆档案21720件，完成上年馆藏7%的进馆档案接收任务。钟山县档案馆接收进馆档案853卷又8064件。八步区档案馆接收进馆档案27卷7279件。富川瑶族自治县档案馆接收进馆档案268卷又3341件。平桂区档案史志局接收文书档案737件进馆，接收了平桂区“三严三实”办档案材料进馆。

档案编研 2016年，市档案馆组织编印了《贺州市档案利用实例选编(2011—2015年)》200多本，完成了2015年《贺州记忆》和《广西日报剪报集(2016年贺州新闻)》的剪辑工作。平桂区档案史志局出版了《平桂年鉴》《平桂大事记》，富川瑶族自治县档案馆与县委组织部、县党史办合编了《中国共产党广西壮族自治区富川瑶族自治县组织史资料(1987.10—2013.12)》《富川瑶族自治县第八届人民代表大会第五次会议专题汇编》，钟山县档案馆编印了《钟山县妇女联合会历届代表大会简介》(1950—2013)、《钟山县第十五届人民代表大会政府工作报告汇编》(2012—2016)，八步区档案馆编印了《贺州日报剪辑汇编》《领导干部任免职文件汇编》2册，昭平县档案馆编印了《中国共产党昭平县第一至十四届委员会书记、副书记、常委、委员名单(汇编)》和《中国共产党昭平县第一至十四届纪律检查委员会书记、副书记、常委、委员名单(汇编)》。

2016年，市档案局深入基层开展重点档案抢救保护工作情况调研3次，及时帮助解决档案抢救保护工作中存在的问题。同时，对市、县两级馆藏档案进行全面、仔细地梳理和信息登记，共梳理革命历史档案、民国档案等国家重点档案15个全宗3206卷。

【贺州市政府信息公开查阅中心】 2016年，贺州市各级档案部门继续积极主动开展政府公开信息的催报与接收整理工作。2016年，贺州市政府信息公开查阅中心市档案馆查阅点收集100多个政府部门和公共企事业单位送交的文件1300多份。钟山县和八步区在接收政府公开信息有较大提高，分别收集了16768件和27卷7279件。

2016年10月24日，市档案局局长孙桂珍(中)带队到市工商局开展档案室上等级复查

【档案法制宣传培训】 2016年，市档案局组织起草了贺州市落实国家档案行政执法检查反馈意见整改方案，并以市委办、市人民政府办名义印发执行。市档案局联合市法制办对12个涉及市级重大建设项目的单位开展档案管理行政监督检查。全市在各级各类档案专业刊物、网站等媒体上发表文章、消息共118篇(条)，其中市档案局发表60篇(条)。市档案局以“6·9”国际档案日为契机联合钟山县档案局在钟山县钟山镇举办了以“档案与民生”为主题的图片展览活动，共展出档案展板16幅，档案图片200多张，实现档案宣传工作向乡镇、村的延伸。举办一期260人参加的档案业务暨继续教育培训班，还与市农业局联合举办一期农村土地确权颁证档案培训班。围绕全市扶贫攻坚工作，各县(区)档案局和扶贫部门积极沟通，共同检查、指导乡镇做好扶贫档案工作，并开展扶贫档案规范管理的业务培训。全市共举办各类档案业务培训班16期，1500多人次受益。

【档案信息化工作】 2016年，贺州市完成馆藏文书档案全文数字化扫描169.2万页，其中市档案馆完成95.8万页，县(区)档案馆完成73.4万页。持续加强档案信息化工作的指导力度，通过上门指导和网络指导等方式，对单位进行了档案管理软件的使用指导和培训。

2016年，市档案局完成了网站的改版工作，及时上传各市、县区档案工作最新消息，做好网站日常维护与数据备份工作，确保网站正常运行。

【机关、企事业档案工作】 2016年，贺州市列入档案年检的单位共573个，优秀的单位216个，占总数的38%，合格的单位320个，占总数的56%，不合格单位37个，占总数的6%。市直列入检查范围的单位共113个，其中优秀单位42个，占总数的37%，合格单位70个，占总数的62%，有1个单位未提交检查。

2016年，贺州市档案局业务人员深入到30多个机关单位现场指导档案工作，加大对企事业单位的指导力度，多次到正赢集团、桂东电力、平桂飞碟公司等单位指导档案工作。

2016年6月8日，贺州市档案局联合钟山县档案局在钟山镇举办了以“档案服务民生”为主题的图片展览活动。图为在钟山县钟山镇展览现场

【农业和农村档案工作】 2016年，贺州市档案局坚持深入到乡(镇)、社区、村档案室开展档案业务调研和指导，对10个行政村开展新农村档案工作指导，特别是对精准扶贫、农村土地确权颁证、社区、村级等档案业务工作开展针对性的指导。

【重大建设项目档案工作】 2016年，贺州市档案局联合市发改委下发文件，加强重大建设项目档案管理，对涉及重大建设项目的40多个单位部门进行重大建设项目档案专项检查和指导。开展重大建设项目档案登记工作，登记率85%以上。

【档案统计年报工作】 2016年，贺州市档案局采取指导培训、督促检查、分工负责等措施推进档案统计年报工作，2016年全市上报档案统计年报单位为518个。

【国家综合档案馆建设年度考核工作】 2016年，根据自治区档案局文件精神，市档案局有计划、有步骤地开展了档案馆建设2015年度考核工作。市档案局对县级档案馆的考核结果是：钟山县档案馆、八步区档案馆、富川瑶族自治县档案馆、昭平县档案馆为合格等次，平桂管理区档案馆为基本合格等次。自治区档案局考核组对贺州市档案馆的考核结果为合格。 (档案局)

医疗卫生

医疗卫生综述

【概况】 2016年，贺州市共有医疗卫生机构1180个，其中包括医院23所，基层医疗卫生机构1072所(含村卫生室和个体诊所)，专业公共卫生机构84所(含计划生育技术服务机构)，业务用房面积43.67万平方米，万元以上设备5192台，卫生技术人员10404人，床位7753张。每千常住人口拥有卫生技术人员5.10人，执业(助理)医师1.61人，注册护士2.14人，床位3.80张。2016年贺州市医疗卫生机构诊疗1071.3万人次，住院33.29万人次，门诊平均费用91.8元/人次，出院病人平均费用4437元/人次。2016年11月，富川县通过检查评估验收，获全国计划生育优质服务奖。

【医药卫生改革】 2016年，全市所有县级公立医院实施药品零差率，县级公立医院药占比28.71%，同比下降4.04个百分点，医院医疗收入增长22.30%，医务人员人均月收入比医改前增长9.44%。市60所基层卫生院(社区卫生服务中心)和645所行政村卫生室实施基本药物制度，覆盖率为91%。14家县级以上医疗卫生机构对口帮扶18家乡镇卫生院。全市13家县级以上定点医疗机构实现新农合大病保险理赔服务“一站式”即时结算，补偿金额2825.72万元。贺州市采取试点先行、逐步铺开的方式开展乡村医生签约服务，各县区均积极推进。加强对公立医院辅助性、营养性等高价药品及高值耗材使用情况进行重点监控，总体控制医疗费用增长幅度在10%以内，初步遏制医疗费用不合理增长的势头。加强以全科医生为重点的基层卫生人才培养，依托高校实施农村定单定向招生。2016年农村订单定向免费医学本科毕业生共有7名，所有的农村订单定向免费医学本科毕业生已经全部安排定向乡镇医院。全部落实住院医师规范化培训基地，全部签订就业合同，全部落实编制并办理手续。

【医养结合工作显成效】 贺州市抓住被确定为首批国家级医养结合试点市为契机，探索开展医养结合工作“规划先行、项目驱动、信息支撑、特色医养”的“十六字”新模式。专门邀请清华大学杨燕绥教授团队到贺州调研，编制《贺州市医养服务体系规划》，统筹做好各类医养结合机构的科学规划和合理布局。依托贺州市生态、气候、区位和长寿品牌等特色优势，规划建设一批特色鲜明、示范性强的医养结合发展项目。鼓励引导社会资本以独资、合资、合作、联营、参股等方式，充分利用政府和社会资本合作(PPP)项目投融资模式，兴办医养结合服务机构。卫生计生部门重点推进的项目有：市人民医院城东分院、市中医院综合楼、市疾病预防控制中心、市精神病医院扩建、市妇保院整体搬迁、黄姚古镇东潭岭医疗养生基地等项目，总投资8.7亿元。开通运行医养结合网站，注册“医养贺州”公众微信号，不断提高贺州的知名度和影响力。重点推进“四园区一基地”(保健医疗体验园区、传统休养学习园区、中西文娱运动园区、中医药食观光园区、华南瑶医瑶药文化传承基地建设)，推动中医药健康服务业与旅游业、养老的深度融合，加快推动养生保健和特色康复服务发展。

【实施全区第一个医疗卫生 PPP 项目】贺州市人民医院城东分院 PPP 项目于 2016 年 12 月完成政府采购工作，成为广西第 1 个实施 PPP 的医疗卫生建设项目。该项目总投资 7.65 亿元，总建筑面积 166137 平方米，范围包括城东分院的综合业务用房 91200 平方米、地下停车场(一期)52085 平方米，产科中心 22852 平方米。通过政府采购选定社会资本方，社会资本方出资 15302 万元成立项目公司，占股 100%。项目公司负责本项目协议约定内的投融资、设计、施工等有关建设工作，建设期 3 年，竣工验收后交市人民医院运营。并承担医院本部和城东分院两个院区的药品及医用耗材的配送服务工作，贺州市人民医院负责除药品及医用耗材配送服务以外的运营管理工作和支付项目使用者付费金额，市人民医院每年向项目公司支付使用者付费 8490 万元，总共支付 8 年，总额为 67920 万元。政府主要负责规划、监管、准入工作。

【中医药民族医药】 2016 年，贺州市举办“牵手国医”中医民族医医院形象巡回宣传展示活动暨 2016 年中医名医名家走基层行动，实施“2015 年基层中医药民族医药适宜技术培训项目”。2016 年，共派出专家 201 人次，举办培训班 73 期，培训村医 331 人，社区、乡镇卫技人员 123 人，开展中医义诊 13 场，就诊(咨询)群众 571 人次。进中医药传承与创新。钟山县中医医院刘瑞俊医师开展广西基层名老中医药专家传承工作室项目。遴选贺州市中医医院林麟惠为全国中医护理骨干人才培养对象。全市基层卫生机构共建成 25 家中医诊疗服务区(中医馆)，其中 20 家中医诊疗服务区(中医馆)为中央或自治区财政资金支持的项目工程。

【医学科技与教育】 2016 年，贺州市全面启动“健康贺州行”和贺州市“牵手国医”中医民族医医院形象巡回宣传展示等活动。邀请市 15 家传统媒体和新媒体走进卫生计生系统，采访和宣传贺州市卫生计生亮点工作和先进典型，唱响主旋律，凝聚正能量，得到自治区卫计委的肯定。2016 年，市卫生计生委和三县两区卫生计生局均荣获国家《人口与计划生育》杂志社基层宣传工作先进集体；市卫计委及 4 个县区分别获得自治区卫生计生委网站宣传通联工作先进单位。专题片《无偿献血在贺州》《康复在平桂》在广西电视台公共频道播出。市卫生计生系统宣传工作获全区通报表扬，并在全区会议上作经验介绍。 (卫计委)

医政管理

【基层医疗机构集中整顿活动】 2016 年，贺州市开展基层医疗机构集中整顿活动。重点从医疗机构执业准入、虚假医疗广告宣传、医疗机构制度建设及落实情况、规范化使用药品、医院感染控制等方面进行整顿，对全市医疗机构进行了拉网式的督导检查。督促全市的医疗机构建立完善的医疗核心制度、考评工作机制。加大了麻醉药品和精神药品管理力度。全市无一例因为监管不到位原因使麻醉药品和精神药品流入非法渠道。开展全市院感管理工作督促检查，委托市人民医院、市中医医院、市妇幼保健院、广济医院院感专家对基层医疗机构院感工作进行督导，派出人员 126 人次，强化基层医疗机构院感管理，提升群众看病就医安全水平。开展“平安医院”创建活动，妥善处理医疗纠纷。2016 年共处理医疗纠纷投诉 161 件，到医疗单位成功调解医疗纠纷 126 件。其中引导患方走司法途径 16 件。 大力推进医疗联合体、分级诊疗建设。2017 年 4 月，贺州市卫生计生委出台《贺州市组建医疗联合体建设工作指导意见》，2016 年 6 月，贺州市政府办公室出台《贺州市分级诊疗制度建设工作实施方案》。全市共组织 11 家二级以上医疗机构与桂林医学院附属医院签订医疗联合体协议。市中医医院与广西中医药大学第一附属医院完成医联体组建工作。

【建档立卡】 2016 年，贺州市全市建档立卡贫困人口 293503 人，因病致贫因病返贫 19325 人，占 6.58%。在提高新农合补偿和医疗救助水平方面。贺州市新农合参合人数 189.74 万人，参合率 99.18%，建档立卡贫困人口参合人数 27.75 万人，参合率 94.55%。2016 年，市卫计委联合市财政局印发《贺州市精准扶贫新农合倾斜政策实施方案》，提高建档立卡贫困户患者住院报销比例 5%。全市参保新农合大病保险已理赔 1.09 万人，补偿金额为 5249.4 万元；疾病医疗救助 99 人次，补助 71.2 万元。 (卫计委)

疾病预防控制与卫生监督

【疾病预防控制工作概况】 2016 年，贺州市全市共报告法定传染病 19 种，共计 25633 例，发病率 1265.26/ 十万，报告死亡数 155 人，死亡率 7.65/ 十万。无甲类传染病报告。与上年同期相比发病数上升 39.02%，死亡数上升 9.93%；报告发病数上升的为：布鲁氏菌病、淋病、其他感染性腹泻病、斑疹伤寒、手足口病、风疹；报告发病数下降的病种为：痢疾、肺结核、梅毒、艾滋病、流行性感冒和急性出血性结膜炎。

【加强流感、人感染高致病性禽流感监测】 2016 年，贺州市采集流感样病例样本共 1257 例，阳性 106 例，阳性率为 8.43%，其中 H3 型 31 例、新甲型 H1 型 24 例、A 型未分型 2 例和 B 型 49 例。1257 例标本均由国家流感哨点监测医院(贺州市人民医院)采集，均能按国家要求按时按月完成采样监测工作任务。

【加大手足口病疫情防控力度】 2016 年，贺州市对 711 例临床诊断为手足口病的患者进行咽拭子 / 肛拭子采样 823 份；经实验室检测，阳性 594 例，阳性率为 83.54 %。其中 EV71 阳性 182 例，肠道病毒核酸 CA16 阳性 167 例，其他肠道病毒阳性 245 例，构成比分别为 30.64%、28.11% 和 41.25%。

【卫生应急】 2016 年全市共报告突发公共卫生事件 9 起，其中水痘暴发疫情 2 起、手足口病暴发疫情 2 起、布鲁氏菌病暴发疫情 1 起、群体性疑似预防接种异常反应事件 1 起、食用野蜂蜜中毒 1 起和季节性流感暴发疫情 2 起。9

起突发公共卫生事件共发病392人，同时波及7050人，罹患率为5.56%。1例死亡，无重症病例。9起事件均已结案。妥善应对“山东疫苗事件”、实现脊灰疫苗免疫策略转换、落实麻疹疫苗强化免疫和顺利通过了广西免疫规划“黄牌”检查。全市纳入政府绩效考核的免疫规划疫苗报告接种率和含麻类疫苗接种率的两个指标分别达到了97.5%和98.31%，远高于90%和95%的指标要求。各种扩大国家免疫规划疫苗针对性传染病的发病率有所下降。全年没有免疫针对性疾病疫情的发生与流行，无麻疹病例，无乙脑、流脑、白喉、百日咳发病，继续保持无脊灰状态，报告流行性腮腺炎324例，甲肝67例，15岁以下儿童乙肝22例，新生儿破伤风1例。

【全面实施结核病防控策略】 2016年，贺州市卫计委全面实施结核病防控策略。全市非结防机构疑似肺结核病人本辖区医疗机构报告本辖区的患者共2402例，转诊到位1320例，转诊到位率54.95%；需结核病防治机构对转诊未到位人数进行追踪的1082例，追踪到位971例，追踪到位率89.74%，其他到位16例，总体到位率96.04%，达到国家指标(90%)要求。全市共发现活动性肺结核病人1613例，其中新发涂阳肺结核病人296例，复治涂阳病人35例，涂阴病人1192例，结核性胸膜炎90例。全市新发涂阳肺结核病人352例，治愈315例，全市新发涂阳肺结核病人治愈率为89.49%，达到国家指标要求(国家要求85%)。

【慢性病防治工作】 2016年，市委卫计委与市教育局合作，制定下发《贺州市创建“健康学校”活动实施方案》，并对相关人员进行业务培训和日常指导。通过创建、自查、申报、考评等环节，10家健康单元(5所学校和5个幼儿园食堂)经自治区卫计委验收合格。2016年贺州市三个死因监测点富川县、八步区和平桂区分别报告死亡个案1631例、3942例和2380例，粗死亡率(年度目标≥6‰)分别为:6.07‰、6.12‰和5.81‰，编码错误率(要求控制在8%以下)分别为0.87%、2.14%和0.98%。

【防治艾滋病攻坚工程】 2016年，全市累计报告HIV/AIDS疫情7497例，其中HIV病毒感染者3515例(占46.89%)，AIDS病人3982例(53.11%)，死亡3387例，存活4110例；2016年1—12月，贺州市新发现报告HIV/AIDS共393例，比上年同期(407例)下降3.44%；本年死亡139例，比上年同期(143例)下降了2.80%。

【公共卫生监测工作】 2016年，贺州市本级食品安全风险监测样品任务数484份，监测完成率100%。其中化学污染物监测242份，获得1315条监测数据；微生物监测242份，获得989条监测数据。化学污染物超标率为1.6%(4/242)，食品致病菌检出率为14.5%(35/242)。完成食品加工从业人员203人食源性致病菌带菌监测，带菌率为4.4%(9/203)。水质卫生方面共检测水质样品619份，其中水质卫生监测份数共311份，其中农村生活饮用水共采集120份，八步区采样74份，合格37份，合格率为50%，平桂管理区采样46份，合格17份，合格率为36.96%；市政供水共采集水样152份，合格率为100%，二次供水共采集39份，合格率为94.9%。公共场所方面，全年共有207家单位申请委托公共场所卫生检测，出具报告书245份(含复检)；公共场所集中空调方面，共有19家单位委托检测，出具报告书28份(含复检)；医疗机构消毒效果方面，共有7家单位委托检测，出具报告书7份。

【卫生监督与执法】 2016年，贺州市卫计生委共受理各类卫生行政许可申请1839件，承办审批事项法定办结时限平均时限为32.5天，承诺时限为11.8天，承诺时限比法定时限缩短了63.7%，所有申请事项均在承诺时限按时办结率达100%，极大地提高了办事效率。通过“督传帮带”的形式，开展市县联合执法行动，共查处违反卫生法律法规的行政案件共33起。通过联合执法提高了基层卫生监员的执法能力，有效打击各类违反卫生法律法规的行为。出动卫生计生行政执法人员2097次，车辆486辆次，对医疗机构、采供血机构、学校、集中式供水单位、酒店住宿单位等监督检查1985家/次，其中对公共场所、学校、医疗机构开展了艾滋病防治卫生监督专项行动，经常性卫生监督覆盖率100%，符合上级部门下达的工作任务。立案查处13起各类违反卫生法律法规的案件，其中医疗卫生机构案件9起，公共场所经营类案件3起，放射卫生案1起，共计罚款2800元。对市城区集中式1家供水单位检查12次，检查二次供水单位32家/次，共检测水样299份(其中全分析出厂水样8份、末梢水143份、二次供水水样40份，快速检测水样108份)，检测结果除二季度1份二次供水水样菌落总数超标外，其余均合格。对水质检测结果不合格的二次供水单位进行立案处罚。

(卫计委)

妇幼卫生

【妇幼卫生工作概况】 2016年，贺州市妇幼健康服务工作以妇幼健康需求为导向，以妇幼项目为载体，以优质服务为抓手，推进妇幼保健与计划生育资源整合，多措并举降“五率”升“六率”，出生缺陷得到有效防治，妇女“两癌”筛查持续惠民，母婴“三病”深入发展，“出生医学证明”管理进一步规范。2016年全市活产数36463人，孕产妇死亡率10.97/10万，5岁以下儿童死亡率7.35‰，婴儿死亡率4.33‰，新生儿死亡率2.17‰。出生缺陷儿发生率8.56‰。2016年全市住院分娩人数39228人，住院分娩率99.96%，婚前医学检查人数29460人，婚前医学检查率96.59%。地中海贫血基因诊断补助1024对，产前诊断补助450对，地中海贫血基因诊断补助率达99.90%，产前诊断补助率均达100%。 (卫计委)

爱国卫生工作

2016年，贺州市顺利通过广西卫生城市复审。全市共创建2个自治区卫生乡镇、20个自治区卫生村、4个自治区卫生单位。深入开展城乡环境卫生整洁行动，开展村庄综合整治25个，农村卫生厕所普及率达84.07%，建制镇生活垃圾无害化处理率达52.5%，对生活垃圾进行处理的行政村比例达41.06%，对生活污水进行处理的行政村比例提高10.86%，农村集中式供水人口比例达76.58%。深入开展爱国卫生宣传月活动。全市共出动2.6万余人(次)开展清理工作，清理垃圾17950余吨垃圾，整治乱摆摊点2400多处，处理乱停放车辆4230余辆，清扫街道2693公里，清捡田园3.4万亩，推广清洁技术9.7万亩，回收农药瓶8.83万个，清捡田园生产废弃物3.5吨，设置水源地警示标识牌430个，开展清理的小溪(河)流、沟渠、池塘、湖库1550处，清理的水体垃圾及畜禽尸体406吨，清理的水源地周边村庄内畜禽粪堆1011处。做好农村改厕工作和农村饮用水卫生监测工作。全市农村卫生厕所普及率达84.07%，其中无害化卫生厕所32.85万户，无害化卫生厕所普及率达65.73%。（卫计委）

基层卫生

【概况】2016年，全市实施基本药物制度的村卫生室共616所，占总数的87%。实施对口支援乡镇卫生院工作，共组织14家县级以上医疗卫生机构对口支援18家乡镇卫生院，安排39名医务人员进驻。推进乡村医生签约服务工作。采取试点先行、逐步铺开的方式开展农村居民签约服务。全市乡村医生签约率达14%。组织开展新一轮药品集中分类采购，从2017年12月实行新标段目录药品采购工作。巩固完善新农合制度和城乡居民大病保险工作。全市新农合参合1900745人，新农合参合率达99.35%，筹资水平540元/年/人。实施健康扶贫，印发《贺州市精准扶贫新农合倾斜政策实施方案》和《关于实施贺州市农村贫困人口新农合大病保险倾斜政策的通知》，对农村建档立卡贫困人口实行新农合政策倾斜，新农合住院报销比例提高和大病保险赔付比例分别提高5%，有效遏制农村贫困人口“因病致贫、因病返贫”。全市参合患者新农合报销补偿441万人次，补偿金额9.38亿元；新农合大病保险累计赔付补偿案件数23967个，补偿金额5420.83万元。

【社区卫生】2016年，贺州市社区医疗卫生机构坚持居民自愿的前提下，开展家庭医生签约服务。以居民健康需求为导向，以辖区妇女、儿童、老年人、慢性病人、残疾人、精神病人等为重点服务对象，提供相应的基本公共卫生服务和基本医疗服务。2016年基本公共卫生服务人均补助经费提高到45元，共筹措资金9060.3万元。为城乡居民建立规范化健康档案。全市为辖区居民累计建立规范化电子健康档案179.16万人，累计建档率达89%。通过加强生活方式和用药指导，提高慢病患者依从性和血压、血糖控制率。累计规范管理高血压患者77438人、糖尿病患者18791人，规范管理率均达88%以上。

【八步区卫生计生工作】2016年，八步区共有医疗卫生机构共324个(3个民营医院、13个乡镇卫生院、2个社区卫生服务中心、170个一体化村卫生所，15个非一体化村卫生室，92个诊所，25个单位内设机构，4个门诊部)。截至2016年，八步区无公立医院，有3所专业公共卫生机构。区级专业公共卫生机构有3个，分别是八步区疾病预防控制中心、八步区卫生监督所和八步区计划生育服务站。全区有卫生人员2040名，其中卫生技术人员占1735名，全科医生60名，从事专业公共卫生服务46人，编制床位数853张。八步区共有基层医疗卫生技术人员取得高级职称13人，占比为1.12%，中级职称95人，占比为8.16%。取得助理医师执业资格172个，医师执业资格131个，执业护士359人。

2016年，全区生育9356人，人口出生率14.5‰，人口自然增长率9.09‰。政策外多孩率2.57%。全区参加新型农村合作医疗的农村居民人数为566656人，参合率为99.91%。各级财政对参合农村居民的补助标准提高到年人均420元，个人缴费120元，即筹资标准人均540元/人。全区19个基建项目进展顺利，其中区人民医院主体框架完工，莲塘卫生院综合楼、桂岭中心卫生院公卫楼等已经竣工验收。在全市率先启动新一轮药品分类集中采购，辖区公立基层医疗卫生机构使用的全部药品均纳入集中采购范围。启动了公开招录135个基层医疗卫生机构卫生技术岗位绿色通道；大宁中心卫生院等7家卫生院与市级医院组建医联体试点。提高基本公共卫生计生服务的覆盖面，实施乡村医生签约服务，进一步规范居民健康档案管理。2016年开展家庭医生签约服务村卫生所182个，共签约乡村医生421名，已签约居民19.82余万人，占八步区总人口的30.12%。严抓重大疾病防控，人感染H7N9禽流感、登革热、寨卡病病毒等疫情实现了“零”感染，全年无重大突发公共卫生事件发生。顺利通过自治区消除疟疾的考核评估。创新开展各项防控措施，使艾滋病疫情快速上升的势头得到基本遏制，全年新报告艾滋病病例较2015年下降了3.39%，病死率较2015年下降了25.38%，新报告艾滋病病例数、艾滋病病死率双下降，艾滋病攻坚工程实现了预期目标。

【平桂区卫生计生工作】2016，平桂区有医疗卫生机构12个，其中医院1个，卫生监督机构1个，疾病预防控制机构1个，妇幼保健院(所、站)0个，社区卫生服务中心(站)1个，诊所(室)和其他卫生机构等44个，村卫生室120个；医疗卫生机构床位395张；卫生技术人员678人(执业医师109人，执业助理医师98人，注册护士255人)。全面实施国家基本药物制度。各乡镇卫生院和西湾社区卫生服务中心共网上采购国家基本药物和自治区增补药品共2865.64万元，药品采购及时配送到位率是84.15%，药款足额支付比例达100%。平桂区共有366626人参合，参合率为98.9%，720136人次享受到新农合补偿，补偿金额19727.32万元，实际资金使用率为96.71%。2016年，区卫生技术部门扎实开展基本公共卫生服务项目，平桂区城乡居民累计建立电子健康档案340539份，建档率84.08%，老年人健康管理21066人，管理率65.02%、慢性病患者规范健康管理(高血压、糖尿病)分别是12568人和2941人，规范管理率为82.43%和82.57%。进一步完善基层医疗卫生机构人事制度，完成公开招聘考试或考核的新进人员60人。加强疾病预防控制工作。2016年平桂区登记并系统管理新涂阳患者59例，系统管理率100%，治愈率89.83%。报告乙类传染病9种1157例，与上年同期1410例比，发病数下降12.98%。做好儿童免疫规划工作。2016年，平桂区疫苗接种率分别为：乙肝97.38%、卡介苗97.05%、脊髓灰质炎95.99%、百白破96.96%、含麻类疫苗97.46%、A群96.19%、A+C群95.37%、乙脑96.64%、甲肝96.98%、白破95.93%。推进妇幼健康服务。2016年平桂区“降五率”完成情况：活产数6814，无孕产妇死亡，五岁以下儿童死亡率6.16‰，婴儿死亡率3.52‰，新生儿死亡率1.76‰，出生缺陷出生率9.10‰，所有指标与去年同期比均有下降。“升六率”完成情况：住院分娩率99.93%。婚前医学检查率98.52%。地中海贫血基因诊断率92.60%。产前筛查率87.84%，新生儿代谢性疾病筛查率97.18%，新生儿听力筛查率96.51%。积极开展“平安医院”创建活动，努力提高医疗质量，加强医患沟通，健全治安保卫机构和保安队伍。各医疗机构积极完善内部安全防范设施，增设录音、录像等监控设备，维护医院的正常工作秩序。2016年，医疗机构内部受理的医疗投诉数量4起；医疗机构自行处理的医疗纠纷数量0起，产生赔偿1起，产生赔偿金额3.8万元。

【钟山县卫生计生工作】 2016年，全县辖区内卫生机构171家，其中县级医疗机构有县人民医院（在职在编222人、临聘人员363人，实有585人）、县中医医院（在职在编98人、临聘人员147人，实有245人）、县妇幼保健院（县妇女儿童医院）（在职在编53人、临聘人员159人，实有212人）、县疾病预防控制中心（在职在编38人，临聘人员16人，实有职工54人）、县卫生监督所（参照公务员管理编制20人，实有19人）共5个；乡镇卫生院有12所，其中中心卫生院有公安中心卫生院、石龙中心卫生院、清塘中心卫生院、红花中心卫生院4所，各乡镇卫生院有职工742人，其中在编及竞聘上岗人员397人、临聘人员345人。私立医院有钟州医院、幸福医院、陶氏爱心医院（精神专科医院）3所。有乡村卫生服务点113个、私人诊所38家。

2016年，钟山县成立基本公共卫生服务项目实施领导小组和技术指导小组，认真实施13项基本公共卫生服务项目。健康档案电子建档率95.55%（目标≥75%）。妥善处置了各类突发卫生事件，及时对珊瑚镇白花村手足口病暴发等疫情进行应急处置。乡镇卫生院中医诊疗区（中医馆）进行集中设置，有9个卫生院已经完成中医馆建设，占75%。每个卫生院均能开展6类以上的中医服务技术，治疗项目达12项以上，最多的石龙中心卫生院的治疗项目达到35种。加强艾滋病综合防治。全县所有医疗机构共筛查HIV抗体148814人次（其中血浆站72244人次，占48.5%），新确认阳性83人，确认新发现的HIV/AIDS患者全部进行了网络直报。共报告现住址为我县病例71例，流调、告知71例，流调率100%。去年同期报告76例，同比下降6.6%；2016年年死亡32例。2016年，卫生计生部门继续探索完善艾滋病治疗关怀“一站式服务”模式；持续改进医疗质量，加强对医疗质量的监管；开展基层医疗机构集中整顿活动，对全县15家医疗机构进行医院院感的督导；规范抗菌药物临床应用，在采购抗生素和其他非基药用药时，适当放宽口服药品，控制注射类药品，特别是对每支价格在30元以上药品，采购由科室申请，药剂科审核把关，药事委员会研究决定方可采购，对大于50元的药品原则上不予以采购，确因病人需要，实行零库存办法，尽量做到即进即用，以杜绝回扣现象发生；深化医药卫生体制改革，继续实施国家基本药物制度，严格控制药占比；实行药品收支“两条线”管理，县医院药品收入不得超过43%，中医院不得超过50%；充分利用世界卫生日、“5·29”会员日、“世界人口日”等各种卫生计生节日，先后组织开展了12次卫生计生集中宣传服务活动，举行1场大型广场文艺演出，发放宣传资料3.5万余份，受到广大群众的好评。

【富川县卫生计生工作】 2016年，富川县各类医疗卫生机构148家，其中县直医药卫生机构6家（县人民医院、妇幼保健院、民族医医院、疾病预防控制中心、卫生计生监督所、药材公司），乡镇卫生院12家，个体诊所16个，村级卫生室137个，学校医务室2家，县计生服务站1家。县医疗卫生机构各类卫生人员1253人，其中注册执业（助理）医师402人，注册护士338人；其他机构执业（助理）医师21人，注册护士16人，其他卫技人员437人。卫技人员中副高职称25人，中级职称265人，初级职称406人。富川县医疗机构核定病床总数704张（实际开放床位616张），平均每千人拥有病床2.19张，每千人拥有医师1.25人、每千人拥有护士1.06人；富川县公立医疗机构17家，共有卫生人员1550人，其中在职在编795人，临时聘用人员755；乡镇卫生和计划生育服务所12家，村级计生服务室155个，富川县乡级共有计生专干164人，村级155人（享受村副主任待遇）。

2016年，全县新农合参合人数分别完成267866人，参合率达98.90%。规范开展基本公共卫生服务项目，全县纸质建档271157份，建档数是国家规定数额的102.91%；电子建档267202人，建档数是国家规定数额的101.95%，均达到国家的目标要求。推进重大基础设施项目。2016年9月30日，富川县九届人民政府常务第一次次会议通过将富川县人民医院进行整体搬迁建设新院的决定，总投资估算3.4亿元。资金来源为申请中央资金投资、地方财政配套及业主自筹解决。扎实推进免疫规划工作。全县乡镇均开展常规运转12次，各种疫苗接种率达98.56%以上，达自治区95%的要求。大力实施防治艾滋病攻坚工程。全县新发感染数31例，与上年（34例）同比下降9%；2016年死亡8例，死亡率5.56%，死亡数与2015年同比下降47%。抓好妇幼健康服务。实施地中海贫血防治项目，降低出生缺陷率。对地中海贫血筛查双阳性的农村夫妇进行地贫基因诊断、产前诊断给予补助，2016年，富川基因诊断和产前诊断补助率分别达到100%，均高于95%的自治区目标值。全县婚检率93.36%，农村孕产妇住院分娩率为99.92%，孕产妇死亡率均为0，婴儿死亡率为

5.66‰。提高医疗质量管理。畅通急诊绿色通道，规范诊疗行为，对门、急诊服务流程进行了优化，加强分诊管理和巡视，开展打击非法行医活动，查实全县无“医疗机构执业许可证”黑诊所16家（主要为牙科诊所），已立案查处10家无证诊所，没收牙椅等医疗设备14台（套），药品10箱，折合价值约8.5万余元。推进卫生法制与监督工作。推进市县联合执法，实现学校卫生、公共卫生等领域处罚案件零突破：处理公共场所案件6件，学校卫生案件3件。抓好高层次人才引进。引进教授3人、副教授3人、特色瑶医团队一个。实施中医药能力提升工程。对36名医务骨干开展中医民族医适宜技术推广培训，使中医民族医适宜技术推广覆盖率达到100%，组织开展贺州市中医名医名家走基层行动。引进下山虎、走马胎等100余种经典特色瑶药材，深入深山老林中对瑶药材生长、分布等情况进行摸底调查，采得瑶药植物标本60余种，瑶药彩图100余份，为瑶药材进一步研发提供了第一手资料。打造新型人口文化园。按照“融合民族文化，注入时代精神，提升品位内涵”的工作思路，打造了以富阳镇江塘村鑑芳园、石家乡黄竹村温馨园、莲山镇罗山村和谐园、葛坡镇深坡村幸福园为代表的28个县乡村人口文化园。加强省际联合执法，查处“两非”2例。全员（流动）人口数据库准确率95.04%，流动人口平台信息反馈率达100%，接收率达100%，协查通报率达100%，全市流动人口个案信息数据库入库率达100%。人口自然增长率为9.17‰，低于11‰的指标值。2016年12月，富川获“创建新一轮全国计划生育优质服务先进单位”荣誉。

【昭平县卫生计生工作】 2016年，全县共有医疗卫生机构247个。其中：县级医疗卫生机构3家。全县12个乡镇，共有乡镇卫生院（分院）16家，其中中心卫生院4家。村卫生所（室）174个；共有床位 1113张（其中乡镇病床为615张，占总病床数的55.25%；县级病床498张，占44.74%）；民营医院病床50张，占4.49%；平均每千常住人口拥病床3.1张。县级医院现已拥有全身CT、高压氧舱、彩超、500毫安进口X光机等先进诊疗设备，能进行开颅、胃全切除、肺叶切除等难度较大的手术。普通卫生院业务用房达500平方米以上，中心卫生院业务用房达1000平方米以上；全县绝大部分乡镇卫生院基本配齐B超、X光机（200毫安）、洗胃机、胎心多普勒、心电图机等“新六件”医疗设备。全县共有卫生技术人员1862人，其中：执业（助理）医师510人，注册护士588人；平均每千常住人口拥有卫生技术人员4.28人，执业（助理）医师每千常住人口1.15人。县级医疗卫生单位（包括卫生监督所、疾病预防控制中心）有卫技人员592人，乡镇卫生院（分院）有卫技人员为606人。其中高级技术职称16人，中级229人，初级789人。全县有乡村医生371人（男259人，女112人），其中大专学历20人，中专（高中）学历235人，无医学学历通过培训合格的116人。68.73%村医已取得中专以上水平证书。平均每村拥有乡村医生2.13人。

2016年，昭平县扎实推进基层医疗体制改革。乡村卫生服务一体化管理效果明显。全县村卫生室做到“三室一房”（诊室、治疗室、公卫办公室、药房），使用面积不少于80个平方米。全县152个行政村已有106个村卫生室配备办公用品及相关医疗设备。抓好县级公立医院改革的各项后续工作，建立县级公立医院绩效考核办法及绩效考核标准，抓好县级公立医院综合改革示范县的创建工作，全面启动实施分级诊疗制度建设及县乡医疗服务一体化管理试点工作。不断提升基本公卫保障面。全县累计建立居民健康档案329594份，建档率94%，其中电子居民健康档案326336份，电子建档率93%。新农合规范运行。2016年，昭平县新农合农民参合人数为337384人，参合率为98.88%，与2015年相比稳中有升。抓好妇幼健康服务工作。2016年，孕产妇系统管理率为98.88%，住院分娩率为99.93%，产后访视率和新生儿访视率均达到99.97%；7岁以下儿童保健覆盖率为97.31%，0~6岁儿童健康管理率为88.90%；年内全县无新生儿破伤风发生，共发生孕产妇死亡3例，孕产妇死亡率为49.46/十万；新生儿、婴儿、5岁以下儿童死亡率分别保持在3.46‰、6.27‰、9.56%的较低数值。婚检率达到了98.51%。稳步开展疾病预防控制工作。2016年，全县无大范围的传染病流行，含麻类疫苗接种率达98.34%，其他免疫规划疫苗报告接种率均超过90%。继续实施防治艾滋病攻坚工程。2016年，全县实际新增报告艾滋病感染者和病人61例，与上年（61例）同比持平。共报告感染者和病人死亡18例，与上年（20例）同比下降了10%。推进计划生育服务管理。2015年10月—2016年9月，全县区间人口自然增长率为8.20‰；出生政策符合率为96.04%，二孩出生政策符合率为98.01%，政策外多孩率2.56%；区间出生人口性别比为111.08，自然年（2016年1月—12月）出生人口性别比为110.8。各项指标除均控制在责任指标范围内。 （卫计委）

计划生育

【人口和计划生育概况】 2016年，全市平均总人口为241.25万人，人口出生34581人，人口出生率为14.33‰，比上年同期下降1.02个千分点。死亡人数为12813人，死亡率为5.31‰，自然增长率为9.02‰，比去年同期上升0.08个千分点。全市多孩人口出生1155人，政策内310人，政策外多孩率2.44%。

【两孩政策】 2016年，贺州市委、市政府印发《贺州市关于实施全面两孩政策改革完善计划生育服务管理的实施意见》。加强政策宣传和舆论引导，实行生育登记服务制度，建立出生人口监测预警机制，确保全面两孩政策的稳妥有序实施。2016年，全市生育登记15694件，受理再生育申请248件，审批发放266本，办结率99.3%。

【扶助政策】 2016年，贺州市卫计委建立和完善奖励、优先、优惠、扶持、救助、保障等“六位一体”的奖励扶助政策，使计划生育利益导向机制由一般性的奖励扶助向更加关注民生的方向拓展。2016年，全市有2098人享受农村部分计划生育家庭奖励扶助302.1万

基本情况(2016年)

		数量	与上年比增长数	与上年比增长率(%)		数量	与上年比增长数	与上年比增长率(%)
卫生机构(个)		1180	19	1.64	卫生人员(人)	14710	618	4.39
医院(个)		23	2	9.52	卫生技术人员(人)	10404	427	4.28
床位(张)		7753	349	4.71	乡村医生(人)	1340	−4	−0.3
医院床位(张)		4726	233	5.19	个体开业人员(人)	333	−23	−6.46
平均每千人口医院床位(张)		1.95	0.07	3.72	平均每千人口卫生技术人员(人)	4.29	0.11	2.63
人口	总数(万人)	241.25	2.52	卫生费用	卫生事业费(万元)	72401.13		
	出生率(‰)	14.33	−1.02		卫生事业费与上年比增长(%)	−3.42		
	死亡率(‰)	5.31	−1.1		卫生事业占财政支出百分率(%)	4.48		
医疗服务	诊疗总人次(万)	1071.3	4.8		卫生系统固定资产(万元)	138002.38		
	门诊(急诊)人次(万)	1044.31	−0.94		平均每一门诊人次医疗费用(元)	91.8		
	住院总人次(万)	33.29	2.88		平均每一出院病人医疗费用(元)	4437		
	出院总人次(万)	33.2	3.05					

元,521人享受扩面农村部分计划生育家庭奖励(55~59周岁)扶助37.5万元;228人得到计划生育特别困难家庭扶助235.3万元;61户纯二女户获得诚信计生安居工程补助共119万元,97名农村独生子女考取高校获得一次性奖励共9.7万元;农村计划生育贫困家庭子女助学工程121人,补助资金7.26万元;农村计划生育家庭考生高考加分共128人。非财政拨款企事业单位实行计划生育人员退休后依法增加待遇270人,增发待遇53.27万元。城镇居民独生子女父母年老享受奖励待遇238人,发放奖励金28.95万元。100%兑现计划生育奖励扶助政策。

【出生人口性别比综合治理】 2016年,贺州市卫计委组织开展“关爱女孩”、“拒绝两非·关爱生命”等宣传活动,继续从重从严从高打击“两非”行为,从源头上堵住“两非”漏洞,促进整治行动长效化,平抑出生人口性别比失衡。2015年10至2016年9月全市共出生36451人,其中男孩19308人,女孩17143人,性别比为111.05,比自治区责任指标113低1.95个百分点。截至10月31日,全市共查处“两非”案件5例,其中结案5例,对2人进行了处理,对违法医疗机构和个人处没收违法所得及罚款共计1.3万元。

【建立诚信计生承诺兑现制度】 2016年,市人口计生领导小组印发《关于建立诚信计生承诺兑现制度的通知》(贺计生组发〔2016〕4号),进一步整合部门资源,通过优先、优惠、优待等方式对计生家庭予以倾斜,实现普惠政策与计生奖扶政策的有效衔接。全市共梳理出可以向诚信计生家庭适当倾斜的普惠政策达80多项,为诚信计生家庭发展提供了有效扶持。继续开展诚信计生示范单位县、乡、村“三级联创”活动,充分发挥先进典型的引领示范作用,切实提升计划生育服务管理水平。2015—2016年,全市共创建县级诚信计生先进单位2个、乡级10个,村级94个。

【计生协会工作】 2016年5月,在北京召开的中国计生协第八次全国会员代表大会上,贺州市八步区莲塘镇等3个单位、钟玲蓉等3人分别获得全国计划生育协会工作先进单位、先进个人表彰。2016年9月,贺州市成功承办全区“深入贯彻中国计生协八代会精神·促进人口均衡发展与家庭和谐幸福”文艺会演,贺州市参演节目——彩调小剧《新时代会长》荣获一等奖,市计生协会荣获“优秀组织奖”。

【流动人口基本卫生计生服务管理】 2016年贺州市共有流动人口223145人,其中流出人口201726人、流入人口21419人,流动人口建档率100%,免费技术服务率及孕环检率均100%、市、县、乡PAIDS平台应用率100%、生育服务登记协查接收协查反馈率、避孕节育通报接收通报接收、及时率均100%,手术服务通报接收通报接收率和及时率达99%。

(卫计委)

体　育

体育综述

【体育工作概况】 2016年体育工作取得令人瞩目的成绩,举办县级以上群众体育达138项,乡镇、村(社区)基层体育比赛756场(次);承办了三大项竞技体育大赛;在城区基础设施投入资金1000万元,在贺州广场、灵峰广场建设健身步道各1条、建设多功能运动场4个、健身路径30套;体育彩票销售额高达4958万元,比2015年增加了2358万元等。这些成绩的取得,使得贺州市体育局获得全区体育工作“突出贡献奖”,荣获2016年度全区体育系统集体二等功,贺州市体育局、昭平县文化广电体育局、富川瑶族自治县文化广电体育局等3个集体被记全区体育系统集体二等功,同时贺州市体育局被评为广西体育宣传先进单位,市体校教练沈威同志荣获个人二等功,市体校教练林卫同志当选为市第四届党代会代表并推荐提名为自治区第十一届党代会及党的十九大代表候选人。

2016年贺州市输送运动员在全国(含全国)以上级参加比赛成绩

姓名	赛事名称	项目/级别	名次
钟远龙	全国少年举重锦标赛	抓举48公斤	第一名
钟远龙	全国少年举重锦标赛	挺举48公斤	第一名
钟远龙	全国少年举重锦标赛	总成绩48公斤	第一名
吴长升	全国男子举重锦标赛	挺举105公斤	第一名
吴长升	全国男子举重锦标赛	总成绩105公斤	第二名
邹万豪	全国青年男子自由式摔跤锦标赛	55公斤	第一名
王得林	全国青年古典式摔跤锦标赛	60公斤	第三名
钟雪纯	奥运会摔跤比赛	摔跤53公斤级	第五名
钟雪纯	全国摔跤锦标赛	摔跤53公斤级	第二名
李秋议	全国少年锦标赛	摔跤40公斤级	第一名
李　玲	全国青年锦标赛	柔道48公斤	第三名
李　玲	全国锦标赛	柔道48公斤	第三名
聂志学	全国拳击锦标赛	拳击60公斤级	第三名
梁　梦	全国春季蹼泳锦标赛	50米双蹼	第二名
梁　梦	全国春季蹼泳锦标赛	100米双蹼	第二名
梁　梦	全国春季蹼泳锦标赛	200米双蹼	第三名
梁　梦	全国青少年蹼泳锦标赛	50米双蹼	第一名
梁　梦	全国青少年蹼泳锦标赛	100米双蹼	第一名
梁　梦	全国青少年蹼泳锦标赛	200米双蹼	第一名
梁　梦	全国青少年蹼泳锦标赛	50米潜泳	第二名
梁　梦	全国青少年蹼泳锦标赛	800米蹼泳	第三名
梁　梦	全国青少年蹼泳锦标赛	4×100米	第二名
梁　梦	全国青少年蹼泳锦标赛	2×200米	第二名
梁　梦	全国蹼泳锦标赛	50米双蹼	第一名
梁　梦	全国蹼泳锦标赛	100米双蹼	第一名
梁　梦	全国蹼泳锦标赛	200米双蹼	第二名
谢镇行	全国蹼泳锦标赛	4×200米接力	第一名
谢镇行	全国蹼泳锦标赛	200米双蹼	第二名
谢镇行	全国蹼泳锦标赛	50米双蹼	第三名
谢镇行	全国蹼泳锦标赛	100米双蹼	第三名
陈春枝	全国青少年女子水球锦标赛	女子水球	第三名
唐　静	全国青年女子举重锦标赛	举重69公斤抓举	第三名
唐　静	全国青年女子举重锦标赛	举重69公斤挺举	第二名
唐　静	全国青年女子举重锦标赛	举重69公斤总成绩	第二名
蒋惠花	全国女子举重锦标赛	举重4公斤抓举	第二名
蒋惠花	全国女子举重锦标赛	举重48公斤总成绩	第三名
蒋惠花	世界青年举重锦标赛	举重48公斤抓举	第一名
蒋惠花	世界青年举重锦标赛	举重48公斤挺举	第二名
蒋惠花	世界青年举重锦标赛	举重48公斤总成绩	第二名
吴长升	全国男子举重冠军赛	举重105公斤挺举	第二名
吴长升	全国男子举重冠军赛	举重105公斤总成绩	第二名
邹万豪	全国男子自由式摔跤锦标赛	自由式57公斤	第三名
沈　權	全国男子自由式摔跤锦标赛	自由式57公斤	第一名
陈东芸	全国女子拳击锦标赛	拳击48公斤	第三名

2016年参加年度锦标赛各项目获金牌运动员名单

姓　名	出生年月	项目/级别	名次	归属县(区)
薛文科	2002.1	举重、丙组52公斤挺举	第一名	平桂区
钟远龙	2001.1	举重、乙组48公斤抓举	第一名	钟山县
钟远龙	2001.1	举重、乙组48公斤挺举	第一名	钟山县
钟远龙	2001.1	举重、乙组48公斤总成绩	第一名	钟山县
李　榕	2001.10	举重、乙组48公斤抓举	第一名	昭平县
李秋议	2001	摔跤乙组40公斤级	第一名	八步区
陈榕娇	2001	摔跤乙组51公斤级	第一名	八步区
陈　露	2002	摔跤乙组60公斤级	第一名	钟山县
陈洁琪	2002	拳击乙组48公斤级	第一名	八步区
卢燕雪	2001	拳击乙组51公斤级	第一名	平桂区
陈致坚	2001	拳击乙组51公斤级	第一名	八步区
黎运会	1999	武术散打甲组48公斤级	第一名	八步区
龙玉娇	2003	柔道乙组44公斤	第一名	八步区
易　裕	2002	柔道乙组41公斤	第一名	八步区
蔡苗苗	2001.12	田径1500米/2001年组	第一名	八步区
杨善钦	2001.04	田径1500米/2001年组	第一名	富川县
廖　莹	2000.07	田径1500米/2000年组	第一名	钟山县
杨善钦	2001.04	田径800米/2001年组	第一名	富川县
蒋　骥	1999.02	田径三级跳/1999年组	第一名	富川县
谢自然	2000.06	古典式甲组50公斤	第一名	平桂区
陈永春	2004.01	古典式丙组36公斤	第一名	昭平县
刘显良	2003.01	古典式丙组39公斤	第一名	八步区
管荣军	2003.02	古典式丙组42公斤	第一名	平桂区
何上通	2003.06	古典式丙组46公斤	第一名	钟山县
何　杰	2001.04	自由式甲组50公斤	第一名	平桂区
陈新奎	2000.01	自由式甲组54公斤	第一名	平桂区
白立建	2001.03	自由式乙组42公斤	第一名	平桂区
邹年湖	2002.03	自由式乙组46公斤	第一名	平桂区
邹永转	2003.10	自由式丙组39公斤	第一名	平桂区
谢自然	2000.06	古典式甲组50公斤	第一名	平桂区
陈永春	2004.01	古典式丙组36公斤	第一名	昭平县
刘显良	2003.01	古典式丙组39公斤	第一名	八步区
官荣军	2003.02	古典式丙组42公斤	第一名	平桂区
何上通	2003.06	古典式丙组46公斤	第一名	钟山县
何　杰	2001.04	自由式甲组50公斤	第一名	平桂区
陈新奎	2000.01	自由式甲组54公斤	第一名	平桂区
白自建	2001.03	自由式乙组42公斤	第一名	平桂区
邹年湖	2002.03	自由式乙组46公斤	第一名	平桂区
邹永转	2003.10	自由式丙组39公斤	第一名	平桂区

竞技体育

【竞技体育工作概况】 2016年，竞技体育按照“突出贺州特色，打造金牌项目，整体推进水平”的思路，在青少年业余体育训练方面采取了一系列措施，取得了一定成效。2016年贺州市共输送43名运动员到各项目中心和自治区体校集训。其中输送到自治区各项目中心23人，输送到自治区体校20人。参加竞技体育重大比赛取得优异成绩，其中参加2016年广西青少年年度锦标赛，共获33枚金牌、38枚银牌、42枚铜牌的好成绩。同时贺州市输送的运动员在全国（含全国）以上级别参加比赛获12金9银9铜好成绩。输送到广西重竞技运动发展中心的运动员钟雪纯代表国家在里约奥运会女子自由式摔跤比赛中获得第五名；并获自治区人民政府授予二等功。2016年全国青少年蹼泳锦标赛中，贺州市输送到广西水上运动发展中心的蹼泳运动员梁梦代表广西二队获得全国女子青年组50双蹼、100双蹼、200双蹼三项金牌，50潜泳、4×100米接力、4×200米接力三项银牌和800蹼泳铜牌的优异成绩。2016年“百年牛栏山”杯全国女子青年举重锦标赛；贺州市输送的举重女子运动员唐静获得抓举第三名、挺举第二名、总成绩第二名。2016年全国女子举重锦标赛暨里约奥运会选拔赛，贺州市输送的举重女子运动员蒋惠花获得抓举第二、挺举第四、总成绩第二。2016年世界青年举重锦标赛，贺州市输送的举重女子运动员蒋惠花获得抓举第一、挺举第二、总成绩第二。2016年全国青年男子自由式摔跤锦标赛，贺州市输送的摔跤男子运动员邹万豪获得55公斤级第一名。2016年全国拳击锦标赛，贺州市输送的拳击男子运动员聂志学获得60公斤级第三名。

【体育赛事举办】 2016年，成功承办了贺州市第四届运动会暨第二届全民健身运动会、广西离退休干部“多彩金秋”太极拳（剑）展示赛、广西第二届桂粤湘（贺州·昭平）龙舟邀请赛等大型赛事，扩大了体育工作的影响力，助力了健康贺州、生态养生长寿市建设。

（体育局）

2016年10月13日至14日，广西第四届“多彩金秋”文化活动月太极拳（剑）展示交流活动在贺州市举办

群众体育

【群众体育概况】 2016年群众体育工作成绩突出，举办县级以上群众体育达138项，开展以纪念建党95周年暨第二届市直机关全民健身运动会为代表的基层体育比赛756场次。2016年完成国家转移支付资金的申报工作，自治区全民健身工程项目建设工作，昭平县2016年大型场馆免费低收费开放场地补贴资金的申报，完成2016年市容市貌整治工作，包括灵峰广场健身路径，健身步道，棋牌桌及社区健身路径建设。参加了2016年广西国民体质监测工作骨干人员培训班、广西体育系统新闻宣传报道工作人员培训班、全国健身气功“广西站”培训班；组织举办全市国民体质监测工作培训班、全市老年人气排球裁判员培训班；开展组织20多项市级及以上群众喜闻乐见的体育赛事等；召开全市体育社会组织工作会议，并对市级体育社会组织进行评估考核，按A、B、C等级进行奖励，有力地推动了全市体育社团组织工作的开展。

【全民健身活动】 2016年，市体育局与钟山县人民政府联合组织，成功举办贺州市第四届运动会暨第二届全民健身运动会；举办纪念建党95年周年暨第二届市直机关全民健身运动会，掀起全民健身热潮；6—8月举办市直机关纪念建党95年周年暨第二届市直机关全民健身运动会；组织举办了贺州市万人健步走活动，市本级及5个县区皆开展了该项活动，共有约1万多人参加健步走；组织举办贺州市我爱足球比赛活动，全市共有40支队伍参加比赛，参与总人数达580人；组织举办贺州市城乡万人气排球赛活动，参加比赛的总队数有85支，总人数达850人；举办第八届广西体育节贺州会场系列健身活动；开展万名大学生全民健身志愿者入村（社区）活动。

【学校体育】 2016年，市体育运动学校积极申报国家高水平体育后备人才基地，贺州市体育局成立督查小组，对市体育运动学校的国家高水平后备人才基地的迎检工作进行督查，加强对市体育运动学校申报国家高水平体育后备人才基地工作的督导。（体育局）

科学·教育

编　　辑:陈敏兰
许中继

科学技术

科技综述

【科技事业发展概况】 2016年,贺州科技发展坚持"自主创新、重点跨越、支撑发展、引领未来"为指导思想,不断强化创新能力建设,完善区域创新体系,加速科技成果转化,促进全民发明创造及知识产权保护工作,有效提高了全市科技进步和经济社会发展。2016年,贺州市有1家企业被认定为自治区级创新型企业;新增高新技术企业2家;贺州市高新区获得自治区人民政府批准认定;首个国家农业科技园区获得批准建设,富川、八步区和昭平等3个自治区农业科技园区获得批准建设;在广西创新争优排名的设(区)市中排名第三位。

【科技发展新规划】 2016年,贺州市出台《贺州市科学技术发展"十三五"规划》《贺州市创新驱动发展战略实施方案》《贺州市发明专利双倍增计划实施方案》《贺州市科技成果奖励发放办法(试行)》《贺州市引进高层次创新创业人才(团队)实施办法(试行)》《贺州市科技服务平台建设奖励发放办法(试行)》等一系列方案及办法,为"十三五"科技发展指明方向,为促进发明专利、成果转化及人才引进、培养提供政策保障,积极推动和激励了科技创新。

【科技投入】 2016年,全市财政科技投入6050万元,其中安排技术研究与开发经费150万元,获自治区级科技经费支持3145万元。

【科学技术普及】 2016年1月,组织参加2016年广西科技活动周活动,组织有关单位和企业共65人的代表团,赴南宁参加2016年广西新技术新产品交流交易会,共有32家企业携35个项目共300多项展品参展。2月,在八步区大宁镇组织开展贺州市2016年文化、科技、卫生"三下乡"春季集中宣传服务活动。5月,组织举办全国科技活动周贺州活动,共展示新技术新产品146件,科技服务企业20家,出版产品宣传板报20幅,免费发放宣传资料2万多份。9月,参加以"创新放飞梦想,科技引领未来"为主题,在龙山小学举行的2016年贺州市"十月科普大行动"启动仪式,按要求制作科普展板,宣传科普知识。

【科技基础平台建设】 2016年,新增贺州市广西利升石业有限公司、广西贺州和展电子有限公司等2家高新技术企业,中铝广西有色金源稀土有限公司、广西贺州市桂东电子科技有限责任公司、广西长城矿山机械设备制造有限公司共3家公司认定高新技术企业;贺州学院、中国科学院过程工程研究所和广西科学院共建的"广西碳酸钙资源综合利用重点实验室培育基地"获批准为自治区级科研重点实验室培育基地;贺州学院大学生创新创业基地通过自治区级众创空间备案。

【科技合作与交流】 2016年3月,由黄志明副市长带队赴华南农业大学交流学习,双方在农产品精深加工、保鲜运输、快速检测、桉木原木门加工技术和木材加工剩余物循环利用等方面技术达成初步合作意向;5月,参加第十九届中国北京国际科技产业博览会,与北京大学严纯华院士就如何发展稀土产品深加工技术,不断延伸和拓展稀

2016年12月1日,贺州市开展知识产权培训

土产业链，促进贺州市稀土产业做大做强进行对接洽谈；与中科院过程所就加快推进微波固化项目早日实现产业化开展洽谈，以及寻求技术、人才合作事宜进行商讨；与山东大学围绕新能源汽车项目开发事宜进行洽谈。6月，市科技局与中科院成都文献情报中心签订《文献情报服务协议》。10月，在第六届广西发明创造成果交易展览会，达成合作意向10余项，参展项目共获得金奖1项，银奖3项。11月，在第十八届中国国际高新技术成果交易会，采集符合贺州市需求的相关项目信息20多项。

【科技中介服务】 在技术市场工作中，共登记技术合同5项，合同成交总金额50.6万元，各级财政投入350万元（自治区科技经费300万元，市财政投入50万元），带动企业用于科技成果转化投入1000余万元。（科技局）

科学研究

【科技计划项目立项】 2016年，贺州市共获自治区级科学研究与技术开发项目立项27项，获经费支持3145万元。市本级科学研究与技术开发项目立项92项，其中获财政科技经费支持项目43项，下达财政科技经费147.5万元，自筹经费项目49项。

【重大科研项目】

广西贺州高新技术产业开发区科技服务能力建设 该项目主要围绕电子信息、新材料等贺州市重点优势产业发展需求和建设创新型特色园区目标，通过建设科技文献共享与服务平台、培育工程技术研究中心、引进设立中国科学院过程工程研究所和组建具有现代企业管理经验的管理团队以及由专利服务人员、科技服务人员等组成的知识产权服务团队，完善创新创业服务体系，大力提升服务质量和水平，在高新区内累计申请发明专利30件以上，培育高科技企业3家以上。

贺州国家农业科技园区建设示范 该项目旨在按照“综合规划、统一指导、区域布局、分步实施”的要求，将园区建设成为贺州现代农业科技示范基地、农业科技成果转化基地、农村科技创新创业基地和农村人才培养基地，大力强化园区的产业支撑能力和区域经济服务能力，全面提升园区可持续发展能力。建立园区与项目、人才、基地建设有效集成的新模式，推进园区现代农业集约化生产和企业化管理，形成具有示范、带动、生产加工和观光等多种功能的区域农业发展科技集成创新平台。

超大尺寸人造大理石微波快速固化工程样机研制及产业化示范 该项目由广西利升石业有限公司、中国科学院电子学研究所和广西科学院共同承担。该项目旨在研制世界首台大功率超大尺寸人造大理石微波固化工程样机，满足3.25×1.6×1.0立方米超大尺寸人造石荒料的固化需求，建立年产达100万平方米人造大理石微波固化生产线；建立我国产学研结合的大规模微波能应用示范基地，推广新型微波装置的应用，形成新工艺新装备；制定出大尺寸不饱和聚酯人造大理石微波快速固化工艺规范。

高性能稀土永磁材料48UH关键制备技术研发及应用 该项目由中铝广西有色金源稀土有限公司和中国科学院宁波材料技术与工程研究所共同承担。该项目着眼于超高磁性能耐高温烧结稀土永磁材料的开发，旨在开发高性能稀土永磁材料48UH关键制备技术，获得48UH高性能烧结钕铁硼产品；完成工业化中试生产，获得具有自主知识产权48UH中试技术，中试阶段所制备48UH产品性能不低于初始研发阶段获得的磁性能指标。

人造岗石固体废弃物资源化协同利用关键技术与示范 该项目由贺州市产品质量检验所和中国科学院过程工程研究所共同承担。该项目针对国内人造岗石加工过程废渣排放量大、环境污染严重等问题，利用人造岗石加工废渣为原料，重点突破人造岗石废渣精细分级与净化技术、碳酸钙废渣特殊表面改性技术，新型人造岗石加工技术，实现废渣的精细分级、表面改性与板材加工等关键技术的链接与集成，完成人造岗石废渣生产高端实体面材的工程示范装置建设，废渣利用率达到80%以上。突破人造岗石废渣减排与资源化利用关键技术，为人造岗石产业的可持续发展提供技术支撑。

贺州市获广西科学技术奖项目（2016年）

序号	奖励等级	获奖项目名称	获奖单位
1	科技进步奖二等奖	脐橙采后免发汗式商品化处理及贮藏保鲜技术研发与产业化应用	广西杨氏鲜果有限公司、广西农垦国有立新农场等
2	科技进步奖三等奖	节能电子产品用储能材料铝凝胶反析技术开发与应用	广西贺州市桂东电子科技有限责任公司
3	技术发明奖三等奖	速生桉木实木化利用关键技术开发与应用	贺州市恒达板业有限公司等

科技开发成果 2016年，贺州市取得科技成果385项，其中授权专利337项，进行广西科技成果登记项目48项。（科技局）

专利与知识产权

【专利与知识产权工作概况】 2016年，全市共申请专利1526件，同比增长32.24%，其中发明专利申请1091件，完成目标任务226.1%，在创新争优排名的设（区）市中排名第三位；授权专利337件，其中发明专利授权72件，新增有效发明专利143件，截至2016年底，贺州市拥有有效发明专利416件，在创新争优排名的设（区）市中排名第四位，每万人口拥有发明专利2.07件，在创新争优排名的设（区）市中排名第三位，比上年增长49.71%。实现自治区级知识产权试点县（区）全覆盖，钟山县、富川县获自治区级知识产权示范县认定，昭平县、平桂区正在抓紧开展试点县建设工作，八步区加紧国家知识产权强县试点县建设。八步区信都镇福桥小学获广西中小学生发明创造示范单位（试点）认定，全市示范单位（试点）达到4家。共获认定国家知识产权优势企业4家、自治区知识产权优势企业培育单位8家；开展知识产权管理规范贯标工作的企业12家，其中3家

2016 年贺州市申请专利项目

序号	下达文号	项目(课题)名称	承担单位	合同编号	项目(课题)类型	起止年限	总投资(万元)	科技经费(万元)	备注
1	桂科计字〔2016〕380 号	贺州市知识产权优势企业培育	贺州市科学技术情报研究所(贺州市生产力促进中心)(牵头单位)	桂科 AC16380116	技术创新引导专项	2016.09—2018.09	150	100	在研
2	桂科计字〔2016〕380 号	贺州市知识产权执法维权体系建设与能力提升示范	贺州市科学技术局,广西汇智生产力促进中心有限公司	桂科 AD16380111	广西科技基地和人才专项	2016.09—2017.09	70	50	在研
3	桂科计字〔2016〕380 号	碳酸钙专利预警评价及应用示范	广西利升石业有限公司,北京合享新创信息科技有限公司	桂科 AD16380085	广西科技基地和人才专项	2016.09—2017.12	100	50	在研
4	桂科计字〔2016〕380 号	知识产权试点示范县建设——贺州市平桂管理区知识产权试点区建设	贺州市平桂管理区科学技术局,广西南宁新创之友知识产权代理有限公司	桂科 AD16380208	广西科技基地和人才专项	2016.09—2018.09	60	40	在研
5	桂科计字〔2016〕380 号	知识产权试点示范县建设——昭平县知识产权试点县建设	昭平县科学技术局,广西汇智生产力促进中心有限公司	桂科 AD16380214	广西科技基地和人才专项	2016.09—2018.09	68	40	在研

企业通过贯标认证。批准资助和奖励项目 915 项,资助金额 158 万元。在参考其他地市经验做法的基础上,结合贺州市实际制定知识产权维权援助中心建设方案及相关规章制度,确定维权援助中心办公场所,配置 3 个专职工作人员,并添置相关办公设备。在自治区知识产权维权援助中心的指导和帮助下,贺州市分中心于 2016 年 12 月正式挂牌成立。

【**知识产权培训与宣传**】 2016 年市科技局在"4·26"知识产权宣传周期间,开展了以"加强知识产权保护运用加快知识产权体系建设"为主题的系列宣传活动,通过采取现场宣传、发放资料、书写标语等方式进行宣传,为知识产权保护工作营造良好舆论氛围和条件。活动期间,组织各成员单位深入园区、企业等举办了系列知识产权专题讲座培训。据不完全统计,全市共培训相关人员 400 余人次,发放《中国知识产权报》《专利申请服务指南》等相关宣传资料 5000 多份(册),现场解答咨询 200 多人次。

2016 年 7 月 13 日,贺州市开展专利行政执法行动

【**知识产权保护**】 一是深入开展专利行政执法行动。根据《2016 年贺州市知识产权执法维权"护航"专项行动实施方案》的要求,2016 年全市范围内共开展专利行政执法专项行动 4 次,其中区、市、县联合执法专项行动 1 次,立案调查假冒专利案件 41 件,按要求将办结案件全部录入执法案件报送平台和两法衔接平台,并及时在广西政府信息公开统一平台上公开案件信息。二是强化专利执法维权队伍建设。不断充实全市知识产权人才队伍,全市专利行政执法人数达 17 人,共获认定自治区级专利特派员 2 名,知识产权实用人才 3 名,知识产权中青年专家 1 名,专利咨询判定专家 1 名,培育、引进专利代理人才 4 名。 (科技局)

气象事业

【**气象事业机构概况**】 2016 年贺州市气象局设有 10 科室,分别为:办公室、业务科、人事教育科(精神文明建设办公室)、政策法规科,气象台、气象探测中心、气象科技服务中心、防雷中心、信

息与技术保障中心、财务服务中心。受贺州市政府委托，气象局负责市人工影响天气指挥部办公室的日常工作。下辖富川瑶族自治县、钟山县、昭平县、八步区三县一区气象局。2016年，气象局有在职气象职工92人，离退休职工25人。人员学历结构：大专及以上88人，中专及以下4人。人员职称机构：副研级高级职称5人，中级职称26人，初级职称48人。

【气候事业概况】

贺州2016年的主要气候特点是：年平均气温偏高，年雨量偏多，年日照时数略偏少。主要异常气候表现为：1月、11月降雨量均位居历史同期第二位。年内主要气候事件有：1月低温雨雪，3、4月风雹灾害偏重，汛期强降雨过程频繁、降雨量异常偏多。2016年贺州干旱，洪涝、低温冻害等灾害天气为较轻年份，气候条件对农业生产的影响总体上为偏好年景。各气象要素概况如下：

气温 2016年贺州年平均气温20.4℃（富川）~21.2℃（昭平），距平值为+0.4℃~+1.1℃，属略偏高年份。其中上半年平均气温18.0℃~19.0℃，较常年同期偏高1.0℃~1.6℃，为明显偏高年份。从3月14日开始，全市日平均气温稳定回升到12℃以上，比历年平均日期提早2~4天。

各月平均气温与历年同期平均值相比：1月、3—4月、6—7月、9—12月偏高，2月偏低、5月、8月、11月正常。2月、3月、11月气温起伏较大，其余时段气温变化比较平稳。1月、3月、4月上旬，11月中旬平均气温距平值+3.5℃~+5.1℃，为明显偏暖年份。其中4月、12月平均气温偏高。

2016年持续性高温炎热天气较多，高温日数主要出现在7月、8月，其中7月下旬大范围高温过程持续长达10天。日最高气温≥35℃日数富川18天，其余为28~33天，属偏多年份。1月下旬，全市各县（区）出现雨夹雪及雪、冰冻，为近50年来1月份降雪范围最大的过程。

降水 2016年贺州各地总雨量1932.1~2586.1毫米，比历年平均值偏多24%~45%。3月中旬开始入汛。汛期（4—9月）总降雨量1286.7~1928.3毫米，与常年同期相比，八步偏多2成，昭平、钟山偏多3~4成，富川偏多6成。年雨日160~180天，为正常年份。其中前汛期（4—6月）总雨量昭平、钟山、八步偏多2~3成，富川偏多7成；后汛期（7—9月）总雨量富川偏多2成，昭平、钟山偏多4成，八步正常。贺州市历年平均雨量高峰出现在5月、6月，而2016年雨量高峰出现在4月、5月。

1月份降雨量位居历史同期第二位，比历年同期偏多1~2倍。4月份降水量位居历史同期第四位，比历年同期偏多8~9成。2016年11月20日八步、昭平日降雨量均打破历史11月日降雨量最大值纪录。11月总降雨量昭平偏多2倍，为建站以来同期第三高值；八步偏多3倍，为建站以来同期第二高值。

2016年6月22日，贺州市《远教微科普》广播栏目开播仪式

2016年全市共出现区域性暴雨以上降雨天气过程16次，分别是4月4日、4月10日、4月12日、4月17日、4月20日—22日、5月4日—6日、5月8日—9日、5月14日—15日、5月19日—20日、5月27日—28日、6月3日—4日、6月12日—16日、8月2日—3日、8月12日—14日、9月9日—11日、11月19日—20日。全市大部分地区出现了大到暴雨，局部大暴雨到特大暴雨的强降雨天气。

日照 2016年贺州各地总日照时数1277.5~1465.2小时，比历年平均值偏少3%~14%。与历年同期平均值比较：2月、6月偏多，3月、7月、12月正常到偏多，其余各月为偏少。

【主要气候事件】

冰冻灾害 2016年1月21日—25日，贺州市出现强寒潮天气，过程最低气温：高寒山区零下2.7℃到零下2.0℃，八步区和富川县大部分地区零下2℃~0℃，其余为1.0℃~1.9℃。最低气温（-2.7℃）出现在南乡镇。23日—25日，全市各县区出现雨夹雪及雪、冰冻，部分地区有积雪、冰冻及道路结冰，为近50年来1月份降雪范围最大的过程。

1月23日—25日，昭平县食用菌、蔬菜等农作物受灾面积910公顷，大棚损坏14座，直接经济损失378.9万元；八步区、平桂区、钟山县也出现了不同程度的低温雨雪冰冻、道路结冰、电线结冰等灾害，受灾养殖场5个，灾场户数8个，因灾死亡猪5头，禽33只，蜂137群。马铃薯受灾6.7公顷，蔬菜受灾40.2公顷，直接经济损失1.211万元。24日上午接近姑婆山门口一公里处出现路面结冰，车辆无法正常通行。1月23日晚，钟山县钟红路往两安方向出现路面结冰，1月24日早在巡查时发现路段有3辆车因打滑翻入水沟，车辆有部分损坏，人员安全。桂源水利电业公司有1条高寒山区10千伏线路（10千伏南鹅Ⅰ线盘古支线）因结冰无法恢复供电，桂源水利电业公司受灾停电台区13个，鹅塘镇大明村停电户数359户。

“3·20”风雹灾害 2016年3月

19日晚至20日凌晨，受高空槽、低层切变线和地面弱冷空气共同影响，贺州市普降中到大雨，部分局部出现大暴雨及短时雷雨大风、冰雹，造成八步区桂岭、开山、仁义等三个乡镇发生风雹灾害。八步区桂岭镇、开山镇、仁义镇等乡镇受灾人口3930人，转移安置人口157人，损坏房屋149间，农作物成灾面积590公顷，直接经济损失209万元，其中：农业经济损失18万元，家庭财产损失128万元。

"4·11"强降水 2016年4月11日—12日，受850hPa切变线南压影响，钟山县出现暴雨，并伴有短时雷雨大风，造成钟山县钟山、回龙、燕塘、红花、清塘等五个乡镇不同程度受灾。钟山县受灾人口25人，因灾受伤1人，倒塌房屋8间，损坏房屋8间，直接经济损失10.4万元，均为家庭财产损失。

"4·17"风雹灾害 2016年4月17日，出现大雨到暴雨、大部地区并伴有6~8级、局部9~10级的大风天气，且在17日11~12时富川县福利镇、葛坡镇、富阳镇出现冰雹。

受此次强对流天气过程影响，富川部分乡镇出现灾情，据县防汛办统计，房屋倒塌3间，山体滑坡6处，部分大棚薄膜、秧苗、民房瓦片被冰雹打坏，农作物受灾面积约8.7公顷，吹倒或折断大树约550株，以桉树和松树为主。

"5·06"强降水 2016年5月6日—7日，受南支波动气流和西南急流影响，5日晚上到6日，贺州市出现了较大范围的强降水天气，并伴有短时雷雨大风，根据全市114个雨量自动站统计，5日20时至6日20时，小于50毫米有22站，50.0~99.9毫米有74站，超过100毫米有6站，最大降水出现在昭平县仙回乡(170.0毫米)。强降雨造成八步区莲塘镇、开山镇、大宁镇、桂岭镇、贺街镇、灵峰镇、里松镇、黄洞乡、仁义镇等9个乡镇20个村被淹，受灾人口4018人，转移安置人口22人，倒塌房屋48间，损坏房屋195间，农作物受灾面积10公顷，绝收5公顷，直接经济损失144万元，其中：农业经济损失102万元，家庭财产损失37万元；钟山县城被淹，受灾人口99人，转移安置人口99人，直接经济损失2.3万元；市辖平桂区羊头镇、黄田镇、大平乡、西湾街道、鹅塘镇、沙田镇、水口镇、望高镇、公会镇受灾严重，受灾人口6567人，转移安置人口63人，倒塌房屋14间，损坏房屋55间，农作物受灾面积104.8公顷，成灾面积40公顷，绝收24.6公顷，直接经济损失192万元，其中：农业经济损失80万元，工矿企业损失8万元，基础设施损失45万元，公益设施损失24万元，家庭财产损失35万元；昭平县文竹镇、走马乡、木格乡、昭平镇、樟木林乡、仙回乡、马江镇、黄姚镇、北陀镇等9个乡镇受灾严重，受灾人口5661人，因灾死亡1人，转移安置人口46人，倒塌房屋188间，损坏房屋185间，农作物受灾面积151公顷，成灾面积47公顷，绝收20公顷，直接经济损失333万元，其中：农业经济损失53.5万元，基础设施损失15.2万元，公益设施损失50万元，家庭财产损失209.8万元。

"5·20"强降水 2016年5月19日至20日，受高空槽、低涡切变及地面弱冷空气的共同影响，5月19日夜间开始贺州市出现入汛以来最强的降雨天气过程，并伴有雷暴天气，19日20时至20日20时，小于50毫米有4站，50.0~99.9毫米有53站，超过100毫米有55站，最大降雨出现在富川县莲山镇(244.4毫米)。据贺州市民政局统计：八步区莲塘镇、开山镇、大宁镇、桂岭镇、贺街镇、信都镇、灵峰镇、里松镇、黄洞乡、仁义镇受灾严重，受灾人口7839人，转移安置人口11人，倒塌房屋74间，损坏房屋99间，农作物受灾面积289.33公顷，成灾面积192.3公顷，绝收面积54公顷，毁坏耕地0.5公顷，直接经济损失668.7万元，其中：农业经济损失467.5万元，基础设施损失92万元，家庭财产损失57万元；富川县富阳镇(城区)、柳家乡、石家乡、古城镇、城北镇、白沙镇、朝东镇、福利镇、麦岭镇、葛坡镇、莲山镇、新华乡受灾严重，受灾人口57508人，因灾死亡1人，转移安置人口2158人，倒塌房屋29间，损坏房屋3间，农作物受灾面积3974.35公顷，成灾面积3172公顷，绝收面积687公顷，直接经济损失3600万元，其中：农业经济损失2022万元，基础设施损失260万元，家庭财产损失820万元；市辖平桂管理区羊头镇、黄田镇、大平乡、鹅塘镇、沙田镇、水口镇、望高镇、公会镇受灾严重，受灾人口7739人，转移安置人口38人，倒塌房屋11间，损坏房屋7间，农作物受灾面积85.5公顷，成灾面积0.2公顷，绝收面积0.2公顷，直接经济损失350.5万元，其中：农业经济损失44万元，工矿企业损失15万元，基础设施损失243.5万元，公益设施损失35万元，家庭财产损失13万元；昭平县富罗镇、樟木林乡、凤凰乡、马江镇、黄姚镇受灾严重，受灾人口2671人，倒塌房屋3间，损坏房屋26间，农作物受灾面积96.5公顷，成灾面积63.3公顷，直接经济损失44.3万元，其中：农业经济损失30.8万元，基础设施损失9万元，家庭财产损失4.5万元。

"6·3"强降水 2016年6月3日—5日，受高空低槽、低空切变线和地面弱冷空气共同影响，富川县出现了强降水天气和雷电天气，最大降雨量达100.5毫米(富川县城北镇)，富川县古城镇、富阳镇、葛坡镇、朝东镇、城北镇、福利镇受灾严重。据贺州市民政局统计：受灾人口3617人，转移安置人口14人，倒塌房屋8间，农作物受灾面积492公顷，成灾面积397公顷，直接经济损失889万元，其中：农业经济损失360万元，工矿企业损失90万元，基础设施损失430万元，家庭财产损失9万元。

"6·12"洪涝 2016年6月12日—13日，贺州市受西南季风、切变线影响，出现较强降水天气，6月12日08时至13日08时，小于25毫米有26站，25.0~49.9毫米有23站，50.0~99.9毫米有53站，超过100毫米有12站，主要强降水出现在贺州市北部，最大降雨出现在八步区里松镇(145.6毫米)，受强降雨及上游来水影响，贺州市贺江及各支流水位有不同程度上涨，截至14日15时贺江富阳站、贺州站、信都站均超警戒水位。全市共有43座水库相继排洪，28座超汛限水位。富川县富阳镇、柳家乡、古城镇、白沙镇、朝东镇、福利镇、莲山镇、新华乡受灾，受灾人口1586人，转移安置人口21人，倒塌房屋15间，农作物受灾面积820公顷，成灾面积640公顷，绝收面积75公顷，直接经济损失1575万元，其中：农业经济损失750万元,基础设施损失790万元,家庭财产损失15万元;八步区莲塘镇、步头镇、开山镇、大宁镇、桂岭镇、贺街镇、灵峰镇、里松镇、仁义镇受灾,受灾人口6695人,因灾死亡1人,因灾失踪1人,转移安置人口551人,倒塌房屋129间,损坏房屋32间,农作物受灾面积392公顷,成灾面积201公顷,绝收面积109.5公顷,直接经济损失679.6万元,其中:农业经济损失203万元,基础设施损失323万元,公益设施损失20万元,家庭财产损失133.6万元;昭平县文竹镇、五将镇、木格乡、昭平镇、樟木林乡、马江镇受灾,受灾人口361人,因灾死亡1人,倒塌房屋25间,损坏房屋134间,直接经济损失44万元,均为家庭财产损失。

"9·11"洪涝 2016年9月8日—10日,贺州市受高空槽、切变线和地面冷空气共同影响,出现强降水天气,根据全市114个雨量自动站统计,9月8日20时至10日20时,小于25毫米有9站,25.0~49.9毫米有23站,50.0~99.9毫米有59站,超过100毫米有23站,富川县富阳镇山宝村(155.4毫米)。

2016年9月11日平桂区公会镇出现强降雨天气过程,引发洪涝灾害,因灾失踪人口1人(溺水)。

【气象服务】 2016年,贺州市多低温雨雪冰冻、大风冰雹、暴雨洪涝等灾害性天气,呈现持续时间长、影响范围广、强度大的特点。10次启动重大气象灾害应急响应。2016年1月—12月,贺州市气象局共制作发布气象服务信息97期、重大气象信息专报11期、专题气象服务信息12期、周天气预报53期。发布(确认、更新)预警信号193期;编辑手机预警短信193条,向各级政府及各部门决策人员发送手机预警短信12159人次,向气象信息员、相关单位应急责任人和社会公众发送手机预警信息2117万多人次;5月23日发布了早稻产量趋势预报;6月20日发布了花生产量定量预报;6月23日发布了早稻产量定量预报;8月23日发布了晚稻产量趋势预报;10月23日发布了晚稻产量定量预报。

年内,市气象局与广播电台、电视台签订发布协议,当地政府网站滚动播出气象预警信号;与交通管理、市政管理局签订合作协议。5月开展贺州市国突系统接入武警支队工作。建立了《贺州市国家突发事件预警信息发布系统运行管理办法》。

【农村气象灾害防御体系建设】 2016年,贺州市共有61个乡镇、街道,全部发文明确了防灾减灾分管领导,完成率100%。在富川县、钟山县和钟山县建设了2个农田小气候仪,开展农田观测。按照《广西2016年"三农"服务专项实施方案》指导钟山县局和富川县局完成《2016年"三农"服务专项实施方案》,细化中央财政钟山40.0万元和富川50万元预算支出。按照《自治区气象局关于下达2016年中央预算内基本建设项目投资计划(第一批)的通知》要求,确定"山洪灾害风险预警服务能力建设"10万元的预算。农村气象预警大喇叭等预警运行保障列入市政府购买服务目录。

【农业气象服务体系建设】 2016年,贺州市气象部门以手机短信、电子邮件等方式开展"直通式"服务。共制作发布农业气象旬月报36期,春耕春播春种气象服务专报9期,夏收夏种气象服务专报7期,秋收秋种气象服务专报6期,组织技术人员田间调查29人次。

【人工影响天气】 2016年组织实施人工影响天气作业17次,发射火箭弹62枚,增加降水1亿吨,折合效益1000万元,有效缓解土壤墒情,增加水库蓄水,减缓了后期气象干旱的蔓延。11月份对全市共6套人影作业装备和4部TWR天气雷达年进行年检。

健全人影安全责任制。自治区级人影指挥部与市政府、市级人影指挥部与3县2区政府均签订人影安全责任书,签订比例为100%。

开展人工影响天气标准化作业点建设,按照《2016年广西地面人工影响天气标准化作业站建设工作方案》要求,全市开展5个标准化作业站点的建设工作,年内完成2个站点主体工程建设。

组织开展作业点安全等级评定和作业能力评估工作。按照要求对全市43个流动作业点、5个固定作业点进行安全等级评定,对全市5个作业单位开展作业能力评估。组织开展2次全市范围的人影安全生产专项检查,及时整改问题,全年未出现人影安全事故。接受贺州市电视台人影专题采访1次,提升人影工作的社会效益和部门影响力。

【气象现代化建设】 3月20日前完成了全市"回南天"观测站建设任务。

根据气象现代化指标体系,认真分析现代化工作存在的问题及工作措施,协助办公室召开全市气象现代化工作会议,努力推进气象现代工作。2016年贺州市气象现代化评分89.83分,比2015年度提升了6.83分。

新建设2个6要素区域自动站,2个农田小气候仪。根据中国气象局下达的山洪地质灾害防治气象保障工程建设项目安排,贺州市国家级地面气象观测站将建设降水天气现象仪,部分台站改建风塔或增建配电箱、浅层及深层地温接线盒等设备。9月21日,按照自治区观测与网络处下发关于国家级地面气象观测站观测场改造建设的批复开工建设,同时进行国家级地面气象观测站新布设八芯光纤基础上的通讯方式改造。10月全市所有台站按进度要求完成观测场的改造,确保新建设备按时投入业务运行。

3月份配合信息中心完成贺州市机房气象业务VPN备份网络升级改造工作。11月完成钟山、富川县局高清视频会商系统建设,并投入业务使用。

【气象依法管理】

推行权责清单制度 2016年,共梳理出行政权力48项(其中行政许可4项、行政处罚24项、行政强制1项、行政检查15项、行政确认1项、行政奖励1项、其他权力6项)。梳理出的气象行政权力事项中,不存在不合法、不合理的事项,对行政审批事项已取消,法律条文未修改的,暂作其他权力事项,重点完善事中事后监督管理制度。在贺州市人民政府门户网站和政务信息统一公布平台公布权责清单,使部门职责和履职情况公开透明,接受运行监督。

社会监管与行政执法 深入推进以职能转变和强化事中事后监管、综合监管及联合监管为重点的"双随机一公开"工作,开展"随机抽取检查对象、随机选派执法检查人员,抽查情况及查处结果及时向社会公开"的"双随机一公开"工作,建立气象服务市场监管对象分类名录库、执法检查人员名录库。与安监、教育等部门有关部门建立防雷安全管理协作机制。联合贺州市教育局共同开展了中小学校防雷安全普查工作,覆盖八步区、平桂区、钟山县、富川县和昭平县共计1018所中小学校。配合安监等部门加强易燃易爆场所防雷装置隐患排查,共检测加油站109个,液化气站28个、炸药仓库23个、烟花爆竹仓库11个、气体存储仓库14个、打火机厂3个。

全市气象部门38人持有行政执法证(2016年新增5人),4人持有行政复议证(今年新增3人)。购买卫星RTK1+1一套、全站仪三套等执法设备。在昭平、富川开展两起涉嫌超高建设行为的行政执法工作。

行政审批 2016年全市气象部门共受理行政审批事项888件,作出行政许可决定888件(其中防雷设计审核422件,防雷竣工验收458件,施放气球8件),不予许可决定0件,按时办结率与评议满意度均达到了100%。

2016年将贺州市四个国家气象站气象探测环境保护专项规划,作为首个专项规划纳入贺州市"多规合一"业务协同平台。2016年贺州市气象局正式成为贺州市规划委员会成员。同时昭平县气象局也纳入当地规委会。

针对雷评、防雷产品测试、防雷技术评价、防雷竣工验收检测4项中介服务进行取消和调整,建立事中事后监管方案,修改行政许可申请书和一次性告知单,落实气象局与防雷中心的行政审批受理后技术委托工作,杜绝管理失位和违规开展中介服务的事件发生。对4月25日之后承接防雷技术合同,涉及防雷技术评价费、防雷验收检测费的一律清退;明确气象资料服务中,不能直接用基本观测资料、预报产品作为服务收费项目。

防雷体制改革 2016年贺州市制订《贺州市防雷减灾体制改革实施方案》和《贺州市防雷减灾机构编制和人员调整实施方案》,合理平稳的推进防雷体制改革的各项工作。请示市政府建立防雷安全监管联席会议制度,落实防雷公共服务经费列入财政预算30万元。

【气象科普宣传】 2016年,全市开展各类期限科普活动12次,建立2个标准化校园气象站和1个气象科普示范社区。2016年共计投入16万元科普经费,购买最新科普书籍1600余份,气象探测中心科普教育基地新购置流动气象科普设施6套,购置科普流动展板1套。

年内,联合市委组织部、市科协开办《远教微科普》广播栏目。6月22日,市委常委、组织部部长廖立勇通过气象大喇叭发布了第一期广播节目。自治区党委组织部部务委员、远教办主任王波,中国科普研究所所长王康友,贺州市委常委、副市长杨宏伟等领导先后多次到气象局参观调研此平台。同时,气象局还被列为广西全区远程教育会议的现场参观点并对平台进行讲解介绍。

2016年,贺州市气象局被评为2016年度"十月科普大行动"先进集体。荣获2015年度实施"五个一"农村实用技术培训工程先进单位。

(气象局)

水文事业

水　文

【水文事业概况】 贺州市水文水资源局(贺州市水环境监测中心)是自治区水利厅派驻贺州市水文行业管理机构,实行自治区水利厅与贺州市人民政府双重管理,为参照公务员法管理事业单位。2016年设有办公室(人事科)、站网监测科、水质监测科、水情科、基建科、计划财务科共6个科室,贺州水文站、昭平县中心水文站、富川县中心水文站共3个中心水文站。水文站网布设情况:国家基本水文站6个,专用水文(位)站21个,水文站网密度为439平方千米每站;雨量站114个,雨量站网密度为104平方千米每站;水质监测站20个,泥沙测验站3个,水温站1个,岸温站2个,蒸发站3个。干部职工总数40人,其中专业技术人员19人,具有高级专业技术职务任职资格的1人,中级8人。贺州市各级水文机构为防汛减灾、水资源管理、生态环境保护和涉水工程建设管理等提供技术支持和基础数据支撑。

【水文测验】 2016年共开展流量测量15站,其中基本水文站5个,专用水文站8个,水位站2个。4个站采用雷达自动测流系统和固定式ADCP自动测流,6个站采用自动缆道测流,其余为桥测或遥控船测流;开展泥沙测验的站共3个,分别为富阳站、劳村站、富罗站;27个站开展水位观测,均使用遥测水位计观测;国家基本雨量站共37个,专用雨量站77个,全为遥测站;蒸发站为3个,分别为信都、富阳、昭平站;水温站1个,岸温站2个。全年共完成流量测验366次,单沙测验900次。

【水资源质量监测】 2016年,贺州市水环境监测中心对贺州市境内主要河流桂江、贺江、东安江、大平河进行水质监测与评价,共设20个水质监测站,其中包含1个省界站、4个市界站、3个县(区)界站、6个供水水源地站、2个水库和16个国家重要水功能区站。按年度评价,全年总评价河长401.8千米,其中桂江评价河长132.2千米,贺江评价河长179.6千米,大平河评价河长72.0千米,东安江评价河长28.0千米。经监测评价,所监测河段水质均符合《地表水环境质量标准》(GB3838—2002)Ⅱ类水标准;贺州市各跨省、市、县(区)界河流交接断面水质水量均达到考核目标的要求。

【洪水预警预报】 2016年贺州市水文水资源局共发布洪水预报11场次,发布洪水预警22次,发布蓝色预警公告21期,黄色预警公告1期。受厄尔尼诺现象的影响,2016年贺州市遭遇极端天气较历年明显增多,总共出现11次强降雨过程,其中达到大暴雨3次,特大暴雨1次。受强降雨影响,辖区内6个主要水文站共出现17场次超警戒水位的洪水,主要集中在5月、6月份,特别是5月20至21日,贺江、桂江出现流域性洪水,各主要江河均超警戒水位,为今年以来最大洪水。预警发布率达100%,预报合格率达到92%。

【资料整编及分析】 2017年初,对贺州市所辖各水文站上一年度的水文资料进行了整编分析。共对6个水文站、3个泥沙站、37个雨量站、3个蒸发站、1个水温站、2个岸温站所收集的资料进行整编及分析,形成相应的编印说明及成果54站年,其中水位6站年、流量5站年、泥沙3站年、水温1站年、岸温2站年、逐日降水量资料37站年,共13.81万字组。

【水文应急监测】 2016年,根据《贺州市突发公共水事件水文应急测报预案》《贺州市水文防汛应急测报支援方案》,共开展了8次应急驰援测报工作。共出动应急车辆8架次,应急测报人员41人次。

4月21日至28日,因贺州市平桂管理区沙田镇黄南电站主坝出现开裂的险情,水文局派出应急测报组赶赴事件现场,参与应急处置的工作。开展降水、水位、流量的实时监测,并对水库蓄水量、出入库流量、水位变化情况进行计算和预测,为应急处置领导小组的决策提供重要的数据和依据。

贺州市水质监测站水质状况评价(2016年)

水质监测站名称	河流名称(湖库)	控制评价河长(千米)	2016年	
			水质级别	主要超标项目
平峡口	桂江	16.0	Ⅱ	无
稔子岭	桂江	27.7	Ⅱ	无
中平村	桂江	88.5	Ⅱ	无
三板桥	贺江	34.0	Ⅱ	无
富阳	贺江	2.0	Ⅱ	无
龟石水库坝首	贺江	12.0	Ⅱ	无
蒋家坝	贺江	4.0	Ⅱ	无
上宋村	贺江	15.0	Ⅱ	无
黄石电站	贺江	4.0	Ⅱ	无
芳林电站	贺江	8.0	Ⅱ	无
贺江大桥	贺江	2.6	Ⅱ	无
合面狮电站	贺江	45.0	Ⅱ	无
信都大桥	贺江	15.0	Ⅱ	无
铺门街浮桥	贺江	18.0	Ⅱ	无
扶隆村浮桥	贺江	20.0	Ⅱ	无
新建电站	东安江	28.0	Ⅱ	无
水口村	大平河	72.0	Ⅱ	无

【水文基础设施建设】 2016年,水文部门完成中小河流新建水文站工程验收及档案资料验收及贺州基地结算审核工作,贺州基地于9月份投入使用。全年完成固定资产投资135.31万元,完成率超100%。 (水文局)

红花镇水文站 (林仕文 摄)

地 震

【地震事业概况】 贺州市地震局为市政府直属事业单位(副处级),全局共有在编在岗干部职工6人,其中政治专业1人、地理专业1人、会计专业1人、地震专业2人、音乐表演专业1人。2012年3月份,周少福同志调任贺州市地震局任局长。贺州市下辖的三县两区都有承担防震减灾工作的工作机构,三个县的防震减灾机构称地震局,二区的防震减灾机构称防震办。各县(区)的防震减灾机构尚没有专门的人员编制和独立的办公地方,均与本行政区的科技局合署办公,但有县(区)财政划拨的专门经费。

2016年,贺州市地震局认真贯彻党的十八届各中全会精神及习近平总书记系列重要讲话精神,围绕重点工作任务,推进防震减灾事业融合式发展。贺州市地震局与梧州市地震局合作的《桂东及邻近地区2017年度地震活动趋势分析报告》获2017年全区地震趋势会商报告地市组一等奖;贺州市地震局在全区地震应急

2016年7月31日，召开"7·31"5.4级地震应急指挥会议

指挥中心综合评比中获应急指挥中心基础数据库三等奖；贺州市地震局在全区地震系统综合评比中获得特别进步奖。

【地震台网建设】 2016年，贺州市地震局根据自治区地震局《关于印发广西地震烈度速报与预警系统项目新建台站土建验收办法(试行)的通知》文件精神，5月中旬—6月中旬，贺州市地震局组织勘察、设计、监理、施工及本局共五方验收组，实地对贺州市地震烈度速报和地震预警台站进行土建竣工验收。10月9日至11日，广西地震烈度速报与预警系统、广西地震背景场观测网络(贺州部分)顺利通过自治区地震局组织的土建验收、档案归档和现场检查等工作。

【地震监测预报】 贺州市地震局争取市财政安排配套资金150万元，新建15个地震监测台站，15个台站的土建工作全部完成，并顺利通过自治区地震局组成的专家组验收。

总结"7·31"苍梧5.4级地震工作经验，有效利用贺州市虚拟地震监测台网所收集粤桂交界8个台站的共享监测数据信息，与梧州市建立地震趋势联合会商机制，联合开展会商研判，两市地震部门联合编制的《桂东及邻近地区2017年度地震趋势分析报告》获地市组一等奖。

【抗震应急管理】 2016年，贺州市共完成建设工程抗震设防要求确定行政许可153项，评价满意率100%，做到了零投诉、零复议；为保障性住房及棚户区改造建设提供抗震设防确定优质服务，采用开通绿色通道，精简审批程序，压缩审批时间、采取上门服务等方式为7个保障性项目提供快速、便捷、优质的服务。

2016年5月11日，在全国"防灾减灾日"宣传周期间，八步区在龙山小学成功举办一次1000人参加的6个部门协同合作的地震应急综合演练；针对春节、"两会"、高考和重要节假日等特殊时段，实行重要时段震情零报告制度和重点监测措施，进一步明确责任，充分发挥"三网一员"的基础作用，建立起通讯保障和灾情速报机制，做好市地震应急指挥中心的运行和维护工作，确保震情应急保障有力。高效处置梧州苍梧"7·31"地震事件。苍梧5.4级地震发生后，贺州市地震局立即启动地震应急《贺州市地震局地震应急预案》。

【农村民居防震保安工程】 2016年，昭平城北社区、钟山龟石水库管理处小区、八步莲塘仁冲社区、平桂芦岗村社区成功创建市级地震安全示范社区；富川柳家乡下湾社区、八步区建中社区成功创建自治区级地震安全示范社区。

【防震减灾宣传】 2016年，开展广场宣传、"平安中国"防灾减灾电影季、应急演练、媒体宣传、短信发送等多种形式的宣传活动共30余场(次)，发放宣传资料2万余份，发公益短信5万条，覆盖受众50多万人次。在2016年的"防灾减灾"宣传周期间，贺州市地

2016年贺州市地震活动目录

编号	发震时间						震中位置				深度km	精度	震级	
	年	月	日	时	分	秒	北纬 度分	东经 度分	参考地名	位号			ML	MS
01	2016	07	31	17	18	11	24.09	111.54	广西贺州八步区	45	10		5.4	
02	2016	07	31	17	32	28	24.08	111.55	广西贺州八步区	45	5		0.2	
03	2016	07	31	22	49	37	24.08	111.55	广西贺州八步区	45	11		1.2	
04	2016	08	02	08	17	02	24.09	111.55	广西贺州八步区	45	6		0.8	
05	2016	08	02	08	32	25	24.08	111.55	广西贺州八步区	45	4		0.1	
06	2016	08	04	19	06	27	24.57	111.54	广西贺州八步区	45	4		0.2	
07	2016	08	13	23	13	05	24.10	111.54	广西贺州八步区	45	6		0.2	
08	2016	09	03	05	45	53	24.08	111.53	广西贺州八步区	45	7		1.3	
09	2016	10	11	14	44	40	23.99	111.71	广西贺州八步区	45	6		1.2	

震科普宣教基地、科普宣传长廊迎来了贺州市八步三中、龙山路小学、平桂三中150名师生前来学习参观，听取防震减灾知识讲座。2016年，贺州市地震局为市农业局、科技局、检验检疫局、质监局、市科协、市社科联等单位300多名干部职工开展4次防震减灾科普知识讲座，组织他们开展地震应急疏散演练活动。

【2016年贺州地区地震活动】 2016年7月31日17点18分07秒在梧州市苍梧县(北纬24.08度，东经111.56度)发生5.4级地震，震源深度10公里，震中位于梧州市苍梧县沙头镇与贺州市仁义镇交界。这是1970年有仪器监测以来广西陆地范围内最大的地震，也是建国以来贺州市最大的一次地震(有历史记载以来，发生在贺州市的第三次5.4级地震，前两次在明朝)。贺州市有强烈震感，地震造成贺州市2区18乡镇(街道)受灾，造成直接经济损失为5063.03万元。没有出现住房倒塌、没有出现人员伤亡、没有出现踩踏事故，没有出现严重次生灾害，社会仍然保持稳定有序。

2016年贺州地区发生的地震除了7月31日发生的5.4级地震以外的地震均未对群众正常工作和生活造成影响，邻近地区2级以上地震屡有发生，未对贺州市人民生活造成明显影响。

(地震局)

教　育

教育综述

【概况】 2016年，贺州市有幼儿园398所，小学524所，初中91所，高(完)中14所，中等职业学校13所，特殊教育学校4所。幼儿园、小学、初中、高(完)中、中等职业学校、特殊教育学校在校学生分别为90105人、202599人、79741人、33080人、25128人、337人。学前教育三年毛入园率、九年义务教育巩固率、高中阶段教育毛入学率分别为81.91%、92.28%、86.75%。全市有教职工25573人，其中幼儿园5418人、小学10700人、初中6062人、普通高中2334人、中等职业学校990人、特殊教育学校69人，教职工与学生比例分别为幼儿园1∶16.63、小学1∶18.9、普通初中1∶13.2、普通高中1∶14.2、中等职业学校1∶25.4、特殊教育学校1∶4.9。每万人在校生人数分别为幼儿园392人，小学881人，普通初中347人，普通高中144人，中等职业学校91人。

【教育经费收入与支出】 2016年，贺州市教育经费总收入37.64亿元，比2015年多23870万元，增长6.77%。其中财政拨款收入33.84亿元，比2015年多2.25亿元，增长7.13%。教育经费总支出37.94亿元，比2015年多3.24亿元，增长9.34%。其中财政拨款支出37.77亿元，比2015年多3.47亿元，增长10.12%。总支出中，人员经费支出23.56亿元，公用经费支出14.11亿元，其他资本性支出8.21亿元，其他支出2473万元。

【教育项目建设】 2016年，贺州市教育系统完成固定资产投资11.17亿元，占全年任务11亿元的101.5%。2016年全市共实施2015、2016年各类教育项目269个，建设面积19万平方米，总投资4.4亿元。

【学校安全稳定工作】 2016年，教育局每季度均召开学校安全稳定工作会议，部署和研判学校安全稳定工作。组织开展岁末年初学校安全隐患全面排查整治、中小学校道路交通安全及幼儿接送车专项整治、中小学校园欺凌专项治理、危险化学品安全专项整治、安全保卫工作大排查整治、食堂食品和饮用水卫生工作大检查等专项检查治理。各学校按照安全教育课程每两周不少于1课时的要求，开足开齐安全教育课程，通过主题班会、国旗下讲话、广播会议、悬挂有关安全横幅及标语、出版安全专题板报、举行安全演练等多种形式开展安全教育工作。加强安全管理和应急处置预案，贺州市中小学校进行近4000次应急避险演练，内容包括防火、防震、抗灾和紧急疏散演练、消防安全演练。与贺州日报、市电视台、贺州电台等新闻媒体和市移动公司、中国电信公司合作，发布防溺水“六不准”和防溺水“三字歌”，向群众宣传汛期防溺水工作。选派3名学生组队代表广西到北京参加全国禁毒知识总决赛，挺进全国十六强。

【教育督导工作】 2016年3月和10月，市人民政府分别召开全市县域义务教育均衡发展攻坚会议和工作培训会，并组织开展县区义务教育均衡发展工作督导检查。10月，富川县顺利通过自治区级义务教育均衡发展督导评估验收。组织开展义务教育控辍保学、中小学校责任督学挂牌督导、学前教育、职业教育、中心校截留经费问题、中小学开展有偿补课治理、校园欺凌专项治理、体育运动学校运动员文化教育工作、中小学开齐开足国家课程等专项督导检查。

【学生资助工作】 2016年共资助家庭经济困难学175214人次，发放补助1.27亿元。为14318名家庭经济困难并建档的大学生办理了2016年国家开发银行生源地信用助学贷款签约，合同金额9371.62万元。组织开展“爱心助学一日捐”活动，2016年秋季学期，贺州市教育部门共筹集爱心捐款108.48万元，用于资助家庭经济困难学生。

【体育卫生和艺术工作】 2016年，贺州市教育部门深入开展阳光体育，切实保证学生每天一小时体育活动的顺利开展。全面推进足球特色体育项目进校园(课堂)活动，贺州市18所学校荣获“全国校园足球特色学校”。7月组队参加广西第十一届学生运动会，获7枚金牌、11枚银牌、10枚铜牌。11月成功举办贺州市第五届高中学生运动会和贺州市第二届“千里杯”中小学生足球联赛，12月组队参加贺州市第四届运动会暨第二届全民健身运动会，获11枚金牌、9枚银牌、5枚铜牌，金牌总数、团体总分均列第一名。联合贺州市食品药品监督局、卫计委、疾控中心、卫监所对学校食品、卫生安全进行专项督查。举办学校传染病知识培训班、公共卫生知识培训班，共有400多人参加培训。2016年贺州市共有26所中小学荣获广西“卫生优秀学校”称号。

【语言文字工作】 2016年完成1640人次的普通话水平测试。举办经典诵读大赛，贺州市参赛总人数30人。选派代表队参加广西汉字听写比赛，取得广西二等奖和优秀组织奖。10月下旬，组织专家评估组完成对钟山县国家三类语言城市“回头看”复评工作。

【教育精准扶贫】 举办“贺州市贫困村学校领导素质提升工程培训班”，对贺州267个贫困村学校的领导进行培训；制定贺州教育局扶贫联系点《忠平村2016—2019年脱贫规划》，投入16万元完成了村部改造，争取项目资金42万元，新建忠平小学食堂和附属幼儿园；协调平桂区扶贫、发改、建设等部门争取资金460万元，落实了棋盘、界溪自然村的村屯道路硬化项目；争取社会爱心企业捐赠扶贫基金30万元专项用于忠平扶贫项目。贺州市义务教育学校共接收进城务工人员随迁子女7382人，13所普通高中共招收教育精准脱贫专项行动高一贫困新生2630人。

【干部队伍建设】 2016年教育系统提拔干部7名，其中提拔正科级领导5名，副科级领导2名，为贺州职业学院配备了10名正科级中层领导。

【依法治教】 2016年，贺州市教育局推进贺州市教育部门专项工作、教育扶贫领域监督执纪问责工作及教育乱收费、有偿家教等专项治理。2016年通报典型案件3批17起，立案7起，给予党纪政纪处分8人，问责处理2人；为群众挽回经济损失130多万元。开展教育民生资金实地查访核验。完成478个教育基建项目的核验任务，核验率100%；完成教育补贴补助民生资金资助对象核验40.73万人次，核验率100.5%。共取消853名不符合资助条件的对象的受助资格，及时向市、县（区）资助账户、廉政账户清退了所受资助款117.3万元。

【党风廉政教育和作风建设】 2016年，贺州市教育部门组织党员干部集中学习中国共产党《廉洁自律准则》《纪律处分条例》《问责条例》《党内监督条例》等党纪党规。举办贺州市教育部门党风廉政建设培训班3期，中小学校长培训班1期，培训党员干部、基层学校校长370多人次；组织党员干部110多人集中收看廉政公益广告宣传影片。2016年收到群众信访举报件237件，接到群众举报电话61个，信访初核93件，初核转立案7件，群众满意率达100%。健全完善《财物管理审批制度》《重大事项报备制度》，建立《重点岗位风险防控制度》，充分发挥制度的长效机制作用。

2016年10月8日至11日，自治区督导评估组对富川瑶族自治县义务教育均衡发展工作开展自治区级督导评估。图为富川瑶族自治县义务教育均衡发展自治区督导评估汇报会

【基层党建工作】 2016年，贺州市教育部门深入开展“两学一做”学习教育，推进教育系统全面从严治党。推进广西贺州职业学院、贺州高级中学、贺州第二高级中学3个学校党委和5个支部文化党建引领示范点创建工作。按200元/人标准下拨各党组织活动经费14万元。贺州职业学院党委召开第一次代表大会，贺州市行知学校、市幼儿园党支部完成支委换届。举办党务知识培训班3期，培训直属党组织党务工作者68人次。组织党员全员轮训，培训党员703人。开展党员组织关系排查、党费收缴等7项基层党建重点任务攻坚行动，教育党工委完成补缴61.458万元。开展“党建促扶贫攻坚”“在职党员进社区　志愿者服务在基层”“送教下乡”等主题党建活动，党员干部积极与扶贫联系点的贫困户结对子，积极帮助贫苦户点亮微心愿。贺州高中党委获评“自治区先进基层党组织”，教育部门1人获评“自治区优秀基层党务工作者”。

（教育局）

基础教育

【学前教育】 全市398所幼儿园共有2868个幼教班，比上一年增加40个，在园（班）幼儿比上年增加1735人。深入实施《贺州市第二期学前教育三年行动计划(2014—2016年)》。全市集团化办园试点达10个，与城乡26所幼儿园建立帮扶关系；2016年新增31所多元普惠性幼儿园，全市多元普惠性幼儿园达到158所；全市自治区级示范幼儿园5所，市级示范幼儿园20所，年内新增市级示范幼儿园5所。

【义务教育】 2016年贺州市524所小学共有5985个教学班，比上一年增加18个；毕业生28466人，比上一年增加1241人；招生37481人，比上一年增加2456人；在校学生比上年增加10955人。全91所普通初中共有1523个教学班，比上一年增加33个；毕业生

27771人，比上一年增加4689人；招生28357人，比上一年增加1423人；在校学生比上年减少833人。

2016年4月16日，清华大学附属小学派出名师到贺州市进行讲学

【推进义务教育学区制管理改革试点工作】 2016年，八步区作为首批试点城区，建立健全了学区制管理工作、督导评估、资源共享、教研等制度。在“1+X”模式基础上探索推进“1+X+1”模式，让原来的每所学区长学校再带动一个片区乡镇学校，探索以教研为先导、以课堂教学改革为手段，以落实常规管理为基础，促进义务教育质量整体提升、均衡发展。

【义务教育“控辍保学”工作】 2016年秋季学期，贺州市九年义务教育巩固率为92.28%，完成了广西下达的92%的目标任务。

【“超大班额”整治】 2016年秋季学期，市中心城区小学招生人数比上年增加344人，城区15所公办小学平均班额由2015年秋季学期53.3人降为52.6人。

【德育工作】 2016年，贺州市各级教育部门深入推进社会主义核心价值观进校园工作，组织开展“我的中国梦”“青少年传承中华传统美德”“心中有祖国　心中有他人”“童心构筑梦想　学习创领未来”等系列主题教育活动。联合市精神文明委、市委宣传部、市文明办、人民银行贺州市中心支行开展贺州市诚信文化进校园活动。组织中小学开展“书香校园·阅读圆梦”网络征文评选活动（报送征文全区排名第四）和2016年“我的书屋我的梦”农村少年儿童阅读征文活动。11月上旬，组织召开贺州市中小学德育和校园文化建设现场会。

【青少年科技创新和校外活动】 2016年，贺州市教育局组队参加全国、自治区科技创新大赛和机器人项目竞赛获全国一等奖1项，三等奖9项；获自治区一等奖29项，二等奖46项，三等奖42项。举办贺州市第十五届青少年科技创新大赛，共有273项作品400余名选手参赛；举办贺州市第六届青少年机器人项目竞赛，共有66支参赛队近300名选手参赛；举办2016年贺州市青少年航模暨无线电测向大赛，共有86支队伍400多名参赛选手和辅导教师参赛；联合市科协举办第二届贺州市青少年科普剧大赛；在暑假期间和周末开展蒲公英假日系列公益性活动。全年组织青少年学生参加各级各类校外教育公益性活动达1万人次以上。

【对接优质教育资源】 2016年7月贺州市教育局与北京西城区教委续签合作协议，积极引进北京、江苏等地知名学科专家14名到贺州市开展精品课展示和专题讲座等教科研活动，受益教师3000人次；选派10名骨干校长、教师赴北京西城区有关学校跟班学习。

【开展国际教育交流】 2月22日至29日，组织28人的贺州教育考察团赴英国伍斯特郡开展国际教育交流，就青少年教育国际交流、教师培训和合作办学等有关事项达成合作意向。

【学生评优工作】 2016年评选表彰300名市级“三好学生”、118名“优秀学生干部”、70个“先进班集体”。

【营养改善计划】 2016年，贺州市继续在4个县（区）实施农村义务教育学生营养改善计划（其中富川县、昭平县为自治区试点，八步区、钟山县为地方试点），2016年，贺州市共有836所农村义务教育学校，181022名学生受益，其中：小学773所（含教学点），学生136875人；初中63所，学生44147人。

【普通高中教育】 贺州市14所普通高中共有511个教学班，比上一年增加11个；毕业生9462人，比上一年增加307人；招生12469人，比上一年增加201人；在校学生比上年增加758人。

【普通高中基础能力建设】 实施2015、2016年普通高中基础能力建设项目和2016年中央改善普通高中办学条件专项资金项目共12个，总投资1.03亿元。

【推进高中课程改革】 加强贺州高中语文学科课程基地建设，完成高中课程资源库校级管理员培训，贺州有2人被聘为第二届广西普通高中课程改革学校管理项目工作组专家，2人被聘为学科教学指导组专家。组织完成2016年普通高中课程改革学科教材与课堂教学培训、普通高中课程改革学科教师教学能力提升培训和贫困地区普通高中课程改革校长管理能力提升第一、第二期培训。

【高考再创新佳绩】 2016年，贺州市高考成绩稳中有升，一本上线1038人，上线率9.28%；二本6374人，上线率

57%。其中贺州高中，一本人数624人，上线率49.92%，比上年增加15.63个百分点。贺州市有6名考生分别被清华大学、北京大学录取。

【民办教育】 贺州市有各级各类民办学校357所，在校学生65475人，教职工5005人。其中，民办幼儿园338所，在园（班）幼儿53002人，教职工4046人；民办义务教育学校13所（小学2所、初中6所、九年一贯制学校5所），在校生8531人，教职工653人；普通高（完）中2所，在校生1571人，教职工155人。民办中等职业学校4所，在校生2371人，教职工151人。

【特殊教育】 贺州市有特殊教育学校4所，在校生337人，教职工（护工）69人，义务教育三类残疾儿童少年入学率89%。按每年6000元的标准落实了特殊教育生均公用经费。选送3名教师参加2016年广西特殊教育教师教学技能大赛，分别获得一、二、三等奖的好成绩。贺州市特殊教育学校成功创建自治区示范性特殊教育学校。

【民族教育】 贺州市有独立设置的少数民族学校13所（小学8所、中学5所），独立设置的少数民族班级113个（小学45个、中学68个），学生5023人，其中寄宿制民族班51个，学生2631人（小学21个、840人，初中19个、1118人，普通高中11个、615人。）

【开展民族团结教育】 2016年，市教育局组织学生参加教育厅举办的2016年民族团结演讲比赛，获一等奖1名、二等奖2名、三等奖1名；组织开展了3场民族理论和民族政策宣传报告会，共600人次参加宣传报告会。

（教育局）

2016年4月，贺州职业学院学生钟结浪（左四）参加第二十届“林德金杯”国际焊接技能大赛荣获MAG赛项世界冠军

职业教育

【职业教育概况】 贺州市有各类中等职业学校13所，全日制在校生25128人，专任教师767人（其中“双师型”教师260人），教职工990人，有国家级重点职校1所，自治区级重点职校2所，自治区级示范学校4所，自治区级示范专业14个。全市中等职业学校校园占地面积86.33万平方米，校舍面积40.68万平方米，学校图书45.93万册，计算机4069台，教学仪器设备1.08亿元，拥有校内外实习基地212个。

2016年，贺州市中等职业学校毕业生人数为2409人，就业人数2295人，直接就业人数2009人，就业率为95.27%，对口就业率达86.62%，近年就业率稳定。2016年，中职学校完成全日制招生8725人，完成广西下达任务数8500人的102.65%；完成非全日制招生2862人，完成广西下达任务数2600人的110.08%。贺州市生源地向区直中职学校送生10979人，完成广西下达送生任务数10600人的103.58%。

【职业教育基础能力建设】 2016年贺州共获得自治区级项目13个，获得项目资金4450万元。其中示范专业及实训基地项目10个，项目资金4170万元；民族文化传承创新项目3个，项目资金280万元。

【职业教育综合改革】 2016年，市教育局调整优化专业布局和设置，指导每个中职学校集中力量办好1~3个服务区域重点产业和社会事业发展需要的骨干专业和特色专业。未调整前，贺州市中职院校设置专业91个，重复率超过50%；调整后，只保留了44个专业，重复率不足30%。钟山县、昭平县、八步区分别获得广西县级中专综合改革优秀奖、进步奖和品牌建设学校奖，分别获得奖金500万元、220万元和200万元。

【举办贺州首届职业院校学生技能比赛】 11月29日，在贺州职业学院成功举办贺州首届职业教育青年学生技能大赛，贺州市10所职业院校近600名中职学生参赛。通过举办大赛，督促学校加强技能教学，全面提高中职学生的专业技能水平，提升贺州职业教育整体质量。

【实施“东靠战略”和“周末名师”工程】 深化与广东等东部发达地区中职学校联合办学机制，贺州职业学院与佛山职业技术学院签署合作框架协议。实施“周末名师”工程，2016年邀请5名珠三角地区职业教育名师、专家为客座教授、顾问，到贺州对职业教育专业教师进行5期集中培训。

【组建贺州职业教育集团】 制定《贺州市职业教育集团组建方案》和章程，11月25日，贺州市政府正式批复同意成立贺州市职业教育集团。由广西贺州职业学院牵头，与10所中职学校、

1所幼儿园、2个医院、9个市级企业、8个珠三角企业、3个行业、1个教育集团达成意愿，共同组建贺州市职业教育集团。

【职业教育获得荣誉】 2016年，市教育局组织参加广西中职学校技能大赛，获得团体赛三等奖1个，个人赛二等奖4个，三等奖1个。贺州职业学院钟结浪同学代表中国参加第二十届“林德金杯”国际焊接技能大赛，在与来自德国、捷克等国家的100多名选手同场竞技中，以158分的成绩夺得熔化极非惰性气体保护电弧（简称MAG）赛项的世界冠军。 （教育局）

教师队伍

【人才引进】 2016年通过应届高校本科或研究生毕业生双选会招聘39名新教师，面向区内外公开招聘652名中小学（幼儿园）教师，为农村义务教育学校招聘239名特岗教师，选送全科教师培养人选120人，进一步充实了全市师资队伍力量。

【教师队伍建设】 2016年，市教育局积极构建和充分发挥“国培、区培计划”教师培训平台；市政府教育顾问团顾问和中国—贺州教育大讲堂高端平台；国内重点师范大学基地平台；全市学校内涵发展教育质量提升项目提升平台；北京西城区中小学名校交流合作平台等“五大”教师培养培训平台的作用，全年投入教师培训经费3003万元，培训各级各类教师2万人次。

【中小学骨干教师集中培训】 2016年，市教育局与南京师范大学合作，举办第三期贺州名师、学科带头人、骨干教师高级研修班，全市共有60名中小学骨干老师参加培训。

【中小学名校长培养工程】 2016年，市教育局联合北京师范大学和中国教师教育网，对贺州市41位中小学校长，按照菜单式培养计划进行专题培养，提高中小学校长管理水平。

【组织开展“一师一优课，一课一名师”活动】 2016年，市教育局印发了《贺州市“一师一优课、一课一名师”活动方案》，在贺州市中小学开展了2015—2016年度“一师一优课、一课一名师”活动。注册学校达471所，登录注册教师4617人，晒课教师2898人，晒课数3081节，有实录的课例542节，获得市级“优课”187节，自治区“优课”33节，教育部“优课”7节。

【实验教学与教学仪器】 举办2016年贺州市中小学实验教学说课比赛，遴选8名教师参加广西中小学教师实验教学说课活动，2人获二等奖、3人获三等奖、3人获优秀奖。举办2016年贺州市中小学教师实验操作技能竞赛暨研讨活动，25名教师参赛，90名骨干教师现场观摩。组织参加第八届广西优秀自制教具展评活动，获得一等奖作品1件、二等奖作品3件、三等奖作品2件、优秀作品奖9件，其中2件被广西推荐选送参加第九届全国优秀自制教具展评，2件均被评为全国优秀作品。

【“支教走教”计划】 2016年，市教育局从师资充足、师资力量雄厚的学校派遣了333名优秀教师到师资配备不足、师资力量薄弱的学校进行支教走教活动。

【实施乡村教师生活补助计划】 2016年，贺州市为570所农村义务教育学校（含教学点）的2676名乡村教师发放524多万元的生活补助。

【教师资格认定】 2016年，市教育局完成184名中小学教师资格申请认定工作。

【职称评审】 2016年共有271名中小学教师通过评审获得中级教师职称。

【教师评优工作】 贺州市有1名教师入选广西八桂教育家摇篮工程培养对象，4名教师入选广西基础教育名师深蓝工程培养对象，3名校长入选广西基础教育名校长领航工程培养对象，510名教师荣获市教育系统优秀教育工作者、优秀教师、优秀班主任、师德标兵称号。 （教育局）

高等教育

【贺州学院概况】 贺州学院位于桂、湘、粤三省（区）交界的贺州市，是2006年2月经教育部批准在原梧州师范高等专科学校基础上建立的全日制多科性普通本科院校。学校始创于1943年的广西省立平乐师范学校，具有74年的办学历史。分东、西两个校区，校园占地面积93.44万平方米，校舍面积约36万平方米。

截至2016年底，学校有教学科研仪器设备总值1.55亿元，拥有教学计算机4216台，多媒体教室和语音实验室座位8091个，图书100多万册。

学校下设有文化与传媒学院、经济与管理学院、外国语学院、数学与计算机学院、机械与电气工程学院、材料与环境工程学院（碳酸钙学院）、旅游与体育健康学院、艺术学院、教师教育学院、马克思主义学院（政治与历史学院）、信息与通信工程学院（中兴通讯信息学院）、应用技术学院、建筑工程学院、食品与生物工程学院、国际教育学院等二级学院；设有食品科学与工程技术研究院、南岭民族走廊研究院；设有党委办公室、校长办公室、纪委（纪委办公室、监察处）、组织部（统战部）、宣传部、人事处（离退办）、教务处（教师教育发展中心）、科研处（研究生处）、学生工作处（学生工作部）、招生就业处、财务处、发展规划办公室（高等教育研究中心）、国有资产管理办公室、后勤服务处、保卫处（武装部）、审计处、工会、团委、继续教育中心、产教融合与创新创业中心、图书馆、教育技术中心、学报编辑部等行政教辅机构。

学校拥有48个本科专业，24个专科专业。拥有2个自治区级重点学科，1个院士工作站（广西果蔬保鲜和深加工院士工作站），2个广西工程技术研究中心（广西马蹄加工工程技术研究中心、广西绿色包装防伪印刷工程技术研究中心），1个广西重点实验室培育基地，2个广西高校重点实验室，1个广西高校重点实验室培育基地，1个广西高校人文社会科学重点研究基地。

学校有各类学生13746人，其中本科生11696人，留学生28人，专科生1918人，成人教育2773人，与大连工业大学联合培养研究生16人。学校有教职工933人，其中专任教师671人，具有研究生学位教师506人，教授49人，副教授185人，专职辅导员59人。

【教育经费的收入与支出】 2016年，贺州学院教育经费总收入2.61亿元，比2015年增加2100.54万元，增长8.76%。其中财政拨款1.64亿元，比2015年增加1697.48万元，占总收入的63.01%；教育事业收入9077.85万元，比2015年增长7.6%；全年支出3.36亿元，比2015年增加6.7%。在总支出中人员工资福利支出10658.29万元，占总支出31.73%；商品和服务支出6500.29万元，占总支出19.35%；对个人和家庭补助支出4187万元，占总支出12.47%。

截至2016年底，学校拥有总资产8.66亿元，比2015年增加12856.32万元，增长17.42%，其中流动资产2.12亿元，比2015年增加1515.05万元，增长7.68%；非流动资产6.54亿元，比2015年增加11341.39万元，增长20.97%。

【创新创业教育】 2016年，学校实施"一院一品"战略，组织开展各类创新创业大赛、学科竞赛等50多项，实现创新创业训练全覆盖，共获得自治区级以上奖励160多项。其中，第二届中国"互联网+"大学生创新创业大赛，在广西区选拔赛中，获得5金5银16铜，并获优秀集体奖，在全国总决赛中获1银3铜的好成绩；在2016"创新创业杯"全国管理决策模拟大赛总决赛中，荣获一等奖；在"学创杯"全国大学生创业综合模拟大赛广西区赛，获得一等奖2项，二等奖2项；在区级"创青春"创新创业大赛中，获得银奖5项，铜奖10项。学校成为首批全国100所高校"因为有你"创新创业实践基地。学校大学生创新创业基地成为广西首批自治区级众创空间及贺州市创新创业孵化基地。

【产教融合】 2016年，学校成为应用技术大学(学院)联盟数字媒体专业协作会理事长单位。落实贺州学院·中兴通讯学院、新道经济管理学院、新道创新创业学院等行业学院的组织架构。成立数字媒体"产·学"研究院，与广西建工集团第五建筑工程有限责任公司合作共建"设计研究院(贺州分院)"。与富川县、昭平县、八步区政府合作共建"贺州学院村镇学院"，促进村镇经济建设和发展。

【教育教学改革】 2016年，学校继续加大专业结构调整力度，主动停办物理学、化学两个本科专业，新增酒店管理、土木工程、茶学、数字媒体艺术等4个本科专业，对新设本科应用化学和机械设计制造及其自动化两个专业开展了区级评估自评工作。不断推进产教深度融合，围绕地方农产品保鲜与加工、碳酸钙、新型建筑材料、健康养生等产业链，确定了食品科学与工程、财务管理、广播电视编导、通信工程、物联网工程、软件工程等6个专业为产教深度融合先行先试专业。大力实施"强基创优"计划，重点推进了大学生创新创业项目100多项、自治区级教学改革项目64项的建设工作；全年开设实践性选修课35门，案例教学建设项目29项，教材建设项目13项。

2016年，贺州学院在第二届中国"互联网+"大学生创新创业大赛中获1银3铜

【高校科学研究】 2016年，学校成立申请硕士办公室，专门负责硕士点建设工作。学校获得国家级项目5项、省部级项目8项、市厅级项目37项，纵向经费272.5万元。承担横向科学项目60余项，获资助经费达4545万元。学校教师公开发表学术论文568篇，其中中文核心126篇，三大索引收录48篇。出版专著教材28部。教师申请专利47项，获得授权专利35项。荣获第十四届广西社会科学优秀成果奖二等奖2项、贺州市第三次社会科学优秀成果奖32项。广西碳酸钙资源综合利用重点实验室培育基地被批准认定为自治区重点实验室培育基地，实现自治区级重点实验室平台建设零的突破。2016年，全国第一座实体语言博物馆在贺州学院正式揭牌。组织学校50多名博士，深入贺州市县区，主动与各县(区)政府相关单位对接洽谈合作意向、建立合作关系。

【高校教师队伍建设】 2016年，学校继续坚持"引、培、稳"的人才工作思路，加强人才队伍建设，在人才引进方面，共引进教师72人，其中博士8人，硕士38人；副高及以上职称12人。以柔性方式引进外聘教师17人、客座教授27人，进一步优化了师资结构。在人才培养方面，送培攻读博士学位11人，硕士学位6人；获得博士学位4人，硕士学位26人，博士后出站1人；获批第五批自治区特聘专家1人，获正高级职称4人，副高级职称11人。

【学生工作】 2016年，学校以社会主

义核心价值观为引领，做好学生思想教育工作及日常教育管理工作，开展了学雷锋教育、壮族三月三传统民俗文化等教育活动，激发学生对民族文化的认同感和民族自信；成立了校、院、班级易班工作站，开辟了网络思政教育的新阵地。学生在广西高校社会主义核心价值观海报设计比赛中获二等奖2项，在第三届广西高校网络文化节中获二等奖1项，在广西区“书香校园·阅读圆梦”网络征文中获三等奖1项，优秀奖6项。成立了校级学生组织“学生资助部”，做好学生资助工作，完成助学金、国家助学贷款代偿、入伍学生代偿学费、奖学金等发放工作。2016年，共招生录取4705人，其中本科3700人，专科1005人；毕业生共2282人，其中本科毕业生1684人，专科毕业生386人，就业率为90.7%，顺利完成就业任务。

【民生工程】 2016年，学校北苑学生食堂、学生宿舍1号和2号楼、碳酸钙－微波综合实验室、游泳馆－跳水馆项目、梧州师专食堂续建工程基本完成建设；博雅苑住宅小区1–2号楼已具备交付条件，正在开展竣工验收相关工作，3–7号楼已进入装修后期；教学综合楼已完成主体封顶，进入装修阶段；北苑学生宿舍4#、5#楼已经开工建设。与广西黄姚古镇旅游文化产业区管委会正式签署协议，合作共建黄姚校区。继续做好大病救助基金、教职工健康体检、重大疾病保险、过生日送祝福活动等工作。

【校园文化】 2016年，学校持续开展校园文化建设，举办8场道德讲堂、广西民族志影展、徐悲鸿绘画精品展等活动，开展贺州学院“师德标兵”评选工作。获得2016年广西高校校园文化优秀成果三等奖1项，重点培育项目1项。“党旗领航－优秀大学生党员挂职村（屯）第一副书记”项目获得全国暑期“三下乡”社会实践活动重点团队。加强宣传舆论工作力度，《光明日报》《中国教育报》《广西日报》等主流媒体以及全国近30家网络媒体采访团深入采访报道学校转型发展、产教融合、创新创业、服务地方等办学成效90多篇。学校官微总用户数达6.9万户，在清博大数据全国高校微博影响力周排行榜中9次进入全国百强、最高排名第二；在中青报公布的全国高校微信公众号综合影响力周排行榜中3次进入全国百强，28次排名广西前三。编印网络舆情专报23期，了解师生思想诉求，维护校园稳定和学校形象。

【国际交流与合作】 2016年，学校招收19名本科学历留学生；招收4批分别来自泰国暹罗商务管理学院、拉查蓬大学、华侨崇圣大学、川登喜大学华欣分校、韩国清州大学非学历留学生共84人；派学生47人分别到泰国金莲花大学和大城商务技术学院学习。应香港国民教育学会邀请，学校组织100名师生赴香港参加“茶是故乡浓·广西贺州历史文化双向交流”活动。学校积极组团赴泰国远东大学参加国际学术会议和访问大城商务技术学院；组团到泰国大城商务技术学院等看望贺州学院实习学生；参加自治区教育厅组团到越南和柬埔寨参加国际教育展，拓宽教育国际交流与合作的渠道；接待了来自泰国的大城商务技术学院、拉查蓬大学、川登喜大学华欣分校、博仁大学、苏拉塔尼大学、英国南威尔士大学等大学的代表团来访；接待了台湾花莲县议会32人参访团和台湾景文科技大学代表团。

【高校党建与统战工作】 2016年，学校积极配合自治区党委巡视组驻校开展专项巡视及自治区人民政府审计组专项审计工作，针对巡视组和审计组反馈的问题，实行台账管理、责任到人、限时整改，认真抓好巡视整改和审计整改任务。认真开展“两学一做”学习教育，与“党员创新争优，党旗高高飘扬”主题教育实践活动实现无缝衔接，开展“争当岗位标兵、争做合格党员”和“学党史、强党性”主题教育活动，开展党内“十佳”评选，选树身边标杆，不断提高党员素质和水平。召开2016年度党建暨党风廉政建设工作大会，全面部署学校党风廉政建设工作。扎实开展党员组织关系排查、补交党费、排查清理党代会代表和党员违纪违法未给予相应处理等工作。顺利完成中层领导干部换届工作，配齐配强二层机构班子。加大干部培训力度，举办中层干部“转型发展与创新创业教育”能力提升培训班和到兄弟院校考察学习等培训活动。加强干部管理，严格执行“一报告两评议”和领导干部述职述廉和履行请示请假报告制度。加强宣传思想工作，开展党委中心组（扩大）学习9次，组织开展校内基层形势政策宣讲17场（次）。加强意识形态工作，建立意识形态工作机制，严格执行宣传思想阵地审批管理制度。紧扣大团结大联合的主题，做好统战工作。

（贺州学院）

社会生活

编　　辑：陈敏兰
许中继

婚姻·家庭

【婚姻登记】 2016年，贺州市婚姻登记处认真贯彻落实《婚姻登记条例》《婚姻登记工作规范》《民政部关于进一步规范婚姻登记记录证明相关工作的通知》等政策法规及其他规范性文件。在日常办理业务过程中，严格按照《婚姻登记条例》《婚姻登记工作规范》中的要求办理每一项婚姻登记业务，实现婚姻登记零误差。2016年，全市共办理婚姻登记19486对，离婚登记3668对。

【婚姻法律法规知识宣传】 2016年，民政局为进一步贯彻落实《婚姻法》《婚姻登记条例》，继续做好婚姻法律法规知识宣传工作，引导人民群众学法知法守法，学会用法律武器保护自己合法婚姻权益，在社会上倡导文明婚姻家庭和生活行为。通过宣传栏、发放告知单、印制《婚姻法》《婚姻登记条例》册子等形式开展宣传，取得良好成效。

（民政局）

【家庭文明建设】 2016年，贺州市妇联为了建设和谐家庭，开展寻找“最美家庭活动”，与市委组织部、市直属机关工委联合下发《关于2016年在全市机关开展“家和万事兴共筑中国梦”——“扬清廉家风　寻最美家庭”廉政家庭文化建设活动的通知》，在全市机关开展“家和万事兴共筑中国梦”——“扬清廉家风　寻最美家庭”廉政家庭文化建设活动。联合贺州市委组织部、市直属机关工委举办了“扬清廉家风　寻最美家庭”活动暨贺州市直机关“家庭助廉　我爱我家”演讲比赛。市委常委、组织部部长廖立勇出席大赛并作重要讲话。组织广大妇女干部和群众积极参加“家和万事兴　共筑中国梦——广西最美家庭（家园）”女性摄影作品比赛，共选送作品95幅，其中7幅作品获得优秀奖。组织开展第十届全国五好文明家庭、第十届广西五好文明家庭（标兵）户申报评选推荐工作。2016年争创岑旭扬家庭1户家庭为第十届全国五好文明家庭；争创第十届广西五好文明家庭户5户、第十届广西五好文明家庭标兵户1户。开展广西第二届“书香之家”申报评选推荐工作。2016年争创刘剑家庭、叶继浪家庭、钟昆德家庭、叶继红家庭4户为广西第二届“书香之家”。争创陈春林家庭、覃小荣家庭2户家庭为全国“最美家庭”称号，吴志芬家庭等5户家庭荣获广西“最美家庭”称号。

2016年，贺州市妇联积极选树先进妇女典型。争创全国三八红旗手1名，广西三八红旗手4名，广西三八红旗集体3个；通报表扬贺州市三八红旗手12名，贺州市三八红旗集体6个。2016年3月，市委书记赵德明、市长李宏庆会见了全国三八红旗手、广西三八红旗手、广西三八红旗集体的获奖代表，激励获得荣誉的优秀妇女继续保持高昂的斗志和饱满的工作热情，以实际行动影响和带动更多的妇女，展现妇女半边天的独特优势，让社会充满激情和活力。

2016年，贺州市妇联积极协调教育、民政、卫计等部门扎实开展家庭教育验收评估工作。与贺州学院签订家庭教育合作协议，组织开展家庭教育大讲堂活动6场，组织专家对贺州家庭教育现状进行进一步分析和深入研讨。2016年，全市各级妇联已举办家庭家庭教育大讲堂活动23场，受益家庭3500多户。

（妇联）

妇女·儿童

【妇女儿童合法权益】 2016年，妇联深化“建设法治中国　巾帼在行动”活动，开展普法宣传教育67场，4.6万群众受益；抓住我国首部《反家庭暴力法》颁布实施的有利时机，推动全市反家暴联动工作机制的形成，联合有关部门开展《反家庭暴力法》大型宣传活动35场，举办反家庭暴力知识培训及专题讲座260多期。扎实推进男女平等基本国策先进性别文化进党校、高校，进机关、企业、村（社区）活动，组织开展男女平等基本国策宣讲活动6场次，发放相关宣传资料12000多份，受益群众2500多人次。切实履行好土地承包经营权确权登记颁证工作领导小组成员单位的职能，以问题为导向，加强沟通协调，把握重点环节，确保农村妇女平等享有土地承包经营权益。开展妇女信访代理工作，2016年市、县两级妇联接待妇女来信来电来访286件，处理率100%；依托各级妇女儿童维权岗、维权律师服务团，为妇女和未成年人提供维权服务750多人次；新创建市级妇女儿童维权岗13个、自治区级妇女儿童维权岗4个。推动成立全区首个女童保护工作站，进一步提高妇女儿童保护工作的专业化和职业化水平。

【妇女创业就业服务】 2016年，贺州市妇联深入开展“巾帼脱贫行动”，重

2016年5月12日，贺州市委组织部、市直属机关工委、市妇联在市委市人民政府二楼会议室联合举办"扬清廉家风　寻最美家庭"活动暨贺州市直机关"家庭助廉　我爱我家"演讲比赛

点实施好"产业到家　牵手妈妈"工程，助力精准扶贫和脱贫攻坚。2016年5月，在昭平县召开贺州市"产业到家、牵手妈妈"巾帼脱贫行动现场推进会，现场推广昭平天怡食用菌有限公司和昭平故乡茶业有限公司的成功经验。

2016年，贺州市妇联以家政"大篷车"进村(社区)活动为载体，组织开展家政培训10场，培训妇女900多人次；组织1670多名妇女参与创业就业培训，选派3名妇女参加全国新型职业女农民培训班，积极培养有文化、懂技术、善经营、会管理、"双带"能力强的社会服务型女农民。

2016年，贺州市妇联贯彻落实全区扶贫小额信贷工作业务培训电视电话会议精神，积极发动妇女作为贷款主体申请贷款，促进妇女发展生产、创业就业、脱贫致富。2016年，全市发放扶贫小额信贷19283笔共8.87亿元，发放创业担保贷款4笔共30万元。

2016年，贺州市妇联与市旅发委、贺州学院联合举办联合国开发计划署贺州手工艺保护和发展项目国际杰出手工艺徽章认证培训班，邀请国际杰出手工艺徽章认证专家罗建京博士为设计学院的30多名女大学生和民间瑶绣艺人授课；组织各级妇联干部代表50多人到富川县冬梅瑶绣作坊、八步区黄石瑶族文化设计部参观考察，帮助更多的妇女依靠传统手工艺脱贫致富。

2016年，贺州市妇联积极开展"巾帼科技示范基地"创建工作，2016年争创3个"全区巾帼科技示范基地"，共获自治区妇联扶持资金12万元；命名市级巾帼科技示范基地5个，拨付扶持资金5万元。组织市女企业家协会代表3人参加贺州市电子商务与电商扶贫专题培训班；选派八步区双英家政服务中心负责人参加全区职业技能培训机构教师上岗培训班；推荐贺州市文华母婴护理有限公司加入广西金绣球巾帼家政服务联盟，进一步发展壮大贺州家政服务行业。

2016年，贺州市妇联与人社、扶贫、工会等部门联合举办"春风行动"大型现场招聘会，组织5家女企业家协会会员企业进场招聘；免费发放"春风卡"、《就业促进法》等宣传资料31486万份；为15122名女性求职者免费提供就业推荐服务，为2935名女性提供了就业岗位，其中本地企业吸纳农村女性劳动力1501人，跨地区有组织劳务输出女性劳动力1434人。

2016年，贺州市妇联组织首批女企业家、女能人14人通过"1+X"的形式与100多户贫困家庭结成示范帮扶对子；开展"妇联+协会+企业"合力慰问"两癌"贫困母亲暖人心活动，帮助54名罹患"两癌"的贫困母亲争取到每人1万元的专项救助金；在贫困村八步区仁义镇仁义村、钟山县同古镇平竹村举行"点亮微心愿　巾帼助力脱贫"微心愿礼物发放仪式，帮助为28名贫困妇女实现微心愿；支持钟山县同古镇平竹村项目资金5000元，解决14户共88名困难群众的饮水安全问题；向平竹完小47名贫困学生赠送"爱心包裹"、毛毯一批。

【实施妇女儿童发展规划】 积极推动各级政府把"儿童家园"创建经费纳入财政预算，大力推动"儿童家园"项目建设。2016年，争创自治区级示范性儿童家园6所，命名并完成创建贺州市示范性"儿童家园"14所，指导各县(区)创建"儿童家园"107所，并与市财政局组成督查组对新建的"儿童家园"进行初步的评估验收。组织开展大学生服务"儿童家园"活动，招募大学生等志愿者230多人，深入到全市40个乡镇74所儿童家园开展志愿服务活动334次，受益儿童4128人，服务当地儿童8860人次。

在"六一"儿童节期间，扎实开展"六送"活动，送出价值近10万元的慰问物资和节日礼物，为贫困、留守儿童送去温暖和关怀。争取到自治区"春蕾计划·好医生"项目落地富川县，每年向40名贫困春蕾女童按400元/人的标准发放扶持款共计1.6万元；争取中国儿童少年基金会"腾讯春蕾高中女童班"项目落地钟山，每年向钟山县30名春蕾高中女生发放1200元的助学款，连续扶持三年。

2016年9月6日上午召开贺州市"十三五"推进两纲要重点难点指标实施座谈会，认真贯彻落实《广西壮族自治区"十三五"实施妇女儿童发展纲要重点难点领域攻坚达标实施方案》精神，对本市实施两纲的重点难点指标进行梳理和研判，全面启动攻坚达标工作。充分发挥市妇儿工委办公室设在妇联的优势，推动成立贺州市反家庭暴力工作领导小组，制定联动机制工作方案，明确各成员单位的职责分工，建立健全工作制度，为全市联动开展反家庭暴力工作奠定坚实基础。充分发挥各职能部门在反家庭暴力工作中的职能作用，合力预防和遏制家庭暴力，为妇女儿童生存发展提供良好的家庭环境。

(妇联)

青少年

【乡村青年文化活动】 2016年团市委联系劳动、农业、渔牧、农机等部门，为农村低技能青年开展种养、劳动力转移等培训。一年来，协调开展青年就业创业培训班120场次，培训青年8363人。开展“千乡万村青年篮球赛”和“乡村青年文化艺术节”“青年登山大赛”“青春相约周六吧”等形式多样的文化艺术活动。

【联系青年】 2016年贺州市各级团的领导班子成员带头，每名专职团干部、挂职团干部、县级(含)以上团的领导机关兼职干部经常性直接联系不少于100名不同领域的团员青年，全市团干联系青年总数为110727人，覆盖度比例为54.8%，参与度热度为84077，活跃度热度为80.5，在全广西综合排名位列第四。11月依托贺州学院成立广西共青团新媒体(贺州)中心，将团属微博、微信和青年之声统一管理、统一运营、统一发声，青年之声的工作在全广西综合排名第三位。开展主题为“乡约你我·乡聚青春”的共青团联系服务农村青年月活动及“让温暖一起回家”——2016年春节贺州市服务务工青年系列活动等，并利用春节、五四青年节、八一建军节、双十一等节点举办青年联谊活动，参与青年800多人次，通过各种方式来服务和联系青年。

【第二届两岸青年农业论坛】 2016年12月2日至5日，在全国青联秘书处、自治区台办、广西青联的指导和支持下，成功在黄姚古镇举办第二届两岸青年农业论坛，共邀请来自台湾及广东、贵州、黑龙江等十多个省的青联组织近300名青年农业专家及青年企业家齐聚贺州，共商发展大计。

【青春扶贫】

农村电子商务产业扶贫 2016年2月在全区率先成立贺州市青年智库研究会，团广西区委副书记郑胜景、市委副书记唐毓流、市委组织部部长廖立勇出席成立大会并讲话。组织青年智库成员撰写《加快推进贺州农村电子商务发展对策研究》的调研报告获得市委主要领导的肯定性批示。2016年3月，团市委与市两新党工委联合举办“党旗领航　电商扶贫”论坛，自治区组织部副部长梁海萍、市委副书记唐毓流、市委组织部部长廖立勇出席论坛并讲话，14位专家学者和电商企业家结合贺州市实际，提出许多有针对性、前瞻性的意见建议。

教育扶贫 2016年，团市委共筹集圆梦资金105.8万元，资助633名大学贫困生。

“青春扶贫·爱心助学”六个一主题公益活动 2016年共有广东省青联、广东小榄爱心助学团、广东狮子会、广东省广西贺州商会等外地的组织及贺州市民间慈善协会、贺州万升岗石、业联粉体等本地公益组织、企业积极参与“青春扶贫·爱心助学”活动，争取到中国青少年发展服务中心、金星国际教育集团到贺州开展红领巾书屋捐建工程。全年累计争取到爱心资金物资680多万元。

2016年3月24日，团市委与市直有关单位在贺州学院联合举办贺州市“党旗领航·电商扶贫”论坛

【青少年维权工作】 2016年，团市委举办各类青少年禁毒防艾、法制知识讲座70多场(次)，共有一万余名青少年参与到活动中来并受到相关引导和教育。从2015年到2016年以来，成立了贺州市禁毒、防艾、法制宣传移动基地，以移动展板的形式轮流在各大中小学、乡村开展宣传62次活动。在每个县区招募100名具有专业知识的青少年维权志愿者，定期到学校、社区、乡村开展“法律援助志愿者进社区”活动。深入开展青少年“禁毒防艾”宣传教育、“拒绝网瘾　从我做起”“法律进校园”等活动，切实维护青少年合法权益，全年共举办各类讲座100多场(次)，参与活动并受到相关引导和教育的青少年达200100人次。

【少先队工作】 2016年，团市委进一步加强少先队辅导员规范化建设，积极推动以市委办名义下发《关于培育和践行社会主义核心价值观进一步加强少年儿童和少先队工作的实施意见》，对少先队工作规范化发展有着重要的指导意义。下大力气完善市县两级辅导员配备工作，市级配备3名总辅导员，三县两区均配备了少先队总辅导员。开展寻找“最美少年”“最美辅导员”活动，选出30名“最美少年”和22名“最美辅导员”。持续开展“一个阅览室·一只小牙刷”捐助活动，为当地学生捐赠卫生套装1400套、书籍1430套及小礼包、体育用品200多份，折合人民币5.8万元。（团市委）

老年人

【老年人及老龄工作概况】 2016年，

贺州市总人口约243万人，其中60周岁以上老年人31.8万人，80周岁以上老年人为5.9万人，100周岁以上老人451人，全市百岁老人占全市总人口比例高达19.1/10万人。2016年10月19日，贺州“世界长寿市”认证会在北京国际会议中心召开，贺州市的长寿综合指数达到0.54，顺利通过国际人口老龄化长寿化专家委员会的论证，喜获“世界长寿市”殊荣。老龄人口比例不断提高，老龄问题已成为不容忽视的重要社会问题，贺州市针对当前情况，实施各种切实可行的保障措施，促进老龄事业的健康发展。

2016年10月19日，贺州通过国际人口老龄化长寿化专家委员会认证成为“世界长寿市”

【老年人优待工作】 2016年，贺州市全面落实老年优待政策，持“老年人优待证”的老人均可以享受免费乘坐市内公交车、进公园和就医挂号。加强老年人的权益保障，各乡镇（街道办事处）均成立老年人法律援助中心，基层老年人法律援助覆盖面达100%。贺州市不断提高老年人生活保障，对年满60周岁以上的老年人每年每人发放1140元养老金，并建立高龄生活补贴制度，明确80至89周岁老年人每人每月享受50元的高龄老人生活补贴，90至99周岁每人每月100元，100至109周岁每人每月600元，110至119周岁每人每月2500元，120周岁以上每人每月5000元。同时，100%的贫困老年人都能获得政府社会救助。日益完善的养老服务设施，不断健全的政策机制，为老年人养老提供了有力保障。

【敬老爱老活动】 2016年，贺州市组织开展“百名孝子”评选、“百叟宴”、老模范、老教师以敬老爱老为核心内容的中小学宣讲等活动，及各种内容丰富、形式多样、健康有益的老年文化体育活动。

【老年团体活动】 2016年，贺州市共计成立村级示范老年协会172个，注册会员人数19224人，全市100%的城市社区都成立有基层老年协会。通过整合农村新型生态社区建设、农村幸福院、村卫生室等资源，投入50多万元对基层老年协会进行规范化管理建设工作，改善协会办公场所和增置老年人的健身运动器材，建立健全老年协会各项制度，全市基层老年协会规范化建设得到进一步增强。通过政府购买基层老年协会养老互助服务试点（在富川县、钟山县）工作，积极引导老年协会开展互助养老服务和文化娱乐活动，有效解决农村老年人生活无人照料，感情难以寄托，精神孤单的困境。指导基层老年协会建立服务对象基本信息数据台账及提供养老互助服务，组织开展各种有特色的文艺演出、棋牌竞赛、走访联谊、互助帮扶等活动，丰富老年人的精神文化生活。 （民政局）

残疾人

【残疾人概况】 2016年，贺州市持有第二代残疾人证的残疾人59970人，其中视力残疾6811人、听力残疾4694人、言语残疾922人、肢体残疾37617人、智力残疾4274人、精神残疾3622人、多重残疾2030人。

【残疾人康复】 2016年，残联开展视力残疾人康复工作，共计筛查白内障983例，完成白内障复明手术700例；开展听力残疾人康复工作，进行“七彩梦行动计划”人工耳蜗康复救助项目筛查，完成筛查任务24人，完成贫困聋儿康复救助10人；实施国家彩票公益金成人助听器救助项目和广西贫困成人残障者康复工程助听器验配项目，筛查贫困听力障碍者49名，适配国家彩票公益金成人助听器15人、广西扶贫开发项目成人助听器8人；开展肢体残疾人康复工作，争取市财政资金10万元为贺州市10名贫困肢体残疾人免费适配假肢；实施广西贫困成人残障者康复工程假肢矫形器服务项目，完成假肢矫形器装配25例。2016年，残联争取市财政资金10万元，为贺州市智力残疾儿童定点康复机构完善无障碍基本设施建设。强化残疾人辅助器具供应服务，组织供应各类辅具885件，其中实施国家彩票公益金辅具服务项目，为贫困残疾人免费配发重度残疾人辅具337件，低视力辅具285件，发放贫困残疾儿童辅具40件。开展康复人才培训，共举办全市社区康复协调员培训班3期，培训基层康复协调员160多名。

【特教工作】 2016年，残联共投入资金78.5万元，其中自治区补助34万元，中央资金44.5万元，培训农村贫困残疾人1235名；认真做好残疾人助学项目工作，继续实施“阳光助学计划”——特殊教育学校残疾学生资助项目，共资助268名残疾学生，资助金额达16多万元；继续开展残疾学生和贫困残疾人子女的助学工作，共资助残疾考生26人，其中高中生10人、大专生12人、本科生4人，资助金额达5万元；资助贫困残疾人子女139人,资助金额达37万元;继续做好学前教育残疾儿童的资助工作,共资助学前教育残疾儿童50名,资助金额达15万元。

【残疾人就业】 2016年,残联共完成残疾人职业培训228名,就业服务机构工作人员参加就业指导员远程培训10人次,同时认真做好残疾人职业培训和就业状况实名制工作,录入人数23529人,录入率92.7%。加强职业能力建设,完成残疾人职业能力评估31名,帮助残疾人科学地进行人职匹配和职业生涯规划;成功接入广西残疾人就业创业服务网络服务平台,实现资源共享。加强盲人按摩工作指导力度,组织7名盲人到自治区残疾人就业指导中心参加保健按摩培训,并扶持盲人保健按摩机构1家,扶持资金1万元。2016年,全市共有盲人保健按摩人员从业19名。加强残疾人就业创业扶持力度,投入资金20万元,扶持残疾人自主创业20人,扶持农村贫困残疾人家庭发展种养加项目240户。开展2016年就业援助月活动,共走访残疾登记失业人员家庭户114户,登记失业的残疾人114人,帮助残疾人实现就业40人。据统计,2016年全市新增残疾人按比例就业34名,个体就业35名,公益性岗位32名,自主创业和灵活就业134名,高校残疾毕业生就业13名。

【残疾人社会保障】 2016年贺州市发放灵活就业养老保险补贴资金36.48万元,受益残疾人228名。2016年,残联继续实施"阳光家园计划"项目,共计投入235万元,为1605名智力、精神和重度残疾人提供托养服务,并以社会化的形式发放到受助的手中。

【残疾人文体活动】 2016年,残联组织开展助残日活动,在第二十六次全国助残日期间,结合"关注孤残儿童,让爱洒满人间"主题,分别到市特教学校、八步区聋儿语训部、市体校等机构,慰问残疾儿童、学生、运动员等,发放慰问金6万多元。组织参加全区青少年残疾人田径游泳乒乓球羽毛球锦标赛,共获金牌12枚、银牌2枚、铜牌1枚、第四名1个、第五名2个、第六名1个。

【残疾人维权】 2016年全市残联系统处理来电来访300多人次,接访办结率为100%,全市残疾人群体趋于稳定。进一步规范残疾人证核发管理工作,暂停执行目测评残,严格避免人情证、关系证、假证。落实2016年度残疾人机动轮椅车燃油补贴,为全市600辆残疾人机动轮椅车燃油补贴落实补贴资金15.6万元。实施贫困残疾人居家无障碍改造工程,为残疾人家庭配备无障碍设施及进行改造,2016年投入资金50万元,完成改造127户。 (残联)

民　　俗

【民委工作概况】 2016年贺州市民委研究制订《贺州市民委2016年开展民族团结进步宣传月活动实施方案》,主动协调宣传、文化新闻出版广电、教育、旅游等部门,明确目标,细化责任,以开展"壮族三月三""盘王节"等系列节庆活动为载体,大张旗鼓地宣传党的民族宗教政策法规和民族宗教知识,把民族团结进步宣传教育贯穿活动的全过程。一是注重社会宣传。通过拉(挂)宣传横幅、制作宣传板报等形式进行广泛的宣传,实现面上宣传全覆盖。宣传月期间,制作宣传刀旗60杆,大型高杆宣传画1幅,通过手机短信发送宣传短信3万余条(次);全市共拉(挂)民族团结进步宣传横幅212条,制作宣传板报23块;二是注重媒体宣传。在贺州日报、贺州电视台、贺州传媒等媒介大篇幅刊登民族团结进步宣传文章,诠释党和国家的民族理论,宣传党和国家民族政策法规。据统计,今年4月份,《贺州日报》刊登宣传民族团结进步相关文章8篇;三是注重理论教育。邀请有关专家,深入学校开展民族理论和民族政策宣传活动,把党和国家的民族理论和民族政策送进学校。在民族团结进步宣传月活动期间,贺州市先后在贺州学院、贺州市高级中学、贺州市第二高级中学、贺州市实验中学等单位举办宣讲课4场次,参与听课学校教师超过1500人次;四是注重重大主题宣传。充分利用各种节庆日,农村人口集中的有利时机,组建民族政策小分队深入开展党的民族政策和法律法规宣传活动,在贺州市灵峰广场、农村演出地点设置宣传平台,向广大群众发放宣传资料,为群众解读民族政策和法律法规。据统计,在民族团结进步宣传月期间,民族工作部门向群众发放宣传资料近1万册(份),为群众解疑97人次。有效的宣传了党和国家的民族理论、民族政策、民族法律法规和民族基本知识。

【主要民俗活动】

贺州市首家瑶族服饰挑花刺绣传习基地挂牌 2016年初,贺州市首家"瑶族服饰挑花刺绣传习基地"在八步区步头镇黄石村大冲组挂牌成立。基地负责人是黄石村大冲组瑶族妇女李小莲,她自幼跟随祖辈和母亲学习瑶族挑花技艺,擅长手工缝制传统瑶族盛装,并建立家庭瑶族服饰工作室,曾被自治区工信委、文化厅、人力资源和社会保障厅联合授予"广西工艺美术大师"称号。在她带领下,女儿李素芳、儿媳妇何婷婷也很快出师,先后在步头镇、贺街镇和贺州市区开办3家瑶族服饰生产工作室。累计每年生产瑶绣9000多片(块),瑶族传统服饰2000多套,瑶绣工艺品1万余件;培养农村绣娘300多人。工作室生产出来的瑶绣工艺品每年都吸引香港、澳门、台湾同胞及美国友人前来参观学习和购买。为培养更多的民族工艺人才和发展产品工作室,贺州市民委、八步区民宗局下文,将其家庭工作室命名为"瑶族服饰挑花刺绣传习基地",使瑶族服饰挑花刺绣得到更好的保护、传承和发展,同时将依山傍水扩建400平方米的瑶族服饰和刺绣培训中心与原生态过山瑶文化展演舞台及配套设施。

贺州瑶绣登上国际舞台 2016年,3月18日,从广西贺州市的两家"瑶族挑花刺绣传承基地"(由贺州市民族事务委员会命名)——富川瑶族自治县"冬梅瑶绣"和八步区步头镇黄石瑶寨"过山瑶家"传来喜讯:她们的首批200多件"瑶绣"产品被联合国计划署推荐并订购用于装饰在笔记本封面上,用于联合国中国代表处办公用品,还成为联合国赠送各国官员的礼品。

贺州市民族团结进步宣传进校园活动 3月29日贺州市民委主任黄盛全深入贺州市第二高级中学为该校全体教职工宣讲民族理论、民族政策以及习近平总书记关于民族工作的重要论述，由此拉开贺州市民族团结进步宣传进校园活动的序幕。

卢献匾到贺州为全国民族团结进步示范单位挂牌 4月19日，贺州市八步区黄洞瑶族乡荣获“全国民族团结进步示范单位”挂牌仪式在黄洞瑶族乡政府举行。自治区民委党组书记、主任卢献匾出席挂牌仪式。

贺州市命名一批少数民族文化保护传承基地和民族团结进步教育培训基地 2016年为全面贯彻落实中央、自治区和市民族工作会议精神，深入挖掘和更好地保护、传承、弘扬少数民族文化，以及不断推动民族团结进步创建活动，贺州市民委积极培育命名12个市级少数民族文化保护传承基地、民族团结进步教育培训基地。

原生态瑶族长鼓舞展演 2016年12月2日晚，由贺州市民委举办以“瑶山风韵．鼓动贺州”为主题的原生态瑶族长鼓舞展演活动在贺州广场举行。贺州瑶族长鼓舞被列为国家级非物质文化遗产项目，此次展演的节目，大部分都是从各县(区)瑶族聚居地区抽调来的在当地流传已久原生态长鼓舞。

（民委）

原生态瑶族长鼓舞展演

宗教活动

【宗教工作概况】 贺州市在全区率先启动民间信仰试点工作，明确每个县区的1个乡镇作为试点。结合本地民间信仰和民俗传统文化实际，确定“把握内涵、积极探索，试点先行、争创经验”的思路，精心设计试点工作方案，及时召开动员会。市委统战部对试点工作高度重视，多次专题听取汇报，并安排5万元试点经费。2016年，贺州市民间信仰试点工作进展顺利，全面完成了调查摸底工作，掌握了民间信仰活动场所的基本信息，探索了规律，找出了问题，积累了经验，为切实加强贺州市民间信仰管理工作打下良好基础。2016年12月，全区民间信仰试点工作现场会在贺州市召开，并作为广西唯一一个市出席国宗局在福建泉州市召开的民间信仰工作座谈会。

2016年，贺州市民宗委根据中央、自治区的部署和安排，就相关工作及时启动全市宗教工作联席会议机制，顺利组织开展全国“两会”期间宗教领域安保反恐工作、香港基督教协进会以“薪火工程”为名进行渗透活动的防范工作、成功处置了贺州二高校园内观音岩所谓佛像“开光仪式”等近10起涉宗教的突发性事件和防范渗透等工作，保障了全市宗教领域的和谐稳定。指导贺州市佛教协会继续认真做好富川县城北镇“金山禅寺”申报佛教活动场所和贺州市“大钟寺”恢复重建申报审批等有关工作，及时向自治区宗教事务局申报并做好跟踪落实。

2016年，贺州市民宗委加大宗教人士的培养和队伍建设力度，以市、县、乡换届为契机，推动做好宗教界人士的政治安排，多名宗教界人士进入市、县两级政协担任政协委员。认真做好“宗教政策法规学习月”“民族团结进步创建活动进宗教场所”“宗教慈善周”、以“规范”为主题的创建和谐寺观教堂活动等重点工作，得到区宗教局督查组的高度肯定。在“宗教慈善周”期间，发动市佛教协会、各宗教活动场所以及社会爱心人士为贫困学生、孤寡老人和贫困信众捐助学习用品、生活用品和慰问金合约2万元；为市佛教协会、部分宗教活动场所争取建设、办公资金约14万元。

【主要宗教活动】 12月7日至8日，全区民间信仰工作培训班在贺州市举办。自治区宗教局局长梁柳宁对培训班的学员进行民间信仰工作知识培训。副市长义芳出席培训班开班仪式并致辞。义芳认为，全区的民间信仰工作培训班在贺州市举办，这是对贺州市在民间信仰工作方面所取得成绩的肯定，贺州市将会以此次培训班为契机，继续务实抓好民间信仰工作，科学规范好全市民间信仰行为。梁柳宁指出，贺州市作为全区民间信仰管理试点工作单位，扎扎实实先行先试，创出了经验，创出了业绩，走在了全区民间信仰工作的前列，经验值得推广和借鉴。培训会上，梁柳宁针对当前开展民间信仰工作存在的问题，结合全国、全区发展形势，认真分析原因，并就如何规范做好民间信仰管理工作做了安排和部署。

（民委）

城镇居民生活

【城镇居民可支配收入情况】 据国家统计局贺州调查队调查，2016年贺州市城镇居民人均可支配收入26883元，比上年同期增加1664元，同比名义增长6.6%，扣除物价因素影响后，实际增长5.1%。

1.工资性收入增长较快。2016年贺州市城镇居民人均工资性收入16600元，同比增长8.2%。主要表现在：一是机关事业单位调整基本工资水平。二是兑现机关事业单位2015年年终绩效奖金。三是公务交通补贴及时发放。

2.经营净收入快速增长。2016年贺州市城镇居民人均经营净收入2785元，同比增长33.1%。主要表现在：一是经营环境改善，推动非公经济的发展。近年来，政府出台有关扶持政策，积极帮助中小企业解决融资难等问题，同时"营改增"的全面推开、小微企业享受增值税优惠等政策，有力促进了城镇居民经营净收入的增长。二是旅游业的快速增长带动经营净收入增长。随着贵广高铁的开通、贺州市被评为"世界长寿市"，吸引了全国各地的游客来贺州旅游和养生，与旅游相关的批发零售、住宿、餐饮、娱乐等行业收入拉动了经营净收入的增长。

3.财产性净收入空间收紧。2016年贺州市城镇居民人均财产净收入2500元，同比下降9.7%。财产性净收入下降的主要原因是受房地产业低迷影响，房屋出租收入较上年有较明显下降，加上银行利率下调，股票、有价证券等价格波动，居民投资渠道收紧，财产性净收入出现减缓趋势。

4.转移性净收入小幅下降。2016年贺州市城镇居民人均转移净收入4998元，同比下降0.3%。转移净收入下降的主要原因是机关事业单位养老并轨改革，职工交纳的社会保障等费用增加。

【城镇居民消费支出情况】 2016年贺州市城镇居民人均消费支出15206元，比上年增长6.1%。八大类消费支出：食品、衣着、居住、医疗保健、交通和通信、教育文化娱乐服务、家庭设备及服务、其他商品与服务全部呈上涨趋势。

1.食品烟酒支出有所增加。2016年贺州市城镇居民食品支出5877元，比上年增长5.9%。

2.衣着支出略增。2016年贺州市城镇居民衣着支出1054元，比上年增长4.3%。

3.居住支出较快。2016年贺州市城镇居民人均居住支出1585元，比上年增长6.9%。

4.生活用品及服务上涨明显。贺州市城镇居民家庭设备及服务支出873元，比上年增长6.1%。

5.交通通信支出增加明显。贺州市城镇居民交通和通信消费为3010元，比上年增长6%。

6.教育文化娱乐支出最大。贺州市城镇居民教育文化娱乐服务支出1781元，比上年增长7.5%。

7.医疗保健支出平稳增加。贺州市城镇居民人均医疗保健支出787元，比上年上涨5.7%。

8.其他用品和服务支出平稳。贺州市城镇居民其他商品和服务支出为239元，比上年上升5.7%。

（调查队）

贺州市城镇可支配收入数据(2016年)

指标名称	单位	代码	2016年(元)	增速(%)
可支配收入	元	1100	26883	6.6
一、工资性收入	元	1101	16600	8.2
二、经营净收入	元	1120	2785	33.1
三、财产净收入(成本法)	元	1150	2500	-9.7
四、转移净收入	元	1170	4998	-0.3
生活消费支出	元	2001	15206	6.1
(一)食品烟酒	元	2002	5877	5.9
(二)衣着	元	2030	1054	4.3
(三)居住	元	2035	1585	6.9
(四)生活用品及服务	元	2040	873	6.1
(五)交通通信	元	2047	3010	6.0
(六)教育文化娱乐	元	2050	1781	7.5
(七)医疗保健	元	2055	787	5.7
(八)其他用品和服务	元	2060	239	5.7

农村居民生活

【农村居民收入情况】 据国家统计局贺州调查队调查，2016年贺州市农村居民人均可配收入9552元，比上年同期增加732元，同比名义增长8.3%，扣除物价因素影响后，实际增长6.8%。

1.工资性收入平稳增长。2016年贺州市农村居民人均工资性收入4251元，同比增长8.1%。主要表现在：一是农村基础建设力度加大，固定资产投资规模不断增加，为农民工提供了更多的本地就业机会和岗位；二是2016年贺州市大力推进产业扶贫工作，带动地方性劳务用工数量和劳动报酬的增加。

2.家庭经营收入稳步增长。2016年贺州市农村居民人均经营净收入4443元，同比增长8.0%。主要表现在：一是现代特色农业示范区的大力发展，引领传统农业快速转型升级，推动农民增收；二是产业脱贫产业政策鼓励农户以自营或委托经营等方式发展产业，增加农民收益。

3.财产性收入稳步增长。2016年贺州市农村居民人均财产净收入148元，同比增长7.6%。主要表现在：一是特色农业产业的大力发展，促进农村土地流转速度加快，农民通过转让承包土地经营权收入获得财产性收入。二是精准扶贫小额信贷助推农民增收。

4.转移性收入增长较快。2016年贺州市农村居民人均转移净收入710元，同比增长11.8%。主要表现在各种惠农政策补贴的及时兑现以及农村低保、新农合补助等标准的提高，促进农民转移性收入的提高。

（调查队）

贺州市农村可支配收入数据(2016 年)

指标名称	单位	代码	2016 年(元)	增速(%)
可支配收入	元	1100	9552	8.3
一、工资性收入	元	1101	4251	8.1
二、经营净收入	元	1120	4443	8.0
三、财产净收入(成本法)	元	1150	148	7.6
四、转移净收入	元	1170	710	11.8
生活消费支出	元	2001	7025	6.6
(一)食品烟酒	元	2002	2804	6.1
(二)衣着	元	2030	246	5.7
(三)居住	元	2035	1803	5.2
(四)生活用品及服务	元	2040	411	5.1
(五)交通通信	元	2047	571	8.2
(六)教育文化娱乐	元	2050	529	8.9
(七)医疗保健	元	2055	542	12.3
(八)其他用品和服务	元	2060	120	4.0

2016 年 12 月居民消费、商品零售和农业生产资料价格指数

项目名称	上月 =100	上年同月 =100	上年同期 =100
居民消费价格总指数	100.2	100.8	101.4
一、食品烟酒	99.0	99.7	104.2
二、衣着	100.5	100.9	101.3
三、居住	101.7	101.0	100.1
四、生活用品及服务	100.2	100.4	100.1
五、交通和通信	100.6	99.8	96.6
六、教育文化和娱乐	100.3	104.2	102.1
七、医疗保健	100.0	101.1	100.8
八、其他用品和服务	99.7	100.5	99.7
商品零售价格总指数	100.1	99.0	99.2
农业生产资料价格指数	102.5	101.9	99.7

贺州市物价局局长陆军(中间)到“爱买菜”超市指导平价商店建设

物　价

【居民消费价格】 贺州市 2016 年居民消费价格与上年同期相比上涨 1.4%,涨幅比 2015 年缩小 0.4 个百分点,低于全国 0.6 个百分点,低于全区 0.2 个百分点,在全区 14 个地级市中位列第 7。2016 年 CPI 总体走势有如下几个特点:

与上年同期相比,八大类商品(详见图表)价格六升二降,其中食品烟酒类价格上涨 4.2%,衣着类价格上涨 1.3%,居住类价格上涨 0.1%,生活用品及服务类价格上涨 0.1%,教育文化和娱乐类价格上涨 2.1%,医疗保健类价格上涨 0.8%;而交通和通信类价格、其他用品和服务类价格则分别下降 3.4%、0.3%。

食品类价格上涨是带动总指数上行的主要动力。2016 年贺州市食品类价格上涨 5%,影响总指数上涨大约 1 个百分点,对总指数上涨的贡献率超过 70%。

交通类价格涨跌互现。1. 交通工具类价格下降:2016 年贺州市交通工具类价格同比下降 2.7%,其中小型汽车价格下降 4.8%,电动自行车价格下降 8.4%,其他交通工具价格下降 6%。2. 车用燃料低位震荡:贺州市汽油价格全年累计下降 4.5%,柴油价格累计下降 5.1%。3. 交通费价格总体走高:2016 贺州市交通费价格同比上涨 2.7%。

工业品价格止跌回稳。2016 年贺州市工业品价格累计下降 2%。家用器具、交通工具、通信工具、文娱耐用消费品类价格全年累计降幅分别为 1.5%、5.1%、13.4%、2.8%。

服务类价格继续走高。2016 年贺州市服务价格累计上涨 2.2%。

【农业生产资料价格】 2016 年,受饲料价格持续低位运行、农用柴油负翘尾等因素影响,贺州市农资价格温和下行。据调查数据显示,2016 年贺州市农业生产资料价格总水平下降 0.3%,跌幅比上年同期扩大 0.1 个百分点,涨幅在全区调查的10个市县中位列第7，低于全区涨幅1.0个百分点。

十大类农业生产资料，各类价格涨跌不均，呈“三升六降一平”的格局。仔畜幼禽及产品畜类、农药及农药器械类、农业生产服务类等价格分别上涨32%、0.5%、5.1%；农用手工工具类、饲料类、机械化农具类、化学肥料类、农机用油类、其他农用生产资料类等价格分别下降0.2%、9.9%、0.2%、2.3%、4.4%、0.5%；而半机械化农具价格与上年同期持平。（调查队）

消费维权

【消费者权益保护】 2016年，贺州市工商局探索建立“放心消费”工作机制，与地方人民法院建立消费纠纷行政调解与司法调解衔接机制，成立“湘桂黔三省八地旅游消费维权联盟”。开展“诚信经营·放心消费”创建活动，参加创建示范街区、商场20个，参加示范店创建经营户10户。推进12315“五进”消费维权服务站建设，新创建的6家消费维权服务站通过国家工商总局审核。围绕“新消费，我做主”消费年主题，组织开展纪念“3·15”国际消费者权益日系列活动，扩大《消费者权益保护法》的社会认知度，增强纪念国际消费者权益日宣传活动的正能量。

2016年，贺州市12315消费者申诉举报中心共接受消费者咨询1491件，受理申诉347件，举报32件，消费者申诉、举报处理率100%，为消费者挽回经济损失83.41万元。（工商局）

住房保障

【住房保障】 2016年，自治区下达贺州市年度住房保障工作目标任务为开工建设保障性住房和棚户区改造住房7894套（户）、基本建成3200套、分配入住3000套、新增发放租赁补贴125户。2016年贺州市保障性住房和棚户区改造项目新开工7894套，完成年度开工7894套目标任务的100%；基本建成5717套，完成年度基本建成3200套目标任务的179.28%；分配入住5029套，完成年度分配入住3000套目标任务的167.63%；全市新增发放租赁补贴180户，完成新增发放租赁补贴125户目标任务的144%。2016年贺州市保障性安居工程项目（含历年续建结转项目）年内完成建设投资19.37亿元。

【房改政策的制定与实施】 2016年，贺州市为进一步扩大住房保障范围，将更多的低收入、中等偏下收入住房困难家庭、新就业无房职工和在城镇稳定就业的外来务工人员纳入公共租赁住房保障对象。2016年贺州市中等偏下收入家庭收入标准，按照申请人家庭年人均收入控制在市统计局向社会公布的上一年度本市城镇居民人均可支配收入的1.0~2.0倍（含2.0倍）执行；贺州市除公共租赁住房外其他保障性住房供应分配的低收入住房困难标准，按照家庭人均住房建筑面积17平方米以下（含17平方米）执行；中等偏下收入住房困难标准，按照人均住房建筑面积23平方米以下（含23平方米）执行。（住建局）

【住房公积金管理】 贺州市住房公积金管理中心成立于2003年3月27日，隶属市人民政府直接领导，为参照公务员法管理的事业单位，负责全市（含三县两区）住房公积金的管理和运作，代管其他住房资金。中心内设办公室、财务科、归集管理科、信贷科、提取科、稽查科、信息系统管理科7个科室，下设八步管理部、钟山管理部、富川管理部、昭平管理部、平桂管理部5个管理部，核定全额拨款事业编制30名，后勤控制数2名。

【住房公积金建制】 2016年，贺州市建立住房公积金制度单位1928个，同比增加189个，增长10.87%。其中，国家机关439个，占22.77%；事业单位794个，占41.18%；国有企业277个，占14.37%；城镇集体企业8个，占0.41%；社会团体25个，占1.30%；非公经济组织385个，占19.97%。

【住房公积金缴存】 2016年，贺州市参加住房公积金制度的职工人数89814人，完成年度计划86210的104.18%，同比增加6397人，增长7.67%，参加率为97.89%。本期正常个人账户数85478人，同比增加4384人，增长5.41%。

【住房公积金归集】 2016年，贺州市住房公积金归集额9.86亿元，完成年度计划9.83亿元的100.33%；同比增加7622万元，增长8.38%。缴存总额50.39亿元，同比增加9.86亿元，增长24.32%；缴存余额24.86亿元，同比增加3.07亿元，增长14.07%。

【住房公积金提取】 2016年，贺州市住房公积金提取额6.79亿元，完成年度计划5.8亿元的117.09%，占当年缴存额的68.89%，同比增加1.6亿元，增长36.25%。累计提取额24.79亿元，占缴存总额的49.61%。

【住房公积金贷款】 2016年，贺州市共为2638户职工家庭发放住房公积金个人住房贷款6.69亿元，完成年度计划6亿元的111.56%，同比增加8657万元，增长14.86%。累计发放贷款31.88亿元，同比增加6.69亿元，增长26.57%。贷款余额21.31亿元，同比增加4.58亿元，增长27.39%。占缴存余额比例（个贷率）为85.71%，同比增加8.96个百分点。住房公积金贷款逾期额5.6万元，逾期率为0.026‰，远低于自治区考核指标万分之五的要求，贷款风险控制良好。

【住房公积金增值收益】 2016年，贺州市住房公积金增值收益为4550万元，完成年度计划4080万元的111.52%，同比减少1444万元，下降24.09%。收益率1.95%，超额完成自治区下达的1%的考核指标，同比减少1.07个百分点。

【工作亮点】 2016年，贺州市住房公积金管理中心开展“住房公积金建制扩面年”活动，通过强化“党委政府决策推动、调查研究推动、行业主管部门合力推动、受托银行合作共赢推动、行业协会力量协作推动、政策宣传大力推动和服务质量推动”等“七个强化推动”措施，多措并举，重点推进规模以上工业企业、非公经济组织、民办非企业等重点单位建立住房公积金制度，制度建设工作取得新成绩。全年全市新增建制单位199个，完成年度计划160个的124.38%，新增缴存职工2258人、累计缴存额1301万元。其中：新增非公经济组织缴存单位142个，新增缴存职工1322人、金额243万元。4月27日，在全区住房公积金工作会议暨住房公积金“双贯标”工作现场会上，贺州市住房公积金管理中心以《贺州市七项举措力推非公经济组织建立住房公积金制度》为题作经验发言。

2016年，全市住房公积金提取额和贷款额持续高位增长，其中：提取额67910万元，同比增长36.25%，连续12个月增幅比例在30%以上；信贷额66933万元，同比增长14.86%。

2016年，按照全国住房公积金涉险资金清收工作部署，分别从2014和2015年度住房公积金增值收益中核销175.13万元和209.09万元共计384.22万元的涉险资金，并按照账销案存的办法加强后续工作，得到住建部住房公积金巡查组的充分肯定。

2016年7月，贺州市住房公积金管理中心全面完成住房公积金业务信息系统机房改造、硬件设备采购、系统需求分析、硬件安装和调试等工作，并进入系统升级后的试运行阶段。同年10月底，中心完成12329住房公积金短信平台建设，并进入试运行阶段。该短信平台专门向缴存职工提供对账、个人开户提示、个人转出、个人转入、提取业务、逾期贷款提醒、网上大厅申请提醒、单位开户、政策告知等服务功能，不向缴存职工收取任何信息费用，为广大缴存职工提供更加便捷的信息服务。同时，8月份完成中心网站的升级改造工作，增加党建、最新政策、信息公开目录、依申请公开、规划计划等专栏，增设便民服务、全文检索、天气预报等功能，创造了良好的信息宣传平台。在2016年全区住房城乡建设系统政府网站绩效评估工作中，中心获得总体排名第二名、住房公积金类排名第一名的优异成绩。（住房公积金管理中心）

社　区

【农村社区建设概况】 2016年，贺州市创新设定“六有”标准建设农村新型生态社区。在先行先试的基础上，认真贯彻落实中央、自治区推进农村社区建设的文件精神，依托贺州“世界长寿市”品牌，与基层党建、美丽乡村、脱贫攻坚深度融合，创新设定“有一个坚强的基层党组织，有一个健全的村民自治机制，有一个优美的人居环境，有一个完善的为民服务平台，有一个齐全的文体娱乐场所，有一个浓厚的人文关怀氛围”的“六有”建设标准，建立党建引领机制、资源整合机制、奖补激励机制、社会参与机制“四项机制”，基本实现基层党建科学化、乡村治理现代化、城乡统筹发展一体化、美丽乡村建设生态化和产业发展融合化的“五化”目标。2016年12月15至16日，全区农村社区建设现场经验培训会在贺州市举行，自治区、市、县区、乡镇和村共100多人参加了培训。2016年，全市共建成农村新型生态社区362个，受益群众达70.91万人。

【农村社区管理服务】 2016年，贺州市创新社区社会治理，打造和谐城镇社区。结合建设平安县区、平安单位，开展社区网格化管理健全基层综合服务管理平台的工作要求，全面推进社区建设管理工作。根据地域面积、人口规模、治安情况等基本要素，指导科学划分网格，并配备工作力量，建立以社区“两委”干部、理事会成员、居民小组长、楼院门栋长、社区工作指导员、辖区民警、公益岗位人员、热心居民为骨干，吸收驻区单位党员干部参与的网格化管理服务团队；推行“一警二员六化”模式，推进新型农村社区网格化管理；依托社区综合管理服务信息平台，实施精细化动态管理和服务，构建“社区有网、网中有格、格中定人、人负其责”的工作格局，建立一岗多责、一专多能以及权责明确、任务清晰、流程规范、运转灵活的工作机制，使居民不出小区，就能直接反映诉求、解决问题。以社区建设“六个强化”即以强化阵地建设、班子建设、制度建设、党建载体、服务机制、文娱活动为抓手，全市48个城镇社区建设全部达到和谐社区标准，社区服务功能得到增强，群众文体活动不断丰富，社区建设管理水平明显提升。

（民政局）

社会保障

【社会救助工作】 2016年，贺州市社会救助工作在市委、市政府的正确领导下，积极落实社会救助体系各项政策措施，围绕精准救助年活动实施方的案要

2016年3月1日，自治区民政厅副厅长陈佳克（前排左二）深入贺州市调研农村社区建设

求,强化责任、真抓实干,推动社会救助工作迈上新台阶。

【城镇居民最低生活保障】 2016年7月1日起,贺州市城市最低生活保障资金补助标准由原来的平均每人每月280元提高到平均每人每月300元,12月底全市共有城市低保对象15235人,2016年城市低保累计资金支出6016.615万元,累计发放城市低保对象204142人次,月人均补助水平294.73元。

【农村居民最低生活保障】 2016年12月底贺州市政府下发《贺州市人民政府办公室关于加快推进农村低保制度与扶贫开发政策有效衔接的实施意见》,2016年7月1日起,对农村最低生活保障补助标准由原来的平均每人每月125元提高到平均每人每月140元,12月底全市共有农村低保对象144959人,2016年农村低保累计资金支出21020.35万元,累计发放农村低保对象1520551人次,月人均补助水平138.24元。

【城乡医疗救助】 2016年,贺州市城乡医疗共救助137516人次,累计发放救助金3840.87万元;医疗救助资助参保参合和住院救助资金2535.9万元。

【农村五保供养】 2016年贺州市民政局积极开展五保村、敬老院专项整治工作,制定下发《全市五保村规范化管理整治工作方案》,通过撤并、转型、改造、升级,到2016年年底,全市保留有敬老院40,床位数932张,入住人数430人;保留有五保村127个,床位数1420张,入住人数966人。2016年,全市有五保供养对象13105人,全年累计支出供养资金3871.32万元(含物资折款)。

【流浪乞讨人员救助管理】 自2015年12月开展“寒冬送温暖”救助专项行动以来,截至2016年3月,全市累计出动人员1100多人(次),开展巡查660多次,救助生活无着人员830人(次),发放棉被166床、棉衣391件,发放遣返路费164人,食品等物资总金额达18.18万元。由于措施得当,在本辖区内未发现有流浪乞讨等生活无着人员因寒冷而冻死街头事件的发生。2016年,全市共救助流浪乞讨人员3100多人次,安置长期滞留流浪乞讨人员110名,护送救助对象回家70多人次。

（民政局）

【失业工伤生育保险】 2016年,全市失业、工伤、生育保险参保人数分别为7.73万人、9.46万人、8.86万人,完成年度任务的108.83%、111.26%、119.73%。全市失业、工伤、生育保险征缴收入分别为3546万元、2851万元、1666万元,完成年度任务的154.17%、190.07%、277.67%。建立沟通协商机制,全市建筑业新开工项目和在建项目参保率均达100%。认真贯彻落实“41条降成本政策”,全市失业保险累计落实降费率企业1863家,为企业累计减负3119.09万元。全市养老保险累计落实降费率企业2211家,为企业累计减负1594.67万元。

【基本养老保险】 2016年,全市企业职工养老保险参保人数为18.22万人,完成年度任务的102.91%。全市企业职工养老保险征缴收入为14.22亿元,完成年度任务的147.85%。在广西区内率先启动并开展了机关事业单位养老保险经办工作,全区机关事业单位养老保险工作现场会在贺州市召开。市本级完成正常征缴的机关事业单位144家共7262人,每月可征收养老金972.4万元,截至2016年12月共征收养老保险费5712.3万元;市本级机关事业单位退休人员的退休金自2016年6月起实现社会化发放,截至2016年12月,114个全额拨款机关事业单位共2725名退休人员纳入社会化发放,纳入率100%,2016年累计发放6368万元。

【城镇居民基本医疗保险】 2016年,贺州市医疗保险参保人数为31.83万人,完成年度任务的102.69%。全市医疗保险征缴收入为3.94亿元,完成年度任务的228.36%。全市医保异地就医测试面全区覆盖率最高、行动最快,全市105家定点医疗机构和238家定点零售药店全部实现全区异地刷卡直接结算测试。出台《贺州市基本医疗保险定点医疗机构协议管理暂行办法》《贺州市基本医疗保险定点零售药店协议管理暂行办法》《贺州市城镇基本医疗保险付费总额控制结算暂行办法》,对基本医疗保险定点医药机构的管理工作重点从事前行政审批准入转向事中事后监管。

【城乡居民基本养老保险】 2016年,全市参加城乡居民社会养老保险人数达80.86万人,完成全年任务的100.45%;全市城乡居民养老保险“三方代扣代缴”签订人数515102人,签订率为95.23%。加强县区工作督导,督促各县区按时间节点推进精准排查参保情况工作。全市精准排查11.25万人,不符合条件、无法落实的有18548人,未参保人数8242人,已落实城乡居保政策7039人。

【社会保险标准化建设】 2016年,贺州市社保标准化建设有新成果,制订实施贺州市社保经办服务标准239条,全力推进自治区级社会管理和公共服务综合标准化和全国社会保险标准化建设“先行城市”试点工作,通过自治区级社会管理和公共服务标准化试点项目的考核验收,获批国家级试点项目。

【基层服务平台建设】 全市累计筹集投入基层就业社保服务设施建设项目资金4328万元(其中:中央预算内投资补助1453万元,自治区本级财政补助1265万元,各县(区)自筹1610万元)。已申报服务平台项目并立项的乡镇(街道)有45个,占全市61个乡镇(街道)的73.77%,其中:已建成的乡镇(街道)服务平台25个,占全市乡镇(街道)总数的40.98%,其中已有21个乡镇(街道)服务平台项目投入使用,61个乡镇就业社保服务项目均按区厅“五个标准”建设达标。

【和谐劳动关系建设】 2016年,贺州市人社局加强对用人单位劳动用工以及签订、履行劳动合同情况的动态管理,全市劳动合同签订率为95.46%,集体合同签订率为84%。劳动人事争议仲裁成效好。2016年全市立案251件,同比下降56.3%,结案239件,结案率 95.2%。劳动保障监察工作业绩佳。落实国办发〔2016〕1 号等文件精神，健全违法行为预防预警和多部门综合治理机制，有效维护劳动者权益，维护社会稳定，人民日报等媒体进行专题报道。2016 年协调处理投诉结案案件 148 起，立案处理 238 起，结案 233 起，结案率 97.9%，涉及劳动者 4779 人，涉及资金 5983.71 万元。

（人社局）

社会福利

【社会福利事业概况】 2016 年，社会福利和社会事务工作在市委、政府的正确领导下，围绕年初制订的工作目标和任务，扎实推进各项工作，不断提升工作水平，切实履行工作职能，加快养老服务业发展，加强对残疾人两项补贴和孤儿保障金发放的监督检查，做好十三五社会福利和社会事务项目规划申报工作，促进社会福利及社会事务各项工作健康有序的发展。

【儿童福利事业】 2016 年，贺州市认真贯彻落实孤儿保障工作有关精神要求，严格执行相关审批程序，实行动态化管理，积极将符合条件的未成年人纳入孤儿保障。截至 2016 年 12 月底，全市纳入孤儿保障 510 人，其中福利机构集中供养 41 人，社会散居及受艾滋病影响儿童 469 人；累计发放生活保障金 411.76 万元。2016 年，全市孤儿保障金发放标准为机构供养每人每月 1000 元，社会散居及受艾滋病影响儿童每人每月 600 元。

【残疾人福利】 2016 年，为全面贯彻落实国务院《关于全面建立困难残疾人生活补贴和重度残疾人护理补贴制度的意见》《广西壮族自治区困难残疾人生活补贴和重度残疾人护理补贴实施办法》以及自治区民政厅的相关工作要求，贺州市高度重视，积极部署，多措并举，扎实开展残疾人两项补贴工作。2016 年，全市申请领取重度残疾人护理补贴的有 149508 人次，共发放重度残疾人护理补贴 747.54 万元；申请领取困难残疾人补贴的有 10505 人，累计发放困难残疾人补贴 569.11 万元。2016 年，贺州市困难残疾人生活补贴和重度残疾人护理补贴发放标准均为每人每月 50 元。

【福利彩票发行】 2016 年，贺州市福利彩票销售 3878.79 万元，其中刮刮乐 825.53 万元，中福在线 3053.26 万元，筹集公益金 77.57 万元。

【农村幸福院建设】 2016 年，贺州市通过在农村社区建设幸福院，积极探索新时期农村社会养老服务体系建设和基层服务型党组织建设新模式，为促进农村经济发展、社会和谐稳定提供了有力保证。经过积极探索，大胆实践，截至 2016 年，全市已有 476 个农村幸福院建成并投入使用。

（民政局）

慈善事业

【慈善组织及工作概况】 2016 年贺州市登记在册的共有贺州市民间爱心慈善协会、阳光义工团、红丝带协会、青年志愿者协会等 9 个慈善公益类的社会组织。为引导和推动全市慈善公益类社会组织的发展，更好发挥他们的作用，贺州市政府将慈善公益类社会组织的培育发展作为社会组织登记管理工作的重点来抓，加大慈善公益类社会组织的培育力度。按照“分级负责，分类指导”的工作原则，根据申报组织的活动范围和业务开展，引导其进行申报。积极培育引导条件成熟、活动范围明确、社会影响好的慈善公益类组织进行登记，并为培育发展及登记管理营造良好环境，加强贺州市慈善总会与各慈善公益社会组织建立联系并提供业务上的规范指导。

【慈善项目实施】 2016 年，根据自治区民政厅、广西慈善总会的工作部署，贺州市开展中国移动爱“心”行动——贫困先心病儿童救助计划赴天津治疗项目，为贺州市贫困家庭 14 周岁的先心病儿童实施免费的治疗，还给予每位患者家属 3000 元食宿补助，体现了贺州市对民生工作的高度重视。2016 年 7 月 11 日，贺州市对全市符合条件的 238 名儿童进行筛查，有 74 名患儿符合手术条件，患儿分三批患赴天津接受免费治疗。2016 年 11 月 11 日至 15 日，国康中心到贺州市开展“福康工程”“明天计划”项目肢体畸形术前筛查，为社会福利机构及特殊、困难群体配置示范性康复辅具，共有 36 名群众参与筛查，其中 12 名群众通过筛查，被有序安排前往北京进行手术，手术费用由“福康工程”项目办提供。

【慈善事业宣传】 2016 年 9 月 5 日，是首个“中华慈善日”，贺州市民政局会同八步区民政局在灵峰广场设立咨询台，大力宣传《中华人民共和国慈善法》的相关法律规定，宣传活动现场通过悬挂宣传横幅、摆放宣传展板和派发《中华人民共和国慈善法》宣传资料的方式开展。其他县（区）也分别开展相关宣传活动，全市共发放资料 3000 份，接受群众咨询 300 多人次。

（民政局）

红十字会

【贺州市红十字会概况】 贺州市红十字会是中国红十字会的地方组织，是从事人道主义工作的社会团体，以弘扬“人道、博爱、奉献”的红十字精神、保护人的生命和健康、促进人类和平进步事业为宗旨，依法具有社会团体法人资格。根据贺州市机构编制委员会贺编（2007）71、80 号，（2008）95 号文件，市红十字会机关定为副处级，由市人民政府领导联系，参照《公务员法》管理。市红十字会现有全额拨款事业编制 5 名，后勤服务事业编制（后勤服务聘用人员控制数）2 名，在编在岗 7 人（参公 5 人、后勤服务聘用人员控制数 2 人）；现有基层红十字会组织 5 个，团体会员单位 87 个（全市国有医疗卫生单位、广济医院）。

【组织建设】 2016 年，市红十字会建立了贺州市首个村级红十字会——八步区步头镇永和村红十字会。

【红十字宣传】 2016年5月7日,市红十字会在贺州灵峰广场开展“处处为人人”的主题宣传活动,在此次活动中,身着“贺州市红十字志愿者”马甲的志愿者,开展应急救护知识技能展示;共有58位市民无偿献血,献血量17400毫升,其中有21位留下10毫升的血样,成为一名造血干细胞捐献志愿者;市红十字会还开展关爱重大疾病患者募捐活动,现场募款2.53万元。在此次活动期间,三县两区红十字会也开展了应急救护培训进机关、进社区、进农村、进企业、进学校“五进”活动。2016年,市级媒体播报红十字信息8次、本地网站(不含本会网站)宣传红十字信息24次。

【人道救助】 2016年元旦、春节期间,市红十字会组织县(区)红十字会、市直有关部门(单位)开展“送温暖”活动。共为25个乡镇56个村的困难户、孤寡老人、艾滋病家庭、麻风病病人等480多户人进行慰问,发放物资价值19.62万元。2016年5月,出台《贺州市红十字会困难家庭重大疾病人道资助实施方案(试行)》,组织开展关爱重大疾病患者募捐活动,募款到账2.8万元,救助重大疾病患者3名。2016年,在八步区步头镇永和村开展了博爱家园(社区备灾项目)建设,项目资助14万元;通过向上级申报,帮助13名先心病、白血病贫困患者获得救助34万元;救助器官捐献者贫困家庭4户4万元;接收发放助学捐赠款20万元,其中:特教学校10万元;资助2016年度贫困的大学新生30名及在校高中生5名共10万元。

【应急救援】 5月中旬,富川县各乡镇普降大到暴雨,全县12个乡镇受灾,红十字会及时了解并上报灾情,将家庭包(含煮食用具、毛巾及衣服等生活用品)、毛巾被、帐篷等总价值7.93万元的物资,分发到灾区群众手中。8月18日,结合博爱家园(社区备灾项目)建设,市红十字会在八步区步头镇永和村开展了应急救护培训、地震救援演练等活动。11月23日,贺州市首支专业志愿者队伍—贺州市红十字会心理救援队成立,现有核心队员39名,其中国家二级心理咨询师18名、国家三级心理咨询师12名。

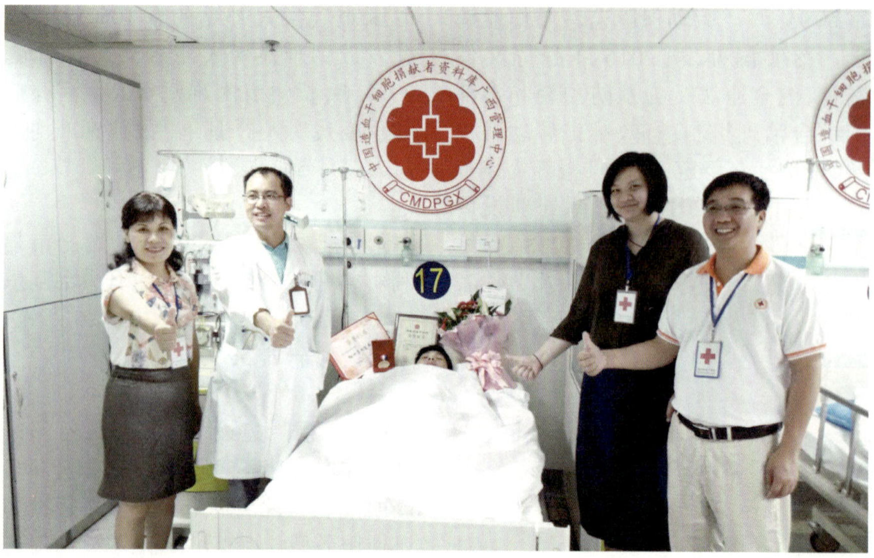

2016年9月13日,贺州市首例造血干细胞捐献成功,实现贺州市“造血干细胞捐献”零的突破。图为市红十字会专职副会长江乙(右一)、救助救护部副部长罗志强(左一)看望慰问捐献者吴传华

【应急救护培训】 2016年1月—12月贺州红十字会共完成培训51场次16330人次,并在广西全区首届农村(社区)红十字应急救护技能大赛中,贺州市代表队获得“三等奖”。

【志愿服务】 2016年,贺州市红十字会举办4期志愿者培训,开展了元旦春节送温暖、“3·5”学雷锋、“5·8”世界红十字日、“12·5”世界志愿者日宣传等志愿服务活动,首次开展了评选表彰全市优秀红十字志愿者工作。同时,组建了贺州第一支专业志愿者队伍——贺州市红十字会心理救援队。

【三献工作】 “三献”(无偿献血、人体器官捐献与造血干细胞捐献)工作是挽救生命、传承大爱的崇高事业。2016年红十字会继续参与无偿献血宣传推动工作,2016年1月—12月完成无偿献血19566人次,同比增长5.5%,无偿献血量32684.5个单位,同比增长7.39%。2016年实现人体器官捐献17例,捐献眼角膜26只,大器官50个,让20多人重见光明,让50名重病患者看到生的希望。2016年度完成造血干细胞捐献者资料入库258人份,完成自治区红十字会下达任务的135.8%,并实现贺州市首例造血干细胞捐献。

【艾滋病防治】 4月28日、6月30日分别在昭平县樟木林镇新华村、铺门镇笛口村开展防治艾滋病宣传活动,向村民宣传防治艾滋病知识,共发放宣传品3000份,有奖问答奖品价值3000元。同时开展艾滋病致孤儿童救助与关爱活动,慰问孤儿16人,发放慰问金8000元。 (红十字会)

灾害事故

【工矿生产安全事故案例】

△2016年1月1日八步区仁义裕达采石场发生一起铲车撞人致死事故,造成一人死亡。(属非煤矿山事故)

△2016年1月17日贺州市八步区里松镇水电管理所承接的“冠亿玻陶原料加工厂矿山用电线路”施工现场发生一起触电事故,造成1人死亡,1人受伤。(属工矿其他事故)

△2016年3月8日贺州市富川瑶族自治县柳家乡龙岩村委新寨村在拆除旧电杆线路时发生一起高空坠落事故,造成1人死亡。(属工矿其他事故)

△2016年4月14日平桂区黄田

镇新村辖区福兴台板厂员工在搬运木材半成品时发生一起物体打击事故，造成1人死亡。（属工矿其他事故）

△2016年5月18日钟山县梓业石材有限公司（钟山县花山乡花岗岩矿区四号矿段）员工在分解花岗岩石料时发生一起物体打击事故，造成1人死亡。（属非煤矿山事故）

△2016年6月21日下午5时许八步区信都镇会灵村的信都荥阳岩砖厂发生一起工人意外死亡事故，造成1人死亡。（属工矿其他事故）

△2016年6月24日10时10分许昭平县富罗镇牛角村小学发生一起高处坠落事故，造成1人死亡。（属建筑施工事故）

△2016年6月29日上午7时左右八步区莲塘镇新燕村的贺州市天德星农林投资发展有限公司发生一起触电事故，造成1人死亡。（属工矿其他事故）

△2016年7月13日电子科技生态产业园园区公共租赁住房建设项目9＃楼施工现场发生一起事故，造成1人死亡。（属建筑施工事故）

△2016年7月18日12时左右昭平县富罗镇富罗林场发生一起物体打击事故，造成1人死亡。（属工矿其他事故）

△2016年7月31日16时04分，安监局接贺州金琪公司报告：称7月31日14时30分左右该公司张公岭矿南带265中段12#采场2#出矿硐室发生一起冒顶片帮安全事故，造成一人死亡。（属非煤矿山事故）

△2016年8月16日19时左右，在昭平县走马镇裕路村附近，河北世纪金属有限公司的一名四川省凉山彝族自治州美姑县籍民工从高处坠落身亡。（属工矿其他事故）

△2016年10月14日14时40分许，广西贺州市金山金属制品有限公司发生一起物体打击事故，造成1人死亡。（属工矿其他事故）

△2016年12月5日上午11时左右，燕塘镇古架村村民毛瑞禄在钟山县燕塘镇聚义路口323国道北侧自行拆除违章建筑时发生意外，造成1人当场死亡。（属工矿其他事故）

（安监局）

2016年6月28日，贺州市“安全生产月”局长下基层督导暨宣讲团宣讲活动

（安监局　供稿）

春运期间，贺州市交通运输局执法人员检查过往车辆维护运输安全　（邱习年　摄）

【道路交通事故】 2016年贺州市发生一次死亡3人以上的较大道路交通事故1起，死亡4人，受伤7人。

（交通局）

【道路交通管理】 2016年，共查处交通违法行为237896起，其中超速行驶有48471起、公路客运车辆超员58起、货车超载336起、疲劳驾驶524起、违法停车11633起、不按信号灯通行7391起、摩托车违法58527起、农村微型面包车违法9840起、无证驾驶6287起、酒驾354起、醉驾68起、毒驾9起，扣留机动车13072辆。通过交通违法的大力查处，有效遏制了道路交通事故的发生。截至至2016年11月10日，全市共立案处理交通事故5332起，一般程序处理交通事故4839起，造成137人死亡，626人受伤，财产损失917424元，同比分别上升9.31%、下降33.5%、上升19.69%和上升28.72%。发生简易程序事故4839起；发生一次死亡3人以上的较大道路交通事故1起，死亡4人，受伤7人。共破获交通肇事逃逸案件21起，侦破率为91.03%，其中死亡逃逸事故8起，全部侦破。破刑事案件47起（破现案37起），逮捕21人。

2016年贺州市车管所支持社会力量加快检验机构建设，2016年贺州市有五家共六条机动车检测线；继续完善机动车安全技术检验监管中心，对检测过程实行全程视频监控；推进本地互联网交通安全综合服务平台全面推广应用，实现网上办理车驾管业务、自主预约考试等；落实汽车异地互检、小型汽车异地驾考等措施；推进大型汽车科目三道路驾驶技能考试智能评判应用。2016年支队车管所通过全国市级二等车辆管理所审核评定。

（公安局）

殡　葬

【殡葬机构及工作概况】 贺州市殡葬管理处位于贺州市八步区莲塘镇新燕村石羊冲，筹建于1976年10月，属于贺州市民政局直属事业单位。贺州市殡葬管理处的主要职责是宣传、贯彻殡葬的法律、法规和政策；制定殡葬改革的规划和措施；指导、管理殡葬殡仪馆、火葬场、骨灰楼堂和公墓、农村公益性公墓建设等工作；做好殡葬执法工作，并积极配合有关职能部门制止和查处违反殡葬管理法规的其他行为；负责全市殡葬管理工作。

【殡葬管理与服务】 贺州市殡仪馆承担着贺州市三县两区的火化任务，负责全市遗体接运、存放、整容化妆、火化、追悼瞻仰以及骨灰寄存等殡葬业务，为丧属提供殡仪服务场所及设备，按照技术规范和丧属的要求做好丧葬服务工作。2016年启动贺州市殡仪馆改扩建工程项目，投入资金1400万元，新建业务综合大楼、悼念厅、骨灰大楼、火化车间等，总建筑面积6250平方米。整个布局遵照生活区与工作区分开、车行道与人行道分开、火化区与服务区分开。

【公墓管理】 贺州市莲花墓园是经自治区民政厅、贺州市人民政府批准，于2001年开发兴建的经营性公墓，位于贺州市东面12公里处的莲花岭，占地面积98.6亩，主要办理骨灰、骨殖安葬事宜和有关配套服务，旨在满足贺州地区各阶层人士及海内外华侨对已故先人“百善孝为先、树高千丈，叶落归根、入土为安、福荫后代”的愿望和夙愿。截至2016年建有墓穴7000多个，已安葬墓穴2000多个。墓园有保安队伍，实行24小时值班制度，园内安装有监控系统进行二十四小时监控，使整个墓园的安全得到保障。

【殡仪队伍建设】 2016年，全市共有专业殡葬工作人员35人，其中大专以上学历12人，殡葬专业毕业大学生2人，高级工4人，中级工9人，所有殡仪技术服务人员先后到梧州市殡仪培训基地进行封闭式殡仪服务学习及到国内其他殡仪服务单位进行实地学习交流，不断提升殡仪服务技能及殡葬管理水平。

（民政局）

县（区）概况

编　辑：陈敏兰
许中继

八步区

【概况】 位于广西东部。国道207线、323线、桂梧、广贺高速公路、洛湛铁路、贵广快速铁路和建设中的永贺高速公路过境。辖12个镇1个瑶族乡3个街道，区人民政府驻地八步街道办事处，行政区域面积3714平方公里，其中城区面积25平方千米。2016年末总人口73.58万人，其中农村人口60.66万。有壮、瑶、苗、侗、满、黎等少数民族6.4万人，人口出生率14.5‰，人口自然增长率9.71‰。耕地面积3.95万公顷，农田有效灌溉面积1.94万公顷，粮食播种面积（含复种）3.41万公顷，经济作物种植面积3.37万公顷。林地面积26.17万公顷，森林覆盖率74.29%。等级公路里程1366.22千米，其中二级以上公路262千米；水运通航里程119千米。社会用电量48.21亿千瓦时。农业机械总动力32.26万千瓦。主要旅游景点（区）有南乡温泉、里松温泉、黄洞月湾茶园、石城、浮山、临贺故城、客家围屋，其中浮山为自治区级风景名胜区。全年接待游客622.23万人。重要矿产资源有钾长石、花岗岩。著名地方产品有李子、青梅、红瓜子、马蹄、开山白毛茶、信都三黄鸡等，是“中国李子之乡”。

2016年实现地区生产总值177.95亿元，其中第一产业增加值30.79亿元，第二产业增加值71.85亿元（其中工业增加值52.3亿元），第三产业增加值75.31亿元。人均地区生产总值2.77万元。农林牧渔业总产值49.57亿元，工业总产值23.35亿元。财政收入10.56万元，其中一般预算收入7.29亿元；财政一般预算支出30.78亿元。全社会固定资产投资完成额203亿元。社会消费品零售总额56.48亿元。外贸出口总额5062.7万美元。实际利用外资899.16万美元。城镇居民人均可支配收入28562元，人均消费性支出17109元。农村居民人均纯收入10123元，人均生活费支出7723.2元。在岗职工年平均工资67347元。城乡居民年末储蓄余额197.26亿元。

全区有普通高中1所，高完中2所，教师240人，在校学生5016人；中专1所，教师28人，在校学生259人；特殊教育学校1所，教师17人，在校学生159人；初级中学23所，教师1294人，在校学生2.34万人；小学183所（含民办2所），教学点61个，九年一贯制学校2所，教师2871人，在校学生6.61万人。乡镇以上文化站13个，艺术表演团体23个（均为业余）。医疗卫生机构417个，卫生技术人员6441人（执业医生1328人），医院、卫生院床位3695张。城镇居民人均住房面积9.7平方米，农村居民人均住房面积43.5平方米。城镇新增就业人数2600人，城镇登记失业率3.44%。全年科研与技术开发财政投入598万元，教育事业财政投入67106万元，卫生事业财政投入53704万元，社会保障财政投入26260万元。2016年获“西部地区农民创业促进工程国家试点县（区）”“首批全国科普示范县（区）”“自治区特色文化产业示范县（区）”等称号。

中共贺州市八步区委书记：徐海浪；区人大常委会主任：刘道牛（任至6月），马承坚（9月任职）；区人民政府区长：雷少华；区政协主席：张国清。

【脱贫攻坚】 2016年，有20个贫困村脱贫摘帽，4057户1.65万人脱贫销号，贫困发生率由上年的6.59%降至3.69%。全年投入扶贫资金7.4亿元。贫困村特色产业帮扶实现全覆盖，电商扶贫阿里巴巴农村淘宝上线运行，获评为“农村淘宝广西双11优秀县域”。小额信贷帮扶贫困户7230户，分红3230万元。修建20户以上自然村村屯硬化道路140条210千米，行政村道路硬化率97.8%。莲塘镇、贺街镇易地扶贫搬迁安置点完成主体工程建设，可安置建档立卡户1277户5746人。

【工业经济发展】 2016年，八步区完成编制千亿元新型建筑材料产业示范基地概规、古柏园区总规、控规。全年融资24.84亿元投入园区及产业基础设施建设。古柏生态科技园基础设施项目入列自治区统筹推进重大项目，古柏园区一期路网工程全面动工。福特汽车4S店、驾考中心进驻古柏园区。纯一陶瓷基本完成土地平整，工业发展大道、信都大道改扩建工程、仁义至信都火车站公路进展顺利，贺州长寿养生产业园规划建设稳步推进。粤桂示范区207国道改造工程、桂鑫220千伏变电站、八桂工业大道、骏鑫钾长石精加工、科利五彩装饰材料一期、挺进建材二期、金门纸装箱生产项目和莲塘城北大道等368个项目如期竣工。新引进区外资金项目49个，新、续建项目到位资金70亿元。“服务企业年”活动深入实施，落实企业直购电电价优惠政策，为企业降低用电成本1.18亿元。新培育挺进建材等8家规模以上企业，规模以上企业增至45家，其中产值超亿元企业14家。实现工业总产值169.25亿元，比上年增长20.6%。

【新型城镇化建设】 2016年，八步区推进新型城镇化建设攻坚战，城乡一体融合发展。主动参与城市建设与管理，加强灵峰广场基础设施管护，大钟山公园、北堤公园顺利开园，结束八步城区没有城市公园的历史。全年丈量土地7339.5亩，拆除主房682间、附房580间，迁坟1887座，拆违8.75万平方米，清表87万平方米。贺州东出口至贺街一级路完成主体工程建设，打通八步产城融合大发展的中轴线。大汤经南乡至广东福堂二级公路完工通车，都江口至南乡大修工程建设加快，贺州八达东路改扩建工程实现实质性动工。乡镇旧住宅区综合整治、故城片区棚户区改造、临贺山庄等项目建设提速。信都镇、莲塘镇、桂岭镇"百镇建设"项目稳步实施。贺街镇被列入第一批中国特色小镇、全国第四批美丽宜居小镇。全区城镇化率47.2%。

【"美丽八步"建设攻坚战】 2016年，八步区"生态乡村"建设活动深入开展，落实"两筹两补"资金875万元。加强环境综合治理，抓紧大气、水、土壤污染防治，完成城区空气质量浓度控制目标。实现编制13个乡镇生态文明建设示范区创建规划方案、农村集中式饮用水水源保护区划分技术报告。八步区生活垃圾收运系统顺利建成，贺街寿峰等5个行政村农村环境综合整治项目实现竣工验收。桂岭镇污水处理厂基本完工。合面狮水库水质自动监测站正式投入使用。合面狮湖获得国家湿地公园试点资格。南乡西溪森林温泉养生小镇、大桂山水森林颐养小镇规划建设稳步推进，西溪森林温泉度假村对外试营业。全年接待国内外游客比上年增长18.2%，旅游总收入增长29.3%。

【特色农业发展】 2016年，贺州满天下李子产业示范区获评"广西现代特色农业(核心)示范区(四星级)"，创建市级示范区1个、县级2个、乡级2个。编制南乡西溪森林温泉现代林业示范区规划。累计发放农业支持保护补贴、农机具购置补贴4380万元，落实林业奖补资金4968万元。粮食总产量18.8万吨，粮食储备中心库投入使用。建成农业标准生产基地43.35万亩、供港蔬菜备案基地3.6万亩。实施农业品牌建设，科联食用菌、业旺蔬菜专业合作社获得广西种植业无公害农产品产地认证，获批农业部农产品产地初加工设施建设项目，成为国家有机产品认证示范创建区。连续十年获全国生猪调出大县奖励，被评为全国畜牧(草地)技术推广示范单位。林下经济产值9.8亿元，森林覆盖率74.29%。第三次全国农业普查扎实开展。黄洞林场改革试点顺利完成。

八步区农业局技术人员在莲塘镇上寺村黑木耳生产基地查看生产情况

(钟家通　黄晓刚　摄)

【打造社会和谐稳定示范区】 2016年，八步区投入民生资金25亿元，占财政支出的83%。续建各类保障性住房5645套，完成农村危房改造1500户。被命名为"首批全国科普示范县区"。义务教育发展基本均衡县(区)创建工作扎实推进，义务教育巩固率92.15%。在贺州市第四届运动会上获金牌总数第一。区人民医院建设稳步推进，区急救中心、江南社区、新兴社区卫生服务中心及铺门镇、大宁镇、步头镇、莲塘镇、开山镇卫生院业务用房竣工验收。新农合参合率99.9%，实施医疗救助3.4万人(次)。全面两孩政策稳妥实施。黄洞瑶族乡成为第三批全国民族团结进步创建活动示范单位。瑶族特色服饰获得广西工艺美术大师精品工程奖。累计发放低保金、五保供养金、高龄补贴7522.8万元。城镇登记失业率3.33%。安全生产形势总体稳定。"七五"普法全面实施，法律服务体系进一步健全。"智慧警务"成效突出，城区"两抢"零报警257天，创历年新高。"平安八步"建设工作获评自治区平安建设工作"先进县(区)"。第四季度公众安全感满意度、社会稳定动态八项工作分别排全广西第12名和第6名，均位列贺州各县区第一名。

【加强作风建设】 2016年，八步区严格履行重大行政决策合法性审查。清理规范行政审批事项，取消调整下放行政审批事项27项。"网上政府"建设工作中基层信息化平台实现镇村全覆盖。受理各类行政审批及服务事项2.37万件，办结率98.77%，群众满意率99.85%。111件人大代表建议、119件政协委员提案全部按时办复。依法公开财政预决算、政府重点领域信息。严肃查处"四风"和腐败问题152件，给予党纪政纪处分140人。

(八步区编修区志办公室)

钟山县

【概况】 位于贺州市北部，是中国西南地区东进粤港澳的主要通道之一，桂梧高速公路、323国道、富江、贵广铁路、永贺高速公路过境。辖10镇2个瑶族乡,县人民政府驻钟山镇,行政区域面积1472平方公里,其中城区面积233平方公里(2015年数据)。2016年年末总人口44.70万人,其中乡村人口38.10万。有瑶、壮等少数民族6.81万人,人口出生率14.57‰,人口自然增长率8.85‰。耕地面积3.75万公顷,农田有效灌溉面积1.1万公顷,粮食播种面积(含复种)2.56万公顷,经济作物种植面积0.4万公顷。森林面积8.88万公顷,森林覆盖率60.36%。城市建成区绿化覆盖率34.48%,绿地率27.96%,人均公共绿地面积9.12平方米。公路里程722.39千米,其中二级以上公路77.73千米;汽车拥有量13499辆,年末公共汽车营运车辆31标台。社会用电量3.86亿千瓦时。农机总动力26.4万千瓦特。主要旅游景点(区)有十里画廊自然风景区(公婆山)、英家红色旅游(中共广西省工委历史博物馆)、红花生态园、花山水库、大田古戏台、莲花古戏台、状元峰、石龙古石桥、龙道古民居、狮子庵、神龟岛、里村生态旅游地等。全年接待游客128.57万人。重要矿产资源有花岗岩、高岭土、稀土、钨、铁、磷、锰、锡等,其中花岗岩储量1.04亿立方米、高岭土储量277.23万吨,稀土储量9.36万吨(占广西保有资源储量第一位),钨矿储量6.28万吨,磷矿储量27.00万吨,锰矿储量6.80万吨,锡矿储量2.66万吨。著名地方产品有钟山贡柑、英家大头菜、红花腐竹、野生蜂蜜、钟山红瓜子、富强大米、马蹄、百香果等;"英家大头菜"成为钟山首个国家地理标志保护产品。

2016年实现地区生产总值89.05亿元,其中第一产业增加值16.86亿元,第二产业增加值37.55亿元(其中工业增加值24.83亿元),第三产业增加值34.64亿元。人均地区生产总值2.46万元。农林牧渔业总产值28.40亿元,工业总产值97.39亿元。财政收入4.92亿元,其中公共财政预算收入3.25亿元;公共财政预算支出24.21亿元。固定资产投资完成额108.19亿元。社会消费品零售总额34.58亿元。外贸出口总额363万美元。实际利用外资1461万美元。城镇居民人均可支配收入25600元,人均生活消费支出13803元。农村居民人均纯收入9180元,人均生活消费支出6007.13元。城镇非私营单位在岗职工年平均工资65068元。城乡居民年末储蓄余额71.12亿元。

全县有高中2所,教师306人,在校学生5583人;中专1所,教师125人,在校学生2319人;初级中学20所,教师1018人,在校学生14156人;小学208所,教师2040人,在校学生37286人;特殊教育学校1所,教师18人,在校学生101人。乡镇以上文化馆(站)13个,公共图书馆1个(藏书17万册),博物馆2个,体育场(馆)6个。艺术表演团体22个(专业1个)。广播电视人口综合覆盖率分别为96.3%、97.2%。医疗卫生机构57个,卫生技术人员1605人(执业医生351人),医院、卫生院床位1571张。固定电话用户10573户、移动电话用户279394户。城市污水日处理能力1.50万吨。新增就业人数1608人,城镇登记失业率3.58%。全年科研与技术开发财政投入2813万元,教育事业财政投入6.05亿元,卫生事业财政投入3.37亿元,社会保障和就业支出财政投入2.22亿元。2016年被确定为结合新型城镇化开展支持农民工等人员返乡创业国家级试点县、自治区级农村社区建设试点县,被正式授予自治区"双拥模范县""广西农产品质量安全示范县""广西知识产权工作示范县"称号。

中共县委书记:唐先程(瑶族),县人大常委会主任:陈庆高(壮族),县长:陈书莹(女),县政协主席:曹建光(瑶族,任至5月),黎宏丹(女,5月任职)。

【脱贫攻坚强基年】 2016年,《钟山县精准脱贫产业帮扶实施方案(试行)》等关于脱贫摘帽、低保救助、产业扶贫、金融扶贫、基础设施、易地扶贫搬迁的一系列政策落地开花。完成8个贫困村出列和13006人脱贫销号。全县2万多名符合低保条件的农村贫困人口全部纳入低保范围。45个贫困村建成光伏发电系统增加了村集体经济收入。投入600万元建设扶贫产业孵化基地7个。发展黑木耳种植310亩,年总产值900万元,带动近170户贫困户脱贫。向贫困户发放扶贫贷款4.72亿元。投入5989.88万元用于贫困村基础设施项目建设。投入1.42亿元实施易地扶贫搬迁项目3个。投入393.7万元为354户贫困户实施危房改造。电商扶贫取得新突破,建成钟山名优产品特色馆,引进菜鸟物流,成为全区阿里巴巴农村淘宝项目试点县和唯一的特色产品上行试点县,整合百事商城和村邮乐购等电商企业,全县建立电商服务点45个。

【产业转型发展】 2016年,"工业转型升级提速年""园区建设发展推进年"活动深入实施,新增规模以上企业3家(产值1.8亿元);规模以上工业实现总产值86.2亿元,增长16.3%,实现增加值20.6亿元,增长12.4%;亿元产值企业22家。累计完成园区基础设施投资1.3亿元,建成标准厂房4.2万平方米、园区道路5条8.5公里,其中总长5.5公里的工业大道建成投入使用。创建雅瑶华香粮食产业示范区。全县粮食生产38.4万亩,粮食总产14.45万吨。县粮食安全生产示范区通过自治区级验收。贡柑投产面积4.7万亩,产值1.87亿元。粉马蹄种植2万亩,产值8400万元。钟山现代特色农业(核心)示范区完成投资8000多万元,标准化种植贡柑6655亩,新建道路29.9公里、观景台2座,建设科技大棚、加工厂、育苗大棚3.7万平方米,建设智慧农业示范园3500亩,首个智慧农业管理系统在四合村贡柑标准化种植基地投入使用。幸福冲贡柑产业示范区获"贺州市现代特色农业示范区"称号;公安镇大田黑木耳种植基地被定为全区食用菌产业精准扶贫现场培训点。新增农民专业合作社105家,钟山县富强农业种植专业合作社获国家级示范合作社称号。实现对外贸易进出口总额467.8万美元。金融业增长23.3%,排名全市第一。

【城乡发展】 2016年,按照"大县城"建设思路和"以人为核心的新型城镇化"理念谋篇布局,完成40平方公里的县城总体规划调整。筹集资金超过20亿元用于钟山工业园区基础设施建设(一期)、北环东路改造、城区道路改扩建、体育中心等重大项目建设。城建项目投资43.87亿元，完成房地产投资2.9亿元；实现商品房销售面积9.5万平方米；资质建筑业总产值3.5亿元。国道323线钟山段改造建成通车，永贺高速全线贯通，北环东路改造工程完成80%工程量，贺巴高速钟山段开工建设，钟山一桥、钟山公园、第六小学、"四馆两中心"进场施工。基本建成保障性住房633套，实施棚户区改造1442户，农村危旧房改造竣工760户。源头村、同乐村、荷塘村、白竹新寨、星寨村5个村落被列入第四批中国传统村落名录；里太村、大田村、荷塘村、龙道村、英家村、玉坡村6个村被列入第三批自治区历史文化名村；公安镇被列为自治区第三批新型城镇化百镇建设示范工程。

【"美丽乡村"建设】 2016年，完成47个示范村屯、340个一般村屯绿化任务；成功打造各具特色的农村公园10多个，新建微田园、小花坛等100多个，绿化面积442.3亩；投资150万元建设凤翔镇唐月、珊瑚镇龙岩、同古镇板桥3个改善生态村饮水净化示范项目。利用农发行贷款1.57亿元，开工建设10个乡镇污水处理厂、7个农村生活垃圾乡镇片区处理中心、10个农村垃圾村级处理设施、少数民族乡建设等项目。整合区、市、县三级项目资金2445万元，打造钟山镇朝南厂、公安镇大田等6个市级精品示范村。"乡村旅游突破年"活动取得新成果，玉坡村入选全国第四批美丽宜居村庄示范名单，龙岩乡村旅游区和杨岩塘乡村旅游区获广西三星级乡村旅游区称号，龙泉山庄、西站家园获三星级农家乐称号。成功举办特色长寿美食大赛。全县接待游客128.57万人次，旅游消费11.83亿元。

【"县基合一"新机制】 2016年，供销社综合改革试点工作深入推进，实行"县基合一"治理新机制，成立钟山泰合资产经营管理公司，把全县11个较好的乡镇供销社企业纳入公司经营管理，建立新型的实力雄厚的有限责任集团公司，已完成组建总投资为500万元的钟山农产品电子商务中心和清塘镇供销社综合服务大楼项目，做大做强社有企业，确保社有资产的保值、增值，钟山县"县基合一"管理模式获自治区和全国供销总社肯定并推广。9月27日，贺州市深化供销合作社综合改革工作现场会在钟山县召开。

【贺州市第四届运动会暨第二届全民健身运动会】 2016年，钟山县承办贺州市第四届运动会暨第二届全民健身运动会，于11月28日开幕，12月3日闭幕。本届运动会共设置青少年组14个大项456个小项的比赛，以及成人组13个大项44个小项。来自三县两区和市直的27个代表团3854名运动员，共决出青少年组金牌525枚，成人组金牌53枚。

【第九届广西十大孝心人物——唐小权】 2016年2月3日晚，"孝暖人间·第九届广西十大孝心人物颁奖晚会"唐小权获奖。唐小权，贺州市钟山县国税局的普通干部，在33年时间里，用简单的家务事，一点一滴汇聚浓浓的温情，用持之以恒的孝心，悉心照料岳父岳母生活起居，让老人安享幸福的晚年，以实际行动诠释了"久病床前有孝婿"的人间孝道。他先后被授予贺州市道德模范、贺州市最美家庭、贺州市国税系统最美国税人、钟山县百名孝子等称号，并入选中国好人榜"孝老爱亲"候选人。（钟山县地方志办）

钟山县体育中心

富川瑶族自治县

【概况】 位于贺州市西北部，洛湛铁路、永贺高速公路（在建）、207国道和203省道过境，富江河水北南纵流。全县辖9个镇和3个乡，自治县人民政府驻富阳镇，行政区域面积1572平方千米。2016年，年末人口33.62万人，其中农村人口28.49万人。有瑶、壮等少数民族19.59万人，人口自然增长率9.17‰。耕地面积1.76万公顷，农田有效灌溉面积1.24万公顷，粮食播种面积2.53万公顷，经济作物种植面积0.95万公顷。林地面积9.07万公顷，全县森林覆盖率达57.2%。社会用电量4.17亿千瓦时。农业机械总动力20.96万千瓦。等级公路里程729.93千米，其中二级公路71.47千米。主要旅游景区（点）有：秀水状元村、明古城、凤溪瑶寨、福溪宋寨（马殷庙）、龟石国家湿地公园、福利国际慢城，其中秀水状元村为中国历史文化名村、广西特色景观旅游名村，福溪马殷庙为国家重点文物保护单位，福溪宋寨为广西历史文化名村。全年接待游客218.2万人次。重要矿产资源有铁、锰、稀土、花岗岩和大理石。2016年，荣获"国家重点生态功能区""国家农产品质量安全县""国家有机产品认证示范县""国家农村产业融合发展试点示范县""全国电子商务进农村示范县""第三批全国农村集体'三资'管理示范县"等6个国家级荣誉，下湾村入选第二批全国美丽宜居村庄示范。同时，富川被列为自治区乡村规划建设管理制度改革试点县和乡土特色示范县，朝东、城北、葛坡、莲山、福利、柳家和石家7个乡镇被评为自治区级生态乡镇。著名地方农产品有脐橙、生猪、烤烟、蔬菜、水牛、黄花梨等，其中富江牌脐橙为中国名牌农产品。是中国脐橙之乡、中国长寿之乡、中国特色农业百强示范县、广西春烤烟种植基地。

2016年，实现地区生产总值67.26亿元，其中第一产业增加值23.26亿元，第二产业增加值24.29亿元(工业增加值18.5亿元)，第三产业增加值19.71亿元。财政收入6.42亿元，其中公共财政预算收入3.94亿元，公共财政预算支出24.89亿元。固定资产投资完成额91.8亿元。社会消费品零售总额15.42亿元。外贸出口总额195.26万美元。实际利用外资701.24万美元。城镇居民人均收入25279元，城镇人均生活消费支出11883元。农村居民人均纯收入9179元，农村人均生活消费支出5916.13元。城乡居民年末储蓄存款余额58.58亿元。

富川龟石湖国家湿地公园

【脱贫攻坚】 全年完成10个贫困村、6633户贫困户、29200名贫困人口的脱贫摘帽任务。整合各级财政涉农资金2.95亿元，开展易地扶贫搬迁、基础设施、产业发展、社会产业、生态保护、金融扶贫等帮扶工作。实现村村通移动通讯和广播电视信号，90%以上行政村通网络宽带，20户以上自然村全部实现通硬化路，建设贫困村产业路(机耕道)230余条。通过“雨露计划”补助贫困学生752名共188.75万元，免除贫困户在园幼儿保教费、高中子女学杂费246万多元，全县符合农村居民最低生活保障条件的4779户农村贫困户、19054名贫困人口全部纳入保障范围。创建生态果蔬线上销售模式，成功举办“党旗领航·电商扶贫‘我为家乡代言’橙意富川电商大集”活动，建成1个县级电子商务服务中心、6个乡镇级服务站、126个村级服务点，电商平台销售果蔬6100多万元。出台《2016年精准脱贫产业帮扶实施方案》，打造肉牛养殖、食用菌种植、光伏发电等产业扶贫示范点。全县有4558户贫困户获得0.2~0.3万元不等的扶持资金，贫困户新种水果0.4万亩，蔬菜2.2万亩，粮食类8.97万亩，新养殖肉猪1.48万头，肉牛0.12万头，家禽15万羽。充分发挥土地红利，通过土地整合、流转，实现果蔬、特色养殖产业规模化发展，全县新增贫困户专业合作社49家。完成14446户贫困户评级授信，发放小额扶贫信贷5018户共2.29亿元。

【生态工业发展】 2016年华润水泥电机能效提升改造、华润水泥协同处置工业固废、华润电力2#机组洁净化改造等循环工业项目顺利完成。华润循环经济产业示范区被列为国家增量配电业务改革试点单位。华润电力荣获香港绿色企业大奖——2016“超卓环保安全健康奖·白金奖”和自治区清洁生产企业称号。清洁能源开发成效显著，大唐龙头风电场、华能金子岭风电场、中核汇能长春风电场和中国风电朝东石家风电场共有136台、装机达19.5万千瓦的风力发电机并网发电。2016年，全县有规上企业18家，工业产值达53.59亿元。

【特色农业发展】 2016年富川县着力发展“生态、高值、循环、安全”现代农业，将脐橙为主的水果以及蔬菜、烤烟、生猪等特色优势农业做大做强。富川“国家脐橙综合标准化示范区”通过国家标准委考核，“富川脐橙”以42.17亿元荣登“2016年中国品牌价值评价信息”榜单。《富川瑶族自治县富川脐橙产业保护条例》获自治区人大批准施行。全县复种蔬菜29万亩，春烤烟种植超2万亩，生猪出栏超62万头。成功承办农业部2016年全国农村土地承包经营权确权登记颁证工作培训班并作经验介绍，全县农户确认承包土地面积55万亩，“土地承包经营权证”可发证率达95.1%。整合财政涉农资金，开展生态现代农业科技示范园区建设，启动建设面积达851亩的铁耕生态高值农业科技示范园。柳家下湾生态休闲农业示范区、朝东岔山生态旅游观光农业示范区被授予“广西县级现代特色农业示范区”称号，白沙镇洞尾柑橘产业示范区、葛坡镇深坡果蔬产业示范区、石家乡黄竹果蔬产业示范区被授予“广西乡级现代特色农业示范区”称号。

【生态建设】 2016年富川县坚持科学规划、合理布局、因地制宜的原则，完成《县城总体规划(2016—2030)调整》《全县永久性基本农田划定》《传统村落保护与发展总体规划》《朝东、麦岭镇区控制性详细规划》编制工作，同时开展20个生态旅游精品村规划编制。投入0.21亿元完成17个行政村农村环境综合整治项目，拆除龟石水库饮用水源一级保护区内的非法灯光诱捕点80个，猪场2个。投入760万元建成的环境监测实验室、龟石水库水质自动监测站和县城环境空气质量自动监测站均投入使用。着力建设“宜居、宜业、宜旅”美丽乡村示范区，下湾村、茅刀源村、大岭村、朝阳村、毛家村、岔山村、秀水村和黄竹村成为生态新农村建设示范村，福溪、深坡和虎马岭入选第二批中国少数民族特色村寨公示名录，留家湾、石枧、茅樟等11个村被列为中国传统村落，东山、茶家、狮山等17个村被列入广西传统村落。完成280个面上村屯、71个自治区级绿化示范点村屯的村屯绿化。全年植树造林2.85万亩。

【柑橘黄龙病防治】 2016年富川县大力推行以扑杀木虱为中心、砍伐与处置病树相结合的柑橘黄龙病防控技术体系，遏制柑橘黄龙病蔓延势头。县财政安排专项防治资金320多万元。一是抓技术培训，聘请重庆大学教授王忠康及区水果总站、区柑橘研究所和桂北柑橘试验站专家现场传授防控技术，举办培训班12期，培训果农和技术人员1600多人次；二是夯实责任，县委、政府把柑橘黄龙病综合防控工作列入县、乡镇、村年度工作目标绩效考核范围，把辖区内黄龙病发生率、柑橘木虱扑杀、柑橘黄龙病普查、黄龙病果树砍伐和处置列为考核指标，做好专项督查工作；三是加强宣传推广，编印《富川柑橘黄龙病防控技术手册》5000册，摄制柑橘黄龙病防控技术专题片，并在县电视台反复播放，力争做到宣传防治不留死角；四是设立柑橘黄龙病、柑橘木虱观测点62个，及时发布柑橘木虱虫情预报和扑杀警报12期，通过网络短信平台发布扑杀柑橘木虱的技术信息1万多条次。2016年，据普查统计，全县有黄龙病果树198.9万株，砍伐和处置病树190.7万株。

（富川县地方志办）

昭平县

【概况】 昭平县位于贺州市西部。桂梧高速公路、207和327省道、桂江过境，辖9镇3乡(其中一个瑶族乡)，县人民政府驻昭平镇，行政区域面积3273平方千米，其中城区面积9.3平方千米。2016年末总人口44.72万，其中农村人口39.06万。有壮、瑶等少数民族(只点世居民族)4.8万人，人口出生率17.44‰，人口自然增长率12.45‰。耕地面积1.38万公顷，农田有效灌溉面积1.03万公顷，粮食播种面积(含复种)2.56万公顷，经济作物种植面积0.40万公顷，林地面积28.55万公顷，森林覆盖率85.5%。等级公路里程189.20千米，其中二级公路以上公路127.20千米。社会用电量3.01亿千瓦时。农业机械总动力24.94万千瓦。主要旅游景区(点)有黄姚古镇景区、桂江生态园景区、世外田园景区、故乡茶博园景区，其中故乡茶博园为国家3A级旅游景区、黄姚古镇为自治区级旅游风景名胜区和国家4A级旅游景区。全年接待游客526.19万人次。重要的矿产资源有灰岩矿、页岩矿、石英矿，其中灰岩矿(在全国占较大份额或者优势的矿产)储量137.93万吨。著名地方产品有松脂、茶叶、豆豉、桂江鱼、晒烟、青梅等。是中国长寿之乡、中国有机茶之乡、中国长寿美食之乡、中国名茶之乡、中国观赏石之乡、全国绿化模范县、全国生态文明示范工程试点县、全国文明先进县、全国文化先进县、全国重点产茶县、中国最佳生态旅游县、国家林业科技示范县、中国低碳生态十强县之一、全国科技进步先进县，入选中国百佳深呼吸小城，获得广西昭平桂江国家湿地公园(试点)建设，被列为国家全域旅游示范首批创建单位。

2016年实现地区生产总值64.51亿元，其中第一产业增加值20.75亿元，第二产业增加值18.66亿元(其中工业增加值8.32亿元)，第三产业增加值25.10亿元。人均地区生产总值18202元。农林牧渔业总产值33.13亿元，工业总产值29.12亿元。财政收入3.60亿元，其中公共财政预算收入2.45亿元；公共财政预算支出25.42亿元。全社会固定资产投资完成额58.82亿元。社会消费品零售总额24.02亿元。外贸出口总额110万美元，实际利用外资720万美元。城镇居民人均可支配收入26043元，农村居民人均可支配收入9119元。在岗职工年平均工资56209元，城乡居民年末储蓄余额51.79亿元。

2016年度全县有高中2所，教师334人，在校学生5402人；中职1所，教师81人，在校学生1285人；初级中学17所，教师843人，在校学生14198人，小学209所，专任教师1977人，在校学生35441人。公共图书馆1个(藏书156949册)，体育场(馆)1个。医疗卫生机构238个，卫生技术人员1336人(执业医生406人)，医院、卫生院床位1250张。

中共县委书记：张誉夫(2016年5月12日离任)、李裕科(2016年5月12日到任)、李裕科(2016年6月28日离任)、张誉夫(2016年6月28日到任)，县人大常委会主任：姚增庚(2016年9月离任)、吴海初(2016年9月到任)，县长：邓少华，县政协主席：刘庆荣。

【经济发展】 2016年昭平县实现地区生产总值64.51亿元，增长7.67%；全社会固定资产投资完成额58.82亿元；

2016年7月28日，在“贺州市现代特色农业示范区建设现场推进会”上，昭平县南山茶海示范区荣获“贺州市现代特色农业示范区”称号

全部工业总产值29.12亿元;粮食总产量14.2万吨,农业总产值33.74亿元,增长10.5%;社会消费品零售总额24.02亿元,增长10.1%;财政收入3.35亿元,增长6.41%;城镇居民人均可支配收入26043元,增长6.7%;农民人均纯收入9119元,增长7.8%;金融机构各项存款余额增长16.73%,各项贷款余额增长22.55%。

【项目投资】 2016年昭平县年推进136个重点项目稳步建设,完成投资47.47亿元。16个重点工业项目加快推进,城北新兴工业园、朝江现代综合物流园基础设施等完成基建投资1亿元,星辉电子、三禾能源管道天然气、纳米陶瓷平和板膜产业化基地等项目在昭平县落户,金海乐器等一批项目竣工投产。27个城建类建设项目完成投资11.69亿元,农村电网升级改造工程完成投资0.74亿元,贺巴高速公路(钟山至昭平)全线开工建设,完成投资5亿元。全年完成招商引资内资到位54.19亿元人民币,外资到位资金720万美元。

【特色产业】 把构建现代特色产业体系为经济工作总抓手,以创建广西特色旅游名县为抓手,加快建设旅游"三区两带"旅游产业集聚区,大力发展生态经济,努力打造绿冠华南的"长生福地·美丽昭平",旅游接待总人数526.19万人次。大力推动茶产业转型升级,2016年,全县新增茶园1.2万亩,总面积达到20.50万亩,年产干茶1.02万吨,年产值10.85亿元。编制完成百亿元生态健康饮用水产业发展规划,七冲山泉水等一批饮水项目在昭平县落户、甘甜泉天然矿泉水等品牌逐步打响,产值2亿元。

【民生事业】 财政用于民生的支出达20亿元,占公共财政预算的85%。就业和社会保障工作得到加强,城镇新增就业1722人,新增农村劳动力就业转移人数3807人,新农保参保率达100%,新农合参合率达98.88%。精准扶贫工作全面推进,为2217户建档立卡贫困户落实种养殖补助625.75万元,累计发放扶贫小额信贷资金2.16亿元,惠及5200户建档立卡贫困户。

2016年10月1日,昭平县被授予"中国长寿美食之乡"称号

建成异地扶贫搬迁、保障性住房和棚户区改造住房812套,完成2520户危房改造任务。续建、新建薄弱学校改造等五大类192个教育项目累计完成投资1.8亿元,3.6万贫困学生受助2157万元。8个贫困村实现"脱贫出列",减贫14454人。

【生态城乡】 2016年昭平县生态人居环境持续优化,新增造林5.1万亩,环境空气质量优良率98.4%,入选中国百佳深呼吸小城,水质达标率100%,获得广西昭平桂江国家湿地公园(试点)建设,享受重点生态功能区相关政策。27个城建类建设项目完成投资11.69亿元,城镇化率达到42.8%,城区污水处理率达84%,生活垃圾无害化处理率100%。完成41个自治区级示范村屯绿化项目建设,建成6个市级精品示范村。

【深化改革】 2016年昭平县扎实推动重点领域和关键环节的改革创新。积极落实"41条"降低成本措施,全年为各类相关企业减免税额6319万元。在"先照后证"改革的基础上,建立"两库一清单",实行"双随机,一公开",加强事中事后监管,全年新发展个体工商户1280户,私营企业390户,分别增长38.3%和40.79%.积极推广运用政府和社会资本合作(PPP)模式,修订完善政府购买服务实施目录,内容涵盖基本公共服务等6大类66款504项,切实提高公共服务水平和效率。

【荣获"中国长寿美食之乡"称号】 2016年10月1日,由贺州市委宣传部联手人民网、腾讯网、新浪网等共同联手举办的2016年中国(贺州)新媒体群英会暨广西贺州第一届长寿文化节在黄姚古镇开幕。当天,中国饭店协会专家组经过审核,正式授予昭平县"中国长寿美食之乡"称号。

【被授予"中国有机茶之乡"称号】 2016年昭平县政府积极推动茶产业转型升级,巩固国家级出口农产品(茶叶)质量安全示范区建设。2016年,全县新增茶园1.2万亩,总面积达到20.50万亩,年产干茶1.02万吨,年产值10.85亿元。南山茶海被列为自治区现代特色农业示范区,广西克鲁尼茶叶茶多酚项目已启动建设,昭平茶成为中国国际航空公司航班指定用茶,茶产品远销东南亚及欧美日韩等地。10月8日,中国茶叶流通协会授予昭平县"中国有机茶之乡"称号。获得有机认证和进入有机转换期的有机茶面积达3.6万亩,亿健、将军峰、象棋山、故乡、天成、将军红、凝香翠等7家茶叶企业和合水茶叶专业合作社通过有机茶认证。

【入选中国百佳深呼吸小城】 昭平县凭借较高国土空间、森林、植被、湿地、清洁水源覆盖率及综合绿量;历史年度空气质量优良天数比率；人类旅居活动区域空气负氧离子含量；主要景观区绿色度、舒适度、美感度；生态文明建设与低碳发展推动力度以及较低全境范围灰霾灾害天气影响等综合生态环境，在中国国土经济学会、英山县人民政府共同主办的“2016·百佳深呼吸小城比赛”中，名列百佳深呼吸小城全国排名第59位。森林覆盖率高达85.5%，是全国平均水平的三倍多；负氧离子每立方厘米含量高达2000~5000个，最高可达39000个，被称为“天然氧吧”，是具有“绿冠百越　梦寄黄姚”独特魅力的深呼吸小城。

【南山茶海被列为自治区现代特色农业示范区】 南山茶海示范区位于昭平县大脑山林场及周边区域，于2014年8月启动建设，规划茶园总面积18675亩，其中核心区5625亩、拓展区6030亩、辐射区7020亩。以“一园一区一村一部”为总体思路，即：一园是大脑山标准茶园、一区是茶叶深加工区、一村是上垌生态新农村、一部是知青部落。南山茶海示范区重点突出产业经营组织化、产业装备设施化、产品质量标准化、产业要素集成化、特色产业化来打造国家4A级茶园旅游景区，旨在实现农民快速增收致富、促进现代特色农业发展。自开工建设以来，南山茶海示范区作为市级重点推进项目，克服种种困难，按照自治区提出的现代特色农业（核心）示范区建设的要求，顺利完成了建设任务，2016年7月28日在“贺州市现代特色农业示范区建设现场推进会”上，昭平县南山茶海示范区荣获“贺州市现代特色农业示范区”称号授牌。于11月9日通过了自治区考评组的考评验收，获得自治区级现代特色农业（核心）示范区认定，被自治区人民政府授予3星级现代特色农业示范区称号。

【获得桂江湿地公园（试点）建设】 2016年11月30日，国家湿地公园评估委员会现场考察评估专家组到昭平县考察评估广西桂江国家湿地公园申报工作，专家组一致认为昭平县湿地资源丰富，自然优势显著，具备建设国家湿地公园的基本条件。12月18日，广西桂江国家湿地公园申报材料通过国家林业局专家组审核。12月30日，根据《国家林业局关于同意天津蓟县州河等134处湿地开展国家湿地公园试点工作的通知》（林湿发〔2016〕193号），昭平桂江湿地获得国家林业局批准，成为国家湿地公园（试点），试点建设期为5年。自治区人民政府已同意昭平县参照自治区重点生态功能区享受相关政策（桂政办电〔2016〕221号）。

【李秀平夫妇荣登“中国好人榜”】 李秀平、陆基凤夫妇，昭平县文竹镇大广村小学乡村教师。51岁的李秀平自1986年从贺县师范学校毕业后，就直接到大广村小学任教，30年的教龄中，他做了10多年的教导主任，13年的校长。52岁的陆基凤1989年从一名代课老师到现在的小高职称，她在大广村小学陪丈夫一起教书育人26年。为了山里孩子能学到文化知识、走出大山，李秀平夫妇从进入大广村小学任教那天起，就把家安在小学，无数个寒来暑往，夫妻俩把人生中最美好的青春年华都奉献给了山区的教育事业，用赤诚之心照亮了山里孩子的求知求学之路。2016年3月，李秀平夫妇荣登“中国好人榜”。

【举办第二届桂粤湘（贺州·昭平）龙舟赛】 2016年10月7日，第二届桂粤湘（贺州·昭平）“和鑫建设杯”龙舟邀请赛暨2016年昭平县长寿文化旅游节在昭平开幕。来自广西、广东、湖南三地的18支队伍以及昭平县组建的一支县龙舟队和昭平县五将镇组建的一支龙舟队，共20支龙舟队。比赛活动，除了举行桂粤湘邀请赛2公里、1公里竞速赛和昭平县龙舟1公里竞速赛，还举办“万人健步走”活动、乡镇龙舟队巡游、千人畅游桂江活动、千人长龙簸箕宴、龙舟邀请赛摄影作品征集评比等活动。经过激烈的角逐，广西柳州市伏虎茶厂龙舟队以超强的实力同时摘得桂粤湘邀请赛2公里和1公里竞速赛的第一名，柳州融水贝江队获得桂粤湘邀请赛2公里和1公里竞速赛的第二名、第三名，梦想成真东莞东江兄弟队获得桂粤湘邀请赛2公里和1公里竞速赛的第三名、第二名。昭平县发建队夺得昭平县龙舟大赛的第一名。

【精准扶贫攻坚工作】 2016年昭平县扎实推进精准脱贫攻坚战，实施自治区脱贫攻坚“八个一批”“十大行动”和昭平县14项重点工程，出台实施各类扶持政策，突出抓好产业扶贫、金融扶贫，“三统一分”产业扶贫模式得到上级认可。为2217户建档立卡贫困户落实种养殖补助625.75万元，累计发放扶贫小额信贷资金2.16亿元，惠及5200户建档立卡贫困户。8个贫困村实现“脱贫出列”，减贫14454人。

（昭平县史志办）

平桂区

【平桂区概况】 位于广西东北部、贺州市中部。贵广高铁、洛湛铁路，国道207线、303线过境。辖1个街道、7个镇和1个瑶族乡，区人民政府驻贺州市平桂区平桂大道1号。行政区域面积2022平方千米。2016年末总人口45.9万，其中农村人口41.96万。有瑶、苗等少数民族5.6万人。人口自然增长率9.81‰。耕地面积2.66万公顷，农田有效灌溉面积2.28万公顷，粮食播种面积（含复种）2.35万公顷，经济作物种植面积0.93万公顷，林地面积13.63万公顷。全社会用电量12.5亿千瓦时。农机总动力25.34万千瓦。等级公路里程812千米，其中二级以上公路139千米。主要旅游景区有姑婆山国家森林公园、十八水原生态景区、贺州温泉、玉石林、紫云仙境等，其中姑婆山国家森林公园为国家4A级旅游景区。全年接待游客334.95万人次。重要矿产资源有锡、钨、锰、铁、稀土、大理石、花岗岩、高岭土和重质碳酸钙。著名地方产品有芳林马蹄（荸荠），大肉梅、鹅塘油黏米、大平腐竹、公会晒烟等，其中芳林马蹄通过国家地理标志保护认证。2016年获评第6批国家有机产品认证示范创建区、广西特色文艺之乡（客家山歌）、广西诚信计生示范区，是全国平安铁路示范县（区）、国家级出口食品农产品质量安全示范区。

2016年实现地区生产总值122亿

元，其中第一产业增加值20.04亿元，第二产业增加值61.33亿元（其中工业增加值42.9亿元），第三产业增加值40.63亿元。人均地区生产总值29941元。全社会固定资产投资完成额189亿元。社会消费品零售总额30.5亿元。外贸出口总额1455.29万美元。实际利用外资1705万美元。财政收入9.46亿元，其中公共财政预算收入6.48亿元；公共财政预算支出25.3亿元。城镇居民人均可支配收入25676元，农村居民人均纯收入9589元。

2016年，平桂区有中小学校134所，其中小学117所、初中16所（含九年一贯制学校3所、民办初中2所）、高中1所。幼儿园125所，其中公办幼儿园50所、民办幼儿园75所。在职教职工3365人。在校中小学生5.37万人，其中小学生3.67万人、初中生1.45万人、高中生2347人。在园（班）3~6周岁幼儿1.94万人。全年教育事业财政拨款支出5.43亿元。文化机构总数157个，其中艺术表演团体146个（文化部门1个）；公共图书馆1个（藏书2.72万册），县级文化馆1个，乡（镇、街道）文化站9个；文物保护管理机构1个。文化从业人员83人，其中文化部门从业人员65人，其他部门从业人员165人。有医疗卫生机构12个，其中医院1个，卫生监督机构1个，疾病预防控制机构1个，社区卫生服务中心（站）1个，诊所（室）和其他卫生机构44个，村卫生室120个；医疗卫生机构床位395张；卫生技术人员678人（执业医师109人，执业助理医师98人，注册护士255人）。

2016年中共区委书记：赖春忠。区人大常委会主任：白锡标。区长：朱建军。区政协主席：刘耀宁。

【国务院批准设立平桂区】2016年6月8日，经国务院批准，同意设立贺州市平桂区，驻地贺州市平桂区平桂大道1号。全区有西湾街道、黄田镇、鹅塘镇、沙田镇、公会镇、大平瑶族乡、水口镇、望高镇、羊头镇共9个乡（镇、街道），124个行政村、1246个自然村（屯、寨）、2468个村民小组。

【设区工作圆满完成】2016年平桂区有序推进机构设置、编制增核、设立平桂区武装部和“法检”两院等事宜。2016年10月29日，中国共产党贺州市平桂区第一次代表大会在市传媒中心一楼多功能厅开幕，选举产生第一届区委班子、纪委班子。11月15日—16日，政协平桂区第一届委员会召开。11月16日—18日，平桂区第一届人民代表大会召开。选举产生人大班子、政府班子、政协班子，人民法院院长、检察院检察长，组建完成了行政区的各个机构设置，健全完善了行政区的各项管理职能。

【平桂区举行揭牌仪式】2016年12月2日，平桂区举行升国旗仪式暨揭牌仪式，标志着平桂区正式宣告成立。市委书记李宏庆，市政协主席陆海平，市人大常委会副主任韦丽萍，市委常委、贺州军分区政委李柏松莅临仪式现场。赖春忠、朱建军、白锡标、刘耀宁等区四家班子领导出席仪式。揭牌仪式结束后，平桂区四家班子领导到西湾街道上宋村，与平桂实验小学学生们一道种下桂花纪念树。

【稳步推进精准扶贫攻坚】平桂区全面完成“双认定”脱贫出列的贫困户2075户1万人。在全区脱贫摘帽考核中平桂区帮扶手册填写规范受到自治区表彰。全年茶叶种植面积1万亩，拨付扶持茶叶种植资金1865万元。争取上级及本级财政专项扶贫资金1995万元用于基础设施项目建设。发放扶贫小额贷款7331户，贷款金额11845万元。平桂老乡家园——平桂移民安置小区集中安置项目完成投资6.1亿元，6月，平桂异地扶贫搬迁首批移民入住“老乡家园”。

【经济社会持续健康发展】2016年平桂区实现生产总值122亿元，同比增长10.3%；农林牧渔业总产值32.6亿元，增长3.5%；固定资产投资完成189亿元，同比增长8.5%；全社会工业总产值完成168.2亿元，同比增长14.1%，其中规模以上工业总产值151亿元，同比增长15.6%，规模以上工业增加值36.3亿元，同比增长16.6%；财政收入完成9.46亿元，增长10.2%；实现社会消费品零售总额30.47亿元，同比增长7.1%；城镇居民人均可支配收入25676元，同比增长6.7%，农民居民人均可支配收入9589元，同比增长7.9%。

【农业转型发展态势良好】2016年，平桂区突出农业转型，强力推进农业现代化建设步伐，大力发展生态有机农业，稳步推进现代特色农业核心示范区创建工作。着力抓好特色农产品提升，做大做优马蹄、茶叶、莲藕等农业产业，重点培育“生态茶叶”“公会莲藕”等一批精品农业品牌。“芳林马蹄”通过国家地理标志保护认证；平桂区被国家认监委列为第六批国家有机产品认证

2016年10月3日，姑婆山千人写寿　（蒙秀锋　摄）

2016年9月9日，大平瑶族乡民族学校瑶族技艺传承班培训

示范创建区；广西现代特色林业（核心）示范区贺州市平桂（姑婆山）生态文化旅游示范区项目通过自治区验收，荣获五A级景区资质。

【碳酸钙产业可持续发展】 2016年，平桂区继续推进资源枯竭城市转型工作，着力打造平桂资源枯竭城市转型以碳酸钙产业为主的接替产业。广西碳酸钙产业示范基地面积约100平方公里，城市建设用地面积约38.7平方公里，园区建成或在建人造岗石生产线48条，年重钙粉体加工能力800万吨，成为全国最大的重质碳酸钙粉体生产基地和重要的岗石生产基地。

【教育惠民工作落实到位】 2016年9月1日，平桂高中新校区秋季学期投入使用。10月26日，平桂区入选自治区首批16个县（市、区）学前教育改革发展实验区，是贺州市唯一入选的县（市、区）。实验区设定周期为3年，从2016年10月开始，到2019年9月截止。在贺州市率先实现“9+3”教育免费，全年免除库区移民学费2.45万元，受助学生62人；免除平桂高中平桂户籍学生学费37.92万元，受助学生960人；秋季学期免除平桂高中建档立卡贫困户子女学杂费28.85万元，受助学生307人。全年发放各类补助金894.21万元，受益学生14903人次（建档立卡户发放资金265.45万元，受益学生4080人次）。农村义务教育阶段家庭经济困难寄宿生生活费补助资金589.43万元，受益学生10010人次；高中阶段发放资金164.79万元，受益学生2077人次；发放国家助学金95.58万元，受助学生748人。

【打造“智慧平桂”公共信息平台】 2016年9月29日，“智慧平桂”公共信息平台正式上线启用，该平台是广西首个县区级政府、乡镇、县（区）直部门一体化大数据平台，是集PC官网、手机门户、微信公众号和“智慧平桂”APP移动客户端四位一体的网上“资讯+政务”大数据平台。通过“智慧平桂”公共信息平台整合平桂区各部门信息数据，同步上线窗口部门39个、政府机构61个、乡（镇、街道）9个、便民资源70项、办事指南219项、在线受理251项、互动交流管道72个、权利责任清单3573项以及信息公开30705项。

（平桂区档案史志局）

人　物

编　辑：陈敏兰
许中继

先进人物名录

全国五一劳动奖章

叶　威　贺州市美仪瓷业有限责任公司车间主任

广西五一劳动奖章

刘秀荣　女，贺州市环境卫生管理处清洁工

吴永英　女，昭平县故乡茶业有限公司产品销售员、高级茶艺师

韦祖裕　壮族，贺州市柳扬水电有限公司车间主任、助理工程师

喻华丽　女，贺州高级中学教师、中学高级教师

冯广华　钟山县地方税务局局长、助理经济师

曾阳庆　中铝广西有色金源稀土有限公司总经理、高级工程师

贺州市五一劳动奖章获得者

容鸿伟　中国电信股份有限公司贺州分公司城区维护分局班长

秦彩艳　女，贺州黄姚古镇投资有限公司旅游部主管

岑延剑　中国邮政集团公司广西壮族自治区钟山县公安邮政所支局长兼投递员

陆宝琳　贺州市桂东电子科技有限责任公司技术中心业务主管

李天贵　中国农业银行股份有限公司贺州八桂支行行长

李晓明　贺州学院南岭民族走廊研究院院长、贺州族群文化博物馆馆长

卫腺文　贺州职业学院教师

姚晓寒　女，贺州市农产品质量安全检测中心副主任

罗义赤　贺州市强制隔离戒毒所所长

王喜绍　中国有色集团（广西）平桂飞碟股份有限公司董事长、总经理、党委副书记

卢启宁　中国石化销售有限公司广西贺州石油分公司经理

刘雁兵　贺州市广厦建筑安装工程有限公司职工

赖永雄　八步区灵峰镇水产畜牧兽医站站长

刘建福　贺州市中学副校长、工会主席

梅　毅　中铝广西贺州稀土开发有限公司总经理

黄英利　钟山县水利电业有限公司燕塘供电所所长

王勇刚　钟山县第一中学副校长

吴润知　钟山县公安局交通警察大队民警

李永华　钟山县人民医院中医康复科副主任

盘小玲　女，富川瑶族自治县地方税务局科员

莫新艳　女，富川瑶族自治县疾病预防控制中心艾滋病防治科主任

毛兴林　富川瑶族自治县总工会党组书记、副主席

龙琦东　中国电信股份有限公司富川分公司党支部书记、总经理

林宗业　昭平县水利电业有限公司建设部主任

陆基凤　女，昭平县文竹大广村小学老师

盛　荣　女，昭平县地方税务局党组书记、局长

黄燕梅　女，昭平县富勤水利电业有限公司总经理、党总支书记

蒋劲柏　广济医院急诊医学科执行主任

苏华兵　平桂区国家税务局党组书记、局长

吕永加　贺州市合源粉体开发有限责任公司总经理

（总工会）

全国“最美中学生”

张　琪　昭平中学

全国优秀共青团员

肖开婕　女、瑶，广西壮族自治区钟山县国家税务局科员

“全国向上向善好青年”—孝老爱青好青年

陈春林　女，广西贺州高级中学学生

广西青年岗位能手

陈友凤　广西贺州市国家税务局

广西优秀共青团员：

刘小菊　女，团贺州市委预防青少年违法犯罪专干

蒋惠花　女、瑶，广西举重运动发展中心运动员（富川）

余　杰　贺州市八步区民政局办公室工作人员

邱　莹　女，贺州市平桂区大平瑶族乡大平村干部

朱雨漫　女，贺州市第二高级中学学生会副主席

李　驰　贺州市钟山县珊瑚镇团委副书记

耿　卓　团富川瑶族自治县委员会志愿者

夏诗睿　中国移动贺州分公司市场经营部员工

广西优秀共青团干部：

陈杨明　贺州学院计算机与信息工程学院分团委书记

谢院真　女，贺州市富川瑶族自治县民族中学团委书记

莫健平　女，贺州市昭平二小团支部书记、少先队大队辅导员

赵钰婷　女、瑶，广西正润发展集团有限公司团工委书记

周　聪　瑶族，团钟山县委书记

叶丽丹　女，团贺州市八步区委预青专干

廖秀莲　女，团贺州市委青农青工部部长

（共青团贺州市委员会）

全区优秀人民警察

陈宣羽　贺州市公安局禁毒支队民警

欧丽娥　贺州市公安局科技信息化支队政委

李　周　贺州市公安局网络安全保卫支队民警

张建权　贺州市公安局八步分局法制大队大队长

吴睿钟　贺州市公安局建东派出所民警

陈宇伟　贺州市公安局城区警务支队六大队大队长

刘　粤　贺州市公安局交通警察支队四大队二中队中队长

陶　缘　贺州市强制隔离戒毒所民警

（公安局）

九三学社中央2016年度先进组工干部

黄　英　贺州市九三学社

（九三学社）

全国优秀价格认定员

黄　静　女，贺州市物价局

全国价格监测质量考核工作优秀个人

刘水华　贺州市物价局

广西壮族自治区价格监测先进个人

王　凯　贺州市物价局

熊学琼　女，贺州市物价局

广西壮族自治区价格监督检查工作先进个人

全　毅　贺州市物价局

广西壮族自治区价格举报工作先进个人

张　美　女，贺州市物价局

全区收费统计工作先进个人

王育华　贺州市物价局

广西壮族自治区价格认定工作先进个人

秦　灿　贺州市物价局

（物价局）

2011—2015年全国法治宣传教育先进工作者

陈雪梅　女，贺州市钟山县司法局法制宣传股股长

第五届全国法律援助工作先进个人

赖开丰　贺州市平桂区法律援助中心主任

中共广西壮族自治区委员会组织部、广西壮族自治区人力资源和社会保障厅、广西壮族自治区公务员局记二等功

廖思熠　男，贺州市钟山县司法局燕塘司法所所长

广西壮族自治区人社厅、司法厅记个人二等功

刘炜志　贺州市昭平县司法局政工股股长

杨如新　男，贺州市富川瑶族自治县司法局局长

董君吉　男，贺州市钟山县司法局副局长

（司法局）

市直机关“优秀党务工作者”

卢碧文　贺州市扶贫办

直机关“优秀共产党员”

李炳昌　贺州市扶贫办

（扶贫办）

全区爱国拥军模范

付克寿　贺州军分区

（贺州军分区）

广西检验检疫系统先进个人

梁铭晟　贺州市检验检疫局

（检验检疫局）

全区法院新媒体工作先进个人

黄奕俊　贺州中院研究室干部

全国“两会”舆论引导工作先进个人

黄奕俊　贺州中院研究室干部

全区优秀法官

黎之燕　贺州中院审判员、审判委员会委员、行政庭庭长、赔偿委员会办公室主任

全区法院办案标兵

邓　媛　女，瑶族，贺州市八步区人民法院信都人民法庭副庭长

全区法院办案标兵

韦　城　壮族，贺州市八步区人民法院桂岭人民法庭副庭长

全区法院优秀书记员

蒋　妍　女，贺州市八步区人民法院民事审判第二庭书记员

全区法院优秀书记员

卢晓春　瑶族，昭平县人民法院刑事审判庭书记员

广西五一巾帼标兵

李　坚　女，瑶族，富川县人民党组成员、副院长

全国法院党建工作先进个人

李　坚　女，瑶族，富川县人民党组成员、副院长

全区法院“执行案件集中清理月”个人

黄忠友　瑶族，富川县人民法院执行庭庭长

全区法院“执行案件集中清理月”个人

陈鹏先　富川县人民法院书记员

全区法院"执行案件集中清理月"个人

毛云云 女，瑶族，富川县人民法院助理审判员

首届全国法院司法警察技能大比武"手枪实战射击"女警团体第二名

盘晓娟 女，瑶族，富川县人民法院监察室副主任

首届全国法院司法警察技能大比武"擒敌拳"团体第三名

盘晓娟 女，瑶族，富川县人民法院监察室副主任

首届全国法院司法警察技能大比武"安全检查"团体第四名

盘晓娟 女，瑶族，富川县人民法院监察室副主任

全区法院系统第二十六届学术论文优秀奖

朱 林 钟山县人民法院助理审判员

（法院）

全区信访系统个人二等功。

张冰霞 女，贺州市人民政府副秘书长、信访局局长

（信访局）

全区环境保护系统改善城市空气质量先进个人

黄 坚 贺州市环境保护局

石志勇 贺州市环境监测站

崔远明 贺州市环境监察支队

唐敏被 贺州市八步区环保局

全区环境保护系统个人二等功

蒋凌云 贺州市环境保护科学研究所

黄万雄 贺州市环境保护科学研究所

贺州市提案承办工作先进个人

邱松璐 贺州市环境保护局

广西"十二五"污染物总量减排先进个人

杨中雄 贺州市环境保护局

黄嘉毅 贺州市环境保护局

全区环境保护系统长期从事环保工作三十年纪念章

李志刚 贺州市环境保护局

梁 明 贺州市环境保护局

汪 云 贺州市环境保护局

熊昭余 贺州市环境保护局

朱剑钊 贺州市环境保护局

吴新桂 贺州市环境保护局

周春江 贺州市环境保护局

全区环境保护系统长期从事环保工作二十年纪念章

黄 东 贺州市环境保护局

李佩英 贺州市环境保护局

梁振海 贺州市环境保护局

卢一佳 贺州市环境保护局

张胜勇 贺州市环境保护局

蒋齐豪 贺州市环境保护局

李金樱 贺州市环境保护局

《中国环境报》宣传工作先进个人

黄 坚 贺州市环保局

（环保局）

全国三八红旗手

黄燕英 贺州市环境卫生管理处清扫保洁管理科向阳路组班组长

（妇联）

广西三八红旗手

苏飞群 贺州市人民医院党委书记

黄善云 贺州市卫生监督所副所长

毛红杰 富川瑶族自治县国税局纳税服务股副股长

梁铭殷 昭平县故乡茶业有限公司总经理

（妇联）

全国妇联系统实施"母亲邮包"项目个人贡献奖

潘运芬 贺州市妇联宣传部部长、发展部负责人

（妇联）

重大气象服务先进个人

侯江生 贺州市气象信息与技术保障中心副主任，工程师

（气象局）

逝世人物

2016年逝世的副厅级以上离退休干部

何谓平（离休干部，享受副地（局）级待遇），原梧州地区科委副主任，于2016年2月24日逝世。

董光松（离休干部，享受副地（局）级待遇），原梧州地区纪检会专职委员，于2016年4月27日逝世。

贺维歧（离休干部，享受副地（局）级待遇），原梧州地区检察分院副检察长，于2016年8月20日逝世。

（老干局）

百岁老人

八步区百岁老人名单

序号	县	乡镇	姓名	性别	年龄	民族	出生日期	具体住址（至少要有乡镇、行政村委名）[如：南乡镇良怀村3组]
1		莲塘镇	古亚英	女	101	汉	1915年9月22日	广西贺州市八步区莲塘镇仁冲村新坡组271号
2		莲塘镇	邓亚林	女	103	汉	1913年4月24日	广西贺州市八步区莲塘镇新燕村石岩组155号
3		莲塘镇	钟亚记	女	102	汉	1914年3月14日	广西贺州市八步区莲塘镇新燕村燕榕组631号
4		莲塘镇	莫妹仙	女	101	汉	1916年1月6日	广西贺州市八步区莲塘镇上寺村3组107号
5		莲塘镇	薛连英	女	101	汉	1915年6月24日	广西贺州市八步区莲塘镇古柏村麦二组725号

续表

序号	县	乡镇	姓名	性别	年龄	民族	出生日期	具体住址(至少要有乡镇、行政村委名)[如:南乡镇良怀村3组]
6		莲塘镇	何秀英	女	101	汉	1915年8月15日	广西贺州市八步区莲塘镇新燕村燕榕组623号
7		莲塘镇	李亚海	男	106	汉	1910年9月20日	广西贺州市八步区莲塘镇白花村
8		莲塘镇	邓金发	男	101	汉	1915年11月9日	广西贺州市八步区莲塘镇白花村邓屋组307号
9		莲塘镇	龙世群	男	101	汉	1915年9月11日	广西贺州市八步区莲塘镇上寺村15组360号
10		莲塘镇	钟兰英	女	105	汉	1911年10月21日	广西贺州市八步区莲塘镇上寺村17组396号
11		莲塘镇	纪亚娣	女	105	汉	1911年6月13日	广西贺州市八步区莲塘镇冲坪村三胜组247号
12		莲塘镇	江运娣	女	106	汉	1910年2月21日	广西贺州市八步区莲塘镇冲坪村三胜组249号
13		莲塘镇	江得凤	男	104	汉	1912年11月27日	广西贺州市八步区莲塘镇白花村书房组1006号
14		莲塘镇	叶壬英	女	102	汉	1914年3月4日	广西贺州市八步区莲塘镇白花村陈屋组498号
15		莲塘镇	刘仕珍	女	101	汉	1915年10月19日	广西贺州市八步区莲塘镇白花村田心组
16		莲塘镇	高干雄	男	104	汉	1912年8月16日	广西贺州市八步区莲塘镇白花村河唇组832号
17		莲塘镇	邓桂招	女	103	汉	1913年10月14日	广西贺州市八步区莲塘镇仁冲村田心二组536号
18		莲塘镇	黄亚招	女	105	汉	1911年7月15日	广西贺州市八步区莲塘镇龙雅村上排组670号
19		莲塘镇	高礼辉	男	102	汉	1914年7月20日	广西贺州市八步区莲塘镇龙雅村前进组93号
20		莲塘镇	王新娣	女	103	汉	1913年1月15日	广西贺州市八步区莲塘镇新莲村下清水组1104号
21		莲塘镇	江荣娣	女	105	汉	1911年10月6日	广西贺州市八步区莲塘镇新莲村王屋组961号
22		莲塘镇	蔡群英	女	107	汉	1909年1月5日	广西贺州市八步区莲塘镇龙雅村红心二组355号
23		莲塘镇	张淑义	女	101	汉	1915年10月2日	广西贺州市八步区莲塘镇新莲村塘面组911号
24		莲塘镇	莫凤英	女	107	汉	1909年7月12日	广西贺州市八步区莲塘镇炭冲村33组39号
25		莲塘镇	刘观娣	女	107	汉	1909年3月2日	广西贺州市八步区莲塘镇龙雅村大象组35号
26		莲塘镇	温兰英	女	101	汉	1916年1月6日	广西贺州市八步区莲塘镇新莲村上湾组1245号
27		莲塘镇	刘海英	女	106	汉	1910年5月25日	广西贺州市八步区莲塘镇莲塘村南薰门组
28		莲塘镇	王任娇	女	103	汉	1913年9月19日	广西贺州市八步区莲塘镇新莲村上店组37号
29		莲塘镇	曾丽芳	女	101	汉	1915年2月12日	广西贺州市八步区莲塘镇仁冲村新江组262号
30		莲塘镇	张菊云	女	105	汉	1911年1月14日	广西贺州市八步区莲塘镇新燕村岭窝组447号
31		莲塘镇	曾玉珍	女	105	汉	1911年4月	广西贺州市八步区莲塘镇莲塘村马屋组290号
32		莲塘镇	李兰香	女	102	汉	1914年12月23日	广西贺州市八步区莲塘镇桂水村新塘脚组389号
33		莲塘镇	胡观兰	女	102	汉	1914年12月6日	广西贺州市八步区莲塘镇螺桥村井头组622号
34		莲塘镇	钟兆炳	男	100	汉	1916年9月25日	广西贺州市八步区莲塘镇长湾村5组163号
35		莲塘镇	梁玉英	女	100	汉	1916年12月30日	广西贺州市八步区莲塘镇长湾村6组190号
36		大宁镇	吴承桂	女	111	汉	1905年9月5日	广西贺州市八步区大宁镇大宁村龙安组639号
37		大宁镇	杨桂花	女	110	汉	1906年12月2日	广西贺州市八步区大宁镇螺石村五组78号
38		大宁镇	曾美英	女	105	汉	1911年2月16日	广西贺州市八步区大宁镇大宁村宁新组177号
39		大宁镇	吴家梅	女	101	汉	1915年8月15日	广西贺州市八步区大宁镇同宁村鹅付组250号
40		大宁镇	孔玉英	女	106	汉	1910年6月2日	广西贺州市八步区大宁镇忠福村三组40号
41		大宁镇	尹光秀	女	103	汉	1913年1月9日	广西贺州市八步区大宁镇大宁村祥围组509号
42		大宁镇	韦政英	女	104	汉	1912年11月17日	广西贺州市八步区大宁镇大宁村平安二组525号
43		大宁镇	梁日华	男	102	汉	1914年4月28日	广西贺州市八步区大宁镇安宁村三组176号
44		大宁镇	李云英	女	106	汉	1911年4月17日	广西贺州市八步区大宁镇大宁村松木组302号
45		大宁镇	苏伦芳	女	104	汉	1912年4月18日	广西贺州市八步区大宁镇同保村十四组423号
46		大宁镇	龙义妹	女	108	汉	1908年8月5日	广西贺州市八步区大宁镇大宁村街新组42号
47		大宁镇	蒙定邦	男	105	汉	1911年3月17日	广西贺州市八步区大宁镇同宁村水口一组303号
48		大宁镇	黄新娇	女	106	汉	1910年5月18日	广西贺州市八步区大宁镇同宁村水口一组303号
49		大宁镇	黎月钊	男	103	汉	1913年10月17日	广西贺州市八步区大宁镇同宁村石牛老寨组116号

续表

序号	县	乡镇	姓名	性别	年龄	民族	出生日期	具体住址(至少要有乡镇、行政村委名)[如:南乡镇良怀村3组]
50		大宁镇	李月英	女	102	汉	1914年9月22日	广西贺州市八步区大宁镇忠福村十一组200号
51		大宁镇	廖其英	女	102	汉	1914年4月21日	广西贺州市八步区大宁镇忠福村十一组201号
52		大宁镇	容秀芳	女	106	汉	1910年2月	广西贺州市八步区大宁镇公保村19组
53		仁义镇	陈才迎	男	103	汉	1913年11月28日	广西贺州市八步区仁义镇共和村十七组452-1号
54		仁义镇	罗益凤	男	101	汉	1915年10月6日	广西贺州市八步区仁义镇龙江村三十六组1090号
55		仁义镇	罗凤娇	女	102	汉	1914年8月8日	广西贺州市八步区仁义镇大洞村一组18号
56		仁义镇	卢娇香	女	105	汉	1911年8月15日	广西贺州市八步区仁义镇龙江村二十八组870号
57		仁义镇	陈秀清	女	103	汉	1913年4月	广西贺州市八步区中华村7组338号
58		仁义镇	岑福序	男	100	汉	1916年6月24日	广西贺州市八步区仁义镇仁义村16组453-1号
59		仁义镇	钟素珍	女	100	汉	1916年12月16日	广西贺州市八步区仁义镇大洞村10组239号
60		里松镇	梁壬妹	女	104	汉	1912年9月4日	广西贺州市八步区里松镇里松村五组101号
61		里松镇	黎月仙	女	101	汉	1915年4月17日	广西贺州市八步区里松镇青凤村十组677号
62		里松镇	赵福国	男	105	瑶	1911年7月	广西贺州市八步区里松镇新华村4组130号
63		开山镇	邓球妹	女	101	瑶	1915年11月8日	广西贺州市八步区开山镇芬水村4组29号
64		开山镇	蒋文妹	女	104	汉	1912年9月23日	广西贺州市八步区开山镇东南村六组123号
65		南乡镇	韦妹花	女	104	壮	1912年12月12日	广西贺州市八步区南乡镇良怀村十组190号
66		南乡镇	覃锡梅	男	104	壮	1912年8月25日	广西贺州市八步区南乡镇旺黎村十四组249号
67		南乡镇	容妹银	女	101	壮	1915年8月9日	广西贺州市八步区南乡镇大汤村四组35号
68		南乡镇	黄大寿	男	103	汉	1913年11月17日	广西贺州市八步区南乡镇垌新村二十二组60号
69		南乡镇	潘妹四	女	102	壮	1914年3月7日	广西贺州市八步区南乡镇良怀村3组
70		信都镇	孟武海	男	104	汉	1912年9月9日	广西贺州市八步区信都镇北津村老屋组551号
71		信都镇	潘才华	女	103	汉	1913年11月26日	广西贺州市八步区信都镇两合村新屋组385号
72		信都镇	金玉枝	女	102	汉	1914年8月10日	广西贺州市八步区信都镇祉洞村四组123号
73		信都镇	孟桂英	女	105	汉	1911年2月16日	广西贺州市八步区信都镇平龙村三十组73号
74		信都镇	钟云娇	女	101	汉	1915年5月12日	广西贺州市八步区信都镇北津村十一组556号
75		信都镇	罗月桂	女	103	汉	1913年9月5日	广西贺州市八步区信都镇会灵村九组206号
76		信都镇	梁继忠	男	101	汉	1915年4月16日	广西贺州市八步区信都镇福桥村龙桥组604号
77		信都镇	潘玉贞	女	108	汉	1908年11月	广西贺州市八步区信都镇祉洞村1组
78		贺街镇	钟玉新	女	107	汉	1909年12月24日	广西贺州市八步区贺街镇河西街县玉路40号
79		贺街镇	莫家彬	男	104	汉	1912年9月10日	广西贺州市八步区贺街镇新坪村90号
80		贺街镇	关情秀	女	103	汉	1913年5月11日	广西贺州市八步区贺街镇龙马村269号
81		贺街镇	李亚娇	女	105	汉	1911年7月12日	广西贺州市八步区贺街镇龙马村215号
82		贺街镇	张长妹	女	101	汉	1915年4月1日	广西贺州市八步区贺街镇农场村关口17号
83		贺街镇	黄焕荣	男	102	汉	1914年10月25日	广西贺州市八步区贺街镇龙马村226号
84		贺街镇	李钟兰	女	105	汉	1911年8月8日	广西贺州市八步区贺街镇白沙村村中89号
85		贺街镇	欧美妹	女	102	汉	1914年8月6日	广西贺州市八步区贺街镇龙马村415号
86		贺街镇	冯三妹	女	101	汉	1915年3月19日	广西贺州市八步区贺街镇进贤村8号
87		贺街镇	甘运珍	女	105	汉	1911年7月4日	广西贺州市八步区贺街镇河西街东门路84号
88		铺门镇	罗裕兰	女	101	汉	1915年6月7日	广西贺州市八步区铺门镇回岗村3组104号
89		铺门镇	谢如春	女	101	汉	1915年3月25日	广西贺州市八步区铺门镇笛口村十四组421号
90		铺门镇	黄秀英	女	104	汉	1912年9月18日	广西贺州市八步区铺门镇铺门村四组安宁街187号
91		铺门镇	陈秋连	女	100	汉	1916年10月19日	广西贺州市八步区铺门镇南华村七组254号
92		铺门镇	梁 四	女	100	汉	1916年10月6日	广西贺州市八步区铺门镇铺门村四组太宁街59号
93		铺门镇	罗益良	男	100	汉	1916年10月16日	广西贺州市八步区铺门镇三元村7组171号

续表

序号	县	乡镇	姓名	性别	年龄	民族	出生日期	具体住址(至少要有乡镇、行政村委名)［如:南乡镇良怀村3组］
94		铺门镇	黎秋姑	女	100	汉	1916年11月28日	广西贺州市八步区铺门镇鹤州村三组
95		步头镇	严彩纯	男	101	汉	1915年1月2日	广西贺州市八步区步头镇梅中村十六组63号
96		步头镇	谢金妹	女	105	汉	1911年7月7日	广西贺州市八步区步头镇步头村七组259号
97		步头镇	欧传和	男	102	汉	1914年6月17日	广西贺州市八步区步头镇梅中村八组11号
98		步头镇	陈美芳	女	102	汉	1914年2月28日	广西贺州市八步区步头镇大塘村二组39号
99		桂岭镇	黄药六	女	102	汉	1914年2月28日	广西贺州市八步区桂岭镇桂岭村二组61号
100		桂岭镇	莫桂兰	女	102	汉	1914年8月14日	广西贺州市八步区桂岭镇桂岭镇东门街286号
101		桂岭镇	张亚丙	女	100	汉	1916年3月14日	广西贺州市八步区桂岭镇莲花村老屋198号
102		桂岭镇	张如山	男	100	汉	1916年10月21日	广西贺州市八步区桂岭镇西山村十八组612号
103		城东街道	叶纪育	男	100	汉	1916年4月8日	广西贺州市八步区城东街道灵峰社区鞍山西路10号
104		城东街道	左兰英	女	102	汉	1914年7月3日	广西贺州市八步区灵凤村渡船头19组81号
105		八步街道	刘莲娣	女	105	汉	1911年6月12日	广西贺州市八步区三加村十二组三加片144号
106		江南街道	曾亚英	女	101	汉	1915年4月1日	广西贺州市八步区厦良村二组47号
107		江南街道	何兰喜	男	101	汉	1915年7月1日	广西贺州市八步区厦良村点灯寨十六组160号
108		江南街道	麦亚喜	女	101	汉	1915年7月28日	广西贺州市八步区江南中路29号

平桂区百岁老人名单

序号	乡镇	姓名	性别	年龄	出生年月	家庭地址
1	黄田镇	黄国枚	男	103	1913年12月10日	东水村15组
2	黄田镇	蒋登标	男	100	1916年7月11日	长龙村7组
3	黄田镇	黄仕妹	女	113	1903年4月14日	里宁村12组
4	黄田镇	陈玉梅	女	104	1912年4月7日	新村新凤二组
5	黄田镇	何水英	女	100	1916年9月23日	新村新凤二组
6	黄田镇	曾碧聪	女	103	1913年4月24日	路花村半路23组
7	黄田镇	贝四英	女	102	1914年12月25日	新村居民组1683号
8	黄田镇	蒋梅英	女	104	1912年10月2日	担石村上担石二组38号
9	黄田镇	朱　氏	女	109	1908年9月18日	英石村老寨山二十四组
10	黄田镇	赵亚丁	女	103	1913年4月6日	路花村黄花寨十九组
11	黄田镇	刘女妹	女	104	1913年1月16日	新村湖洋三组
12	黄田镇	盘秀文	女	106	1910年1月12日	新路矿10栋202号
13	黄田镇	胡亚开	男	101	1915年1月18日	浩洞村林凤22组479-1号
14	黄田镇	梁　君	男	103	1913年1月28日	东水村居民组1号
15	黄田镇	张连芳	女	101	1915年12月15日	黄田村诸侯十六组461号
16	鹅塘镇	易玉龙	女	105	1911年9月20日	凤田村一组15号
17	鹅塘镇	张寿珍	女	116	1900年9月11日	锦塘村二组2号
18	鹅塘镇	黄礼佳	男	104	1912年11月15日	芦岗村四组27-2号
19	鹅塘镇	韦廷杰	男	101	1915年6月18日	盘谷村六组254号
20	鹅塘镇	叶七妹	女	101	1915年3月8日	鹅塘村十七组445号
21	鹅塘镇	黄佩珍	女	105	1911年6月9日	湴田村十三组107号
22	鹅塘镇	丘玉英	女	106	1910年8月22日	厦岛村十八组431号
23	鹅塘镇	何秀英	女	101	1915年3月23日	新塘村二十二组437号
24	鹅塘镇	韦甲妹	女	102	1915年3月14日	鹅塘镇锦塘村6组250号
25	鹅塘镇	周美新	女	102	1915年4月12日	鹅塘镇栗木村6组181号
26	鹅塘镇	陈桂兰	女	102	1915年8月13日	鹅塘镇栗木村19组320号

续表

序号	乡镇	姓名	性别	年龄	出生年月	家庭地址
27	鹅塘镇	甘满英	女	109	1908 年 5 月 27 日	鹅塘镇厦岛村 27 组 639 号
28	沙田镇	田必珍	女	103	1913 年 1 月 16 日	大盘村 02 组 475 号
29	沙田镇	何元娣	女	100	1916 年 12 月 6 日	道西村 26 组 726 号
30	沙田镇	江连英	女	100	1916 年 12 月 25 日	芳林村 17 组 661 号
31	沙田镇	张亚满	男	101	1915 年 2 月 3 日	红星村 06 组 179–1 号
32	沙田镇	李亚助	男	105	1911 年 10 月 2 日	马峰村 05 组 172 号
33	沙田镇	张德湘	男	101	1915 年 7 月 10 日	桥头村 05 组 0199 号
34	沙田镇	莫戌英	女	101	1915 年 1 月 10 日	桥头村 11 组 0575 号
35	沙田镇	黄执中	男	101	1915 年 1 月 6 日	桥头村 11 组 0582 号
36	沙田镇	龙卓杏	男	101	1915 年 4 月 4 日	沙田村 18 组 528 号
37	沙田镇	陈生文	男	102	1914 年 11 月 14 日	沙田村 21 组 672 号
38	沙田镇	李亚庚	男	101	1915 年 6 月 13 日	沙田村 22 组 709 号
39	沙田镇	廖三妹	女	108	1908 年 3 月 19 日	沙田村居民组 583 号
40	沙田镇	邱瑞芳	女	100	1916 年 8 月 9 日	沙田街 576 号
41	沙田镇	莫炎弟	男	101	1915 年 3 月 18 日	狮中村 13 组 402 号
42	沙田镇	黄群英	女	100	1916 年 4 月 12 日	田厂村 13 组 323 号
43	沙田镇	邱梅英	女	102	1914 年 5 月 10 日	沙田村 27 组 812 号
44	沙田镇	陈莲娣	女	109	1906 年 5 月 24 日	红星村 4 组
45	沙田镇	陈眉英	女	101	1915 年 4 月 21 日	狮中村 19 组 723 号
46	沙田镇	叶胜基	男	104	1912 年 10 月 21 日	松木村一组 21 号
47	沙田镇	黄平乱	男	106	1910 年 12 月 3 日	沙田街
48	沙田镇	韦根兰	女	101	1915 年 8 月 24 日	道东村 2 组 408 号
49	沙田镇	黎法积	男	103	1913 年 7 月 14 日	道石村 27 组 939 号
50	沙田镇	李水招	女	101	1915 年 8 月 14 日	龙平村 5 组 767 号
51	沙田镇	莫佩芳	女	104	1912 年 7 月 18 日	松木村 7 组 286 号
52	沙田镇	钟元玲	女	102	1914 年 9 月 3 日	芳林村三凤组 715 号
53	沙田镇	邹水招	女	101	1915 年 3 月 14 日	道西村 32 组 923 号
54	沙田镇	张谦洋	男	105	1911 年 2 月 21 日	沙田街
55	沙田镇	刘火先	男	101	1915 年 11 月 2 日	沙田街
56	沙田镇	庄承亮	男	101	1915 年 11 月 14 日	中回村六组 140 号
57	公会镇	沈粟珍	女	102	1914 年 10 月 18 日	新农村十三组 164 号
58	公会镇	魏俊芳	男	105	1911 年 8 月 15 日	田富村十七组 420 号
59	公会镇	梁二妹	女	103	1913 年 1 月 12 日	石塔村十七组 198 号
60	公会镇	刘意兰	女	102	1914 年 2 月 9 日	双石村七组 150 号
61	公会镇	谢甘芳	女	106	1909 年 2 月 21 日	杨会村五组
62	公会镇	胡六妹	女	103	1913 年 2 月 21 日	联合村九组 227 号
63	公会镇	莫昔敏	男	104	1912 年 10 月 4 日	联合村九组 238 号
64	公会镇	吴功卜	男	101	1915 年 8 月 30 日	清泉村十二组 86 号
65	公会镇	叶树娘	女	103	1913 年 10 月 8 日	建新村二十六组 75 号
66	公会镇	杨木生	男	103	1913 年 1 月 3 日	东鹅村十五组 218 号
67	公会镇	吴碧珍	女	105	1911 年 8 月 19 日	杨会村五组 64 号
68	公会镇	吴永尊	男	101	1915 年 10 月 20 日	清泉村 6 组 313 号
69	公会镇	严玉妹	女	100	1916 年 11 月 25 日	清泉村 12 组
70	公会镇	黄玉英	女	101	1915 年 6 月 16 日	忠平村 19 组
71	公会镇	罗义浮	男	104	1912 年 9 月 12 日	新新村 9 组

续表

序号	乡镇	姓名	性别	年龄	出生年月	家庭地址
72	公会镇	刘炳妹	女	100	1916年11月26日	双石村10组
73	公会镇	谢梅青	女	106	1910年4月1日	双石村15组
74	公会镇	韦淑英	女	101	1915年8月1日	解元村7组
75	公会镇	黄冬娘	女	100	1916年4月5日	石塔村16组
76	公会镇	谢群英	女	103	1913年6月17日	石塔村18组
77	公会镇	张四珍	女	100	1916年12月20日	双洋村17组
78	公会镇	叶细妹	女	100	1916年12月10日	双洋村2组
79	公会镇	杨荣华	男	106	1910年5月10日	东鹅村16组
80	公会镇	钟新娇	女	102	1914年4月17日	东鹅村17组
81	公会镇	李妹音	女	113	1903年5月27日	清水村2组
82	水口镇	徐兰芬	女	106	1910年2月17日	水口镇高林村
83	水口镇	林凤英	女	106	1910年4月8日	水口镇高林村
84	水口镇	熊敬香	女	102	1914年8月18日	水车村179号
85	大平乡	严大量	男	101	1915年8月3日	古那村利合组453号
86	大平乡	廖清梅	女	102	1914年10月20日	大平村必尾组59号
87	大平乡	黄秀方	女	102	1914年7月12日	古那村冲尾组414-2号
88	望高镇	钟淑芝	女	106	1910年3月10日	望高镇南路78号四区
89	望高镇	李秀英	女	100	1916年7月7日	望高镇川岩宝胜012号
90	望高镇	周尹英	女	104	1912年4月12日	回龙村36号
91	望高镇	左冬娥	女	106	1910年10月27日	立头村215号
92	望高镇	董　氏	女	108	1908年2月12日	光明142号
93	羊头镇	梁福章	男	101	1915年1月25日	寨仔19号
94	羊头镇	邵凤英	女	101	1915年11月16日	玻璃山15号
95	羊头镇	黄桂英	女	102	1914年9月7日	羊头镇木家村委新寨
96	羊头镇	卢子贞	女	100	1916年12月15日	羊头镇洞石村委老村
97	西湾矿区	黎静闰	女	105	1911年5月4日	河西4-35-16
98	平桂矿区	毛碧燕	女	109	1906年4月27日	黄田镇新路矿桥东128-3号
99	平桂矿区	余观先	男	100	1915年6月8日	新路矿13栋8号
100	平桂矿区	黄启安	男	100	1916年12月30日	平桂矿区东区
101	平桂矿区	廖桂英	女	100	1916年11月13日	平桂南区
102	平桂矿区	梁裕芬	女	103	1913年10月18日	平桂南区
103	平桂矿区	钟　庆	男	100	1916年11月13日	平桂区黄田镇新路村
104	平桂矿区	李秀好	男	100	1916年10月19日	平桂区黄田镇新路村

钟山县存活实足百岁及以上老人花名册

序号	姓名	性别	出生年月	属相	家庭住址
1	覃安顺	男	1911年12月16日	猪	钟山县钟山镇升平村大田寨
2	廖邦昌	男	1913年12月2日	牛	钟山县城一中路榆园201号
3	黄成弟	男	1912年10月14日	鼠	钟山县钟山镇老街37号
4	莫含茂	男	1913年1月24日	牛	钟山县钟山镇升平村大田寨
5	莫昔远	男	1913年8月20日	牛	钟山县钟山镇龙井村太平寨
6	万彩萍	女	1912年5月6日	鼠	广西钟山镇广场路1号
7	邹敬堂	男	1909年9月11日	鸡	钟山县钟山镇北烟冲17号
8	潘显朝	男	1912年1月9日	鼠	钟山县石龙镇石龙街73号
9	钟　氏	女	1909年6月11日	鸡	钟山县石龙镇大虞村东岭59号

续表

序号	姓名	性别	出生年月	属相	家庭住址
10	钟文英	女	1912 年 8 月 26 日	鼠	钟山县石龙镇新凤村大圳连 9 号
11	董花英	女	1911 年 10 月 8 日	猪	钟山县珊瑚镇新街 81 号
12	陈秀清	女	1911 年 6 月 8 日	猪	钟山县同古镇和平村委大村 043 号
13	林清和	女	1910 年 11 月 10 日	狗	钟山县同古镇瓦屋村委游兰 056 号
14	陈景荣	女	1911 年 9 月 9 日	猪	钟山县同古镇义安村委佛子背 83 号
15	胡青兰	女	1912 年 10 月 23 日	鼠	钟山县同古镇义伍村委涖田 3 号
16	徐　氏	女	1913 年 8 月 2 日	牛	钟山县公安镇廖屋村盘龙 32 号
17	李明荣	男	1912 年 8 月 5 日	鼠	钟山县燕塘镇黄宝村大木根 054 号
18	李佩珍	女	1908 年 8 月 15 日	猴	钟山县清塘镇上街 032 号
19	廖土兰	女	1912 年 8 月 31 日	鼠	钟山县清塘镇河东村委赤马 83 号
20	朱连英	女	1913 年 7 月 8 日	牛	钟山县清塘镇河东村矮山 015 号
21	欧小妹	女	1912 年 8 月 8 日	鼠	钟山县清塘镇河东村矮山 013 号
22	谭茂英	女	1913 年 11 月 22 日	牛	钟山县清塘镇观音村 008 号
23	韦世英	女	1913 年 8 月 18 日	牛	钟山县清塘镇四哨 034 号
24	刘玉兰	女	1904 年 10 月 2 日	龙	钟山县清塘镇康平村塘冲 002 号
25	韦玉英	女	1913 年 3 月 9 日	牛	钟山县清塘镇新龙村大垌 002 号
26	韦汉斌	男	1912 年 12 月 1 日	鼠	钟山县红花镇桃加 26-1 号
27	莫如秀	男	1911 年 9 月 3 日	猪	钟山县红花镇杉木寨 82 号
28	韦　氏	女	1912 年 5 月 6 日	鼠	钟山县红花镇古楼村 66 号
29	莫红玉	女	1910 年 10 月 6 日	狗	钟山县花山乡上坪村 9-1 号
30	黄盆凤	女	1911 年 5 月 15 日	猪	钟山县两安乡两安村委立头村 86 号
31	陈天彩	女	1914 年 3 月 2 日	虎	广西钟山县回龙镇松林 134 号
32	黄佩英	女	1914 年 12 月 17 日	虎	钟山县钟山镇兴钟北路 29 号 6-104
33	黄荣花	女	1914 年 8 月 29 日	虎	钟山县两安乡大岷 70 号
34	黄石英	女	1914 年 8 月 14 日	虎	钟山县清塘镇黄桥村委仙网
35	刘苟五	女	1914 年 12 月 4 日	虎	钟山县钟山镇罗家洞村 58 号
36	欧大妹	女	1914 年 7 月 12 日	虎	钟山县清塘镇东平村委上岩 012 号
37	潘绍凤	女	1914 年 12 月 24 日	虎	钟山县凤翔镇岭尾 033 号
38	潘　氏	女	1914 年 7 月 7 日	虎	钟山县回龙镇桥背村 0121 号
39	陶火妹	女	1914 年 12 月 18 日	虎	钟山县清塘镇三拱桥
40	王天益	男	1914 年 8 月 9 日	虎	钟山县公安镇里太村委平安村 85 号
41	姚可英	女	1914 年 6 月 16 日	虎	钟山县清塘镇榕木 016-2 号
42	袁二金	女	1914 年 4 月 6 日	虎	钟山县城南社区
43	李　氏	女	1915 年 1 月 15 日	兔	公安镇里家村 045 号
44	廖成英	女	1916 年 8 月 8 日	龙	公安镇粘洞 016 号
45	李爱芳	女	1916 年 8 月 1 日	龙	同古镇平竹村委上坪 40-1
46	覃大妹	女	1915 年 10 月 29 日	兔	钟山镇龟石 112-2 号
47	董扬芝	男	1916 年 7 月 18 日	龙	回龙镇东寨村委凤凰山 12 号
48	董茂瑞	男	1915 年 4 月 8 日	兔	回龙镇泉岭村委泉龙 121 号
49	周凤英	女	1915 年 1 月 12 日	兔	红花镇燕子村 103 号
50	何桂英	女	1915 年 7 月 8 日	兔	燕塘镇月小村
51	欧玉荣	女	1915 年 8 月 10 日	兔	燕塘镇溪心洞
52	周品淑	女	1916 年 9 月 12 日	龙	红花街 56 号
53	覃玉环	女	1914 年 4 月 22 日	虎	清塘镇板祥 020 号
54	韦春花	女	1916 年 10 月 4 日	龙	清塘镇四哨 088 号

富川瑶族自治县百岁老人名单

截至 2016 年 12 月 31 日

序号	乡镇	姓名	性别	年龄	民族	出生日期	住址	备注
1	新华乡	唐相翠	女	102	瑶	1913 年 4 月 3 日	广西富川瑶族自治县新华乡东湾村 117 号	五代同堂
2	新华乡	唐世荣	女	100	瑶	1916 年 5 月 5 日	广西富川瑶族自治县新华乡盘家坝村	五代同堂
3	石家乡	孔九妹	女	102	汉	1913 年 8 月 13 日	广西富川瑶族自治县石家乡东边村 63 号	
4	石家乡	林家维	男	105	汉	1911 年 1 月 29 日	广西富川瑶族自治县石家乡扎源坪村 38 号	五代同堂
5	麦岭镇	何进美	男	100	瑶	1916 年 3 月 10 日	广西富川麦岭镇大坝村委寺背湾村 19 号	五代同堂
6	麦岭镇	孟凤林	女	103	汉	1912 年 9 月 17 日	广西富川瑶族自治县麦岭镇高桥村 35 号	
7	麦岭镇	黄常音	女	102	瑶	1913 年 12 月 21 日	广西富川瑶族自治县麦岭镇长春村 568 号	
8	柳家乡	赵时珠	女	104	瑶	1912 年 1 月 6 日	广西富川瑶族自治县柳家乡黑石根村 08 号	五代同堂
9	柳家乡	唐引连	女	100	瑶	1916 年 9 月 6 日	广西富川瑶族自治县柳家乡洞井村委大中屯村	五代同堂
10	柳家乡	白友凤	女	102	瑶	1914 年 4 月 27 日	广西富川瑶族自治县柳家乡新石村 030 号	
11	莲山镇	周葱莲	女	100	瑶	1915 年 10 月 10 日	广西富川瑶族自治县莲山镇鲁洞村 123 号	五代同堂
12	莲山镇	杨碧兰	女	100	汉	1915 年 10 月 15 日	广西富川瑶族自治县莲山镇勒竹洞村 4 号	
13	莲山镇	钟友凤	女	100	汉	1916 年 1 月 1 日	广西富川瑶族自治县莲山镇大莲塘 203 号	
14	莲山镇	何中秋	男	100	汉	1915 年 8 月 23 日	广西富川瑶族自治县莲山镇黄田村 122 号	五代同堂
15	莲山镇	莫天兰	女	101	汉	1914 年 10 月 8 日	广西富川瑶族自治县莲山镇小深坝村 28 号	五代同堂
16	莲山镇	李元庆	男	103	瑶	1912 年 10 月 15 日	广西富川瑶族自治县莲山镇鲁洞村 204 号	
17	莲山镇	白三妹	女	102	汉	1914 年 3 月 16 日	广西富川瑶族自治县莲山镇新寨村 58 号	五代同堂
18	莲山镇	邓大通	女	100	汉	1916 年 10 月 19 日	广西富川瑶族自治县莲山镇吉山村委深井村	
19	古城镇	杨才华	男	102	汉	1913 年 11 月 2 日	广西富川瑶族自治县古城镇上田村 99 号	五代同堂
20	古城镇	杨雪荣	女	104	汉	1911 年 12 月 8 日	广西富川瑶族自治县古城镇山寨村 40 号	
21	古城镇	李运连	女	103	汉	1913 年 3 月 23 日	广西富川瑶族自治县古城镇蒙家村 58 号	五代同堂
22	古城镇	王小妹	女	100	汉	1915 年 8 月 6 日	广西富川瑶族自治县古城镇上田村 126 号	
23	古城镇	林玉琼	女	101	汉	1914 年 10 月 17 日	广西富川瑶族自治县古城镇上田村 99 号	五代同堂
24	古城镇	汪　琪	女	104	瑶	1911 年 8 月 24 日	广西富川瑶族自治县古城镇横山街	五代同堂
25	古城镇	冯秀琼	女	101	瑶	1916 年 9 月 1 日	广西富川瑶族自治县古城镇塘贝村委山寨村	
26	富阳镇	范　姣	女	103	汉	1912 年 12 月 24 日	广西富川瑶族自治县富阳镇瑞光路 53 号	五代同堂
27	富阳镇	廖大妹	女	100	瑶	1915 年 3 月 4 日	广西富川瑶族自治县富阳镇黄龙村 107 号	五代同堂
28	富阳镇	谭开春	男	103	汉	1913 年 1 月 12 日	广西富川瑶族自治县富阳镇新永路 4 号	
29	富阳镇	黄大妹	女	101	汉	1914 年 6 月 19 日	广西富川瑶族自治县富阳镇黄龙村 127 号	
30	富阳镇	廖小妹	女	101	汉	1914 年 12 月 5 日	广西富川瑶族自治县富阳镇瑞光路 83 号	
31	富阳镇	何志家	男	100	汉	1916 年 3 月 6 日	广西富川瑶族自治县富阳镇新建路 16 号	五代同堂
32	富阳镇	梁代琼	女	106	汉	1910 年 2 月 2 日	广西富川瑶族自治县富阳镇大村 210 号	
33	富阳镇	陈秀引	女	102	瑶	1913 年 9 月 1 日	广西富川瑶族自治县富阳镇马鹿村 107 号	五代同堂
34	富阳镇	吴玉梅	女	105	汉	1910 年 6 月 16 日	广西富川瑶族自治县富阳镇三板桥村 12 号	
35	富阳镇	柳世春	男	105	汉	1911 年 1 月 7 日	广西富川瑶族自治县富阳镇下塘榨村 22 号	
36	富阳镇	黄药连	女	101	瑶	1914 年 10 月 5 日	广西富川瑶族自治县富阳镇粟家村 058 号	
37	富阳镇	翟有姣	女	106	汉	1910 年 8 月 24 日	广西富川瑶族自治县富阳镇竹稍村 32 号	五代同堂
38	富阳镇	董三妹	女	103	瑶	1912 年 12 月 22 日	广西富川瑶族自治县富阳镇粟家村 135 号	
39	福利镇	李社英	女	100	瑶	1915 年 10 月 10 日	广西富川瑶族自治县福利镇豹洞村 187 号	五代同堂
40	福利镇	李金英	女	104	汉	1912 年 2 月 16 日	广西富川瑶族自治县福利镇沙岗村 066 号	五代同堂
41	福利镇	义进高	男	100	汉	1915 年 9 月 8 日	广西富川瑶族自治县福利镇福利街 040 号	
42	福利镇	盘凤梅	女	101	瑶	1914 年 5 月 5 日	广西富川瑶族自治县福利镇密母岩村 003 号	
43	福利镇	唐求翠	女	104	瑶	1911 年 4 月 29 日	广西富川瑶族自治县福利镇高岭村 124 号	
44	福利镇	奉求葱	女	100	瑶	1915 年 9 月 2 日	广西富川瑶族自治县福利镇豹洞村 047 号	五代同堂
45	城北镇	邓药姐	女	100	瑶	1916 年 11 月 19 日	广西富川瑶族自治县城北镇俩源村委深井村	五代同堂
46	城北镇	蒋淑聪	女	102	汉	1913 年 9 月 29 日	广西富川瑶族自治县城北镇周家村 162 号	

续表

序号	乡镇	姓名	性别	年龄	民族	出生日期	住址	备注
47	朝东镇	何大妹	女	100	瑶	1916年1月30日	广西富川瑶族自治县朝东镇民主村委双凤村	
48	朝东镇	陈道吉	男	103	瑶	1912年12月22日	广西富川瑶族自治县朝东镇福溪村18号	
49	白沙镇	邓妹苟	女	100	汉	1916年10月13日	广西富川瑶族自治县白沙镇牛塘村167号	五代同堂
50	白沙镇	李六妹	女	100	瑶	1916年6月12日	广西富川瑶族自治县白沙镇白沙街313号	五代同堂
51	葛坡镇	唐春节	女	106	汉	1910年7月22日	广西富川瑶族自治县葛坡镇极乐村委下尾栎村	

昭平县百岁老人(2016)

姓名	性别	民族	出生日期	地址
关福梅	女	汉	1916年10月5日	昭平县昭平镇大壮村大沙组52号
丁美兰	女	汉	1911年10月5日	昭平镇西堤南路2号
黄美凤	女	汉	1916年9月10日	昭平镇上楠村桂榜组50号
朱可银	男	汉	1916年9月6日	昭平镇富裕村三车组1号
李海梅	女	汉	1916年9月23日	昭平镇马圣村罗登组12号
黄秀琴	女	汉	1916年10月3日	昭平镇富裕村三车组1号
罗情娇	女	汉	1912年4月23日	昭平镇大壮村寨顶组16号
雷文凤	女	汉	1915年6月2日	昭平镇西宁南路28号
谢秀梅	女	汉	1913年4月28日	昭平镇江口村上调组7号
李远舒	男	汉	1916年5月9日	昭平镇江口村上调组2号
谢美容	女	汉	1916年7月24日	昭平镇福登村排冲组100号
冯意卿	女	汉	1907年12月1日	昭平镇平安街12号
黄桂妹	女	汉	1910年5月3日	昭平镇西堤南路111-11号
覃秀清	女	汉	1912年11月11日	昭平镇龙坪村上村组25号
陆丽云	女	汉	1914年12月9日	文竹镇桂花村桂花组3-97号
陆雪英	女	汉	1912年7月20日	文竹镇桂花村架枧组3-176号
刘葵英	女	汉	1914年6月6日	文竹镇大广村大田组4-74号
韦志才	男	汉	1914年2月10日	文竹镇文竹村珠前组2-212号
陆少龙	男	瑶	1915年7月12日	文竹镇七冲村陆家组5-85号
龚林熙	男	汉	1916年4月16日	仙回乡大中村码头组151号
李美仙	女	汉	1914年12月13日	仙回乡大中村村尾组18号
何宗秀	女	汉	1916年4月18日	仙回乡古盘村上西组206号
何宗英	女	汉	1915年1月30日	仙回乡新中村马头组139号
黄秀章	女	瑶	1916年9月28日	仙回乡茶山村大岭组131号
谢柳清	女	汉	1912年2月3日	走马镇森冲村村尾组18号
胡月英	女	汉	1903年10月14日	走马镇佛丁村上佛丁组17号
李兴春	女	汉	1915年8月14日	走马镇佛丁村外罗潭组17号
和中秀	男	汉	1905年10月5日	走马镇庙桠村新甫组13号
谢佩云	女	汉	1915年10月11日	走马镇走马街243号
冯青英	女	汉	1915年6月8日	黄姚镇白山村白山三组28号
潘雪荣	女	汉	1916年10月18日	黄姚镇篁竹村寨脚三组5号
韦定英	女	汉	1914年1月1日	黄姚镇巩桥村对步六组7号
潘玉英	女	汉	1915年8月9日	黄姚镇黄姚街天然二组12号
梁朝盛	男	汉	1915年5月9日	黄姚镇篁竹村客塘六组18号
贝朝明	男	汉	1915年7月1日	黄姚镇中洞村高坡组5号
蔡九兰	女	汉	1914年4月16日	黄姚镇中洞村下巷组5号
李福英	女	汉	1912年3月14日	黄姚镇岩头村三元六组7号
李见宗	男	汉	1914年8月5日	黄姚镇巩桥村下白九组16号
黄玉英	女	汉	1906年10月26日	黄姚镇界塘村丰门一组2号

续表

姓名	性别	民族	出生日期	地址
黄月英	女	汉	1915年7月27日	黄姚镇阳朔村阳朔七组18号
张玉珍	女	汉	1907年6月3日	黄姚镇巩桥村下白六组14号
刘奕有	男	汉	1914年1月16日	黄姚镇新寨村新寨十二组6号
李群英	女	汉	1916年7月19日	黄姚镇巩桥村大湾三组19号
全大合	男	汉	1916年6月2日	黄姚镇古碌村古碌八组23号
冯兆承	男	汉	1914年9月4日.	黄姚镇杨村村踏岱四组8-1号
钟坤节	女	汉	1916年1月7日日	黄姚镇枧盘村枧渡七组64号
梁兆林	男	壮	1916年11月12日	黄姚镇枧盘村枧渡八组6号
李勉臣	男	壮	1916年3月6日	黄姚镇巩桥街2号
韦秀枚	女	汉	1913年10月12日	黄姚镇北莱村大银七组2号
程四妹	女	汉	1915年6月5日	黄姚镇黄姚街天然一组23号
叶年柳	男	汉	1916年8月10日	樟木林乡新华村井塘组10号
谢同娇	女	汉	1905年4月5日	樟木林乡三江村老屋组15号
叶甫堂	男	汉	1916年1月1日	樟木林乡水龙村中屋组9号
叶万幼	男	汉	1913年10月6日	樟木林乡水龙村良田组4-1号
邹富英	女	汉	1912年3月9日	樟木林乡樟村巩桥头组30号
胡妹静	女	汉	1916年4月3日	樟木林乡九如村新寨组5号
贝兰英	女	汉	1916年6月27日	樟木林乡樟林村社尾组25号
王召妹	女	汉	1916年3月7日	樟木林乡三江村红星组8号
贝原英	女	汉	1911年4月7日	樟木林乡三江村付益组9号
邱八妹	女	汉	1916年1月4日	樟木林乡潮江村石寨一组18号
全永顺	男	汉	1916年3月14日	樟木林乡九如村岭坪一组17号
莫少梅	女	汉	1906年5月3日	樟木林乡九如村三花组12号
贝舒琴	女	汉	1910年6月1日	樟木林乡樟林村敦一组7号
黄秀英	女	汉	1915年8月12日	樟木林乡新华村大寨组23号
胡兰青	女	汉	1907年9月6日	凤凰乡营盘村培一组20号
杨嫩妹	女	汉	1916年3月3日	凤凰乡凤凰村朱屋组20号
杨玉珍	女	汉	1912年3月3日	凤凰乡营盘村培一组2号
罗信珍	女	汉	1911年9月9日	凤凰乡中央洞村白二组25号
梁数英	女	汉	1916年7月1日	凤凰乡美村马鞍十八组7号
全国英	女	汉	1916年8月11日	凤凰乡美村六组5号
黎海英	女	汉	1916年9月18日	凤凰乡独石村底巷组2号
黎玉雪	女	汉	1916年8月10日	凤凰乡营盘村群二组22号
黎发贵	男	汉	1911年9月12日	凤凰乡美村六组8号
黎礼允	男	汉	1913年10月5日	凤凰乡美村十一组10号
黎五英	女	汉	1911年11月4日	凤凰乡黄屋村寨头二组4号
刘亿林	男	汉	1916年4月12日	富罗镇登洞村榄子组61号
邱凤芝	女	汉	1916年9月16日	富罗镇思乐村田心组299号
邱桂仙	女	汉	1907年9月9日	富罗镇镇南村新屋组267号
赖雪娘	女	汉	1916年10月12日	富罗镇砂子村街头组104号
钟月桂	女	汉	1910年8月1日	富罗镇富罗村唐屋组825号
邹群芳	女	汉	1915年7月25日	富罗镇石齿村新屋351号
王似兰	女	汉	1913年3月18日	富罗镇百宜村阳头组81号
程凤英	女	汉	1916年10月15日	富罗镇百宜村大屋157号
钟自礼	男	汉	1916年12月1日	富罗镇富罗村寿加一组579号
蒲恒锦	男	汉	1915年4月16日	富罗镇富罗村文潭组378号
邱彩平	女	汉	1912年12月4日	富罗镇百宜村燕寨组28号

续表

姓名	性别	民族	出生日期	地址
张荫宗	男	汉	1915 年 11 月 27 日	北陀镇敬业村社下小组 246 号
雷壮梅	男	汉	1913 年 6 月 22 日	北陀镇风清村大田小组 126 号
邱月华	女	汉	1915 年 8 月 16 日	北陀镇风清村塘唇小组 603 号
李凤英	女	汉	1910 年 3 月 11 日	北陀镇上贤村上寨小组 248 号
彭叔付	女	汉	1915 年 11 月 24 日	北陀镇民福村枧中小组 382 号
覃桂英	女	汉	1911 年 9 月 29 日	北陀镇大贤村丹竹小组 98 号
罗新英	女	汉	1913 年 5 月 20 日	北陀镇大贤村丹竹小组 130 号
张兰英	女	汉	1912 年 11 月 8 日	北陀镇敬业村石排小组 343 号
邱永林	女	汉	1915 年 5 月 7 日	北陀镇观音村冲口小组 172 号
龚成英	女	汉	1913 年 10 月 1 日	北陀镇观音村坪长小组 161 号
邱庆贤	男	汉	1913 年 1 月 5 日	北陀镇民福村岭头小组 128 号
邱瑞英	女	汉	1912 年 8 月 9 日	北陀镇大龙村墩头小组 23 号
邱秀芳	女	汉	1915 年 11 月 11 日	北陀镇敬业村龙塘小组 409 号
张寿英	女	汉	1912 年 10 月 5 日	北陀镇立教村公洲小组 345 号
何淑英	女	汉	1915 年 10 月 7 日	北陀镇风清村刘屋小组 30 号
程秀园	女	汉	1911 年 4 月 18 日	北陀镇立教村李屋小组 478 号
赖华英	女	汉	1916 年 10 月 27 日	北陀镇大龙村墩头小组 33 号
陈月英	女	汉	1916 年 10 月 5 日	马江镇白梅村社岛组 243 号
巫秀群	女	汉	1915 年 6 月 9 日	马江镇花罗村下更组 28 号
董其英	女	汉	1913 年 5 月 4 日	马江镇熊埠村上寨组 194 号
谭彩仙	女	汉	1914 年 9 月 26 日	马江镇清洲村社旁组 29 号
罗亲才	男	汉	1914 年 11 月 21 日	马江镇花罗村花罗组 19 号
罗秀琴	女	汉	1915 年 8 月 9 日	马江镇花罗村塘岛组 25 号
黄年妹	女	汉	1912 年 12 月 7 日	马江镇河西街 17 号
李付贤	女	汉	1915 年 2 月 18 日	马江镇新兴村新田组 15 号
于秀明	女	汉	1914 年 7 月 11 日	马江镇砂冲村塘尾组 302 号
谢铭锦	男	汉	1915 年 10 月 3 日	马江镇河西街 18 号
邝美深	女	汉	1910 年 3 月 6 日	马江镇解放街
廖秀恒	女	汉	1913 年 11 月 23 日	马江镇花罗村必石组 380 号
李秀英	女	汉	1914 年 9 月 10 日	马江镇湾岛村开发区 01 号
马荣华	男	汉	1915 年 10 月 15 日	马江镇砂冲村塘头组 276 号
雷文才	女	汉	1915 年 2 月 2 日	马江镇新兴村真竹组 18 号
陈固国	男	汉	1917 年 1 月 2 日	马江镇江塘村中寨组 383 号
周芬英	女	汉	1916 年 2 月 14 日	马江镇白梅村社岛组 246 号
钟桂英	女	汉	1916 年 6 月 6 日	木格乡木格村路岛组 05 号
覃永进	男	汉	1913 年 6 月 12 日	木格乡高车村回龙组 19 号
陈美群	女	汉	1911 年 7 月 28 日	木格乡鹿坡村克石组 10 号
刘福兰	女	汉	1916 年 3 月 17 日	木格乡鹿坡村雅疏组 15 号
黄炎中	男	汉	1910 年 6 月 25 日	木格乡鹿坡村旺岭二组 11 号
钟美芳	女	汉	1916 年 8 月 21 日	木格乡进源村洲头组 06 号
梁爱燕	女	汉	1914 年 12 月 4 日	木格乡高车村塘头组 10 号
黎月名	女	汉	1916 年 8 月 1 日	木格乡古池村塘肚组 17 号
刘帮值	男	汉	1916 年 11 月 25 日	木格乡木格村良田一组 27 号
黎配英	女	汉	1914 年 10 月 16 日	五将镇新旺村冲口组 101 号
楼秀荣	女	汉	1915 年 9 月 9 日	五将镇河井村新屋组 27 号
蒙锡娇	女	汉	1914 年 8 月 6 日	五将镇义德村白银组 255 号
莫玉梅	女	汉	1915 年 12 月 21 日	五将镇义德村九冲组 227 号
林美英	女	汉	1915 年 2 月 6 日	五将镇南兴村路口组 251 号

（民政局）

大 事 记

编　辑：陈敏兰
许中继

1月

5日　市长李宏庆率市发改、工信委等部门到自治区发改委汇报对接“十三五”规划纲要编制相关工作。副市长夏振林，市政府党组成员陈翼明、罗良干参加汇报会。

7日　贺州市召开市委常委议军(扩大)会议。市委书记、市人大常委会主任、贺州军分区党委第一书记赵德明主持会议并讲话，市领导李宏庆、唐毓流、李伯松、刘宏武、刘雪萍、廖立勇、朱东、陈远明、韦升安、黎云、顾成学出席会议。

8日　贺州市召开全市经济工作会议。市委书记赵德明、市长李宏庆讲话。市委常委、常务副市长刘宏武主持会议。市领导韦丽萍、唐毓流、李柏松、刘雪萍、廖立勇、朱东、陈远明、韦升安、黎云等出席会议。

△市长李宏庆主持召开市政府三届五十七次常务会议，研究讨论当前亟须解决的有关事项和有关问题。副市长刘宏武、朱东、刘国学、闭海东、夏振林、李伟章出席会议。

△贺州市三届人大常委会第三十六次会议召开。会议审议通过市人大常委会2016年工作要点，听取市人大常委会办公室关于贺州市三届人大七次会议筹备工作情况的报告；审议并作出关于召开贺州市第三届人民代表大会第七次会议的决定、关于贺州市三届人大七次会议列席人员的决定；审议通过贺州市人大常委会工作报告(草案)、贺州市第三届人民代表大会第七次会议议程(草案)、主席团成员和秘书长名单(草案)、议案审查委员会主任委员、副主任委员、委员名单(草案)、《贺州市人民代表大会常务委员会关于提请审议〈贺州市立法条例(草案)〉的议案》，提交市三届人大七次会议审议。会议还表决通过《贺州市人民代表大会常务委员会人事任免办法(修正案)》及有关人事任免事项。市委书记、市人大常委会主任赵德明，副主任韦丽萍、李国强、吴泽荣、黄金文、蒋藤庆、廖成明及各委员出席会议。

11日　全区党校工作会议以电视会议形式召开，市领导赵德明、李宏庆、唐毓流、刘宏武、邓雪萍、廖立勇、朱东、陈远明、韦升安、黎云、廖成明、黄少雄等参加会议。

12日　自治区党委组织部部务委员张显、自治区党委讲师团常务副团长刘波率自治区党委中心学习督查组到贺州市检查指导工作。市委常委、宣传部部长、副市长朱东主持会议。

△自治区综治办副主任李玉振率自治区平安建设检查考评组到贺州市就平安建设工作进行检查调研。市领导韦升安、李伟章、陈有辉陪同调研或参加座谈会。

△自治区委派家庭教育五年规划终期评估工作检查组到贺州市实施教育五年规划(2011—2015)情况进行终期检查评估。

13日　自治区发改委项目建设调研组到贺州市调研自治区层面统筹推进重大项目、西江经济带基础设施大会战建设项目、能源项目、优质饮用水规划项目、农村水利项目和军民融合项目。副市长夏振林参加座谈会。

△以自治区卫生计生委党组成员、自治区防艾办专职副主任耿文奎为组长的自治区防治艾滋病攻坚工程考核组，到贺州市开展考核评估工作。市委常委、宣传部部长、副市长朱东作表态发言。

△市委书记赵德明到富川瑶族自治县城北镇六合村走访慰问基层困难党员、复退军人和困难群众，并与当地干部群众座谈。市领导陈远明陪同慰问。

15日　市领导赵德明、李宏庆，市政协主席陆海平等市四家班子及有关部门领导到南宁参观自治区“反渗透、反策应、反窃密警示展览”。

18—20日　中国人民政治协商会议第三届贺州市委员会第六次会议在市传媒中心召开。市领导赵德明、李宏庆、陆海平、韦丽萍等参加会议。

18—21日　贺州市第三届人民代表大会第七次会议在贺州传媒中心召开。会议听取和审议了市人民政府工作报告、市人大常委会工作报告、市中级人民法院工作报告、市人民检察院工作报告、贺州市2015年国民经济和社会发展计划执行情况与2016年国民经济与社会发展计划草案的报告、贺州市全市与市本级2015年预算执行情况和2016年预算草案的报告、《贺州市立法条例(草案)》，表决通过相关决议以及《贺州市立法条例》。

22日　赵德明、李宏庆、韦丽萍等31名在贺的自治区人大代表到南宁参加自治区十二届人大五次会议。

△自治区第十届纪律检查委员会第七次全体会议在南宁召开。市领导赵德明、李宏庆在南宁会场出席会议。刘宏武、陈远明、吴泽荣等市四家班子领导在贺州分会场参加会议。

24—25日 贺州市出席自治区十二届人大五次会议的人大代表团在贺州厅审议自治区政府工作报告。自治区领导唐仁健、杨道喜、刘新文,市领导赵德明、李宏庆、韦丽萍、唐华、吴玉斌参加讨论审议。

25日 以自治区党委保密局副局长阮清夏为组长的自治区绩效考评核验组,到贺州市核验2015年度绩效考评相关工作。市领导唐毓流、刘宏武参加绩效考评工作对接会。

26日 贺州市出席自治区十二届人大五次会议的人大代表团在贺州厅审议自治区人大常委会工作报告。自治区领导杨道喜、刘新文,市领导赵德明、李宏庆、韦丽萍、唐华、吴玉斌参加讨论审议。

27日 市委书记赵德明率团到广西军区、武警广西总队开展新春慰问活动。李宏庆、陆海平、韦丽萍、李柏松等市领导参加慰问。

28日 贺州市出席自治区十二届人大五次会议的人大代表团举行全体会议,审议自治区十二届人大五次会议相关决议草案,酝酿了选举候选人。市领导赵德明、李宏庆、韦丽萍、唐华、吴玉斌参加讨论审议。

29日 自治区交通运输厅总工程师王劼耘率调研检查慰问组,到贺州市开展调研检查慰问活动,检查项目建设、道路运输运营秩序维护、道路运输执法、春运安排及安全生产工作情况。

△2016年全市统战系统工作会议召开。市委常委、统战部部长刘雪萍参加会议。

△贺州市2015年经济社会发展情况通报会在梧州市举行。130余名离退休老干部参加会议。

2月

1—2日 自治区政协副主席赖德荣率调研组到贺州市走访慰问和调研指导扶贫工作。市领导赵德明、陆海平参加有关活动。

2日 中国共产党贺州市第三届纪律检查委员会第六次全体会议在市传媒中心举行,会上,市委书记赵德明与各县(区、管理区)和部门党委(党组)签订了2016年党风廉政建设主体责任书。市领导赵德明、唐毓流、刘宏武、刘雪萍、廖立勇、陈远明、韦升安、黎云等参加会议。

△市委召开全市市县乡换届工作电视电话会议,会上,各县(区、管理区)、市直单位等递交了《严肃换届纪律承诺书》。市领导赵德明、陆海平、韦丽萍、唐毓流、刘宏武、刘雪萍、廖立勇、陈远明、韦升安、黎云等市四家班子领导参加会议。

△自治区党委常委、宣传部部长黄道伟到贺州市开展春节前夕走访慰问活动。市领导李宏庆、朱东、陈翼明陪同走访慰问。

2—3日 自治区副主席黄世勇到贺州市开展慰问调研活动。自治区政府副秘书长吴健新,副市长黄志民陪同慰问调研。

3日 自治区党委常委、自治区常务副主任唐仁健到贺州市富川瑶族自治县走访慰问基层群众,并参加植树活动。

4日 贺州市在市传媒中心举行2016年新春茶话会。市委书记、市人大常委会主任赵德明,市长李宏庆,市政协主席陆海平等市四家班子领导及社会各界认识代表出席茶话会。

14日 经国家人社部社会保险事业管理中心批准,贺州市获评全国首批社会保险标准化建设"先行城市"。

△市委书记赵德明、市长李宏庆共同为社会保险标准化建设"先行城市"揭牌。市领导唐毓流、刘宏武、陈远明等参加活动。

△市委书记赵德明到昭平县黄姚古镇景区调研生态健康产业新业态发展情况。市领导朱东、陈远明陪同调研。

16—18日 市委举行厅级领导干部"向东开放"专题培训班。市委书记赵德明、市长李宏庆、市政协主席陆海平及全市厅级领导干部参加培训。

17日 市委书记赵德明,市长李宏庆,市政协主席陆海平在深圳会见华润集团有限公司副总经理王传栋。市领导韦丽萍、唐毓流、廖立勇、陈远明、黄志民、陈翼民参加会见。

19日 贺州市委在八步区南乡镇召开中心组2016年第一次集中学习暨务虚会。市委书记赵德明主持会议并作动员、总结讲话。市长李宏庆讲话。

△市委书记赵德明、市长李宏庆等四家班子领导率广大干部群众到八步区南乡镇参加义务植树活动。

18—22日 以自治区党委组织部委员、自治区远程办主任王波为组长的检查组,到贺州市就"美丽广西"乡村建设工作进行专题检查,并召开座谈会。

22日 自治区召开2016年全区教育工作会议。市委常委、宣传部部长、副市长朱东在贺州分会场参加会议。

23日 自治区召开全区产业脱贫2016年春季大行动电视电话会议。副市长刘国学在贺州分会场参加会议。

24日 全区扶贫村组织第一书记、工作队长脱贫攻坚警示帮扶培训会在南宁召开。市领导李宏庆、陆海平、韦丽萍、唐毓流、李柏松、刘雪萍、廖立勇、陈远明、黎云等市四家班子领导在贺州分会场参加会议。

24—25日 自治区珠江—西江经济带人才工作调研组到贺州市就人才工作进行调研。

25日 贺州市召开青年智库研究会第一次会员代表大会。市委副书记唐毓流，市委常委、组织部部长廖立勇，团区委副书记、广西青年智库研究会副理事长郑胜景出席大会。

23—26 日 世界银行项目经历秦刚一行到贺州市开展水环境治理与城市综合发展项目预鉴别工作。副市长夏振林陪同考察。

25—26 日 贺州市政府召开党组中心组集中学习暨务虚会。市长李宏庆主持会议并作总结讲话。

26—27 日 市委书记、市人大常委会主任赵德明率市委宣传部一行到北京，与人民网、新浪网和凤凰网等全国知名媒体对接，深化合作，并与人民网等相关负责同志进行深入座谈。市领导朱东一同参加活动。

28 日 贺州市召开全市脱贫攻坚精准帮扶工作会议。市委书记赵德明出席会议并讲话，市长李宏庆主持会议。市领导陆海平、韦丽萍、唐毓流、李柏松、刘雪萍、廖立勇、陈远明出席会议。

△贺州市召开“多规合一”试点推进暨建设项目并联审批工作动员会议。市长李宏庆出席会议并作重要讲话。市委常委、副市长刘宏武主持会议。

3 月

1 日 贺州市召开市委常委会。市委书记赵德明主持会议。市领导李宏庆、唐毓流、李柏松、刘雪萍、廖立勇、朱东、陈远明、韦升安等出席会议。

△市委、市政府召开联席会议，审议贺州园林园艺博览会规划设计征集方案，听取中铁四院南宁勘察设计院关于贺州市轨道交通规划建设方案汇报。市委书记、市人大常委会主任赵德明主持会议，市领导李宏庆、陆海平、韦丽萍、李柏松、刘雪萍、廖立勇、朱东、陈远明等参加会议。

4 日 自治区副主席张秀隆率自治区有关部门到贺州市，主持召开涉农和珠西规划实施办公服务会。自治区人民政府副秘书长周光华，副市长刘国学参加会议。

11 日 贺州市委书记、市人大常委会主任赵德明与市长李宏庆在北京拜访国家旅游局局长李金早，就贺州市旅游发展情况和打造全域旅游相关工作向国家旅游局作了汇报交流。

12 日 自治区政协人口资源环境委员会主任谭明杰率调研组到钟山县，调研“推广非农建设占用耕地作层土壤剥离利用”工作。

△全市扶贫产业开发现场会在昭平县召开。市委副书记唐毓流出席会议并讲话。

13—14 日 市长李宏庆率市投资促进局、农业局、旅发委、旅游实业集团及市政府驻广办等单位负责人，赴广东省广州市、东莞市对接生态农业产业合作项目。

14 日 市委书记、市人大常委会主任赵德明全国“两会”期间接受人民网题为“生态健康产业助推长寿贺州‘绿色崛起’”的专访。

15 日 市长李宏庆主持召开市政府三届五十八次常务会议，研究讨论当前亟须解决的有关问题和事项。

16 日 贺州市农村工作会议召开，市委副书记唐毓流、副市长刘国学出席会议。

△贺州市召开县域义务教育均衡发展攻坚会。市委常委、宣传部部长、副市长朱东，自治区人民政府教育督导委员会办公室副主任王滨出席会议。

17 日 自治区召开传达学习全国“两会”精神电视电话大会。市领导赵德明、李宏庆、陆海平出席会议。

23 日 贺州市第一季度经济运行分析会暨国民经济指标核算部门联席会议召开。市长李宏庆主持会议。市领导朱东、夏振林、陈翼明参加会议。

△市委书记赵德明、市长李宏庆在贺州会见了贺州市全国三八红旗手黄燕英，自治区三八红旗手代表苏飞群、黄善云，广西三八红旗集体的代表董慧轶、柳爱云、冯耿等人。市领导唐毓流、廖立勇、陈远明参加会见。

△贺州市第三届人民代表大会常务委员会第三十七次会议召开，会议听取和审议市人大常委会调研组关于“创建广西特色旅游名县”工作专项调研报告，表决通过有关人事任免事项。被任命人员还进行了宪法宣誓。市人大常委会副主任韦丽萍、李国强、吴泽荣、蒋藤庆、廖成明，秘书长卿汤义及各委员出席会议。市委常委、宣传部部长、副市长朱东，市中级人民法院、市人民检察院负责人列席会议。

28 日 国务院第四次廉政工作会议以电视电话会议形式召开。市领导李宏庆、朱东、陈翼明参加会议。

4 月

1 日 贺州市实施全面两孩政策暨2016年贺州市卫生工作电视电话会议召开。

5—7 日 自治区纪委常委、监察厅副厅长于洁率调研组到贺州市，调研督导查处发生在群众身边的“四风”和腐败问题专项工作。市委常委、市纪委书记黎云参加调研。

7 日 浙江省发展改革委党委副书记、副主任、发展规划研究院院长黄勇一行到贺州市，就“多规合一”试验工作，召开广西与浙江“多规合一”试点工作会议，副市长夏振林陪同调研和出席座谈会。

△市长李宏庆主持召开市政府三届五十九的常务会议，研究讨论当前亟须有关事项和问题。

△市委召开2016年党的建设工作领导小组会议。市委书记、市委党的建设工作领导小组组长赵德明出席会议并讲话，唐毓流、廖立勇、朱东、陈远明、韦升安参加会议。

13 日 中共贺州市第三届委员会第七次全体会议召开，市委书记赵德明主持会议并讲话。

△贺州市厅级领导和处级主要领导学习贯彻十八届五中全会精神暨

"两学一做"学习教育专题研讨班在市委党校开班，赵德明、李宏庆、陆海平、韦丽萍、唐毓流、刘雪萍、朱东、陈远明、韦升安、黎云、杨宏伟等市四家班子领导，市中级人民法院院长、市检察院检察长、各县(区、管理区)党政主要领导、市直副处级以上单位主要领导聆听了报告。

14 日 贺州市召开第十届广西(贺州)园林园艺博览会项目建设推进会。市长李宏庆作重要讲话。市领导朱东、夏振林、陈翼明等出席会议。

△贺州市召开 2014—2015 年度"美丽广西"乡村建设(扶贫)工作队工作总结暨新选派队员动员会，总结贺州市 2014—2015 年度"美丽广西"乡村建设(扶贫)工作成绩，并对下一步工作进行动员部署。市领导赵德明、廖立勇、陈远明等参加会议。

15 日 贺州市召开三届人民政府第四次廉政工作会议。市长李宏庆出席会议并讲话。市领导朱东、黎云、夏振林、黄志光、李伟章、黄志民、杨育智、陈翼明参加会议。

△贺州市"两学一做"学习教育工作座谈会召开，贯彻落实习近平总书记关于"两学一做"学习教育重要指示和中央、自治区"两学一做"学习教育工作座谈会精神，对贺州市开展"两学一做"学习教育工作进行研究部署。市领导赵德明、唐毓流、廖立勇、陈远明、韦升安参加会议。

18—19 日 自治区党委书记彭清华深入贺州市钟山县、八步区和平桂管理区，走乡村、进园区、看新城，重点就脱贫攻坚工作和"两学一做"学习教育开展情况进行调研。自治区领导范晓莉、喻云林，自治区有关部门负责人一同调研。贺州市领导赵德明、李宏庆陪同调研并参加汇报会。

19 日 全区统计系统一季度经济形势分析会在贺州市召开。自治区统计局局长杨和荣等领导班子成员、专业处室单位副负责人、全区 14 个市统计局负责人参加会议。副市长夏振林出席会议。

20 日 自治区统计局与贺州市人民政府"贺州经济发展与统计工作"会商会召开。自治区统计局党组书记、局长杨和荣，市委书记赵德明出席会议并讲话。会议由市长李宏庆主持。

21 日 市委书记赵德明、市长李宏庆出席正润日轻偏分析法高纯铝项目一期工程投产仪式并会见冈本一郎一行。市领导陈远明、黄志民、陈翼明参加仪式并陪同会见。

△贺州市党校工作会议召开。市领导赵德明、李宏庆、陆海平、韦丽萍、李柏松、刘雪萍、廖立勇、陈远明、韦升安、黎云、杨宏伟等出席会议。市委副书记、市委党校校长唐毓流主持会议。

△贺州市委统战工作会议召开。市领导赵德明、李宏庆、陆海平、唐毓流、李柏松、刘雪萍、廖立勇、陈远明、韦升安、黎云等出席会议。

25 日 贺州市召开 2016 年生态乡村工作会议。市委副书记唐毓流出席会议并讲话。

25—26 日 自治区纪委组织人大代表、政协委员、民主党派及无党派人士到贺州市，开展查处发生在群众身边的"四风"和腐败问题。市委常委、市纪委书记黎云参加巡查调研。

29 日 以自治区民政厅副巡视员苏耀南为组长的自治区消防安全专项督查组一行到贺州市督查消防安全工作。

5 月

5 日 自治区党委组织部部务会成员、自治区远程办主任王波率自治区党委组织部第十二督导组到贺州市，督查指导市县乡换届工作。市领导赵德明、廖立勇、陈远参加汇报会。

6 日 市长李宏庆会见了上海同济孵化器有限公司常务副总经理赵念一行，并签订广西贺州高新技术产业开发区同济银城产学研基地贺州框架协议。

7 日 市委书记赵德明，市长李宏庆出席了北京华盛金榜国际传媒有限公司、中共贺州市委宣传部、广东广播电视台、广西电视台等联合摄制的电视剧《股份农民》开机仪式暨新闻发布会。

10 日 贺州市召开中国共产党贺州市第三届委员会第八次全体会议。

10—11 日 自治区民政厅副巡视员黎伟率自治区信访工作督查组到贺州市，督查信访工作制度改革措施落实情况。副市长、市公安局局长李伟章参加汇报会。

11 日 贺州市召开县(区、管理区)新一届领导班子成员集体谈话会。市委书记赵德明出席会议并讲话，市长李宏庆主持会议，市领导韦丽萍、刘雪萍、朱东、陈远明、韦升安、杨宏伟出席会议。

12 日 国家旅游局副局长王晓峰率国家旅游局红色旅游办公室主任罗迪辉、国家旅游局相关处室负责人一行莅临贺州市，调研红色旅游经典景区建设、教育功能和扶贫作用发挥等工作情况。市长李宏庆、市委常委杨宏伟、市政府秘书长陈翼明陪同调研。

13 日 贺州市召开迎接广西卫生城市复审工作动员会。市领导朱东参加会议。

18—19 日 自治区副主席黄世勇率自治区发改委、农业厅、扶贫办等区直部门有关负责人到贺州市开展扶贫工作调研并召开座谈会。市长李宏庆出席调研座谈会。副市长刘国学陪同调研并出席会议。

19 日 自治区党委统战部部务委员冯华清率调研组莅临贺州市，开展调研并召开座谈会。

19—21 日 自治区人民政府驻广州办事处主任李葆盛率有关企业家到贺州市，开展扶贫帮困调研工作。副市长杨育智陪同调研。

26 日 市委全面深化改革领导小组第六次会议召开。市委书记、市人大常委会主任赵德明，市委全面深化改革领导小组成员参加会议。

27日 贺州市人大常委会召开2016年全市县区、乡镇人大换届选举工作会议，研究部署贺州市县区、乡镇人大换届选举的有关工作。贺州市人大常委会副主任韦丽萍，贺州市委常委、组织部部长廖立勇出席会议并讲话，贺州市人大常委会副主任廖成明传达全区市县乡人大换届选举工作会议精神。会后，与会人员集中观看警示教育片《镜鉴》。

28日 柳州市考察组一行到贺州市，考察学习"多规合一"试点工作。

30日 贺州市三届人大常委会第三十八次会议召开。会议听取和审议市人民政府关于贺州市市容市貌综合提质三年行动实施情况的报告、关于推进现代特色农业示范区建设的报告；审议并表决通过市人民政府《关于提请审议2015年末政府债务限额分配方案的议案》《关于提请审议2016年贺州市政府和社会资本合作项目（市本级）的议案》，会议还审议并表决通过有关人事任免事项。赵德明为新任命人员颁发任命书，新任命人员进行宪法集体宣誓。贺州市委书记、市人大常委会主任赵德明、市人大常委会副主任韦丽萍、李国强、黄金文、蒋藤庆、廖成明，秘书长卿汤义及各常委会委员出席会议；市委常委、市政府党组成员杨宏伟，市中级人民法院、市人民检察院负责人列席会议。

6月

1日 市委书记赵德明到富川瑶族自治县检查落实党风廉政建设"两个责任"及查处发生在群众身边的"四风"和腐败问题专项工作。市领导陈远明、黎云一同检查。

2日 香港广西贺州市商会第一届常务理事会就职典礼暨贺州市经贸推介会在贺州市举行。市长李宏庆，市委常委、统战部部长刘雪萍，香港广西总商会会长吴家荣出席就职典礼和推介会。

2—3日 以自治区发改委副巡视员龙力为组长的自治区第七督查组莅临贺州市，就贺州市贯彻落实自治区稳增长工作部署情况进行督查，市政府副市长杨育智陪同督查调研并做相关汇报。

3日 市委书记赵德明主持召开市委常委会议，听取市人大常委会、市政府、市政协、市中级人民法院、市人民检察院党组工作汇报。市委书记赵德明主持会议并讲话。市长李宏庆、市政协主席陆海平参加会议。

6日 市长李宏庆主持召开市政府三届第六十一次常务会议，研究讨论当前亟须解决的有关问题和事项。

7日 贺州市委中心组召开"两学一做"学习教育第一专题学习研讨暨2016年第二次集中学习会。市委书记赵德明主持会议并讲话，市长李宏庆作书面发言，市政协主席陆海平出席。韦丽萍、李柏松、韦升安等市委中心组成员参加专题学习研讨会。

△自治区质监局党组书记、局长陈鸿起率调研组到贺州市开展《自治区党委、政府关于实施质量强桂战略的决定》起草工作专题调研，并召开专题座谈会。副市长闭海东参加座谈会。

13—17日 世界银行项目鉴别团一行到贺州市开展世界银行贷款广西贺州市水环境治理与城市综合发展项目鉴别工作并召开鉴别反馈会。市长李宏庆出席反馈会并讲话。自治区财政厅国际合作处处长甘耘、自治区发展改革委外资处副处长印宏亮陪同考察，副市长杨育智陪同考察并主持反馈会。

15日 南宁铁路局副局长郑耀明一行到贺州市，就贺州站改扩建工程协议签订有关事宜进行协商。市长李宏庆出席协商会并讲话。

△贺州市召开贺州旅游（潮汕地区）专场推介会。

16日 自治区人大常委会市县乡人大换届选举第五指导组刑俊平一行到贺州市调研人大换届选举工作，并召开座谈会。市人大常委会副主任廖成明出席座谈会。

18日 贺州市成功举办了2016贺州市石材·碳酸钙产业推介会，并举行了"中国贺州·重钙之都"揭牌仪式，正式荣获"中国贺州·重钙之都"称号。市长李宏庆、自治区人民政府副秘书长姚志祥、中国非金属矿工业协会会长胡勤出席推介会。

19日 参加2016中国贺州石材·碳酸钙产业技术交流大会的部分专家学者及企业代表深入贺州市旺高工业区（碳酸钙千亿元产业示范基地），对贺州市的石材碳酸钙产业发展情况进行考察。

20日 市委、市政府召开全市2016年度脱贫摘帽推进大会，深入贯彻落实中共中央、国务院《关于打赢脱贫攻坚战的决定》、自治区"1+20"脱贫攻坚系列政策文件和全区2016年度脱贫摘帽推进大会精神，市委书记赵德明在会上发表讲话，市长李宏庆作总结讲话。

△市委书记赵德明前往平桂管理区西湾街道石梯自然村，看望慰问优秀党员、老党员，并深入了解全村基础设施建设和产业发展情况。市领导陈远明参加慰问。

21日 贺州市召开全市保密工作专题辅导报告会。韦丽萍、唐毓流、廖立勇、朱东、陈远明、韦升安、黎云、唐敬春等市四家班子在家领导及其他厅级领导参加报告会。

21—22日 台湾联合总工会大陆事务委员会主委张茂林率考察组到贺州市开展两岸青年农业创新园区项目考察洽谈工作。市委常委、宣传部部长、副市长朱东参加洽谈会；市委常委唐敬春参加会见；市政府党组成员陈翼明参加会见并陪同考察。

22—23日 浙江省扶贫办主任章文彪率浙旅游企业负责人、民宿专家等到贺州市考察旅游扶贫工作。市委常委、副市长杨宏伟参加考察活动。

24日 贺州市召开市容市貌综合提质三年行动工作汇报会。市政府党组成员陈立华参加会议。

△贺州市三届人大常委会第三十九次会议召开。会议审议并表决通过有关人事任免事项，并举行宪法宣誓仪式。市人大常委会副主任韦丽萍、李国强、吴泽荣、黄金文、廖成明，秘书长卿汤义及各委员出席会议。市委常委、市人民政府党组副书记王军，市中级人民法院、市人民检察院相关领导列席会议。

23—24日 广州军区善后办副政委许进林率8人考察组到贺州市考察扶贫帮困工作。市长李宏庆参加会见，贺州军分区司令员顾成学，市人民政府党组成员、市公安局局长莫建平陪同调研。

27日 贺州市政府党组召开“两学一做”学习教育第一专题学习研讨会。市长李宏庆主持会议并讲话。市政府党组成员王军、朱东、杨宏伟、刘国学、闭海东、莫建平、陈翼明、黄志民、杨育智、刘飞国等参加学习研讨会议，副市长黄志光应邀参加会议。

29—30日 海峡两岸关系协会常务副会长郑立中一行4人到贺州市开展考察调研活动。市长李宏庆会见调研组一行，并召开座谈会交流。市委副书记唐毓流，市委常委、统战部部长唐敬春，市政府党组成员陈翼明，市政府党组成员、秘书长刘飞国参加会见。

30日 自治区党委以电视电话会议形式在南宁召开庆祝中国共产党成立95周年大会，市委副书记、市长李宏庆，市政协主席陆海平等在贺州分会场参加会议。

△贺州市政府组织召开基础设施项目推进工作会，研究解决近期可实现开工建设基础设施项目存在的问题。市长李宏庆出席会议并作工作部署。

7月

6月29日—7月1日 自治区关工委主任潘鸿权一行到贺州市调研。市领导李宏庆、陆海平、韦丽萍、廖立勇参加调研。

4—6日 自治区人大常委会副主任、党组书记危朝安率调研组到贺州市，就重大旅游项目建设进展情况开展调研检查，并召开《广西壮族自治区旅游条例(修订草案)》立法调研座谈会。市领导韦丽萍、朱东、杨宏伟一同调研或参加座谈会。

6日 自治区人大调研组到贺州市调研人大工作，听取贺州市人大常委会工作情况汇报，自治区人大常委会副主任、党组书记危朝安在会上讲话。

7日 贺州市政府党组召开学习研讨会。市长李宏庆主持会议并讲话。市政府党组成员朱东、刘国学、闭海东、莫建平、陈翼明、刘飞国等参加了学习研讨。

8日 自治区林业厅总工程师蒋桂雄率督查组一行到贺州市开展为期3天的现代特色农业示范区建设督查工作。副市长刘国学参加有关调研活动。

△贺州市再次荣获“自治区双拥模范城”称号，实现“四连冠”。市长李宏庆，市委常委、贺州军分区政委李柏松代表贺州市上台领奖。钟山县荣获“自治区双拥模范县”称号，市民政局、市中医医院被评为“爱国拥军模范单位”，武警贺州市支队支队长王善武、市民政局安置办主任付克寿分别被评为“拥政爱民模范”和“爱国拥军模范”。

12日 市委书记赵德明主持召开市委常委会议。市领导李宏庆、韦丽萍、唐毓流、廖立勇、朱东、黎云等参加会议。

12—13日 自治区工商联副主席韦峥芳率自治区第二督查组到贺州市，就民营企业参与扶贫优惠政策贯彻落实情况进行督查。

14日 市长李宏庆会见了日本轻金属控股株式会社社长石山乔一行。市政府党组成员、秘书长刘飞国参加会见。

△中央第六环境保护督察组督察广西壮族自治区工作动员会在南宁召开。市领导赵德明、李宏庆、唐毓流、李柏松、廖立勇、朱东、陈远明、韦升安、黎云、唐敬春等市四家班子领导在贺州分会场参加会议。

12—15日 市人大常委会组织驻桂全国人大代表和自治区人大代表在贺州市开展年中专题调研活动。自治区人大常委会副主任刘新文，市人大常委会副主任韦丽萍参加调研。

15日 自治区党委第二巡视组专项巡视贺州市工作动员会召开。贺州市委书记赵德明主持会议并作表态发言。

19日 市长李宏庆主持召开市政府三届六十二次常务会议，研究讨论贺州市当前亟须解决的有关问题和事项。

18—20日 自治区工信委副主任王萍率自治区2016年第二季度安全生产督查第二督查组到贺州市督查安全生产工作。

21日 市委中心组召开“两学一做”学习教育第二专题学习研讨暨2016年第三次集中学习会。赵德明、李宏庆、陆海平、李柏松、廖和明、朱东、陈远明、韦升安、唐敬春、杨宏伟等市委中心组成员参加学习研讨。

22日 贺州市三届人大常委会第四十次会议召开。会议听取和审议市人民政府关于贺州市市容市貌综合提质三年行动实施情况、2015年度市本级财政决算、2015年预算执行情况和其他财政收支的审计工作报告以及市人大常委会代表资格审查委员会关于个别的代表资格审查情况的报告。会议还表决通过人事任免。被任命人员进行宪法宣誓。市人大常委会副主任韦丽萍、李国强、吴泽荣、廖成明，秘书长卿汤义及各委员出席会议。市人民政府党组成员陈立华，市中级人民法院、市人民检察院相关领导列席会议。

25日 贺州市召开市第四届人大代表换届选举工作会议。

26日至28日 参加全区城市工作会

议暨年中工作会议的部分代表分为四组，奔赴全区各地参观考察。其中，自治区党委书记彭清华率第一组深入贺州、梧州、贵港、玉林四市考察。陈际瓦、范晓莉、王小东、王可、危朝安、张秀隆、罗殿龙分别参加考察。

31日 贺州市召开全市城市工作会议暨年中工作会议。市委书记赵德明、市长李宏庆在会上作重要讲话，市政协主席陆海平出席会议，市委副书记唐毓流主持会议。

△ 31日17点18分07秒在梧州市苍梧县（北纬24.08度，东经111.56度）发生5.4级地震，震源深度10公里，震中位于梧州市苍梧县沙头镇与贺州市仁义镇交界。这是1970年有仪器监测以来广西陆地范围内最大的地震，也是中华人民共和国成立以来贺州市最大的一次地震（有历史记载以来，发生在贺州市的第三次5.4级地震，前两次在明朝）。贺州市有强烈震感，地震造成贺州市2区18乡镇（街道）受灾，造成直接经济损失为5063.03万元。没有出现住房倒塌（倒塌农房3户4间均为无人居住泥砖房）、没有出现人员伤亡、没有出现踩踏事故，没有出现严重次生灾害。

8月

1日 自治区绩效考评核验工作组一行来到贺州市，对贺州市2016年度绩效考评工作情况进行年中核验，并召开对接会。市委副书记唐毓流出席会议。

1—3日 自治区中央环境保护督察交办群众举报环境问题督办领导小组第二督办小组到贺州市开展督办工作，并现场核查交办案件办理情况。

4—5日 两岸青年农业论坛主委会主委张茂林一行在自治区台办主任刘侃的陪同下，到贺州市进行考察交流。市长李宏庆参加座谈会，市委常委、宣传部部长、副市长朱东参加座谈会并陪同考察。

5日 贺州、梧州两市交流座谈会在贺州市举行，两地就进一步深化合作进行友好交流座谈。贺州市长李宏庆、梧州市长朱学庆参加会议。

8日 贺州市召开出席自治区第十一次党代表大会代表选举工作会议。市委常委、组织部部长廖立勇出席会议并讲话。

11日 自治区人民检察院党组书记、检察长崔智友率调研组到贺州市，对贺州市两级检察院相关工作开展情况进行调研指导并召开座谈会。市委常委、政法委书记韦升安参加座谈会。

△市长李宏庆会见华润电力控股有限公司高级副总裁姜利辉一行，双方就深化合作事宜进行会谈，并签订深化战略合作框架协议。

19日 广西园林园艺博览会组委会派督导组到贺州市召开规划建设现场会。

24日 贺州市召开全市2016年上半年经济社会发展情况专题协商座谈会。市长李宏庆参加会议并讲话，市领导唐毓流、廖和明、陈远明、唐敬春参加会议。

25日 市委召开座谈会，先后向市四家班子领导，各县（区、管理区）负责同志，各民主党派、无党派人士等，多层次、多领域征求贺州市第四次党代会《报告（征求意见稿）》的意见和建议。市领导赵德明、李宏庆、韦丽萍、陆海平、李柏松、廖和明、廖立勇、朱东、陈远明、韦升安、黎云、唐敬春、杨宏伟参加座谈会。

△召开昭平县人大、政协换届选举工作汇报会。市领导李宏庆、朱东等参加会议。

31日 市长李宏庆主持召开市政府三届六十三次常务会议，研究讨论贺州市当前亟须解决的有关问题和事项。

9月

2日 市长李宏庆在市政府七楼会客厅会见日本电源开发株式会社副社长村山均一行。

△自治区召开全区全面推进乡镇“四所合一”改革工作电视电话会议。市委常委、副市长廖和明在贺州分会场参加会议。

△贺州市采取项目现场查看和召开协调会的方式，开展2016年第一次重大项目建设现场推进会活动。市委常委、副市长廖和明参加推进会活动并作相关工作部署。

4日 崇左市委书记、市人大常委会主任刘有明，市长孙大光率崇左市党政代表团，深入贺州市昭平县、平桂管理区，分别就旅游景区建设、旅游产业扶贫、碳酸钙产业发展及城市建设进行参观考察。贺州市市长李宏庆的陪同。

5日 第三十二届西南西北片区台协会会长联谊会暨贺州市经济社会发展投资促进会在贺州市举行，全国台企联监事长张文潭、自治区台办主任李东兴、贺州市长李宏庆出席联谊会，西南西北地区台协会会长及代表40多人参加联谊会。市委副书记唐毓流主持会议。

6日 自治区综合行政执法体制改革试点工作督察组到贺州市开展专项督察，并召开座谈会。

11日 第十三届中国—东盟博览会在南宁国际会展中心开幕，市委书记赵德明、市长李宏庆率贺州市代表团组团参加了中国—东盟博览会。

13日 广西壮族自治区主席陈武，副主席张晓钦，副主席、自治区公安厅厅长胡焯，自治区政府秘书长莫恭明到贺州市在第十三届中国—东盟博览会设立的展厅，在市长李宏庆的陪同下参观了旺高工业区（广西碳酸钙千亿元产业示范区基地）展区。

△以自治区财政厅副厅长黄绪全为组长的督查调研组一行到贺州市开展国务院第三次大督查自查工作督查调研。市委常委、常务副市长廖和明出席情况汇报会并发言。

18日 中国共产党贺州市第三届委员会第十次全体会议在贺州举行。市委书记赵德明作讲话，会议听取了市委副书记唐毓流就中国共产党贺州市第四次代表大会筹备工作情况所作的报告,审议通过了中国共产党贺州市第三届委员会报告(草案)、中国共产党贺州市第三届纪律检查委员会工作报告(草案)。

19日 中国共产党贺州市第四次代表大会代表团召集人会议在市传媒中心举行。市委书记赵德明主持会议并讲话。

△中国共产党贺州市第四次代表大会预备会议在市传媒中心举行。市委书记赵德明主持会议。

△中国共产党贺州市第四次代表大会在市传媒中心举行主席团第一次会议。会议由市委书记赵德明主持。

20日 中国共产党贺州市第四次代表大会隆重开幕,赵德明代表中国共产党贺州市第三届委员会向大会作题为《把握新机遇,引领新常态,展现新作为,为加快实现发展新定位全面建成小康社会而努力奋斗》的报告。李宏庆主持大会。396名代表出席大会开幕式。大会执行主席赵德明、李宏庆、陆海平、韦丽萍、唐毓流、李柏松、廖和明、廖立勇、朱东、陈远明、韦升安、黎云、唐敬春在主席台前排就座。自治区党委换届选举现场督导组莅临大会指导。

21日 中国共产党贺州市第四次代表大会在市传媒中心举行第二次全体会议。赵德明、李宏庆、陆海平、韦丽萍、唐毓流、李柏松、廖和明、廖立勇、朱东、陈远明、韦升安、黎云、唐敬春等在主席台前排就座。会议由赵德明主持。

△中国共产党贺州市第四次代表大会胜利闭幕,大会通过关于第三届市委报告的决议和关于第三届市纪委工作报告的决议,赵德明致闭幕词,李宏庆主持大会。大会执行主席赵德明、李宏庆、陆海平、韦丽萍、唐毓流、李柏松、廖和明、廖立勇、朱东、陈远明、韦升安、黎云、唐敬春在主席台前排就座。

△中国共产党贺州市第四届委员会第一次全体会议在贺州举行。出席会议的有贺州市第四届党委委员47人,候补委员11人。贺州市第四届纪律检查委员会委员列席会议。赵德明同志主持会议并作讲话。全会选举产生中国共产党贺州市第四届委员会书记、副书记、常务委员会委员。

△中国共产党贺州市第四届纪律检查委员会第一次全体会议在贺州举行。市四届纪委委员35人出席会议。黎云同志主持会议。全会选举中国共产党贺州市第四届纪律检查委员会常务委员会委员、书记、副书记,报中国共产党贺州市第四届委员会第一次全体会议通过。

21日 自治区绩效办专职副主任施汉飞率调研组到贺州市开展绩效考评工作调研。市委常委、副市长杨宏伟出席座谈会并陪同实地考察。

21—22日 自治区发展改革委党组成员、副主任谢彬率自治区投资和重大项目工作调研组到贺州市调研固定资产投资和重大项目工作情况。市委常委、常务副市长廖和明出席座谈会并陪同调研。

22日 2016年全区电子政务外网工作会议在贺州市召开。自治区发展改革委员会副主任谢彬,自治区政务服务监督管理办公室副主任梁弋敏,市委常委、常务副市长廖和明参加了会议。

22—23日 自治区林业厅副巡视员蒋勇率自治区农业普查督查工作组到贺州市就第三次全国农业普查工作情况进行调研。

△9月23日,贺州市三届人大常委会召开第四十一次会议。会议听取和审议市人民政府关于2016年上半年国民经济和社会发展计划执行情况的报告,2016年上半年全市及市本级预算执行情况的报告,市三届人大七次会议代表建议、批评和意见办理情况的报告;听取和审议了市人大常委会选举联络工作委员会关于市三届人大七次会议代表建议、批评和意见办理情况的报告;审议了市人民政府关于《贺州市黄姚古镇保护条例(草案)》;审议并表决通过了贺州市人大常委会工作报告(草案)、贺州市人大常委会代表资格审查委员会关于市第四届人民代表大会代表的代表资格审查报告;听取了市人大常委会办公室关于贺州市四届人大一次会议筹备工作情况的报告;审议并表决通过贺州市人大常委会关于召开贺州市第四届人民代表大会第一次会议的决定(草案),贺州市第四届人民代表大会第一次会议议程(草案),贺州市人大常委会关于贺州市第四届人大一次会议列席人员的决定(草案),贺州市四届人大一次会议主席团成员和秘书长名单(草案),贺州市四届人大一次会议议案审查委员会主任委员、副主任委员、委员名单(草案)。会议还进行了人事任免事项,为新任命人员颁发任命书。新任命人员进行宪法宣誓。市人大常委会副主任韦丽萍、李国强、吴泽荣、黄金文、廖成明,秘书长卿汤义及各委员出席会议。市委常委、副市长廖和明,市中级人民法院、市人民检察院相关领导列席会议。

26日 贺州市召开全市项目建设推进大会。市委书记赵德明、市长李宏庆出席会议并作讲话,市政协主席陆海平出席会议。

△中国农发行广西分行行长刘喜峰一行到贺州市就农发行贷款项目情况进行调研。市长李宏庆参加座谈会。

27—29日 自治区卫生计生委主任李国坚率调研组到贺州市,对贺州市卫生计生工作开展情况进行调研并召开座谈会。市委常委、宣传部部长、副市长朱东陪同调研并主持座谈会。

29日 市长李宏庆主持召开园区项目专题研究会议,副市长廖和明,市政府党组成员陈翼明参加会议。

30日 市长李宏庆主持召开市政府三届六十五次常务会议,研究讨论贺州市当前亟须解决的有关问题和事项。

30日 市委书记赵德明深入八步区开山镇、桂岭镇,就脱贫攻坚工作进行调研。市领导陈远明、刘国学参加调研。

△2016·中国(贺州)新媒体群英会暨广西贺州第一届长寿文化节在黄姚古镇开幕。市长李宏庆出席群英会并致辞,市领导朱东、杨宏伟、陈有辉参加会议。

10月

1日　为期6天的广西贺州第一届长寿文化节在昭平县黄姚古镇开幕。中国饭店协会授予贺州市“中国长寿美食之都”的称号。市领导李宏庆、朱东、杨宏伟、廖和明、吴泽荣、陈有辉出席开幕仪式。

8—10日　自治区党委统战部常务副部长刘长林率自治区党委督查组到贺州市就贯彻落实中央和自治区党委关于统一战线一系列重大决策部署情况进行督查，并召开汇报会。

9日　市长李宏庆参加第二届粤桂黔高铁经济带合作联席会议暨广西园建设工作现场会，并与粤桂黔高铁沿线其他12市（州）长一起签署了《高铁经济带沿线城市共同建设粤桂黔高铁经济带行动计划》。

△广西贺州市农业投资集团有限公司揭牌成立，市委书记赵德明出席揭牌仪式并宣布公司成立。

12日　自治区安全监管局副巡视员郑一率自治区安全生产第七巡查组进驻贺州市，开始为期一个月的安全生产巡查工作。

13—14日　自治区政协副主席、自治区工商联主席磨长英率调研组对贺州市的重大项目建设推进情况进行调研。

13—15日　自治区林业厅厅长黄显阳率调研组到贺州市开展林业工作调研并召开调研座谈会。市长李宏庆陪同调研并参加座谈会。

14日　市委书记赵德明在贺州接受了人民网《小城故事多》主题集中采访，畅谈“两个千亿元产业”、中国第一个长寿市等话题。

△广西领导干部“时代前沿知识”系列讲座第105讲在南宁开讲。市领导赵德明、韦丽萍、陈远明、韦升安、杨宏伟等及中直、区直驻贺单位和市直党政主要领导干部在贺州分会场聆听讲座。

△贺州市召开“两学一做”学习教育暨党支部建设工作推进会。

16日　市长李宏庆会见澳大利亚ABC天籁列车慈善机构创办人魏基成一行。市政府党组成员陈翼明参加会见。

17日　贺州市召开抓党建促脱贫攻坚暨农村新型生态社区建设现场推进会。市委副书记唐毓流出席会议并讲话。

17—18日　以自治区住建厅城市建设处处长潘国雄为组长的检查组到贺州市，就开展镇级污水处理设施建设情况进行专项检查。

18—19日　中国农业发展银行行长祝树民一行到贺州市考察。市委书记赵德明主持召开中国农业发展银行调研工作座谈会并参加相关活动。

19日　市领导李宏庆、朱东分别从国际人口老龄化长寿化指导委员会副主席邹平和国际地理联合会健康与环境委员会主席汤马斯克拉福特的手中接过“世界长寿市”的证书和牌匾，这标志着贺州正式成为“世界长寿市”。市领导黄志民等参加认证会。

20日　由自治区政府法律顾问组成的专项督查组到贺州市，就贺州市开展法治政府建设工作进行实地督查，并听取汇报。市政府党组成员陈立华出席汇报会。

21—23日　自治区法学会党组书记、常务副会长李沛芬一行到贺州市开展社会治安综合治理创新工作调研。

24日　自治区副主席张秀隆率自治区有关部门负责人，到贺州市召开稳定农业增长和珠西规划实施办公服务会。副市长刘国学，市政府党组成员、秘书长刘飞国等出席会议。

△贺州市第四届人民代表大会第一次会议召集人会议在传媒中心举行，市委书记赵德明主持会议并讲话。

24—25日　来宾市市长雷应敏率考察团到贺州市考察碳酸钙产业发展情况。副市长黄志民参加座谈会并陪同调研。

25—27日　中国人民政治协商会议第四届贺州市委员会第一次会议开幕。25日，市委书记赵德明发表讲话。27日，中国人民政治协商会议第四届贺州市委员会第一次会议闭幕。市领导赵德明、李宏庆、韦丽萍、唐毓流、廖和明、廖立勇、朱东、陈远明、黎云、唐敬春、杨宏伟，自治区督导组组长刘剑与新当选的市政协班子陆海平、刘雪萍、贝小燕、唐玉梅、黄志光、陈有辉、廖桂生、周国全、张誉夫等市领导出席开幕式和闭幕会。

26—28日　26日，贺州市第四届人民代表大会第一次会议在贺州传媒中心开幕，市委书记、市人大常委会主任赵德明主持会议并讲话。市长李宏庆向大会作《政府工作报告》。28日，贺州市第四届人民代表大会第一次会议闭幕。市委书记、市人大常委会主任赵德明主持会议并作重要讲话，市长李宏庆代表新一届市政府领导班子讲话。韦丽萍、唐毓流、于枝周、闭海东、黄少雄、卿汤义、肖民等市领导出席开幕式和闭幕式。

26—27日　自治区金融办党组副书记、副主任郑见龙率工作组到贺州市进行金融改革专题调研，并听取贺州市农村金融改革工作汇报。副市长杨育智出席汇报会。

31日　市长李宏庆主持召开市政府四届一次常务会议，研究讨论贺州市当前亟须解决的有关问题和事项。

11月

1日　贺州市召开第四季度经济运行分析会。市长李宏庆出席并讲话。副市长廖和明、杨宏伟、莫建平、义芳、陈翼明、黄志民以及市有关部门、各县（区、管理区）和部分企业负责同志参加会议。

2日　贺州市委召开常委（扩大）会

议。市委副书记、市长李宏庆主持会议并讲话。

3日 贺州市政府党组中心组召开2016年第五次集中学习会。市长李宏庆主持学习会并讲话,市政府在家党组成员参加学习会。

9日 由肇庆市委常委、宣传部部长梁志强率领的学习考察团到贺州市考察。市委常委、副市长杨宏伟陪同考察,并主持召开两市旅游文化产业工作座谈会。

8—10日 自治区国税局党组成员、副局长杨辉率调研组到贺州市开展调研活动。市委常委、常务副市长廖和明出席座谈会。

9—11日 以自治区林业厅副厅长邓建华为组长的考评组到贺州市,对贺州市3个申报自治区级现代特色农业示范区进行考评验收。副市长刘国学陪同验收并作工作汇报。

11日 自治区政协副主席沈北海率自治区政协调研组到贺州市就《关于加快广西森林旅游发展的建议》重点提案进行督办调研。市政协主席陆海平陪同调研。

16日 市委书记赵德明主持召开市四家班子联席会议,审议《贺州市城市总体规划(2016—2030)》等议题。李宏庆、陆海平、唐毓流、李柏松、朱东、陈远明、黎云、杨宏伟等市四家班子领导参加会议。

△贺州市四届人大常委会第一次会议召开。会议听取和审议贺州市人民政府关于在全市公民中开展法治宣传教育第六个五年规划实施情况和第七个五年规划的报告,表决通过关于开展第七个五年法治宣传教育的决议;对《贺州市黄姚古镇保护条例(草案)》进行第二次审议,并审议批准市人民政府关于2016年市本级财政预算调整方案(草案)、关于提请审议贺州市工业发展基金纳入财政预算的议案;表决通过市人大常委会关于设立贺州市第四届人民代表大会常务委员会代表资格审查委员会的决定;任命部分市人民政府班子成员和新一届市人民政府组成部门人员,并进行宪法宣誓。贺州市委书记、市人大常委会主任赵德明,市人大常委会副主任韦丽萍、于枝周、闭海东、黄少雄、卿汤义、肖民,秘书长黎安源及各委员出席会议。市人民政府副市长杨育智,市中级人民法院、市人民检察院相关领导列席了会议。

△市委中心组召开"两学一做"学习教育第四次专题学习研讨暨2016年第五次集中学习会。市委书记赵德明主持会议并总结讲话。市领导李宏庆、陆海平、韦丽萍、唐毓流、李柏松、廖立勇、朱东、陈远明、黎云、唐敬春等参加学习研讨。

17日 市委、市政府召开全市开放发展暨招商引资工作会议,市委书记赵德明、市长李宏庆参加会议并讲话。陆海平、韦丽萍、廖和明、廖立勇、朱东、唐敬春等市领导参加会议。

△自治区宣讲团党的十八届六中全会精神报告会在市传媒中心举行。自治区宣讲团成员、自治区政协文史和学习委副主任黄健作宣讲报告。市委书记赵德明主持。李宏庆、陆海平、韦丽萍、廖和明、朱东、陈远明、唐敬春等市四家班子领导参加报告会。

△召开全市创新驱动发展大会,市委书记赵德明、市长李宏庆参加会议并讲话。市领导陆海平、韦丽萍、廖和明、廖立勇、朱东、唐敬春等参加会议。

18日 贺州市政府中心组召开"两学一做"学习教育"讲奉献、有作为"专题学习研讨暨2016年第六次集中学习会。市长李宏庆主持学习会并作总结讲话。

20—21日 出席自治区第十一次党代会的贺州市代表团在广西人民大会堂四楼贺州厅召开第一次代表团会议。代表团召集人、市委书记赵德明主持会议。出席自治区第十一次党代会的贺州代表团全体代表审议自治区第十一次党代会工作报告。自治区人大常委会副主任杨道喜以贺州市代表团成员身份参加会议。

22日 参加自治区第十一次党代会的贺州代表团在广西人民会堂四楼贺州厅认真审议中国共产党广西壮族自治区第十届委员会报告,中国共产党广西壮族自治区第十届纪律检查委员会工作报告。自治区人大常委会副主任杨道喜代表,市领导赵德明、李宏庆、唐毓流、廖立勇、黎云和代表团其他成员一起参加审议。

22—25日 贺州市人大常委会组织在本市的自治区人大代表开展2016年年终视察活动,通过实地调研和召开汇报会的形式了解贺州市乡村旅游工作情况,为贺州市乡村旅游把脉开方。自治区人大常委会委员、市人大常委会副主任、党组副书记韦丽萍,自治区人大常委会副秘书长、办公厅副主任、全国人大代表莫小峰等16名自治区人大代表参加视察活动。视察组先后深入钟山县英家中共广西省工委历史博物馆、回龙镇茅栗岗村、钟山镇杨岩塘村和朝南厂村、钟山十里画廊、八步区客家围屋等地,详细了解当地的旅游基础设施建设、民俗民风保护、旅游产品开发和旅游收入等情况。市人大常委会副主任肖民陪同视察,市人民政府副市长陈立华参加汇报会。

23—24日 贺州市人大常委会组织在本市的自治区人大代表开展2016年年终视察活动。自治区人大常委会委员、市人大常委会副主任、党组副书记韦丽萍等参加活动。

25日 赵德明同志任中共广西壮族自治区委员会常务委员。

28日 贺州市第四届运动会暨第二届全民健身运动会在钟山隆重开幕。市长李宏庆宣布开幕。开幕式由市领导陈远明主持。市领导陆海平、于枝周、刘雪萍、张誉夫等出席开幕式。

△市委以电视电话会议形式召开贺州市学习传达自治区第十一次党代会精神大会,动员全市广大党员干部迅速掀起学习宣传贯彻的热潮,推动贺州各项工作开展。受自治区党委常委、市委书记赵德明委托,市委副书记、市长李宏庆代表市委传达自治区第十一次

党代会精神，并对贺州市贯彻落实工作进行部署。

11月29日—12月2日　以自治区水利厅副厅长顾跃为组长的自治区移民搬迁督查组到贺州市督查2016年易地扶贫搬迁工作。副市长刘国学、陈立华出席有关会议。

12月

1日　贺州市召开领导干部大会，自治区党委常委、组织部部长喻云林出席会议并讲话，自治区党委常委、统战部部长赵德明主持会议并作表态发言，李宏庆作表态发言。

△自治区党委批准，李宏庆同志任中共贺州市委书记，赵德明不再担任中共贺州市委书记、常委、委员职务。

△贺州市组织开展了市县两级重大项目12月集中开竣工活动，市领导李宏庆、陆海平出席开竣工仪式。韦丽萍、唐毓流、廖和明、朱东、韦升安、黎云、唐敬春等市领导参加活动。

2日　市委书记李宏庆在黄姚古镇会见中国国民党前副主席詹春柏等来贺参加第二届两岸青年农业论坛嘉宾。中台办政党局局长王育文、自治区台办主任李东兴参加会见。

△平桂区正式挂牌成立并举行升旗仪式。市委书记李宏庆参加升旗仪式并作讲话，市政协主席陆海平，市人大常委会副主任韦丽萍，市委常委、贺州军分区政委李柏松参加升旗仪式。

3日　第二届两岸青年农业论坛在贺州市黄姚古镇举行，活动中举行了贺州投资环境暨园区产业推介会。市委书记李宏庆陪同自治区党委常委赵德明、中国国民党前副主席詹春柏、中台办政党局局长王育文、自治区台办主任李东兴等参加推介会。副市长杨育智作推介致辞。

3—4日　自治区党委常委、政法委书记、自治区副主席黄世勇率调研组到贺州市调研脱贫攻坚工作。市领导唐毓流、韦升安、张誉夫陪同调研并参加座谈。

6日　贺州市召开迎接自治区扶贫对象脱贫摘帽核验工作动员会。市委副书记唐毓流，副市长刘国学参加了会议。

7日　市委书记李宏庆主持召开全市领导干部大会，传达自治区党委关于林冠任职的决定。自治区党委决定，林冠任中共贺州市委委员、常委、副书记，提名为贺州市人民政府市长候选人。

8日　自治区科技厅厅长曹坤华一行到贺州市开展工作调研。市委书记李宏庆，市委常委、秘书长陈远明参加调研座谈会。

△自治区第十一次党代会精神宣讲报告会在市传媒中心举行。自治区宣讲团成员、自治区党委宣传部副部长唐华作宣讲报告。市委书记李宏庆主持会议。

9日　市委书记李宏庆在黄姚主持召开黄姚片区项目建设推进会。市委副书记、副市长、代理市长林冠出席会议并讲话。

13日　以自治区食品药品监督管理局副局长陈可猛为组长的自治区实施质量兴桂战略工作绩效考评组一行到贺州市，通过听取汇报、查看资料、现场检（抽）查等方式对贺州市实施质量兴桂战略工作绩效进行考评。

14—15日　自治区党委常委、自治区常务副主席蓝天立率调研组到贺州市，就落实自治区稳增长、降本增效“41条”政策措施、中央预算内项目投资及其他重大项目进展、发展生态经济等工作开展调研。市委书记李宏庆参加相关活动，市委副书记、代理市长林冠陪同调研。

15日　市委书记李宏庆会见广州励丰文化科技股份有限公司总裁代旭一行，双方就贺州的文化旅游资源整合开发等相关事项展开深入交流。市领导朱东一同会见。

△市委书记李宏庆会见由全国政协文史和学习委员会副主任、港区省级政协委员联谊会会长、香港广西社团总会创会会长谭锦球率领的香港考察团一行。市领导唐敬春、陈立华、廖桂生一同会见。

16日　市委书记李宏庆主持召开市四家班子联席会议，市委副书记、代理市长林冠参加会议并讲话。会议听取了贺州市2016年工作情况汇报，对2017年主要工作进行讨论并作出初步安排。

△人社部社保中心党委书记尹志远率调研组到贺州市调研社会保险标准化建设工作。调研组到贺州市人社局的便民服务大厅，现场查看标准化建设情况和各服务窗口单位作风建设情况。自治区人社厅党组成员、社保局局长王忠平，市委常委、副市长廖和明陪同调研。

18—19日　广西北部湾投资集团总裁、副董事长、党委副书记高新率考察团到贺州市考察投资环境，考察期间，贺州市与北部湾投资集团签订战略合作协议，市委副书记、代市长林冠与高新共同见证签约。市委常委、副市长廖和明代表贺州市政府与广西北部湾投资集团副总裁覃荣武共同签署战略合作协议书。

19日　自治区绩效办考评二处处长何惠芳及三处处长韦政权率核验组到贺州市，对自治区9个党委群团单位和41个政府部门等自治区直属机关2016年度年终绩效开展为期一周的察访核验工作，并召开核验工作对接会。市委副书记唐毓流出席会议。

20日　自治区地方志办公室党组书记、主任李秋洪率调研组到贺州市进行地方志工作调研，并召开汇报会。市委常委、宣传部部长、副市长朱东出席会议。

21—22日　由自治区卫生计生委副巡视员彭跃钢率领的自治区2016年度人口和计划生育目标管理责任制执行情况等卫生计生重点工作综合考核督查组到贺州市考核督查，并召开汇报会。市委副书记唐毓流，市委常委、宣传部部长、副市长朱东出席了汇报会。

22日 贺州市举行2016年党政领导军事日活动和召开市委武委会暨市国防动员委员会第六次全体(扩大)会议,李宏庆、林冠、韦丽萍、李柏松、廖和明、廖立勇、朱东、陈远明、韦升安、黎云等市领导,贺州军分区司令员顾成学参加活动会议。

△市委人才工作领导小组召开会议,传达学习2016年自治区党委人才工作领导小组会议精神,通报2016年全市人才工作情况,研究审议贺州市人才工作相关议题。市委书记李宏庆出席会议并讲话。

△市委召开"两学一做"学习教育工作汇报会,听取全市"两学一做"学习教育开展情况汇报,安排部署下一阶段工作。市委书记李宏庆出席会议并讲话。

23日 市委副书记、代市长林冠主持召开市政府四届二次常务会议,学习传达李克强总理在深化"放管服"改革激发市场活力座谈会上的讲话精神,研究讨论贺州市当前亟须解决的有关问题和事项。

△粤桂黔高铁经济带促进民间投资大会在广东省佛山市南海区千灯湖广发金融中心拉开帷幕。市委常委、副市长廖和明率领由贺州市工业、农业、旅游等领域的企业家组成的代表团参加大会。

27日 自治区召开全区"美丽广西·宜居乡村"活动电视动员大会。市委、市人大、市政府、市政协领导班子成员,驻梧管理处主任,市人大常委会、市政协党组成员,市直、中直和区直驻贺有关单位主要负责人,"美丽贺州"乡村建设活动宜居乡村阶段三个专项活动小组成员,市乡村办驻办人员在贺州分会场参加会议。

28日 全区现代服务业业务培训班暨2017年全区发展改革系统服务业工作会议在贺州市召开。市委常委、副市长廖和明出席会议并讲话。

△自治区司法厅厅长赵波率队到贺州市,就司法行政工作进行调研。市委常委、政法委书记韦升安主持调研座谈会并讲话,副市长、市公安局局长莫建平出席会议。

29日 全市落实党风廉政建设"两个责任"集体约谈会召开,市委书记李宏庆出席会议并讲话。市领导廖立勇参加会议、市领导黎云主持会议。

31日 贺州市先后在大钟山公园和北堤公园举行开园仪式,市委书记李宏庆出席开园仪式并宣布公园开园。市领导朱东、于枝周、陈有辉出席开园仪式。（市委办　政府办）

统计资料

编　　辑:陈敏兰
许中继

2016 年贺州市国民经济和社会发展统计公报

贺州市统计局

2017 年 7 月 12 日

2016 年,面对复杂多变的国内外发展环境,贺州市认真贯彻落实中央、自治区各项决策部署,坚持稳中求进的工作总基调,努力克服各种不利因素的影响,加大供给侧结构性改革力度,不断改善民生,进一步深化改革,促进经济社会平稳健康发展,各项社会事业取得新进展。

一、综　合

初步核算(下同),全年实现地区生产总值 518.22 亿元,按可比价格计算,比上年增长 8.1%。分产业看,第一产业增加值 111.77 亿元,增长 4.1%;第二产业增加值 211.55 亿元,增长 10.0%;第三产业增加值 194.89 亿元,增长 8.3%。第一、二、三产业增加值占地区生产总值的比重分别为 21.57%、40.82% 和 37.61%,对经济增长的贡献率分别为 11.19%、49.94% 和 38.87%。按常住人口计算,人均地区生产总值 25499 元。

全年居民消费价格比上年上涨 1.4%,其中食品烟酒价格上涨 4.2%。

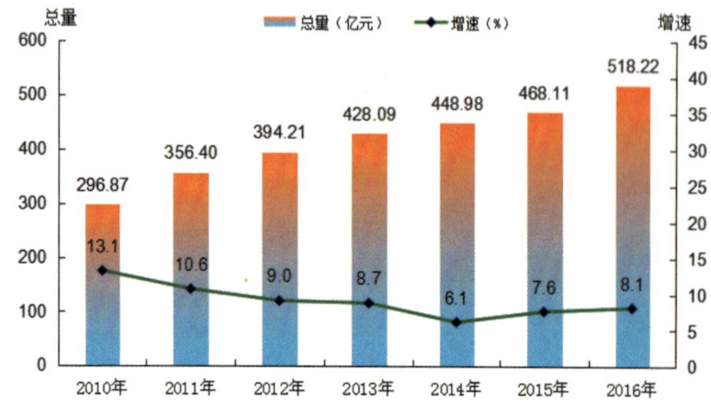

图 1　2010 年—2016 年地区生产总值总量及增长情况

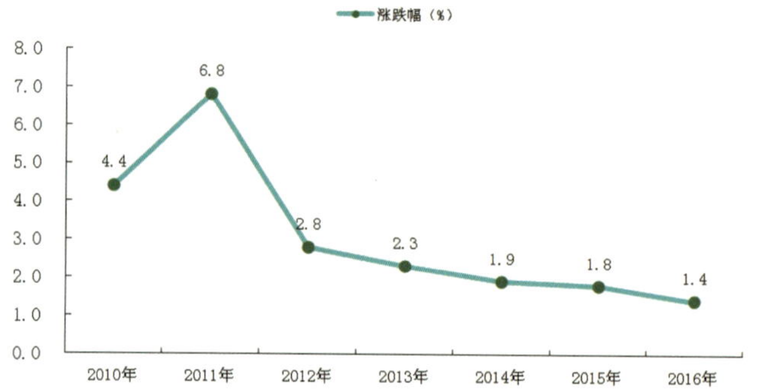

图 2　2010 年—2016 年居民消费价格指数涨跌幅度

表 1　2016 年 1—12 月居民消费和商品零售价格指数

指标	上涨(%)
居民消费价格总指数	1.4
一、食品烟酒	4.2
二、衣着	1.3
三、居住	0.1
四、生活用品及服务	0.1
五、交通和通信	-3.4
六、教育文化和娱乐	2.1
七、医疗保健	0.8
八、其他用品和服务	-0.3
商品零售价格总指数	-0.8

全年财政收入 50.90 亿元(不含金融保险业改征增值税收入 0.52 亿元),比上年增长 8.0%。公共财政预算收入 32.42 亿元,增长 11.9%,其中,税收收入 18.99 亿元,增长 11%。公共财政预算支出 161.15 亿元,增长 4.5%。

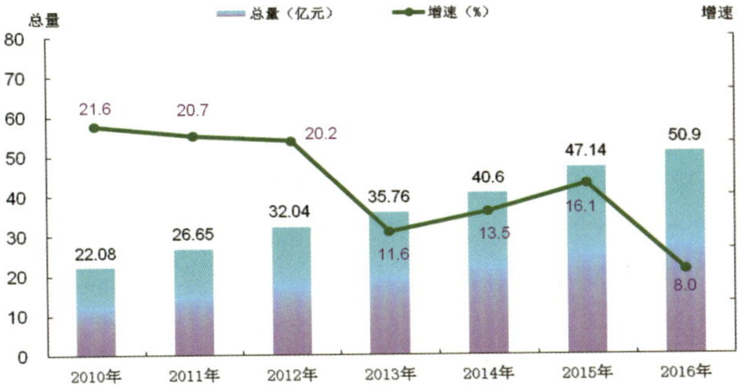

图 3 2010 年—2016 年财政收入及增长情况

城镇新增就业人数 1.13 万人，比上年末下降 25.9%。年末城镇登记失业率 3.16%，比上年末提高 0.68 个百分点。

二、农 业

全市农林牧渔业总产值 181.28 亿元，按可比价格计算比上年增长 4.2%。其中，农业产值 101.47 亿元，增长 5.8%；林业产值 18.06 亿元，增长 7.0%；牧业产值 48.25 亿元，下降 0.7%；渔业产值 7.95 亿元，增长 4.0%；农林牧渔服务业产值 5.55 亿元，增长 5.7%。

全年农作物总播种面积 25.07 万公顷，增长 1.2%。其中，粮食播种面积 13.42 万公顷，下降 0.7%；经济作物播种面积 3.77 万公顷，增长 1.8%；其他作物播种面积 7.88 万公顷，增长 4.4%。全年粮食总产量 72.71 万吨，增长 0.5%。水果总产量 77.54 万吨，增长 12.8%；蔬菜产量 170.41 万吨，增长 5.9%。

全年肉类总产量 16.40 万吨，下降 2.0%；生猪出栏 157.82 万头，下降 3.6%；家禽出栏 2460.85 万只，增长 2.3%。水产品产量 7.95 万吨，增长 4.3%。

年末全市农业机械总动力 129.91 万千瓦，比上年下降 5.4%。全年有效灌溉面积 81.02 千公顷，增长 23.7%。

表 2 2016 年主要农产品产量及其增长速度

产品名称	产量(吨)	比上年增长(%)
粮食	727051	0.5
其中：稻谷	609228	0.2
其中：早稻	317285	0.9
晚稻	250458	0.2
薯类	182324	5.7
其中：红薯	175500	5.8
油料	33799	8.2
其中：花生	32214	7.4
甘蔗	176261	−10.8
木薯	57024	−3.0
蔬菜(含菜果)	1704097	5.9
果用瓜	53252	9.9
马蹄	183654	0.2

三、工业和建筑业

全年全部工业增加值 144.67 亿元，比上年增长 10.3%。规模以上工业增加值增长 11.6%。在规模以上工业中，轻工业下降 5.5%，重工业增长 15.8%。国有企业增长 28.9%，股份制企业增长 14.0%，外商及港澳台商投资企业与去年持平，其他经济类型企业增长 8.5%。

全年规模以上工业中，非金属矿采选业增长 7.8%；农副产品加工业增长 0.6%；食品制造业下降 6.7%；木材加工及木、竹、藤、棕、草制品业增长 4.4%；印刷和记录媒介复制业下降 6.3%；化学原料及化学制品制造业增长 12.0%；非金属矿物制品业增长 28.8%；黑色金属冶炼及压延加工业增长 20.8%；有色金属冶炼及压延加工业增长 13.9%；电气机械及器材制造业下降 7.6%；电力、热力生产和供应业增长 6.3%。

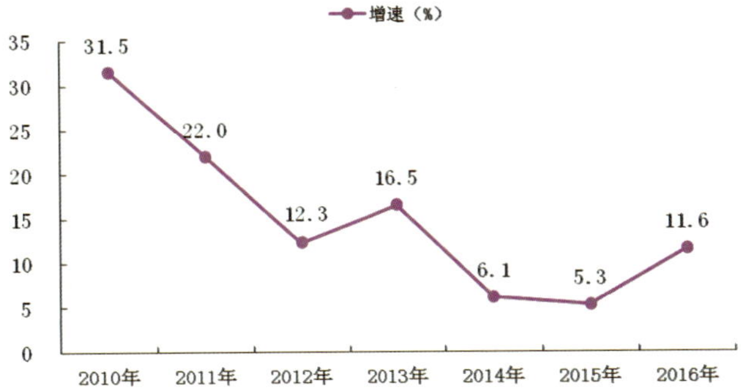

图 4 2010 年—2016 年规模以上工业增加值增长情况

表 3 2016 年规模以上工业主要产品产量增长情况

产品名称	计量单位	产量	同比(±%)
罐头	吨	80272	0.8
人造板	立方米	1185568	3.7
中成药	吨	1032	4.1
水泥	吨	3253692	6.5
陶质砖	平方米	46661482	141.1
天然大理石建筑板材	平方米	8810995	12.1
天然花岗石建筑板材	平方米	5443365	37.1
人造岗石板材	平方米	16626200	249
重质碳酸钙粉体	吨	6820417	−22.9
钢材	吨	2968785	30.8
单一稀土金属	千克	3106888	5.2
发电量	亿千瓦时	10.34	0.9
#火电	亿千瓦时	9.42	−1.9
#水电	亿千瓦时	0.84	5.2
自来水生产量	万立方米	3005	3.3

全年规模以上工业主营业务收入 436.02 亿元，增长 13.0%；利税总额 40.93 亿元，下降 10.0%，其中利润总额 26.74 亿元，下降 16.3%。

全年全社会建筑业增加值(现价)66.88 亿元,比上年增长 8.5%。全市具有资质等级的总承包和专业承包建筑业企业实现利润 0.85 亿元,比上年增长 70.2%;上缴税金 1.44 亿元,增长 83.0%。

四、固定资产投资

全年固定资产投资 650.83 亿元,比上年增长 4.0%。在固定资产投资(不含农户)中,项目投资 619.36 亿元,比上年增长 2.3%;房地产开发投资 31.47 亿元,增长 54.8%;分产业看,第一产业投资 70.09 亿元,比上年增长 37.4%;第二产业投资 286.27 亿元,下降 11.7%,其中工业投资 275.70 亿元,下降 14.6%;第三产业投资 294.47 亿元,增长 17.5%。

表 4　2016 年分行业固定资产投资(不含农户)及其增长速度

行　业	投资额(亿元)	比上年增长(%)
总　计	650.83	4.0
农、林、牧、渔业	70.09	37.4
采矿业	24.51	-50.5
制造业	196.43	-16.9
电力、热力、燃气及水生产和供应业	54.77	47.5
建筑业	10.57	715.6
批发和零售业	20.59	-34.0
交通运输、仓储和邮政业	71.97	27.7
住宿和餐饮业	3.33	-62.4
信息传输、软件和信息技术服务业	4.23	30.9
金融业	0.82	-21.6
房地产业[ ]	35.25	100.8
租赁和商务服务业	14.45	31.3
科学研究和技术服务业	3.56	36.5
水利、环境和公共设施管理业	69.15	25.1
居民服务、修理和其他服务业	3.86	-29.7
教育	14.43	-9.2
卫生和社会工作	8.17	38.6
文化、体育和娱乐业	7.78	2.4
公共管理、社会保障和社会组织	5.40	-34.7

全年房地产开发投资 31.47 亿元,比上年增长 54.8%。其中,住宅投资 23.54 亿元,增长 51.4%;商业营业用房投资 5.57 亿元,增长 37.1%;其他投资 2.36 亿元,增长 235.4%。房屋施工面积 357.78 万平方米,增长 21.0%,其中新开工面积 99.14 万平方米,增长 9.8%;房屋竣工面积 36.85 万平方米,增长 19.1%。商品房销售面积 94.27 万平方米,增长 9.4%;商品房销售额 28.19 亿元,增长 23.2%。

五、国内贸易和对外经济

全年社会消费品零售总额 160.98 亿元,比上年增长 9.6%,其中,限额以上企业(单位)消费品零售额 28.24 亿元,增长 1.1%。按经营单位所在地分,城镇消费品零售额 125.40 亿元,比上年增长 9.2%;乡村消费品零售额 35.58 亿元,增长 11.0%。按消费形态分,餐饮收入 7.40 亿元,比上年增长 14.6%;商品零售 153.58 亿元,增长 9.3%。在商品零售中,限额以上企业(单位)商品零售额 26.76 亿元,增长 0.4%。其中,粮油、食品类增长 25.2%;烟酒类下降 39.9%;家用电器和音像器材类下降 8.4%;汽车类增长 25.0%;日用品类增长 15.9%;石油及制品类增长 17.5%。

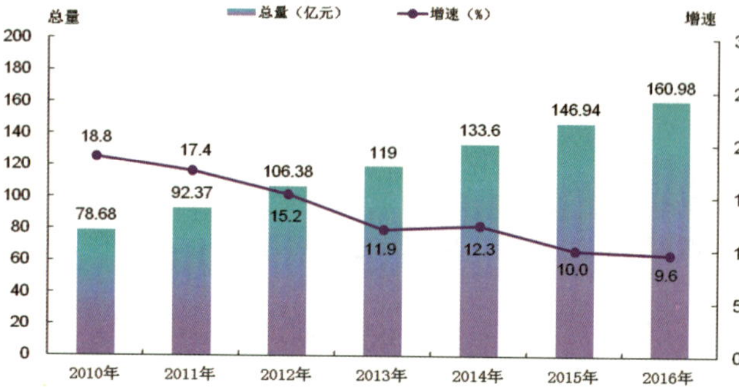

图 5　2010 年—2016 年社会消费品零售总额及增长情况

全年货物进出口总额 5.17 亿元(海关口径,人民币,下同),比上年下降 19.3%。其中,货物出口 3.83 亿元,比上年下降 15.3%;货物进口 1.34 亿元,下降 28.8%。进出口差额(出口减进口)2.49 亿元。从出口企业性质看,国有企业出口 0.67 亿元,比上年下降 4.5%;外商投资企业出口 0.99 亿元,下降 10.6%;民营企业出口 2.17 亿元,下降 20.0%。全年实际利用外资(商务部口径)0.93 亿元,增长 68.6%。

六、交通、邮电和旅游

全年交通运输、仓储和邮政业增加值 20.47 亿元,比上年增长 3.9%。

年末全市民用汽车保有量 13.26 万辆(不包含摩托车),其中轿车 6.15 万辆。年末私人汽车保有量 12.13 万辆。全年公路旅客周转量 127381 万人公里,下降 5.1%;货运周转量 832420 万吨公里,增长 5.7%。

全年完成邮电业务总量 32.16 亿元,比上年增长 59.0%。其中,邮政业务总量 1.46 亿元,增长 47.2%;电信业务总量 30.70 亿元,增长 59.6%。年末固定电话用户达到 8.74 万户,移动电话用户 133.23 万户,互联网用户 24.54 万户,互联网普及率 58.5%,比上年末提高 15.4 个百分点。

全年入境过夜游客 37.65 万人次,比上年增长 7.1%;国际旅游(外汇)消费 1.35 亿美元,增长 13.1%。接待国内旅客 1775.52 万人次,增长 16.3%,国内旅游消费 208.38 亿元,增长 28.3%。旅游总消费 217.37 亿元,增长 28.0%。

七、金　融

全年金融业增加值 24.93 亿元,比上年增长 16.0%。

年末金融机构本外币各项存款余额 615.68 亿元,比年初增加 79.91 亿元,其中人民币各项存款余额 615.07 亿元，增加79.75亿元。年末金融机构本外币各项贷款余额370.36亿元，比年初增加60.23亿元，其中人民币各项贷款余额370.36亿元，增加60.23亿元。

2016年全年保险公司原保险保费收入12.61亿元，比上年增长21.0%。其中，财产险业务原保险保费收入5.04亿元，增长19.4%；寿险业务原保险保费收入7.56亿元，增长22.1%。支付各类赔款及给付5.35亿元，增长70.38%。其中，财产险业务赔款2.23亿元，增长34.7%；寿险业务给付3.12亿元，增长110.8%。

八、教育和科学技术

全年普通高等教育招生0.47万人，全日制在校生1.37万人，毕业生0.23万人。各类中等职业教育(含技工)全日制招生0.73万人，在校生2.51万人，毕业生0.24万人。普通高中招生1.25万人，在校生3.31万人，毕业生0.95万人。普通初中招生2.84万人，在校生7.97万人，毕业生2.78万人。普通小学招生3.99万人，在校生20.26万人，毕业生2.85万人。幼儿园在园幼儿9.01万人。

全年自治区安排科学研究与技术开发计划项目27项，资助经费3145万元，市级安排项目43项，资助资金147.5万元。全年专利申请量1526件，比上年增长32.2%，其中发明专利申请量1091件，增长59.5%。全年授权专利337件，其中授权发明专利72件。

九、文化、卫生和体育

年末全市公共文化机构数63个，县级以上公共图书馆4个，艺术馆、文化馆(站)6个，博物馆8个。互联网上网服务营业场所(网吧)249个。年末全市共有4个项目列入国家级非物质文化遗产名录，36个项目列入自治区级非物质文化遗产名录。年末全市有线电视用户9.01万户，数字电视用户6.94万户。年末广播综合人口覆盖率为96.76%；电视综合人口覆盖率为98.55%。

年末全市共有医疗卫生机构1180个。其中，医院23个，乡镇卫生院57个，社区卫生服务中心3个，诊所(卫生所、医务室，不含村卫生室)233个，疾病预防控制中心6个，卫生监督所(中心)12个，妇幼保健院(所、站)4个。卫生技术人员10404人，其中执业(助理)医师3283人，注册护师、护士4355人。医疗卫生机构床位7753张，其中医院4726张，乡镇卫生院2588张。全年全市甲乙丙类法定报告传染病发病率1243.2/十万。

全年运动员在国家举行的各类比赛中获金银铜牌43枚，其中金牌14枚，银牌16枚，铜牌13枚。在广西第十三届运动会中获金牌56枚，银牌28枚，铜牌27枚。在广西青少年锦标赛中获金牌33枚，银牌38枚，铜牌42枚。

十、人口、人民生活和社会保障

年末全市总人口242.52万人，比上年末增加3.3万人。年末常住人口203.87万人，比上年末增加1.28万人，其中城镇人口89.66万人。全年出生率15.27‰；死亡率5.56‰；自然增长率9.71‰。

全年全市居民人均可支配收入16940元，比上年增长8.3%。按常住地分，城镇居民人均可支配收入为26883元，增长6.6%，其中工资性收入增长8.2%，转移性收入下降0.3%，经营净收入增长33.1%，财产性收入下降9.7%；农村居民人均可支配收入9552元，比上年增长8.3%。城镇居民人均消费性支出15206元，增长6.1%；农民人均生活消费支出7025元，比上年增长6.6%。

表5　2010—2016年城乡居民生活改善情况

单位：元

年份 / 指标	2010年	2011年	2012年	2013年	2014年	2015年	2016年
全体居民人均可支配收入	8529	9735	11375	12835	14305	15639	16940
城镇居民人均可支配收入	15817	17623	19874	21703	23613	25219	26883
农村居民人均可支配收入	4705	5434	6375	7179	8033	8820	9552

说明：因国家住户调查方法制度改革，自2016年起不再发布农村居民人均纯收入和老口径的城镇居民人均可支配收入数据，只发布农村居民人均可支配收入和新口径的城镇居民人均可支配收入数据，并推算至2010年，表中数据均为新口径可支配收入数据

年末全市参加城镇居民基本养老保险人数80.95万人，比上年末增加0.41万人；城镇职工基本养老保险人数18.22万人，增加3万人。参加城镇居民基本医疗保险人数16.66万人，比上年末减少3.63万人，参加城镇职工基本医疗保险人数15.18万人，增加2.2万人。参加失业保险人数7.73万人，增加0.48万人。参加工伤保险的人数9.46万人，增加1.03万人。参加生育保险的人数8.86万人，增加1.55万人。全市养老、失业、医疗、工伤、生育保险基金当年支出额33.65亿元，比上年末增加16.25亿元。

年末全市共有收养性社会服务机构59个，床位2056张，收养人数879人。社会福利院2个，床位267张。年末1.5万城镇居民得到政府最低生活保障，比上年末减少0.95万人；14.5万农村居民得到政府最低生活保障，增加1.18万人；1.31万农村居民得到政府五保救济，增加0.03万人。全年农村社会救助总人数18.05万人，减少0.63万人。

十一、资源、环境和安全生产

全年水资源总量168.59亿立方米。全年降水量1932.1毫米。年末全市2座大型水库蓄水总量4.27亿立方米。全年总用水量16.73亿立方米，比上年增长1.3%。

全年完成造林面积1.95万公顷，其中人工造林1.95万公顷，森林覆盖率72.87%，活立木蓄积量0.53亿立方米。全

市建成自然保护区达到4个，自然保护区面积4.84万公顷。

初步核算，全年万元地区生产总值能源消耗比上年下降1.5%。规模以上万元工业增加值能源消耗比上年下降3.7%。

年末城市污水处理厂集中处理率达到87.03%，比上年末提高1.54个百分点。生活垃圾无害化处理率100%。建成区绿化覆盖率达到37.53%，提高0.48个百分点。

全年各类生产安全事故共死亡115人，比上年下降3.36%。工矿商贸企业生产安全事故死亡人数为14人，同比上升40%；道路交通死亡人数为100人，同比持平。

注释：

［1］本公报中2016年数据均为初步统计数。部分数据因四舍五入的原因，存在与分项合计不等的情况。

［2］地区生产总值、各产业增加值绝对数按现价计算，增长速度按不变价格计算。

［3］固定资产投资（不含农户）的口径为计划总投资500万元及以上固定资产投资项目的投资及房地产开发项目的投资。

［4］房地产业投资除房地产开发投资外，还包括建设单位自建房屋以及物业管理、中介服务和其他房地产投资。

［5］常住人口指在贺州居住半年以上的人口，以及户口在贺州、外出贺州不满半年或在境外工作学习的人口。

［6］万元地区生产总值能耗按2015年不变价格计算。

资料来源：

本公报中城镇新增就业、登记失业率、社会保障数据来自市人力资源和社会保障局；财政数据来自市财政局；居民消费价格指数、城乡居民收入和支出来自国家统计局贺州调查队；进出口数据来自梧州海关；外商直接投资数据来自市商务局；金融数据来自中国人民银行贺州中心支行；保险数据来自市保险协会；旅游数据来自市旅游委；旅客、货物运输量和周转量数据来自市交通运输局；汽车保有量数据来自市交警支队；教育数据来自市教育局；固定电话用户数、互联网用户数等数据来自自治区通信管理局反馈数据及市工业和信息化委员会；安排科技计划项目、专利数据来自市科技局；博物馆、公共图书馆、文化馆、非物质文化遗产等数据来自市文化新闻出版广电局；卫生数据来自市卫计委；体育数据来自市体育局；社会服务、低保和五保供养数据来自市民政局；安全生产数据来自市安全监管局；平均降水量数据来自市气象局；水资源，总用水量等数据来自市水利电力局；林业数据来自市林业局；环境监测数据来自市环境保护局；城市污水处理、建成区绿地覆盖率来自市市政局；其他数据均来自市统计局。

2016年贺州市及各县区主要经济指标

	计量单位	贺州市		八步区		平桂区		昭平县		钟山县		富川县	
		绝对数	同比%	绝对数	同比%	绝对数	同比%	绝对数	同比%	绝对数	同比%	绝对数	同比%
地区生产总值	万元	5182154	8.1	1779465	9.7	1220102	10.3	645073	4.4	891208	8.0	672610	5.4
第一产业	万元	1117683	4.1	307865	4.0	200494	3.5	207491	4.3	169240	2.9	232593	5.2
第二产业	万元	2115537	10.0	718497	12.5	613325	13.8	186625	0.7	375542	10.7	242892	2.8
#工业	万元	1446747	10.4	522959	14.0	428668	14.5	83173	−3.5	248264	10.9	185027	1.2
第三产业	万元	1948934	8.3	753104	9.6	406283	8.8	250957	7.4	346426	7.8	197125	9.1
农业总产值	万元	1812881	4.1	495477	4.1	326010	3.5	330363	4.3	285057	3.0	375974	5.3
全部工业总产值	万元	5439835	12.5	1925936	18.2	1682384	14.1	291234	−5.3	973874	14.5	572951	−1.6
#规模以上工业总产值	万元	4835955	13.8	1692469	20.6	1510092	15.6	231704	−7.2	861525	16.3	540166	−1.9
规模以上工业增加值	万元		11.6		16.4		16.6		−6.3		12.4		0.9
规模以上工业销售产值	万元	4681693	16.1	1666932	22.9	1402610	20.1	227407	−8.7	853964	18.5	530780	−1.4
固定资产投资总额	万元	6508250	4.0	2030249	5.7	1889920	8.5	588229	−25.9	1081871	9.5	917981	12.8
社会消费品零售总额	万元	1609765	9.6	564841	10.9	304694	7.1	240218	10.1	345818	10.0	154193	7.8
财政收入	万元	508992	8.0	105604	4.1	94564	10.2	35542	6.4	49183	6.0	64171	8.8
公共财政预算收入	万元	324190	11.9	72904	−1.8	64764	15.2	24532	3.9	32526	15.5	39383	31.2
公共财政预算支出	万元	1638784	6.3	307756	8.0	252985	−12.4	254296	16.1	242607	15.8	255087	12.5
城镇居民人均可支配收入	元	26883	6.6	28562	6.4	25676	6.7	26043	6.7	25600	7.0	25279	6.3
农民人均可支配收入	元	9552	8.3	10123	8.7	9589	7.9	9119	7.8	9180	8.2	9179	9.4

2016 年贺州市经济社会发展主要指标一览表

指　　标	计量单位	绝对数	同比增长 %
地区生产总值	万元	5182154	8.1
第一产业	万元	1117683	4.1
第二产业	万元	2115537	10.0
#工业	万元	1446747	10.4
第三产业	万元	1948934	8.3
农业总产值	万元	1812881	4.1
全部工业总产值	万元	5439835	12.5
规模以上工业总产值	万元	4835955	13.8
规模以上工业增加值	万元	1217273	11.6
固定资产投资总额	万元	6508250	4.0
社会消费品零售总额	万元	1609765	9.6
财政收入	万元	508992	8.0
公共财政预算支出	万元	1638784	6.3
城镇居民人均可支配收入	元	26883	6.6
农民人均现金收入	元	9552	8.3

（统计局）

附 录

编 辑：陈敏兰
许中继

地理标志产品

截至2016年，贺州市有黄姚豆豉、昭平茶、黄姚黄精酒、英家大头菜等4个地理标志产品，地标产品总产值近13亿元。

广西名牌产品

贺州市获广西名牌产品（有效期内）

序号	单位名称	产品	商标	地址	获得年份	产品类别
1	中国有色集团（广西）平桂飞碟股份有限公司	飞碟牌钛白粉	飞碟牌	贺州市八步区西湾镇	2010年度 2012年度 2015年度	工业产品
2	广西贺州市桂东电子科技有限责任公司	中高压电子铝箔	GET	贺州市贺州大道1号	2010年度 2013年度 2016年度	
3	广西贺州市科隆粉体有限公司	重质碳酸钙粉体	KL	广西贺州市（五拱水）科隆工业园	2010年度 2013年度 2016年度	
4	广西桂鑫钢铁集团有限公司	钢筋混凝土用热轧钢筋	桂鑫钢铁	贺州市信都镇工业区	2015年度	
5	华润水泥（富川）有限公司	通用硅酸盐水泥	"润丰"牌	广西贺州市富川县白沙镇黑山村	2013年度 2016年度	
6	广西国有立新农场	温州蜜柑	富江牌	广西贺州市富川瑶族自治县新永路222号	2011年度 2014年度	农产品
7	广西国有立新农场	脐橙	富江牌	广西贺州市富川瑶族自治县新永路222号	2011年度 2014年度	
8	广西富川绿园果业有限公司	脐橙	桂果	富川县莲山镇	2013年度	
9	钟山县英家富民大头菜生产专业合作社	英家大头菜	灵猴	钟山县清塘镇英家村委办公楼	2014年度	
10	昭平县天润仙回食用菌有限公司	黑木耳	仙回	昭平县仙回瑶族乡仙回街009号	2015年度	
11	钟山县昱成水果种植专业合作社	钟山贡柑	昱成	钟山县城兴钟南路40号	2016年度	
12	贺州市贺街业旺蔬菜专业合作社	淮山	临贺	贺州市八步区贺街镇河西街城西路	2016年度	
13	贺州市贺街业旺蔬菜专业合作社	莴苣	临贺	贺州市八步区贺街镇河西街城西路	2016年度	
14	贺州市贺街业旺蔬菜专业合作社	苦瓜	临贺	贺州市八步区贺街镇河西街城西路	2016年度	

（质量技术监督局）

2016年贺州市城区公交线路

(一)公交1路线(莲塘至火车站,全程19.0公里)全线站点:

莲塘—农械厂—蓝屋路口—老虎坳路口—文波路口—莲塘村路口—美仪加油站—林管站—一机厂—赖屋排—莲塘三中—诚信驾校—贺达纸业—美仪瓷厂—华安气站—糖厂路口—银洲山庄—种子公司—万顺停车场—广安停车场—石凉亭—市党校—国际大酒店—中国银行—太平洋财产保险—邮政大厦—卫监所—供电公司—添美食餐厅—育才路口(二机厂)—六路大园盘—客运西站—广济医院—担石村—警校路口—职教中心—广厦公司—英石路口—城西路路口—土城脚路口—英石小学—钟家寨—农贸市场—马蹄塘—里宁路口—贺州火车站(合计:46对站点,23辆空调公交车,票价2元,运营时间6:30至23:00)

(二)公交2路线(将军山至沙田,全程19.30公里)全线站点:

将军山—贺纸生活区—路政大队—龙山路口—客运东站—太平洋财产保险—邮政大楼—卫监所—添美食餐厅—育才路口(二机厂)—光明大道中—客运中心—高速路引路路口—正誉中学—柏木珍路口—田厂路口—道石墟路口—道西路口—凉亭路口—蛤蟆井路—口马峰小学—马峰界顶—龙井路口—沙田一中—马惊堂路口—同胞路口—农科站—沙田(合计:28对站点,21辆公交车,实行分段收费,全程票价3元,运营时间6:30至22:00)

(三)公交3路线(黄田至鹅塘,全程12.70公里)全线站点:

鹅塘—鹅塘路口—羊角山—大修厂—正合修理厂—同学巷—贺州二高—光荣院—八步区教育局—八步区法院—贺州宾馆—中心市场(—供电公司)—卫监所—邮政大厦(—太平洋财产保险)—客运东站—建材公司—新宁路小学—老黄田路口—公交大厦—车站宿舍—新世纪大酒店—奇石市场—缪屋路口—白家寨路口—鞍山寨路口—木园站—黄田加油站—黄田(合计:29对站点,14辆公交车,实行分段收费,全程票价2元,运营时间6:30至22:00)

(四)公交4路线(市科技局至贺州温泉,全程22.5公里)全线站点:

市科技局—市交通局—市政府—市教育局—市地税局—国际酒店—中国银行—太平洋财产保险—邮政大厦—卫监所—供电公司—车站宿舍—新世纪大酒店—奇石市场—缪屋路口—白家寨路口—鞍山寨路口—木园站—黄田加油站—黄田卫生院—黄田—新寨—管道气站—凉亭—黄田寨—茶仔岭—凤尾岭—矿产站—新村—卢屋路口—黄屋路口—十四队—十五队—湖洋坝—永泰矿业—新村庙墩—西田口电站—禾向石—路花路口—路花村委—贺州温泉(合计:41对站点,14辆公交车,实行分段收费,全程票价3元,运营时间6:30至22:00)

(五)公交5路线(市科技局至平桂,全程20.1公里)全线站点:

平桂区政府—平桂大道—五岔路口—西发街南—西湾煤矿—平桂高中—电厂北路—西发街北—西湾大酒店—新华书店—选炼厂—凉亭街路口—金水湾小区—普克太阳能公司—站前大道路口—汽车驾校—车管所—机电公司—担石村—交警支队—金旗市场—客运西站—六路大园盘—育才路口—添美食餐厅—恒兴花园—富亮大厦—灵峰广场—香港购物城—桂东电力—中国银行—国际大酒店—市地税局—市教育局—市政府—市交通局—市科技局(合计:37对站点,22辆公交车,实行分段收费,全程票价2元,运营时间6:30至22:00)

(六)公交6路线(市政府至贺州学院,全程9.10公里),全线站点:

市科技局—市交通局—市政府—市财政局—汇豪国际城—星光化宿舍—灵峰药业—香港购物城—灵峰广场—富亮大厦—恒兴花园—添美食餐厅—育才路口—市人民医院—阳光市场—光明大道—区林业局—行知中学—体育中心—南粤家私城—学院西区(合计:21对站点,16辆公交车,票价1元,运营时间6:30至22:00)

(七)公交7路线(军分区至贺州学院,全程11.0公里),全线站点:

军分区(将军山)—市党校—国际大酒店—中国银行(桂梧高中)—中医院—星光化宿舍—灵峰药业—香港购物城—灵峰广场—富亮大厦—恒兴花园—车站宿舍—老车站后门—八步一中—育才路—市人民医院(—学院东区)—阳光市场—客运中心—高速引路路口—芳林学校路口—学院西区(合计:22对站点,14辆公交车,票价1元,运营时间6:30至22:00)

(八)公交8路线(水月宫公园至芳林邹屋,全程10公里),全线站点:

水月宫公园—地氮宿舍—白家寨—平桂一中—农药厂宿舍—竹山路口—老黄田路口—公交大厦(—牛仔湾)—育才路口—六路大圆盘(光明大道中)—陶瓷厂—萝卜摊—三加村—芳林—田厂—马岭—邹屋背(合计:18对站点,6辆公交车,票价1元,运营时间6:30至22:00)

(九)公交9路线(贺州高中至火车站,全程14.6公里)全线站点:

贺州高中(新校区)—羊角山—永丰宾馆—市交通局(贺州广场)—人力资源市场—平安西路中—荣顺医院—鞍山路口—香港购物城—灵峰广场—富亮大厦—恒兴花园—添美食餐厅—育才路口—六路大圆盘—区林业局—财政小区—广济医院—担石村—警校路口—职教中心—广厦公司—英石路口—城西路路口—土城脚路口—英石小学—钟家寨—农贸市场—马蹄塘—里宁路口—贺州火车站(合计:30对站点,18辆公交车,实行分段收费,全程票价2元,运营时间6:30至23:00)

（十）公交 10 路线（贺州东至灵峰大桥，全程 10.4 公里）全线站点：

贺州东—小羊羊（南环店）—路考中心—夏岛路口—污水处理厂—、人才公寓（—文博双语学校）—太白路东—嘉年濠庭—文化中心—市地税局—市教育局—市财政局—贺州广场—人力资源市场—平安西路中—荣顺医院—鞍山路口—香港购物城—灵峰广场—灵峰大桥（合计：21 对站点，6 辆公交车，票价 1 元，运营时间 7：00 至 22：00）

（十一）公交 11 路线（贺州高中至火车站，全程 21 公里）全线站点：

贺州高中—羊角山—永丰宾馆—市交通局—市政府—市教育局—毛家饭店—将军山—贺纸生活区—路政大队—龙山路口—客运东站（—建材公司）—移动公司（—邮政大厦）—卫监所（—供电公司）—添美食餐厅（—育才路口）—市人民医院（—学院东区）—阳光市场—客运中心—高速引路路口—芳林学校路口—学院西区—车管所—汽车驾校—站前大道路口—城西路路口—土城脚路口—英石小学—钟家寨—农贸市场—马蹄塘—里宁路口—贺州火车站（合计：35 对站点，12 辆公交车，实行分段收费，全程票价 2 元，运营时间 6：30 至 23：00）

（十二）公交 13 路（市科技局至贺州高新区，全程 18.4 公里）全线站点名称：

高新天贺小区—桂海铝业—园区管委会—高新区服务中心—公和站—担杆岭—站前大道路口—汽车驾校—车管所—学院西区—芳林学校路口—高速引路路口—客运中心—光明大道（六路大圆盘）—育才路口—添美食餐厅（—供电公司）—卫监所（—邮政大厦）—灵峰广场—北堤公园—帝景湾—八步区交通局—市科技局（合计：22 对站点，10 辆公交车，票价 1 元，运营时间 6：30 至 22：00）

（十三）公交 14 路（市公安局至民田，全程 10 公里）全线站点名称：

市公安局（吉光电子）—贺州广场—人力资源市场—政府大院后门—市物价局—国际大酒店—路政大队—龙山路口—客运东站—建材市场—妇幼保健院—三皇庙—老车站后门—八步一中—客运西站—金旗市场—交警支队—担石村—机电公司—三加村—民田路口—民田（合计：22 对站点，6 辆公交车，票价 1 元，运营时间 6：30 至 22：00）

（交通运输局）

贺州市主要旅游线路

1. 贺州风光一日游。

线路一：游姑婆山国家森林公园

线路二：游玉石林、温泉

线路三：游十八水、紫云洞

线路四：游黄姚古镇

线路五：游客家围屋、贺江玉印浮山

线路六：游桂江生态旅游区

线路七：游神仙湖、十里画廊

2. 经典两日游：

线路一：

D1：贺州市区——黄姚古镇（住黄姚）

D2：姑婆山——玉石林

线路二：

D1：贺州市区——姑婆山——贺州温泉（住温泉）

D2：黄姚花海——黄姚古镇

线路三：

D1：贺州市区——姑婆山——玉石林——灵峰广场（住市区）

D2：紫云洞——黄姚古镇

3. 经典三日游：

线路一：

D1：贺州市区——玉石林——贺州温泉（住温泉）

D2：姑婆山——紫云洞（住市区）

D3：贺州市区——黄姚古镇

线路二：

D1：贺州市区——十八水——玉石林——姑婆山（住姑婆山）

D2：紫云洞——黄姚花海（住黄姚）

D3：黄姚古镇

线路三：

D1：贺州市区——玉石林——姑婆山（住市区）

D2：紫云洞——黄姚古镇（住黄姚）

D3：黄姚花海——世外田园

线路四：

D1：贺州市区——紫云洞——黄姚古镇（住黄姚）

D2：黄姚花海——玉石林——贺州温泉（住温泉）

D3：贺州温泉——姑婆山

（旅发委）

索 引

编　　辑：陈敏兰
许中继

说 明

一、本索引采用主题分析索引方法。正文(包括条码、文献、资料、图片和表格)中凡具有独立检索意义的完整资料,均可通过本索引进行检索。少数条目名因语言环境需要,在名称前或者名称后酌加修饰词;有的条目名称动词置后;有的条目名称重复的动词作省略;有的条目名称作简化。为突出图片主题,有的图片文字说明作简略处理。

二、索引按汉语拼音字母(同声字按声调)升序排列。类目、分目、次分目作索引款目用黑体字排印,其余均用宋体字排印。表格、图片在其款目后分别注明"表""图"。

三、索引款目后的阿拉伯数字和拉丁字母(a, b, c)分别表示内容所在的页码和栏别(即左、中、右栏)。

四、索引空两字位起排的款目为上一主题的"附见"。同一主题的"参见"只标页码。为便于读者检索,内容有交叉的款目,在本索引中重复出现。

五、"图片专辑""编辑说明""大事记"等栏目不作索引,阿拉伯数字和拉丁字母开头的款目排在索引的前面。

110 报警服务　94b
2016 年贺州市地表水监测断面示意(图)　197
2016 贺州市城区空气质量等级分布(图)　195
2016 年度青少年植树行动　80a
2016 年贺州地区地震活动　227a
2016 年贺州市城区道路交通噪声监测点位(图)　196
2016 年贺州市城区公交线路　291
2016 年贺州市国民经济和社会发展统计公报　284
2016 新浪 T +旅游峰会(图)　40
"3·20" 风雹灾害　221c
4G+ 高清语音业务正式商用　170b
"5·19" 旅游日　179c
A 级景区创建　176c
PM2.5 监测　195a

A

艾滋病防治　246c
爱国卫生工作　210c
安邦财产保险股份有限公司贺州中心支公司　127c
安全保卫
　　市机关事务管理局　62b
　　武警贺州市消防支队　104a
　　武警贺州市支队　102a
安全生产　107c
安全生产监督管理　140b
安全生产监督管理机构及工作概况　140b
安全生产事故防控　140c
安全生产宣传　141a
安全生产责任体系　140c
安全生产执法检查　141a
安全稳定工作　100b
安置帮教　97a
案件管理　92b
案件执行　90a

B

八步区　249a
八步区(表)　21
八步区百岁老人名单(表)　261
八步区古柏生态科技园基础设施建设项目　188a
八步区农业局技术人员在莲塘镇上寺村黑木耳生产基地查看生产情况(图)　250
八步区信都镇利成水稻产业示范区(图)　147
白蚁防治　171a
百岁老人　261c
版权管理　204c
办公用房统一管理　62a
保健食品化妆品监管　139a
保险　126b
保险服务　131c
保险市场体系　126c
保险业概况　126b
保险业务　123b
备战应急　100a
标准化生产与市场准入　147a
表彰先进　41c
殡仪队伍建设　248c
殡葬　248a

殡葬管理与服务　248b
殡葬机构及工作概况　248a
冰冻灾害　221c
部队管理
　　武警贺州市消防支队　104b
　　武警贺州市支队　101c

C

财产保险　127a
财产保险公司业务情况(2016年)(表)　127
财务工作　100c
财务工作和经费审查工　79b
财政　118b
财政·税务　118b
财政保障民生　119c
财政扶贫　120b
财政改革　119a
财政机构及财政收支概况　118b
财政监督检查　120a
财政审计　136a
财政支持地方经济发展　118c
财政支农　120c
采样点基本情况(2016年)(表)　196
参政议政
　　九三学社贺州市委会　76c
　　民建贺州市委会　73a
　　民进贺州市委会　74b
　　民盟贺州市委会　72b
　　农工党贺州市委会　75a
　　市工商联　77c
　　市侨联　86c
　　致公党贺州市总支部　76a
残疾人　237b
残疾人福利　245a
残疾人概况　237b
残疾人基础管理　87c
残疾人就业　238a
残疾人康复　237b
残疾人社会保障　238a
残疾人维权　238b
残疾人文体活动　238a
残疾人组织及工作概况　87b
草食畜禽养殖　155a
查缉走私　141c
茶叶生产　144c
产教融合　232b
产品质量管理　138a
产业　143
产业扶贫　111b
产业转型发展　251c
常委会会议　47a
“唱响八桂中国梦　艺术精品到基层”科普木偶剧贺州巡演活动(图)　82
“超大班额”整治　229a
超大尺寸人造大理石微波快速固化工程样机研制及产业化示范　219b
陈佳克深入贺州市调研农村社区建设(图)　243
陈建军到平桂区调研(图)　181
成品油市场流通　171b
诚信计生承诺兑现制度　214a
诚信文化进校园活动　31c
城东新区公租房建设工程　188b
城东新区路网工程　187c
城区环境空气评价点污染物统计(2016年)(表)　18
城市出租车　166b
城市公共交通　166a
城市公共交通行业监管　166b
城市公共交通运输概况　166a
城市管理综合执法　99a
城市管理综合执法机构及工作概况　99a
城市规划与村镇规划　188c
城市环境综合整治　194b
城乡发展　251c
城乡居民基本养老保险　244c
城乡医疗救助　244a
城镇化建设　27c
城镇居民基本医疗保险　244b
城镇居民可支配收入　239c
城镇居民生活　239c
城镇居民消费支出　240b
城镇居民最低生活保障　244a
筹措资金助推园区建设　114b
出入境管理　94b
出入境检验检疫　142a
出生人口性别比综合治理　214a
储备粮油管理　172b
“创建广西特色旅游名县”工作情况专题调研　48b
创新创业教育　232a
春天·五彩江南项目　188a
慈善事业　245b
慈善事业宣传　245c
慈善项目　245b
慈善组织及工作概况　245b
从严治团　81a
村民自治　30c
村屯绿化　152a
村镇公共设施建设　190a
村镇规划　189b
村镇建设　189c
存贷款业务
　　市金融办　131b
　　市金融机构　123b
存款业务　125b

D

打击“伪基站”“黑广播”　169c
打击传销　135a
打击非法集资　132a
打击刑事犯罪　93c
大豆生产　144a
大宁河　183b
大平河　183c
大平瑶族乡民族学校瑶族技艺传承班培训(图)　258
大气环境　17c,193a
大气污染防治　194c
大气污染专项集中治理行动　159a
大事记　272
大中型灌区建设　191a
大中型水库及电站简介　184b
代表议案建议办理　48a
党代表候选人推荐　42b
党代表选举　30b
党的组织制度和党内基层民主建设　30a
党风廉政教育和作风建设　228a

党建工作
　　市社科联　86b
　　市驻梧管理处　65b
党内基层民主监督　30b
党史专题征研　206b
党外代表人士队伍建设　41a
党委机关概况　34a
党委重要决策和工作部署　34c
党校建设　45a
档案　206c
档案法制宣传培训　207c
档案馆基础业务建设　206c
档案馆库建设　206c
档案机构及工作概况　206c
档案接收、征集和信息公开　207a
档案开放利用　207a
档案统计年报　208a
档案信息化　207c
导游人员管理　178c
道德讲堂总堂活动　31b
道德模范宣传　31b
道路交通管理　247c
道路交通事故　247c
道路运输行业管理　165b
稻谷生产　144a
德育工作　229a
地表水环境监测　195b
地方史志研究　205b
地方税务　122a
地方税务机构及税收概况　122a
地方政府立法　88b
地方志书编纂　205c
地籍管理　181b
地理　17b
地理标志产品　290
地名行政区域界线勘定　55a
地税纳税服务　122b
地税依法行政　122b
地税征管　122c
地形与地貌　17b
地震　225c
地震监测预报　226b
地震事业概况　225c
地震台网建设　226a
地质灾害治理　182a
第二届桂粤湘(贺州·昭平)龙舟赛　256b
第二届贺州市青少年科普剧大赛(图)　83
第二届两岸青年农业论坛　56b,236b
第九届广西十大孝心人物——唐小权　252b
第三十二届西南西北台协会会长联谊会　56c
电力工业　160a
电力工业概况　160a
电信网络建设　169c
电信业　169c
电信业务　170a
电信业务经济效益　170a
电信业务用户　170a
“电影道德讲堂”进农村活动　31b
电影放映　204a
电影事业概况　204a
电子工业　161c
电子商务　171c
调研活动　69b
定点扶贫　112a
“东靠战略”和“周末名师”工程　230c
动物产地检疫　155c
动物卫生　155c
动物疫病防控　155c
动物疫情监测　156a
动物资源　20a,153c
都邦财产保险股份有限公司贺州中心支公司　127c
对台交流活动　56c
对外交流　78a
对外经济贸易与澳台贸易　118a
对外贸易概况　118a
对外贸易主要产品及市场　118a
对外宣传　39b
对外与香港贸易　118a

E

儿童福利事业　245a
二轻企业改制　107b

F

发展规划编制　128c
法律实施情况监督　49b
法律援助　96b
法院　89c
法制宣传　94c
法治　88
法治政府建设　88b
法治政府建设工作　97b
反渎职侵权　91c
反贪污贿赂　91c
防雷体制改革　224a
“防线　2016”梧贺突发环境事件联合应急演练(图)　193
防汛应急演练　170c
防震减灾宣传　226c
防治艾滋病攻坚工程　210b
房地产市场管理　171a
房地产业　171a
房地产业概况　171a
房改政策　242b
纺织业　160a
放射性废物收贮管理　197a
非税收入　120a
非物质文化遗产　200c
非物质文化遗产保护　201a
非物质文化遗产概况　200c
非物质文化遗产文艺作品　201a
分类经济　106a
冯志深入富川县调研农村社区建设(图)　54
扶贫工作　79b
扶贫攻坚　67c
扶贫解困　87c
扶贫开发　111a
扶贫开发机构及工作概况　111a
扶贫培训　111c
扶贫资金投入　111a
扶助政策　213c
服务工作　66a
服务企业　77c
福利彩票　245b

辐射安全管理和监督检查 197a
辐射安全监管 196c
辐射安全培训与核安全文化宣贯 196c
辐射环境监测 196a
辐射环境执法 197a
妇联组织及工作概况 81a
妇女·儿童 234c
妇女参政议政 81c
妇女创业就业服务 234c
妇女儿童发展规划 235c
妇女儿童合法权益 234c
妇女组织建设 81a
妇幼卫生 210c
妇幼卫生工作概况 210c
附录 290
富川广东温氏畜牧有限公司 155b
富川龟石湖国家湿地公园(图) 253
富川脐橙节 179c
富川瑶族自治县 252c
富川瑶族自治县(表) 23
富川瑶族自治县百岁老人名单(表) 268
富群河 183b

G

改革创新 28c
改革工作 43b
改造工程 67a
概况 16
甘蔗生产 144b
柑橘病虫害防治 147c
柑橘黄龙病防治 254a
感恩教育主题实践活动 31b
干部队伍建设 228a
干部监督 37a
干部教育培训 37a
干部培训 45b
高等教育 231c
高考佳绩 229c
高速公路建设 164c
高铁新城建设 116b
高校党建与统战 233c
高校教师队伍建设 232c
高校科学研究 232c
高性能稀土永磁材料48UH关键制备技术研发及应用 219b
个体工商业 108a
个体经济登记管理 135a
个体居民服务、修理和其他服务业 175a
个体贸易业 175a
个体商业 175a
个体私营经济 108a
个体住宿和餐饮业 175a
耕地质量提升与建设 146c
耕地资源保护 33b
工会组织及工作概况 78a
工会组织建设 78b
工矿生产安全事故案例 246c
工商管理机构及工作概况 134b
工商行政管理 134b
工商银行贺州分行全部网点均投产智能机具(图) 125
工业 158b
工业发展存在的问题 159b
工业结构 27a
工业经济 249c
工业经济规划 159c
工业经济效益 158b
工业绿色发展 158c
工业企业技术创新 159a
工业生产 158b
工业投资及企业技术改造 159a
工业综述 158b
工资收入分配制度改革 53b
工作报告
县委 1
县政府 9
公安 92c
公安组织结构及工作概况 92c
公共法律服务 96c
公共机构节能管理 61b
公共卫生监测 210b
公共文化 200a
公共资源交易 63c
公共资源交易 64a
公共资源交易监督管理 63c
公共资源交易信息 64a
公路交通基础设施建设 164c
公路养护管理 165b,167b
公路运输生产 165a
公路运输业 164c
公路运输业概况 164c
公墓管理 248b
公平交易执法 134b
公诉 91b
公务员管理 53b
公证工作 96b
供给侧改革 124a
供销合作联社 174a
供销合作社综合改革 174b
供销社改革文件 174c
供销社机构概况 174a
共青团贺州市委员会 79b
购销业务 174b
姑婆山国家森林公园 177b
姑婆山千人写寿(图) 257
古建筑维修 202c
股份制经济 109c
固定资产投资 110a
固定资产投资概况 110a
固定资产投资审计 136a
关爱劳模 78c
关爱农民工 78c
关税征管 142a
《关于加快转变农业发展方式的实施方案》 52b
光彩事业 77c
广播电视电影 203a
广播电视基础设施建设 203a
广播电视事业概况 203a
广播电视宣传 203b
广告监管 134c
广告违法案件查处 175c
广告业 175b
广告业概况 175b
广西长城矿山机械设备制造有限公司 161a
广西第四届“多彩金秋”文化活动月太极拳(剑)展示交流活动在贺州市举办(图) 217

广西电网公司贺州供电局　160c
广西桂东电力股份有限公司　114b，160b
广西桂鑫钢铁集团　162a
广西贺州福昌种猪有限公司　155b
广西贺州高新技术产业开发区科技服务能力建设　219a
广西贺州华润循环经济产业示范区　115c
广西贺州生态产业园　115a
广西贺州市科隆粉体有限公司　162c
广西贺州市科隆粉体有限公司　162c
广西贺州旺高工业区　113a
广西利升石业有限公司　163a
广西名牌产品　290
广西真龙彩印包装有限公司　163c
广西钟山县钟美瓷业有限公司　163c
龟石水库　184b
规费征收　169c
规划服务　189c
桂江　183a
国道省道建设　167b
国际交流与合作　233b
国际教育交流　229b
国家 AAAA 级景区简介　177b
国家税务　120c
国家税务机构及税收概况　120c
国家司法考试　97b
国家综合档案馆建设年度考核　208a
国库业务　124c
国内经济技术合作　112b
国内外招商活动　29c
国税纳税服务　121c
国税征管　121a
国税政策　121c
国土资源·建设·环保　180
国土资源概况　180a
国土资源管理　180a
国土资源规划　180c
国土资源信息公开　182b
国土资源信息化管理　182b
国土资源行政监察　182a
国务院批准设立平桂区　257a
国有经济　106a
国有林场　152c
国有林场改革　152c
国有林场概况　152c
国有企业改革　106b，130b
国有土地供应　181b
国有资产保值增值　106c，130c
国有资产监督管理　129c
国有资产监督管理体系建设　106a，130a

H

海关　141c
海关服务地方经济建设　142a
海外联谊　41a
行业安全管理　168c
合伙企业　108c
合面狮水库　184c
和谐劳动关系建设　244c
河流　17b
河流概况　183a
核电厂安全监管　196c
核技术应用和电磁辐射设施　196c
核与辐射事故应急管理　197a
贺江　183b
贺江两省交界处开展跨省界水体水质联合监测采样工作（图）　194
“贺江论坛”第六期“面向桂粤湘，构建大物流”专题座谈会（图）　85
贺州八步东盈村镇银行　126a
贺州保险业首届文艺会演（图）　127
贺州大钟山公园（大钟山市民文化活动中心）　187c
贺州广东温氏畜禽有限公司　155a
贺州国家农业科技园区建设示范　219a
“贺州好人”打造　31b
贺州华润循环经济示范区平面图（图）　116
贺州华润循环新城（一期）基础设施工程　187c
贺州嘉年濠庭项目　188a
贺州军分区　100a
贺州日报社概况　204c
贺州生态产业园区概况　115a
贺州生态产业园区规划编制　115b
贺州生态产业园区建设　115b
贺州生态产业园区经济　115a
贺州十八水原生态景区　178a
贺州市“两节”“两会”食品安全检查（图）　139
《贺州市 2016 年地质灾害防治方案》　52a
贺州市“7·31”5.4 级地震应急指挥会议（图）　226
贺州市“安全生产月”局长下基层督导暨宣讲团宣讲活动（图）　247
贺州市“党旗领航·电商扶贫”论坛（图）　79
贺州市“两学一做”学习教育“知党恩跟党走”纪念建党 95 周年歌咏比赛（图）　42
贺州市“民俗·非遗·传承”文化展演活动（图）　201
贺州市《远教微科普》广播栏目开播仪式（图）　221
贺州市 10 月份主要商品市场零售价格（2016 年）（表）　133
贺州市 2016 年机关事务管理暨公共机构节能工作会议（图）　61
贺州市八步区文化旅游新城及基础设施项目一期工程　188a
贺州市北堤公园提升改造工程　187c
《贺州市本级储备粮管理办法》　52b
贺州市参加年度锦标赛各项目获金牌运动员名单（2016 年）（表）　216
贺州市残疾人联合会　87b
贺州市诚信活动进校园活动启动仪式（图）　39
贺州市城区环境空气质量监测点位布设（2016 年）（表）　195
贺州市城镇可支配收入数据（2016 年）（表）　240
贺州市传统村落保护利用情况专题调研　48c
贺州市党委三届全会
　第七次全会　34a
　第八次全会　34a

第十次全会　34b
贺州市党委四届全会
第一次全会　34b,(图)　34
第二次全会　34c
贺州市档案局举办以“档案服务民生”为主题的图片展览活动(图)　208
贺州市地震活动目录(2016年)(表)　226
贺州市第三届人民代表大会第七次会议　46b
贺州市第四次党代会　34b
贺州市第四届人民代表大会第一次会议　46c
贺州市第四届运动会暨第二届全民健身运动会　252b
贺州市妇女联合会　81a
贺州市概貌　16a
贺州市各种地类面积结构(2016年)(表)　19
贺州市工商局“3·15”国际消费者权益日宣传咨询服务活动(图)　134
贺州市工商业联合会　77b
贺州市公共资源交易中心领导班子成员到平桂区采购办进行调研(图)　64
贺州市供销系统打造的城乡综合服务中心——钟山县综合服务中心(图)　174
贺州市冠丰教育印刷有限公司　164a
贺州市归国华侨联合会　86b
贺州市规划局平桂分局挂牌成立(图)　189
贺州市桂源水利电业有限公司　160c
贺州市和市辖3县各种地类面积结构(2016年)(表)　180
贺州市河流水质监测断面布设情况(2016年)(表)　198
贺州市恒丰储备粮管理有限公司资产划转移交仪式(图)　172
贺州市红十字会概况　245c
贺州市环境空气质量监测点位一览(2016年)(表)　198
贺州市获广西科学技术奖项目(2016年)(表)　219
贺州市获广西名牌产品(有效期内)(表)　290
贺州市机械化插秧(图)　146
贺州市集中式饮用水源地基本情况(2016年)(表)　198
贺州市检察工作概况　91a
贺州市检验检疫局在“科技周”向中小学生普及科技知识(图)　142
贺州市降雨pH值结果统计(2016年)(表)　198
贺州市交通运输局执法人员检查过往车辆维护运输安全(图)　247
贺州市经济适用房光明花园二期工程　188b
贺州市警用摩托车巡逻(图)　98
贺州市科学技术协会　82b
贺州市美仪瓷业有限责任公司　163b
贺州市民族团结进步宣传进校园活动　239a
贺州市命名一批少数民族文化保护传承基地和民族团结进步教育培训基地　239a
贺州市农村可支配收入数据(2016年)(表)　241
贺州市棚户区改造项目(一期)
八步二区改造项目　188b
八步三区改造项目　188b
贺州市侨联春节“送温暖、献爱心”慰问归侨侨眷活动(图)　87
《贺州市全民健身实施计划(2016—2020年)》　52c
贺州市人民代表大会　46a
贺州市人民政府　49b
《贺州市人民政府重要会议决定事项办理落实督查办法(试行)》　51c
贺州市三届人大常委会会议
第三十六次会议　47a
第三十七次会议　47a
第三十八次会议　47a
第三十九次会议　47a
第四十次会议　47b
第四十一次会议　47b
贺州市社会科学界联合会　85b
贺州市申请专利项目(2016年)(表)　220
贺州市审计局学雷锋志愿服务队到平桂区水口镇中心小学开展爱心助学活动(图)　136
贺州市生态新城管委　116b
贺州市石材·碳酸钙产业技术交流大会(图)　113
贺州市市容市貌综合提质三年行动道路建设工程项目　187c
贺州市市容市貌综合提质三年行动实施情况专题调研　48b
贺州市首家瑶族服饰挑花刺绣传习基地挂牌　238c
贺州市首例造血干细胞捐献成功(图)　246
贺州市首批10辆电动公交车开始运营(图)　166
贺州市书画摄影作品展　70a
贺州市输送运动员在全国(含全国)以上级参加比赛成绩(2016年)(表)　215
贺州市水产畜牧兽医局开展动物疫病检测(图)　156
贺州市水产畜牧兽医局在富川龟石水库开展渔业增殖放流活动(图)　158
贺州市水质监测站水质状况评价(2016年)(表)　225
贺州市四届人大常委会会议
第一次会议　47b
第二次会议　47c
贺州市推进现代特色农业示范区建设情况专题调研　48c
贺州市委党校八步分校揭牌仪式(图)　45
贺州市委党校党员大会(图)　45
贺州市文学艺术界联合会　84b
贺州市物价局收费统计工作培训(图)　132
贺州市行政区划(表)　20
贺州市学生代表团赴友城英国伍斯特市开展文化交流(图)　55
贺州市烟草专卖局在灵峰广场开展烟草法律法规宣传(图)　140

贺州市移民工作管理局正式揭牌(图) 192
贺州市邮政管理局在灵峰广场开展“诚信快递·你我同行”主题宣传活动(图) 168
贺州市有机黑木耳采摘(图) 143
贺州市渔政工作人员在龟石水库开展渔业安全大检查(图) 157
贺州市在建(改扩建)水电站情况(2016年)(表) 190
贺州市政府信息公开查阅中心 207b
贺州市政协三届六次会议 68b
贺州市知识产权培训(图) 218
《贺州市治理货车非法改装和超限超载工作实施方案》 52c
贺州市主要江河最高水位和最低水位情况(2016年)(表) 19
贺州市主要旅游线路 292
贺州市专利行政执法行动(图) 220
贺州市总工会“党旗领航 电商扶贫”联系村扶贫爱心产品认购活动(图) 78
贺州市总工会 78a
贺州市总体规划修编 188c
贺州首届职业院校学生技能比赛 230c
贺州通过国际人口老龄化长寿化专家委员会认证成为“世界长寿市”(图) 237
贺州新闻网 199b
贺州学院概况 231c
贺州学院在第二届中国“互联网+”大学生创新创业大赛中获1银3铜(图) 232
贺州烟草概况 173b
贺州瑶绣登上国际舞台 238c
贺州—永州接边地区“三大纠纷”联席联调工作会议(图) 59
贺州玉石林 177c
贺州支队勇夺全区消防部队实战化练兵比武竞赛第四名(图) 104
贺州职业教育集团 230c
贺州至钟山公路全线建成通车 168a,(图) 167
贺州中院“执行案件集中清理月”活动新闻发布会(图) 90
横塘水库 185b
红花镇水文站(图) 225
红十字会 245c
红十字宣传 246a
红薯生产 144a
宏观经济管理 128c
洪水预警预报 224c
后备干部的选拔任用 37a
后备干部队伍建设 36c
后勤保障
　武警贺州市消防支队 104b
　武警贺州市中队 103a
花卉生产 145a
花山水库 186a
华安财产保险股份有限公司贺州中心支公司 128a
华润电力(贺州)有限公司 160b
环保机构调整 193a
环保教育 32c
环保宣传 32c
环境 17c
环境保护 193a
环境保护概况 193a
环境保护机构及工作概况 193a
环境保护专项整治 194b
环境风险防范与应急管理 194a
环境监测 195a
环境监察稽查 197a
环境空气监测 195a
环境空气清洁对照点污染物统计(2016年)(表) 18
环境空气质量监测年(2016年)(表) 18
环境空气质量监测情况(2016年)(表) 18
环境应急管理 193c
环境应急能力建设 194a
环境执法监察 197a
环境质量 193a
环境专项整治 194b
黄观壮到昭平马江镇调研(图) 205
黄金业务 123c
黄盛全为传承基地揭牌(图) 58
黄田新城建设 116b
黄显阳到贺州调研(图) 151
黄姚古镇 177b
黄姚古镇保护条例专家论证会(图) 88
黄姚古镇客栈(图) 178
黄姚柚子灯节 179c
黄姚鱼龙节 179b
会务管理 62c
惠民政策 66c
婚姻·家庭 234a
婚姻登记 234a
婚姻法律法规知识宣传 234a
火车站站前片区棚户区改造项目 188b
货币发行与管理 124c
货币政策 124c
货运管理 165c

J

机构编制 43b
机构编制部门及工作概况 43b
机构编制管理 44a
机构及工作概况 42c
机关、企事业档案 207c
机关大院基础设施管理 62b
机关党的思想建设 41b
机关党风廉政建设 41c
机关党建 41b
机关党教育培训 41c
机关党组织及工作概况 41b
机关后勤服务管理 62a
机关食堂运营管理 62c
机关事务管理 61a
机关事务机构及工作概况 61a
机械工业 161a
机械工业概况 161a
基本建设项目资金管理 120b
基本养老保险 244b
基层党建
　平桂矿区管理处 67c
　市教育局 228b

市直机关工委　42a
基层服务平台建设　244c
基层基础建设　90c
基层建设　102c
基层科普　84a
基层人防建设　105b
基层卫生　211a
基层医疗机构集中整顿活动　209b
基层政权和社区建设　55a
基础教育　228c
基础设施建设
贺州市　28a
钟山工业园区　117b
疾病预防控制工作概况　209c
疾病预防控制与卫生监督　209c
集体经济　107b
集体林权制度改革　151b
集体企业概况　107b
集中式生活饮用水水源地水质监测　195c
计划生育　213c
计量监督管理　138a
计生协会工作　214b
纪检监察干部队伍建设　71c
纪检重要会议　70c
纪律检查和行政监察　70b
纪律检查体制改革　71a
纪念建党95周年活动　42a
纪念孙中山先生诞辰150周年书画展　70b
《加强全市安全生产监管执法实施方案》　52a
家禽生产　155a
家庭文明建设　234a
价格调查　133a
价格调节基金　132c
价格调控　132a
价格服务及价格基础工作　134a
价格改革　132b
监督工作　49a
监督性监测　196a
监事会建设　107a,130c
监所检察　92b
减排督查与监管　32c
减排政策措施　32c
减排专项行动　33a
检察　91a
检察技术　92b
"检察开放日活动"中代表与检察官互动(图)　91
检验检疫服务地方经济社会发展　142b
检验检疫机构及工作概况　142a
检验检疫技术　142c
建材工业　162b
建党95周年演讲比赛　31a
建档立卡　209b
建设　186a
建设概况　186a
建设工程质量管理　192c
建设领域"清欠"工作　192c
建设综述　186a
建制沿革　16a
建筑施工　192b
建筑施工企业概况　192b
建筑市场秩序规范管理　192b
建筑业安全生产　192c
建筑业评优　192c
建筑业招投标　64b
江河水质　183c
江南新城建设　116c
降水　221b
降雨监测　195a
交通行政许可　166a
交通行政执法　165c
交通邮政业　164b
教师队伍　231a
教师队伍建设　231a
教师评优　231b
教师资格认定　231b
教育　227a
教育督导　227c
教育扶贫　236b
教育惠民　258b
教育教学改革　232b
教育经费收入与支出　227b,232a
教育精准扶贫　228a
教育项目建设　227b
教育综述　227a
节粮减损活动　173a
节能减排技术改造　158c
节水农业技术推广　147a
结核病防控策略　210a
金牛坪水电站　185c
金融　123a
金融创新　123c
金融扶贫　111c
金融协调管理　130c
金融协调管理机构及工作概况　130c
金水湾花园项目　188b
进出口商品检验　142b
禁毒缉毒　93c
经济　106
经济发展　254c
经济发展研究　65a
经济发展研究机构及工作概况　65a
经济发展与招商引资　117c
经济工作监督　49a
经济工作研究部署　35b
经济管理与监管　128c
经济和社会发展　27a
经济建设　27a
经济结构调整　129b
经济领域统战工作　40b
经济区、示范区概况　112c
经济区域合作　112b
经济社会调查与监测　137b
经济社会调查与监测项目　137b
经济社会发展　257c
经济社会发展主要指标(2016年)(表)　28
经济形势调研　129a
经济园区、示范区　112c
经济责任审计　136b
经济作物生产　144a
经济作物种植面积及产量情况(2016年)(表)　144
精神文明创建活动　32a
精神文明建设　31a
精准扶贫攻坚
平桂区　257b

昭平县 256c
竞技体育 217a
竞技体育工作概况 217a
敬老爱老活动 237a
纠纷调处 59c
九三学社贺州市委会成立十周年庆祝大会(图) 77
九三学社贺州市委员会 76b
救灾救济 54b
就业和再就业 53c
居民消费、商品零售和农业生产资料价格指数(2016年)(表) 241
居民消费价格 241c
卷烟企业管理 140a
卷烟商业 173b
卷烟市场监管 140a
卷烟市场销售 139c
决策咨询服务
市发展研究中心 65a
市委政研室 43a
军区部队扶贫 100b
军区部队思想政治工作 100a
军事 100
军事训练
武警贺州市消防支队 104a
武警贺州市支队 102b
军转干部和随军家属安置 53c

K

开放合作 27b
刊物编发 65a
刊物编辑出版 43b
抗震应急管理 226b
考古发掘 202c
科技发展新规划 218a
科技服务与交流 83a
科技合作与交流 218c
科技基础平台建设 218b
科技计划项目立项 219a
科技开发成果 219c
科技事业发展概况 218a
科技投入 218a
科技应用 145c
科技中介服务 219a
科技综述 218a
科普活动 82c
科协组织及工作概况 82b
科学·教育 218
科学技术 218a
科学技术普及 218b
科学研究 219a
科研活动 45c
可移动文物普查 202b
客运管理 165b
控告申诉检察 92a
矿产资源 19b,180b
矿产资源开发管理 181c
矿投公司 110b
矿业秩序整顿 182a

L

老干部工作 44b
老干部及其机构概况 44b
老干部文化阵地建设 44c
老干部正能量活动 44b
老年人 236c
老年人及老龄工作概况 236c
老年人优待 237a
老年团体活动 237a
李宏庆出席大钟山公园开园仪式并宣布开园(图) 187
李明凤来贺州进行汛期安全生产督查(图) 141
李秋洪到贺州调研(图) 206
李秀平夫妇荣登“中国好人榜” 256b
理论学习 38c
立法工作 88a
利用外资概况 118a
利用外资及港资 118a
莲塘客家围屋群列入首批贺州市重点文物保护单位(图) 203
“联合国安徒生文化组织”考察团在贺州市钟山工业园区考察合作项目(图) 117
联社服务 107c
联系青年 236a
廉政宣传教育 71c
良好湖泊建设 33a,196c
良佑水库 186c
粮食安全管理 172c
粮食安全行政首长责任制 172a
粮食仓储设施项目建设 173a
粮食流通监督检查 172b
粮食商业 171c
粮食生产 144a
粮食生产概况 144a
粮食直接补贴 172a
两孩政策 213c
亮点工作 107c
林产工业概况 152a
林产化学加工 152b
林产业加工 152b
林业 150b
林业产业 152a
林业加工园区建设 152b
林业科技创新 154b
林业旅游业 150b
林业生产 150b
林业资源概况 151c
林业综述 150b
林政资源管理 153b
领导干部接访下访活动 59a
刘国学到龟石水库检查防汛工作(图) 184
刘国学到市无毒害繁育基地调研(图) 145
流动人口和特殊人群服务管理 98c
流动人口基本卫生计生服务管理 214b
流感、人感染高致病性禽流感监测 209c
流浪乞讨人员救助管理 244a
龙潭水库 186a
卢献匾到贺州为全国民族团结进步示范单位挂牌 239a
陆军到“爱买菜”超市指导平价商店建设(图) 241
陆善东向客商介绍园区建设情况(图) 115
路花水库移民安置 191c

路网工程建设　167c
路网项目建设　165a
路政执法管理　167c
旅实公司　110b
旅行社管理　178b
旅游安全管理　178c
旅游产业　27c
旅游饭店管理　178c
旅游规划编修　176b
旅游规划建设　176b
旅游接待和旅游收入　176a
旅游节庆活动　179b
旅游区域合作　176a
旅游市场监督管理　176a
旅游市场开发　176c
旅游市场营销体系建设　176c
旅游项目建设　176b
旅游信息化建设　176b
旅游行业管理　178b
旅游行业培训　179a
旅游业　175c
旅游业机构及工作概况　175c
旅游业综述　175c
旅游资源　20a
律师工作　96a
绿洲家园工程　188b
罗援少将做客2016年贺州移动大讲堂　170c
螺害防治　148a

M

马铃薯生产　144a
马尾河　183c
慢性病防治　210a
矛盾纠纷排查化解　97c
“美德银行”创建活动　31c
“美丽八步”建设攻坚战　250a
“美丽南方·广西故事”电视专题片《悠悠黄姚》在黄姚古镇开拍(图)　204
“美丽乡村”建设　252a
民办教育　230a
民建贺州市委会新任政协委员、人大代表撰写提案培训班(图)　73
民进贺州市委会课题调研组到三县两区进行重大课题调研(图)　74
民盟贺州市委会学习中共十八届六中全会精神暨议案提案信息写作培训班(图)　72
民商事审判　89c
民生工程　233a
民生金融服务　124c
民生事业　255a
民生问题监督　49a
民事行政检察　92a
民俗　238b
民委工作概况　238b
民政　53c
民政机构概况　53c
民主党派参政议政
　贺州市　30b
　市委统战部　41a
民主党派和工商联　72a
民主管理与民主监督　30c
民族　24a
民族教育　230a
民族事务　57a
民族团结和谐关系处置　57b
民族团结教育　230a
民族团结进步模范区建设　57a
民族语言电影放映　58c
莫建平深入基层一线检查指导工作(图)　93
木薯生产　144c
目标制定和实施　88c

N

内资(非私营)股份有限公司　109c
奶业开发　155a
南山茶海被列为自治区现代特色农业示范区　256a
年鉴编纂　205c
农产品质量安全监管　148a
农产品质量安全检测　148b
农村党建　37c
农村电子商务产业扶贫　236b
农村公路建设　165a
农村环境综合整治　195a
农村金融改革　131a
农村居民生活　240c
农村居民收入情况　240c
农村居民最低生活保障　244a
农村民居防震保安工程　226c
农村能源和生态农业建设　149c
农村能源开发概况　149c
农村能源综合示范试点建设　150a
农村气象灾害防御体系建设　223a
农村社区管理服务　243b
农村社区建设概况　243b
农村生态能源职业技术培训　150a
农村土地改革　143a
农村危房改造　190b
农村五保供养　244a
农村幸福院建设　245b
农村饮水安全巩固提升工程建设　191a
农村邮站建设　168c
农村志愿服务活动　31a
农村专业合作经济　143b
农副产品加工业　160a
农机安全生产　148c
农机服务管理　148c
农机购置补贴　148b
农机技术推广　149a
农机推广机构队伍概况　149a
农机执法　149a
农机质量投诉监督　149b
农贸市场建设　171b
农民专业合作社　109b
农民专业合作社登记管理　135a
农田草害防治　147c
农田鼠害防治　147c
农田水利建设　190c
农投集团　110c
农业　143a
农业产品质量安全监管　148a
农业产业结构　27b
农业产业结构调整　143a
农业和农村档案　208a
农业和农村经济　143a
农业机械化　148b

农业机械机构及工作概况　148b
农业技术推广　146a
农业技术推广工作概况　146a
农业科技培训与教育　146b
农业企业　143b
农业气象服务体系建设　223a
农业生产资料价格　241c
农业现代化建设　146a
农业信息服务体系建设　146a
农业与自然环保审计　136b
农业执法概况　148a
农业植保　147b
农业转型　257c
农业综述　143a
农资经营　174b
农作物“间套种”技术推广　146c
农作物“三避”技术推广　146b
农作物病虫草鼠害防治概况　147b
农作物生产结构调整　143c
女干部培训　81b

P

排污费征收　197c
培育规模以上企业　114b
培育和践行社会主义核心价值观　32b
配合中央环境保护督查　197a
彭钊到昭平县黄姚镇调研(图)　75
片区、园区、重大项目规划编制　189a
票据业务　123b
贫困地区基础设施建设　111b
平桂矿区管理处　66b
平桂矿区管理处机构及工作概况　66b
平桂区　256c
平桂区(表)　21
平桂区百岁老人名单(表)　264
平桂区概况　256c
平桂区揭牌仪式　257b
平桂区设区工作　257a
平价商店　133a
蒲圣南到高新电子生态产业园调研(图)　119
普法工作　95b
普通高中基础能力建设　229c
普通高中教育　229c

Q

其他审计调查　136c
其他重点行业领域体制改革　44a
企业上市　131c
企业注册登记管理　135a
企业自行监测　196b
气候　18c
气候事业概况　221a
气温　221a
气象服务　223a
气象科普宣传　224b
气象事业　220c
气象事业机构概况　220c
气象现代化建设　223c
气象行政审批　224a
气象依法管理　223c
侨界文化交流　86c
侨联组织及工作概况　86b
侨务联谊　56a
青春扶贫　236b
“青春扶贫·爱心助学”六个一主题公益活动　236b
青联工作　80b
青年就业创业行动　80c
“青年文明号”创建活动　80c
青年志愿者活动　80a
青少年　236a
青少年科技创新和校外活动　229a
青少年科技教育活动　83a
青少年维权　236c
轻工业　159c
轻工业概况　159c
清华大学附属小学派出名师到贺州市进行讲学(图)　229
“清明祭英烈”活动　31b
清末进士林世焘中殿试二甲第二名的试卷(图)　200
区划代码、邮码、面积、人口一览(表)　23
区域化团建　79c
全民健身活动　217c
全区发展改革系统现代服务业业务培训班在贺州市举行(图)　129
全市打击和处置非法集资工作暨互联网金融规范工作布置会(图)　131
全市第三次全国农业普查工作会议(图)　137
全市基层应急网格化业务培训班(图)　60
全市首张由工商部门核发的“六证合一、一照一码”营业执照(图)　109
全市刑事案件立破案数及打击处理统计(2016年)(表)　93
“全市业务通办”在钟山县地税局开通(图)　122
全市专题教育活动　38c
群团·社团　78a
群众安全感　98c
群众体育　217b
群众体育概况　217b
群众文化活动　200a
群众性精神文明创建活动　39a

R

燃煤小锅炉整治　158c
人才工作机制　37b
人才公寓　37c
人才引进
　市教育局　231a
　市人社局　53c
人才优惠政策　37c
人大常委主任会议　47c
人大会　46b
人大机构及工作概况　46a
人大立法　88a
人道救助　246a
人防法治建设　105b
人防工程建设　105b
人防工作概况　105a
人防机关建设　105c
人防指挥通信系统建设　105a
人工影响天气　223a
人口　20b
人口和计划生育概况　213c

人口自然变动情况(2016)(表)　20
人力资源管理　53a
人民调解　96c
人民防空　105a
人民政府直属公司简介　110b
人身保险　127a
人身保险公司业务情况(2016年)(表)　126
人事任免　48a
人物　259
人造岗石固体废弃物资源化协同利用关键技术与示范　219b
日常环境执法检查　197b
日照　221c
融资担保服务　131c
柔性引才　37c
肉食品商业　173b
入园企业项目建设　117c
软件正版化管理　204c

S

三八妇女节106周年纪念活动　81c
三献工作　246b
桑蚕生产　144c
森林病虫害防治　153b
森林防火　153b
森林和野生动植物保护　153b
森林和野生动植物保护　154a
森林资源　19c
森林资源保护　33b
森林资源培育　151c
沙冲水库　185a
商标管理　134c
商事登记制度改革　135b
商业服务业　171b
商业服务业综述　171b
上网服务行业转型　202a
少数民族经济社会发展工作　57a
少数民族优秀传统文化传承　57c
少数民族语言文字运用　58c
少先队工作　236c
社会保险标准化建设　244c
社会保障　243c
社会调研　76a
社会服务
　民建贺州市委会　73b
　民进贺州市委会　74c
　民盟贺州市委会　72c
　农工党贺州市委会　75c
社会福利　245a
社会福利事业概况　245a
社会工作　76a
社会公益活动　77a
社会和谐稳定示范区　250c
社会监管与行政执法　224a
社会救助工作　243c
社会科学成果　86b
社会科学普及活动　86a
社会科学学术活动　85c
社会科学研究工作　86a
社会民生事业　28b
社会生活　234
社会消费品市场　171b
社会宣传　39c
社会治安综合治理　97b
社会主义核心价值观　39a
社科联组织及工作概况　85c
社区　243b
社区服务　67b
社区矫正　96c
社区卫生　211b
社团登记管理　54c
深化“五个文明同行”系列活动　39a
深化改革
　市委　35a
　昭平县　255b
审计　135c
审计成果　135c
审计工作概况　135c
审判监督　90a
生态保护和建设　196b
生态城乡　255b
生态工业　253b
生态环境宣传教育　32c
生态建设
　富川瑶族自治县　253c
　贺州市　28a
生态建设资金　196b
生态旅游建设　33c
生态农业建设　33c
生态水城建设　116c
生态文明建设　32c
生物多样性保护　33a，196c
生猪生产　154c
声环境　18c，193b
声环境监测　196a
省柴节煤灶推广　150a
失业工伤生育保险　244b
狮洞水库　184c
石漠化治理工程　152a
石油商业　173c
石油商业概况　173c
实验教学与教学仪器　231b
食品监管　138c
食品流通监管　138c
食品生产监管　138c
食品药品安全科普宣传　139c
食品药品安全专项整治　139b
食品药品干部队伍建设　139c
食品药品监督管理　138b
食品制造工业　159c
食品质量安全监管　138a
食盐购销　173b
食盐商业　173b
食用菌生产　145a
史志宣传　206a
市场价格监测　133a
市场价格监管　134a
市场监督管理　134c
市场主体年报公示　135c
市国税干部热情服务纳税人(图)　121
市级集中式生活饮用水水源地　18c
市领导赴台举办桂台经贸文化交流合作活动　56c
市领导重要外事活动　56a
市容市貌整治　99b
市文化中心建成(图)　200
市政府三届常务会议
　第57次会议　49c
　第58次会议　49c
　第59次会议　50a

第 60 次会议 50a
第 61 次会议 50b
第 62 次会议 50c
第 63 次会议 50c
第 64 次会议 51a
第 65 次会议 51a
市政府四届常务会议
第 1 次会议 51a
第 2 次会议 51b
市综合执法局对竹篙巷非法鸡鸭交易市场主体建筑进行强制拆除(图) 99
事业单位登记管理 44a
事业单位人事制度改革 53b
视察活动 69c
试点示范创建 33a,196b
逝世人物 261c
收费管理 132c
收费项目取消和减免 132c
收支管理 119b
手足口病疫情防控 209c
兽药监督执法 156c
书画摄影展 70a
蔬菜病虫害防治 147c
蔬菜生产 144b
《数字贺州地理空间框架建设与使用管理办法(试行)》 51c
双拥工作 54b
水产苗种生产 157b
水产品质量安全管理 158a
水稻病虫害防治 147b
水电电源建设 191a
水电资源 19c
水果品牌建设 145b
水果生产 145a
水果生产政策导向 145a
水果销售 145b
水环境 18c,193b
水库移民避险解困试点 191c
水库移民概况 191b
水库移民后期扶持政策 191b
水库移民基础设施建设 191c
水库移民教育培训 191c
水库移民新村建设 191b
水库移民增收项目建设 191c
水利和地方电力建设 190b
水利机构及工作概况 182c
水利建设概况 190b
水利建设主要指标完成情况(表) 190
水利执法 184a
水路运输管理 167a
水路运输生产 167a
水路运输业 166c
水路运输业概况 166c
水泥行业 162b
水生生物资源养护 158a
水生野生动植物保护与管理 158a
水土保持 184a
水文 19a
水文 224a
水文测验 224c
水文基础设施建设 225b
水文事业 224a
水文事业概况 224a
水文应急监测 225a
水污染防治 194a
水运基础设施建设 167a
水运项目建设 165a
水资源管理 182c
水资源管理 183c
水资源开发利用 184a
水资源质量监测 224c
水资源总量 183c
税制改革 121b
司法队伍建设 90c
司法公开 90c
司法鉴定 97b
司法警察 92c
司法特色服务 90b
司法体制改革 90b
司法行政 94b
司法行政机关及工作概况 94b
私营独资企业 109a
私营股份有限公司 109c
私营企业 108b
思勤江 183a
思想道德建设 31a
思想建设
民建贺州市委会 73c
民进贺州市委会 75a
民盟贺州市委会 72a
思想教育 77c
思想政治教育 101a
饲料安全监管 156b
速生丰产林工程 151c
孙桂珍到市工商局开展档案室上等级复查(图) 207
索引 293

T

台湾事务 56b
太阳能利用 150a
碳酸钙产业 258a
碳酸钙工业 162b
碳酸钙工业概况 162b
陶瓷工业 163a
陶瓷工业概况 163a
特教工作 237c
特色产业 255a
特色农业
八步区 250b
富川瑶族自治县 253b
特殊教育 230a
特殊天气通信保障 170b
特载 1
特种设备安全监察 138b
提案办理 70a
体育 214c
体育工作概况 214c
体育赛事 217a
体育卫生和艺术 227c
体育综述 214
天安财产保险股份有限公司贺州中心支公司 127c
调处队伍建设 60a
调处工作 59c
调处机构及工作概况 59c
铁路建设 164b
铁路运输业 164b
铁路运输业概况 164b
通关监管 141c
童心向党歌咏活动 31c

统计 136c
统计队伍建设 137a
统计法制 137c
统计服务 137a
统计信息化建设 137a
统计执法检查 137a
统计资料 284
统一战线 40b
统战调研与宣传 40c
统战服务社会发展 40c
统战机构及工作概况 40b
投诉案件处理 64c
投资服务环境 29c
投资结构 27a
投资开发和经济协作 110a
投资与项目建设 129a
突发环境事件 193c
屠宰行业管理 156a
土地储备 181a
土地开垦整理 181c
土地例行督察 182c
土地资源 19b,180b
团市委机构及工作概况 79b
团市委举办贺州市"党旗领航·电商扶贫"论坛(图) 236
团组织建设 79c
推广壮汉双语宣传 58c
推进高中课程改革 229c
推行权责清单制度 223c
退耕还林工程 152a
退役士兵安置 54c
脱贫攻坚
　八步区 249c
　富川瑶族自治县 253a
　市委 35b
脱贫攻坚强基年 251b

W

外汇业务 123c
外来投资来源与项目分布 118a
外贸进出口贸易 118b
外侨服务 55c
外侨工作管理 55b
外商及港澳台商投资经济 110a
外商及港澳台商投资经济 110a
外商投资企业概况 110a
外事·侨务 55b
外事侨务工作机构概况 55b
网络宣传和管理 40a
为老干部办实事解难事 44c
为民办实事项目 111c
为未成年人办好事实事 31c
韦积雄慰问矿区困难群众(图) 66
韦升安到平桂区调研(图) 181
违法建设整治 99b
违规项目清理整治 194c
违纪违法案件查办 71b
维护库区社会稳定 192a
维护侨益服务侨胞活动 86c
卫生机构基本情况(2016年)(表) 214
卫生计生工作
　八步区 211c
　富川县 212b
　平桂区 211c
　昭平县 213a
　钟山县 212a
卫生监督与执法 210b
卫生应急 209c
未成年人检察 92c
未成年人思想道德建设 31b
未成年人心理健康辅导 32a
位置与面积 17b
慰问调研考察活动 69a
慰问活动 69a
文化 199a
文化·卫生·体育 199
文化产业
　市文联 85b
　市文新广电局 199c
文化工作概况 199a
文化机构概况 199a
文化基础设施建设 200b
"文化名人与民族精神"展览走进贺州 70b
文化市场管理 201c
文化市场管理概况 201c
文化市场监管 201c
文化市场行政审批 202a
文化市场重大案件查办 202a
文化体制改革 199b
文化综述 199a
文件起草 65a
文联队伍建设 85b
文联组织及概况 84b
文明城市创建活动 32a
文明单位创建 32a
文明道德风尚 31a
文明交通 31a
文明旅游 31a
"文明同行"系列活动 32a
文物博物 202a
文物博物事业概况 202a
文物藏品保护 202b
文物普查 202c
文物宣传和交流 202b
文物研究 202b
文物征集 202c
文艺创作 84c
文艺惠民 85a
文艺研讨展演交流 85a
文艺演出活动 201c
污染减排 32c,193b
无公害生产基地建设 146c
无线电安全保障 169b
无线电管理 169a
无线电管理概况 169a
无线电管理宣传 169b
无线电监测 169a
无线电台管理 169a
武警贺州市支队 101a
武警贺州市支队二届党委扩大会议
　第四次会议 103b
　第五次会议 103b,(图) 101
物价 241c
物价部门工作概况 132a
物价管理 132a

X

希望工程与扶贫助困 80b

下福水电站　185c
下岗职工再就业　79a
先进人物名录　259a
“县基合一”新机制　252b
县(区)概况　249
现代特色林业示范区建设　150c
现代特色农业示范区建设　147a
乡村教师生活补助计划　231b
乡村青年文化活动　236a
乡村学校少年宫的建设管理运行　31c
乡镇“四所合一”改革　43c
香港广西贺州商会第一届常务理事会就职典礼暨贺州市经贸推介会(图)　41
项目投资　255a
项目用地保障　181a
项目招投标咨询服务　64c
消费维权　242a
消费者权益保护　242a
小额贷款服务　131c
“小个专”党建　135c
校园文化　233a
新农村建设　66a
新闻出版　204b
新闻出版概况　204b
新型城镇化建设　250a
新选举产生的贺州市第四届人民代表大会常务委员会成员(图)　46
信贷业务　125c
信访　58c
信访工作　49b
信访和维稳　182c
信访机构及工作概况　58c
信访事项解决　59b
信访维稳　67b
信访制度建设　59a
信息化建设　123a
信息业　169a
星级文明户与文明信用户、文明信用村联评联创联建活动　32b
刑事审判　89c
行政复议和应诉　89b
行政管理　65c
行政区划　20c
行政审判　90a
行政审批　63a
行政审批改革　182b
行政审批制度改革深化　43c
行政执法监督　89a
徐悲鸿绘画精品展　70b
畜产品质量安全监管　156b
畜牧科技　154c
畜牧业　154b
畜牧业标准化建设　154c
畜牧业概况　154c
畜牧业生产　154c
畜牧业行业管理　156a
畜牧业综述　154b
畜禽保种　155b
畜禽良种繁育　155b
畜禽苗种生产　155c
畜兽免疫　155c
宣传　38c
宣传机构及工作概况　38c
宣传教育　104c
宣传教育立体网络
　　贺州市　32b
　　市委宣传部　39a
选调生队伍的培养管理　37a
学前教育　228c
学生工作　232c
学生评优　229b
学生资助　227c
学习争当美德少年活动　31b
学校安全稳定工作　227b
学校建设与管理　45c
学校体育　217c

Y

烟草生产　145a
烟草专卖·盐业管理　139c
烟草专卖概况　139c
盐业管理　140a
扬尘污染防治　99c
“扬清廉家风　寻最美家庭”活动暨贺州市直机关“家庭助廉　我爱我家”演讲比赛(图)　235
阳光财产保险股份有限公司贺州中心支公司　128a
杨焱考察贺州市路花水库工程建设(图)　185
养蜂业　155a
药品和医疗器械日常监管　139b
药品医疗器械经营企业网点分布(2016年)(表)　175
冶金工业　161c
冶金工业质量管理　162a
野生动植物保护管理　153c
“一师一优课,一课一名师”活动　231b
医疗卫生　208b
医疗卫生PPP项目　209a
医疗卫生综述　208b
医学科技与教育　209a
医养结合　208c
医药工业　160a
医药商业　174c
医药商业概况　174c
医药卫生改革　208b
医政管理　209b
依法行政　182b
依法治教　228a
移民　191a
移民工作管理机构概况　191a
义务教育　228c
义务教育“控辍保学”　229a
义务教育学区制管理改革试点　229a
义务植树　152a
艺术作品获奖　201b
易地扶贫搬迁　112b
易地扶贫搬迁工程建设　192a
易地扶贫搬迁移民概况　191b
因公出国(境)管理　55c
银行　123a
银行机构概况　123a
银行监管机构及工作概况　123c
银行业改革创新　124b
银行业监管　123c
饮用水水源地保护　194a
印刷工业　163b
印刷工业概况　163b
应急处置　61a

应急工作 60b
应急救护培训 246b
应急救援 246a
应急救援队伍 60b
应急平台建设 60c
应急宣传和培训 60c
应急预案修编和演练 60b
"营改增" 170c
营养改善计划 229b
拥政爱民
  武警贺州市消防支队 104c
  武警贺州市支队 103a
优抚工作 54c
优势产业培育 158b
优秀童谣征集活动 31c
优质教育资源对接 229b
邮政机构及邮政业概况 168a
邮政消费者申诉处理 169a
邮政行业监督管理 168b
邮政业 168a
油茶造林 151c
油料生产 144c
渔船检验 157c
渔业 156c
渔业安全生产管理 158a
渔业规范管理 157b
渔业经济 156c
渔业科技成果 156c
渔业生产 157a
渔业生产概况 157a
渔业行业管理 157c
渔业优势特色品种养殖 157a
渔业资源保护 158a
渔业综述 156c
渔政管理 157c
舆论宣传 39b
语言文字 24a,228a
玉米病虫害防治 147b
玉米生产 144a
玉石林(图) 178
预防职务犯罪 92a
预警系统 60c
元宵上灯炸龙节 179b
园区规划定位 117a
园区重点项目建设 114a
原生态瑶族长鼓舞展演 239a,(图) 239
远东国际城南组团 188a
粤桂县域经济产业合作示范区(信都工业区) 113c
运输站场建设 165a

Z

灾害事故 246c
在美·宫城项目 188a
造纸及纸制品业 159c
张达河检查歌舞娱乐场所(图) 202
招商引资 114b
招商引资 29a
招投标电子化工作 64c
招投标工作 64b
昭平水库 185c
昭平县"产业到家、牵手妈妈"巾帼脱贫行动现场推进会(图) 81
昭平县 254a
昭平县(表) 22
昭平县百岁老人(2016)(表) 269
昭平县被授予"中国有机茶之乡"称号 255c
昭平县获"中国长寿美食之乡"称号 255c,(图) 255
昭平县获得桂江湿地公园(试点)建设 256a
昭平县南山茶海示范区获"贺州市现代特色农业示范区"称号(图) 254
昭平县入选中国百佳深呼吸小城 255c
沼气池建设 150a
赵波到贺州市对司法行政工作进行调研(图) 95
赵德明到八步区桂岭镇调研产业扶贫(图) 111
侦查监督 91a
征地拆迁
  市国土局 181a
  信都工业园 114b
征信系统建设 124c
政策研究 42c
政府部门权责清单制度建设 43c
政府常务会议 49c
政府法律顾问制度 89b
政府机构概况 49b
政府重大决策及工作部署 51
政务服务机构及工作概括 62c
政务服务监督管理 62c
政务公开 63b
政务建设 63c
政协第三届贺州市委员会常委会会议
  第二十一次会议 68b
  第二十二次会议 68b
  第二十三次会议 68b
  第二十四次会议 68b
政协贺州市委员会第四届一次会议 69a,(图) 68
政协机构及工作概况 68a
政治 34
政治教育 103c
政治文明建设 30a
支付服务环境 124c
"支教走教"计划 231b
知识产权保护 220c
知识产权培训与宣传 220a
执法检查 88a
执纪监督检查 71b
值班和信息报告 60b
职称评审 231b
职工帮扶 79a
职工素质建设 78b
职工医疗互助保障 79b
职业健康监管 141b
职业教育 230a
职业教育概况 230a
职业教育荣誉 231a
职业教育基础能力建设 230b
职业教育综合改革 230b
植物检疫 148a
植物资源 20a,153c
志愿服务 246b
治安管理 94a
质监体制改革 138b
质量技术监督 137c

质量技术监督机构及工作概况　137c
“智慧平桂”公共信息平台　258c
中共贺州市第四届委员会第一次全体会议选举产生新的领导班子(图)　8
中共贺州市委员会　34a
中共贺州市小微企业个体工商户专业市场委员会在贺州市工商局挂牌成立(图)　108
《中共贺州委执政纪事》编纂　206b
中国大地财产保险股份有限公司贺州中心支公司　127c
中国电信股份有限公司贺州分公司　169c
中国工商银行股份有限公司贺州分行　125b
《中国共产党贺州历史》第二卷编纂　206b
中国联合网络通信有限公司贺州市分公司　170c
中国旅行自媒体联盟成员在姑婆山国家森林公园合影(图)　177
中国民主促进会贺州市委会　73c
中国民主建国会贺州市委会　72c
中国民主同盟贺州市委员会　72a
中国农工党贺州市委会　75a
中国农业发展银行贺州市分行　125c
中国农业银行股份有限公司贺州分行　125a
中国平安财产保险股份有限公司贺州中心支公司　127c
中国平安人寿保险股份有限公司贺州中心支公司　128c
中国人民财产保险股份有限公司贺州市分公司　127b
中国人民人寿保险股份有限公司贺州片区公司　128b
中国人民武装警察部队贺州市消防支队　103b
中国人民银行贺州市中心支行　124c
中国人民政治协商会议贺州市委员会　68a
中国人寿保险股份有限公司贺州分公司　128a
中国人寿财产保险股份有限公司贺州市中心支公司　128a
中国人寿贺州分公司与贺州市人社局签订2016年大病城乡居民大病保险合作协议(图)　128
中国石油化工股份有限公司广西贺州石油分公司　173c
中国石油天然气股份有限公司广西贺州销售分公司　174a
中国太平洋财产保险股份有限公司贺州中心支公司　127b
中国太平洋人寿保险股份有限公司贺州中心支公司　128b
中国泰康人寿保险股份有限公司贺州片区公司　128b
中国铁塔股份有限公司贺州市分公司　171a
“中国移动爱‘心’行动——广西贫困先心病儿童救助计划”到贺州　170c
中国移动通信集团广西有限公司贺州分公司　170a
中国有色集团(广西)平桂飞碟股份有限公司　162a
中国致公党贺州市总支部　76a
中间业务　123b
中铝广西有色金源稀土股份有限公司　162b
中小学骨干教师集中培训　231a
中小学名校长培养工程　231a
中央财政造林补贴项目　152a
中央环境保护督察　194b
中药材生产　145a
中医药民族医药　209a
钟结浪参加第二十届“林德金杯”国际焊接技能大赛荣获MAG赛项世界冠军(图)　230
钟山工业园区　116c
钟山温氏乳业有限公司　155a
钟山温氏畜禽有限公司　155b
钟山县　250c
钟山县(表)　22
钟山县存活实足百岁及以上老人花名册(表)　266
钟山县大田村黑木耳种植基地(图)　112
钟山县体育中心(图)　252
种苗生产　151c
仲裁工作　89b
重大调研成果　43a
重大建设项目档案　208a
重大决策合法性审查　89a
重大科研项目　219a
重大课题研究　65a
重大任务　103b
重大项目建设　65c
重大项目推进成效显著　110b
重点混乱地区治安整治　98a
重点减排项目　33a
重点建设　187b
重点建设概况　187b
重点建设项目选介　187c
重点领域改革　128c
重点流域水污染防治　194a
重点外商投资项目简介　118a
重点污染源监督性监测　196a
重点养殖基地简介　155a
重点招商推介活动及签约项目汇总(2016年)(表)　29
重点种畜种禽建设　155c
重要会议　82a
重要活动　36b
重要决议(决定)　49a
重要外贸活动　118b
重要外事活动　56b
重要文稿服务　43a
周家水库　186b
珠江防护林工程　152a
猪肉储备　173b
主产业安保　145c
主题实践活动　32c,39a
主要电力企业简介　160b
主要钢铁冶金企业　162a
主要公司简介　127b
主要机械企业简介　161b
主要旅游主题活动　177a
主要民俗活动　238c
主要气候事件　221c

主要碳酸钙企业简介　162c
主要陶瓷企业简介　163a
主要污染物排放　17c
主要印刷企业简介　163b
主要宗教活动　239c
住房保障　242a
住房保障　242a
住房公积金贷款　242c
住房公积金工作亮点　242c
住房公积金管理　242b
住房公积金归集　242c
住房公积金建制　242b
住房公积金缴存　242c
住房公积金提取　242c
住房公积金增值收益　242c
驻广州招才引智工作站　37c
驻梧工委到扶贫村开展“两学一做”专题党课暨“七一”座谈会(图)　65
驻梧管理处　65b
驻梧管理处机构及工作概况　65b
专利与知识产权　219c
专利与知识产权工作概况　219c
专题调研　48b
专题规划编制及研究　189b
专项资金审计　136c
专业技术人才队伍建设　53b
专业文艺　201b
专业文艺事业概况　201b
壮汉文翻译　58c
资料整编及分析　225a
资源　180a
资源・物产　19b
资源节约与综合利用　159b
自然保护区建设和管理　33a,153c,196c
自然生态保护与建设　33a
自治区督导评估组对富川瑶族自治县义务教育均衡发展工作进行评估（图）　228
自治区领导考察贺州　35c
宗教　24b
宗教工作概况　239a
宗教活动　239a
宗教事务管理　58b
综合排查治理　124b
综合行政执法试点改革　43c
综治中心和网格化管理　97c
组织　36b
组织概况　36b
组织机构党派团体直属事业单位及其主要领导或负责人　24
组织建设
　九三学社贺州市委会　77a
　民建贺州市委会　73c
　民进贺州市委会　74a
　民盟贺州市委会　72a
　农工党贺州市委会　75b
　市工商联　77b
　市红十字会　245c
　武警贺州市消防支队　103c
　致公党贺州市总支部　76b
组织建设及人才培养　87b
作风建设　250c